北京物资学院期货研究所研究丛书

中国期货市场运行与创新（2021）

北京物资学院期货研究所　著

中国财富出版社有限公司

图书在版编目（CIP）数据

中国期货市场运行与创新.2021／北京物资学院期货研究所著.—北京：中国财富出版社有限公司，2021.12

（北京物资学院期货研究所研究丛书）

ISBN 978－7－5047－7634－1

Ⅰ.①中… Ⅱ.①北… Ⅲ.①期货市场—研究—中国—2021 Ⅳ.①F832.53

中国版本图书馆 CIP 数据核字（2022）第 008037 号

| 策划编辑 | 李彩琴 | 责任编辑 | 张红燕 杨白雪 | 版权编辑 | 李 洋 |
| 责任印制 | 梁 凡 | 责任校对 | 杨小静 | 责任发行 | 董 倩 |

出版发行 中国财富出版社有限公司

社　　址 北京市丰台区南四环西路 188 号 5 区 20 楼　　　　邮政编码　100070

电　　话 010－52227588 转 2098（发行部）　　　010－52227588 转 321（总编室）

　　　　　010－52227566（24 小时读者服务）　　　010－52227588 转 305（质检部）

网　　址 http://www.cfpress.com.cn　　　　排　版　宝蕾元

经　　销 新华书店　　　　　　　　　　　　　　印　刷　宝蕾元仁浩（天津）印刷有限公司

书　　号 ISBN 978－7－5047－7634－1/F·3429

开　　本 787mm×1092mm　1/16　　　　　　版　次　2023 年 9 月第 1 版

印　　张 33　　　　　　　　　　　　　　　　印　次　2023 年 9 月第 1 次印刷

字　　数 684 千字　　　　　　　　　　　　　定　价　98.00 元

《中国期货市场运行与创新》（2021）
编委会

序

2020 年，受新冠疫情影响，全球大宗商品市场供需失衡，国内期货市场继 2019 年之后，再现"井喷式"发展。年末国内商品期货（剔除新上市及无交易品种）41 品种实现上涨，大约占据市场品种数量的七成。其中，7 品种涨幅超 30%，铁矿石、焦炭期货主力连续合约涨幅分别达到 53.39%、50.08%。11 月底，全期货市场机构客户数达到 5.74 万户，机构持仓、成交量分别占全市场 55.59% 和 37.4%，同比增长 38% 和 98.6%。全年共上市 12 个新品种，截至 11 月底，上市期货和期权品种总量达到 90 个；全年期货期权做市品种新增 32 个，已实施做市制度的期货期权品种总数达到 65 个；对外开放期货品种达到 7 个，市场流动性和活跃合约连续性显著改善，境外投资者参与度稳步提升。

近五年来，我国期货全行业总资产、净资产、客户权益分别增长 94.2%、62.4%、102.1%，期货经营机构综合实力提升，一批期货公司逐步从通道业务向综合服务转型；期货市场"期货价格＋升贴水"定价模式日益普及，推动了贸易方式变革，期货市场定价影响力不断增强；"保险＋期货"模式不断深化，大豆、玉米等农产品期货价格逐渐成为保险公司开展农业保险的定价依据。

我国新兴期货市场虽然发展势头喜人，但与宏观经济发展需求相比、与国外发达市场相比仍然存在较大差距，突出表现在国内期货及衍生品市场的场外与场内、商品与金融、对外与对内发展不均衡，这极大制约了期货市场价格发现与套期保值功能发挥的深度与广度，削弱了大宗商品定价的国际影响力。为此，在国家"双循环"战略大背景下，持续跟踪市场，系统评价中国期货市场的运行特征和效率，对国内期货及衍生品市场开展全面、系统、动态的前瞻性研究，把脉中国期货市场改革，是期货学人的历史责任。

本书获北京物资学院重大科研课题支持，是自 2019 年始开展的"中国期货市场发展系列研究"的续作。本书由北京物资学院期货研究所携手业界精英合作完成，是期货产学研协同研究的又一次有益试尝。全书共分五篇二十五章，各篇作者如下。第一篇中国期货及衍生品市场发展概览：马刚、刘荔、单磊、李强、王骏、汤冰华、寇宁；第二篇中国期货市场价格发现功能评价：战雪丽、朱才斌、甘正在、周猛；第三中国期货市场套期保值效率评价：张国胜、王宝森、武晓婷、刘晨、侯冰栋、辛灵、周倩；第四篇期货市场研究前沿展望：刘健、冯丽宇；第五篇中国期货市场专题研究：刘旗、冯玉成、霍再强、王健、武晓婷、褚晓琳、冯丽宇、欧阳玉萍、杨海霞、李德恒、郁建成。此外，北京物资学院在校研究生闫嘉玮、杨志强、王熙元、陈仁杰、白松岩、卫承乾、田甜、邱薇、王政赢、吴友钧、吴加洋、肖荣、郑涵月、石宗林、赵宇赫、秦睿、万鸿成、靖一焱、刁俊辰、楚建楠、胡晓敏、李昂、闫埔、蔡嘉祺、董融、杨惠闲、牛苗颖、张秀睿、李志坚、周浩、周金辉、朱梦缘、冯鹏飞、索云博、王家晨、郭志强等协助编写。

　　本书数据丰富翔实，使用方法前沿，成果旨在为政府监管、企业风险管理、学术研究提供参考。由于水平所限，书中难免存在不足之处，敬请读者不吝赐教。

北京物资学院期货研究所所长　张国胜

2021 年 12 月于北京

目　录

第四篇　期货市场研究前沿展望

第五篇　中国期货市场专题研究

第一篇　中国期货及衍生品市场发展概览

　　2020年，受新冠肺炎疫情影响，全球经济严重衰退。为应对疫情冲击，全球各主要经济体宏观政策均以宽松为主，以期刺激和促进经济复苏。面对新冠肺炎疫情和复杂严峻的国内外形势，我国加大宏观政策调节力度，实施了一系列货币、财政政策的短期逆周期调节措施，有效地支持了实体经济增长，为国内经济稳定恢复发挥了积极作用。我国在全球范围内率先控制了疫情蔓延，实现了全面复工复产，经济呈现稳中向好的发展态势。

　　2020年，全球金融市场震荡加剧。美国、欧洲、日本股票市场一季度大幅下挫，随后反弹，年末收涨；主要国家债券市场均较2019年有所回落；美元指数贬值，主要非美货币均呈现不同程度的升值。我国股票市场主要指数普遍上涨；债券市场先升后降；人民币汇率先稳后升。大宗商品市场标普高盛商品指数（SPGSCI）、路透商品研究局（CRB）指数、波罗的海干散货运价指数（BDI）先抑后扬，总体较2019年有所回落。中国大宗商品指数（CBMI）前4个月大幅震荡，之后窄幅盘整；文华商品指数先抑后扬，年末涨幅较2019年显著扩大。

　　我国期货市场继2019年再现"井喷式"发展，2020年共上市12个新品种，上市期货和期权品种总量增加到90个。全年新增32个期货期权做市品种，目前已实施做市制度的期货期权品种总数达到65个，做市品种的流动性和活跃合约连续性显著提升。对外开放期货品种达到6个，境外投资者参与度稳步提升，我国重要大宗商品定价影响力得到提高。[①]

---

　　① 截至完稿日。

在上市的 62 个商品期货品种中，流动性好、流动性一般、流动性差的品种占比为 27.4%、46.8%、25.8%；持仓量高、持仓量一般、持仓量低三类的占比为 32.2%、46.8%、21%；交割量在 5 万手以上的占比为 21%；有 25.8% 的期货品种成交量和成交金额增幅均超过了 100%；15 个品种交割量同比增长幅度超过了 100%。在金融期货品种中，沪深 300 和中证 500 的成交量和成交金额较大，流动性较好，沉淀资金较大；上证 50 稍差。国债期货中，10 年期国债期货成交量较大，流动性较好，沉淀资金最大；5 年期和 2 年期国债期货稍差。

新冠肺炎疫情防控期间，企业避险需求上升，在对冲经济风险和价格发现方面，国内期货、期权及相关衍生品市场职能得到有效发挥，市场规模大幅增长，期货市场资金量和成交持仓量均创历史新高；全市场机构客户数达到 5.74 万户，机构持仓、成交量分别占全市场的 55.6% 和 37.4%，同比增长 38% 和 98.6%，市场运行质量不断提升；全行业总资产、净资产、客户权益 5 年间分别增长 94.2%、62.4%、102.1%，达到 9224.6 亿元、1272.4 亿元和 7741.2 亿元；期货经营机构综合实力提升，一批期货公司逐步从通道业务向综合服务业务转型。期货市场"期货价格＋升贴水"定价模式日益普及，推动了贸易方式变革，期货定价质量不断提高，影响力不断增强；"保险＋期货"模式不断深化，保险公司已利用大豆、玉米等农产品期货价格作为农业保险定价依据。

展望未来，我国期货市场在市场体系、产品体系、规则体系、基础设施体系等方面还需要进一步完善。期货行业应认真贯彻落实党的十九届五中全会精神，以创新发展为动力，以服务实体经济为目标，不断深化改革，全面扩大开放，加快建设一个高效率、有活力、开放型的期货市场，为构建以国内大循环为主体、国内国际双循环相互促进的新发展格局贡献更多力量。

第一章 中国期货及衍生品市场运行环境分析

一、境内外经济形势分析

（一）国际经济形势分析

1. 世界经济增长情况

2020 年，受新冠肺炎疫情影响，全球经济陷入严重衰退。国际货币基金组织（IMF）2021 年 7 月发布的《世界经济展望报告》（*World Economic Outlook*）显示，2020 年全球经济萎缩 3.2%，较 2019 年的增长 2.8% 下降 6 个百分点。全球主要经济体中，美国国内生产总值（GDP）同比下降 3.5%，欧元区 GDP 同比下滑 6.5%，日本 GDP 同比下降 4.7%。中国则是全球唯一实现正增长的主要经济体，中国经济 2020 年增长了 2.3%（见表 1 - 1）。

表 1 - 1　　　　　IMF 报告 2020 年世界及主要经济体经济增长率

年份	世界	发达经济体	美国	日本	欧元区	其他发达经济体	新兴市场及发展中经济体	中国
2019	2.8	1.6	2.2	0	1.3	1.9	3.7	6.0
2020	- 3.2	- 4.6	- 3.5	- 4.7	- 6.5	- 2.0	- 2.1	2.3

数据来源：国际货币基金组织《世界经济展望报告》

2. 主要经济体宏观经济政策

（1）美国宏观经济政策

在新冠肺炎疫情冲击下，全球金融市场波动剧烈。2020 年年初，以美元升值为特征的全球美元流动性收紧，凸显了全球金融体系的脆弱性。由于美国企业杠杆处于抬升通道，市场信心下滑以及经济活动的停滞加剧了流动性和资产价格的相互恶化，美股经历多次熔断，金融机构流动性堪忧。为应对经济衰退及金融市场波动导致的流动性危机，美联储降息至接近零水平，并启动开放式量化宽松计划。量化宽松计划对缓解通缩预期和市场流动性风险起到积极作用，大幅降息压缩了后续货币政策空间，并导致美联储急剧扩表。美联储的资产规模从 2020 年 3 月的 4.2 万亿美元迅速飙升至 5 月末的 7 万亿美元以上，在不到 3 个月的时间内即扩张近 3 万亿美元，涨幅达 70% 左右。直至 2020 年 11 月，美联储的购债步伐并没有改变，如果出现可能阻碍实现美联储目标的风险，美联储准备适当调整货币政策立场。财政政策上，美国在 2020 年 3 月出台了总额约为 2 万亿美元的财政刺激政策，以防止美国经济受新冠肺炎疫情冲击陷入深度衰退。这是美国历史上规模最大的财政刺激计划，其规模相当于美国国内生产总值的 10% 左右。

（2）欧盟各成员国宏观经济政策

为降低疫情对欧洲经济的冲击，欧盟各成员国均出台了大规模的财政刺激政策，包括为企业提供信贷支持、减税、支持企业资本重组等。其中，德国出台了第二次世界大战以来最大规模的经济刺激计划，总规模超过 7500 亿欧元；法国、意大利、西班牙等欧洲大国的经济刺激规模也均在 1000 亿欧元以上。欧元区持续实行宽松的货币政策，包括维持负利率、扩大债券购买计划、接受垃圾债券作为抵押品等。欧盟首脑们批准了由共同债务支持的 2.2 万亿美元刺激计划，最新协议为欧盟 2021 年至 2027 年的 1.1 万亿欧元 7 年预算案实施铺平了道路。

（3）日本宏观经济政策

受新冠肺炎疫情影响，日本核心通胀低位运行，银行加大货币宽松力度，开启无限量购买日本国债、取消了此前以每年 80 万亿日元购债指导方针，以此呼应政府的经济政策、助力企业资金周转。

由此可见，新冠肺炎疫情导致全球多国经济出现衰退情况，各经济体总体宏观政策均以宽松为主，以期刺激和促进经济复苏。

（二）国内经济形势分析

1. 国内经济运行情况

2020 年，面对突如其来的新冠肺炎疫情、世界经济深度衰退等多重严重冲击，在以习近平同志为核心的党中央坚强领导下，全国各族人民顽强拼搏，我国疫情防控取得重大战略成果，在全球主要经济体中唯一实现经济正增长。

2020 年，国内经济受新冠肺炎疫情冲击 GDP 先降后升。第一季度，中国经济大幅收缩，GDP 当季同比下降 6.8%。从第二季度开始，经济运行逐月好转，国民经济稳定恢复。截至第三季度，国内 GDP 总额为 72.3 万亿元，按可比价格计算，同比增长 0.7%，实现正增长，但仍远低于 2019 年 6.1% 的增速。

2020 年，在猪肉价格由升转降及高基数效应的影响下，国内居民消费价格指数（CPI）增长有所回落。截至当年 11 月，CPI 同比上涨 2.7%，较 2019 年的 2.9% 回落

0.2%，工业生产者出厂价格指数（PPI）同比下降2%，降幅较2019年有所扩大。

需求方面，2020年，受新冠肺炎疫情的影响，国内投资及消费增速显著回落，但贸易顺差在防疫物资出口及国内生产对海外供给替代的拉动下显著扩张。截至2020年11月，国内固定资产投资（不含农户）为50万亿元，同比增长2.6%，较2019年下降3.6%；社会消费品零售总额为31万亿元，同比下降5.9%，较2019年的增长8%大幅回落。中国货物贸易进出口总值为29.04万亿元，同比增长1.8%。其中，出口总值为16.13万亿元，同比增长3.7%；进口总值为12.91万亿元，同比下降0.5%。我国实现贸易顺差3.22万亿元，为2017年以来最高。

2. 国内宏观经济政策

2020年，为应对新冠肺炎疫情给社会经济发展带来的严重冲击，我国加大宏观政策实施力度，实施了一系列货币、财政政策的短期逆周期调控措施，有效地支持了实体经济增长，为国内经济稳定恢复发挥了积极作用。

（1）货币政策稳健灵活

2020年，面对复杂严峻的内外部形势，央行以"总量政策适度、融资成本明显下降、支持实体经济"为三大确定性方向，按照稳健的货币政策要更加灵活适度的要求，根据疫情防控和经济社会发展的阶段性特征，灵活把握货币政策调控的力度、节奏和重点，促进市场整体利率稳中有降，为保市场、稳就业营造了适宜的货币金融环境，为疫情防控、经济恢复增长提供了有力支持。

流动性投放上，2020年央行通过下调法定准备金率、便利中期借贷操作和公开市场操作保持流动性合理充裕，维护市场利率平稳运行。上半年，央行在金融市场春节开市后及时提供1.7万亿元短期流动性，有效稳定了市场预期，此后通过三次降低存款准备金率释放长期资金1.75万亿元。进入第三季度以来，央行综合考虑银行体系流动性形势、金融机构流动性需求情况和政府债券密集发行等因素，灵活开展公开市场操作，维持流动性供给与市场需求相匹配，引导货币市场利率围绕公开市场操作利率平稳运行；我国公开市场7天逆回购中标利率始终保持在2.20%不变，未受发达经济体持续实施宽松货币政策的影响，展现了货币政策的稳健姿态。

信贷支持上，2020年央行引导信贷投放与企业复工复产需求相匹配，为疫情防控、复工复产和实体经济发展提供了精准支持。在新冠肺炎疫情暴发初期，央行于1月31日设立第一批3000亿元专项再贷款，支持银行向医疗和生活物资重点企业提供优惠利率贷款；在疫情得到初步控制、进入复工复产阶段，央行于2月26日增加第二批5000亿元再贷款、再贴现额度，商业银行以不超过1年期LPR[①]＋50个基点的利率发放贷

---

① 贷款市场报价利率。

款，有力支持复工复产；在疫情防控取得重大阶段性成果、生产生活秩序加快恢复阶段，央行于 4 月 20 日增加第三批 1 万亿元普惠性再贷款、再贴现额度，支持银行加大对涉农、小微和民营企业的信贷投放力度。

为突出政策的直达性、精准性，2020 年，中国人民银行发布了《关于普惠小微企业贷款延期支持工具有关事宜的通知》（银发〔2020〕124 号）以及《关于普惠小微企业信用贷款支持计划有关事宜的通知》（银发〔2020〕125 号），两个直达实体经济的货币政策工具进一步完善了结构性货币政策工具体系，增强对稳企业、保就业的金融支持力度。根据央行在 2020 年发布的《2020 年第三季度中国货币政策执行报告》显示，2020 年 6 月 1 日，人民银行创设两个直达实体经济的货币政策工具。普惠小微企业贷款延期支持工具按月操作，累计向地方法人银行提供优惠资金 47 亿元，支持其 6—9 月对普惠小微企业贷款延期本金共计 4695 亿元，加权平均延期期限为 12.6 个月。

2020 年，央行推动完成贷款市场报价利率（LPR）改革，促进降低贷款利率，国内存量浮动利率贷款定价基准转换工作顺利完成，贷款利率隐性下限被完全打破，货币政策的传导效率进一步提升，降低融资成本的效果更加明显。

2020 年，国内货币信贷增速明显高于去年，企业贷款利率显著下行。2020 年（截至 11 月），广义货币供应量 M2 与社会融资规模增速分别为 10.7% 和 13.6%，较 2019 年年末高 2% 和 2.9%；新增贷款 18.4 万亿元，同比增加 2.7 万亿元；企业贷款利率为 4.68%，同比下降 0.64%。金融服务实体经济的质效持续提升。

（2）财政政策积极有为

2020 年，为对冲新冠肺炎疫情的影响，财政政策更加积极有为，针对特殊时期的特殊情况，在加大财政支出力度的同时，建立具有针对性、直达性的支付机制，从"质"和"量"两方面发力，发挥了稳定经济的关键作用。

2020 年，面对新冠肺炎疫情带来的经济下行压力，我国适度提高了财政赤字率及政府债券发行力度，一方面，将财政赤字率从 2.8% 提高至 3.6% 以上，赤字规模达到 3.76 万亿元，较 2019 年增加 1 万亿元；另一方面，政府拟安排地方政府专项债券 3.75 万亿元，比 2019 年增加 1.6 万亿元，同时发行 1 万亿元抗疫特别国债。2020 年（截至 11 月），全国一般公共预算收入为 169489 亿元，同比下滑 5.3%；全国一般公共预算支出为 207846 亿元，同比增长 0.7%。

同时，为纾解企业困难，支持复工复产，政府加大减税降费力度，在继续执行去年出台的下调增值税税率和企业养老保险费率等的同时，强化阶段性政策，出台实施支持疫情防控保供和复工复产的税费政策，延缓小微企业、个体工商户所得税费缴纳，延长阶段性减免企业社保费政策。2020 年（前三季度），全国累计新增减税降费超过 2 万亿元，为市场主体新增减负超过 2.5 万亿元（至 2020 年 10 月底预估）。

2020 年受新冠肺炎疫情影响，财政收支矛盾突出，基层保基本民生、保工资、保运转的"三保"工作面临较大压力。财政部将支持基层"三保"支出作为年度预算安排的重中之重，采取力度空前的举措，加大转移支付力度，着力提高基层"三保"能力。一方面，中央财政通过统筹新增赤字、以前年度结转资金、压减本级支出腾出的财力等渠道，切实加大对地方财力的支持力度，自 3 月至 6 月，阶段性提高地方财政资金留用比例 5 个百分点，新增留用资金约 1100 亿元。根据《2020 年上半年中国财政政策执行情况报告》显示，自 2020 年 3 月 1 日至 6 月底，中央对地方转移支付增长 12.8%，其中一般性转移支付（不含共同财政事权转移支付）增长 7.5%，高出中央本级支出 7.7 个百分点。另一方面，建立特殊转移支付机制，加快直达资金预算下达，至 2020 年 6 月，具备条件的直达资金已全部下达地方。在此基础上，对中西部地区和辽宁省困难地区，将阶段性提高地方财政资金留用比例 5 个百分点的政策延长执行到年底，再增加地方留用资金约 550 亿元，全部留给县级使用，有力保障基层财政平稳运行。

此外，为对冲新冠肺炎疫情（后文简称"疫情"）的减收影响，政府在 2020 年加强了预算平衡和债务管理，大力压减非急需、非刚性支出，切实保障基本民生支出和重点领域支出，坚持政府过紧日子，增强了财政的可持续性，牢牢守住了风险底线。

二、境内外金融市场形势分析

（一）国际金融市场运行情况

1. 全球主要股指走势

2020 年，受新冠肺炎疫情影响，一季度美国以道琼斯工业平均指数和标准普尔 500 指数为代表的股票市场价格在刷新历史新高后震荡下行，并于 3 月中旬崩盘（见图 1－1）。随着大规模宽松财政货币政策重磅推出，美元流动性困局有所缓解，VIX 指数（波动率指数）和 TED 利差（欧洲美元三月期利率与美国国债三月期的利率的差值）显著回落。6 月，纳斯达克指数突破 10000 点，创历史新高；美国股市在 8 月的反弹幅度和速度均超出市场预期，不仅收复 4 次熔断失地，较 2020 年年初还有所上涨。进入第三季度以来，疫情在美国再度蔓延，美国大选尘埃落定，美股在短暂调整后继续上扬，2020 年 11 月 24 日，道琼斯工业指数突破 30000 点。

2020 年日本股市较上一年有所上涨，一季度震荡下行，3 月探底回升后一路上扬（见图 1－2）。

反观欧洲主要股票市场，历经"两抑两扬"，虽然疫情影响巨大，但随着各国

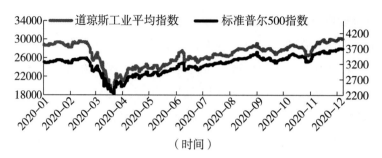

图 1 - 1　2020 年美国股市走势

数据来源：Wind 数据库

注：左轴表示道琼斯工业平均指数；右轴表示标准普尔 500 指数

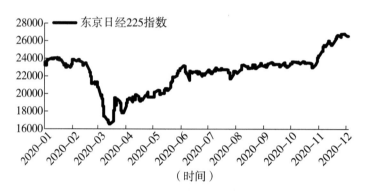

图 1 - 2　2020 年日本股市走势

数据来源：Wind 数据库

推出宽松的刺激政策，主要经济体股票市场较 2020 年年初不跌反涨，不过幅度有限（见图 1 - 3）。

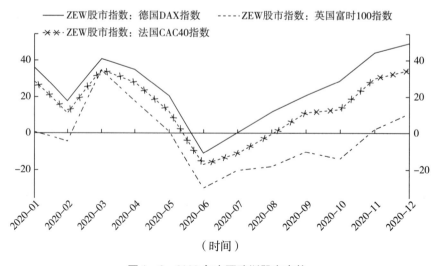

图 1 - 3　2020 年主要欧洲股市走势

数据来源：Wind 数据库

2. 国际主要国债市场运行情况

2020 年，主要国家债券市场均较 2019 年有所回落。2020 年年初美国 10 年期国债收益率为 1.88％，年末为 0.92％，全年大幅下降 51％；德国 10 年期国债收益率为 −0.58％，较年初大幅下降约 2.5 倍；英国 10 年期国债收益率为 0.41％，同样下降幅度超 50％；法国 10 年期国债收益率由正转负，全年下降 2.75％（见图 1−4）。

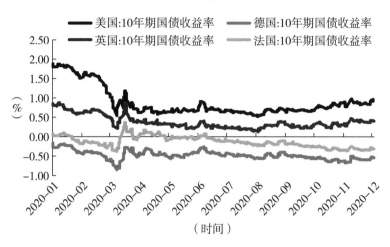

图 1−4 2020 年美欧 4 国 10 年期国债收益率

数据来源：Wind 数据库

2020 年在美联储几乎将每一美元的美债净发行量货币化之后，2021 年美债供应量将大大超过美联储的购买量。美国财政部面临着大约 2.4 万亿美元的美债净发行量，但美联储预计只有不到一半的货币化总量，即 9600 亿美元。如果市场重新定价，降低对美联储将美债货币化的预期，可能会导致美债价格震荡下跌。

3. 国际主要外汇走势

2020 年主导汇率走势的主要因素包含疫情、货币、财政三个主要变量及其之间的组合。通过名义利率、通胀、实际利率、赤字信用等方面控制着美元变动的节奏。美元指数大致经历四个阶段：第一阶段，3 月新冠肺炎疫情初期，疫情传导影响了金融体系流动性，美联储扩表稳住三大流动性问题，阻止了名义利率走高，美元指数急升。第二阶段，4 月开始，美国财政出台应对疫情遭受损失的家庭和企业部门缺口补贴，此时疫情蔓延速度放缓，通缩预期收敛，通胀预期回升，名义利率逐步抬升，显示出疫情消退后经济复苏，美元指数回落。第三阶段，6 月中旬开始，美国二次新冠肺炎疫情暴发，财政补贴在计划时间范围内尚未到期，从疫情反复到货币政策预期升温推动名义利率掉头向下，通胀回温和货币政策更低的预期同时存在，实际利率大幅下降，美元遭受两个体系的冲击。第四阶段，7 月底开始，面对疫情，财政政策不再继续，两党分歧，赤字加剧的预期消退一些，美元与财政赤字之间的信用稍微回暖。同时，第三季度美联储三次公开讲话，不断表明货币政策功能有限。至此，财政端和货币端均按下了暂停键，美元贬值速度也有所减缓（见图1-5）。

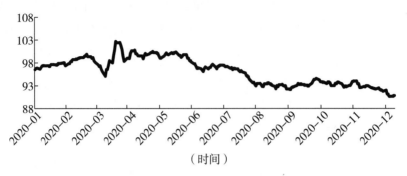

图1-5 2020年美元指数走势

数据来源：Wind数据库

由于美元指数全年贬值幅度较大，主要非美货币均呈现不同程度的升值状态。其中，欧元兑美元全年升值约为7.5%，日元兑美元全年小幅升值约为4.2%（见图1-6）。

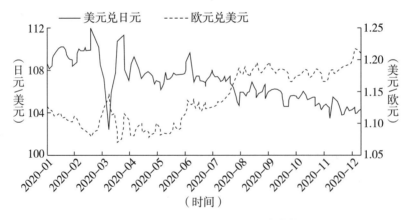

图1-6 2020年欧元、日元汇率走势

数据来源：Wind数据库

2020年，英国脱欧进入最后谈判阶段，英镑整体呈现先抑后扬格局，全年微幅上涨1.7%（见图1-7）。

（二）国内金融市场运行情况

1. 国内主要股指走势

2020年，A股市场受到新冠肺炎疫情的冲击一度出现大幅的回调，但在国内有力的疫情防控措施与及时有效的逆周期政策对冲的支撑下，国内A股市场伴随经济企稳强劲反弹，总体呈现出先抑后扬的走势。第一季度，受新冠肺炎疫情的冲击，A股市

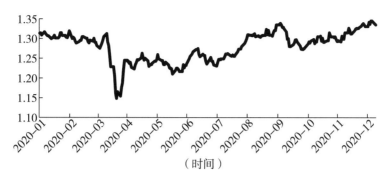

图 1 - 7　2020 年英镑汇率走势

数据来源：Wind 数据库

场在春节假期开盘后出现大幅下跌，但 2 月初，市场在科技股的带动下快速反弹。然而在 3 月，由于海外疫情蔓延加剧，股市再度进入调整阶段。第二季度，疫情对市场情绪的影响逐步减弱，在国内一系列逆周期政策推动下，A 股市场在资金面相对宽松以及经济加速复苏的共同作用下，走出了比较强劲的上涨行情，主要股指普遍上涨。至第三季度，上证综指基本回到 2018 年年初的水平，沪深 300 指数接近 2015 年 6 月的高位。7 月中旬开始，在中美关系紧张、市场流动性边际收紧以及中央政治局会议重申"房住不炒"定位等多重因素影响下，市场涨势放缓、波动加大，但在经济持续向好的支撑下，A 股市场转入高位震荡。

总体来看，2020 年我国主要股票市场普遍上涨。11 月末，上证综指收于 3391.76 点，年内涨幅为 10.61%；深证成指收于 13670.11 点，年内涨幅为 30.08%；沪深 300 指数收于 4960.25 点，年内涨幅为 20.35%。2020 年，股票市场成交量明显增加，前三季度，沪、深股市累计成交量为 158.4 万亿元，日均成交量为 8658 亿元，同比增长 58.6%（见图 1 - 8）。

国内三大股指期货合约 2020 年全面收涨，IF（沪深 300）、IC（中证 500）、IH（上证 50）主力合约年初收盘价分别为 4152.24 点、5366.14 点、3090.83 点；最高价分别为 5095.8 点、6909.2 点、3584 点；最低价分别为 3477 点、4805.4 点、2496.8 点；年末收盘价（截至 11 月）分别为 4960.25 点、6320.94 点、3469.42 点；全年分别上涨 19.46%、17.79%、12.25%（见图 1 - 9）。

2. 国内债券市场运行情况

2020 年，我国债券市场总体呈现先升后降的走势。年初以来，为支持抗击新冠肺炎疫情和恢复生产，央行三次降低存款准备金率，引导市场利率下行，银行间市场流动性充足，国债收益率持续下行，1 年、5 年、10 年期国债收益率分别于 4 月 29 日、4 月 30 日、4 月 8 日达到年内最低点 1.1177%、1.7886%、2.4824%。随着新冠肺炎疫情影响得到控制、经济持续好转、资金面边际收敛以及政府债券供给增大等因素影响，

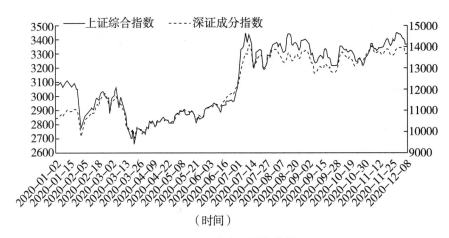

（时间）

图 1 - 8　国内主要股指走势

数据来源：Wind 数据库

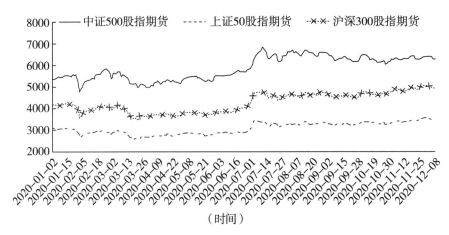

（时间）

图 1 - 9　国内三大股指期货走势

数据来源：Wind 数据库

国债收益率于 5 月、6 月快速反弹，国债期限利差在 1 月至 3 月保持相对稳定，4 月明显走阔，5 月、6 月快速收窄。第三季度以来，伴随经济基本面持续改善，市场避险情绪缓解，货币政策回归稳健，加上股债跷跷板效应影响，国债收益率转入震荡上涨，国债收益率曲线平坦化上行。

2020 年年末，国债收益率总体恢复至年初的水平，各期限国债收益率较年初小幅上涨。2020 年（截至 11 月末），1 年期、5 年期、10 年期国债收益率分别收于 2.831%、3.0708% 和 3.25%，比年初分别上行 42 个基点、16 个基点和 10 个基点（见图 1 - 10）。

同期的国债期货价格跟随现货市场总体呈现先升后降的走势，10 年期、5 年期、2

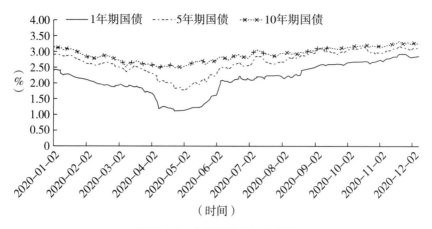

图 1－10　中债国债收益率走势

数据来源：Wind 数据库

年期三大国债期货品种 2020 年价格总体收跌。

2020 年（截至 11 月），10 年期国债期货主力连续合约年初开盘价为 98.09 元，年内收盘最高价为 103.47 元（4 月 29 日），最低价为 96.96 元（11 月 19 日），年末收盘价为 97.67 元。全年下跌 0.42 元，年跌幅 0.43%（见图 1－11）。

5 年期国债期货主力连续合约年初开盘价为 99.92 元，年内收盘最高价为 105.195 元（4 月 29 日），最低价为 98.94 元（11 月 19 日），年末收盘价为 99.655 元。全年下跌 0.265 元，年跌幅 0.27%（见图 1－11）。

2 年期国债期货主力连续合约年初开盘价为 100.4 元，年内收盘最高价为 102.78 元（4 月 29 日），最低价为 99.78 元（11 月 20 日），年末收盘价为 100.265 元。全年下跌 0.135 元，年跌幅 0.13%（见图 1－11）。

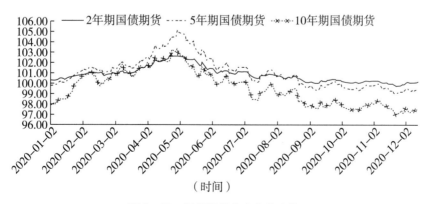

图 1－11　国债期货主力合约走势

数据来源：Wind 数据库

3. 人民币汇率走势

2020 年，人民币汇率总体呈现先稳后升的走势。上半年，人民币兑美元汇率整体呈现先升后贬宽幅震荡的走势。年初，受中美第一阶段经贸协议签署及客盘季节性结汇等利好因素影响，市场持续数月的紧张情绪出现缓解，人民币汇率震荡回升。但春节后，国内新冠肺炎疫情的暴发扩散令市场避险情绪显著升温，人民币汇率由 6.8613 震荡贬值至 7.0386。2 月下旬，随着国内新冠肺炎新增确诊和新增疑似病例连续下降及国内复工复产的有序推进，人民币汇率由 7.0386 升至 6.9499。3 月，由于疫情在欧美持续蔓延并引发美元流动性危机，人民币汇率再度承压走贬。5 月，在中美关系阶段性紧张的进一步推动下，人民币汇率跌幅进一步扩大，在岸人民币、离岸人民币汇率分别跌至 7.1765 和 7.1964 的年度低点。下半年以来，伴随美元趋势性走弱，人民币重启升势。同时，在国内疫情控制较好、国内经济全球率先修复及中美利差走阔的情况下，人民币升值步伐持续加快，升值节奏大幅超过美指走弱的步伐。2020 年年末（截至 11 月 30 日），美元兑人民币中间价收于 6.5782，全年升值 5.5%；在岸人民币收于 6.5827，升值 5.46%；离岸人民币收于 6.5846，升值 5.39%（见图 1-12）。

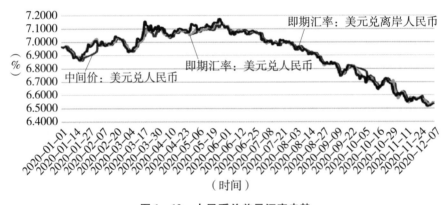

图 1-12　人民币兑美元汇率走势

数据来源：Wind 数据库

三、国内外大宗商品市场形势

（一）国际大宗商品指数走势

1. 标普高盛商品指数（SPGSCI）走势

2020 年，受新冠肺炎疫情影响，SPGSCI 较 2019 年有所回落，指数全年呈现急跌后缓慢修复的走势，总体表现远逊于 2019 年，这显示出疫情对国际大宗商品市场的负面影响依然深远，恢复至疫情前仍需时日。主要商品类别中，农产品、工业金属、贵金属上涨是 SPGSCI 的主要拉动，能源价格走势疲弱为 SPGSCI 的主要拖累。

在全球主要经济体针对疫情陆续出台较为严格管控措施的背景下，随着从开采到消费的大宗商品供应链突然中断，以需求坍塌为主导致的供需平衡急剧恶化，大宗商品价格在 3—4 月迎来了"至暗时刻"。2020 年，由于市场担忧中国因新冠肺炎疫情拖累造成的需求减少，国际油价在 1—2 月表现低迷。进入 3 月以来，石油输出国组织（OPEC）在减产上的分歧加大令油价持续承压，加之疫情开始在欧美等主要发达经济体加速蔓延，各国相继宣布采取封城居家等措施阻断病毒传播，加重了对本就十分脆弱的需求层面的抑制，同时，对仓储能力不足的担忧进一步扰动了本就供过于求的市场，最终这一切在 WTI 原油期货 5 月合约最后交易日迎来了暴发。4 月 20 日，美国东部时间下午结算期结束时，原油期货 5 月合约价格跌破每桶 0 美元，创下每桶 - 40.32 美元的盘中交易新低，最终结算价为 - 37.63 美元/桶，这一价格也创造了历史。进入 5 月后，随着欧美主要经济体陆续解封，市场需求开始逐步好转，油价也逐渐迎来了修复。而能源产品权重占 79% 的 SPGSCI 受此影响，年内一度接近腰斩，随后自底部开始反弹。截至 11 月 20 日，SPGSCI 收于 1865.57 点，当月上涨 12.04%，自底部反弹超过 40%。以此情况看，市场围绕疫苗即将问世的乐观预期炒作仍将持续，SPGSCI 也将维持其重心不断上移的修复走势（见图 1 - 13）。

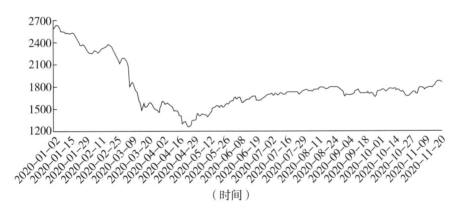

（时间）

图 1 - 13　标普高盛商品指数走势

数据来源：Wind 数据库

2. 路透商品研究局（CRB）指数走势

2020 年，CRB 指数有所下跌，全年呈现先抑后扬走势。受新冠肺炎疫情冲击，第一季度 CRB 指数震荡下行。

4 月受能源价格急挫的影响，CRB 指数一度跌至 101.48 的低位，创下 2008 年全球金融危机以来新低。随后，随着欧美第一轮疫情陆续好转，经济活动缓慢恢复，同时，各国政府和央行陆续出台了扩张性财政支持政策和货币政策，市场信心极大程度恢复。

在基本金属、农产品和贵金属共同反弹的推动下，CRB 指数企稳反弹。进入第三季度，市场经历了美国第二、第三轮疫情的冲击，复苏的总体趋势未见明显改变，这更令市场信心不断增强，风险偏好加速提升，但商品市场出现了一定程度分化：基本金属走势强劲，而贵金属上涨受到一定抑制，能源价格表现总体平稳，综合作用影响下 CRB 指数偏强运行。截至 11 月 24 日，CRB 指数报收 160.06 点，当月大涨 10.59%（见图 1－14）。

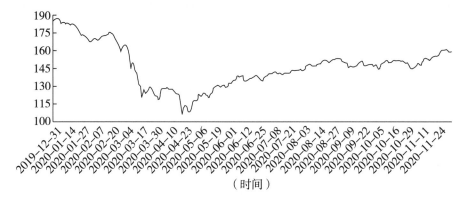

（时间）

图 1－14　CRB 指数

数据来源：Wind 数据库

3. 波罗的海干散货运价指数（BDI）走势

2020 年，BDI 指数总体收涨，全年亦呈现先抑后扬的走势，延续了 2017 年以来的上升趋势，但总体仍然运行在 2019 年高点之下。同时，受疫情因素影响，年内一度创下 2016 年以来的次低点——393 点。

2020 年第一季度，受疫情在国内外暴发拖累，全球贸易活动降至冰点，BDI 也在历史低位附近徘徊，于 2 月下探至 2016 年历史低点附近。随着中国疫情迅速得到有效控制，贸易活动有所恢复，国内经济逐渐回暖，复工复产加快，基建强势发力，带动铁矿石和煤炭等需求量大增，同期巴西到青岛的铁矿石海运费和澳大利亚到青岛的铁矿石海运费都出现了大幅上涨，铁矿石与煤炭的 BCI（波罗的海海岬型船运价指数）的大幅拉升支撑 BDI 出现明显反弹。第二季度以来，欧美疫情开始扩散，再度拖累贸易活动，BDI 指数二次探底至 2016 年 2 月历史低点附近后开始反弹，并一度上扬至 2000 点上方，创年内新高。但是，第四季度欧美疫情再度集中暴发，且力度超过上半年，BDI 再度快速回落，11 月后方有所企稳（见图 1－15）。

（二）国内大宗商品指数走势

1. 中国大宗商品指数（CBMI）走势

2020 年第一季度，受新冠肺炎疫情影响，国内大宗商品需求经历了由冰点转暖的

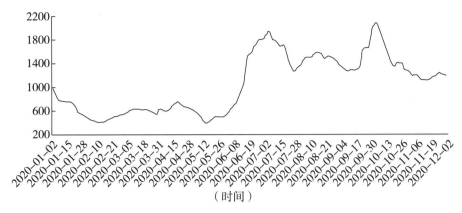

（时间）

图 1-15　波罗的海干散货运价指数

数据来源：Wind 数据库

变化过程。2020 年 1 月 CBMI 承接 2019 年 12 月的反弹走势，小幅上行至 102.9%。2 月，受新冠肺炎疫情叠加春节长假等因素影响，加之各地严格执行疫情防护措施增加了员工返岗难度，商品生产受到较大影响，出现了供应明显减少、销售较为困难以及库存激增的局面，令 CBMI 跌至自数据调查以来的最低点——80.6%。3 月，随着国内疫情逐步得到控制，一系列帮扶政策逐步取得成效，企业复工复产加快，国内大宗商品市场运行形势出现回暖迹象，供需双侧联动上升，企业生产经营环境有所改善，CBMI 大幅回升至年内高点——123.1%。

进入第二季度，CBMI 虽较 3 月明显回落，但总体修复趋势未改，大宗商品市场回暖向好的态势继续保持。4 月，在疫情得到有效控制和国家复工复产各项保障措施的强力推动下，大宗商品市场供需两旺，供给和需求虽增速出现回落，但仍处较高水平。商品库存亦有回落，供应压力得到缓解。5 月，在"六保"① 政策的支持下，国内复工复产成果得到初步巩固，大宗商品需求端表现出色，令市场库存压力持续缓解，行业预期持续向好。6 月，淡季特征开始显现，市场供大于求的迹象凸显，商品库存出现积压，CBMI 环比出现回落。

第三季度，从指数的变化情况看，连续 3 个月出现调整恰为传统淡旺季切换阶段的主要特征。7 月，在多雨和高温天气的影响下，国内市场成交量继续下滑。与此同时，商品生产企业生产积极性高涨，供应端力度持续加大，市场供需进一步失衡，库存压力继续增加。8 月，市场供应压力有所缓解，商品需求开始回暖，之前供需错配的矛盾正在缓和，国内大宗商品市场开始出现积极的变化。9 月，随着旺季来临，需求端持续向好，市场销售增速加快，环保整治与环保限产力度加大，供应增速持续回落，

① "六保"是在 2020 年 4 月 17 日召开的中共中央政治局会议上提出的概念，具体包括保居民就业、保基本民生、保市场主体、保粮食能源安全、保产业链供应链稳定、保基层运转。

市场供需更趋均衡。但库存持续高位盘整，不确定性因素依然较多，商品价格不同品种之间趋于分化。

第四季度，随着北方进入冬季，需求强度有所减弱，大宗商品市场逐步进入调整期。10 月，CBMI 止跌回升，显示在政府相关政策的持续推动下，国内经济复苏继续保持向好趋势，加之"银十"旺季发力，供需更趋均衡，市场压力得到缓解。11 月初，CBMI 再次回落，随着天气转冷以及环保限产全面推进，国内大宗商品市场供需两端均回落放缓，市场淡季效应开始显现。但需求端整体表现仍超预期，商品库存开始减少，库存压力得到明显缓解（见图 1 - 16）。

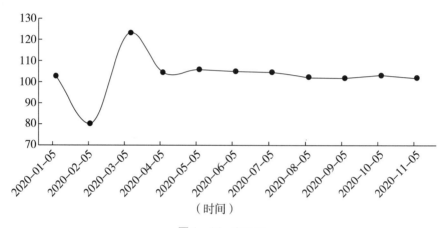

图 1 - 16　CBMI

数据来源：中国物流与采购联合会

2. 文华商品价格指数走势

文华商品价格指数 2020 年总体呈现先抑后扬的走势，截至 11 月，文华商品价格指数收于 160.71 点，较去年年末上涨 7.66%，涨幅较 2019 年显著扩大。其中，工业品与农产品维持分化走势，呈现农强工弱的格局：截至 2020 年 11 月，文华工业品指数收于 155.82 点，上涨 5.38%；农产品指数收于 171.50 点，上涨 12.45%。相关分类指数中，谷物、饲料、煤炭板块分别上涨 43%、23.23%、22.88%，涨幅居前；原油、软商品、化工板块分别下跌 27.13%、3.04%、0.87%，跌幅居前。

2020 年原油板块总体走势偏弱，主要受原油期货价格走低拖累。2020 年年初以来，在新冠肺炎疫情全球流行影响下，各国先后通过封锁隔离等措施控制疫情进一步蔓延，这使原油需求急剧萎缩，加之 OPEC 关于减产出现分歧，更令油价雪上加霜。进入第二季度，市场被仓储不足的传闻困扰，WTI 原油期货 5 月合约最后交易日结算期结束时跌破 0 美元，创下每桶 - 40.32 美元的历史新低和 - 37.63 美元的结算价新低，原油板块也创下了上市以来的新低 221.5 点。随着 5 月欧美诸国陆续解封，石油等需求好转，支撑原油价格出现一定企稳反弹，但力度偏弱。进入第四季度，随着欧美疫情先后再度恶化，二次冲击降临原油板块。11 月以来，随着新冠疫苗研发取得显著进展，原油板块开始企稳反弹，截至 2020 年 11 月，文华原油板块价格指数收于 103.58 点，下跌 27.13%。其中，原油期货价格指数收于 293.2 点，下跌 43.17%；沥青价格指数收于 2522 点，下跌 20.79%；燃油期货价格指数收于 1945 点，下跌 10.24%。

受新冠肺炎疫情冲击影响，2020 年，化工行业景气小幅回落，化工品价格表现分化。其中，受第一季度油价下行影响，化工品价格大幅下挫；第二季度，伴随西方主要经济体陆续解除封锁，经济活动缓慢恢复，化工品价格开始震荡反弹，至 11 月末，已较为接近上年年末水平。主要化工品种中，天然橡胶和聚烯烃［塑料和 PP（聚丙烯）］在 2020 年的价格走势相对较强。橡胶价格年内走势一波三折：第一季度，受疫情影响，国内橡胶下游轮胎消耗步入冰点期，加之海外疫情快速扩散，海外轮胎需求进一步受抑制，从而拖累国内的轮胎出口订单，橡胶价格应声回落，一度下破 2016 年低点。第二季度，在海外疫情得到初步控制后，原油开始低位反弹。随着国内复工复产的持续，国内汽车销量环比改善，此外，与轮胎消费也较为紧密的基建在实际需求环比改善支撑下，带动橡胶价格企稳反弹，但国内库存依然维持历史高位，限制了进一步反弹空间。进入 8 月以来，供应下滑支撑价格向上突破，在海外疫情反复影响下，进口延缓导致供应紧张局面加剧，叠加需求持续复苏，下游轮胎厂备货增加支撑价格进一步上行。进入 11 月以来，随着国内主产区进入高产季，供应端新胶释放有所增加，但需求端仍呈现较好势头，价格小幅回调但下方支撑仍较坚实。聚烯烃价格在 2020 年上半年主要受到供应不及预期的支撑。第一季度受新冠肺炎疫情影响，下游复工慢需求持续偏弱，聚烯烃价格一路下滑至与再生料价格接近。第二季度新增防疫物资原料需求明显提振价格，加之原油触底反弹，聚烯烃价格开始企稳回升，同时新增产能受疫情影响进度延期，支撑价格持续坚挺。第三季度以来，检修比例较高且投产装置没有实际性释放，叠加需求端好于预期，库存维持偏低水位，聚烯烃整体震荡偏强。11 月，聚烯烃去库存明显加快加之库存年内始终维持偏低水平，支撑价格突破 8 月以来的震荡区间，再创年内新高。截至 2020 年 11 月，文华化工板块价格指数收于 126.43 点，下跌 0.87%。其中，PTA 价格指数收于 3498 点，下跌 29.53%；郑醇价格指数收于 2274 点，上涨 4.17%；塑料价格指数收于 7890 点，上涨 7.86%；PVC（聚氯乙烯）价格指数收于 7315 点，上涨 12.11%；EG（乙二醇）价格指数收于 3873 点，下跌 15.71%；PP（聚丙烯）价格指数收于 8629 点，上涨 13.84%；橡胶价格指数收于 15260 点，上涨 17.61%；尿素价格指数收于 1776 点，上涨 3.26%；EB（苯乙烯）价格指数收于 7408 点，上涨 2.67%；纯碱价格指数收于 1489 点，下跌 9.26%；NR（20 号胶）价格指数收于 11020 点，上涨 1.66%。

2020 年有色金属板块总体走势偏强。2020 年年初以来，受新冠肺炎疫情在国内外发酵影响，文华有色金属指数在工业品总体下行的背景下，明显回落，3 月一度跌至117.58 的近 4 年低点。第二季度以来，随着海外疫情好转，板块随工业品反弹，尽管 9月至 10 月受海外疫情反复及美国总统大选影响出现一定震荡，但 11 月以来，海外新冠疫苗研发进展提振市场风险偏好，加之美元持续弱势，板块强势向上突破，再度刷新年内新高。2020 年，铜价总体呈现 V 形走势。第一季度，随着国内疫情升级，市场对中国经济增长的担忧加重，春节后首个交易日铜价一度跌停，2 月下旬，海外疫情自日韩向欧美地区扩散，海外经济"停摆"，市场担忧经济衰退，沪铜大幅下挫，价格最低触及 35350 点关口。第二季度，铜价在 3 月底创低点后随即开启上行走势，此后便一路高歌，进入 6 月后，铜价上涨更是呈加速之势，主因是市场经历了预期从极度悲观—悲观—乐观、通缩预期向通胀预期，以及供需平衡表的三重修复，库存持续下滑对价格支撑作用显著。第三季度，铜价持续高位震荡。下游消费转为季节性淡季，库存开始累积，国内社会库存连续增加，但铜价维持强势震荡，主要受到矿端的紧张局面、加工费（TC/RC）持续处于低位，以及美元指数持续下行三重支撑。11 月以来，宏观不确定性下降，中国经济表现良好，加之疫苗研发取得进展，预期复苏的趋势更为确定引领铜价再度上扬。截至 2020 年 11 月，文华有色金属价格指数收于 146.98 点，上涨 12.03%，其中，沪铜价格指数收于 57690 点，上涨 17.21%；沪铝价格指数收于16365 点，上涨 16.06%；沪锌价格指数收于 21485 点，上涨 19.73%；沪铅价格指数收于 15555 点，上涨 3.32%；沪镍价格指数收于 121990 点，上涨 8.96%；沪锡价格指数收于 149630 点，上涨 10.16%。

2020 年建材板块价格总体上涨，与其他工业品一样，先抑后扬。年初，国内新冠肺炎疫情暴发，受其影响各行各业开工复工延迟，建材需求几乎停滞，叠加春节消费淡季，库存达到天量水平，中间价格下跌明显。进入 3 月，随着疫情在国内得到有效控制，各行各业开始复工复产，同时国家出台经济刺激政策，建材需求逐渐恢复，有效去库存化，价格企稳回升。第三季度，消费淡季表现不淡，支撑价格强势震荡。11月，疫苗研发取得进展，国内经济偏强运行，对建材价格支撑有所增强，玻璃、螺纹价格再创年内新高。截至 2020 年 11 月，文华建材板块价格指数收于 188.02 点，上涨16.36%。其中，玻璃价格指数收于 1809 点，上涨 22.40%，螺纹价格指数收于 3823点，上涨 7.36%。

2020 年，在新冠肺炎疫情主线下，煤炭板块所受冲击较小，年初因下游恢复较慢，短暂下跌后随即进入去库存化阶段。5 月以来，去库存化加速，市场探涨情绪也随之增强。伴随着国内经济向好，消费旺盛，供应偏紧，煤炭价格持续强势。截至 2020 年 11月，文华煤炭板块价格指数收于 220.48 点，上涨 22.88%，其中，焦炭价格指数收于

2429.5 点，下跌 29.19%，焦煤价格指数收于 1419.5 点，上涨 21.69%，郑煤价格指数收于 644.6 点，上涨 16.19%。

铁合金板块 2020 年总体上涨，板块主要压力仍为锰硅。上半年受国内疫情影响，第一季度需求下滑严重，但整体供应影响较小。第二季度需求逐渐恢复，但供应恢复偏慢，供需存在一定错配现象。第三季度，随着锰矿价格震荡下跌，短期的成本趋弱逐渐转为锰矿和锰硅供应双过剩的局面，价格压力开始有所显现。11 月以来，随着重点地区限产政策出台，合金价格重回强势。截至 2020 年 11 月，文华铁合金价格指数收于 154.33 点，上涨 2.16%，其中，硅铁价格指数收于 6142 点，上涨 4.92%；锰硅价格指数收于 6354 点，下跌 0.44%。

农产品价格 2020 年强势上行，文华主要农产品板块除软商品板块下跌外，谷物、饲料板块均显著上扬。截至 2020 年 11 月，文华谷物板块价格指数收于 262.25 点，上涨 43%。其中，饲料板块价格指数收于 206.32 点，上涨 23.23%；油脂板块价格指数收于 175.94 点，上涨 11.78%；软商品板块价格指数收于 142.39 点，下跌 3.04%。

谷物板块价格在 2020 年强劲上涨，其中玉米价格年内涨幅近 40%。第一季度，春节前市场备货支持玉米价格上涨，春节后受疫情开工缓慢以及玉米集中销售的影响，价格有所回落。3 月中旬后，随着上量减少，价格快速补涨。第二季度，农户集中售粮完毕，预期 4 月底开始的临储拍卖迟迟未能落地，市场供应趋紧，价格加速上涨。第三季度，7 月的拍卖价格持续快速走高，加之台风袭击后东北玉米减产，玉米价格持续上涨。11 月，东北新季玉米上市，农户售粮积极性高，新粮销售进度偏快，贸易商、下游加工企业积极建库，市场供需两旺，推动玉米价格探底回升，再度刷新历史高点。

四、境内外期货及衍生品市场监管改革

（一）境外期货及衍生品市场监管改革

1. 美国商品期货交易委员会（CFTC）监管改革

① 2020 年 1 月 30 日，CFTC 批准了关于衍生品头寸限制的拟议规则及对某些掉期执行工具（SEF）要求和实时报告要求进行修订的提议规则。该提议规定了对 25 种实物商品衍生品以及实物结算和关联的现金结算期货或修订的联邦现货月份限制、期货期权以及此类商品的掉期。

② 2020 年 5 月 28 日，CFTC 通过了一项临时最终规则，以延长未清算掉期初始保证金要求的履约时间表，以应对某些实体因新冠肺炎疫情而面临的运营挑战，规定某些外国人可以免除注册为商品池运营商的义务。

③ 2020 年 7 月 10 日，CFTC 取消了针对 17 个外国实体的商品池运营商（CPO）注册豁免。条例规定在以下情况下，无须注册为 CPO：a. 它所运营的商品池在任何时候都不超过 15 名参与者；b. 其参与或计划运营的所有商品池中的参与单位所获得的总出资额不超过 400000 美元。

④ 2020 年 7 月 22 日，CFTC 在公开会议上批准最终掉期交易商资本金规则。该规则的采用标志着 CFTC 根据《多德 – 弗兰克法案》第 731 条完成了必要的规则制定工作。对不受银行监管机构监管的掉期交易商（SD）和主要掉期参与者（MSP）规定了新的资本要求，并对 SD 和 MSP 总体上提出了财务报告要求。最终规则使 SD 可以根据其业务特点选择以下三种方法之一来建立和满足最低资本要求：a. 净流动资产方法，主要基于期货佣金商（FCM）的现有资本要求，以及证券交易委员会对基于证券的掉期交易商和主要基于证券的掉期参与者所采用的资本要求；b. 基于银行的方法，主要基于在联邦储备委员会的监督下银行控股公司的现有资本要求；c. 有形的净资产方法，专门为属于大型商业企业的 SD 设计。MSP 必须保持正有形净资产。

⑤ 2020 年 7 月 23 日，CFTC 批准了最终跨境掉期规则和 SEF 豁免令。该规则涉及 SD 和 MSP 注册阈值的跨境应用。建立一个正式程序，要求 CFTC 进行可比性确定；修正令豁免某些在欧盟范围内授权的多边贸易设施和有组织的贸易设施，使其无须向 CFTC 注册以作为交换执行设施。

⑥ 2020 年 11 月，CFTC 通过一项修订命令免除了在新加坡授权的八家公认市场运营商（RMO）的 CFTC 掉期执行工具（SEF）注册要求。另外，还批准授予衍生品清算组织注册豁免的最终规则，为该委员会建立了一个框架，该框架可以向在美国境外组织的清算组织授予豁免注册为衍生品清算组织（DCO）的权利。CFTC 还修改了掉期执行设施要求的最终规则，修订其法规中与在 SEF 上执行"一揽子交易"和解决 SEF 上的错误交易有关的某些规定。

2. 美国证券交易委员会（SEC）监管改革

① 2020 年 1 月 30 日，SEC 提出修正案，旨在现代化、简化和增强 SK 法规中的某些财务披露要求，并单独发布管理层讨论和分析指标的指南。拟议的修正案将消除重复披露，增强投资者的管理和讨论的披露要求，并使投资者的管理和讨论披露更加现代化，以造福投资者，同时简化公司的合规工作。

② 2020 年 3 月 2 日，SEC 通过了对适用于注册债务发行的财务披露要求的修订，修订后的规则侧重于提供有关担保和其他信用增强的重要的、相关的和决策有用的信息，并消除了规定性要求。

③ 2020 年 5 月 15 日，SEC 通过了对 CAT – NMS 计划的修正案，旨在通过提高运营透明度并将财务问责制赋予参加者，以有效、迅速的方式实施 CAT 的监管义务，来

降低 CAT 实施过程中额外延迟的可能。

④ 2020 年 5 月 21 日，SEC 通过 S－X 法规中有关企业并购处置财务披露要求的修正案，修订《证券法》规则 405 和《交易法》规则 12b－2 中的重要性检验；修订投资测试，以比较注册人在收购或出售的业务中的投资和预付款与注册人的全球总市场价值进行比较；通过增加收入成分来修改收入测试；扩大使用备考财务信息来衡量重要性和在适用的范围内，使所处置业务的重要性阈值和测试与用于收购业务的重要性阈值和测试一致；为在所有重大细节方面描述并购的总体影响，通过去除不重要业务的历史财务报表并扩大模拟财务信息以修改和增强不需要财务报表或还没有要求提供财务报表的并购所需的披露；要求所收购业务的财务报表的覆盖范围不超过最近两个会计年度；允许披露某些财务报表，即省略了特定实体特定部分收购某些特定支出信息的财务报表；在特定情况下允许使用国际会计准则理事会发布的国际财务报告准则，或保持与该准则的一致性；一旦业务已在注册人的收购后财务报表中包含 9 个月或完整的会计年度（视重要性而定），则不再需要获取单独的业务财务报表。

⑤ 2020 年 6 月 29 日，SEC 将经纪人交易商的备案阈值更新为规则 17h 的报告要求。该门槛值已近 30 年没有更新，它的更新使某些较小的经纪交易商免于规则的报告要求，同时继续向委员会提供有关承保经纪交易商及其附属公司的财务状况的重要信息。

⑥ 2020 年 9 月 23 日，SEC 通过更新股东提案规则，规范了股东将其提案纳入公司的委托书中以供公司所有股东审议的程序。根据规则，任何股东在持有 2000 美元的公司股票至少 3 年后，或在较短时间内获得更高金额的股票后，都可以提交初始提案。该规则还规定了过渡期，以便当前符合 2000 美元起征点资格的股东只要在提交之日之前至少继续保持其现有持股量，便有资格提交提案以纳入公司的委托书。

⑦ 2020 年 10 月，SEC 更新了基金安排监管框架。拟议规则提高政府证券替代交易系统的运营透明度和系统完整性。另外，SEC 和 CFTC 联合批准了关于证券期货保证金的最终规则。SEC 为注册基金和业务开发公司使用衍生品采用现代化的监管框架。

（二）国内期货及衍生品市场监管改革

1. 期货法治建设持续推进，系统性规范取得成果

2020 年，期货行业法律法规体系建设力度显著加大。一方面，中国证券监督管理委员会（以下简称证监会）贯彻落实新证券法及国务院"放管服"改革要求，持续开展证券期货规章制度系统性清理，先后发布了《关于废止部分证券期货规范性文件的决定》《关于修改部分证券期货规章的决定》《关于修改部分证券期货规范性文件的决定》《关于修改、废止部分证券期货规章的决定》《关于修改、废止部分证券期货制度文件的决定》，涉及废止、修改证券期货行业规章 18 部、规范性文件 45 部、其他制度文件 38 件。另一方面，2020 年证监会对期货行业政策制度进行了集中修订，先后发布了《证券期货业投资者权益相关数据的内容和格式 第 2 部分：期货》《期货合约要素》《证券期货业投资者识别码》《证券服务机构从事证券服务业务备案管理规定（征求意见稿）》《证券期货规章制定程序规定》《证券期货违法行为行政处罚办法（征求意见稿）》《期货市场客户开户管理规定（征求意见稿）》等行业规章。此外，期货法的制定也已被列入《全国人大常委会 2020 年度立法工作计划》。

2. 科技安全重要性提升，信息建设与监管加强

随着大数据、云计算、人工智能、区块链等金融科技在证券期货市场的广泛应用，监管机构对证券期货业信息技术和信息安全的重视程度显著提高。2020 年 7 月，证监会发布《证券期货业软件测试指南 软件安全测试》《证券期货业移动互联网应用程序安全规范》《证券期货业与银行间业务数据交换协议 第 1 部分：三方存管、银期转账和结售汇业务》三项金融行业标准，进一步明确行业软件安全测试工作指引，完善监测渠道与预警机制，满足更多创新业务或衍生业务的发展需求。

信息安全方面，2020 年 3 月 1 日施行的新《中华人民共和国证券法》（以下简称《证券法》）第 160 条规定了从事信息技术系统服务的证券服务机构，应当报国务院证券监督管理机构和国务院有关主管部门备案，将信息技术服务机构备案作为一项制度明确下来。2020 年 10 月，证监会进一步发布《〈证券服务机构从事证券服务业务备案管理规定〉第九条的适用意见——证券期货法律适用意见第 16 号》及《监管规则适用指引——科技监管类第 1 号》，首次将信息技术服务机构备案纳入监管范围，进一步将信息安全保障工作具体细化。

3. 期货市场持续扩容，对外开放持续加大

2020 年，期货市场进一步扩容，除期货、期权上市品种增加外，期货市场参与者范围进一步扩展，期货交易所建设启动。2020 年，我国期货市场先后上市液化石油气期货、低硫燃料油期货、短纤期货、国际铜期货 4 个期货新品种，开展了铝、锌、动力煤、聚丙烯、菜籽粕、PVC、液化石油气等期权合约交易。同时，经国务院同意，允许符合条件的试点商业银行和具备投资管理能力的保险机构，参与中国金融期货交易所国债期货交易。2020 年 10 月，证监会在广州正式宣布广州期货交易所筹备组成立，标志着广州期货交易所创建工作进入实质阶段。

国际化方面，2020 年 9 月 25 日，证监会、中国人民银行、国家外汇管理局发布

《合格境外机构投资者和人民币合格境外机构投资者境内证券期货投资管理办法》，证监会同步发布配套规则《关于实施〈合格境外机构投资者和人民币合格境外机构投资者境内证券期货投资管理办法〉有关问题的规定》，新增允许 QFII、RQFII 投资金融期货、商品期货、期权等。QFII、RQFII 可参与金融衍生品等的具体交易品种和交易方式，亦将本着稳妥有序的原则逐步开放。

第二章　中国期货及衍生品市场运行情况

一、国内期货（期权）市场运行情况综述

2020 年，受新冠肺炎疫情冲击，全球金融市场震荡加剧。国内新冠肺炎疫情年初暴发，3 月得到迅速遏制。在抗击疫情和恢复生产方面，中国走在了全球的前面，第四季度已经实现经济的全面复苏。疫情防控期间，企业避险需求上升，在对冲经济风险和价格发现方面，国内期货、期权及相关衍生品市场职能得到有效发挥，市场规模呈现大幅增长，期货市场资金量和成交持仓量均创历史新高，期货市场风险管理作用进一步凸显。

（一）期货市场运行概况

2020 年，国内期货市场继 2019 年之后，再次迎来了"井喷式"发展。2020 年，市场累计成交量和成交金额为 61.53 亿手和 437.53 万亿元，同比分别增长 55.29% 和 50.56%，是继 2010 年、2015 年和 2019 年三次市场规模迅速扩大后的又一个"井喷年"，成交量和成交金额均突破近年历史高位。2020 年，中国期货市场成交量占全球期货市场总成交量的 13.2%，较 2019 年占比提升了 1.7 个百分点。

截至 2020 年年底，国内上市期货、期权品种总数达到 90 个，产业覆盖国民经济主要行业；市场机构投资者持仓量占比超过 50%，资金量占比超过 60%，已成为市场主要力量。同时，市场运行质量不断提升，吸引了产业客户利用市场进行风险管理；境内外金融机构参与境内衍生品市场通道全面打开，市场创新与国际化进程全面提速，多层次的衍生品市场体系已经形成。

2020 年，在市场品种创新方面，国内期货市场上市液化石油气、低硫燃料油、短纤、国际铜 4 个期货品种，上市菜籽粕、液化石油气、动力煤、聚丙烯、聚氯乙烯、线型低密度聚乙烯、铝、锌 8 个商品期权品种，全年期货、期权新品种上市数量达 12 个。另外，生猪期货已经获批 2021 年 1 月 8 日在大连商品交易所上市。

在市场业务创新方面，大连商品交易所于 2020 年 12 月 15 日推出非标准仓单业务，

首批非标仓单交易品种包括铁矿石、线型低密度聚乙烯、聚氯乙烯、聚丙烯共 4 个品种。三大商品交易所初步建成仓单交易、基差交易和商品互换交易平台。

2020 年 10 月，国内第五家期货交易所——广州期货交易所获批筹建；12 月，山东港信期货公司获批新设成立，成为国内第 150 家期货公司，打破了期货公司长期冻结新增核准纪录。

(二) 期货市场运行统计数据

2020 年 1 月至 12 月，全国期货市场累计成交量为 6152626012 手，累计成交金额为 4375258.52 亿元，同比分别增长 55.29% 和 50.56%。

其中，上海期货交易所累计成交量为 2072281720 手，累计成交金额为 1400162.07 亿元，同比分别增长 46.76% 和 44.42%，分别占全国市场的 33.68% 和 32.00%。

上海国际能源中心累计成交量为 56331980 手，累计成交金额为 127853.06 亿元，同比分别增长 58.29% 和下降 17.92%，分别占全国市场的 0.92% 和 2.92%。

郑州商品交易所累计成交量为 1701403050 手，累计成交金额为 600879.30 亿元，同比分别增长 55.74% 和 51.97%，分别占全国市场的 27.65% 和 13.73%。

大连商品交易所累计成交量为 2207327866 手，累计成交金额为 1092013.14 亿元，同比分别增长 62.83% 和 58.43%，分别占全国市场的 35.88% 和 24.96%。

中国金融期货交易所累计成交量为 115281396 手，累计成交金额为 1154350.96 亿元，同比分别增长 73.59% 和 65.80%，分别占全国市场的 1.87% 和 26.38%（见图 2 - 1、图 2 - 2）。

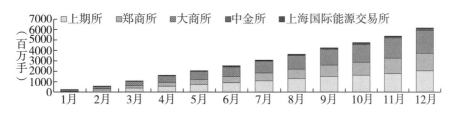

图 2 - 1　国内期货交易所 2020 年 1 月至 12 月成交量累计数据统计

数据来源：Wind 数据库

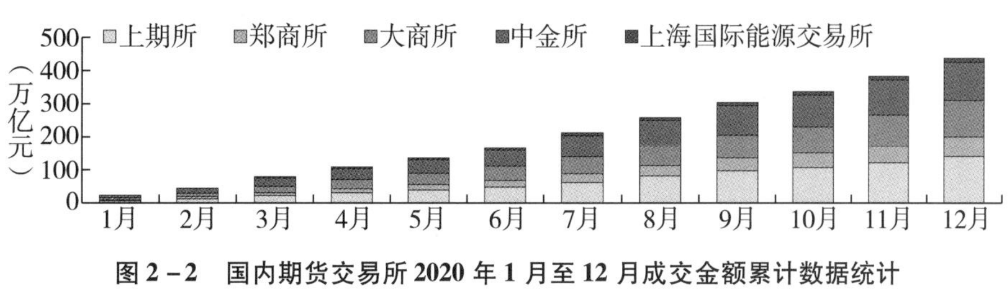

图 2 - 2　国内期货交易所 2020 年 1 月至 12 月成交金额累计数据统计

数据来源：Wind 数据库

二、商品期货、期权市场运行情况

2020 年，全球大宗商品和贵金属价格出现较大波动。无论是原油交割月合约跌至负价，还是金价创出历史新高，商品市场出现了很多历史罕见行情。

全球疫情的大暴发，令多数商品跌至过去十年的低价区域。随后，在美联储及全球主要央行宽松货币政策的刺激下，各主要经济体出台财政刺激政策，海外第二、第三轮疫情导致的原料供给收缩预期，中国疫情企稳且产能和需求迅速恢复，全球疫情预期逐步好转，以及地缘政治影响供给预期等因素，轮番对全球大宗商品价格的上涨产生助推作用。

1 月至 11 月，商品期货、期权成交 52.75 亿手，成交金额为 277.06 万亿元，分别占全国市场总成交量和总成交金额的 98.05% 和 72.44%。商品期货、期权成交量和成交金额较去年同期分别增加 50% 和 39%，商品期货、期权市场交易规模显著增长。

（一）商品期货市场运行情况

2020 年，国内期货市场共 62 个商品期货品种同时交易，其中包括当年新增加的液化石油气、低硫燃料油、短纤和国际铜 4 个品种。

1. 价格波动方面

1 月至 11 月，大宗商品价格整体先跌后涨，板块略有分化，工业品涨幅居前。截至 11 月 30 日，中国期货市场监控中心商品期货价格指数收于 1249.46 点，较去年同期上涨 20.40%。其中，工业品期货价格指数收于 1291.32 点，较去年同期上涨 19.72%；农产品期货价格指数收于 980.82 点，较去年同期上涨 12.93%（见图 2－3）。

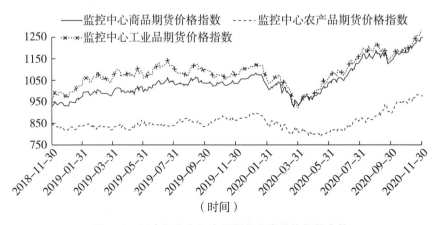

图 2－3　国内期货市场商品期货分类价格指数走势

数据来源：中国期货市场监控中心

分板块看，贵金属板块价格大幅上涨，黄金、白银涨幅均超过14%，其中白银涨幅高达26%；能源化工板块内品种分化相对较大，原油、乙二醇、PTA跌幅超过9%，但甲醇、纸浆、动力煤、苯乙烯则上涨超过15%；黑色建材板块整体上有较大幅度上涨，铁矿石涨幅超60%，焦炭、玻璃、热卷涨幅均超过25%，其余品种涨幅也在10%左右；农畜产品板块价格整体处于上涨趋势，玉米、淀粉、大豆、菜油、豆油涨幅均超过20%，其余品种价格大部分上涨，但苹果、红枣下跌分别近20%和10%，白糖和鸡蛋下跌5%左右。有色金属板块大部分品种价格上涨，铜、锌、镍上涨均超20%，铅下跌1%左右，其余品种均有一定幅度上涨。

2. 成交量方面

1月至11月，国内期货市场成交量最大的前10个商品期货品种为燃料油、豆粕、白银、螺纹钢、甲醇、棕榈油、PTA、铁矿石、石油沥青和玉米，合计成交量为28.31亿手，占商品期货总成交量的53.99%（见图2-4）。

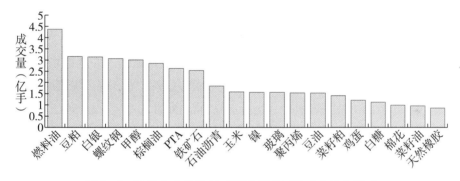

图2-4　2020年1月至11月国内期货品种成交量前20名

数据来源：Wind数据库

主要能源化工期货品种方面，2020年玻璃成交量增幅最大，达447.51%，尿素、燃料油成交量同比增幅均超100%，石油沥青、天然橡胶、聚丙烯、动力煤、聚氯乙烯期货成交量同比增幅在50%以上，PTA、焦煤、焦炭、纸浆成交量同比有所下滑。

主要金属类品种方面，2020年白银、黄金成交量增幅较大，同比增幅分别达153.04%和11.76%，有色金属类锡增幅超300%，铜、铝增幅超50%，铅、镍也均超10%，锌跌幅近20%；线材成交量出现大幅下跌，跌幅达98%，卷板成交量下跌近3%。

主要农产品类品种方面，2020年普麦成交量增幅最大，同比增幅达900%，胶合板的增幅也超过400%，粳稻、鸡蛋、黄大豆1号、棕榈油、菜籽油、豆油、强麦、纤维板增幅均超过了100%。玉米、棉花、淀粉、苹果成交量同比均超过50%，豆粕、棉纱成交量增幅分别达39%和29%。早籼稻、晚籼稻、黄大豆2号、红枣、油菜籽成交量同比下滑。

3. 成交金额方面

1 月至 11 月，国内期货市场成交金额最大的前 10 个商品期货品种为白银、黄金、铁矿石、镍、棕榈油、铜、天然橡胶、螺纹钢、原油和豆油（见图 2 - 5），合计成交金额为 149.78 万亿元，占商品期货总成交金额的 53.64%。

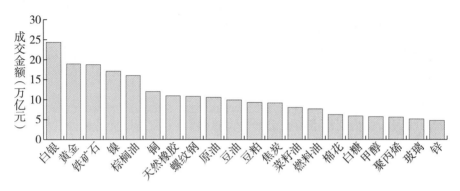

图 2 - 5 2020 年 1 月至 11 月国内期货品种成交金额前 20 名
数据来源：Wind 数据库

成交金额最大的品种是白银期货，全年成交 24.55 万亿元，占全市场交易金额的 8.86%。成交金额同样在 10 万亿元以上的依次还有黄金、铁矿石、镍、棕榈油、铜、天然橡胶、螺纹钢和原油 8 个期货品种，成交金额分别为 18.91 万亿元、18.79 万亿元、17.12 万亿元、16.01 万亿元、12.08 万亿元、10.96 万亿元、10.89 万亿元和 10.58 万亿元。

（二）商品期权市场运行情况

目前，国内共有 18 个商品期货期权品种上市交易。其中，2020 年新增 8 个期权品种，分别为菜籽粕、液化石油气、动力煤、聚丙烯、聚氯乙烯、线型低密度聚乙烯、铝和锌。

1 月 16 日，2020 年首个商品期权——菜籽粕期权在郑州商品交易所上市交易；3 月 31 日，大连商品交易所的液化石油气期权在其标的期货上市后同步上市；6 月 30 日，动力煤期权合约在郑州商品交易所正式挂牌交易；7 月 6 日，聚丙烯、聚氯乙烯、线型低密度聚乙烯三个期权合约在大连商品交易所正式挂牌交易；8 月 10 日，铝、锌期权合约在上海期货交易所正式挂牌交易。

截至 2020 年 11 月 15 日，在国内商品期权中，豆粕期权成交量占比最高，占所有商品期权成交量的 29.10%，铁矿石、甲醇、玉米、PTA 期权紧随其后，分列第 2 位至第 5 位（见图 2 - 6）。

从成交金额上看，截至 2020 年 11 月 15 日，铁矿石期权成交金额占比为 19.51%，居第 1 位，豆粕、黄金、铜、橡胶期权依次位列第 2 位至第 5 位（见图 2 - 7）。

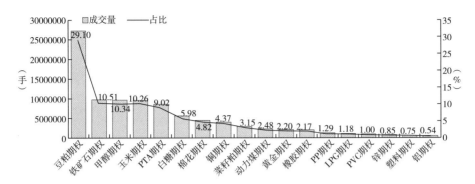

图 2 - 6　2020 年 1 月至 11 月国内商品期权分品种成交量占比

数据来源：Wind 数据库、方正中期研究院数据

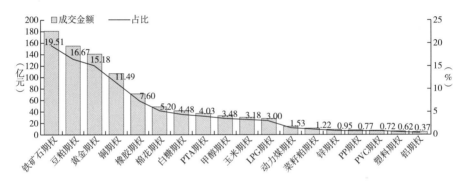

图 2 - 7　2020 年 1 月至 11 月国内商品期权分品种成交金额占比

数据来源：Wind 数据库、方正中期研究院数据

从持仓上看，截至 2020 年 11 月 15 日，甲醇、豆粕和玉米持仓最大，合计持仓在所有品种中占比超过 50%，铁矿石、PTA、白糖、棉花期权持仓占比位列第 4 位至第 7 位，合计占所有品种持仓的 25% 以上。在商品期权的各品种中，前 7 位占比超过 80%，而新上市的铝、锌期权占比均不足 1%（见图 2 - 8）。

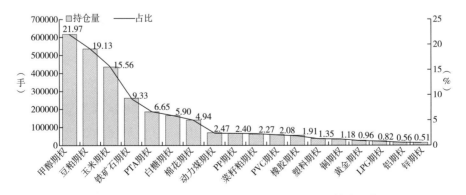

图 2 - 8　2020 年 1 月至 11 月国内商品期权分品种持仓量占比

数据来源：Wind 数据库、方正中期研究院数据

2020 年商品期权成交持仓虽然获得较大增长，但与股票期权和股指期权仍存一定差距。截至 2020 年 11 月 20 日，商品期权持仓占全市场期权持仓的 35.94%，全年累计成交量仅占全市场累计成交量的 8.82%，全年累计成交金额占全市场的 10.13%（见图 2 - 9）。

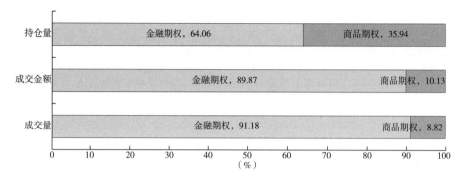

图 2 - 9　2020 年 11 月国内商品期权与金融期权成交情况对比

数据来源：Wind 数据库、方正中期研究院数据

三、金融期货、期权市场运行情况

（一）金融期货运行情况

2020 年 1 月至 11 月，在金融期货方面，银行、保险、证券、公募、私募、养老金等都已获准参与金融期货市场交易，机构投资者的总持仓已经占据主导地位，截至 2020 年 10 月，其在股指期货、国债期货上的日均持仓占比已分别上升到 63.8% 和 85.1%。

1. 股指期货方面

2020 年 1 月至 11 月，沪深 300 股指期货成交 2748.75 万手，同比增加 26.10%，成交金额为 36171.18 亿元，同比增加 45.30%；上证 50 股指期货成交 1064.89 万手，同比增加 18.41%，成交金额为 98499.14 亿元，同比增加 29.40%；中证 500 股指期货成交 3025.80 万手，同比增加 69.16%，成交金额为 354028 亿元，同比增加 99.03%。

与此同时，国内期货市场上市的 3 个股指期货合约，2020 年 11 月底和 1 月初相比全部收涨，市场成交活跃度明显提升（见图 2 - 10）。其中沪深 300 股指期货和中证 500 股指期货涨幅为 19.25% 和 17.37%，上证 50 股指期货上涨 12.14%。

2. 国债期货方面

2020 年 1 月至 11 月，中国金融期货交易所国债期货三大品种价格波动较大，整体价格先涨后跌，于 5 月达近年高点，随后持续下跌（见图 2 - 11）。

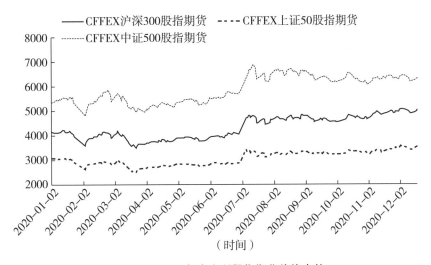

图 2 - 10 2020 年中金所股指期货价格走势

数据来源：Wind 数据库

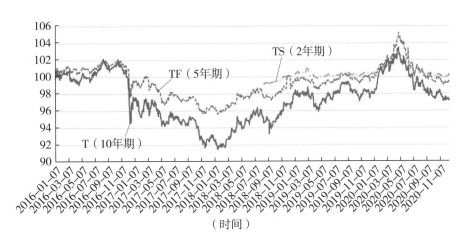

图 2 - 11 2016 年至 2020 年中金所国债期货价格走势

数据来源：Wind 数据库

1 月至 4 月，国债市场收益率大幅走低，国债期货、现券价格大幅冲高。主要触发因素在于新冠肺炎疫情加速蔓延态势，全球经济陷入衰退，国内央行货币政策从"审慎"转向"积极"，全球市场收益率同步下行。国内 10 年期国债收益率向下突破 3%后大幅走低，最低下探至 2.5% 左右，国债期货、现券价格大幅走高。

5 月至 9 月，新冠肺炎疫情缓解，国内经济快速修复，国债市场收益率低位回升，国债期货价格连续走低。在经济数据与政策导向两条主线中，国内经济进入补偿性修复阶段，各项经济数据自低位连续回升，货币政策边际收紧，重回正常化。叠加利率债密集放量供应的因素，10 年期国债收益率向上突破 3%，最高逼近 3.3%。国债期货于 9 月重回年初水平，宽松政策所带来的涨幅基本抹去了年内因疫情对经济产生的冲击。

国内期货市场上市的 3 个国债期货品种，2020 年 11 月底和 1 月初相比，主力合约价格全部收跌，10 年期国债期货价格下跌 0.36%，5 年期国债期货价格下跌 0.35%，2 年期国债期货价格下跌 0.24%。

1 月至 11 月，在累计成交量和成交金额方面，国债期货品种变动较大。10 年期国债期货成交 1470.42 万手，同比增加 72.35%；成交金额为 146544.96 亿元，同比增加 75.69%。5 年期国债期货成交 530.28 万手，同比增加 235.54%；成交金额为 53652.66 亿元，同比增加 240.98%。

（二）金融期权运行情况

在金融期权方面，国内共有上海证券交易所、深圳证券交易所上市的 3 个 ETF（交易型开放式指数基金）期权和中国金融期货交易所上市的沪深 300 指数期权 4 个品种。

2015 年 2 月 9 日我国第一只股票 ETF 期权上市，在经历了 5 年多的发展后，沪深证券交易所的 3 只 ETF 期权、中国金融期货交易所沪深 300 指数期权交易运行平稳，规模不断扩大。单品种日最高成交量曾突破 600 万手，持仓量最高突破 500 万手。

从 2020 年 1 月至 11 月的统计数据来看，在国内场内期权交易中，随着新品种的上市，金融期权在国内场内期权交易成交量和成交金额方面的占比分别达到了 91% 和 90%。显然，金融期权已经成为我国金融市场中一道亮丽的风景线，吸引越来越多的投资者参与进来。2020 年，金融期权成交量将超过 10 亿手，成交金额将超过 9000 亿元。

四、期货行业发展与创新情况

（一）期货交易所发展与创新情况

截至 2020 年 11 月，国内四大期货交易所（含上海国际能源交易中心）共有 87 个期货、期权品种上市交易，包括 69 个期货品种和 18 个期权品种（不含 ETF 期权）。其中，2020 年国内期货交易所有 12 个期货、期权品种上市。

期货交易所在深耕原有品种的同时，积极进行品种创新和制度创新，有序推进期货市场国际化，布局场外市场业务，其中包括仓单交易、商品互换、基差交易和场外期权等相关业务，打造多层次的衍生品市场。

1. 上海期货交易所（含上海国际能源交易中心）

截至 2020 年，上海期货交易所、上海能源交易中心有金属和能源化工两大类 20 个期货品种和 5 个期权品种上市交易，包括 6 月、11 月在上海国际能源交易中心分别上市的低硫燃料油和国际铜两个期货品种，以及 8 月在上海期货交易所上市的铝和锌两个期权品种。1 月至 11 月上海期货交易所累计成交量和累计成交金额分别同比增长42.48% 和 38.16%，成交数据占比全国市场的 33.78% 和 31.67%；1 月至 11 月上海国际能源中心累计成交量和累计成交金额分别同比增长 44.65% 和下降 23.90%，成交数据占比全国市场的 0.90% 和 2.92%。

据公开信息，交易所未来将围绕"打造一个规范、透明、开放、有活力、有韧性的资本市场"的总目标，打造更多国际化品种，进一步丰富能源产品序列，加快推进成品油、天然气期货研发工作，丰富标准仓单交易平台业务，逐步将业务范围拓展至非标仓单和保税仓单以及商品互换、场外期权等场外衍生品业务，使其在贴近和延伸市场功能上发挥独特作用。同时，进一步对外开放期货市场，以低硫燃料油期货为试点，开启境外设库探索。通过"跨境交收"模式，在全球重要的燃料油集散地新加坡尝试低硫燃料油集团厂库交割，进一步提升价格影响力。加强境外合作，与境外交易所开展结算价授权、探索商品期货转委托等合作。

2. 郑州商品交易所

截至 2020 年，郑州商品交易所共有农产品和工业品（非农产品）两大类 22 个期货品种和 6 个期权品种上市交易，包括 10 月上市的短纤期货一个期货品种、1 月上市的菜籽粕期权和 6 月上市的动力煤期权两个期权品种。1 月至 11 月郑州商品交易所累计成交量和累计成交金额同比增长 44.07% 和 39.52%，占全国市场的 27.03% 和 13.38%。

据交易所公开信息，下一步将持续加大产品供给，加快鸡肉、大蒜、葵花籽、马铃薯、烧碱、钢坯、水泥、丙烯等品种研发、上市进度，推动瓶片、PX（对二甲苯）上市进程，围绕 PTA 打造聚酯产品全产业链金融避险工具，推进电力研发，实现煤电品种避险联动。

3. 大连商品交易所

截至 2020 年，大连商品交易所有农产品和工业品两大类 20 个期货品种和 7 个期权品种上市交易，包括 3 月上市的液化石油气期货、期权品种和 7 月同步上市的聚丙烯、聚氯乙烯、线型低密度聚乙烯 3 个期权品种。2021 年 1 月 8 日，生猪期货已经获批上市。2020 年 1 月至 11 月大连商品交易所累计成交量和累计成交金额同比增长 63.28% 和 53.40%，占全国市场的 36.34% 和 24.48%。

据交易所公开信息，下一步将丰富产品体系，加快上市干辣椒、航运、废钢等期货品种和豆油、棕榈油等期权工具。同时，在棕榈油等品种和铁矿石期权等工具上引入境外交易者，在主要品种和工具上引入 QFII 和 RQFII，以提升市场价格的国际影响力。交易所将建设多个品种圈组成的"大宗商品生态圈"，突出科技引领赋能，有效整合行业资源，综合降低产业企业经营和风险管理成本；通过打造大宗商品仓单、现货及衍生品为一体的大宗商品交易中心，满足企业在现货贸易、资源配置和风险管理中的多样化需求；通过打造汇集商品即期、远期价格等信息的大宗商品价格信息中心，形成多种价差细分的多层次价格体系，深度服务行业健康发展。

4. 中国金融期货交易所

截至 2020 年，中国金融期货交易所有股指期货、国债期货 6 个期货品种和沪深 300 指数期权 1 个期权品种交易。1 月至 11 月中国金融期货交易所累计成交量和累计成交金额同比增长 74.59% 和 68.07%，占全国市场的 1.95% 和 27.56%。

据交易所公开信息，银行、保险、证券、公募、私募、信托、期货子公司、QFII、RQFII、养老金等都已获准参与金融期货市场，机构投资者的总持仓已经占据主导地位。但与国际成熟市场相比，参与者结构尚不均衡，证券公司、私募基金参与度较高，而持有大量金融现货资产、潜在金融风险管理需求巨大的商业银行及保险资金、公募基金等中长期资金运用金融期货还不充分，还有很大的发展空间。下一步，中金所将加大新产品供给，加快完善基础制度建设，做好中长期资金入市服务，拓宽国际投资者运用金融期货的渠道，扎实做好服务市场的各项工作。

（二）期货公司发展情况

截至 2020 年 11 月，正常营业并纳入本报告分析范围的期货公司共计 149 家，与去年同期期货公司数量保持不变。149 家期货公司共设立期货营业部 2049 家，同比增加 44 家（见图 2 – 12）。全行业总资产、净资产、客户权益 5 年间分别增长 94.2%、

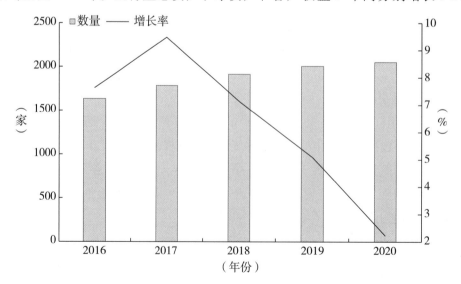

图 2 – 12　2016 年至 2020 年期货公司营业部数据

数据来源：Wind 数据库

62.4%、102.1%，达到 9224.6 亿元、1272.4 亿元和 7741.2 亿元。在以前瞻性为导向的审慎监管下，我国期货公司总体经营稳健，没有出现大的风险事件。期货行业坚持以服务实体经济为根本宗旨，一批期货公司以经纪业务为基础，以风险管理和资产管理业务为两翼，逐步实现从通道业务向综合服务商转型。

1. 期货公司分类评级整体改善

中国期货业协会于 10 月 23 日公布了《2020 年期货公司分类评价结果》。与 2019 年评价结果相比，有 47 家评级上升，27 家评级下降，75 家维持去年评级。AA 级公司从 2019 年的 14 家增加至 19 家，BBB 级公司从 2019 年的 35 家增加至 41 家（见表 2-1）。

表 2-1　　　　　　　2018 年至 2020 年期货公司分类结果情况对比

	2020 年		2019 年		2018 年	
	公司数量（家）	占比（%）	公司数量（家）	占比（%）	公司数量（家）	占比（%）
A 类 AA 级	19	12.75	14	9.40	19	12.75
A 类 A 级	21	14.09	23	15.44	18	12.08
B 类 BBB 级	41	27.52	35	23.49	42	28.19
B 类 BB 级	35	23.49	30	20.13	32	21.48
B 类 B 级	17	11.41	26	17.45	20	13.42
C 类 CCC 级	3	2.01	8	5.37	11	7.38
C 类 CC 级	8	5.37	4	2.68	5	3.36
C 类 C 级	1	0.67	2	1.34	0	0
D 级	4	2.68	7	4.70	2	1.34

数据来源：Wind 数据库

表 2-1 显示，149 家期货公司中，A 类公司 40 家，较 2019 年增加 3 家；B 类公司 93 家，较 2019 年增加 2 家；C 类公司 12 家，较 2019 年减少 2 家；D 类公司 4 家，较 2019 年减少 3 家。

获评 AA 级期货公司的分别是永安期货、中信期货、银河期货、国泰君安期货、海通期货、浙商期货、申银万国期货、南华期货、国投安信期货、华泰期货、鲁证期货、五矿经易期货、广发期货、东证期货、光大期货、方正中期期货、中粮期货、新湖期货和中信建投期货。

从增加的 5 家 AA 级期货公司来看，五矿经易期货、东证期货、新湖期货、中信建投期货是从 2019 年的 A 级升为 AA 级，鲁证期货则从 2019 年的 B 级升为 AA 级。

2020 年评级连升多级的期货公司不在少数。其中，金瑞期货、国富期货均是从 2019 年的 CC 级升至 A 级，中衍期货从 CC 级升至 BBB 级，中电投先融期货从 C 级升至 BBB 级。2019 年 D 类期货公司中，有 4 家直接升至 B 类，其中，中大期货、金汇期货均从 D 级升至 BBB 级，中投天琪期货、和合期货均从 D 级升至 BB 级。也有期货公司 2020 年评级降幅较大，如兴证期货从 2019 年的 A 级降至 CC 级，上海大陆期货、华龙期货从 BBB 级降至 CC 级。

在 A 股上市的两家期货公司南华期货和瑞达期货分别被评为 AA 级、A 级，均维持了 2019 年的评级；首家由外资全资控股的期货公司摩根大通期货的分类评级为 BBB 级。

A 类和 B 类期货公司尤其是 AA 级和 BBB 级、BB 级的期货公司，数量有一定的增长，显示出在监管环境趋严和期货市场服务国家战略的大背景下，部分期货经营机构的风险管理能力、合规经营水平、市场竞争力和服务实体经济能力不断提高。

2. 市场前景看好，期货公司增资加速

各方资本看好中国期货及衍生品市场的发展前景，国内期货公司注册资本增资加速。中国期货业协会（以下简称中期协）数据显示，截至 2020 年 10 月末，全国 149 家期货公司注册资本共计 802.84 亿元，较去年同期增长 8.4%。12 月，监管层新批设立山东港信期货有限公司，注册资本为 10 亿元。

2020 年，从期货公司注册资本变动情况发现，约 20 家期货公司已完成或正在进行增资，其中有 12 家期货公司注册资本增加 1 亿元以上。大多数期货公司获得股东注资，额度从千万元至 10 亿元不等。先锋期货、天鸿期货等公司则是通过引入新股东来壮大自身资本实力。也有期货公司将自身的盈利转增注册资本，比如，方正中期期货以资本公积及未分配利润转增注册资本方式进行增资，注册资本由之前的 4.22 亿元变更为 10.05 亿元。

同年 10 月，招商期货完成增资至 35.98 亿元，申银万国期货增资 10 亿元。截至 2020 年，业内有 25 家公司注册资本在 10 亿元（含）以上。其中，中信期货以 36 亿元的注册资本排在行业首位，五矿经易期货和东证期货分别以 27.15 亿元、23 亿元的注册资本排在第 3 和第 4，申银万国期货增资完成后超过 20 亿元名列第 5，国信期货和国泰君安期货并列第 6，注册资本均为 20 亿元。

在直接融资方面，2020 年有 3 家期货公司宣布进入上市辅导期，分别是上海中期期货、新湖期货和永安期货。

经过近十年的努力，期货公司由原来的单一经纪业务逐渐发展到集期货经纪、投资咨询、资产管理、风险管理、国际化等业务于一身，创新业务的顺利开展离不开资本的支持。在未来行业竞争中，净资本实力是影响公司盈利能力、抗风险能力和发展潜力的关键性因素之一。

3. 主营业务收入和利润增长超过四成

2020 年，伴随市场规模的扩大，期货公司业务也出现"井喷式"增长。根据中期协公布的 2020 年 10 月期货公司总体及分辖区经营情况显示，前 10 个月，全国 149 家期货公司净利润为 64.49 亿元，同比增长 40.75%；手续费收入为 152.07 亿元，同比增长 41.45%（见表 2－2）。

表 2－2　　　　　　　**2020 年 10 月全国期货公司经营总体情况**　　　　　单位：亿元

项目/时间	10 月	行业中位数	9 月	环比	2019 年10 月	同比	1—10 月	2019 年1—10 月	同比
交易额（万亿元）	33.00	—	45.76	−27.89%	21.03	56.93%	334.59	234.31	42.80%
其中：商品期货	25.78	—	34.52	−25.33%	15.70	64.22%	239.46	178.34	34.27%
金融期货	7.22	—	11.24	−35.77%	5.33	35.45%	95.13	55.97	69.95%
交易量（亿手）	4.61	—	6.10	−24.43%	2.82	63.53%	46.42	31.47	47.52%
其中：商品期货	4.55	—	6.01	−24.26%	2.77	64.24%	45.60	30.93	47.45%
金融期货	0.059	—	0.092	−35.90%	0.05	22.73%	0.82	0.54	51.67%
注册资本	802.84	3.7520	802.68	0.02%	742.42	8.14%	—	—	—
净资本	690.03	3.1115	693.54	−0.51%	686.63	0.50%	—	—	—
资产总额	9224.62	27.2306	8837.00	4.39%	6260.40	47.35%	—	—	—
净资产	1272.42	5.3558	1267.02	0.43%	1168.27	8.92%	—	—	—
客户权益	7741.23	20.3365	7358.02	5.21%	4936.90	56.80%	—	—	—
营业收入	24.84	0.0938	35.12	−29.27%	20.00	24.18%	268.32	216.32	24.04%
手续费收入	16.10	0.0667	24.06	−33.07%	11.20	43.73%	152.07	107.51	41.45%
营业利润	6.58	0.0126	9.33	−29.43%	4.54	44.94%	82.10	59.02	39.10%
净利润	5.13	0.0077	6.82	−24.84%	3.54	44.81%	64.49	45.82	40.75%

数据来源：中国期货业协会

表 2－2 显示，2020 年 10 月，期货公司经营指标也呈现全面增长。其中，客户权益明显增加，为 7741.23 亿元，同比增加 56.80%；资产总额为 9224.62 亿元，同比增加 47.35%；净资产为 1272.42 亿元，同比增加 8.92%。

（三）期货市场投资者结构变化情况

截至 2020 年 11 月底，全市场有效客户数 181.8 万户，其中机构客户数达到 5.74

万户。机构持仓、成交量分别占全市场 55.59% 和 37.4%，同比增长 38% 和 98.6%，与 2015 年相比，则分别增长 2.01 倍和 2.49 倍。

9 月底，共有 8185 只私募基金和 1621 只资管产品投资场内商品及金融衍生品，资金规模分别为 1.03 万亿元和 142 亿元。

2020 年，共有 4 只公募商品期货 ETF 基金成立，虽然目前规模还不大，但与股票、债券等资产形成了互补，填补了公募基金大类资产配置当中的空白。

2020 年，我国期货市场参与者结构迎来五大层面的变化：一是大型实体龙头企业对期货的运用愈发成熟，逐渐向各自产业链现货交易商的角色转型；二是银行、券商、公募基金、保险公司等资金体量大、风险管理需求强的金融机构将根据其业务特点，继续有规模地进入期货市场；三是随着产品发行的总体规模增长，以私募为核心的机构投资者群体也将进一步发展；四是风险管理公司将成为市场上服务中小企业的核心群体，在期货市场上的占比也会不断上升；五是随着"80 后""90 后"投资者群体的出现，对工具的利用能力与学习能力也会加强，促使市场涌现出更多的专业能力强、风险控制能力强的专业自然人投资者。

（四）行业监管和制度建设

近年来我国期货市场虽然发展稳定向好，但在市场体系、产品体系、规则体系、基础设施体系等方面还需要进一步完善。

在立法方面，期货行业盼望已久的期货法即将进入一读[①]。期货法将从法律层面对我国期货市场的改革开放做好顶层设计，明确各参与主体的法律地位，明确期货市场基础法律关系、民事权利义务和法律责任；明确对场外市场的监管；对市场准入、投资者保护和对外开放等做出明确规定，为期货市场对外开放以及跨境监管提供法制保障。

在政策方面，期货公司为风险管理子公司提供介绍服务、期货资管参与科创板、创业板网下打新和参与非标市场等政策均已出台。2020 年，国债冲抵保证金、差异化保证金措施已经实施；做市商制度持续优化，合约连续性问题得到改善。期货市场主体供给取得突破，首家外资全资控股期货公司诞生，多年未有的新设期货公司已经获批，新设期货交易所工作进入尾声，商品指数公司即将开业，商业银行、保险机构已获准参与国债期货市场。

在市场建设方面，我国场外衍生品市场建设初见成效。近年来，3 家商品期货交易所仓单交易、基差贸易、商品互换等场外期现结合业务平台相继上线，对场内工具形

---

① 截至完稿日。

成有益补充，形成期货与现货、场内与场外、线上与线下的互联互通，进一步促进了衍生品市场的发展，有效拓展了服务实体经济的空间。2020 年，期货市场监控中心持续完善场外衍生品交易报告库建设，获得了 FSB（金融稳定委员会）的认证，将对我国场外衍生品市场的稳定发展起到重要作用。

五、证券和期货行业场外衍生品市场运行情况

（一）证券行业场外衍生品市场运行情况

2020 年，证券行业场外衍生品业务总体上保持快速发展的势头，增长超过一倍。

根据中国证券业协会数据，截至 2020 年 10 月底，证券业月末存续规模合计 12884.74 亿元，较去年同期增长 121.31%。其中，场外期权 8343.75 亿元，收益互换 4540.98 亿元（见图 2 - 13、表 2 - 3）。

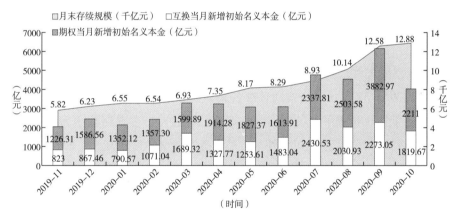

图 2 - 13　证券业场外衍生品交易统计

数据来源：中国证券业协会

表 2 - 3　　　　　　证券公司场外衍生品 2020 年 10 月底交易统计　　　　　单位：亿元

业务类型	统计项	期初存量	本期新增	本期终止	期末存量	本年累计新增
收益互换	名义本金	4054.42	1819.67	1333.12	4540.98	16169.52
	交易笔数	18415	5117	4922	18611	54192
场外期权	名义本金	8522.10	2211.00	2388.74	8343.75	20600.23
	交易笔数	10946	2520	2910	10558	31450
合计	名义本金	12576.51	4030.67	3721.85	12884.74	36769.75
	交易笔数	29361	7637	7832	29169	85642

数据来源：中国证券业协会

从场外衍生品标的来看，截至 2020 年 10 月，存续的场外期权标的以股指类（占比 37.85%）、商品类（占比 42.49%）为主，个股类和其他占比不足 20%；收益互换标的包括股指类（占比 14.90%）、商品类（占比 12.99%）、个股类（19.27%）和其他（占比 52.84%）（见表 2-4）。标的类型和占比和去年同期相比变化不大。

表 2-4　　　　证券公司场外衍生品 2020 年 10 月存续交易标的情况　　　　单位：亿元

标的类型	存续交易业务类型			
	场外期权		收益互换	
	名义本金规模	占比	名义本金规模	占比
股指类	3158.20	37.85%	676.43	14.90%
商品类	3545.00	42.49%	590.09	12.99%
个股类	878.85	10.53%	874.97	19.27%
其他	761.71	9.13%	2399.49	52.84%
合计	8343.75	—	4540.98	—

数据来源：中国证券业协会

从业务集中度来看，2020 年 10 月，收益互换业务规模排名前五的证券公司本期存续名义本金共 3953.32 亿元，占本期存续名义本金总量的 87.06%；场外期权业务规模排名前五的证券公司本期存续名义本金共 5882.28 亿元，占本期存续名义本金总量的 70.50%（见表 2-5）。证券公司场外衍生品业务行业集中度较高。

表 2-5　　　　　　　证券公司场外衍生品业务开展情况　　　　　　　单位：亿元

存续交易名义本金排名	存续交易业务类型					
	互换		期权		合计	
	证券公司	本期存续名义本金	证券公司	本期存续名义本金	证券公司	本期存续名义本金
第一名	中信证券	1549.03	中信证券	1391.97	中信证券	2941.00
第二名	中金公司	1490.72	申万宏源	1297.32	中金公司	2065.44
第三名	华泰证券	437.12	华泰证券	1220.85	华泰证券	1657.96
第四名	国泰君安	350.32	中信建投	1103.88	申万宏源	1406.78
第五名	中信建投	126.14	国泰君安	868.27	中信建投	1230.02
合计	3953.32		5882.29		9301.20	
集中度	87.06%		70.50%		72.19%	

数据来源：中国证券业协会

从业务开展场所来看，2020 年 10 月，新增的 4030.67 亿元初始名义本金中，在柜台开展的规模为 3998.07 亿元，占比 99.19%，通过报价系统开展的规模为 32.60 亿元，占比 0.81%。

从证券公司场外衍生品合约的交易对手情况分析，商业银行、私募基金、其他机构是场外衍生品市场的主要买方机构。以名义金额计，2020 年 10 月新增互换交易中，商业银行、其他机构占比较高，分别为 36.92%、27.68%；新增期权交易中，商业银行、证券公司及其子公司占比较高，分别为 61.01%、15.34%。

1. 场外期权业务

证券公司场外期权业务中，期权合约标的构成主要分为以沪深 300、中证 500、上证 50 为主的 A 股股指，A 股个股，黄金期现货，其他期现货以及部分境外标的等。从组成结构来看，2020 年 10 月，A 股股指期权以名义本金为维度进行统计，占比为 37.97%；A 股个股期权以名义本金为维度进行统计，占比 12.13%；黄金期现货期权以名义本金为维度进行统计，占比 39.08%（见图 2 - 14）。和 2019 年同期相比，除了境外标的期权合约降幅较大，其他变化不明显。

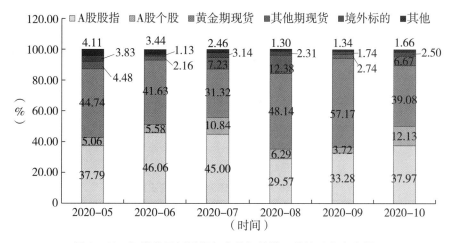

图 2 - 14　证券公司新增期权合约标的情况统计（名义金额）
数据来源：中国证券业协会

2. 场外收益互换业务

在证券公司场外衍生品业务中，场外收益互换合约标的构成主要分为 A 股个股，以沪深 300、中证 500、上证 50 为主的 A 股股指，以港股、美股、境外期现货为代表的境外标的，黄金期现货，其他期现货等。从组成结构来看，2020 年 10 月，A 股个股以名义本金为维度进行统计，占比为 24.19%；A 股股指以名义本金为维度进行统计，占比 9.50%（见图 2 - 15）。和 2019 年同期相比，场外收益互换业务中，合约为 A 股个股和 A 股股指标的业务降幅较大，其他类标的增幅较大。

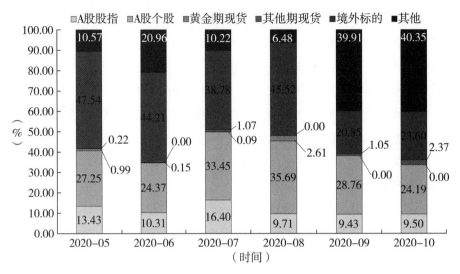

图 2 - 15　证券公司新增收益互换合约标的情况统计（名义金额）

数据来源：中国证券业协会

（二）期货行业场外衍生品市场运行情况

截至 2020 年 10 月，期货行业共有 85 家期货公司设立 87 家风险管理公司，其中 85 家风险管理公司备案了试点业务。

风险管理公司主要业务包括基差贸易、仓单服务、合作套期保值、场外衍生品业务和做市业务。与 2019 年同期相比，2020 年 10 月风险管理公司各项指标都得到明显改善和增长，其中净利润增幅最大，达到 69％（见表 2 - 6），但场外衍生品业务规模相对较小，利润贡献不大。

表 2 - 6　　　　　　　　　　**2020 年 10 月风险管理公司财务情况统计**　　　　　　　　单位：亿元

财务指标	9 月	10 月	环比	2019 年 10 月	同比	2020 年 1—10 月	2019 年 1—10 月	同比
总资产	879.41	877.89	-0.17%	592.83	48%	—	—	—
净资产	258.76	256.62	-1%	210.56	22%	—	—	—
注册资本	292.56	292.56	—	243.40	20%	—	—	—
实收资本	266.14	267.39	0.47%	221.67	21%	—	—	—
业务收入	233.22	161.61	-31%	122.34	32%	1584.20	1406.63	13%
净利润	3.30	-2.24	-168%	-0.41	-441%	7.36	4.37	69%

数据来源：中国期货业协会

期货行业风险管理公司总资产为 877.89 亿元，同比增长 48%；净资产为 256.62 亿元，同比增长 22%；注册资本为 292.56 亿元，同比增长 20%；实收资本为 267.39 亿元，同比增长 21%。1 月至 10 月行业累计业务收入 1584.20 亿元，同比增长 13%，净利润 7.36 亿元，同比增长 69%。

风险管理公司场外衍生品业务主要包括场外商品衍生品业务和场外金融衍生品业务，具体业务主要有场外期权业务、场外远期业务和场外互换业务三大类，近年来场外商品衍生品业务份额占比较高。

2020 年 1 月至 10 月，风险管理公司场外衍生品业务中，名义本金累计为 6113.89 亿元，同比减少 41.22%。其中，场外商品衍生品业务占比接近 80%。

1. 场外商品衍生品业务

在风险管理公司场外商品衍生品业务中，场外期权业务占主导，其次是场外远期业务，场外互换业务量较小。1 月至 10 月，场外商品衍生品业务降幅较大。

1 月至 10 月，场外商品衍生品业务名义本金累计新增 4840.5 亿元，同比减少 50.23%。其中，场外期权业务名义本金累计新增 4370.61 亿元，同比减少 47.64%；场外远期业务名义本金累计新增 293.85 亿元，同比减少 70.62%；场外互换业务名义本金累计新增 176.04 亿元，同比减少 53.47%（见表 2－7、图 2－16）。

表 2－7　　　　**2020 年 10 月风险管理公司场外商品衍生品业务名义本金统计**　　　　单位：亿元

业务项目		名义本金							
		9 月	10 月	环比	2019 年 10 月	同比	2020 年 1—10 月累计	2019 年 1—10 月累计	同比
期权	新增	526.28	418.47	−20%	439.21	−5%	4370.61	8346.96	−48%
	月末存量	901.15	829.48	−8%	1174.49	−29%	——	——	——
远期	新增	49.79	34.03	−32%	19.42	75%	293.85	1000.30	−71%
	月末存量	46.13	42.07	−9%	22.70	85%	——	——	——
互换	新增	25.67	34.10	33%	31.67	8%	176.04	378.32	−53%
	月末存量	36.53	54.61	49%	22.30	145%	——	——	——

数据来源：中国期货业协会

2. 场外金融衍生品业务

在风险管理公司场外金融衍生品业务中，场外期权业务占主导，场外远期业务和场外互换业务量都较小。1 月至 10 月，场外金融衍生品业务出现大幅增长，名义本金累计新增 1272.39 亿元，同比增加 88.96%。其中，场外期权业务名义本金累计新增 1135.92 亿元，同比增加 65%；远期业务名义本金累计新增 12.09 亿元；场外互换业务

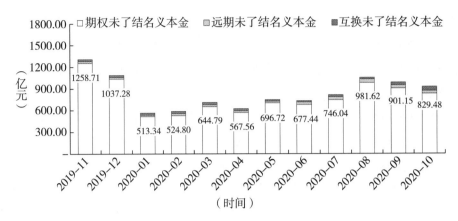

图 2-16 风险管理公司场外商品衍生品业务变化情况

数据来源：中国期货业协会

名义本金累计新增 124.38 亿元，同比增加 1210%（见表 2-8、图 2-17）。

表 2-8　　　　**2020 年 10 月风险管理公司场外金融衍生品业务名义本金统计**　　　单位：亿元

业务项目		名义本金							
		9 月	10 月	环比	去年同期	同比	2020 年1—10 月累计	2019 年1—10 月累计	同比
期权	新增 个股	79.26	70.62	−11%	37.43	89%	611.49	269.35	127%
	指数	35.67	79.64	123%	13.99	469%	413.77	108.87	280%
	其他	—	—	—	18.74	−100%	110.67	309.66	−64%
	合计	114.92	150.26	31%	70.15	114%	1135.92	687.88	65%
	月末存量 个股	156.20	160.34	3%	60.18	166%	—	—	—
	指数	192.11	225.04	17%	30.20	645%	—	—	—
	其他	61.63	43.65	−29%	234.54	−81%	—	—	—
	合计	409.94	429.04	5%	324.93	32%	—	—	—
远期	新增 个股	5.06	5.47	8%	—	—	10.53	—	—
	指数	0.58	0.88	52%	—	—	1.56	—	—
	其他	—	—	—	—	—	—	—	—
	合计	5.63	6.35	13%	—	—	12.09	—	—
	月末存量 个股	5.06	4.75	−6%	—	—	—	—	—
	指数	0.10	0.10	—	—	—	—	—	—
	其他	—	—	—	—	—	—	—	—
	合计	5.16	4.85	−6%	—	—	—	—	—

续　表

业务项目			名义本金							
			9 月	10 月	环比	去年同期	同比	2020 年1—10 月累计	2019 年1—10 月累计	同比
互换	新增	个股	16.07	15.87	−1%	0.84	1784%	81.76	8.14	905%
		指数	7.18	1.82	−75%	0.03	5976%	22.58	0.03	75182%
		其他	1.04	0.42	−59%	0.15	183%	20.03	1.33	1406%
		合计	24.29	18.12	−25%	1.02	1672%	124.38	9.50	1210%
	月末存量	个股	28.58	36.13	26%	4.91	636%	—	—	—
		指数	18.33	17.48	−5%	0.03	58169%	—	—	—
		其他	5.77	5.16	−10%	1.18	338%	—	—	—
		合计	52.68	58.77	12%	6.12	860%	—	—	—

数据来源：Wind 数据库

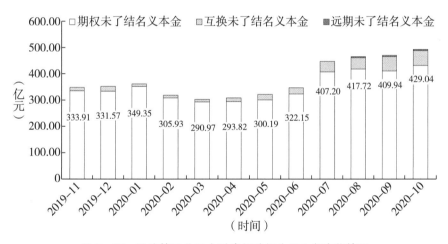

图 2－17　风险管理公司金融类场外衍生品业务变化情况

数据来源：中国期货业协会

六、国内期货市场在全球衍生品市场的地位

2020 年上半年，全球场内衍生品成交量呈现暴发式增长，综合增速达到了 32.1%，超越了 2007 年的 30.9% 高点，创出了 20 年来的增速新高，上半年的成交已经接近或超过往年全年成交量。国内期货市场增速相对更快，高于全球市场 10 个百分点以上。

从衍生品类别看，期货和期权交易量均有显著增长，其中期权涨幅较大，但期货的市场份额依然高于期权，占期货和期权总成交量的 56.0%。

从标的资产种类看，金融衍生品和商品衍生品均有增长。2020 年上半年，金融衍生品总成交量为 173.94 亿手，同比增长 31.4%，占场内衍生品总成交量的 79.5%。商品衍生品总成交量为 44.75 亿手，同比增长 34.8%，占场内衍生品总成交量的 20.5%。

金融衍生品成交量增幅最大的是股指期货，同比增长 50.6%，个股、利率、外汇类也均出现了增长，增幅分别为 34.4%、1.9% 和 5.5%。商品衍生品中，除非贵金属类减少 3.4%，其余类别的成交量均有增长。其中，贵金属类和能源类同比增幅较大，依次为 64.3% 和 53.3%；农产品类和其他类增幅分别为 33.0% 和 32.8%。

2020 年上半年，三家商品期货交易所交易量综合在全球市场排名第 10~12 位，中国金融期货交易所排名第 26 位。在交易品种成交量排名方面，国内商品期货排名比较抢眼，金融期货排名位置稍有靠后。

在交易品种方面，据美国期货业协会（FIA）统计数据，美国上市的期货、期权合约数量显著超过国内市场。2020 年上半年有成交的商品期货、期权合约共约 498 个。其中，商品期货 340 个、商品期权 158 个。相比之下，同期国内上市品种不足 90 个，相对较少。

（一）国内期货交易所在全球市场排名情况

根据 FIA 发布的 2020 年上半年全球 80 余家交易所上市的约 2670 个场内衍生品交易数据，国内三大商品交易所均进入前 12 强。

大连商品交易所（下称大商所）排名第 10，较 2019 年同期排名提升了 1 位；上海期货交易所（下称上期所）排名第 11，较 2019 年同期排名下降了 1 位；郑州商品交易所（下称郑商所）排名第 12，较 2019 年同期持平；中国金融期货交易所（下称中金所）排名第 26，较 2019 年同期提升了 2 位（见表 2-9）。

表 2-9　　　　　　　　　2020 年上半年全球衍生品交易所排名

2020H1 排名	2019H1 排名	交易所	2020 年 1 月至 6 月	2019 年 1 月至 6 月	同比
1	1	印度国家证券交易所（NSE）	37.26	28.95	28.7%
2	2	芝加哥商业交易所集团（CME Group）	27.84	24.54	13.4%
3	3	巴西交易所（B3）	27.26	17.63	54.6%

2020H1排名	2019H1排名	交易所	2020年1月至6月	2019年1月至6月	同比
4	4	洲际交易所（ICE）	14.40	11.34	27.0%
5	6	芝加哥期权交易所集团（CBOE）	13.21	9.19	43.9%
6	7	纳斯达克（NASDAQ）	12.25	8.74	40.2%
7	9	莫斯科交易所（MOEX）	11.03	6.69	64.8%
8	8	韩国交易所（KRX）	10.83	8.11	33.5%
9	5	欧洲期货交易所（Eurex）	10.67	10.13	5.4%
10	11	大连商品交易所（DCE）	9.33	5.59	66.8%
11	10	上海期货交易所（SHFE）	9.31	6.18	50.5%
12	12	郑州商品交易所（ZCE）	6.08	5.25	15.8%
13	17	伊斯坦布尔交易所（BIST）	4.75	1.64	190.3%
14	15	迈阿密国际交易所（MIAX）	3.82	2.13	79.3%
15	13	孟买证券交易所（BSE）	3.62	5.09	−29.0%
16	16	日本交易所集团（JPX）	2.79	1.82	53.7%
17	14	香港交易所（HKEX）	2.27	2.29	−0.6%
18	21	台湾期货交易所（TAIFEX）	1.74	1.28	35.6%
19	23	多伦多证券交易所集团（TMX Group）	1.51	1.11	35.2%
20	22	新加坡交易所（SGX）	1.30	1.26	3.0%
21	20	澳大利亚交易所（ASX）	1.20	1.36	−11.4%
22	18	印度多种商品交易所（MCX）	1.07	1.44	−25.4%
23	25	泛欧交易所（Euronext）	0.96	0.72	32.3%
24	24	南非约翰内斯堡证券交易所（JSE）	0.84	0.88	−4.4%
25	27	泰国期货交易所（TFEX）	0.61	0.45	35.1%
26	28	中国金融期货交易所（CFFEX）	0.50	0.32	56.3%
27	19	罗萨里奥期货交易所（ROFEX）	0.44	1.37	−67.8%
28	32	东京金融交易所（TSE）	0.29	0.17	74.7%
29	26	印度商品交易所（ICEX）	0.25	0.59	−57.0%
30	29	西班牙期货和期权交易所（MEEF）	0.23	0.25	−6.4%

2020H1排名	2019H1排名	交易所	2020年1月至6月	2019年1月至6月	同比
31	31	特拉维夫证券交易所（TASE）	0.21	0.17	24.2%
32	30	伦敦证券交易所集团（LSE Group）	0.15	0.22	−33.1%
33	37	马来西亚衍生品交易所（BMD）	0.09	0.06	59.9%
34	33	迪拜黄金与商品交易所（DGCX）	0.07	0.11	−29.7%
35	39	北美衍生品交易所（Nadex）	0.06	0.05	16.5%

数据来源：FIA，中国期货业协会

（二）国内品种在全球市场成交量排名情况

1. 农产品类衍生品成交量排名

2020年上半年，成交手数排全球前3位的农产品衍生品分别为大商所的豆粕期货、棕榈油期货和鸡蛋期货。国内期货品种占据了全球农产品合约前20强的13席，与去年同期持平。其中大商所品种占7个，郑商所品种占5个，上期所品种占1个。大商所豆粕期货自2012年以来一直名列全球农产品成交量排名首位。在增幅方面，排名前20的农产品衍生品中，大商所的鸡蛋、棕榈油、黄大豆1号期货增幅分别达到643.2%、399.6%和227.5%（见表2−10）。

表2−10　　全球农产品类衍生品合约2020年上半年成交量排名情况

排名	合约	2020年上半年成交量（百万手）	2019年上半年成交量（百万手）	同比
1	豆粕期货，大商所	148.55	128.34	15.7%
2	棕榈油期货，大商所	139.80	27.98	399.6%
3	鸡蛋期货，大商所	74.51	10.03	643.2%
4	菜籽粕期货，郑商所	65.71	77.02	−14.7%
5	豆油期货，大商所	58.83	25.79	128.1%
6	白糖期货，郑商所	55.63	52.74	5.5%
7	玉米期货，大商所	54.98	46.10	19.3%
8	棉花期货，郑商所	54.41	25.50	113.4%

排名	合约	2020 年上半年成交量（百万手）	2019 年上半年成交量（百万手）	同比
9	玉米期货，芝加哥期货交易所	45.30	61.33	−26.1%
10	橡胶期货，上期所	28.51	25.90	10.1%
11	大豆期货，芝加哥期货交易所	28.35	26.97	5.1%
12	黄大豆 1 号期货，大商所	27.81	8.49	227.5%
13	菜籽油期货，郑商所	27.58	19.63	40.5%
14	苹果期货，郑商所	25.37	16.91	50.1%
15	糖 11 号期货，洲际交易所	25.10	21.40	17.3%
16	芝加哥软红冬麦期货，芝加哥期货交易所	17.21	17.39	−1.0%
17	豆油期货，芝加哥期货交易所	16.88	15.07	12.0%
18	豆粕期货，芝加哥期货交易所	15.04	14.67	2.5%
19	豆粕期权，大商所	11.22	5.02	123.5%
20	玉米期权，芝加哥期货交易所	10.12	18.34	−44.8%
21	纸浆期货，上期所	9.04	17.04	−47.0%
22	活牛期货，芝加哥商业交易所集团	8.96	8.91	0.5%
23	玉米淀粉期货，大商所	7.79	8.12	−0.04%
24	毛棕榈油期货，马来西亚衍生品交易所	7.46	4.59	62.40%
25	堪萨斯硬红冬麦期货，芝加哥期货交易所	7.29	8.27	−11.80%
26	瘦肉猪期货，芝加哥商业交易所集团	6.95	8.02	−13.3%
27	黄大豆 2 号期货，大商所	6.82	9.51	−28.3%
28	咖啡 C 期货，洲际交易所	6.78	7.83	−13.5%
29	制粉小麦期货，泛欧交易所	6.17	4.94	24.9%
30	大豆期权，芝加哥期货交易所	6.03	7.44	−19.0%
31	可可期货，洲际交易所美国	5.69	6.09	−6.5%
32	2 号棉期货，洲际交易所	4.91	4.62	6.1%
33	玉米期权，大商所	4.62	2.04	126.4%

续　表

排名	合约	2020 年上半年成交量（百万手）	2019 年上半年成交量（百万手）	同比
34	毛棕榈油期货，亚太交易所	3.99	1.04	284.3%
35	芝加哥软红冬麦期权，芝加哥期货交易所	3.85	4.39	−12.3%
36	糖 11 号期权，洲际交易所	3.75	2.91	28.6%
37	红枣期货，郑商所	3.50	16.66	−79.0%
38	可可期货，洲际交易所欧洲	3.35	4.05	−17.2%
39	白糖期权，郑商所	2.83	3.08	−8.1%
40	油菜籽期货，洲际交易所	2.79	2.84	−1.9%

数据来源：FIA，中国期货业协会

2. 金属类衍生品成交量排名

2020 年上半年，成交手数排名全球前 3 位的金属类衍生品分别为上期所的螺纹钢期货、大商所的铁矿石期货和上期所的白银期货，其中，螺纹钢期货自 2009 年上市以来一直位于金属类衍生品成交量首位。国内期货品种占据了全球金属合约前 10 强的 8 席，和 2019 年同期持平。其中，上期所品种占 6 席，大商所品种占 1 席，郑商所品种占 1 席。螺纹钢期货排名第一，铁矿石期货排名第二，螺纹钢期货自 2009 年上市以来一直位于金属类衍生品成交量首位。在增幅方面，排名前 10 的金属衍生品中，郑商所锰硅期货以 309.9% 的增幅位列增幅第 1 位（见表 2 – 11）。

表 2 – 11　　　全球金属类衍生品合约 2020 年上半年成交量排名情况

2020 年上半年排名	2019 年上半年排名	合约	交易所	2020 年上半年	2019 年上半年	同比
1	1	螺纹钢	上海期货交易所 SHFE	187889436	223132914	−15.79%
2	2	铁矿石	大连商品交易所 DCE	135552335	141198781	−4.00%
3	3	镍	上海期货交易所 SHFE	71293460	51393888	38.72%
4	6	铝	香港交易所集团 HKEX	34368139	33480456	2.65%
5	5	热轧卷	上海期货交易所 SHFE	33408865	38156557	−12.44%
6	4	锌	上海期货交易所 SHFE	23354885	43348571	−46.12%
7	7	铜	上海期货交易所 SHFE	22795704	19027399	19.80%
8	16	锰硅	郑州商品交易所 ZCE	22138661	5401203	309.88%

2020 年上半年排名	2019 年上半年排名	合约	交易所	2020 年上半年	2019 年上半年	同比
9	9	铝	上海期货交易所 SHFE	21902315	17116649	27.96%
10	8	A 级铜	香港交易所集团 HKEX	16854295	17960800	−6.16%

数据来源：FIA，中国期货业协会

3. 能源类衍生品成交量排名

2020 年上半年，成交手数排名全球前 3 位的能源类衍生品分别为莫斯科交易所的布伦特原油期货、上期所的燃料油期货及纽约商业交易所的 WTI 原油期货。国内能源类期货品种在前 20 强中占有 6 席，较上年同期持平。上期所燃料油期货和石油沥青期货分别位列第 2 和第 5，上海国际能源交易中心的中质含硫原油期货位列第 13，大商所的液化石油气（LPG）期货和焦炭期货位列第 11 和第 17，郑商所的动力煤期货位列第 20。在增幅方面，上期所的燃料油期货列增幅第 2 位（见表 2 – 12）。

表 2 – 12　　全球能源类衍生品合约 2020 年上半年成交量排名情况

排名	合约	2020 年上半年成交量（百万手）	2019 年上半年成交量（百万手）	同比
1	布伦特原油期货，莫斯科交易所	490.54	274.52	78.7%
2	燃料油期货，上期所	280.69	63.42	342.6%
3	WTI 原油期货，纽约商业交易所	174.97	152.08	15.1%
4	布伦特原油期货，洲际交易所	137.81	112.26	22.8%
5	石油沥青期货，上期所	105.07	53.25	97.3%
6	亨利港天然气期货，纽约商业交易所	66.11	44.91	47.2%
7	柴油期货，洲际交易所	48.13	39.29	22.5%
8	原油期货，印度多种商品交易所	37.83	27.28	38.7%
9	WTI 轻质低硫原油期货，洲际交易所	30.83	27.10	13.8%
10	RBOB 汽油期货，纽约商业交易所	25.72	26.99	−4.7%
11	液化石油气（LPG）期货，大商所	25.05	n/a	n/a
12	纽约港 ULSD 期货，纽约商业交易所	24.96	20.24	23.4%
13	中质含硫原油期货，上海国际能源交易中心	20.51	20.09	2.1%
14	燃料油期货，洲际交易所	20.13	3.33	504.9%

续 表

排名	合约	2020 年上半年成交量（百万手）	2019 年上半年成交量（百万手）	同比
15	美国石油基金 ETF 期权	19.63	13.06	50.3%
16	天然气期货，印度多种商品交易所	18.48	4.92	275.7%
17	焦炭期货，大商所	18.18	29.26	−37.9%
18	原油期权，纽约商业交易所	18.18	16.29	11.6%
19	布伦特原油最后日现金结算期货，纽约商业交易所	16.77	13.11	27.9%
20	动力煤期货，郑商所	16.51	14.55	13.5%

数据来源：FIA，中国期货业协会

4. 其他类衍生品成交量排名

FIA 排名中的其他类衍生品主要指除上述类别外的商品衍生品，如化工、商品指数、运费、房地产、木材以及天气指数等。全球其他类衍生品 2020 年上半年成交量排名情况如表 2-13 所示。

表 2-13　　　　全球其他类衍生品合约 2020 年上半年成交量排名情况

排名	合约	小类	2020 年上半年成交量（百万手）	2019 年上半年成交量（百万手）	同比
1	Bank Nifty 股指期权，印度国家证券交易所（NSE）	股指	1782.13	1374.40	29.7%
2	Bovespa 迷你股指期货，巴西交易所（B3）	股指	1256.87	727.68	72.7%
3	CNX Nifty 股指期权，印度国家证券交易所（NSE）	股指	941.08	465.08	102.3%
4	SPDR 标普 500ETF 期权，多家美国交易所	股指	626.25	339.02	84.7%
5	美元兑印度卢比期权，印度国家证券交易所（NSE）	外汇	341.87	294.25	16.2%
6	Kospi 200 股指期权，韩国交易所（KRX）	股指	341.14	336.87	1.3%

排名	合约	小类	2020 年上半年成交量（百万手）	2019 年上半年成交量（百万手）	同比
7	欧洲美元期货，芝加哥商业交易所（CME）	利率	333.12	379.03	−12.1%
8	美元兑俄罗斯卢布期货，莫斯科交易所（MOEX）	外汇	315.11	175.65	79.4%
9	美元兑印度卢比期货，印度国家证券交易所（NSE）	外汇	307.46	273.86	12.3%
10	标普 500 电子迷你期货，芝加哥商业交易所（CME）	股指	288.38	200.35	43.9%
11	迷你美元期货，巴西交易所（B3）	外汇	272.06	165.35	64.5%
12	隔夜同业拆借利率期货，巴西交易所（B3）	利率	266.21	185.89	43.2%
13	10 年期国债期货，芝加哥期货交易所（CBOT）	利率	236.21	225.49	4.8%
14	欧洲斯托克 50 股指期货，欧洲期货交易所（Eurex）	股指	220.35	146.07	50.9%
15	日经 225 迷你期货，大阪交易所	股指	204.38	121.36	68.4%
16	标普 500 股指期权，芝加哥期权交易所（CBOE）	股指	179.45	156.55	14.6%
17	欧洲斯托克 50 股指期权，欧洲期货交易所（Eurex）	股指	178.46	134.70	32.5%
18	美元兑印度卢比期货，印度孟买证券交易所（BSE）	外汇	171.12	190.93	−10.4%
19	欧洲美元期权，芝加哥商业交易所	利率	159.93	150.52	6.3%
20	美元兑印度卢比期权，印度孟买证券交易所（BSE）	外汇	159.26	300.85	−47.1%

数据来源：FIA，中国期货业协会

七、2020 年期货市场热点问题

（一）期货保证金规模大幅增加，机构投资者成为市场中坚力量

2020 年，受新冠肺炎疫情影响，商品价格波动剧烈，吸引了大量资金入市。据中国期货市场监控中心数据显示，截至 2020 年 11 月，我国期货市场资金量突破 8559.5 亿元，同比增长 55.2%，较历史最高年 2015 年翻了一番，期货公司客户保证金规模大幅增加；有效客户数为 181.8 万个，较 2015 年增长 69%。

多家上市公司相继发布了开展期货套期保值业务的公告，基于公司对宏观经济、终端市场、原材料价格趋势的判断，入局期货市场。证券公司、基金公司、信托公司、保险公司、合格境外投资者、私募基金管理机构、期货公司子公司、期货期权做市商等特殊单位客户进入期货市场。基本养老保险基金、商业银行和保险资金等中长期资金入市，借助期货工具实现套期保值。境外投资者入市参与境内期货交易，资本市场对外开放水平不断提高。

（二）期货市场国际化进程稳步提速

2020 年，我国继续积极推进期货市场国际化建设，对外开放品种增加到 7 个，包括新增加的低硫燃料油、国际铜、棕榈油期货 3 个品种。境外投资者参与度稳步提升，国内大宗商品定价影响力得到提高。

1 月至 10 月，上海原油期货累计完成交割 7932 万桶，同比增长 4.15 倍，在低油价时期，有效地扩大了我国原油商业储备，助力保障国家能源安全。上海原油期货在 2020 年前 10 个月的境外客户日均成交占比近 18%，日均持仓占比近 25%。铁矿石期货已有 21 个国家和地区的境外客户参与，已发展成为全球交易量最大、唯一采用单一实物交割的铁矿石衍生品。PTA 作为我国期货市场首个引入境外交易者的化工品种，已经成为全球聚酯产业的价格风向标。天然橡胶和 20 号胶期货互为补充，已成为全球最主要的天然橡胶期货市场。

（三）近 600 家上市公司开展套期保值业务，衍生品市场助力风险管理

2020 年是"黑天鹅"事件频发的一年，受新冠肺炎疫情等因素影响，市场波动剧烈，上市公司面临的风险加剧，开展套期保值业务以对冲风险的需求增加。

据期货日报不完全统计，截至 10 月 29 日，共有 537 家 A 股上市公司发布了与套期保值相关的公告，加上 2019 年年底提前公布套期保值计划的 45 家上市公司，2020

年参与套期保值的上市公司共有582家。在582家公告开展套期保值业务的上市公司中，有112家公司仅进行商品套期保值业务，有386家仅进行外汇套期保值业务，其余84家公司同时进行商品和外汇套期保值业务。[①]

从交易场所来看，上市公司开展商品套期保值业务主要在场内进行，包括境内和境外期货交易所；开展外汇套期保值业务主要在银行间市场进行，此外，也有部分通过境外交易所实现。

从衍生品工具的产品形态来看，上市公司开展商品套期保值业务运用的工具主要是期货和期权；开展外汇套期保值业务运用的工具包括远期、互换、期权、期货等。

（四）建立居间人"自下而上"管理体系

2020年12月1日，中国期货业协会发布公告，就《期货公司居间人管理办法（试行）》（下称《管理办法》）公开征求意见。《管理办法》主要从以下五方面对居间人进行规范和管理：一是明确居间人定义，规范居间人资质条件；二是突出信义义务，保护投资者合法权益；三是强化合同管理，规范居间报酬；四是加强期货公司内控，要求留置风险金；五是明确协会自律管理职责，加强事中事后管理。

考虑到期货行业居间人实际存在的乱象和不规范问题，参考国内证券、保险等行业及境外有关经纪人均已纳入监管范围的实践，有必要制定全国统一的自律管理规则，把居间人纳入自律管理范围，厘清居间合作边界。这对改善期货公司竞争环境、提高期货市场透明度具有重要意义。

（五）上海期货交易所调整限仓制度，鼓励期货公司做大做强

2020年11月20日，上海期货交易所发布《关于期货公司会员限仓比例调整的通知》。该调整措施是交易所顺应市场发展，主动服务实体经济，发挥期货市场风险管理功能的一项重要举措，有利于鼓励期货公司会员做大做强，进一步提升市场服务水平，促进期货市场健康稳定发展。

自2021年1月1日起，40家《2020年期货公司分类评价结果》A类期货公司的限仓比例调整至35%，6家期货公司的限仓比例由35%下调至25%。此次调整相关期货公司会员的限仓比例，是根据《上海期货交易所风险控制管理办法》的有关规定，参考《2020年期货公司分类评价结果》，并结合2020年各期货公司会员在合规经营以及对交易所工作的支持与配合等方面的综合表现来制定的，目的是通过减少对期货公司

---

① https：//mp. weixin. qq. com/s？ src＝11&timestamp＝1669126542&ver＝4182&signature＝J3Z－zNdAjxXpLvj6rOl1WUP07ZXtOXg9glKzas5－Ydh5jvflbdRdTl－NccrsbJ3BvOLfphtJbKwRWybPPEhdW1pdkxMmVL1gxgahExA10Ty－－4－l9Z8UMdAegQddk0Wc&new＝1.

会员规模扩大和业务发展的限制，进一步鼓励优质期货公司会员做大做强。

（六）广州期货交易所获批设立

2020年10月9日，广州期货交易所筹备组正式成立，标志着广州期货交易所的创建工作进入实质阶段。

广州期货交易所是国内第五家期货交易所，它的建立是中国期货市场改革发展的重大举措，也对推动实体经济高质量发展、粤港澳大湾区战略规划和国家"一带一路"建设具有重大战略意义和现实作用。

（七）山东港信期货有限公司获批设立

山东港信期货有限公司在2020年12月获批设立，注册资本10亿元人民币，成为第150家期货公司，打破了多年来期货公司审批冻结的现象，期货市场监管政策回归理性。

自2000年期货市场发展进入规范阶段，新设立的期货公司很少，149家期货公司中仅有20家设立于2000年1月以后，其中最近的设立时间为2008年，距山东港信期货有限公司的设立也有12年之久。近年来，期货业发展取得了显著成绩，在规模扩容、业务种类增多的背景下，市场吸引力也得到了较大提升，市场不断解绑是大势所趋。

（八）WTI 原油期货出现"负价格"极端行情

2020年4月20日，美国WTI原油期货5月合约（4月21日到期、5月交割）价格深跌55.90美元，收于－37.63美元/桶，跌幅高达306%。该跌幅创出美国油价单日波动历史纪录，美国市场期货价格首次跌至负值。

3月以来，美国、加拿大多地原油现货出现负油价。历史数据显示，负气价较常见，而负油价很少见，仅1998年出现过一次。导致国际原油价格大跌和美国WTI原油期货5月合约跌至负价格的主要原因是全球新冠肺炎疫情愈发严重，需求断崖式下行，同时与主产国减产力度不强有直接关系。但是和纽约商业研究所的交易和交割制度设计也有直接关系，国内市场应引以为戒。

（九）铁矿石期货价格创上市以来新高

2020年12月18日，铁矿石期货主力合约价格最高至1076.5元/吨，创下2013年10月上市以来新高，相比2020年2月7日（春节后首个交易日）的低点569.5元/吨，涨幅达89.03%；相比历史低点2015年12月31日的282.5元/吨，涨幅达281.06%。

铁矿石价格为何出现如此涨幅？强劲的需求是铁矿石价格上涨的基础。从疫情打击中率先恢复的中国对钢铁产品的需求量大增，而我国的铁矿石超 80% 依赖进口。2020 年前 11 个月我国生铁产量同比增长 4.2%；粗钢产量同比增长 5.5%，年化钢产量将达到 10.5 亿吨。但与此同时，全球铁矿石供应不增反减。淡水河谷、FMG 铁矿石产量不仅没有上升，反而下降，导致供应紧张。12 月 2 日，淡水河谷公司公布下调 2020 年铁矿石产量预期，由之前的 3.1 亿吨下调至 3 亿至 3.05 亿吨。而且，铁矿石的定价机制实际上是通过小样本来决定大市场价格，这是不合理的。此次铁矿石价格疯涨，也是定价机制不合理而导致的投机行为放大。另外，市场的炒作行为，也对铁矿石价格起到推波助澜的作用。

本章小结

（一）2020 年期货市场再现"井喷式"发展

2020 年期货市场继 2019 年之后，再现"井喷式"发展。

1. 在市场发展方面

截至 2020 年 11 月底，我国期货市场发展主要数据如下。

（1）我国期货市场资金量突破 8559.5 亿元，同比增长 55.2%；1 月至 11 月累计成交量、成交金额分别达到 53.8 亿手和 382.5 万亿元，同比增长 50.4% 和 45.5%。

（2）全行业总资产、净资产、客户权益 5 年间分别增长 94.2%、62.4%、102.1%，达到 9224.6 亿元、1272.4 亿元和 7741.2 亿元。

（3）全市场机构客户数达到 5.74 万户，机构持仓、成交量分别占全市场的 55.59% 和 37.4%，同比增长 38% 和 98.6%，市场运行质量不断提升，吸引了更多实体企业和投资机构参与期货市场交易。期货经营机构综合实力提升，一批期货公司逐步从通道业务向综合服务转型。

2. 在市场职能发挥方面

2020 年，"期货价格 + 升贴水"定价模式日益普及，推动了贸易方式变革，期货定价不断提升，影响力不断增强；"保险 + 期货"模式不断深化，保险公司已利用大豆、玉米等农产品期货价格作为农业保险定价依据。

3. 在市场建设方面

全年共上市 12 个新品种，市场上市期货和期权品种总量增加到 90 个。目前已实施做市制度的期货期权品种总数达到 65 个，全年新增 32 个期货期权做市品种，做市品种的流动性和活跃合约连续性显著提升。对外开放期货品种达到 6 个，境外投资者参与度稳步提升，我国重要大宗商品定价影响力得到提高。

（二）期货市场的市场化改革依然在路上

经过 30 年的发展，我国期货市场在法治建设、市场建设、市场职能等方面还需要进一步完善。

1. 法治建设方面

长期以来，国内很多商品期货品种的分类排名一直在全球前 20 名，明确各参与主体的法律地位，明确期货市场基础法律关系、民事权利义务和法律责任尤为重要。但国内期货立法工作相对滞后，行业盼望已久的期货法虽然即将进入一读，但发展 30 年尚未出台还需努力[①]，期待尽快夯实市场法治基础，为市场发展提供法制保障。

2. 市场建设方面

国内四家以及第五家期货交易所都是监管部门垂直管理，很难厘清管理边界，期货市场的市场化、国际化和制度优化有待提高和进一步改进。多年以来，商品期货交易所三分天下、金融期货交易所一家独大的垄断格局一直没有打破。

3. 市场职能和市场效率方面

期货市场的市场职能有待进一步优化，市场效率有待进一步提高。我们通过对 2019 年和 2020 年活跃期货品种的研究，发现现有品种中套期保值效率大部分低于 50%，和成熟市场还有差距。如何做好制度设计，在合理管控市场风险的前提下提高市场效率，是期货市场持续发展的动力。我们看到，2020 年期货市场商品期货品种交易保证金比率普遍高于 10%，套期保值头寸和套利头寸差异化比率优惠不明显，在一定程度上影响市场效率。

总之，期货行业应认真贯彻落实党的十九届五中全会精神，以创新发展为动力，以服务实体经济为目标，不断深化改革，全面扩大开放，加快建设一个高效率、有活力、开放型的期货市场，为构建以国内大循环为主体、国内国际双循环相互促进的新发展格局贡献更多力量。这也是方星海同志在 2020 年第 16 届中国（深圳）国际期货大会对期货市场发展提出的期望。

---

① 截至完稿日。

第三章　中国期货及衍生品市场品种运行分析

一、上海期货交易所上市品种运行分析

（一）交易与交割数据总览

截至 2020 年 11 月 30 日，上海期货交易所共上市期货品种 20 个（其中国际铜和低硫燃料油期货为 2020 年新上市品种）；累计成交金额为 1322283.96 亿元，同比增加 29.25%；成交量为 1855903895 手，同比增加 42.29%；11 月底持仓量为 7129588 手，同比增加 17.38%；累计交割量为 811987 手，同比增加 44.68%。[①]

（二）具体品种运行数据

1. 铝期货

1 月至 11 月，铝期货最高价格为 16600 元/吨，最低价格为 11225 元/吨（见图 3 - 1），主连合约平均价格为 13790 元/吨，期末价格为 16485 元/吨，相较 2019 年年末的 13885 元/吨上涨了 2600 元/吨。

1 月至 11 月铝期货成交 45046337 手，同比增长 50.11%；成交金额为 30912.64 亿元，同比增长 48.48%；日均持仓量 387147 手，同比上升 5.34%；日均沉淀资金 13.14 亿元，同比上升 3.01%；交割量为 137445 手，同比下降 26.36%（见表 3 - 1）。铝期货近年来交割量连续减少。

表 3 - 1 　　　　　　　　　　　铝期货交割量

年份	交割量（手）	同比变化（%）
2020	137445	－ 26.36
2019	186640	－ 34.52
2018	285055	—

数据来源：Wind 数据库

[①] 数据来源：根据中国期货业协会网站整理。

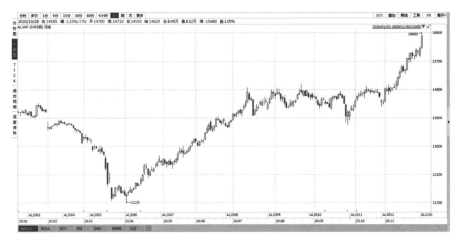

图 3 – 1   铝期货（主连合约）2020 年价格走势

数据来源：Wind 数据库

2. 铜期货

1 月至 11 月，铜期货最高价格为 57790 元/吨，最低价格为 35300 元/吨（见图 3 – 2），主连合约平均价格为 47846 元/吨，期末价格为 57680 元/吨，相较 2019 年年末价格 47320 元/吨上涨了 10360 元/吨。

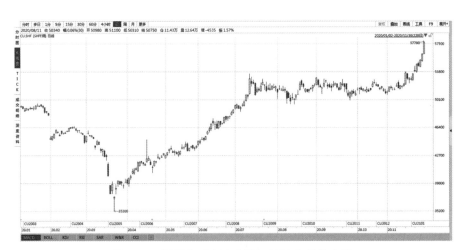

图 3 – 2   铜期货（主连合约）2020 年价格走势

数据来源：Wind 数据库

1 月至 11 月铜期货成交量为 50069837 手，同比增长 52.43%；成交金额为 120800.28 亿元，同比增长 54.30%；日均持仓量为 327785 手，同比上升 12.45%；日均沉淀资金为 39.11 亿元，同比上升 12.76%；交割量为 93515 手，同比上升 26.61%（见表 3 – 2）。

表 3 - 2	铜期货交割量	
年份	交割量（手）	同比变化（%）
2020	93515	26.61
2019	73860	−24.78
2018	98195	—

数据来源：Wind 数据库

3. 天然橡胶期货

1 月至 11 月，上海期货交易所天然橡胶期货最高价格为 16635 元/吨，最低价格为 9360 元/吨（见图 3 - 3），主连合约平均价格为 11711.84 元/吨，期末价格为 15150 元/吨，相较 2019 年年末价格 12960 元/吨上涨了 2190 元/吨。

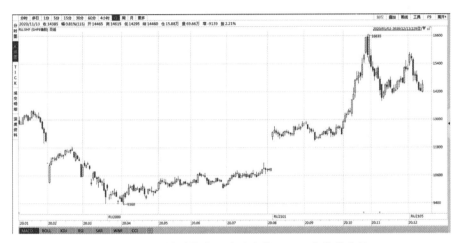

图 3 - 3 天然橡胶期货（主连合约）2020 年价格走势
数据来源：Wind 数据库

1 月至 11 月天然橡胶期货合约成交量为 86334586 手，同比增长 81.13%；成交金额为 109665.32 亿元，同比增长 94.28%；日均持仓量为 266250 手，同比上升 4.90%；日均沉淀资金为 15.94 亿元，同比上升 6.32%；交割量为 15441 手，同比下降 34.18%（见表 3 - 3）。

表 3 - 3	天然橡胶期货交割量	
年份	交割量（手）	同比变化（%）
2020	15441	−34.18
2019	23459	5.30
2018	22279	—

数据来源：Wind 数据库

4. 锌期货

1 月到 11 月，锌期货最高价格为 21685 元/吨，最低价格为 14245 元/吨（见图 3 - 4）。主连合约平均价格为 17855 元/吨，期末价格为 21535 元/吨，相较 2019 年年末价格多 18040 元/吨上涨了 3495 元/吨。

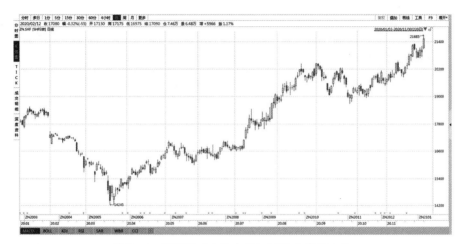

图 3 - 4　锌期货（主连合约）2020 年价格走势

数据来源：Wind 数据库

1 月至 11 月锌期货成交 54119381 手，同比下降 18.57%；成交金额为 48878.65 亿元，同比下降 27.98%；日均持仓量为 212040 手，同比下降 19.50%；日均沉淀资金为 9.42 亿元，同比下降 29.30%；交割量为 46390 手，同比下降 15.91%（见表 3 - 4）。

表 3 - 4　　　　　　　　　　　　锌期货交割量

年份	交割量（手）	同比变化（%）
2020	46390	－ 15.91
2019	55170	104.33
2018	27000	—

数据来源：Wind 数据库

5. 黄金期货

1 月至 11 月，黄金期货最高价格为 454.08 元/克，最低价格为 330.12 元/克（见图 3 - 5）。主连合约平均价格为 389.62 元/克，期末价格为 371.34 元/克，相较 2019 年年末价格 335.70 元/克上涨了 35.64 元/克。

1 月至 11 月黄金期货成交 47754425 手，同比增长 11.76%；成交金额为 189075.73 亿元，同比增长 36.82%；日均持仓量为 271658 手，同比上升 0.83%；日均沉淀资金为 42.50 亿元，同比上升 24.68%；交割量为 2094 手，同比上升 19.32%（见表 3 - 5）。

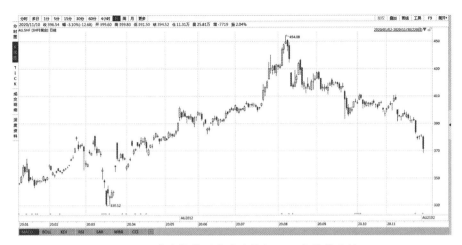

图 3 - 5 黄金期货（主连合约）2020 年价格走势

数据来源：Wind 数据库

表 3 - 5   黄金期货交割量

年份	交割量（手）	同比变化（%）
2020	2094	19.32
2019	1755	- 38.16
2018	2838	—

数据来源：Wind 数据库

6. 螺纹钢期货

1 月至 11 月，螺纹钢期货最高价格为 4005 元/吨，最低价格为 3103 元/吨（见图 3 - 6）。主连合约平均价格为 3585 元/吨，期末价格为 3906 元/吨，相较 2019 年年末价格 3620 元/吨上涨了 286 元/吨。

图 3 - 6 螺纹钢期货（主连合约）2020 年价格走势

数据来源：Wind 数据库

1月至11月螺纹钢期货成交307295551手，同比下降28.38%；成交金额为108986.92亿元，同比下降30.46%；日均持仓量为1925814手，同比增长5.01%。日均沉淀资金为34.24亿元，同比增长3.40%；交割量为18210手，相较2019年的29250手同比下降37.74%（见表3-6）。

表3-6	螺纹钢期货交割量	
年份	交割量（手）	同比变化（%）
2020	18210	-37.74
2019	29250	276.45
2018	7770	—

数据来源：Wind数据库

7. 线材期货

1月至11月线材期货最高价格为4388元/吨，最低价格为3656元/吨（见图3-7），主连合约平均价格为3927.90元/吨，期末价格为4151元/吨，相较2019年年末价格4381元/吨下降了230元/吨。

图3-7 线材期货（主连合约）2020年价格走势

数据来源：Wind数据库

1月至11月线材期货成交3444手，同比下降98.00%；成交金额为1.35亿元，同比下降98.01%；日均持仓量为20手，同比下降97.05%；日均沉淀资金为5万元，同比下降96.99%；交割量连续4年为0手。

8. 铅期货

1月至11月铅期货最高价格为16585元/吨，最低价格为12620元/吨（见

图3-8）。主连合约平均价格为14660元/吨，期末价格为15330元/吨，相较2019年年末价格15435元/吨下降了105元/吨。

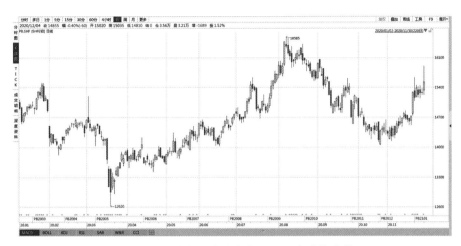

图3-8 铅期货（主连合约）2020年价格走势

数据来源：Wind数据库

1月至11月铅期货成交9256984手，同比增长33.18%；成交金额为6818.67亿元，同比增长17.84%；日均持仓量为51456手，同比上升10.11%。日均沉淀资金为1.88亿元，同比下降3.15%；交割量为27190手，同比下降0.95%（见表3-7）。

表3-7	铅期货交割量	
年份	交割量（手）	同比变化（%）
2020	27190	-0.95
2019	27450	44.02
2018	19060	—

数据来源：Wind数据库

9. 白银期货

1月至11月白银期货最高价格为6877元/吨，最低价格为2857元/吨（见图3-9）。主连合约平均价格为4673元/吨，期末价格为4686元/吨，相较2019年年末价格4135元/吨上涨了551元/吨。

1月至11月白银期货成交316334085手，同比增长153.04%；成交金额为245488.39亿元，同比增长214.19%；日均持仓量为716123手，同比上升32.00%；日均沉淀资金为20.32亿元，同比上升56.06%；交割量为117294手，同比上升953.48%（见表3-8）。

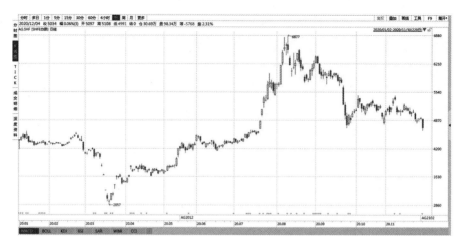

图 3-9 白银期货（主连合约）2020 年价格走势

数据来源：Wind 数据库

表 3-8　　　　　　　　　　白银期货交割量

年份	交割量（手）	同比变化（%）
2020	117294	953.48
2019	11134	-45.96
2018	20602	——

数据来源：Wind 数据库

10. 石油沥青期货

1 月至 11 月，石油沥青期货最高价格为 3524 元/吨，最低价格为 1758 元/吨（见图 3-10），主连合约平均价格为 2543.98 元/吨，期末价格为 2410 元/吨，相较 2019 年年末价格 3188 元/吨下降了 778 元/吨。

1 月至 11 月石油沥青期货成交量为 183919960 手，同比上升 90.74%；成交金额为 44262.77 亿元，同比上升 43.92%；日均持仓量为 603375 手，同比上升 76.01%；日均沉淀资金为 6.02 亿元，同比上升 37.14%；交割量为 32137 手，同比上升 195.65%（见表 3-9）。

表 3-9　　　　　　　　　　石油沥青期货交割量

年份	交割量（手）	同比变化（%）
2020	32137	195.65
2019	10870	-15.22
2018	12821	——

数据来源：Wind 数据库

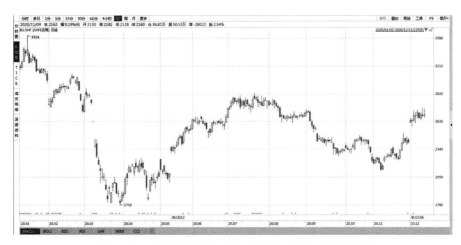

图 3 – 10　石油沥青期货（主连合约）2020 年价格走势

数据来源：Wind 数据库

11. 热轧卷板期货

1 月至 11 月热轧卷板期货最高价格为 4190 元/吨，最低价格为 2933 元/吨（见图 3 – 11），主连合约平均价格为 3608.91 元/吨，期末价格为 4175 元/吨，相较 2019 年年末价格 3592 元/吨上升了 583 元/吨。

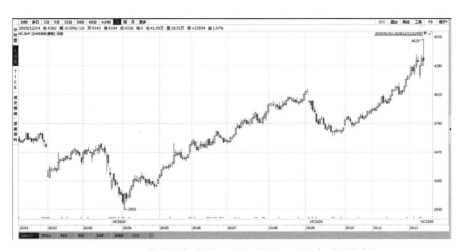

图 3 – 11　热轧卷板期货（主连合约）2020 年价格走势

数据来源：Wind 数据库

1 月至 11 月热轧卷板期货成交 63263277 手，同比下降 2.58%；成交金额为 22646.46 亿元，同比下降 3.54%；日均持仓量为 525278 手，同比上升 33.26%；日均沉淀资金为 13.24 亿元，同比上升 33.96%；交割量为 35220 手，同比增长 36.19%（见表 3 – 10）。

表 3 - 10   热轧卷板期货交割量

年份	交割量（手）	同比变化（%）
2020	35220	36.19
2019	25860	2.86
2018	25140	—

数据来源：Wind 数据库

12. 镍期货

1 月至 11 月，镍期货最高价格为 125670 元/吨，最低价格为 89550 元/吨（见图 3 - 12）。主连合约平均价格为 107879 元/吨，期末价格为 121960 元/吨，相较 2019 年年末价格 109330 元/吨上涨了 12630 元/吨。

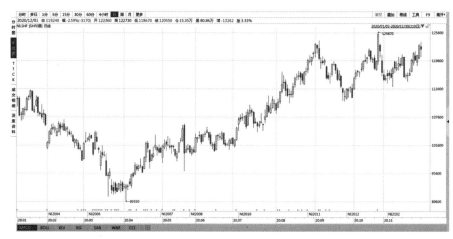

图 3 - 12   镍期货（主连合约）2020 年价格走势
数据来源：Wind 数据库

1 月至 11 月镍期货成交 157017401 手，同比增长 12.58%；成交金额为 171206.32 亿元，同比增长 6.37%；日均持仓量为 260470 手，同比下降 15.39%；日均沉淀资金为 14.17 亿元，同比下降 18.89%；交割量为 95964 手，同比上升 45.77%（见表 3 - 11），期货交割量逐年增长，交割比重也在上升，期限融合较好。

表 3 - 11   镍期货交割量

年份	交割量（手）	同比变化（%）
2020	95964	45.77
2019	65832	68.20
2018	39138	—

数据来源：Wind 数据库

13. 锡期货

1 月至 11 月，锡期货最高价格为 154400 元/吨，最低价格为 103200 元/吨（见图 3－13）。主连合约平均价格为 137597 元/吨，期末价格为 149220 元/吨，相较 2019 年年末价格 138410 元/吨上涨了 10810 元/吨。

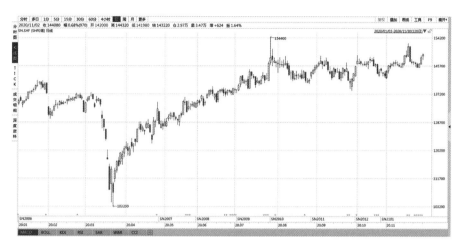

图 3－13　锡期货（主连合约）2020 年价格走势

数据来源：Wind 数据库

1 月至 11 月锡期货成交 11872988 手，同比增长 301.41%；成交金额为 16309.89 亿元，同比增长 293.66%；日均持仓量 50551 手，同比上升 141.75%；日均沉淀资金 3.43 亿元，同比上升 131.80%；交割量为 11850 手，同比上升 46.44%（见表 3－12）。2020 年锡期货的成交量、成交金额、持仓量、沉淀资金和交割量均显著上升，这可能与 2019 年 12 月沪锡做市商制度的推行密切相关，当前沪锡的价格发现及套期保值功能得到提升，锡期货流动性也显著增强。

表 3－12　　　　　　　　　　　　　　　锡期货交割量

年份	交割量（手）	同比变化（%）
2020	11850	46.44
2019	8092	－ 10.84
2018	9076	—

数据来源：Wind 数据库

14. 原油期货

1 月至 11 月，原油期货最高价格为 529.8 元/桶，最低价格为 205.3 元/桶（见图 3－14），主连合约平均价格为 301.38 元/桶，期末价格为 281.6 元/桶，相较 2019 年年末价格 483.5 元/桶下降了 201.9 元/桶。

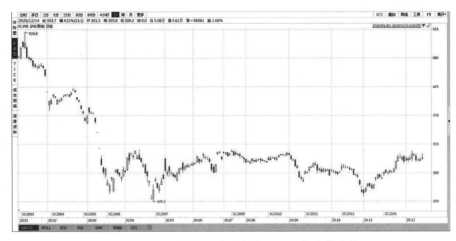

图 3 - 14　原油期货（主连合约）2020 年价格走势

数据来源：Wind 数据库

1 月至 11 月原油期货合约成交 37010633 手，同比上升 12.94%；成交金额为 105801.35 亿元，同比下降 27.52%；日均持仓量为 120548 手，同比上升 317.88%；日均沉淀资金 17.77 亿元，同比上升 175.25%；交割量为 82913 手，同比上升 437.87%（见表 3 - 13）。

表 3 - 13　　　　　　　　　　　　原油期货交割量

年份	交割量（手）	同比变化（%）
2020	82913	437.87
2019	15415	1947.14
2018	753	—

数据来源：Wind 数据库

15. 燃料油期货

1 月至 11 月，燃料油期货最高价格为 2556 元/吨，最低价格为 1343 元/吨（见图 3 - 15），主连合约平均价格为 1824.33 元/吨，期末价格为 1870 元/吨，相较 2019 年年末价格 2163 元/吨下降了 293 元/吨。

1 月至 11 月燃料油期货成交 438889743 手，同比增长 189.78%；成交金额为 76947.14 亿元，同比增长 105.12%；日均持仓量为 709514 手，同比上升 95.20%；日均沉淀资金为 10.16 亿元，同比上升 52.11%；交割量 61896 手，同比上升 217.56%（见表 3 - 14）。

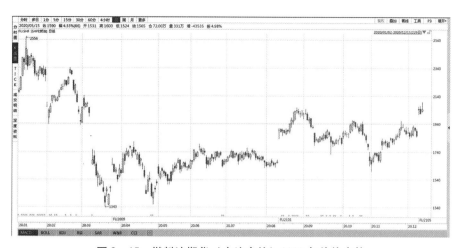

图 3 – 15　燃料油期货（主连合约）2020 年价格走势

数据来源：Wind 数据库

表 3 – 14　　　　　　　　　　　　燃料油期货交割量

年份	交割量（手）	同比变化（%）
2020	61896	217.56
2019	19491	—
2018	—	—

数据来源：Wind 数据库

16. 纸浆期货

1 月至 11 月，纸浆期货最高价格为 5028 元/吨，最低价格为 4252 元/吨（见图 3 – 16），主连合约平均价格为 4562. 35 元/吨，期末价格为 4800 元/吨，相较 2019 年年末价格 4604 元/吨上涨了 196 元/吨。

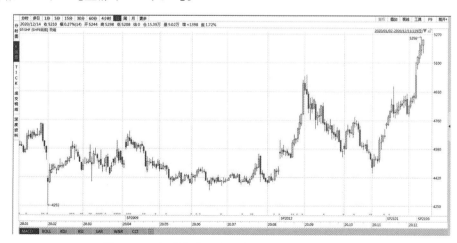

图 3 – 16　纸浆期货（主连合约）2020 年价格走势

数据来源：Wind 数据库

1月至11月纸浆期货合约成交28300613手，同比下降17.67%；成交金额为13172.33亿元，同比下降22.41%；日均持仓量为160653手；同比上升39.93%；日均沉淀资金为2.97亿元，同比上升34.18%；交割量为18402手，同比增长164.78%（见表3-15）。

表3-15 纸浆期货交割量

年份	交割量（手）	同比变化（%）
2020	18402	164.78
2019	6950	—
2018	—	—

数据来源：Wind数据库

17. 20号胶期货

1月至11月，上海期货交易所20号胶期货最高价格为12275元/吨，最低价格为7345元/吨（见图3-17），主连合约平均价格为9320.69元/吨，期末价格为10895元/吨，相较2019年年末价格10790元/吨上升了105元/吨。

图3-17 20号胶期货（主连合约）2020年价格走势

数据来源：Wind数据库

1月至11月，20号胶期货成交3816151手，同比上升554.34%；成交金额为3789.38亿元，同比上升531.82%；日均持仓量为34804手，同比上升43.07%；日均沉淀资金2.32亿元，同比上升32.77%；交割量为10314手（见表3-16），因为该期货品种于2019年8月上市，2019年没有交割量。

表 3 – 16　　　　　　　　　　　　20 号胶期货交割量

年份	交割量（手）	同比变化（%）
2020	10314	—
2019	—	—

数据来源：Wind 数据库

18. 不锈钢期货

1 月至 11 月，不锈钢期货最高价格为 15470 元/吨，最低价格为 11680 元/吨（见图 3 – 18），主连合约平均价格为 13490.73 元/吨，期末价格为 13315 元/吨，相较 2019 年年末价格 14410 元/吨下降了 1095 元/吨。

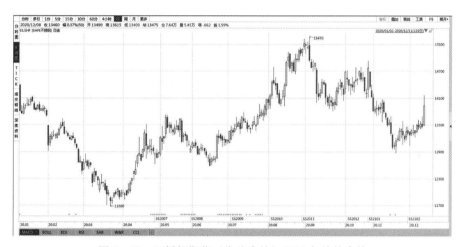

图 3 – 18　不锈钢期货（主连合约）2020 年价格走势
数据来源：Wind 数据库

2020 年 1 月至 11 月不锈钢期货合约成交 8180983 手，相较 2019 年的成交量 436627 手，同比上升 1773.68%；成交金额为 5576.98 亿元，相较 2019 年的成交金额 330.14 亿元，同比上升 1589.26%。

从资金的动向看，2020 年不锈钢期货市场的日均沉淀资金为 2.12 亿元，2019 年日均沉淀资金为 0.34 亿元，同比上升 514.86%；从持仓量方面看，不锈钢期货合约 2020 年日均持仓量为 63203 手，相较 2019 年日均持仓 9341 手，同比上升 576.62%。不锈钢期货于 2019 年 9 月 25 日上市，基数较小，受投资者与产业需求影响，成交量等数据出现爆炸式增长。

从交割情况看，2020 年 1 月至 11 月不锈钢期货交割 5712 手（见表 3 – 17），因 2019 年没有交割数据不能分析。

表 3 – 17　　　　　　　　　　　不锈钢期货交割量

年份	交割量（手）	同比变化（%）
2020	5712	—
2019	—	—

数据来源：Wind 数据库

19. 低硫燃料油期货

2020 年 6 月 22 日低硫燃料油期货在上海期货交易所上市，交易单位为 10 吨/手，最小变动价位为 1 元/吨，交易代码为 LU，合约月份为 1 月至 12 月。

2020 年低硫燃料油期货主连合约最高价为 2763 元/吨，最低价格为 1970 元/吨（见图 3 – 19），主连合约平均价格为 2369.06 元/吨，期末价格为 2524 元/吨。

图 3 – 19　低硫燃料油期货（主连合约）2020 年价格走势
数据来源：Wind 数据库

2020 年 1 月至 11 月低硫燃料油期货合约市场成交量为 7337846 手，成交金额为 1747.83 亿元。

从资金的动向看，2020 年低硫燃料油期货市场的日均沉淀资金为 2.62 亿元；从持仓量上看，2020 年低硫燃料油期货市场的日均持仓为 138528 手。

截至 11 月末，低硫燃料油期货交割手数为 0。

20. 国际铜期货

国际铜期货于 2020 年 11 月 19 日上市，交易品种为阴极铜，交易单位 5 吨/手，最小变动价位 10 元/吨，交易代码为 BC，合约月份为 1 月至 12 月。

2020 年上市以来国际铜期货最高价格为 51440 元/吨，最低价格为 45600 元/吨（见图 3 – 20）。主连合约平均价格为 48931 元/吨，期末价格为 51370 元/吨。

2020 年上市以来国际铜期货成交 79670 手，成交金额为 195.58 亿元。

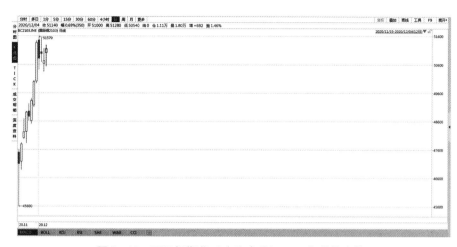

图 3 – 20　国际铜期货（主连合约）2020 年价格走势

数据来源：Wind 数据库

从资金的动向看，2020 年国际铜期货市场的日均沉淀资金 0.71 亿元；从持仓量来看，日均持仓量为 5245 手。

二、大连商品交易所上市品种运行分析

（一）交易与交割数据总览

截至 2020 年 11 月 30 日，大连商品交易所共上市期货品种 20 个（其中液化石油气期货为 2020 年新上市品种）；累计成交金额为 935960.76 亿元，比 2019 年同期增加 53.36%；成交量为 1904015705 手，比去年同期增加 62.00%；11 月底持仓量为 9850431 手，比去年同期增加 12.61%；累计交割量为 285852 手，同比减少 17.35%。

（二）具体品种运行数据

1. 豆粕期货

2020 年 1 月至 11 月豆粕期货最高价格为 3321 元/吨，最低价格为 2527 元/吨（见图 3 – 21）。主连合约平均价格为 2892.75 元/吨，相较于 2019 年的平均价格 2765.72 元/吨有所上升。期末价格为 3236 元/吨，相较 2019 年年末价格 2772 元/吨上升了 464 元/吨。

2020 年 1 月至 11 月豆粕期货成交 318009267 手，相较 2019 年的成交量 245448255 手同比上涨 29.56%；成交金额为 92868.57 亿元，相较 2019 年的成交金额 68442.27 亿元同比上升 35.69%。

从资金的动向看，豆粕期货市场的日均沉淀资金为 43.42 亿元，相较 2019 年的日均沉淀资金 25.96 亿元同比上升 67.26%；从持仓量方面看，2020 年年末持仓 2729779

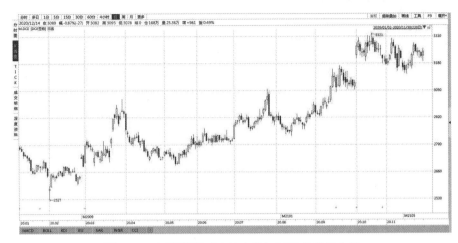

图 3－21　豆粕期货（主连合约）2020 年价格走势

数据来源：Wind 数据库

手，日均持仓量 2510273 手，相较 2019 年日均持仓 1561277 手，同比上升 60.78%。

从交割量情况来看，豆粕期货 2020 年比 2019 年有一定增长，但与 2018 年比还是下降的（见表 3－18）。交割量相对于成交量来说还非常小，主要原因有以下几点。第一，豆粕期货交割限额难以满足大型饲料企业需求；第二，"最少配对数"原则导致较小的交割需求量将有可能被分配到非常远的交割库，甚至有可能零星分散到多个交割库，多数企业很难接受如此配对安排；第三，一般饲料企业会与上游的生产商和贸易商形成较为固定的合作关系，通过远期合同、基差合同等形式来购入自己所需要的豆粕。

表 3－18　　　　　　　　　　　豆粕期货交割量

年份	交割量（手）	同比变化（%）
2020	15814	5.15
2019	15040	－ 22.14
2018	19317	—

数据来源：Wind 数据库

2. 黄大豆 1 号期货

2020 年 1 月至 11 月黄大豆 1 号期货最高价格为 5668 元/吨，最低价为 3847 元/吨（见图 3－22）。主连合约平均价格为 4570.34 元/吨，相较于 2019 年的平均价格 3460.32 元/吨有所上升。期末价格为 5639 元/吨，相较 2019 年年末价格 3857 元/吨上升了 1782 元/吨。

2020 年 1 月至 11 月成交 54145626 手，相较 2019 年的成交量 16392204 手同比增长

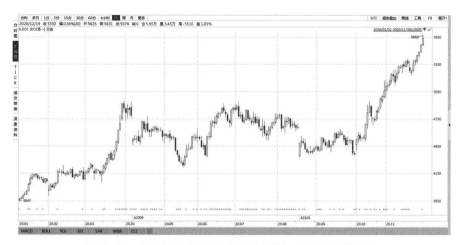

图 3 – 22 黄大豆 1 号期货（主连合约）2020 年价格走势

数据来源：Wind 数据库

230.31%。成交金额为 25038.61 亿元，相较 2019 年的成交金额 5647.64 亿元同比增长 343.35%。

从资金的动向看，黄大豆 1 号期货市场的日均沉淀资金为 4.42 亿元，相较 2019 年日均沉淀资金 2.29 亿元，同比增长 93.01%；从持仓量方面看，2020 年年末持仓 190305 手，日均持仓量为 161512 手，相较 2019 年日均持仓 110408 手，同比增长 46.29%。黄大豆 1 号流动性较好。

从交割情况来看，黄大豆 1 号年交割量随年成交量增加而下降，说明黄大豆 1 号期货价格和现货价格在交割期收敛度提高，交割利润变小（见表 3 – 19）。

表 3 – 19 　　　　　　　　　　　　黄大豆 1 号期货交割量

年份	交割量（手）	同比增长（%）
2020	11639	– 57.02
2019	27078	– 31.73
2018	39664	—

数据来源：Wind 数据库

3. 玉米期货

2020 年 1 月至 11 月玉米期货最高价格为 2629 元/吨，最低价格为 1900 元/吨（见图 3 – 23）。主连合约平均价格为 2186.66 元/吨，相较于 2019 年的平均价格 1886.37 元/吨有所上升。期末价格为 2601 元/吨，相较 2019 年年末价格 1910 元/吨上升了 691 元/吨。

2020 年 1 月至 11 月成交 158586889 手，相较 2019 年的成交量 90291389 手同比上

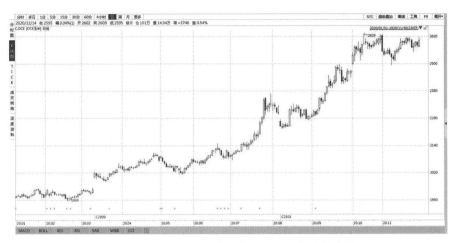

图 3 - 23　玉米期货（主连合约）2020 年价格走势
数据来源：Wind 数据库

涨 75.64%。成交金额为 36107.92 亿元，相较 2019 年的成交金额 17175.56 亿元同比上涨 110.23%。

从资金的动向看，玉米期货市场的日均沉淀资金为 18.86 亿元，相较 2019 年的日均沉淀资金 11.35 亿元，同比增长 66.17%；从持仓量方面看，2020 年期末持仓 1831951 手，日均持仓量为 1393796 手，相较 2019 年日均持仓 995576 手，同比增长 40.00%。

从交割情况来看，玉米期货交割量 2019 年比 2018 年以来有较大幅度增长（见表 3 - 20）。主要由于玉米期货交割方式改革，玉米期货交割区域通过集团交割方式，由东北四省区扩大至全国主要产销区，促进期现融合。

表 3 - 20　　　　　　　　　　　　　玉米期货交割量

年份	交割量（手）	同比增长（%）
2020	128790	- 15.50
2019	152415	66.01
2018	91810	—

数据来源：Wind 数据库

4. 黄大豆 2 号期货

2020 年 1 月至 11 月黄大豆 2 号期货最高价格为 3986 元/吨，最低价格为 2813 元/吨（见图 3 - 24）。主连合约平均价格为 3281.51 元/吨，相较于 2019 年的平均价格 3080.96 元/吨有所上升。期末价格 3797 元/吨，相较 2019 年年末价格 3312 元/吨上升了 485 元/吨。

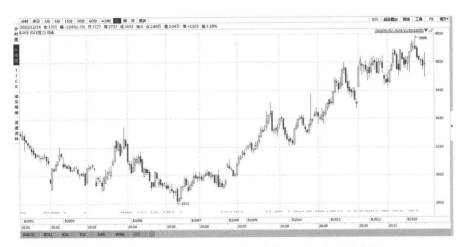

图 3 – 24 黄大豆 2 号期货（主连合约）2020 年价格走势

数据来源：Wind 数据库

2020 年 1 月至 11 月成交 16247486 手，同比 2019 年成交量 16378253 手下降了 0.80%。成交金额为 5488.15 亿元，同比 2019 年成交金额 5044.81 亿元增长了 8.79%。

从资金的动向看，黄大豆 2 号期货市场的日均沉淀资金 1.65 亿元，相较 2019 年的日均沉淀资金 2.99 亿元，同比下降 44.82%；从持仓量方面看，2020 年年末持仓 53141 手，日均持仓为 63245 手，相较 2019 年日均持仓 121353 手，同比下降 47.88%。黄大豆 2 号流动性较好。

从交割情况来看，黄大豆 2 号 2019 年的交割量有一个巨大的提升（见表 3 – 21）。这主要由于大连商品交易所对黄大豆 2 号合约及交割规则进行了调整，并自 1805 合约上市开始施行，从调整交割质量标准、引入厂库交割及委托加工制度、扩大交割区域等几个方面全面优化了黄大豆 2 号的交割制度，促进了黄大豆 2 号市场功能的发挥。

表 3 – 21　　　　　　　　　　　黄大豆 2 号期货交割量

年份	交割量（手）	同比增长（%）
2020	6700	– 16.25
2019	8000	515.38
2018	1300	—

数据来源：Wind 数据库

5. 豆油期货

2020 年 1 月至 11 月豆油期货最高价为 8036 元/吨，最低价为 5114 元/吨（见图 3 – 25）。主连合约平均价格为 6240.55 元/吨，相较于 2019 年的平均价格 5818.36 元/吨有所上升。期末价格为 7726 元/吨，相较 2019 年年末价格 6808 元/吨上升了 918 元/吨。

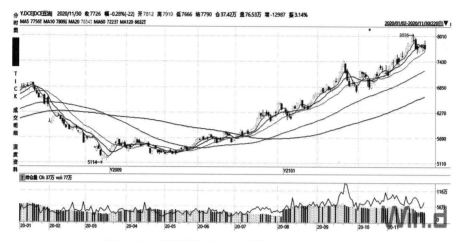

图 3 - 25 豆油期货（主连合约）2020 年价格走势

数据来源：Wind 数据库

2020 年 1 月至 11 月豆油期货成交 152948129 手，相较 2019 年的成交量 73611209 手同比上涨 107.78%；成交金额为 98794.15 亿元，同比 2019 年的成交金额 43475.31 亿元上涨 127.24%。

从资金的动向看，豆油期货市场的日均沉淀资金为 25.80 亿元，相较 2019 年日均沉淀资金的 18.24 亿元，同比增长 41.45%；从持仓量方面看，2020 年期末持仓 824541 手，日均持仓量为 676752 手，相较 2019 年日均持仓 523508 手，同比增长 29.27%。

从交割情况来看，豆油期货交割量在新冠肺炎疫情前实现快速增长（见表 3 - 22）。主要由于 2018 年华南地区新设交割库满足了华南地区的交割需求，进一步发挥了期货市场服务实体经济的作用。

表 3 - 22　　　　　　　　　　　　　豆油期货交割量

年份	交割量（手）	同比增长（%）
2020	20625	- 65.79
2019	60282	18.11
2018	51040	—

数据来源：Wind 数据库

6. 线型低密度聚乙烯期货

2020 年 1 月至 11 月线型低密度聚乙烯期货成交 84582311 手，成交金额为 28922.06 亿元，2019 年成交 57687061 手，成交金额为 22394.45 亿元；2020 年成交手数同比上升 46.62%，成交金额同比增长 29.15%（见图 3 - 26）。

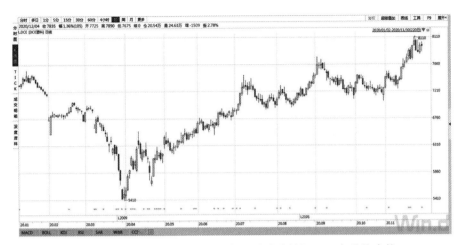

图 3 - 26　线型低密度聚乙烯期货（主连合约）2020 年价格走势

数据来源：Wind 数据库

聚乙烯的日均沉淀资金从 2019 年的 7.60 亿元下降到 2020 年的 6.65 亿元，主要是由于国际原油市场的不稳定性，作为下游产品的线型低密度聚乙烯价格同样具有不稳定性，线型低密度聚乙烯期货的日均沉淀资金同比降低 12.53%，吸引资金的能力略有下降。日均持仓量从 2019 年的 396766 手下降至 2020 年的 385832 手，有小幅度波动，年末持仓量降幅较大，由于线型低密度聚乙烯期货价格处于高位状态，不确定性和不稳定性增加，平仓较多。

从交割数据来看，由于疫情控制得当、春节后需求旺盛等因素影响，线型低密度聚乙烯期货的交割量上涨（见表 3 - 23）。

表 3 - 23　　　　　　　　　线型低密度聚乙烯期货交割量

年份	交割量（手）	同比增长（%）
2020	6539	6.95
2019	6114	8.67
2018	5626	—

数据来源：Wind 数据库

7. 棕榈油期货

2020 年 1 月至 11 月棕榈油期货最高价格为 7028 元/吨，最低价格为 4274 元/吨（见图 3 - 27）。主连合约平均价格为 5488.59 元/吨，相较于 2019 年的平均价格 4782.07 元/吨有所上升。期末价格为 6614 元/吨，相较 2019 年年末价格 6362 元/吨上升了 252 元/吨。

2020 年 1 月至 11 月成交 286729162 手，相较 2019 年的成交量 97567756 手同比上

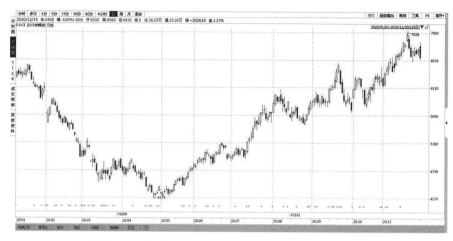

图 3 - 27　棕榈油期货（主连合约）2020 年价格走势

数据来源：Wind 数据库

涨 193.88%。成交金额为 160131.70 亿元，相较 2019 年的成交金额 48778.29 亿元同比上涨 228.28%。2019 年 7 月下旬，受印度尼西亚促进生物柴油消费降低库存、棕榈油消费旺季等因素影响，我国棕榈油期货价格结束了长期下跌的局面，并展开了大幅反弹，成交量和成交金额也从 8 月开始大幅增长。2020 年大商所引入境外交易者参与棕榈油期货可能在一定程度上也增加了成交量和成交金额。

从资金的动向看，棕榈油期货市场的日均沉淀资金为 22.87 亿元，相较 2019 年日均沉淀资金的 14.56 亿元，同比增长 57.07%；从持仓量方面看，2020 年期末持仓519381 手，日均持仓量为 517270 手，相较 2019 年日均持仓 382068 手，同比增长35.39%。棕榈油流动性较好。

从交割情况来看，棕榈油期货每年交割量受成交量影响波动幅度较大（见表3 - 24）。棕榈油期现相关度较高，期现融合良好。

表 3 - 24　　　　　　　　　　　　　　　棕榈油期货交割量

年份	交割量（手）	同比增长（%）
2020	8775	- 46.02
2019	16256	123.14
2018	7285	—

数据来源：Wind 数据库

8. 聚氯乙烯期货

2020 年 1 月至 11 月聚氯乙烯期货最高价格为 7935 元/吨，最低价格为 4950 元/吨（见图 3 - 28），期末价格为 7455 元/吨。主连合约平均价格为 6367 元/吨，2019 年主

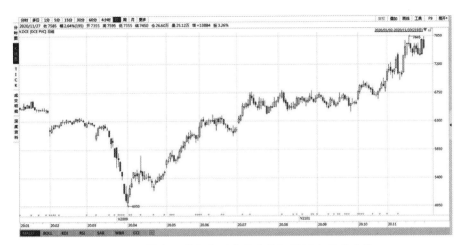

图3－28 聚氯乙烯期货（主连合约）2020年价格走势

数据来源：Wind 数据库

连合约平均价格为6618元/吨，相较2019年年末价格6875元/吨上升了580元/吨。

2020年1月至11月聚氯乙烯期货成交46541782手，成交金额为14830.58亿元，2019年成交30424490手，成交金额为10128.88亿元；2020年成交手数同比上升52.97%，成交金额同比增长46.42%。

日均沉淀资金从2019年的3.60亿元上升到2020年的4.09亿元，由于国内疫情控制得当，国内化工周期复苏持续看好，聚氯乙烯吸引资金的能力上升，聚氯乙烯期货的沉淀资金同比上升13.67%。

从交割数据来看，受聚氯乙烯需求走低、部分厂家开工下调等因素影响，聚氯乙烯期货的交割量2020年有所下降（见表3－25）。

表3－25 聚氯乙烯期货交割量

年份	交割量（手）	同比增长（%）
2020	13709	－8.78
2019	15028	101.12
2018	7472	—

数据来源：Wind 数据库

9. 焦炭期货

2020年1月至11月焦炭期货最高价格为2512元/吨，最低价格为1568元/吨（见图3－29）。主连合约平均价格为1934.23元/吨，期末价格为2467元/吨，相较2019年年末价格1849.5元/吨上升了617.5元/吨。

2020年1月至11月焦炭期货成交45839959手，成交金额为91430.75亿元，2019

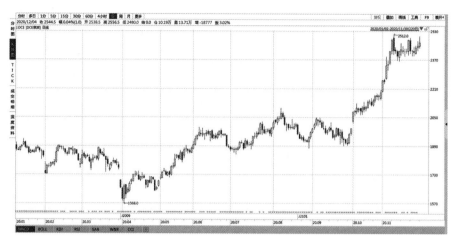

图 3 - 29　焦炭期货（主连合约）2020 年价格走势
数据来源：Wind 数据库

年成交 51372565 手，成交金额为 103357.75 亿元；2020 年成交手数同比下降 10.77%，成交金额同比下降 11.54%。

日均沉淀资金从 2019 年的 19.21 亿元下降到 2020 年的 15.04 亿元，焦炭期货的日均沉淀资金下降 21.70%，吸引资金的能力下降。

从交割数据来看，焦炭期货的交割量下降，受需求等因素影响，焦炭市场后期心态整体仍偏弱，交割后期将面临一定压力（见表 3 - 26）。

表 3 - 26　　　　　　　　　　焦炭期货交割量

年份	交割量（手）	同比增长（%）
2020	1000	-49.49
2019	1980	-51.35
2018	4070	—

数据来源：Wind 数据库

10. 焦煤期货

2020 年 1 月至 11 月焦煤期货最高价格为 1442.5 元/吨，最低价格为 1027.5 元/吨（见图 3 - 30）。主连合约平均价格为 1228 元/吨，期末价格 1424 元/吨，相较 2019 年年末价格 1227 元/吨上升了 197 元/吨。

2020 年 1 月至 11 月焦煤期货成交 19282001 手，成交金额为 14354.62 亿元，2019 年成交 21462885 手，成交金额为 16747.21 亿元；2020 年成交手数同比下降 10.16%，成交金额同比下降 14.29%。

日均沉淀资金从 2019 年的 4.61 亿元下降到 2020 年的 3.78 亿元，焦煤期货的日均

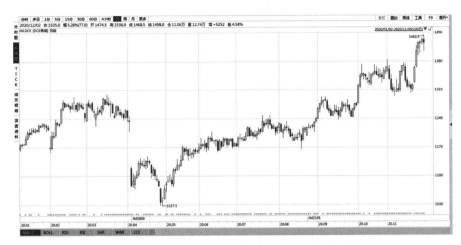

图 3 - 30　焦煤期货（主连合约）2020 年价格走势

数据来源：Wind 数据库

沉淀资金下降 18.00%，吸引资金的能力下降。

从交割数据来看，焦煤期货的交割量在 2020 年大幅增加（见表 3 - 27）。

表 3 - 27　　　　　　　　　　　焦煤期货交割量

年份	交割量（手）	同比增长（%）
2020	5800	222.22
2019	1800	- 60
2018	4500	—

数据来源：Wind 数据库

11. 铁矿石期货

2020 年 1 月至 11 月铁矿石期货最高价格为 919 元/吨，最低价格为 542 元/吨（见图 3 - 31）。主连合约平均价格为 656.48 元/吨，期末价格为 911.5 元/吨，相较 2019 年年末价格 646 元/吨上升了 265.5 元/吨。

2020 年 1 月至 11 月铁矿石期货成交 256235346 手，成交金额为 187903.36 亿元，2019 年成交 274980109 手，成交金额为 184864.54 亿元；2020 年成交手数同比下降 6.82%，成交金额同比增长 1.64%。

从日均沉淀资金来看，从 2019 年的日均沉淀资金 32.16 亿元上升到 2020 年的 34.17 亿元，上升了 6.25%，吸引资金的能力略有上升。

从交割数据来看，受铁矿石需求上涨等因素影响，2020 年铁矿石期货的交割量上涨幅度较大（见表 3 - 28）。

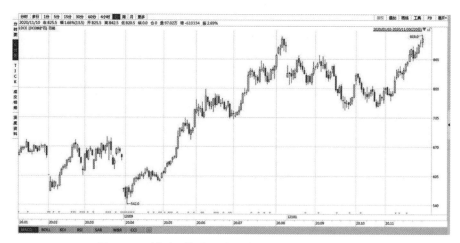

图 3 - 31　铁矿石期货（主连合约）2020 年价格走势

数据来源：Wind 数据库

表 3 - 28　　　　　　　　　　　　　铁矿石期货交割量

年份	交割量（手）	同比增长（％）
2020	16100	56.31
2019	10300	- 47.45
2018	19600	—

数据来源：Wind 数据库

12. 鸡蛋期货

2020 年 1 月至 11 月鸡蛋期货最高价格为 4382 元/500 千克，最低价格为 2530 元/500 千克（见图 3 - 32）。主连合约平均价格为 3485.92 元/500 千克，相较于 2019 年的平均价格 4138.29 元/500 千克有所下降。期末价格为 3750 元/500 千克，相较 2019 年的年末价格 3592 元/500 千克上升了 158 元/500 千克。

2020 年 1 月至 11 月鸡蛋期货成交 121745684 手，成交金额为 42912.52 亿元，2019 年同期成交 30531286 手，成交金额为 13163.00 亿元，成交量同比增长 298.76％，成交金额同比增长 226.01％。

从资金的动向看，鸡蛋期货市场的日均沉淀资金为 3.38 亿元，相较 2019 年的日均沉淀资金 1.67 亿元，同比增长 102.40％；从持仓量方面看，2020 年期末持仓 438056 手，日均持仓量为 372033 手，相较 2019 年日均持仓 158776 手，同比上升 134.31％。总体而言，鸡蛋期货流动性较好。鸡蛋期货的沉淀资金在大幅增长，吸引资金的能力不断提升。

从交割数据来看，鸡蛋期货的交割量每年都有大幅增加（见表 3 - 29）。2020 年鸡蛋现货供不应求，鸡蛋合约的期现融合较好。

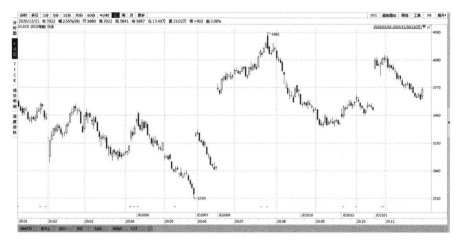

图 3 – 32 鸡蛋期货（主连合约）2020 年价格走势

数据来源：Wind 数据库

表 3 – 29 鸡蛋期货交割量

年份	交割量（手）	同比增长（%）
2020	1389	82.28
2019	762	47.39
2018	517	—

数据来源：Wind 数据库

13. 纤维板期货

2013 年 12 月 6 日纤维板期货在大连商品交易所上市，2019 年 10 月 15 日大连商品交易所调整纤维板期货合约和规则。纤维板期货交易品种为纤维板，交易单位 10 立方米/手，最小变动单位 0.5 元/立方米，交易代码为 FB，合约月份为 1 月至 12 月。

2020 年 1 月至 11 月纤维板期货最高价格为 1489 元/立方米，最低价格为 1037 元/立方米。2020 年主连合约平均价格为 1315.85 元/立方米，相较于 2019 年的平均价格 194.00 元/张有所上升。期末价格为 1365 元/立方米，相较 2019 年年末价格 1440 元/立方米下降了 75 元/立方米（见图 3 – 33）。

2020 年 1 月至 11 月成交 841488 手，相较 2019 年的成交量 326880 手同比上涨 157.43%。成交金额为 113.86 亿元，相较 2019 年的成交金额 109.90 亿元同比上涨 3.60%。成交量和成交金额大幅上涨主要由于 2019 年 10 月 15 日大商所发布公告将对纤维板期货合约和规则进行调整，这使纤维板期货 10 月成交量同比上涨了 6232.44%。

从资金的动向看，纤维板期货市场的日均沉淀资金为 0.02 亿元，相较 2019 年日均沉淀资金的 0.00023 亿元，同比增长 8595.65%；从持仓量方面看 2020 年期末持仓

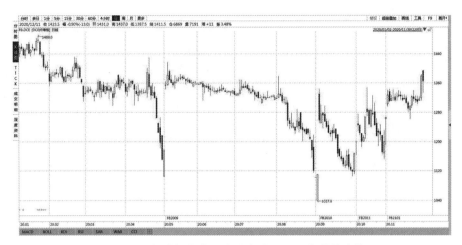

图 3 - 33　纤维板期货（主连合约）2020 年价格走势

数据来源：Wind 数据库

4854 手，日均持仓量为 2676 手，相较 2019 年日均持仓 697 手，同比上升 283.93%。由于在 2019 年 11 月 14 日纤维板期货合约和规则改革，纤维板期货停牌使年日均持仓在很低的水平，2020 年以来有大幅回升。

从交割方面来看，纤维板期货 2020 年交割量为 673 手，2019 年同期交割 1033 手，交割量下降 35%（见表 3 - 30）。

表 3 - 30　　　　　　　　　　　　　　纤维板期货交割量

年份	交割量（手）	同比增长（%）
2020	673	- 35
2019	1033	—
2018	—	—

数据来源：Wind 数据库

14. 胶合板期货

2020 年 1 月至 11 月胶合板期货最高价格为 328.45 元/张，最低价格为 148.05 元/张（见图 3 - 34）。主连合约平均价格为 165.88 元/张，相较于 2019 年的均价 152.45 元/张有所上升。

2020 年 1 月至 11 月胶合板期货成交 1910 手，成交金额为 1.86 亿元，2019 年同期成交 380 手，成交金额为 0.29 亿元，成交量同比增长 402.63%，成交金额同比增长 541.38%。

从资金的动向看，胶合板期货市场的日均沉淀资金为 0.0013 亿元，相较 2019 年的日均沉淀资金 0.00015 亿元，同比增长 766.67%；从持仓量方面看，2020 年年末持仓

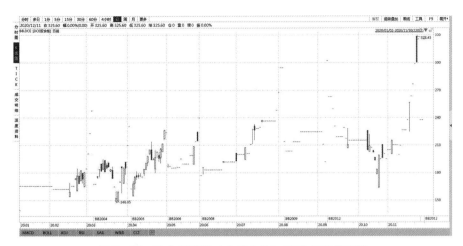

图 3 - 34 胶合板期货（主连合约）2020 年价格走势

数据来源：Wind 数据库

0 手，日均持仓量 7 手，2019 年日均持仓 2 手。沉淀资金有增长但沉淀资金本身规模较小，品种较冷门，资金交易意愿不高。

从交割金额来看，2019 年、2020 年无交割，品种边缘化严重，期现融合较差。

15. 聚丙烯期货

2020 年 1 月至 11 月聚丙烯期货最高价格为 8910 元/吨，最低价格为 5638 元/吨（见图 3 - 35）。主连合约平均价格为 7391. 36 元/吨，期末价格为 8720 元/吨，相较 2019 年年末价格 8072 元/吨上升了 648 元/吨。

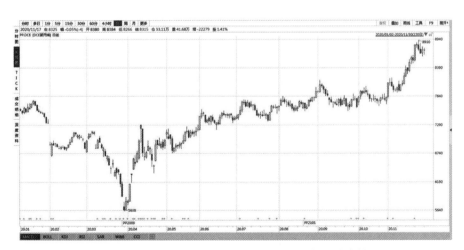

图 3 - 35 聚丙烯期货（主连合约）2020 年价格走势

数据来源：Wind 数据库

2020 年 1 月至 11 月聚丙烯期货成交 154024807 手，成交金额为 56711. 04 亿元，2019 年成交 85872147 手，成交金额为 35890. 21 亿元；2020 年成交手数同比上升

79.37%，成交金额同比增长 58.01%。

日均沉淀资金从 2019 年的 7.63 亿元上升到 2020 年的 7.95 亿元，聚丙烯期货的日均沉淀资金上升 4.19%，由于能源化工类的供需较为平衡，国内能源化工企业复苏顺利使聚丙烯期货吸引资金的能力上升。

从交割数据来看，受聚丙烯价格上涨、现货利润面偏低等因素影响，2020 年的聚丙烯期货交割量有所下降（见表 3 – 31）。

表 3 – 31 聚丙烯期货交割量

年份	交割量（手）	同比增长（%）
2020	7273	– 1.38
2019	7375	25.40
2018	5881	—

数据来源：Wind 数据库

16. 玉米淀粉期货

2020 年 1 月至 11 月大连商品交易所玉米淀粉期货最高价格为 2996 元/吨，最低价格为 2355 元/吨（见图 3 – 36）。主连合约平均价格为 2504.38 元/吨，相较于 2019 年的平均价格 2298.69 元/吨有所上升。

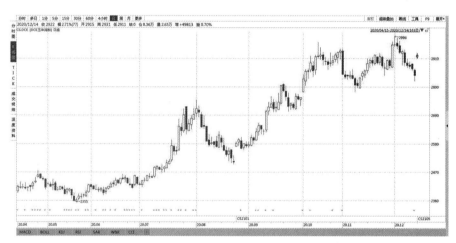

图 3 – 36 玉米淀粉期货（主连合约）2020 年价格走势
数据来源：Wind 数据库

2020 年 1 月至 11 月成交 24070083 手，相较 2019 年的成交 14996884 手同比上升 60.50%。成交金额为 6281.76 亿元，相较 2019 年的成交金额 3458.71 亿元同比增长 81.62%。

从资金的动向看，玉米淀粉期货市场的日均沉淀资金为 1.82 亿元，相较 2019 年的日均沉淀资金 1.52 亿元，同比增长 19.74%；从持仓量方面看，2020 年期末持仓为 195391 手，日均持仓量为 117092 手，相较 2019 年日均持仓 110154 手，同比增长 6.30%。总体而言，玉米淀粉期货市场比较活跃，流动性较好。

从交割情况来看，最近 3 年玉米淀粉期货交割量比较平稳，没有大幅波动（见表 3 – 32）。

表 3 – 32　　　　　　　　　　　玉米淀粉期货交割量

年份	交割量（手）	同比增长（%）
2020	7255	3.76
2019	6992	22.56
2018	5705	—

数据来源：Wind 数据库

17. 乙二醇期货

2020 年 1 月至 11 月乙二醇期货最高价格为 4988 元/吨，最低价格为 2926 元/吨（见图 3 – 37）。主连合约平均价格为 3897.51 元/吨，期末价格为 3829 元/吨，相较 2019 年年末价格 4600 元/吨下降了 771 元/吨。

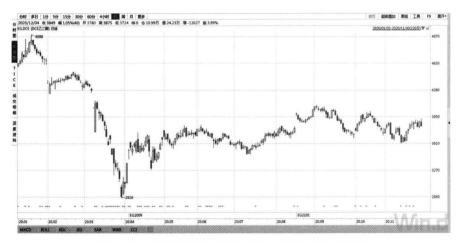

图 3 – 37　乙二醇期货（主连合约）2020 年价格走势
数据来源：Wind 数据库

2020 年 1 月至 11 月乙二醇期货成交 71042073 手，成交金额为 27106.73 亿元，2019 年成交 65631900 手，成交金额为 30782.79 亿元；2020 年成交手数同比上升 8.24%，成交金额同比下降 11.94%。

从日均沉淀资金来看，由 2019 年的日均沉淀 5.91 亿元下降到 2020 年的 4.71 亿元，乙二醇期货的日均沉淀资金下降25%，乙二醇期货市场压力较大，吸引资金的能力下降。

从交割数据来看，受乙二醇需求下降等因素影响，乙二醇市场后期心态整体仍偏弱，交割后期乙二醇将面临一定压力（见表3－33）。

表3－33 乙二醇期货交割量

年份	交割量（手）	同比增长（%）
2020	15650	－12.21
2019	17827	—
2018	—	—

数据来源：Wind数据库

18. 粳米期货

2019年8月16日粳米期货在大连商品交易所上市，交易单位10吨/手，最小变动价位1元/吨，交易代码为RR，合约月份为1月至12月。

2020年1月至11月粳米期货最高价格为3700元/吨，最低价格为3280元/吨（见图3－38）。主连合约平均价格为3456.90元/吨，期末价格为3570元/吨，相较2019年年末价格3575元/吨下降了5元/吨。

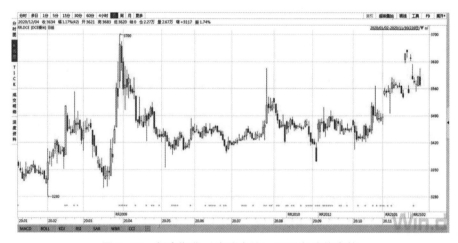

图3－38 粳米期货（主连合约）2020年价格走势

数据来源：Wind数据库

2020年1月至11月粳米期货成交4127829手，成交金额为1444.03亿元，2019年成交354321手，成交金额为129.73亿元；2020年成交手数同比上升1065.00%，成交金额同比增长1013.10%。

从日均沉淀资金来看，由2019年的日均沉淀0.24亿元增加到2020年的0.47亿元，粳米期货的日均沉淀资金增长 93.44%，由于 2019 年粳米刚上市，吸引资金能力较弱，2020 年粳米期货吸引资金的能力显著提升。

从交割数据来看，粳米期货 2019 年第三季度上市，2019 年没有发生交割，2020 年仅交割 807 手（见表 3 – 34）。

表 3 – 34 　　　　　　　　　　　粳米期货交割量

年份	交割量（手）	同比增长（%）
2020	807	—
2019	—	—

数据来源：Wind 数据库

19. 苯乙烯期货

2019 年 9 月 26 日苯乙烯期货在大连商品交易所上市，交易单位 5 吨/手，最小变动价位 1 元/吨，交易代码为 EB，合约月份 1 月至 12 月。

2020 年 1 月至 11 月苯乙烯期货最高价格为 8435 元/吨，最低价格为 4338 元/吨（见图 3 – 39）。主连合约平均价格为 5939.37 元/吨，期末价格为 8160 元/吨，相较 2019 年年末价格 6872 元/吨上涨了 1288 元/吨。

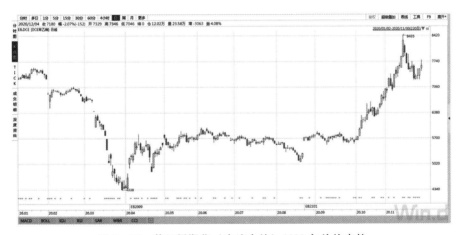

图 3 – 39 苯乙烯期货（主连合约）2020 年价格走势
数据来源：Wind 数据库

2020 年 1 月至 11 月苯乙烯期货成交 43382433 手，成交金额为 13724.52 亿元，2019 年成交 2004072 手，成交金额为 726.18 亿元；2020 年成交手数同比上升 2064.71%，成交金额同比上升 1789.96%，2020 年最高价为 8435 元/吨，2019 年最高价为 8160 元/吨，高点相较 2019 年上升了 275 元/吨。

从日均沉淀资金来看，由 2019 年的日均沉淀 0.87 亿元上升到 2020 年的 3.20 亿元，苯乙烯期货的日均沉淀资金上升 269.71%，由于苯乙烯上市有了一段时间，且能源化工复苏较好，因此苯乙烯吸引资金的能力大幅提升。

从交割数据来看，由于苯乙烯在 2019 年三季度末上市，2019 年未发生交割，2020 年交割量为 15485 手，市场较为活跃（见表 3－35）。

表 3－35　　　　　　　　　　　　　苯乙烯期货交割量

年份	交割量（手）	同比增长（%）
2020	15485	—
2019	—	—
2018	—	—

数据来源：Wind 数据库

20. 液化石油气期货

2020 年 3 月 30 日，液化石油气期货在大连商品交易所上市，交易单位 20 吨/手，最小变动价位 1 元/吨，交易代码为 PG，合约月份为 1 月至 12 月。

2020 年 3 月至 11 月液化石油气期货最高价格为 4059 元/吨，最低价格为 2318 元/吨（见图 3－40）。主连合约平均价格为 3757 元/吨，期末价格为 3695 元/吨。

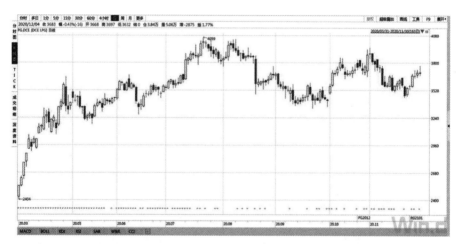

图 3－40　液化石油气期货（主连合约）2020 年价格走势
数据来源：Wind 数据库

2020 年日均沉淀资金为 1.403 亿元，具有一定吸引资金能力。年末持仓量为363801 手，日均持仓量为 92547 手，市场较为活跃。

液化石油气期货在 2020 年交割量为 1829 手。

三、郑州商品期货交易所上市品种运行分析

（一）交易与交割数据总览

截至 2020 年 11 月 30 日，郑州商品期货交易所共上市期货品种 22 个（其中，短纤期货为 2020 年新上市品种），累计成交金额为 511641.19 亿元，比 2019 年同期增长 39.51%；成交量为 1421013918 手，比 2019 年同期增长 42.09%；11 月底持仓量为 8727177 手，比 2019 年同期增长 79.67%；累计交割量为 1684316 手，同比增长 109.26%。

（二）具体品种运行数据

1. 普麦期货

2020 年 1 月至 11 月普麦期货最高价格为 2653 元/吨，最低价格为 2114 元/吨（见图 3 - 41）。主连合约平均价格为 2335 元/吨，期末价格为 2326 元/吨，相较 2019 年年末价格 2230 元/吨上涨了 96 元/吨。

图 3 - 41　普麦期货（主连合约）2020 年价格走势

数据来源：Wind 数据库

2020 年 1 月至 11 月普麦期货成交 740 手，成交金额为 0.86 亿元，2019 年同期成交 74 手，成交金额为 0.08 亿元，成交量同比上升 900%，成交金额同比上升 975%，2020 年最高价为 2653 元/吨，2019 年最高价为 2398 元/吨，高点比 2019 年上升 255 元/吨。

从日均沉淀资金来看，2019 年日均沉淀资金为 3.37 万元，2020 年为 13 万元，同比上升 285.76%，虽然上升比率比较大，但由于基数较小，属于冷门品种。

2019 年和 2020 年交割量均为 0 手，期现融合较差。

2. 强麦期货

2020 年 1 月至 11 月强麦期货最高价格为 2769 元/吨，最低价格为 2382 元/吨（见图 3 - 42）。主连合约平均价格为 2576 元/吨，期末价格为 2630 元/吨，相较 2019 年年末价格 2350 元/吨上涨了 280 元/吨。

图 3 - 42 强麦期货（主连合约）2020 年价格走势

数据来源：Wind 数据库

2020 年 1 月至 11 月强麦期货成交 30683 手，成交金额为 15.98 亿元，2019 年同期成交 12211 手，成交金额为 5.93 亿元，成交量同比上升 151.27%，成交金额同比上升 169.49%。

从日均沉淀资金来看，2019 年日均沉淀资金为 83 万元，2020 年为 257.80 万元，同比上升 210.60%，属于冷门品种。

从交割数据来看，强麦期货的交割小幅上升，2019 年和 2020 年交割量分别为 10 手和 17 手，期现融合较差。

3. 棉花期货

2020 年 1 月至 11 月棉花期货最高价格为 15305 元/吨，最低价格为 9935 元/吨（见图 3 - 43）。主连合约平均价格为 12509 元/吨，期末价格为 14565 元/吨，相较 2019 年期末价格 13980 元/吨，上升了 585 元/吨。

第一季度，价格大幅下降主要是受新冠肺炎疫情影响，全球的消费陷入低迷，纺织品下游需求欠佳，基本面偏弱，棉花跌破一万点，创下年内新低。随着后期国内疫情逐渐得到控制，棉花下游复苏，商业库存下降明显，同时纺织品出口数据强劲，1 月至 9 月同比增长超过 35%，带动棉花的价格持续上升。

2020 年 1 月至 11 月成交 98821818 手，相较 2019 年的成交量 56965507 手同比上涨 73.48%。成交金额为 62719.69 亿元，相较 2019 年的成交金额 39052.41 亿元同比上升 60.60%，成交金额与成交量双双提升，市场资金的活跃度提升明显。

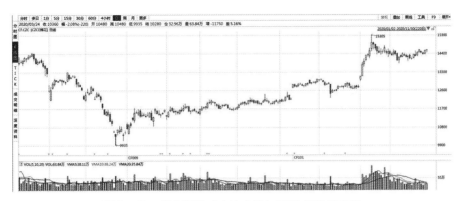

图 3－43　棉花期货（主连合约）2020 年价格走势

数据来源：Wind 数据库

从资金的动向看，2020 年棉花期货市场的日均沉淀资金为 17. 30 亿元，同比 2019 年日均沉淀资金 14. 79 亿元上升 16. 97%。从持仓量方面看，2020 年日均持仓量为 54. 48 万手，同比 2019 年日均持仓 40. 95 万手上涨 33. 04%。棉花期货流动性良好。

从交割情况来看，棉花期货交割量逐年大幅增长（见表 3－36）。最近 3 年棉花期货的交割量持续以超过一倍的速度在增长，这也从侧面反映出棉花期货的期现结合十分有效。

表 3－36　　　　　　　　　　　　　　棉花期货交割量

年份	交割量（手）	同比增长（%）
2020	474763	119. 09
2019	216698	151. 46
2018	86176	—

数据来源：Wind 数据库

4. 白糖期货

2020 年 1 月至 11 月白糖期货最高价格为 5921 元/吨，最低价格为 4762 元/吨（见图 3－44）。主连合约平均价格为 5234 元/吨，期末价格为 5117 元/吨，相较 2019 年年末价格 5581 元/吨下降了 464 元/吨。

2020 年 1 月至 11 月成交 112324803 手，相较 2019 年的成交量 106540561 手同比上涨 5. 43%。成交金额为 58898. 26 亿元，相较 2019 年的成交金额 56230. 43 亿元同比上涨 4. 74%，成交量和成交金额稳中有升。

从资金的动向看，白糖期货市场的日均沉淀资金为 14. 15 亿元，同比 2019 年日均沉淀资金 11. 58 亿元上升了 22. 19%。从持仓量方面看，日均持仓量为 56. 44 万手，同

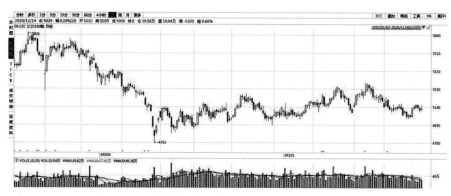

图 3 - 44　白糖期货（主连合约）2020 年价格走势

数据来源：Wind 数据库

比 2019 年日均持仓 44.55 万手上升了 26.69%，流动性良好。

从交割情况来看，白糖期货交割量相比 2019 年出现了一定幅度的下降（见表 3 - 37）。国内的糖库存处于高位状态，现货压力短期内依旧存在，使得交割量较去年有所下降。

表 3 - 37　　　　　　　　　　　　白糖期货交割量

年份	交割量（手）	同比增长（%）
2020	241662	- 18.71
2019	297267	13.52
2018	261870	—

数据来源：Wind 数据库

5. 菜籽油期货

2020 年 1 月至 11 月菜籽油期货最高价格为 10024 元/吨，最低价格为 6468 元/吨（见图 3 - 45）。主连合约平均价格为 7976 元/吨，期末价格为 9693 元/吨，相较 2019 年年末价格 7720 元/吨上涨了 1973 元/吨。

2020 年 1 月至 11 月成交 96566425 手，相较 2019 年的成交量 34503752 手同比上涨 179.87%。成交金额为 81543.77 亿元，相较 2019 年的成交金额 24487.30 亿元同比上涨 233%，成交量和成交金额上涨主要由于国内菜籽油库存维持在低位水平，进口菜籽油库存环比、同比均上升而沿海菜籽油库存环比、同比均下降，以及菜籽油下游需求寡淡等多重因素，使多空双方分歧增大，成交量大幅上升。

从资金的动向看，菜籽油期货市场的日均沉淀资金为 7.62 亿元，同比 2019 年日均沉淀资金 6.47 亿元增加了 17.77%。从持仓量方面看，2020 年日均持仓量为 18.81 万手，同比 2019 年日均持仓 18.80 万手增加了 0.06%。菜籽油期货流动性良好。

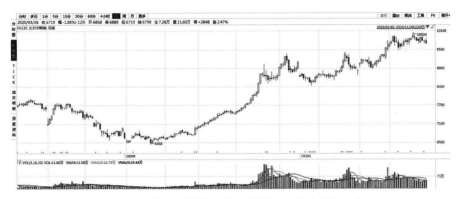

图 3 - 45　菜籽油期货（主连合约）2020 年价格走势

数据来源：Wind 数据库

从交割情况来看，菜籽油期货交割量出现大幅下降（见表 3 - 38）。其原因主要是中美关系依旧存在较大的不确定性、下游成交持续缩量等使得交割意愿较上年同比下降。

表 3 - 38　　　　　　　　　　　　　菜籽油期货交割量

年份	交割量（手）	同比增长（%）
2020	9596	- 78. 98
2019	45653	15. 39
2018	39563	32. 2

数据来源：Wind 数据库

6. 早籼稻期货

2020 年 1 月至 11 月早籼稻期货最高价格为 2902 元/吨，最低价格为 2451 元/吨（见图 3 - 46），2019 年最高价为 2907 元/吨，高点比 2019 年下降 5 元/吨。主连合约平均价格为 2651 元/吨，期末价格为 2656 元/吨，相较 2019 年年末价格 2577 元/吨上涨了 79 元/吨。

2020 年 1 月至 11 月早籼稻期货成交 1950 手，成交金额为 1. 03 亿元，2019 年同期成交 2902 手，成交金额为 1. 39 亿元；2020 年成交量同比下降 32. 80%，成交金额同比下降 25. 90%。

从日均沉淀资金来看，由 2019 年的日均沉淀 14 万元下降到 2020 年的 5 万元，早籼稻期货的日均沉淀资金下降 64. 29%。

从交割数据来看，早籼稻期货交割量为 0 手（见表 3 - 39），合约现有交割机制待完善；期现结合很差，迫切需要促进期现融合。

图3-46 早籼稻期货（主连合约）2020年价格走势

数据来源：Wind数据库

表3-39 早籼稻期货交割量

年份	交割量（手）	同比增长（%）
2020	0	—
2019	0	—
2018	0	—

数据来源：Wind数据库

7. 精对苯二甲酸（PTA）期货

2020年1月至11月PTA期货最高价格为5148元/吨，最低价格为3128元/吨（见图3-47）。主连合约平均价格为3638.14元/吨，期末价格659.80元/吨，相较2019年年末价格553.80元/吨上涨了106元/吨。

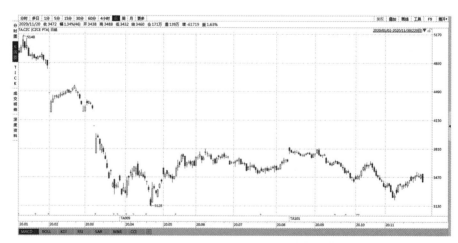

图3-47 PTA期货（主连合约）2020年价格走势

数据来源：Wind数据库

2020 年 1 月至 11 月 PTA 期货成交 262766818 手，成交金额为 48071.13 亿元，2019 年同期成交 294557867 手，成交金额为 84438.62 亿元；2020 年成交手数同比减少 10.79%，成交金额同比减少 43.07%。

从资金的动向看，PTA 期货市场的日均沉淀资金从 2019 年的 31.47 亿元减少到 2020 年的 19.12 亿元，PTA 期货的日均沉淀资金下降 39.24%；从持仓量方面看，2020 年日均持仓量为 196.30 万手，同比 2019 年日均持仓 227.74 万手下降了 13.81%。受存量资金影响，资金被分流到其他品种。

从交割数据来看，2020 年 PTA 交割量为 468685 手，同比增长 221.89%（见表 3-40）。这是因为受春节假期的影响，终端织造开工率下降，聚酯检修也将陆续增多，相关厂商为了避免经营风险主动增加库存，PTA 现货需求增加，交割意愿显著增强。

表 3-40　　　　　　　　　　　　　PTA 期货交割量

年份	交割量（手）	同比增长（%）
2020	468685	221.89
2019	145602	2.08
2018	142630	—

数据来源：Wind 数据库

8. 甲醇期货

2020 年 1 月至 11 月甲醇期货最高价格为 2398 元/吨，最低价格为 1531 元/吨（见图 3-48）。主连合约平均价格为 1866.07 元/吨，期末价格为 2274 元/吨，相较 2019 年年末价格 1890 元/吨上涨了 384 元/吨。

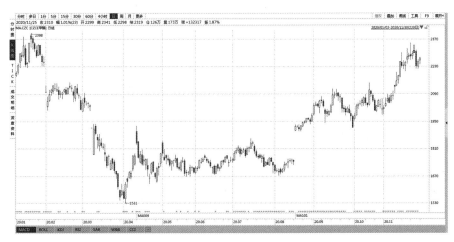

图 3-48　甲醇期货（主连合约）2020 年价格走势

数据来源：Wind 数据库

2020 年 1 月至 11 月甲醇期货成交 302642785 手，成交金额为 58209.85 亿元，2019 年同期成交 239120185 手，成交金额为 55589.67 亿元；2020 年成交手数同比上升 26.57%，成交金额同比增长 4.71%。

从资金的动向看，甲醇期货市场的日均沉淀资金从 2019 年的 22.12 亿元减少到 2020 年的 13.50 亿元，甲醇期货的日均沉淀资金下降 38.97%；从持仓量方面看，2020 年日均持仓量为 138.29 万手，同比 2019 年日均持仓 191.32 万手下降了 27.72%。甲醇期货吸引资金的能力减弱。

从交割数据来看，2020 年交割量涨势迅猛（见表 3－41）。一方面，9 月南方高温天气叠加下游赶工需求，煤炭价格继续探涨，甲醇在原料端拉涨的情况下，成本支撑进一步走强；另一方面，国内产销区运输由于长江洪水，西南一带甲醇装船暂停，江运至华东甲醇货量短期减少。正是在成本较低和运输受限两部分因素叠加下，部分下游厂家逢低补库，甲醇期货的交割量大幅上升，期现融合程度显著增强。

表 3－41　　　　　　　　　　　甲醇期货交割量

年份	交割量（手）	同比增长（%）
2020	208305	572.08
2019	30994	286.56
2018	8018	—

数据来源：Wind 数据库

9. 玻璃期货

2020 年 1 月至 11 月玻璃期货最高价格为 1968 元/吨，最低价格为 1177 元/吨（见图 3－49）。主连合约平均价格为 1632.41 元/吨，期末价格为 1837 元/吨，相较 2019 年年末价格 1479 元/吨上涨了 358 元/吨。

2020 年 1 月至 11 月玻璃期货成交 156633825 手，成交金额为 52604.23 亿元，2019 年同期成交 28608359 手，成交金额为 8154.88 亿元；2020 年成交手数同比上升 447.51%，成交金额同比增长 545.06%。疫情稳定后，市场对玻璃的乐观预期提高，使玻璃更受关注。

从资金的动向看，玻璃期货市场的日均沉淀资金从 2019 年的 5.63 亿元增加到 2020 年的 6.61 亿元，玻璃期货的日均沉淀资金增长 17.1%；从持仓量方面看，2020 年日均持仓量为 43.13 万手，同比 2019 年日均持仓 40.12 万手增长了 7.50%。玻璃期货吸引资金的能力稍有增加。

从交割数据来看，2020 年交割数量增幅较大（见表 3－42），期现融合程度显著增强。

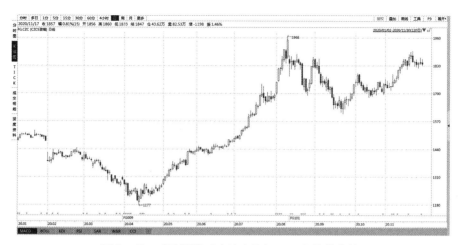

图 3-49 玻璃期货（主连合约）2020 年价格走势

数据来源：Wind 数据库

表 3-42 玻璃期货交割量

年份	交割量（手）	同比增长（%）
2020	6432	296.79
2019	1621	-68.13
2018	5086	——

数据来源：Wind 数据库

10. 菜籽粕期货

2020 年 1 月至 11 月菜籽粕期货最高价格为 2607 元/吨，最低价格为 2086 元/吨（见图 3-50）。主连合约平均价格为 2371 元/吨，期末价格为 2570 元/吨，相较 2019 年年末价格 2327 元/吨，上升了 243 元/吨。

2020 年 1 月至 11 月成交 141524458 手，相较 2019 年的成交量 129124110 手同比上涨 9.60%。成交金额为 33801.51 亿元，相较 2019 年的成交金额 29975.96 亿元同比上涨 12.76%，呈现量价齐升的态势。

从资金的动向看，菜籽粕期货市场的日均沉淀资金为 5.10 亿元，同比 2019 年日均沉淀资金 4.08 亿元上升了 25%。从持仓量方面看，2020 年日均持仓量为 43.05 万手，同比 2019 年日均持仓 36 万手上升了 37.14%。菜籽粕期货流动性良好。

从交割情况来看，菜籽粕期货交割量 2020 年骤升（见表 3-43），其原因是当下的菜粕库存达到低位水平，而从加拿大进口的菜籽粕几乎处于停滞状态，供需关系紧张，企业为了减少经营风险加大库存，带动交割量出现大幅上升。

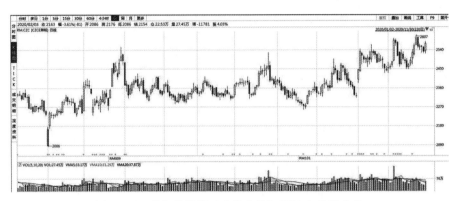

图 3 - 50　菜籽粕期货（主连合约）2020 年价格走势

数据来源：Wind 数据库

表 3 - 43　　　　　　　　　　　　　　菜籽粕期货交割量

年份	交割量（手）	同比增长（%）
2020	69521	2235.27
2019	2977	-78.29
2018	13712	47.31

数据来源：Wind 数据库

11. 油菜籽期货

2019 年 1 月至 11 月油菜籽期货最高价格为 6480 元/吨，最低价格为 3961 元/吨（见图 3 - 51）。主连合约平均价格为 4967 元/吨，期末价格为 5320 元/吨，相较 2019 年年末价格 4420 元/吨，上涨了 900 元/吨。

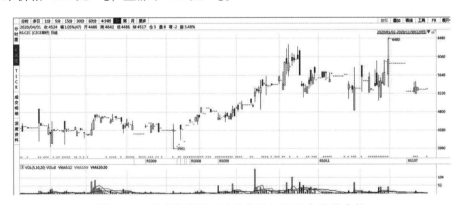

图 3 - 51　油菜籽期货（主连合约）2020 年价格走势

数据来源：Wind 数据库

2020 年 1 月至 11 月成交 2359 手，相较 2019 年的成交量 63616 手同比下降 96.29%。成交金额为 1.2 亿元，相较 2019 年的成交金额 25.42 亿元同比下降 95.28%，成交量和成交金额大幅下降主要受中加关系影响（加拿大是世界上最大的油菜籽出口国，而中国目前是最大的油菜籽进口国），油菜籽进口被抑制，国内的菜籽油库存低于5年均值，同时菜籽油与其他品种的价差处于高位状态，不利于菜籽油的消费，使油菜籽的需求减弱。

从资金的动向看，油菜籽期货市场2020年的日均沉淀资金不足0.01亿元，同比2019年日均沉淀资金0.02亿元下降幅度较大。从持仓量方面看，2020年持仓量明显减少，日均持仓量为8手，同比2019年日均持仓789手下降了98.99%。

从交割情况来看，油菜籽期货交割量由2019年的692手降至2020年的0手（见表3-44）。

表3-44 油菜籽期货交割量

年份	交割量（手）	同比增长（%）
2020	0	-100
2019	692	—
2018	0	—

数据来源：Wind数据库

12. 动力煤期货

2020年1月至11月动力煤期货最高价格为663.6元/吨，最低价格为476.40元/吨（见图3-52）。主连合约平均价格为569.47元/吨，期末价格为659.80元/吨，相较2019年年末价格553.80元/吨上涨了106元/吨。

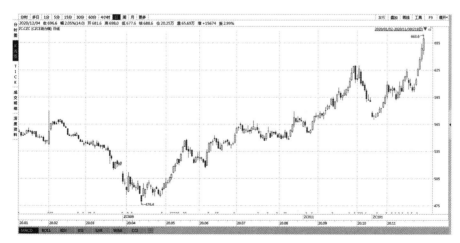

图3-52 动力煤期货（主连合约）2020年价格走势
数据来源：Wind数据库

2020 年 1 月至 11 月动力煤期货成交 40662699 手，成交金额为 22821.63 亿元，2019 年同期成交 25179734 手，成交金额为 14689.16 亿元；2020 年成交手数同比上升 61.49%，成交金额同比增长 55.36%。

从资金的动向看，动力煤期货市场的日均沉淀资金由 2019 年的 13.11 亿元减少到 2020 年的 7.26 亿元，动力煤期货的日均沉淀资金下降 44.62%。从持仓量方面看，2020 年日均持仓量为 26.23 万手，同比 2019 年日均持仓 45.28 万手下降了 42.07%。动力煤期货吸引资金的能力稍有减弱。

从交割数据来看，2020 年的动力煤交割量显著上升（见表 3－45）。随着经济恢复，10 月 GDP 增速回升，PMI 指数（采购经理指数）和火力发电量增长势头持续。11 月后，以水电为首的清洁能源在第四季度处于淡季，火力发电成为用电主力，动力煤需求旺盛。因此，动力煤期货的交割量大幅上升，期现融合程度显著增强。

表 3－45　　　　　　　　　　　动力煤期货交割量

年份	交割量（手）	同比增长（%）
2020	122665	222.80
2019	38000	－ 17.03
2018	45800	—

数据来源：Wind 数据库

13. 粳稻期货

2019 年 1 月至 11 月粳稻期货最高价格为 3250 元/吨，最低价格为 2332 元/吨（见图 3－53）。主连合约平均价格为 2828 元/吨，期末价格为 2936 元/吨，相较 2019 年年末价格 2821 元/吨上升了 115 元/吨。

图 3－53　粳稻期货（主连合约）2020 年价格走势
数据来源：Wind 数据库

2020 年 1 月至 11 月粳稻期货成交 11584 手，成交金额为 6.66 亿元，2019 年同期成交 2725 手，成交金额 1.58 亿元；2020 年成交手数同比上升 325.10%，成交金额同比上升 321.52%。

从日均沉淀资金来看，由 2019 年的日均沉淀不足 40 万元上升到 2020 年的 70 万元，粳稻期货的日均沉淀资金上升了 75%，但总额依旧较小，不受资金青睐。

从交割数据来看，粳稻期货 2017 年至 2019 年交割量均为 0 手，2020 年为 1 手，期现融合很差，合约整体被边缘化。

14. 晚籼稻期货

2020 年 1 月至 11 月晚籼稻期货最高价格为 3400 元/吨，最低价格为 2451 元/吨（见图 3 - 54）。主连合约平均价格为 2825 元/吨，期末价格为 3400 元/吨，相较 2019 年年末价格 2700 元/吨上涨了 700 元/吨。

图 3 - 54　晚籼稻期货（主连合约）2020 年价格走势

数据来源：Wind 数据库

2020 年 1 月至 11 月晚籼稻期货成交 4464 手，成交金额为 2.60 亿元，2019 年同期成交 18792 手，成交金额为 10.64 亿元；相较 2019 年成交手数同比下降 76.25%，成交金额同比下降 74.10%。

从日均沉淀资金来看，由 2019 年的日均沉淀 124 万元下降到 2020 年的 82 万元，晚籼稻期货的日均沉淀资金下降 33.87%，吸引资金的能力下降。

从交割数据来看，晚籼稻期货交割量由 2019 年的 110 手降至 2020 年的 0 手，主要是受季节、需求等因素影响，晚籼稻市场后期心态整体仍偏弱。

15. 锰硅期货

2020 年 1 月至 11 月锰硅期货最高价格为 7472 元/吨，最低价格为 5926 元/吨（见图 3 - 55）。主连合约平均价格为 6476.07 元/吨，期末价格为 6376 元/吨，相较 2019 年年末价格 6386 元/吨下降了 10 元/吨。

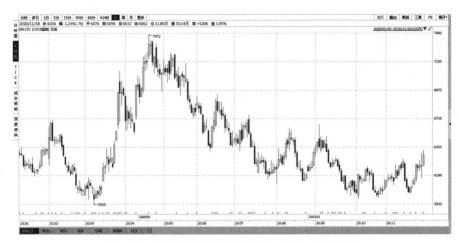

图 3 - 55 锰硅期货（主连合约）2020 年价格走势

数据来源：Wind 数据库

2020 年 1 月至 11 月锰硅期货成交 38957584 手，成交金额为 12812.19 亿元，2019 年同期成交 9809083 手，成交金额为 3511.74 亿元；2020 年成交手数同比上升 297.16%，成交金额同比增长 264.84%。成交金额和成交量显著上升的原因是，为了拉动内需，国内投资逐步恢复，半导体行业逐步崛起，对于锰硅等工业原材料的需求更加强烈。

从资金的动向看，锰硅期货市场的日均沉淀资金由 2019 年的 2.93 亿元减少到 2020 年的 2.27 亿元，锰硅期货的日均沉淀资金下降 22.53%。从持仓量方面看，2020 年日均持仓量为 14.11 万手，同比 2019 年日均持仓 16.54 万手下降 14.69%。锰硅期货吸引资金的能力稍有减弱。

从交割数据来看，2020 年的锰硅期货交割数量大幅增加（见表 3 - 46）。国内需求恢复，半导体行业和基础设施建设需要锰硅等材料。另外，根据《郑州商品交易所期货交易风险控制管理办法》，锰硅的单边持仓量由绝对限额变成相对比例，随着持仓量的上升，锰硅期货的交割量也随之上升，期现融合程度有所增强。

表 3 - 46　　　　　　　　　　　　锰硅期货交割量

年份	交割量（手）	同比增长（%）
2020	24451	293.80
2019	6209	- 43.72
2018	11032	—

数据来源：Wind 数据库

16. 硅铁期货

2020 年 1 月至 11 月硅铁期货最高价格为 6320 元/吨，最低价格为 5280 元/吨（见

图 3 - 56）。主连合约平均价格为 5773. 18 元/吨，期末价格为 6160 元/吨，相较 2019 年年末价格 5850 元/吨上涨了 310 元/吨。

图 3 - 56　硅铁期货（主连合约）2020 年价格走势

数据来源：Wind 数据库

2020 年 1 月至 11 月硅铁期货成交 25509130 手，成交金额为 7391. 40 亿元，2019 年同期成交 8643210 手，成交金额为 2575. 83 亿元；2020 年成交手数同比上升 195. 13%，成交金额同比增长 186. 95%。成交金额和成交量显著上升的原因是为了拉动内需，国内投资逐步恢复，对于硅铁等工业原材料的需求更加强烈。

从资金的动向看，硅铁期货市场的日均沉淀资金从 2019 年的 2. 17 亿元减少到 2020 年的 1. 63 亿元，硅铁期货的日均沉淀资金下降 24. 88%。从持仓量方面看，2020 年日均持仓量为 11. 09 万手，同比 2019 年日均持仓 16. 54 万手下降了 32. 95%。硅铁期货吸引资金的能力稍有减弱。

从交割数据来看，2020 年的硅铁期货交割数量显著增加（见表 3 - 47）。由于国内需求恢复，大量投资和基础设施建设等方面需要硅铁等基本元素。另外，根据《郑州商品交易所期货交易风险控制管理办法》，硅铁的单边持仓量由绝对限额变成相对比例，随着持仓量的上升，硅铁期货的交割量也大幅上升，期现融合程度有所增强。

表 3 - 47　　　　　　　　　　硅铁期货交割量

年份	交割量（手）	同比增长（%）
2020	40193	119. 67
2019	18297	62. 15
2018	11284	—

数据来源：Wind 数据库

17. 棉纱期货

2020 年 1 月至 11 月郑州商品交易所棉纱期货最高价格为 22765 元/吨，最低价格为 16960 元/吨（见图 3-57）。主连合约平均价格为 19882 元/吨，期末价格为 20845 元/吨，相较 2019 年年末价格 22110 元/吨，下降了 1265 元/吨。

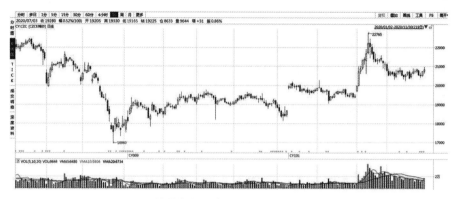

图 3-57　棉纱期货（主连合约）2020 年价格走势

数据来源：Wind 数据库

2020 年 1 月至 11 月成交 2174929 手，相较 2019 年的成交量 1558585 手同比上涨 39.55%；成交金额为 2198.10 亿元，相较 2019 年的成交金额 1659.95 亿元同比上升 32.42%。

从资金的动向看，棉纱期货市场的日均沉淀资金为 0.43 亿元，同比 2019 年日均沉淀资金 0.35 亿元上升了 22.86%。从持仓量方面看，2020 年日均持仓量为 8592 手，同比 2019 年日均持仓 6577 手上升了 30.64%，持仓量稳中有升。

从交割情况来看，棉纱期货交割量同比增加（见表 3-48），但总量规模依旧很小，期现结合效率较低。

表 3-48　　　　　　　　　　　　　棉纱期货交割量

年份	交割量（手）	同比增长（%）
2020	900	11150
2019	8	-89.47
2018	76	—

数据来源：Wind 数据库

18. 苹果期货

2020 年 1 月至 11 月苹果期货最高价格为 9409 元/吨，最低价格为 6277 元/吨（见图 3-58）。主连合约平均价格为 7543.00 元/吨，期末价格为 6851 元/吨，相较 2019

年年末价格 8055 元/吨下降了 1204 元/吨。2020 年由于新冠肺炎疫情的影响，水果消费整体不佳，截至 7 月 2 日，全国苹果库存为 276 万吨，而 7 月至 9 月苹果消费量的 5 年均值 135 万吨，供应远远大于消费，随着时间的推移库存苹果还面临质量下滑的问题导致苹果价格下跌。

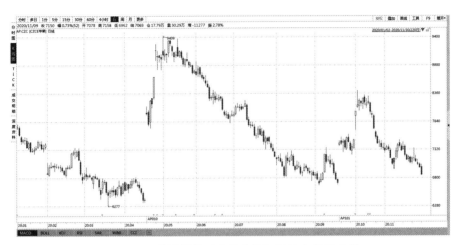

图 3－58　苹果期货（主连合约）2020 年价格走势

数据来源：Wind 数据库

2020 年 1 月至 11 月苹果期货成交 54414121 手，成交金额为 41068.23 亿元，2019 年同期成交 34405335 手，成交金额为 31144.32 亿元；2020 年成交手数同比上升 58.16%，成交金额同比增长 31.86%。

从资金的动向看，苹果期货市场的日均沉淀资金从 2019 年的 16.14 亿元减少到 2020 年的 9.07 亿元，下降 43.80%。从持仓量方面看，2020 年日均持仓量为 16.73 万手，同比 2019 年日均持仓 25.14 万手下降了 33.45%。苹果期货流动性良好。

从交割数据来看，2020 年的苹果期货交割意愿有所降低（见表 3－49）。受新冠肺炎疫情等因素影响，全国对水果现货的需求不佳，并且由于前期疫情肆虐，流通运输受限带来的运输、仓储等成本的上升，苹果期货的交割量下降，期现融合程度有所降低。

表 3－49　　　　　　　　　　苹果期货交割量

年份	交割量（手）	同比增长（%）
2020	604	－19.25
2019	748	31.69
2018	568	—

数据来源：Wind 数据库

19. 红枣期货

2020 年 1 月至 11 月红枣期货最高价格为 10970 元/吨，最低价格为 8755 元/吨（见图 3-59）。主连合约平均价格为 10050.31 元/吨，期末价格为 9690 元/吨，相较 2019 年年末价格 11070 元/吨下降了 1380 元/吨。

图 3-59　红枣期货（主连合约）2020 年价格走势

数据来源：Wind 数据库

2020 年 1 月至 11 月红枣期货成交 5935543 手，成交金额为 2989.68 亿元，2019 年同期成交 26827367 手，成交金额为 13753.13 亿元；2020 年成交手数同比下降 77.88%，成交金额同比下降 78.26%。

从资金的动向看，红枣期货市场的日均沉淀资金由 2019 年的 4.54 亿元减少到 2020 年的 0.88 亿元，红枣期货的日均沉淀资金下降 80.62%。从持仓量方面看，2020 年日均持仓量为 2.47 万手，同比 2019 年日均持仓 12.43 万手下降了 80.13%。红枣期货流动性显著减弱。

从交割数据来看，红枣期货 2020 年的交割量为 605 手（见表 3-50）。

表 3-50　　　　　　　　　　　　红枣期货交割量

年份	交割量（手）	同比增长（%）
2020	605	——
2019	0	——
2018	——	——

数据来源：Wind 数据库

20. 尿素期货

2020 年 1 月至 11 月尿素期货最高价格为 1834 元/吨，最低价格为 1492 元/吨（见

图 3 - 60）。主连合约平均价格为 1651.50 元/吨，期末价格为 1788 元/吨，相较 2019 年年末价格 1723 元/吨上涨了 65 元/吨。

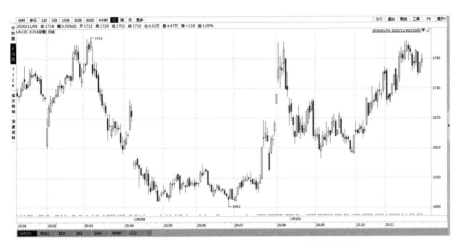

图 3 - 60　尿素期货（主连合约）2020 年价格走势

数据来源：Wind 数据库

2020 年 1 月至 11 月尿素期货成交 14706468 手，成交金额为 4911.32 亿元，2019 年同期成交 4117357 手，成交金额为 1432.50 亿元；2020 年成交手数同比上升 257.18%，成交金额同比增长 242.85%。成交量和成交金额大幅上升，主要是需求增加而供给因为产量、运输、环保等因素有所下降，使尿素活跃度提升。

从资金的动向看，尿素期货市场的日均沉淀资金从 2.02 亿元减少到 2020 年的 1.31 亿元，尿素期货的日均沉淀资金下降 35.15%。从持仓量方面看，2020 年日均持仓量为 7.90 万手，同比 2019 年日均持仓 11.67 万手下降 32.31%。尿素期货吸引资金的能力稍有减弱。

从交割数据来看，受经济恢复拉动需求等因素影响，2020 年尿素期货的交割量实现零的突破，达到了 3931 手，期现融合程度有所增强（见表 3 - 51）。

表 3 - 51　　　　　　　　　　　尿素期货交割量

年份	交割量（手）	同比增长（%）
2020	3931	—
2019	0	—
2018	—	—

数据来源：Wind 数据库

21. 纯碱期货

2020 年 1 月至 11 月纯碱期货最高价格为 1822 元/吨，最低价格为 1288 元/吨（见

图 3 - 61）。主连合约平均价格为 1466.80 元/吨，期末价格为 1477 元/吨，相较 2019 年年末价格 1633 元/吨下降了 156 元/吨。

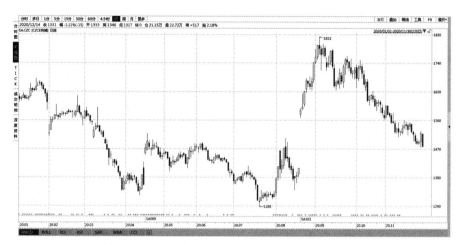

图 3 - 61　纯碱期货（主连合约）2020 年价格走势

数据来源：Wind 数据库

2020 年 1 月至 11 月纯碱期货成交 53429697 手，成交金额为 17222.66 亿元。

从资金动向看，2020 年的日均沉淀资金为 1.82 亿元，日均持仓量为 112724 手。

从交割数据来看，2020 年纯碱期货交割意愿强烈，达到 11985 手（见表 3 - 52）。由于玻璃等行业对纯碱的需求增加，纯碱厂家开工负荷稳步攀升，库存保持连续上升态势。纯碱期货的交割量大幅上升，期现融合程度良好。

表 3 - 52　　　　　　　　　　纯碱期货交割量

年份	交割量（手）	同比增长（%）
2020	11985	—
2019	—	—
2018	—	—

数据来源：Wind 数据库

22. 短纤期货

短纤期货于 2020 年 10 月 12 日在郑州期货交易所上市，交易单位 5 吨/手，最小变动价位 2 元/吨，交易代码为 PF，合约月份为 1 月至 12 月。

2020 年 10 月至 11 月短纤期货最高价格为 6618 元/吨，最低价格为 5750 元/吨（见图 3 - 62）。主连合约平均价格为 6109 元/吨，期末价格为 6016 元/吨。

2020 年 10 月至 11 月短纤期货成交 13890615 手，成交金额为 4349.24 亿元。

从资金动向来看，2020 年的日均沉淀资金为 2.34 亿元。

图 3 - 62　短纤期货（主连合约）2020 年价格走势

数据来源：Wind 数据库

短纤由于是刚刚上市，截至 2020 年 11 月 30 日，暂无交割，期现融合程度有待观察。

四、中国金融期货交易所上市品种运行分析

（一）交易与交割数据总览

截至 2020 年 11 月 30 日，中国金融期货交易所（以下简称中金所）共上市期货品种 6 个，3 个股指期货、3 个国债期货；累计成交金额为 1052691.37 亿元，同比增加 67.87%；成交量为 90571530 手，同比增加 50.38%；11 月底持仓量为 704669.00 手，比 2019 年 11 月底持仓量增加 49.47%；累计交割量为 5722.00 手，同比增加 27.69%。

（二）上市品种概览

1. 股指期货

2018 年 12 月 2 日，中金所发布调整股指期货交易保证金和手续费标准的公告，自 2018 年 12 月 3 日起，将沪深 300、上证 50 股指期货交易保证金标准统一调整为 10%，中证 500 股指期货交易保证金标准统一调整为 15%（原套期保值 20%，非套期保值 IF、IH20%，IC30%）；将股指期货日内过度交易行为的监管标准调整为单个合约 50 手（原单个品种 20 手），套期保值交易开仓数量不受此限；将股指期货平今仓交易手续费标准调整为成交金额的 4.6‰（原为 6.9‰）。此次交易安排的调整给股指期货市场带来了巨大的活跃度，相比 2018 年，2019 年沪深 300、中证 500、上证 50 股指期货

的成交量和持仓量都实现了翻倍,被称为史上第三次股指期货松绑。

2019 年 4 月 19 日,中金所发布消息,自 2019 年 4 月 22 日起,将中证 500 股指期货交易保证金标准调整为 12%;将股指期货日内过度交易行为的监管标准调整为单个合约 500 手,套期保值交易开仓数量不受此限;将股指期货平今仓交易手续费标准调整为成交金额的 3.45‰。此次调整后,沪深 300、中证 500、上证 50 股指期货 5 月的成交量和持仓量都同比上涨了两倍,为全年同比增长幅度最大值,被称为第四次股指期货松绑。

股指期货合约基本信息如表 3 – 53 所示。

表 3 – 53　　　　　　　　　　　股指期货合约基本信息

	沪深 300 股指期货	中证 500 股指期货	上证 50 股指期货
上市时间	2010 年 4 月 16 日	2015 年 4 月 16 日	2015 年 4 月 16 日
合约标的	沪深 300 指数	中证 500 指数	上证 50 指数
合约乘数	每点 300 元	每点 200 元	每点 300 元
报价单位	指数点		
最小变动价位	0.2 点		
合约月份	当月、下月及随后 2 个季月		
交割方式	现金交割		
最低交易保证金	合约价值的 8%		

数据来源:Wind 数据库

2. 国债期货

国债期货合约基本信息如表 3 – 54 所示。

表 3 – 54　　　　　　　　　　　国债期货合约基本信息

	5 年期国债期货	10 年期国债期货	2 年期国债期货
上市时间	2013 年 9 月 6 日	2015 年 3 月 20 日	2018 年 8 月 17 日
合约标的	面值为 100 万元人民币、票面利率为 3% 的名义中期国债	面值为 100 万元人民币、票面利率为 3% 的名义长期国债	面值为 200 万元人民币、票面利率为 3% 的名义中短期国债
可交割国债	发行期限不高于 7 年、合约到期月份首日剩余期限为 4 年至 5.25 年的记账式附息国债	发行期限不高于 10 年、合约到期月份首日剩余期限不低于 6.5 年的记账式附息国债	发行期限不高于 5 年、合约到期月份首日剩余期限为 1.5 年至 2.25 年的记账式附息国债

续 表

	5 年期国债期货	10 年期国债期货	2 年期国债期货
最低交易保证金	合约价值的 1%	合约价值的 2%	合约价值的 0.5%
报价方式	百元净价报价		
最小变动价位	0.005 元		
合约月份	最近的 3 个季月（3 月、6 月、9 月、12 月中的最近 3 个月循环）		
交割方式	实物交割		

数据来源：Wind 数据库

（三）具体品种运行数据

1. 沪深 300 股指期货

2020 年 1 月至 11 月沪深 300 股指期货主力连续合约最高价格为 5066.4 点，最低价格为 3477.0 点（见图 3 - 63），平均价格为 4266.08 点，比 2019 年高 399.88 点。2019 年主连合约最高价格为 4140.6 点，最低价格为 2942.2 点，平均价格为 3866.2 点。

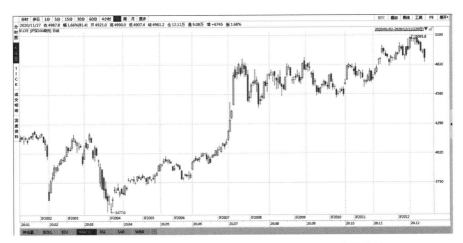

图 3 - 63 沪深 300 股指期货（主连合约）2020 年价格走势
数据来源：Wind 数据库

2020 年 1 月至 11 月成交 27487513 手，同比上涨 26.10%，每月成交量如图 3 - 64 所示；成交金额为 356171.18 亿元，同比上涨 45.30%。从资金动向看，2020 年 1 月至 11 月日均持仓量为 162676.92 手，同比上涨 46.47%，每月日均持仓量如图 3 - 65 所示；日均沉淀资金为 169.80 亿元，同比上涨 36.34%。

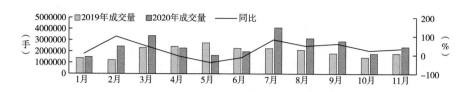

图 3 - 64　沪深 300 股指期货成交量

数据来源：中国金融期货交易所

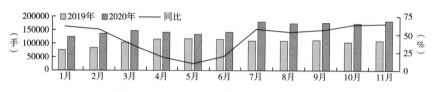

图 3 - 65　沪深 300 股指期货日均持仓量

数据来源：中国金融期货交易所

2. 中证 500 股指期货

2020 年 1 月至 11 月中证 500 股指期货主连合约最高价格为 6909. 2 点，最低价格为 4792. 2 点（见图 3 - 66），平均价格为 5874. 11 点，比 2019 年高 926. 31 点。2019 年最高价格为 5935. 0 点，最低价格为 4058. 0 点，平均价格为 4947. 80 点。

图 3 - 66　中证 500 股指期货（主连合约）2020 年价格走势

数据来源：Wind 数据库

2020 年 1 月至 11 月成交 30258067 手，同比上涨 69. 16%，每月成交量如图 3 - 67 所示；成交金额为 354028. 00 亿元，同比上涨 99. 03%。从资金动向看，2020 年 1 月至 11 月日均持仓量为 202598. 50 手，同比上涨 65. 55%，每月日均持仓量如图 3 - 68 所示；日均沉淀资金为 191. 69 亿元，同比上涨 56. 07%。

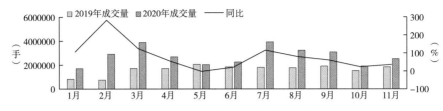

图 3 - 67 中证 500 股指期货成交量

数据来源：中国金融期货交易所

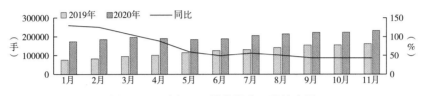

图 3 - 68 中证 500 股指期货日均持仓量

数据来源：中国金融期货交易所

3. 上证 50 股指期货

2020 年 1 月至 11 月上证 50 股指期货主连合约最高价格为 3584.0 点，最低价格为 2496.8 点（见图 3 - 69），平均价格为 3062.69 点，比 2019 年高 133.89 点。2019 年最高价格为 3078.0 点，最低价格为 2250.8 点，平均价格为 2928.80 点。

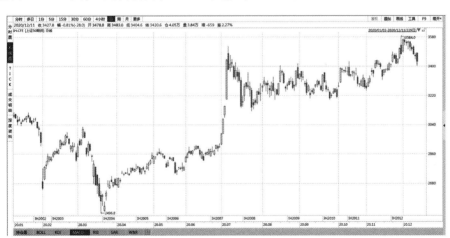

图 3 - 69 上证 50 股指期货（主连合约）2020 年价格走势

数据来源：Wind 数据库

2020 年 1 月至 11 月成交 10648952 手，同比上涨 18.41%，每月成交量如图 3 - 70 所示；成交金额为 98499.14 亿元，同比上涨 29.40%。从资金动向看，2020 年 1 月至 11 月日均持仓量为 68903.92 手，同比上涨 28.92%，每月日均持仓量如图 3 - 71 所示；日均沉淀资金为 16.97 亿元，同比上涨 23.97%。

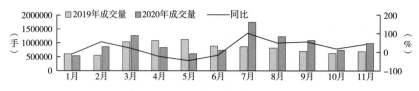

图3－70　上证50股指期货成交量

数据来源：中国金融期货交易所

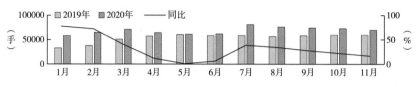

图3－71　上证50股指期货日均持仓量

数据来源：中国金融期货交易所

4.5年期国债期货

2020年1月至11月5年期国债期货主连合约最高价格为105.200元，最低价格为98.700元（见图3－72），平均价格为101.148元，同比上涨1.36%。2019年最高价格为100.445元，最低价格为98.335元，平均价格为99.791元。

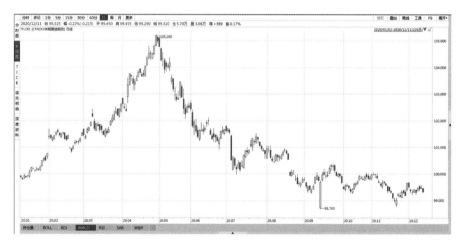

图3－72　5年期国债期货（主连合约）2020年价格走势

数据来源：Wind数据库

2020年1月至11月成交5302874手，同比上涨235.54%，每月成交量如图3－73所示；成交金额为53652.66亿元，同比上涨240.98%。从资金动向看，2020年1月至11月日均持仓量为45812.49手，同比上涨94.50%，每月日均持仓量如图3－74所示；日均沉淀资金为9.26亿元，同比上涨101.39%；从交割情况看，2020年1月至9月（国债期货交割月份为3月、6月、9月、12月）交割3621手，2019年同期为1055手，同比上涨243.22%。

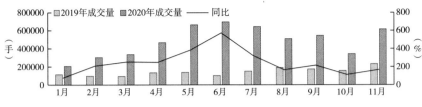

图 3 - 73 5 年期国债期货成交量

数据来源：中国金融期货交易所

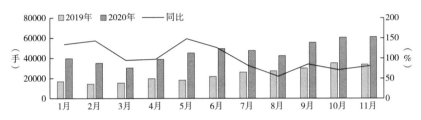

图 3 - 74 5 年期国债期货日均持仓量

数据来源：中国金融期货交易所

5. 10 年期国债期货

2020 年 1 月至 11 月 10 年期国债期货主连合约最高价格为 103.485 元，最低价格为 96.755 元（见图 3 - 75），平均价格为 100.926 元，同比上涨 2.73%。2019 年最高价格为 99.49 元，最低价格为 95.82 元，平均价格为 98.245 元。

图 3 - 75 10 年期国债期货（主连合约）2020 年价格走势

数据来源：Wind 数据库

2020 年 1 月至 11 月成交 14704257 手，同比增长 72.35%，每月成交量如图 3 - 76 所示；成交金额为 146544.96 亿元，同比增长 75.69%。从资金动向看，2020 年 1 月至 11 月日均持仓量为 95588.10 手，同比上涨 34.50%，每月日均持仓量如图 3 - 77 所示；日均沉淀资金为 19.05 亿元，同比上涨 20.96%。从交割情况看，2020 年 1 月至 9 月交

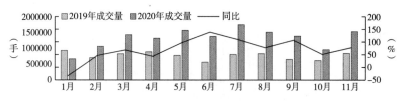

图 3 - 76 10 年期国债期货成交量

数据来源：中国金融期货交易所

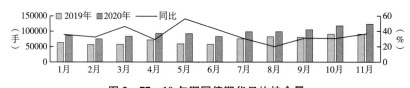

图 3 - 77 10 年期国债期货日均持仓量

数据来源：中国金融期货交易所

割 1268 手，2019 年同期为 2370 手，同比降低 46.50%。

6.2 年期国债期货

2020 年 1 月至 11 月 2 年期国债期货主连合约最高价格为 102.860 元，最低价格为 99.750 元（见图 3 - 78），平均价格为 100.98 元，同比上涨 0.88%。2019 年最高价格为 101.00 元，最低价格为 99.71 元，平均价格为 100.10 元。

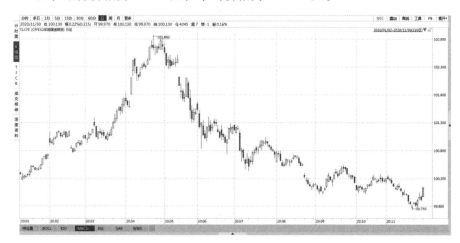

图 3 - 78 2 年期国债期货（主连合约）2020 年价格走势

数据来源：Wind 数据库

2020 年 1 月至 11 月成交 2169867 手，同比增长 51.02%，每月成交量如图 3 - 79 所示；成交金额为 43795.43 亿元，同比增长 52.05%。从资金动向看，2020 年 1 月至 11 月日均持仓量为 20335.39 手，同比上涨 179.81%，每月日均持仓量如图 3 - 80 所示；日均沉淀资金为 2.05 亿元，同比上涨 181.47%。从交割情况看，2020 年 1 月至 9 月交割 833 手，2019 年同期为 1056 手，同比下降 21.12%。

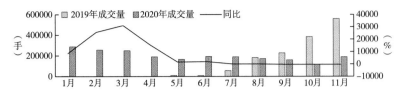

图 3 - 79　2 年期国债期货成交量

数据来源：中国金融期货交易所

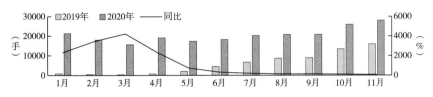

图 3 - 80　2 年期国债期货日均持仓量

数据来源：中国金融期货交易所

五、上市期货品种综合对比分析

（一）商品期货

1. 成交量和成交金额排名分析

所有商品期货 2020 年 1 月至 11 月的成交量和成交金额的排名如表 3 - 55 所示。

表 3 - 55　　　　　　　2020 年商品期货成交量和成交金额排名

排名	成交量排名		成交金额排名	
	合约	成交量（手）	合约	成交金额（亿元）
1	燃料油期货	438889743	白银期货	245488.39
2	豆粕期货	318009267	黄金期货	189075.73
3	白银期货	316334085	铁矿石期货	187903.36
4	螺纹钢期货	307295551	镍期货	171206.32
5	甲醇期货	302642785	棕榈油期货	160131.70
6	棕榈油期货	286729162	铜期货	120800.28
7	PTA 期货	262766818	天然橡胶期货	109665.32
8	铁矿石期货	256235346	螺纹钢期货	108986.92
9	石油沥青期货	183919960	原油期货	105801.35
10	玉米期货	158586889	豆油期货	98794.15
11	镍期货	157017401	豆粕期货	92868.57

排名	成交量排名		成交金额排名	
	合约	成交量（手）	合约	成交金额（亿元）
12	玻璃期货	156633825	焦炭期货	91430.75
13	聚丙烯期货	154024807	菜籽油期货	81543.77
14	豆油期货	152948129	燃料油期货	76947.14
15	菜籽粕期货	141524458	棉花期货	62719.69
16	鸡蛋期货	121745684	白糖期货	58898.26
17	白糖期货	112324803	甲醇期货	58209.85
18	棉花期货	98821818	聚丙烯期货	56711.04
19	菜籽油期货	96566425	玻璃期货	52604.23
20	天然橡胶期货	86334586	锌期货	48878.65
21	线型低密度聚乙烯期货	84582311	PTA 期货	48071.13
22	乙二醇期货	71042073	石油沥青期货	44262.77
23	热轧卷板期货	63263277	苹果期货	41068.23
24	苹果期货	54414121	鸡蛋期货	42912.52
25	黄大豆1号期货	54145626	玉米期货	36107.92
26	锌期货	54119381	菜籽粕期货	33801.51
27	纯碱期货	53429697	液化石油气期货	31793.98
28	铜期货	50069837	铝期货	30912.64
29	黄金期货	47754425	线型低密度聚乙烯期货	28922.06
30	聚氯乙烯期货	46541782	乙二醇期货	27106.73
31	焦炭期货	45839959	黄大豆1号期货	25038.61
32	液化石油气期货	45631440	动力煤期货	22821.63
33	铝期货	45046337	热轧卷板期货	22646.46
34	苯乙烯期货	43382433	纯碱期货	17222.66
35	动力煤期货	40662699	锡期货	16309.89
36	锰硅期货	38957584	聚氯乙烯期货	14830.58
37	原油期货	37010633	焦煤期货	14354.62
38	纸浆期货	28300613	苯乙烯期货	13724.52

续　表

排名	成交量排名		成交金额排名	
	合约	成交量（手）	合约	成交金额（亿元）
39	硅铁期货	25509130	纸浆期货	13172.33
40	玉米淀粉期货	24070083	锰硅期货	12812.19
41	焦煤期货	19282001	硅铁期货	7391.40
42	黄大豆2号期货	16247486	铅期货	6818.67
43	尿素期货	14706468	玉米淀粉期货	6281.76
44	短纤期货	13890615	不锈钢期货	5576.98
45	锡期货	11872988	黄大豆2号期货	5488.15
46	铅期货	9256984	尿素期货	4911.32
47	不锈钢期货	8180983	短纤期货	4349.24
48	低硫燃料油期货	7337846	20号胶期货	3789.38
49	红枣期货	5935543	红枣期货	2989.68
50	粳米期货	4127829	棉纱期货	2198.10
51	20号胶期货	3816151	低硫燃料油期货	1747.83
52	棉纱期货	2175349	粳米期货	1444.03
53	纤维板期货	841488	国际铜期货	195.58
54	国际铜期货	79670	纤维板期货	113.86
55	强麦期货	30683	强麦期货	15.98
56	粳稻期货	11584	粳稻期货	6.66
57	晚籼稻期货	4464	晚籼稻期货	2.60
58	线材期货	3444	胶合板期货	1.86
59	油菜籽期货	2359	线材期货	1.35
60	早籼稻期货	1950	油菜籽期货	1.20
61	胶合板期货	1910	早籼稻期货	1.03
62	普麦期货	740	普麦期货	0.86

数据来源：Wind 数据库

成交量超过1亿手为流动性好，低于1000万手为流动性差；成交金额高于10万亿元为流动性好，低于1万亿元为流动性差，对期货品种流动性进行分类，主要可分为以下三类（国际铜期货因上市时间短不计入对比）：

（1）流动性好的品种

①上海期货交易所：镍、石油沥青、螺纹钢、白银、燃料油。

②郑州商品交易所：白糖、菜籽粕、玻璃、PTA、甲醇。

③大连商品交易所：豆油、聚丙烯、鸡蛋、玉米、铁矿石、棕榈油、豆粕。

（2）流动性一般的品种

①上海期货交易所：锡、纸浆、原油、铝、黄金、铜、锌、热轧卷板、天然橡胶。

②郑州商品交易所：短纤、尿素、硅铁、锰硅、动力煤、纯碱、苹果、菜籽油、棉花。

③大连商品交易所：黄大豆2号、焦煤、玉米淀粉、苯乙烯、液化石油气、焦炭、聚氯乙烯、黄大豆1号、乙二醇、线型低密度聚乙烯。

（3）流动性差的品种

①上海期货交易所：20号胶、低硫燃料油、不锈钢、铅、线材。

②郑州商品交易所：普麦、早籼稻、油菜籽、晚籼稻、粳稻、强麦、棉纱、红枣。

③大连商品交易所：胶合板、纤维板、粳米。

从单品种来看，燃料油期货的成交量排名第1，白银期货成交金额排名第1，远远高于其他品种，是流动性最好的品种；其次，豆粕期货在成交量方面也十分突出，在成交金额方面，黄金期货和铁矿石期货这两个品种非常受投资者青睐，既适合大资金运作，也适合短线投机。

从交易所来看，大连商品交易所绝大多数上市品种都具有较好的流动性，只有胶合板、纤维板、粳米流动性较差；上海期货交易所上市品种流动性也相对较好，只有20号胶、低硫燃料油、不锈钢、铅、线材流动性较差；而郑州商品交易所流动性好的上市品种较少，只有5个品种，而流动性差的品种较多，有8个品种。

建议资金量较大的投资者重点投资流动性好的品种；中小投资者既可参与流动性好的品种，也可适度参与流动性一般的品种。

2. 日均持仓量和日均沉淀资金排名分析

所有商品期货2020年1月至11月的日均持仓量和日均沉淀资金排名如表3－56所示。

表3－56　　　　**2020年商品期货日均持仓量和日均沉淀资金排名**

排名	日均持仓量排名		日均沉淀资金排名	
	合约	日均持仓量（手）	合约	日均沉淀资金（亿元）
1	豆粕期货	2510273	豆粕期货	43.42
2	PTA期货	1962955	黄金期货	42.50

续 表

排名	日均持仓量排名		日均沉淀资金排名	
	合约	日均持仓量（手）	合约	日均沉淀资金（亿元）
3	螺纹钢期货	1925814	铜期货	39.11
4	玉米期货	1393796	螺纹钢期货	34.24
5	甲醇期货	1382856	铁矿石期货	34.17
6	铁矿石期货	936262	豆油期货	25.80
7	白银期货	716123	棕榈油期货	22.87
8	燃料油期货	709514	白银期货	20.32
9	豆油期货	676752	PTA 期货	19.12
10	石油沥青期货	603375	玉米期货	18.86
11	白糖期货	564421	原油期货	17.77
12	棉花期货	544846	棉花期货	17.30
13	热轧卷板期货	525278	天然橡胶期货	15.94
14	棕榈油期货	517270	焦炭期货	15.04
15	聚丙烯期货	432249	镍期货	14.17
16	玻璃期货	431338	白糖期货	14.15
17	菜籽粕期货	430463	甲醇期货	13.50
18	铝期货	387147	热轧卷板期货	13.24
19	线型低密度聚乙烯期货	385832	铝期货	13.14
20	鸡蛋期货	372033	燃料油期货	10.16
21	铜期货	327785	锌期货	9.42
22	黄金期货	271658	苹果期货	9.07
23	天然橡胶期货	266250	聚丙烯期货	7.95
24	动力煤期货	262329	菜籽油期货	7.62
25	镍期货	260470	动力煤期货	7.26
26	聚氯乙烯期货	256450	线型低密度聚乙烯期货	6.65
27	乙二醇期货	243247	玻璃期货	6.61
28	锌期货	212040	石油沥青期货	6.02
29	菜籽油期货	188105	菜籽粕期货	5.10

排名	日均持仓量排名		日均沉淀资金排名	
	合约	日均持仓量（手）	合约	日均沉淀资金（亿元）
30	苹果期货	167298	乙二醇期货	4.71
31	短纤期货	164184	黄大豆1号期货	4.42
32	黄大豆1号期货	161512	聚氯乙烯期货	4.09
33	纸浆期货	160653	焦煤期货	3.78
34	焦炭期货	154081	锡期货	3.43
35	锰硅期货	141116	鸡蛋期货	3.38
36	低硫燃料油期货	138528	苯乙烯期货	3.20
37	苯乙烯期货	129299	纸浆期货	2.97
38	原油期货	120548	低硫燃料油期货	2.62
39	玉米淀粉期货	117092	短纤期货	2.34
40	纯碱期货	112724	20号胶期货	2.32
41	硅铁期货	110885	锰硅期货	2.27
42	焦煤期货	102145	不锈钢期货	2.12
43	液化石油气期货	92574	铅期货	1.88
44	尿素期货	79022	纯碱期货	1.82
45	黄大豆2号期货	63245	玉米淀粉期货	1.82
46	不锈钢期货	63203	黄大豆2号期货	1.65
47	铅期货	51456	硅铁期货	1.63
48	锡期货	50551	液化石油气期货	1.40
49	20号胶期货	34804	尿素期货	1.31
50	粳米期货	27199	红枣期货	0.88
51	红枣期货	24736	国际铜期货	0.71
52	棉纱期货	8592	粳米期货	0.47
53	国际铜期货	5245	棉纱期货	0.43
54	纤维板期货	2676	强麦期货	0.03
55	强麦期货	725	纤维板期货	0.02
56	粳稻期货	244	晚籼稻期货	0.01
57	晚籼稻期货	220	粳稻期货	0.01
58	普麦期货	24	普麦期货	0.0013

排名	日均持仓量排名		日均沉淀资金排名	
	合约	日均持仓量（手）	合约	日均沉淀资金（亿元）
59	线材期货	20	胶合板期货	0.0013
60	早籼稻期货	17	线材期货	0.0005
61	油菜籽期货	8	早籼稻期货	0.0005
62	胶合板期货	7	油菜籽期货	0.00

数据来源：Wind 数据库

以日均持仓量 50 万手和 5 万手或日均沉淀资金 10 亿元和 1 亿元为标准：日均持仓量高于 50 万手或日均沉淀资金大于 10 亿元为持仓量高，日均持仓量低于 5 万手或日均沉淀资金小于 1 亿元为持仓量低。对期货品种持仓量高低进行分类，主要可分为以下三类：

（1）持仓量高的品种

①上海期货交易所：螺纹钢、铜、黄金、白银、镍、铝、天然橡胶、热轧卷板、燃料油、原油、石油沥青。

②郑州商品交易所：PTA、甲醇、棉花、白糖。

③大连商品交易所：铁矿石、豆粕、焦炭、豆油、棕榈油、玉米。

（2）持仓量一般的品种

①上海期货交易所：铅、纸浆、20 号胶、锡、锌、不锈钢、低硫燃料油。

②郑州商品交易所：玻璃、锰硅、菜籽粕、硅铁、尿素、苹果、菜籽油、动力煤、纯碱、短纤。

③大连商品交易所：乙二醇、聚氯乙烯、焦煤、鸡蛋、线型低密度聚乙烯、黄大豆 1 号、黄大豆 2 号、玉米淀粉、苯乙烯、聚丙烯、液化石油气。

（3）持仓量低的品种

①上海期货交易所：线材、国际铜。

②郑州商品交易所：红枣、棉纱、强麦、油菜籽、早籼稻、晚籼稻、粳稻、普麦。

③大连商品交易所：粳米、纤维板、胶合板。

从单品种来看，豆粕期货的日均持仓量排名第 1，日均沉淀资金排名第 1，适合大小资金做中长期投资；铜和黄金日均沉淀资金量大，但日均持仓量较低，说明合约价值量大，适合大资金做中长期投资，不太适合小资金投资。2020 年新上市合约中，液化石油气、低硫燃料油、短纤取得不错的持仓量，受到投资者的青睐，而国际铜持仓量较低，但因其上市时间不足一个月，因此不能简单地进行比较。

从交易所来看，上海期货交易所绝大多数上市品种都具有较高的持仓量，只有线材和国际铜期货持仓量低；大连商品交易所上市品种持仓量也相对较高，只有粳米、纤维板和胶合板期货持仓量较低；而郑州商品交易所有 8 个品种持仓量低，这些"僵尸品种"很难发挥期货的作用。

形成"僵尸品种"主要是由于投资者缺乏教育和相关品种运行缺乏波动性；期货产品与现货市场对接的脱钩；期货合约交割制度设置不当，不符合现货物流走向，以及政策层面的调控。现货的市场化程度高，生产、贸易企业积极参与，期货市场就会活跃，如铜、铁矿石等。而冷门期货品种由于期货市场的参与者十分有限，现货市场对借助期货市场服务的需求不大，套期保值需求也在下降，同时失去了投机资金的关注，导致期货市场成交越加清淡。

针对冷门品种，给出如下建议：国内期货市场在努力推动新期货品种上市的同时，应该像国外市场一样，建立起上市品种的退市制度；交易所通过细致调研，探讨原因，寻找症结所在，尽量采取措施改进。

建议资金量较大的趋势投资者重点投资日均沉淀资金大的品种，中小趋势投资者重点投资日均持仓量大的品种。

3. 交割量排名分析

所有商品期货 2020 年 1 月至 11 月的交割量排名如表 3 – 57 所示。

表 3 – 57　　　　　　　　　　2020 年商品期货交割量排名

排名	合约	交割量（手）	排名	合约	交割量（手）
1	棉花期货	474763	14	锌期货	46390
2	PTA 期货	468685	15	硅铁期货	40193
3	白糖期货	241662	16	热轧卷板期货	35220
4	甲醇期货	208305	17	石油沥青期货	32137
5	铝期货	137445	18	铅期货	27190
6	玉米期货	128790	19	锰硅期货	24451
7	动力煤期货	122665	20	豆油期货	20625
8	白银期货	117294	21	纸浆期货	18402
9	镍期货	95964	22	螺纹钢期货	18210
10	铜期货	93515	23	铁矿石期货	16100
11	原油期货	82913	24	豆粕期货	15814
12	菜籽粕期货	69521	25	乙二醇期货	15650
13	燃料油期货	61896	26	苯乙烯期货	15485

续　表

排名	合约	交割量（手）	排名	合约	交割量（手）
27	天然橡胶期货	15441	45	鸡蛋期货	1389
28	聚氯乙烯期货	13709	46	焦炭期货	1000
29	纯碱期货	11985	47	棉纱期货	900
30	锡期货	11850	48	粳米期货	807
31	黄大豆1号期货	11639	49	纤维板期货	673
32	20号胶期货	10314	50	红枣期货	605
33	菜籽油期货	9596	51	苹果期货	604
34	棕榈油期货	8775	52	强麦期货	17
35	聚丙烯期货	7273	53	粳稻期货	1
36	玉米淀粉期货	7255	54	胶合板期货	0
37	黄大豆2号期货	6700	55	普麦期货	0
38	聚乙烯期货	6539	56	晚籼稻期货	0
39	玻璃期货	6432	57	油菜籽期货	0
40	焦煤期货	5800	58	早籼稻期货	0
41	不锈钢期货	5712	59	低硫燃料油期货	0
42	尿素期货	3931	60	国际铜期货	0
43	黄金期货	2094	61	线材期货	0
44	液化石油气期货	1829	62	短纤期货	0

数据来源：Wind 数据库

根据交割量来看，2020 年前 11 个月的交割量都维持在 5 万手以上（见图 3 - 81）的期货品种有棉花、PTA、白糖、甲醇、铝、玉米、动力煤、白银、镍、铜、原油、菜籽粕、燃料油，表明这些品种现货企业参与度高，期现融合较好，很好地发挥了套期保值功能并服务了实体经济。

交割量为 0 手的品种中，有些是 2020 年新上市的品种，有些是上市多年的老品种，这些品种需要更好地吸引现货企业参与，才能进一步服务好实体经济。

4. 成交量和成交金额同比变动分析

所有商品期货 2020 年 1 月至 11 月的成交量和成交金额与 2019 年同比变动情况如表 3 - 58 所示。

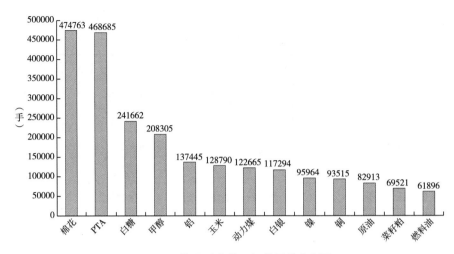

图 3-81 期现融合情况好的品种交割量

数据来源：Wind 数据库

表 3-58　　　　　　　2020 年商品期货成交量和成交金额同比变动排名

排名	成交量		成交金额	
	合约	涨跌幅	合约	涨跌幅
1	普麦期货	900.00%	普麦期货	975.00%
2	玻璃期货	447.51%	玻璃期货	545.06%
3	胶合板期货	402.63%	胶合板期货	541.38%
4	粳稻期货	325.10%	黄大豆 1 号期货	343.35%
5	锡期货	301.41%	粳稻期货	321.52%
6	鸡蛋期货	298.76%	锡期货	293.66%
7	锰硅期货	297.16%	锰硅期货	264.84%
8	尿素期货	257.18%	尿素期货	242.85%
9	黄大豆 1 号期货	230.31%	菜籽油期货	233.00%
10	硅铁期货	195.13%	棕榈油期货	228.28%
11	棕榈油期货	193.88%	鸡蛋期货	226.01%
12	燃料油期货	189.78%	白银期货	214.19%
13	菜籽油期货	179.87%	硅铁期货	186.95%
14	纤维板期货	157.43%	强麦期货	169.49%
15	白银期货	153.04%	豆油期货	127.24%
16	强麦期货	151.27%	玉米期货	110.23%
17	豆油期货	107.78%	燃料油期货	105.12%

排名	成交量		成交金额	
	合约	涨跌幅	合约	涨跌幅
18	石油沥青期货	90.74%	天然橡胶期货	94.28%
19	天然橡胶期货	81.13%	玉米淀粉期货	81.62%
20	聚丙烯期货	79.37%	棉花期货	60.60%
21	玉米期货	75.64%	聚丙烯期货	58.01%
22	棉花期货	73.48%	动力煤期货	55.36%
23	动力煤期货	61.49%	铜期货	54.30%
24	玉米淀粉期货	60.50%	铝期货	48.48%
25	苹果期货	58.16%	聚氯乙烯期货	46.42%
26	聚氯乙烯期货	52.97%	石油沥青期货	43.92%
27	铜期货	52.43%	黄金期货	36.82%
28	铝期货	50.11%	豆粕期货	35.69%
29	线型低密度聚乙烯期货	46.62%	棉纱期货	32.42%
30	棉纱期货	39.57%	苹果期货	31.86%
31	铅期货	33.18%	线型低密度聚乙烯期货	29.15%
32	豆粕期货	29.56%	铅期货	17.84%
33	甲醇期货	26.57%	菜籽粕期货	12.76%
34	原油期货	12.94%	黄大豆2号期货	8.79%
35	镍期货	12.58%	镍期货	6.37%
36	黄金期货	11.76%	白糖期货	4.74%
37	菜籽粕期货	9.60%	甲醇期货	4.71%
38	乙二醇期货	8.24%	纤维板期货	3.60%
39	白糖期货	5.43%	铁矿石期货	1.64%
40	黄大豆2号期货	−0.80%	热轧卷板期货	−3.54%
41	热轧卷板期货	−2.58%	焦炭期货	−11.54%
42	铁矿石期货	−6.82%	乙二醇期货	−11.94%
43	焦煤期货	−10.16%	焦煤期货	−14.29%
44	焦炭期货	−10.77%	纸浆期货	−22.41%
45	PTA期货	−10.79%	早籼稻期货	−25.98%
46	纸浆期货	−17.67%	原油期货	−27.52%

续　表

排名	成交量		成交金额	
	合约	涨跌幅	合约	涨跌幅
47	锌期货	−18.57%	锌期货	−27.98%
48	螺纹钢期货	−28.38%	螺纹钢期货	−30.46%
49	早籼稻期货	−32.80%	PTA 期货	−43.07%
50	晚籼稻期货	−76.25%	晚籼稻期货	−74.10%
51	红枣期货	−77.88%	红枣期货	−78.26%
52	油菜籽期货	−96.29%	油菜籽期货	−95.28%
53	线材期货	−98.00%	线材期货	−98.01%

数据来源：Wind 数据库

通过成交量和成交金额的变动分析，我们可以发现：

普麦、玻璃、胶合板、粳稻、锡、鸡蛋、锰硅、尿素、黄大豆 1 号、硅铁、棕榈油、燃料油、菜籽油、白银、强麦和豆油期货的成交量和成交金额增幅都超过了 100%，是 2020 年流动性增长速度最快的品种，这可能是由于疫情冲击现货市场引发价格剧烈波动引起的。纤维板期货的成交金额增长仅有 3.60%，但成交量增长高达 157.43%，这是由于纤维板合约价值量降低。玉米、天然橡胶、玉米淀粉、棉花、铜、动力煤和聚丙烯的成交量和成交金额同比涨幅也都超过了 50%，在 2020 年取得了快速发展。但在存量资金作用下，必然导致资金的分流，使其他品种成交量下降，除晚籼稻、红枣、油菜籽和线材期货这些边缘品种的成交量和成交金额同比下降超过 50% 外，热轧卷板、焦煤、焦炭、PTA、纸浆、螺纹钢、锌这些流动性好的品种成交量和成交金额也有所下降。由此可见，期货市场的发展仍需吸引更多的外部资金，把盘子做大，才能发挥更重要的作用。

5. 日均持仓量和日均沉淀资金同比变动分析

所有商品期货 2020 年 1 月至 11 月的日均持仓量和沉淀资金与 2019 年同比变动情况如表 3 – 59 所示。

表 3 – 59　　　　2020 年商品期货日均持仓量和日均沉淀资金同比变动排名

排名	日均持仓量		日均沉淀资金	
	合约	涨跌幅	合约	涨跌幅
1	不锈钢期货	576.62%	纤维板期货	8595.65%
2	原油期货	317.88%	胶合板期货	766.67%

续 表

排名	日均持仓量		日均沉淀资金	
	合约	涨跌幅	合约	涨跌幅
3	普麦期货	300.00%	不锈钢期货	514.86%
4	纤维板期货	283.93%	普麦期货	285.76%
5	胶合板期货	250.00%	苯乙烯期货	269.71%
6	锡期货	141.75%	强麦期货	210.60%
7	苯乙烯期货	140.32%	原油期货	175.25%
8	鸡蛋期货	134.31%	锡期货	131.80%
9	粳稻期货	103.33%	鸡蛋期货	102.40%
10	强麦期货	100.27%	粳米期货	93.44%
11	燃料油期货	95.20%	黄大豆1号期货	93.01%
12	石油沥青期货	76.01%	粳稻期货	75.00%
13	豆粕期货	60.78%	豆粕期货	67.26%
14	黄大豆1号期货	46.29%	玉米期货	66.17%
15	20号胶期货	43.07%	棕榈油期货	57.07%
16	玉米期货	40.00%	白银期货	56.06%
17	纸浆期货	39.93%	燃料油期货	52.11%
18	菜籽粕期货	37.14%	豆油期货	41.45%
19	棕榈油期货	35.39%	石油沥青期货	37.14%
20	热轧卷板期货	33.76%	纸浆期货	34.18%
21	棉花期货	33.04%	热轧卷板期货	33.96%
22	白银期货	32.00%	20号胶期货	32.77%
23	棉纱期货	30.64%	菜籽粕期货	25.00%
24	豆油期货	29.27%	黄金期货	24.68%
25	白糖期货	21.71%	棉纱期货	22.86%
26	聚丙烯期货	17.21%	白糖期货	22.19%
27	铜期货	12.45%	玉米淀粉期货	19.74%
28	铅期货	10.11%	菜籽油期货	17.77%
29	玻璃期货	7.50%	玻璃期货	17.41%
30	聚氯乙烯期货	7.14%	棉花期货	16.97%
31	玉米淀粉期货	6.30%	聚氯乙烯期货	13.67%

排名	日均持仓量		日均沉淀资金	
	合约	涨跌幅	合约	涨跌幅
32	铝期货	5.34%	铜期货	12.76%
33	螺纹钢期货	5.01%	天然橡胶期货	6.32%
34	天然橡胶期货	4.90%	铁矿石期货	6.27%
35	粳米期货	2.19%	聚丙烯期货	4.19%
36	黄金期货	0.83%	螺纹钢期货	3.40%
37	菜籽油期货	0.06%	铝期货	3.01%
38	线型低密度聚乙烯期货	-1.55%	铅期货	-3.15%
39	铁矿石期货	-2.70%	线型低密度聚乙烯期货	-12.53%
40	乙二醇期货	-3.48%	焦煤期货	-18.00%
41	PTA 期货	-13.81%	镍期货	-18.89%
42	锰硅期货	-14.69%	焦炭期货	-21.71%
43	镍期货	-15.39%	锰硅期货	-22.53%
44	锌期货	-19.50%	硅铁期货	-24.88%
45	焦炭期货	-20.02%	乙二醇期货	-25.59%
46	甲醇期货	-27.72%	锌期货	-29.30%
47	尿素期货	-32.31%	晚籼稻期货	-33.87%
48	苹果期货	-32.46%	尿素期货	-35.15%
49	硅铁期货	-32.95%	甲醇期货	-38.97%
50	晚籼稻期货	-33.93%	PTA 期货	-39.24%
51	动力煤期货	-42.07%	苹果期货	-43.80%
52	黄大豆 2 号期货	-47.88%	动力煤期货	-44.62%
53	早籼稻期货	-54.05%	黄大豆 2 号期货	-44.82%
54	焦煤期货	-56.82%	早籼稻期货	-64.29%
55	红枣期货	-80.13%	红枣期货	-80.62%
56	线材期货	-97.05%	线材期货	-96.99%
57	油菜籽期货	-98.99%	油菜籽期货	-98.78%

数据来源：Wind 数据库

与成交量和成交金额变动分析一样，剔除 2020 年上市的品种和基数太小品种，我们发现：

纤维板期货无论是日均持仓量增幅还是日均沉淀资金增幅都超过了 200%。究其原因：从供给方面看，由于我国已经全面停止天然林商业采伐，国产商品木材大幅减少，进口木材已经成为我国林业生产主要来源，对外依存度超过 60%。当前疫情导致的国际供应链受阻，再加上中美贸易战影响（美国是世界上最大的纤维板出口国），对于商品木材及其相关制成品的供给能力减弱；从需求方面来看，随着疫情得到控制，经济逐渐企稳回暖，房地产、装饰装修、家具制造等行业对于纤维板和胶合板需求逐渐回升。正是由于供给减弱，需求增加，期货市场对于纤维板的持仓意愿显著增强，日均持仓量和日均沉淀资金才会明显上升。

红枣期货的日均持仓量和日均沉淀资金降幅都超过了 80%，是 2020 年资金流出最快的品种之一。从供给方面来看，红枣供给受到严重削弱。我国红枣的供给绝大多数以国内生产为主，进口量极少，新疆是我国红枣的主产地，约占全国产量的 50%。新疆分别于 2020 年 1 月和 2020 年 7 月两次受到疫情影响，生产、加工、运输等过程受阻，产量下降。其他产地也不同程度受到疫情影响。从需求方面看，受到疫情影响，整体水果消费水平不佳，红枣相较于苹果等水果，消费优先级靠后，红枣的其他制成品在生活中也并非不可替代，所以红枣需求陡然下降。同时，随着时间的推移库存红枣还面临质量下降、仓储成本增加等因素影响，贸易商对于红枣的采购意愿更加减弱。正是由于供给和需求双双减弱，期货市场对于红枣的持仓意愿显著减弱，日均持仓量和日均沉淀资金才会明显下降。

6. 交割量同比变动分析

所有商品期货 2020 年 1 月至 11 月的交割量与 2019 年同比变动情况如表 3 - 60 所示。

表 3 - 60　　　　　　　　2020 年商品期货交割量同比变动排名

排名	合约	涨跌幅	排名	合约	涨跌幅
1	棉纱期货	11150%	6	玻璃期货	296.79%
2	菜籽粕期货	2235.27%	7	锰硅期货	293.80%
3	白银期货	953.48%	8	动力煤期货	222.80%
4	甲醇期货	572.08%	9	焦煤期货	222.22%
5	原油期货	437.87%	10	PTA 期货	221.89%

排名	合约	涨跌幅	排名	合约	涨跌幅
11	燃料油期货	217.56%	29	聚丙烯期货	-1.38%
12	石油沥青期货	195.65%	30	聚氯乙烯期货	-8.78%
13	纸浆期货	164.78%	31	玉米期货	-15.50%
14	硅铁期货	119.67%	32	锌期货	-15.91%
15	棉花期货	119.09%	33	白糖期货	-18.71%
16	鸡蛋期货	82.28%	34	苹果期货	-19.25%
17	铁矿石期货	56.31%	35	铝期货	-26.36%
18	锡期货	46.44%	36	天然橡胶期货	-34.18%
19	镍期货	45.77%	37	纤维板期货	-35.00%
20	热扎卷板期货	36.19%	38	螺纹钢期货	-38.00%
21	铜期货	26.61%	39	棕榈油期货	-46.02%
22	黄金期货	19.32%	40	焦炭期货	-49.49%
23	黄大豆2号期货	16.25%	41	黄大豆1号期货	-57.02%
24	乙二醇期货	12.21%	42	豆油期货	-65.79%
25	线型低密度聚乙烯期货	6.95%	43	菜籽油期货	-78.98%
26	豆粕期货	5.15%	44	油菜籽期货	-100.00%
27	玉米淀粉期货	3.76%	45	晚籼稻期货	-100.00%
28	铅期货	-0.95%			

数据来源：Wind 数据库

同样剔除 2020 年上市的品种和基数太小品种我们发现：棉纱、菜籽粕、白银、甲醇、原油、玻璃、锰硅、动力煤、焦煤、PTA、燃料油、石油沥青、纸浆、硅铁和棉花期货交割量同比增长幅度都超过了 100%，表明这些品种在 2020 年现货企业参与度大幅提升，服务实体经济的能力大幅增强。交割同比大幅减少的品种有黄大豆 1 号、豆油、菜籽油、油菜籽和晚籼稻，它们降幅都超过了 50%。

（二）金融期货

1. 成交量和成交金额分析

表 3 - 61　　　　　　　　　　2020 年金融期货成交量和成交金额排名

排名	成交量排名		成交金额排名	
	合约	成交量（手）	合约	成交金额（亿元）
1	中证 500 股指期货	30258067	沪深 300 股指期货	356171.18
2	沪深 300 股指期货	27487513	中证 500 股指期货	354028.00
3	10 年期国债期货	14704257	10 年期国债期货	146544.96
4	上证 50 股指期货	10648952	上证 50 股指期货	98499.14
5	5 年期国债期货	5302874	5 年期国债期货	53652.66
6	2 年期国债期货	2169867	2 年期国债期货	43795.43

数据来源：Wind 数据库

从表 3 - 61 金融期货 2020 年的成交量和成交金额来看，股指期货中中证 500 和沪深 300 成交量和成交金额较大，流动性较好，上证 50 稍差；国债期货中 10 年期国债期货成交量较大，流动性较好，5 年期和 2 年期国债期货稍差。

2. 成交量和成交金额变动分析

表 3 - 62　　　　　　　　　　2020 年金融期货成交量和成交金额同比变动排名

排名	成交量		成交金额	
	合约	涨跌幅	合约	涨跌幅
1	5 年期国债期货	235.54%	5 年期国债期货	240.98%
2	10 年期国债期货	72.35%	中证 500 股指期货	99.03%
3	中证 500 股指期货	69.16%	10 年期国债期货	75.69%
4	2 年期国债期货	51.02%	2 年期国债期货	52.05%
5	沪深 300 股指期货	26.10%	沪深 300 股指期货	45.30%
6	上证 50 股指期货	18.41%	上证 50 股指期货	29.40%

数据来源：Wind 数据库

从表 3 - 62 金融期货 2020 年成交量和成交金额的变动来看，受新冠肺炎疫情影响，国债期货成交量普遍大幅上涨，以 5 年期国债期货最为突出、2 年期国债期货变动最小；股指期货中中证 500 股指期货成交量、成交金额增幅最大，沪深 300 股指期货次之，上证 50 股指期货增幅最小。

3. 持仓量和沉淀资金分析

表 3 - 63　　　　　2020 年金融期货日均持仓量和沉淀资金排名

排名	日均持仓量排名		沉淀资金排名	
	合约	日均持仓量（手）	合约	沉淀资金（亿元）
1	中证 500 股指期货	202598.50	中证 500 股指期货	191.69
2	沪深 300 股指期货	162676.92	沪深 300 股指期货	169.80
3	10 年期国债期货	95588.10	10 年期国债期货	19.05
4	上证 50 股指期货	68903.92	上证 50 股指期货	16.97
5	5 年期国债期货	45812.49	5 年期国债期货	9.26
6	2 年期国债期货	20335.39	2 年期国债期货	2.05

数据来源：Wind 数据库

从表 3 - 63 金融期货 2020 年的日均持仓量和沉淀资金来看，股指期货中中证 500 和沪深 300 股指期货沉淀资金较大；国债期货中 10 年期国债期货沉淀资金最大。

4. 持仓量和沉淀资金变动分析

表 3 - 64　　　　　2020 年金融期货日均持仓量和沉淀资金同比变动排名

排名	日均持仓量		沉淀资金	
	合约	涨跌幅	合约	涨跌幅
1	2 年期国债期货	179.81%	2 年期国债期货	181.47%
2	5 年期国债期货	94.50%	5 年期国债期货	101.39%
3	中证 500 股指期货	65.55%	中证 500 股指期货	56.07%
4	沪深 300 股指期货	46.47%	沪深 300 股指期货	36.34%
5	10 年期国债期货	34.50%	上证 50 股指期货	23.97%
6	上证 50 股指期货	28.92%	10 年期国债期货	20.96%

数据来源：Wind 数据库

从表 3 - 64 金融期货 2020 年的日均持仓量和沉淀资金的变化来看，股指期货市场沉淀资金普遍增加，国债期货市场中有大量资金流入 2 年期国债期货。

5. 交割量分析

表 3 – 65   2020 年金融期货交割量排名

排名	交割量排名	
	合约	交割量（手）
1	5 年期国债期货	3621
2	10 年期国债期货	1268
3	2 年期国债期货	833

数据来源：Wind 数据库

股指期货实行现金交割而非实物交割。从表 3 – 65 可以看出，国债期货中 5 年期国债期货交割量最大。

6. 交割量变动分析

表 3 – 66   2020 年金融期货交割量同比变动排名

排名	交割量	
	合约	涨跌幅
1	5 年期国债期货	243. 22%
2	2 年期国债期货	– 21. 12%
3	10 年期国债期货	– 46. 50%

数据来源：Wind 数据库

从表 3 – 66 可以看出，2020 年 5 年期国债期货交割量大幅上升，10 年期国债期货则大幅下降，中长期品种需求增加。

第二篇 中国期货市场价格发现功能评价

自期货交易产生以来，价格发现功能逐渐成为期货市场的重要经济功能。本篇从农产品期货、能源化工期货、金属期货、金融期货中，各选取了一定数量代表期货品种，通过相关性、协整检验、因果检验、方差分解等方法对各品种样本区间价格进行实证研究，评价其价格发现功能，并选取个别期货品种与国际市场如纽约期货交易所、伦敦金属交易所上的对应期货品种进行对比与评价。

在农产品期货中，选取白糖、玉米、豆粕、棉花、棕榈油、苹果作为分析样本，并对棉花期货做了中美对比。研究发现，白糖、豆粕期货的价格发现功能较强，白糖期货对现货价格具有显著的单向引导关系，豆粕期现货价格具有双向引导关系；棉花、棕榈油期货有明显的价格发现功能，且有增强趋势；玉米、苹果期货都发挥了价格发现的功能，玉米期货价格对现货价格有高度的引导能力，而苹果期货价格对现货价格的引导作用只是初步显现，还有待进一步提高。通过对比中美棉花期货，发现纽约期货交易所棉花市场较国内棉花市场更为成熟，国内棉花正向着期货与现货价格的双向引导过渡，中美棉花期货市场在价格发现功能中都处于主导地位。

在能源化工期货中，本篇选取PTA、塑料、天然橡胶、原油作为分析样本。研究发现，PTA期货有较强的价格发现功能，期货价格单向引导能力显著，且受现货价格影响较小；原油现货价格的单向引导作用较强，是价格发现的主要驱动力，期货价格的引导作用有限且逐渐减弱，这或与新冠肺炎疫情、OPEC＋减产协议谈判失败等事件破坏了原油期现价格之间的均衡有关；塑料期货具有明显的价格发现功能，且呈增长趋势；天然橡胶期货与现货均有价格发现功能，天然橡胶在短期内现货价格对期货价格具有单向引导能力，长期来看，期货与现货价格具有双向引导作用。

在金属期货中，本篇选取螺纹钢、铁矿石、铜、铝、镍作为分析样本，并对铜期货做了中英对比。研究发现，铜、镍、铝期货价格发现功能显著，铜、铝期货价格在价格发现过程中起决定作用，镍期货存在短期期现货价格的双向引导关系；铁矿石期货价格发现能力显著，期货价格对现货价格有显著的单向引导关系，是价格发现的主要驱动力；螺纹钢期货价格发现能力较为显著，以期货单向引导现货为主，期货市场在价格发现中起决定性作用。通过对比中英铜期货，发现国内铜期货正向着期货与现货价格的双向引导过渡，LME 铜期货市场价格发现功能要强于国内铜期货市场。

在金融期货中，本篇选取沪深 300 股指期货、上证 50 股指期货、5 年期国债期货、10 年期国债期货作为分析样本，并对股指期货、10 年期国债期货做了中美对比。研究发现，沪深 300 股指期货、上证 50 股指期货价格发现功能十分显著，两者期货价格对现货价格都有十分显著的单向引导关系，而现货价格对期货价格几乎没有影响；5 年期国债期货、10 年期国债期货都有明显的价格发现功能，期货价格长期均衡地引导国债现货价格，但疫情引发的金融市场动荡使期货价格发现功能有所波动。通过对股指期货、10 年期国债期货进行中美对比，发现美国股指期货的价格发现功能略高于我国，同时我国 10 年期国债期货相较于美国 10 年期国债期货，虽然都存在当日内价格传导效果偏弱的特点，但是我国 10 年期国债期货次日的价格影响力度远不及美国。

总的来说，金融、金属板块的价格发现能力要强于能源化工板块和农产品板块，结合下一篇内容，我们还发现期货市场的价格发现能力与其套期保值效率大体呈正比关系，这在本篇研究中也得以证实。综合来看，股指期货、豆粕、PTA、螺纹钢、铁矿石、铜、铝、镍在套期保值与价格发现功能方面都表现较好；棕榈油、原油、10 年期国债期货更适用于套期保值，白糖、棉花、玉米、塑料、橡胶、5 年期国债期货更适用于价格发现。此外，在国内外对比中可以发现，中国期货市场逐步有了良好的发展，对应产业健康发展，其价格发现功能得到充分体现，逐步形成了良好的市场机制。

第四章 价格发现功能研究方法选择

一、国内外研究综述

期货价格发现功能是指期货市场通过公开、公正、高效、竞争的期货交易运行机制形成具有真实性、预期性、连续性和权威性的价格的过程。期货价格发现功能的本质是期货市场对标的商品或金融产品在未来供求关系上的价格趋势反映。国内外学者普遍认为，期货市场和现货市场共同组成了现代市场机制，两市场通过发挥各自的市场作用，形成完整的市场体系。随着我国期货市场的不断发展和完善，在提倡期货市场服务实体经济的大背景下，有效测度和评价我国期货价格发现功能，具有深远的现实意义。

国外学者对期货市场价格发现功能的研究由来已久，并总结出很多成熟的研究方法。Garbade 和 Silber（1983）最早对期货价格引导现货价格进行实证检验并建立了Garbade – Silber 模型（G – S 模型），通过检验多个商品期货品种的前一期基差对后一期期货价格和现货价格的影响，得出一般情况下期货市场主导现货市场，但现货市场对期货市场也有反向信息流动的结论。Bigman，Goldfarb 和 Schechtman（1983）最早对期货市场有效性进行实证检验，提出了 BSG 模型，通过对 CBOT 交易的小麦、玉米和大豆等期货的交割日现货价格对几星期前的期货价格进行简单回归，得出期货价格是现货价格的显著有偏估计，期货市场简单有效性不成立的结论。但此结论受到了广泛争议，Maberly（1985），Elam 和 Dixon（1988）等认为由于期货价格与现货价格序列是非平稳的，导致简单回归是无效的。Johansen（1988）提出了基于向量自回归模型的协整检验方法，随后这一方法被广泛应用于期货价格发现功能研究。Hasbrouck（1995）认为各个市场价格波动新信息对方差的相对贡献度反映了该市场的相对价格发现功能的强弱。因此，通过方差分解计算每个因子对总方差的贡献度来识别期货市场与现货市场对价格发现的贡献大小。

国内对期货与现货价格关系的研究起步较晚，多数采用国外已经成熟的方法。华仁海和仲伟俊（2002）采用 Johansen 协整检验、Granger 因果检验、G – S 模型等方法收集了 1997 年 1 月 2 日到 2001 年 6 月 29 日的日度数据对上海期货交易所的合约铜、铝进行了检验，结果显示金属铜期货价格与现货价格之间存在双向引导关系，而金属铝只存在期货价格对现货价格的引导关系。刘庆富、张金清（2006）通过平衡性检验、Johansen 协整检验对大豆、豆粕和小麦期货进行实证分析，结果显示大豆和豆粕期货价格与最后交割日的现货价格均存在长期均衡关系，小麦期货价格与最后交割日的现货价格不存在长期均衡关系。王川（2009）利用信息共享模型对大豆、玉米、小麦期货与现货价格之间的引导关系进行分析，结果表明，不同粮食品种期货与现货价格的引导关系不同；大豆和小麦仅体现出期货价格引导现货价格的单向引导关系，玉米则表现出双向引导关系。严佳佳等（2019）利用 Johansen 协整检验、Granger 因果检验、信息份额模型等方法对上海原油期货价格与阿曼原油现货价格之间的联系进行实证分析，结果发现，相比期货价格，原油现货价格在价格发现中处于优势地位。

综上所述，目前关于期货市场与现货市场价格发现的研究方法主要采用已经成熟的协整检验、Granger 因果检验、误差修正模型等方法。从研究结果来看不同期货品种价格发现功能不尽相同，即使同一板块品种之间也会出现较大差异。

二、影响期货市场价格发现功能的因素

纵观中外研究文献，一般从以下几方面可具体解释期货市场价格发现功能的强弱。

第一，交易制度。期货的价格不仅包含内部商品的供需状况，还包含外部的交易制度，因此，一个完善合理的交易制度也是发挥价格发现功能的重要保障。

第二，期货市场的交易者结构。期货交易品种相关的生产商、加工商、贸易商等参与交易的比例越大，期货价格发现功能效率就越高。因为如果这些与交易品种生产、销售、消费领域相关联的交易者都参与进来，他们所掌握的领域信息组合起来基本上就能代表整个品种所在领域的全部信息，这样也更能筛选出真实有效的信息，从而确定一个合理有效的期货价格，使期货市场价格发现功能更为完善。

第三，流动性与交易规模。与期货市场价格发现功能的权威性类似，无论是国内还是国外的投机者都偏好流动性高的品种，因此流动性高的品种一般具有较大的交易规模，而交易规模大则更加具备权威性，又不断吸引更多的投资者与投机者，所以交易者更倾向于去获得该类品种的相关信息，并且将信息融入自己的判断，从而对期货价格发现功能产生相当大的影响。

第四，期货交易品种。期货价格发现功能与期货的品种具有很大的影响关系。比如，贵金属等商品储存起来比较方便，农产品的储存比较困难，而且具有很强的季节性，因此储存困难的属性使存货因素对期货价格影响较低，所以期货交易者无法根据

仓储情况对期货未来价格进行合理有效的预测，导致农产品期货价格波动较大，价格发现功能发挥效率相对低下。

第五，现货市场的市场化程度。期货价格发现功能终究是由内外两部分所决定的，而内部部分是期货价格的基石：现货价格。因此，即使外部的金融制度再优秀、交易制度再完美，现货市场也一样重要，现货市场的供给与需求力量关系，对期货价格发现功能的影响也是十分巨大的。比如一个现货垄断市场，价格发现功能效率再怎么高，现货价格始终被人为操纵。这个时候，无论是现货还是期货的价格，体现的都是人为的博弈结果，而不是市场自发形成的。所以现货市场的市场化程度，同样对期货市场的价格发现功能具有重要的影响。

三、期货市场价格发现功能实证分析方法的选择

本篇以我国期货市场的五年时间长度为一个周期，按年度持续测度不同周期的期货市场价格发现功能。这里运用对比分析法，对先后两个周期时段的期货数据和现货数据分别进行实证分析，来研究价格发现功能在本期和上期不同时段的特征变化。针对两个时段的数据，先对相应品种的期货价格和现货价格数据做描述性统计分析，了解两者的相关系数并初步判断是否有引导作用。之后运用 VAR 理论加以研究：首先通过 Johansen 协整检验判断期货价格和现货价格间是否存在长期稳定关系；然后通过 Granger 因果检验判断期货价格和现货价格间是否存在引导关系，若存在，进一步判断是期货价格单向引导现货价格，还是现货价格单向引导期货价格，抑或两者双向引导；最后通过方差分解，分析对应内生变量对残差的标准差的贡献比例，判断价格发现功能中是期货价格还是现货价格占据主导地位。

为了分析期货市场的价格发现功能，从期货市场中的农产品板块、能源化工板块、金属板块和金融板块共选取 23 个代表性品种作为分析样本，分别为白糖、玉米、豆粕、棉花、棕榈油、苹果、PTA、塑料、天然橡胶、原油、螺纹钢、铁矿石、铜、铝、镍、沪深 300 股指期货、上证 50 股指期货、5 年期国债期货、10 年期国债期货、美国棉花期货、LME 铜期货、道琼斯指数期货、美国 10 年期国债期货。本篇将通过 Johansen 协整检验、Granger 因果检验、方差分解等实证分析方法分别对先后两个时间区段的期货价格和现货价格进行处理，来研究各品种各周期时段的期货价格和现货价格间是否存在长期均衡关系、是否有引导效应以及该品种的价格发现功能效率如何，评价价格发现功能在不同时段的有效性变化特征，并对实证结果作成因分析，提出有针对性的政策建议。

第五章　农产品期货价格发现功能分析

一、品种选取

为了分析目前我国期货市场农产品期货的价格发现功能效率，本章甄选了 6 个代表性品种作为分析样本——白糖期货、玉米期货、豆粕期货、棉花期货、棕榈油期货、苹果期货。

（一）白糖

白糖期货于 2006 年 1 月 6 日在郑州商品交易所上市，交易品种为白砂糖，交易单位为 10 吨/手，最小变动价位为 1 元/吨，交易代码为 SR，当时的最低保证金为合约价值的 6%。[①]

选取白糖作为研究的代表性品种主要基于以下三个原因：第一，从期货市场角度来说，白糖期货成交量极大，2018 年郑商所白糖期货成交量达 6400 万手，位居全球农产品期货合约第 6，2019 年 1 月至 12 月成交量达到 11251 万手，同比增长 75.79%，成交金额达 59504.18 亿元。2020 年 1 月至 9 月成交量达到 9277 万手，同比增长 6.87%，成交金额达 48749.87 亿元。第二，从基本面来说，我国是世界制糖大国之一，2019 年国内自产糖数量约为 1080 万吨，占世界糖产量的 10%；同时我国也是除印度、欧盟外第 3 大白糖消费国，2018 年我国国内糖产量仅占总消费量的 66%，其余均由进口来满足。第三，从产业角度来说，我国白糖市场受甘蔗生长周期影响，平均 2~3 年一个供应增产周期，2~3 年一个供应减产周期，因此白糖市场价格也呈现类似周期性波动，白糖现货价格由 2014 年 9 月的 4200 元/吨增长至 2016 年 11 月的 7000 元/吨，上涨幅度约 67%，此后下跌至 2019 年 2 月的 5200 元/吨，跌幅达 25.71%。白糖价格的大幅波动给产业上下游企业造成了很大的经营风险，而白糖期货的价格发现功能可以对相

[①]　由于期货品种的最低保证金等基本面信息会根据交易所规定有所调整，本篇全部内容统计截至完稿日，余同。

关企业提前了解价格走势、规避价格风险起到重要作用。

（二）玉米

玉米期货于 2004 年 9 月 22 日在大连商品交易所上市，这是自 1998 年中国期货市场清理整顿以来玉米期货的重新推出，目前是国内现货规模最大的农产品期货品种。玉米期货合约交易品种为黄玉米，交易单位 10 吨/手，最小变动价位为 1 元/吨，交易代码为 C，最低保证金为合约的 5%。

选取玉米作为研究的代表性品种，主要基于以下三个原因：第一，从期货市场的角度来说，玉米期货自 2004 年 9 月恢复上市以来发展迅速，2019 年 1 月至 12 月成交量为 99119054 万手，成交金额为 18841.46 亿元，同比增长 52.89%。2020 年 1 月至 9 月成交量近 1.2 亿手，成交金额为 25783 亿元，同比增长 94.64%。两者均位居世界农产品期货前列。第二，从基本面来说，我国 2019 年玉米产量预计为 2.16 亿吨，是世界上仅次于美国的玉米消费和生产国。作为玉米消费大国，我国玉米不仅可当作口粮，更主要用于饲料和工业加工行业，特别是近年来随着玉米深加工工业的迅速发展，进一步推动了玉米消费需求的增加。第三，从现货产业的角度来说，近年来我国玉米现货价格波动幅度较大，由 2014 年 9 月 4 日的历史高位 2714.17 元/吨下跌至 2017 年 2 月 24 日的 1585.62 元/吨，跌幅达 41.58%，随后又涨至 2019 年 8 月 16 日的 1986.67 元/吨，涨幅达 25.29%。玉米价格的大幅波动对玉米产业上下游造成了很大的经营风险，而玉米期货的价格发现功能可以对相关企业提前了解价格走势、规避价格风险起到重要作用。

（三）豆粕

豆粕期货于 2000 年 7 月 17 日于大连商品交易所上市，交易品种为豆粕，交易单位 10 吨/手，最小变动单位 1 元/吨，交易代码为 M，最低保证金为合约价值的 5%。

选取豆粕作为研究的代表性品种，主要基于以下几个原因：第一，从期货市场角度来说，豆粕期货自 2000 年 7 月上市以来，成交量不断扩大，根据美国期货业协会（FIA）统计的全年成交量数据，从 2019 年商品细分大类的成交量来看，豆粕成交量为 2.73 亿手，成交金额为 76030.12 亿元，同比增长 3.44%。2020 年 1 月至 9 月成交量达 2.4 亿手，成交金额达 70328.74 亿元，同比增长 29.35%。第二，从基本面上看，我国是豆粕生产和消费大国，2009 年我国豆粕产量超过美国，位居世界第一；此外，在豆粕消费方面，2009 年中国超越欧盟成为世界最大豆粕消费地区。第三，从现货产业来说，我国豆粕供给量、消费量、压榨量巨大，豆粕价格对上游大豆、豆油等产业以及下游牲畜、家禽养殖业供给具有重要影响。研究豆粕现货及豆粕期货价格之间的关系，考察豆粕期货价格发现功能的有效性，对促进豆粕产业的健康发展具有重要的理论和现实意义。

（四）棉花

2004 年 6 月 1 日，棉花期货在郑州商品交易所上市交易。作为关乎国计民生的大宗农产品，棉花期货的上市为避免众多棉花产业从业者暴露在现货价格大幅波动的风险之中提供了有力的保障。棉花期货合约交易品种为棉花，交易单位为 5 吨/手，最小变动价位为 5 元/吨，每日价格波动幅度限制为 ±4%，交易代码为 CF，最低保证金为合约价值的 7%。

选取棉花作为研究的代表性品种，原因有三：第一，从棉花期货交易量来说，棉花期货在郑商所上市至今已有 16 年，无论规模还是活跃度在农产品板块都居于靠前的位置，2020 年成交量为 98821818 手，同比增长 221.21%，在 2020 年这个特殊的时期，我国大部分企业利用棉花期货市场进行套期保值及时锁定了风险敞口，规避了新冠肺炎疫情带来的市场风险。第二，从基本面来看，我国棉花的产量和消费量均居世界第一位，我国棉花产业链长，涉及农业、纺织业和商业，关系到众多从事棉花生产、加工与销售的个人和单位，国内棉花需求很大，年出口量极少。第三，从现货产业来说，棉花作为服务三农的政策品种，其价格波动较大，受国家政策的影响大。几年来的实践表明，棉花期货的成功运行在支持棉花产业发展、维护我国棉花安全、促进大宗农产品种植结构调整、保障"订单农业"发展、促进农民增收、为我国在国际上争取棉花话语权等方面已经开始发挥积极作用。

（五）棕榈油

2007 年 10 月，棕榈油期货在大连商品交易所上市，是我国期货市场上市的第一个纯进口品种。棕榈油期货合约交易品种为棕榈油，交易单位为 10 吨/手，最小变动价位为 2 元/吨，交易代码为 P，当时的最低保证金为合约价值的 5%。

选取棕榈油作为研究的代表性品种，原因有三：第一，从期货交易量来说，2020 年成交量为 286729162 手，同比增加 193.88%。第二，从基本面上来看，棕榈油作为工业用途最为广泛的植物油，在食品加工领域具有其他植物油不可替代的重要地位。目前棕榈油已经成为我国仅次于豆油的第二大植物油消费品种。第三，从现货产业来说，马来西亚、印度尼西亚为世界最大的棕榈油生产国和出口国。棕榈油的产量在近几年出现了快速增长，产量增长原因在于耕地面积的增加。2014 年，全球棕榈油产量为 6279 万吨，2018 年全球产量超过 7046.3 万吨。我国棕榈油进口量位居全球第二，2014 年我国棕榈油进口量达到 630 万吨。2018 年消费量为 663 万吨。棕榈油期货价格影响因素众多，价格波动大，日内波动频繁，交易成本适中，又有国际油脂市场领头品种的特殊身份，蕴含着众多的投资和套利机会，有利于投资者丰富投资组合，是一个极好的投资品种。

（六）苹果

2017 年 12 月 22 日，苹果期货在郑州商品交易所上市，这是全球首个上市的鲜果期货品种。苹果期货合约交易品种为鲜苹果（简称苹果），交易单位为 10 吨/手，最小变动价位为 1 元/吨，交易代码为 AP，最低保证金为合约价值的 7%。

选取苹果作为研究的代表性品种，原因有三：第一，从期货交易量来说，苹果期货的上市是因为我国是苹果生产大国，苹果是天然的"扶贫果"。2016 年我国苹果产量达到 4388 万吨，占世界苹果总产量 7716 万吨的 57%，位居世界第一。苹果期货 2017 年上市，是国内外第一个鲜果类的期货，苹果期货 2020 年成交量为 54414121 手，同比增加 216.31%。第二，从基本面来说，我国是世界上最大的苹果消费国，消费量占世界的一半以上。人均年消费量为 30 千克，超过美国、欧盟等发达国家或地区。我国鲜苹果出口远大于进口，常年保持贸易顺差，是世界上最大的苹果出口国。第三，从现货产业来说，我国苹果产业市场化程度较高，价格完全由市场供需主导。苹果价格波动频繁、幅度明显，但波动规律仍具备周期性：10 月至 11 月，供应增加、价格较低；12 月至次年 2 月，消费旺季价格上涨；3 月至 4 月，机械库集中出库价格下降；5月之后，机械冷库出货接近尾声供应下降，价格再度走高。

苹果期货上市后，有助于形成公开透明的苹果市场价格，可为市场提供套期保值、防范价格风险，稳定产业企业生产经营，保障农户收益稳定，服务国家脱贫攻坚战略，实现苹果主产区精准扶贫的目标。

二、实证分析

（一）白糖

本研究采用的期货价格为活跃合约的期货收盘价，现货价格是全国各城市白砂糖现货价的平均值，两者均来源于 Wind 数据库。选取 2014 年 10 月 1 日至 2019 年 9 月 30 日和 2015 年 10 月 1 日至 2020 年 9 月 30 日两个 5 年区间长度的期货、现货价格数据分别得出结论并做出对比，反映价格发现功能在不同时段的有效性变化。其中，用 SP 表示白糖现货价格，FP 表示白糖期货价格。用（Ⅰ）代表 2014 年 10 月 1 日至 2019 年 9 月 30 日的时段，用（Ⅱ）表示 2015 年 10 月 1 日至 2020 年 9 月 30 日的时段，所采用的实证分析软件是 STATA 15.1（SE）。

1. 描述性统计分析

图 5 - 1 为 2014 年 10 月 1 日到 2020 年 9 月 30 日的白糖期货和现货价格走势。

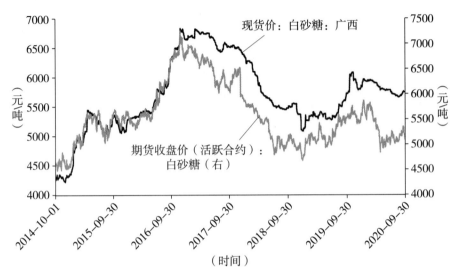

图 5 - 1　白糖期现货价格走势

计算期货和现货之间的价格系数。由表 5 - 1 可知，（Ⅰ）、（Ⅱ）时段期货、现货价格高度相关。两个时段期货、现货价格相关系数分别为 0.956、0.942：

表 5 - 1　　　　　　　　　　　　　　　白糖期现货相关性分析

（Ⅰ）	SP	FP
SP	1.000	0.956
FP	0.956	1.000
（Ⅱ）	SP	FP
SP	1.000	0.942
FP	0.942	1.000

2. 平稳性检验

为检验期货、现货价格之间的协整关系，需要对两种价格数据进行平稳性检验。表 5 - 2 和表 5 - 3 分别为（Ⅰ）、（Ⅱ）时段的 ADF 检验结果，其中，DFP 和 DSP 分别表示对期货价格与现货价格的一阶差分序列，由检验结果可知，两时段期货、现货价格均是一阶单整的，因此可以进行 Johansen 协整检验。

表 5 - 2 （Ⅰ）时段白糖期现货各变量 ADF 检验结果

变量	ADF 统计量	1% 临界值	5% 临界值
DFP	− 34. 656	− 3. 436	− 2. 864
DSP	− 39. 315	− 3. 436	− 2. 864
FP	− 1. 228	− 3. 436	− 2. 864
SP	− 0. 753	− 3. 436	− 2. 864

表 5 - 3 （Ⅱ）时段白糖期现货各变量 ADF 检验结果

变量	ADF 统计量	1% 临界值	5% 临界值
DFP	− 33. 126	− 3. 430	− 2. 860
DSP	− 31. 290	− 3. 430	− 2. 860
FP	− 1. 344	− 3. 430	− 2. 860
SP	− 1. 016	− 3. 430	− 2. 860

3. VAR 模型最优滞后期选择

Johansen 协整检验基于 VAR 模型进行，检验结果受滞后阶数影响。VAR 模型中内生变量有 P 阶滞后期，称为 VAR（P）模型。要确定最优滞后阶数 P，一方面，希望滞后期足够大，从而完整反映所构造模型的动态特征。但另一方面，滞后期越长，模型所损失的自由度就越多。在这里，白糖的（Ⅰ）、（Ⅱ）时段根据 VAR 模型确定的最优滞后阶数均为 4。

4. Johansen 协整检验

表 5 - 4 和表 5 - 5 分别是对（Ⅰ）、（Ⅱ）时段进行 Johansen 协整检验的分析结果，由此可知，（Ⅰ）、（Ⅱ）时段的迹检验统计量均大于 5% 显著性水平下协整方程数为 0 的临界值，均拒绝原假设。因此，期货价与现货价存在长期协整关系。其中，（Ⅰ）时段的协整方程为 $e = FP - 1.11467SP$，（Ⅱ）时段协整方程为 $e = FP - 1.34208SP$。

表 5 - 4 （Ⅰ）时段白糖期现货各变量 Johansen 协整检验结果

原假设	迹检验统计量	5% 临界值
协整方程数为 0	34.786	15.495

表 5 - 5 （Ⅱ）时段白糖期现货各变量 Johansen 协整检验结果

原假设	迹检验统计量	5% 临界值
协整方程数为 0	559.6157	15.41

5. Granger 因果检验

继续对（Ⅰ）、（Ⅱ）时段分别进行 Granger 因果检验，如表5－6和表5－7所示，在5%显著性水平下，（Ⅰ）、（Ⅱ）时段均拒绝期货不引导现货的原假设，均不拒绝现货不引导期货的原假设，由此可得结论：白糖期货是现货的 Granger 原因，对现货价格变化具有显著的单向引导关系。

表 5－6　　　　　（Ⅰ）时段白糖期现货各变量 Granger 因果检验结果

Equation	Excluded	F 值	Prob > F
FP	SP	0.80275	0.669
FP	ALL	0.80275	0.669
SP	FP	85.398	0
SP	ALL	85.398	0

表 5－7　　　　　（Ⅱ）时段白糖期现货各变量 Granger 因果检验结果

Equation	Excluded	F 值	Prob > F
SP	FP	35.653	0.000
SP	ALL	35.653	0.000
FP	SP	0.1662	0.897
FP	ALL	0.1662	0.897

6. 方差分解

方差分解是分析预测残差的标准差受不同信息冲击影响的比例，即对应内生变量对标准差的贡献比例。由（Ⅰ）时段各变量方差分解结果（见表5－8）可知，期货价格对现货价格的方差贡献率由第1期的约17%增长到第10期的约47%后又逐渐缩小到第100期的约7%，而期货的方差贡献率99%以上都来自自身。而（Ⅱ）时段方差分解结果（见表5－9）可知，期货价格对现货价格的方差贡献率由第1期的约24%增长到第100期的约85%，而期货的方差贡献率99%都来自自身。

表 5－8　　　　　（Ⅰ）时段白糖期现货各变量方差分解结果　　　　　单位:%

滞后期数	SP 来自		FP 来自	
	SP	FP	SP	FP
1	82.59535	17.40465	0.00000	100.00000
10	53.19247	46.80753	0.08215	99.91785
50	83.30887	16.69113	0.33700	99.66300

滞后期数	SP 来自		FP 来自	
	SP	FP	SP	FP
100	93.06893	6.93107	0.58762	99.41238

表 5 – 9　　　　　　（Ⅱ）时段白糖期现货各变量方差分解结果　　　　单位:%

滞后期数	FP 来自		SP 来自	
	FP	SP	FP	SP
1	100.00000	0.00000	23.79046	76.20954
10	99.07390	0.92610	46.88775	53.11225
50	99.60711	0.39289	71.93763	28.06237
100	99.43719	0.56281	84.88957	15.11043

7. 分析小结

通过利用描述性统计分析、Johansen 协整检验、Granger 因果检验、方差分解分别对 2014 年 10 月 1 日至 2019 年 9 月 30 日和 2015 年 10 月 1 日至 2020 年 9 月 30 日两个时段的白糖期现货价格进行实证研究，可以得出以下结论：

①期货价格与现货价格高度相关，两个时段的期现货价格均存在长期的协整关系，白糖期货对现货具有高度的引导能力。

②通过检验期货价格对现货价格的因果关系，可知白糖期货对现货价格具有显著的单向引导关系，体现了白糖期货较强的价格发现功能。

（二）玉米

本研究采用的期货价格为活跃合约的期货收盘价，现货价格采用的是大连港玉米的价格，两者均来源于 Wind 数据库。选取 2014 年 10 月 1 日至 2019 年 9 月 30 日，以及 2015 年 10 月 1 日至 2020 年 9 月 30 日两个以 5 年为区间长度的期、现货价格数据分别得出结论并做出对比，反映价格发现功能在不同时段的有效性变化。其中用 SP 表示玉米现货价格，FP 表示玉米期货价格。用（Ⅰ）代表 2014 年 10 月 1 日至 2019 年 9 月 30 日的时段，用（Ⅱ）表示 2015 年 10 月 1 日至 2020 年 9 月 30 日的时段，所采用的实证分析软件是 STATA 15.1（SE）。

1. 描述性统计分析

图 5 – 2 为 2014 年 10 月 1 日到 2020 年 9 月 30 日的玉米期货和现货价格及基差走势。

计算期货和现货之间的价格系数。由表 5 – 10 可知，（Ⅰ）、（Ⅱ）时段期货、现货价格高度相关。两个时段期货、现货价格相关系数分别为 0.834、0.704。

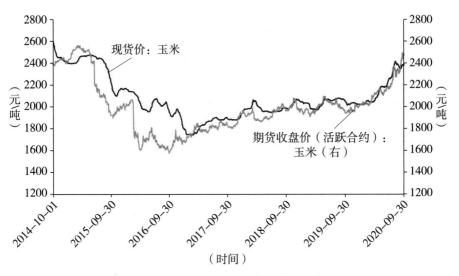

图 5 - 2 玉米期现货价格及基差走势

表 5 - 10   玉米期现货相关性分析

（Ⅰ）	SP	FP
SP	1.000	0.834
FP	0.834	1.000
（Ⅱ）	SP	FP
SP	1.000	0.704
FP	0.704	1.000

2. 平稳性检验

为检验期货、现货价格之间的协整关系，需要对两种价格数据进行平稳性检验。表 5 - 11 和表 5 - 12 分别为（Ⅰ）、（Ⅱ）时段的 ADF 检验结果，其中 DFP 和 DSP 分别表示对期货价格与现货价格的一阶差分序列，由检验结果可知，两时间段期货、现货价格均是同阶单整的，因此可以进行 Johansen 协整检验。

表 5 - 11   （Ⅰ）时段玉米期现货各变量 ADF 检验结果

变量	ADF 统计量	1% 临界值	5% 临界值
DFP	- 35.457	- 3.436	- 2.864
DSP	- 7.131	- 3.436	- 2.864
FP	- 1.779	- 3.436	- 2.864
SP	- 1.952	- 3.436	- 2.864

表 5 – 12　　　　　（Ⅱ）时段玉米期现货各变量 ADF 检验结果

变量	ADF 统计量	1% 临界值	5% 临界值
D*FP*	– 36. 160	– 3. 430	– 2. 860
D*SP*	– 27. 995	– 3. 430	– 2. 860
FP	0. 351	– 3. 430	– 2. 860
SP	0. 551	– 3. 430	– 2. 860

3. VAR 模型最优滞后期选择

Johansen 协整检验基于 VAR 模型，检验结果受滞后阶数影响。VAR 模型中内生变量有 P 阶滞后期，称为 VAR（P）模型。要确定最优滞后阶数 P，一方面，希望滞后期足够大，从而完整反映所构造模型的动态特征；另一方面，滞后期越长，模型所损失的自由度就越多。在这里，玉米的（Ⅰ）、（Ⅱ）时段根据 VAR 模型确定的最优滞后阶数均为 2。

4. Johansen 协整检验

表 5 – 13 和表 5 – 14 分别是对（Ⅰ）、（Ⅱ）时段进行 Johansen 协整检验的分析结果，由此可知，（Ⅰ）、（Ⅱ）时段的迹检验统计量均大于 5% 显著性水平下协整方程数为 0 的临界值，均拒绝原假设。因此，期货价与现货价存在长期协整关系。其中（Ⅰ）时段协整方程为 $e = FP – 3.04528SP$，（Ⅱ）时段协整方程为 $e = FP – 2.97842SP$。

表 5 – 13　　　　　（Ⅰ）时段玉米期现货各变量 Johansen 协整检验结果

原假设	迹检验统计量	5% 临界值
协整方程数为 0	22. 518	15. 495

表 5 – 14　　　　　（Ⅱ）时段玉米期现货各变量 Johansen 协整检验结果

原假设	迹检验统计量	5% 临界值
协整方程数为 0	857. 5229	15. 41

5. Granger 因果检验

继续对（Ⅰ）、（Ⅱ）时段分别进行 Granger 因果检验，如表 5 – 15 和表 5 – 16 所示，在 5% 显著性水平下，（Ⅰ）、（Ⅱ）时段均拒绝期货不引导现货的原假设，均不拒绝现货不引导期货的原假设。由此可得结论：玉米期货是现货的 Granger 原因，对现货价格变化具有显著的单向引导关系。

表5-15　　　　　（Ⅰ）时段玉米期现货各变量 Granger 因果检验结果

Equation	Excluded	F 值	Prob > F
FP	SP	6.0012	0.05
FP	ALL	6.0012	0.05
SP	FP	56.168	0
SP	ALL	56.168	0

表5-16　　　　　（Ⅱ）时段玉米期现货各变量 Granger 因果检验结果

Equation	Excluded	F 值	Prob > F
SP	FP	80.212	0.000
SP	ALL	80.212	0.000
FP	SP	2.6578	0.103
FP	ALL	2.6578	0.103

6. 方差分解

方差分解是分析预测残差的标准差受不同信息冲击影响的比例，即对应内生变量对标准差的贡献比例。由（Ⅰ）时段各变量方差分解结果（见表5-17）可知，期货价格受到来自现货价格冲击的影响非常有限，在第100期时现货价格波动对期货价格的方差贡献率仅为2.93%。相反，现货价格受到期货价格冲击的影响十分明显，第50期时期货价格波动对现货价格的方差贡献率达到40%，到第100期时这一比率上升到75.82%。（Ⅱ）时段的期货价格对现货价格的方差贡献率由第1期的2.27%增长到第100期的69.70%，而期货的方差贡献率97%以上都来自期货自身（见表5-18）。

表5-17　　　　　（Ⅰ）时段玉米期现货各变量方差分解结果　　　　　单位:%

滞后期数	SP 来自		FP 来自	
	SP	FP	SP	FP
1	99.99541	0.00459	0.00000	100.00000
10	97.33577	2.66423	0.15768	99.84232
50	59.99328	40.00672	1.26181	98.73819
100	24.17561	75.82439	2.93439	97.06561

表 5 - 18 （Ⅱ）时段玉米期现货各变量方差分解结果 单位:%

滞后期数	FP 来自		SP 来自	
	FP	SP	FP	SP
1	100.00000	0.00000	2.27399	97.72601
10	99.67358	0.32642	10.90683	89.09317
50	98.61830	1.38170	39.56046	60.43954
100	97.14826	2.85174	69.70082	30.29918

7. 分析小结

通过利用描述性统计分析、Johansen 协整检验、Granger 因果检验、方差分解分别对 2014 年 10 月 1 日至 2019 年 9 月 30 日和 2015 年 10 月 1 日至 2020 年 9 月 30 日两个时段的玉米期现货价格进行实证研究,可以得出以下结论:

①通过对两个时段的数据的统计性描述可知,期货价格与现货价格具有较强的相关关系,同时通过走势图可知,玉米现货价格逐渐收敛于期货价格,二者的波幅也在逐步缩小,这说明玉米期货发挥了减缓价格波动和价格发现的功能。

②通过对两个时段的 Johansen 协整检验可知,两个时段的期货价格与现货价格均有长期的协整关系,玉米期货对现货有高度的引导能力。

③通过对玉米期货价格与现货价格的 Granger 因果关系检验和方差分解可知,现阶段现货市场对期货价格的影响有限,以期货价格对现货价格的单向引导为主。

（三）豆粕

本研究采用的期货价格为活跃合约的期货收盘价,现货价格是张家港豆粕的现货价格,两者均来源于 Wind 数据库。选取 2014 年 10 月 1 日至 2019 年 9 月 30 日,以及 2015 年 10 月 1 日至 2020 年 9 月 30 日两个以 5 年为区间长度的期、现货价格数据分别得出结论并做出对比,反映价格发现功能在不同时段的有效性变化。其中用 SP 表示豆粕现货价格,FP 表示豆粕期货价格。用（Ⅰ）代表 2014 年 10 月 1 日至 2019 年 9 月 30 日的时段,用（Ⅱ）表示 2015 年 10 月 1 日至 2020 年 9 月 30 日的时段,所采用的实证分析软件是 STATA 15.1（SE）。

1. 描述性统计分析

图 5 - 3 为 2014 年 10 月 1 日到 2020 年 9 月 30 日的豆粕期货和现货价格走势。

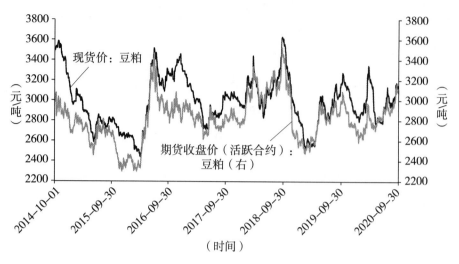

图 5-3 豆粕期现货价格走势

计算期货和现货之间的价格系数。由表 5-19 可知,(Ⅰ)、(Ⅱ) 时段期货、现货价格高度相关。两个时段期货、现货价格相关系数分别为 0.780、0.823。

表 5-19   豆粕期现货相关性分析

(Ⅰ)	SP	FP
SP	1.000	0.780
FP	0.780	1.000
(Ⅱ)	SP	FP
SP	1.000	0.823
FP	0.823	1.000

2. 平稳性检验

为检验期货、现货价格之间的协整关系,需要对两种价格数据进行平稳性检验。表 5-20 和表 5-21 分别为 (Ⅰ)、(Ⅱ) 时段的 ADF 检验结果,其中 DFP 和 DSP 分别表示对期货价格与现货价格的一阶差分序列,由检验结果可知,两时间段期货、现货价格均是一阶单整的,因此可以进行 Johansen 协整检验。

表 5-20   (Ⅰ) 时段豆粕期现货各变量 ADF 检验结果

变量	ADF 统计量	1% 临界值	5% 临界值
DFP	-34.535	-3.436	-2.864
DSP	-26.040	-3.436	-2.864

变量	ADF 统计量	1% 临界值	5% 临界值
FP	－2.757	－3.436	－2.864
SP	－2.264	－3.436	－2.864

表 5－21　　　　　　（Ⅱ）时段豆粕期现货各变量 ADF 检验结果

变量	ADF 统计量	1% 临界值	5% 临界值
DFP	－34.679	－3.430	－2.860
DSP	－30.571	－3.430	－2.860
FP	－2.677	－3.430	－2.860
SP	－2.001	－3.430	－2.860

3. VAR 模型最优滞后期选择

Johansen 协整检验基于 VAR 模型，检验结果受滞后阶数影响。VAR 模型中内生变量有 P 阶滞后期，称为 VAR（P）模型。要确定最优滞后阶数 P，一方面，希望滞后期足够大，从而完整反映所构造模型的动态特征；另一方面，滞后期越长，模型所损失的自由度就越多。在这里，豆粕的（Ⅰ）、（Ⅱ）时段根据 VAR 模型确定的最优滞后阶数均为 4。

4. Johansen 协整检验

表 5－22 和表 5－23 分别是对（Ⅰ）、（Ⅱ）时段进行 Johansen 协整检验的分析结果，由此可知，（Ⅰ）、（Ⅱ）时段的迹检验统计量均大于 5% 显著性水平下协整方程数为 0 的临界值，均拒绝原假设。因此，期货价格与现货价格存在长期协整关系。其中（Ⅰ）时段协整方程为 $e = FP - 0.84587SP$，（Ⅱ）时段协整方程为 $e = FP - 1.13548SP$。

表 5－22　　　　　　（Ⅰ）时段豆粕期现货各变量 Johansen 协整检验结果

原假设	迹检验统计量	5% 临界值
协整方程数为 0	34.786	15.495

表 5－23　　　　　　（Ⅱ）时段豆粕期现货各变量 Johansen 协整检验结果

原假设	迹检验统计量	5% 临界值
协整方程数为 0	567.3667	15.41

5. Granger 因果检验

继续对（Ⅰ）、（Ⅱ）时段的期货价格与现货价格进行 Granger 因果检验，由表 5－24 和表 5－25 可知，在 5% 显著性水平下，（Ⅰ）时段拒绝期货不引导现货的原假设，不拒绝现货不引导期货的原假设，该时段豆粕期货是现货的 Granger 原因，对现货价格变化具有显著的单向引导关系。（Ⅱ）时段均拒绝期货不引导现货的原假设，拒绝现货不引导期货的原假设，该时段豆粕期货和现货互为 Granger 原因，豆粕期货价格和现货价格变化具有显著的双向引导关系。

表 5 - 24　　　　　（Ⅰ）时段豆粕期现货各变量 Granger 因果检验结果

Equation	Excluded	*F* 值	*Prob > F*
FP	*SP*	2. 2304	0. 328
FP	ALL	2. 2304	0. 328
SP	*FP*	89. 032	0
SP	ALL	89. 032	0

表 5 - 25　　　　　（Ⅱ）时段豆粕期现货各变量 Granger 因果检验结果

Equation	Excluded	*F* 值	*Prob > F*
SP	*FP*	65. 151	0. 000
SP	ALL	65. 151	0. 000
FP	*SP*	8. 4602	0. 004
FP	ALL	8. 4602	0. 004

6. 方差分解

方差分解是分析预测残差的标准差受不同信息冲击影响的比例，即对应内生变量对标准差的贡献比例。由（Ⅰ）时段各变量方差分解结果（见表 5 - 26）可知，期货价格对现货价格的方差贡献率由第 1 期的 0% 增长到第 100 期的 33.16%，而期货价格的方差贡献率的 60% 至 70% 来自自身。而（Ⅱ）时段方差分解结果（见表 5 - 27）可知，期货价格对现货价格的方差贡献率由第 1 期的 19.87% 到第 100 期的 76.79%，而期货价格自身的方差贡献率从第 1 期的 100% 衰减到第 100 期的 88%。

表 5 - 26　　　　　（Ⅰ）时段豆粕期现货各变量方差分解结果　　　　单位:%

滞后期数	*SP* 来自		*FP* 来自	
	SP	*FP*	*SP*	*FP*
1	100. 00000	0. 00000	38. 88152	61. 11848
10	92. 98573	7. 01427	34. 77377	65. 22623
50	77. 61225	22. 38775	31. 31911	68. 68089
100	66. 83869	33. 16131	29. 35437	70. 64563

表 5 - 27　　　　　　　　（Ⅱ）时段豆粕期现货各变量方差分解结果　　　　单位:%

滞后期数	FP 来自		SP 来自	
	FP	SP	FP	SP
1	100.00000	0.00000	19.87388	80.12612
10	99.77146	0.22854	55.42709	44.57291
50	96.66507	3.33493	72.30159	27.69841
100	88.00171	11.99829	76.79146	23.20854

7. 分析小结

通过利用描述性统计分析、Johansen 协整检验、Granger 因果检验、方差分解分别对 2014 年 10 月 1 日至 2019 年 9 月 30 日和 2015 年 10 月 1 日至 2020 年 9 月 30 日两个时段的豆粕期现货价格进行实证研究，可以得出以下结论:

①通过对两个时段数据的统计性分析可知，期货价格与现货价格有较高的相关度，都在 0.8 左右。此外，通过期现货价格走势图可知，现货价格逐渐收敛于期货价格。说明豆粕期货发挥了减缓价格波动和价格发现的功能。

②通过对豆粕期现货价格的因果关系分析和方差分解结果可知，豆粕期货价格与豆粕现货价格具有双向引导关系，说明不仅豆粕期货有较强的价格发现功能，豆粕现货也对豆粕期货的价格有较大影响。

（四）棉花

本研究选取 2014 年 10 月 1 日至 2019 年 9 月 30 日，以及 2015 年 10 月 1 日至 2020 年 9 月 30 日两个以 5 年为区间长度的期货价格、现货价格数据分别得出结论并进行对比，反映价格发现功能在不同时段的有效性变化。其中期货价格为郑州商品交易所棉花期货活跃合约的每日收盘价，现货价格是全国各城市棉花现货每日平均价，两者均来源于 Wind 数据库，样本容量为 1463。

利用软件 Eviews 10.0，期货价格的对数序列为 LNFP，现货价格的对数序列为 LNSP，其中用 SP 代表棉花现货价格，FP 代表棉花期货价格。其中用（Ⅰ）代表 2014 年 10 月 1 日至 2019 年 9 月 30 日时段，用（Ⅱ）代表 2015 年 10 月 1 日至 2020 年 9 月 30 日时段。

1. 描述性统计分析

图 5 - 4 为 2014 年 10 月 8 日到 2020 年 10 月 8 日的棉花期货和现货价格走势。

首先，直观来看，棉花期货价格波动幅度略大于现货价格，但总的来说我国棉花期货与现货价格走势基本一致。期货价格先于现货价格变动，说明期货价格具有一定

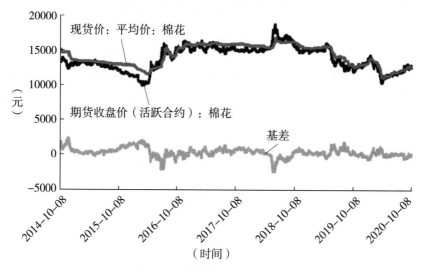

图 5-4　棉花期现货价格走势

的价格发现功能。

其次，在 2013 年年底到 2015 年年底，棉花价格有较明显的下降趋势，这是由于在 2014 年 3 月 28 日，国家正式调整棉花抛储政策，下调竞卖价格，棉花价格就此开始断崖式下跌。同时，受国家棉花政策改革影响，内地棉农利益受损，种棉意向降低，2015 年全国种棉意向面积 5408.9 万亩，同比减少 915.1 万亩，降幅 14.5%。2016 年以来，中国棉纺织品进口量逐渐减少，国内棉花销售顺畅，储备棉出库成交率接近九成，我国棉花消费量呈现增加趋势，尤其是新疆市场交易活跃，需求明显增加，因此交易价格有较小的上升趋势。

进一步计算期货、现货价格之间的相关系数，得到（Ⅰ）、（Ⅱ）时段的期货、现货价格相关系数分别为 0.922555、0.931306，由此可知在两个时段中期货价格与现货价格相关性很高，且时段（Ⅱ）相比时段（Ⅰ）相关性增强。说明了我国棉花期货与现货之间可能存在较强价格发现功能，且 2020 年价格发现功能强于 2019 年。

表 5-28　　　　　　　　　　　　棉花期现货相关性分析

（Ⅰ）	SP	FP
SP	1.000	0.922555
FP	0.922555	1.000
（Ⅱ）	SP	FP
SP	1.000	0.931306
FP	0.931306	1.000

2. 平稳性检验

相关性分析后，要对棉花期货价格与现货价格两组时间序列进行平稳性检验，将两组时间序列取自然对数的形式。根据价格走势，选用含有截距、不含时间趋势的检验模型进行平稳性检验。表5–29和表5–30分别为（Ⅰ）、（Ⅱ）时段的ADF检验结果，其中DlnSP和DlnFP分别表示对现货价格与期货价格对数的一阶差分序列，由此可见两个时间段的期货价格与现货价格序列均是同阶单整的。

表5–29　　　　　（Ⅰ）时段棉花期现货各变量ADF检验结果

变量	ADF统计量	1%临界值	5%临界值
lnFP	−1.528284	−3.435505	−2.863704
DlnFP	−35.34254	−3.435510	−2.863706
lnSP	−0.732978	−3.435519	−2.863710
DlnSP	−12.00999	−3.435519	−2.863710

表5–30　　　　　（Ⅱ）时段棉花期现货各变量ADF检验结果

变量	ADF统计量	1%临界值	5%临界值
lnFP	−1.828521	−3.435505	−2.863704
DlnFP	−25.99485	−3.435514	−2.863708
lnSP	−1.441220	−3.435585	−2.863740
DlnSP	−6.941632	−3.435585	−2.863740

3. VAR模型最优滞后阶数选取

Johansen协整检验基于VAR模型进行，检验结果受滞后阶数影响。VAR模型中内生变量有P阶滞后期，称为VAR（P）模型，要确定最优滞后阶数P，一方面，希望滞后期足够大，从而完整反映所构造模型的动态特征；另一方面，滞后期越长，模型所损失的自由度就越多。据此，综合考虑了LR检验、AIC信息准则和SC准则等检验方法，并且以"＊"标出，依据相应准则选择出滞后阶数。在这里，（Ⅰ）、（Ⅱ）时段根据VAR模型确定的最优滞后阶数分别为6和7，分别选择滞后期为6和7建立VAR模型。

4. Johansen协整检验

通过平稳性检验可知，一阶差分后的两组是同阶单整序列，因此可以进行Johansen协整检验，检验两者之间是否存在长期稳定的均衡关系。由表5–31、表5–32可知，无论采用迹检验还是最大特征值检验，可得出一个共同的结论：在5%的显著水平下期货价格与现货价格拒绝不存在协整关系的假设，接受至多存在一个协整关系假设。因此棉花的期货价格与现货价格在5%的显著水平下存在长期的均衡关系。其中（Ⅰ）、（Ⅱ）时段的协整方程分别为 $e = \ln FP - 1.163487\ln SP$，$e = \ln FP - 1.069372\ln SP$。

表 5 - 31　　　　（Ⅰ）时段棉花期现货各变量 Johansen 协整检验结果

原假设	迹检验		最大特征值检验	
	统计量	5% 临界值	统计量	5% 临界值
协整方程数为 0	37.85120	15.49471	35.73041	14.26460
协整方程数为 1	2.120787	3.841466	2.120787	3.841466

表 5 - 32　　　　（Ⅱ）时段棉花期现货各变量 Johansen 协整检验结果

原假设	迹检验		最大特征值检验	
	统计量	5% 临界值	统计量	5% 临界值
协整方程数为 0	29.81089	15.49471	26.24868	14.26460
协整方程数为 1	3.562205	3.841466	3.562205	3.841466

5. Granger 因果检验

通过上述检验，我们判断出了棉花期货与现货价格之间存在稳定的长期均衡关系，但不能具体分析出两者之间的一个因果构造，因此需要 Granger 因果检验来进行分析判断，可以揭示期货价格与现货价格两个变量在时间上的先导 - 滞后关系。（Ⅰ）、（Ⅱ）时段的 Granger 因果关系，通过 Eviews 9.0 的检验结果如表 5 - 33、表 5 - 34 所示。

表 5 - 33　　　　（Ⅰ）时段棉花期现货各变量 Granger 因果检验结果

滞后期数	零假设	F 统计值	P 值	是否接受零假设
5	FP 不引导 SP	35.2667	1.E - 33	否
	SP 不引导 FP	1.45447	0.2020	是
10	FP 不引导 SP	19.1437	6.E - 33	否
	SP 不引导 FP	1.33414	0.2068	是
13	FP 不引导 SP	15.2836	2.E - 32	否
	SP 不引导 FP	1.01958	0.4293	是
15	FP 不引导 SP	13.3444	2.E - 31	否
	SP 不引导 FP	0.83564	0.6380	是
20	FP 不引导 SP	11.0003	3.E - 32	否
	SP 不引导 FP	0.86436	0.6339	是

表 5 - 34　　　　　　　（Ⅱ）时段棉花期现货各变量 Granger 因果检验结果

滞后期数	零假设	F 统计值	P 值	是否接受零假设
15	FP 不引导 SP	17.4383	5. E - 42	否
	SP 不引导 FP	1.01265	0.4388	是
20	FP 不引导 SP	14.0724	2. E - 42	否
	SP 不引导 FP	1.53480	0.0617	是
24	FP 不引导 SP	11.5861	9. E - 40	否
	SP 不引导 FP	1.43382	0.0807	是
25	FP 不引导 SP	11.2232	1. E - 39	否
	SP 不引导 FP	1.53985	0.0438	否
35	FP 不引导 SP	8.06039	3. E - 35	否
	SP 不引导 FP	1.45131	0.0444	否
36	FP 不引导 SP	7.83088	9. E - 35	否
	SP 不引导 FP	1.39231	0.0631	是

　　由表 5 - 33、表 5 - 34 可知，在 5% 的显著性水平下，棉花期货价格对现货价格有引导关系，期货市场的价格发现功能显著。表 5 - 33 显示的时段（Ⅰ）在 5% 的显著性水平下，期货价格对现货价格有单向引导关系。表 5 - 34 显示的时段（Ⅱ）在滞后期为 25 ~ 35 天时，存在双向引导关系，其余检验天数中仅存在期货价格对现货价格的单向引导关系，对比可发现，时段（Ⅱ）棉花期货的价格发现功能强于时段（Ⅰ）。

6. 方差分解

　　方差分解是通过分析每一个结构冲击对内生变量变化的贡献度，进一步评价不同结构冲击的重要性（见表 5 - 35、表 5 - 36）。

表 5 - 35　　　　　　　（Ⅰ）时段棉花期现货各变量方差分解结果　　　　　单位:%

滞后期数	FP 来自		SP 来自	
	FP	SP	FP	SP
1	100.00000	0.00000	1.05212	98.94788
10	99.57312	0.42688	40.42275	59.57725
50	99.28157	0.71843	84.42875	15.57125
100	99.08655	0.91345	93.27127	6.72873

表 5 - 36　　　　　　　（Ⅱ）时段棉花期现货各变量方差分解结果　　　　单位:%

滞后期数	FP 来自		SP 来自	
	FP	SP	FP	SP
1	96.84180	3.15820	2.95950	97.04050
10	98.10509	1.89491	41.55640	58.44360
50	97.56459	2.43541	88.05513	11.94487
100	97.65911	2.34089	94.98304	5.01696

由表 5 - 35 可知时段（Ⅰ）期货价格方差分解表明，期货价格波动对其方差贡献率为 99.09%，现货价格波动对其方差贡献率为 0.91%；现货价格方差分解表明，期货价格对其方差贡献率为 93.27%，现货价格对其方差贡献率为 6.73%，综合两个市场来自期货市场的方差贡献率为（99.09% + 93.27%）/2 = 96.18%，来自现货市场的方差贡献率为（0.91% + 6.73%）/2 = 3.82%；同理，时段（Ⅱ）综合两个市场来看，棉花期货市场的方差贡献率为（97.66% + 94.98%）/2 = 96.32%，现货市场的方差贡献率为（2.34% + 5.02%）/2 = 3.68%，期货市场无论是对期货价格还是现货价格的方差贡献率都远远大于现货市场的方差贡献率。因此棉花期货具有较为明显的价格发现功能，而且时段（Ⅱ）相比于时段（Ⅰ）期货价格发现的功能略有增强。

7. 分析小结

本部分利用描述性统计分析、Johansen 协整检验、Granger 因果检验、方差分解分别对 2014 年 10 月 1 日至 2019 年 9 月 30 日以及 2015 年 10 月 1 日至 2020 年 9 月 30 日两个时段的棉花期货市场价格发现功能进行实证研究，得出以下结论：

①通过对两个时段数据的统计性描述可知，棉花期货价格与现货价格高度相关，两者间相关系数在两个时段在 0.9 左右，同时 2015 年 10 月 1 日至 2020 年 9 月 30 日期现价格相关性大于 2014 年 10 月 1 日至 2019 年 9 月 30 日，通过走势可知 2014 年 10 月 1 日至 2019 年 9 月 30 日棉花现货价格逐渐收敛于期货价格的趋势更加明显，因此我国棉花期货市场的价格发现功能增强了。

②通过对两个时段的 Johansen 协整检验可知，两个时间段期货价格与现货价格之间均存在显著的长期协整关系，这说明棉花期货随时间推移、成交量的增长，价格发现功能在逐渐增强。

③通过继续对两个时间段棉花期货价格与现货价格进行 Granger 因果检验和方差分解可知，棉花市场价格发现中期货价格起决定性作用。在 2014 年 10 月 1 日至 2019 年 9 月 30 日时段中，期现货价格不存在双向引导关系，而在 2015 年 10 月 1 日至 2020 年 9 月 30 日，滞后期为 25～35 天，存在期现货价格双向引导的情况，由此说明 2020 年相

对于 2019 年棉花期货市场的价格发现功能进一步增强。

综上所述，通过对两个时段的检验分析，说明棉花期货市场具有明显的价格发现功能，且 2020 年较 2019 年我国棉花期货的价格发现功能进一步提高。

（五）棕榈油

本研究选取 2014 年 10 月 1 日至 2019 年 9 月 30 日，以及 2015 年 10 月 1 日至 2020 年 9 月 30 日两个以 5 年为区间长度的期货价格、现货价格数据分别得出结论进行对比，反映价格发现功能在不同时段的有效性变化。其中期货价格为大连商品交易所棕榈油期货活跃合约的每日收盘价，现货价格是全国各城市棕榈油现货每日平均价，两者均来源于 Wind 数据库，样本容量为 1463。利用软件 Eviews 9.0，用 SP 代表棕榈油现货价格，FP 代表棕榈油期货价格。其中用（Ⅰ）代表 2014 年 10 月 1 日至 2019 年 9 月 30 日时段，用（Ⅱ）代表 2015 年 10 月 1 日至 2020 年 9 月 30 日时段。

1. 描述性统计分析

图 5-5 为 2014 年 10 月 1 日到 2020 年 9 月 30 日的棕榈油期货与现货价格走势。

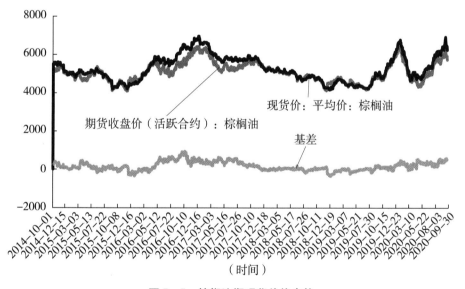

（时间）

图 5-5 棕榈油期现货价格走势

直观来看，我国棕榈油期货与现货价格走势基本一致，期货价格先于现货价格变动，说明期货价格具有一定的价格发现功能。

2015 年 8 月以前有明显的下降的时间趋势，达到价格最低点后反弹，棕榈油期货震荡寻底，价格重心有所下移，期价跌破 2008 年金融危机时的低点，随后底部震荡。在 2016 年年底和 2017 年年初达到近 6 年顶峰。这是由于 2015 年全球大宗商品市场受供需面的供大于求、产能过剩、库存居高、美元强势综合影响呈现"熊在途中"。全球宽松氛围有所缩减，国内继续实施稳健货币政策，改革艰难进行，三期叠加特殊阶段国内经济低速增长将成为常态，2016 年供需形式改善，改革红利释放，棕榈油价格有上升趋势。2018 年则是高产的一年，去库存问题仍然存在，反映在价格上有明显下降趋势；2019 年马来西亚等主产区的干旱天气，进入减产周期，下半年为利好前景，价格有反弹趋势。2020 年上半年棕榈油市场震荡调整，整体处在下滑通道，从 5 月中旬开始，市场逐步回升，8 月价格才回调至年初水平。新冠肺炎疫情给棕榈油市场带来了巨大冲击，棕榈油期货价格从 2020 年春节前后新冠肺炎疫情暴发起至 4 月左右基本一路下行，资料显示，前 4 个月中国进口 24 度棕榈油较去年同期下降 33%；在海外，新冠肺炎疫情迫使出口国纷纷采取管制措施，部分国家也暂停进口。随着各国的陆续解封，4 月底，国内棕榈油期货价格开始触底反弹，随着传统市场需求逐渐复苏，棕榈油期货价格持续走高。

进一步计算期货、现货价格之间的相关系数（见表 5 - 37），得到（Ⅰ）、（Ⅱ）时段的期货、现货价格相关系数分别为 0.951、0.955，由此可知在两个时段中期货价格与现货价格相关性很高，且时段（Ⅱ）相比于时段（Ⅰ）相关性增强。说明了我国棕榈油期货与现货之间可能存在较强价格发现功能，且 2020 年价格发现功能强于2019 年。

表 5 - 37　　　　　　　　　棕榈油期现货相关性分析

（Ⅰ）	FP	SP
FP	1.000	0.951472517
SP	0.951472517	1.000
（Ⅱ）	FP	SP
FP	1.000	0.954546289
SP	0.954546289	1.000

2. 平稳性检验

相关性分析后，要对棕榈油期货价格与现货价格两组时间序列进行平稳性检验，因从价格走势可以看出期货与现货的价格图像有截距项，但是没有明显的时间趋势，所以本文选用有截距、不含时间趋势的检验模型进行平稳性检验。表 5 - 38 和表 5 - 39分别为（Ⅰ）、（Ⅱ）时段的 ADF 检验结果，其中 DlnFP 和 DlnSP 分别表示对期货价格与现货价格对数序列的一阶差分序列，经检验两个时间段的期货价格与现货价格序列均是同阶单整的。

表 5 – 38　　　　　　（Ⅰ）时段棕榈油期现货各变量 ADF 检验结果

变量	ADF 统计量	1% 临界值	5% 临界值
lnFP	– 3.069377	– 3.435514	– 2.863708
DlnFP	– 29.96650	– 3.435514	– 2.863708
lnSP	– 2.141887	– 3.435505	– 2.863704
DlnSP	– 33.93483	– 3.435510	– 2.863706

表 5 – 39　　　　　　（Ⅱ）时段棕榈油期现货各变量 ADF 检验结果

变量	ADF 统计量	1% 临界值	5% 临界值
lnFP	– 2.288286	– 3.435505	– 2.863704
DlnFP	– 35.37393	– 3.435510	– 2.863706
lnSP	– 1.307771	– 3.435505	– 2.863704
DlnSP	– 22.11539	– 3.435514	– 2.435514

3. VAR 模型最优滞后阶数选取

Johansen 协整检验基于 VAR 模型进行，检验结果受滞后阶数影响。VAR 模型中内生变量有 P 阶滞后期，称为 VAR（P）模型，要确定最优滞后阶数 P，一方面，希望滞后期足够大，从而完整反映所构造模型的动态特征；另一方面，滞后期越长，模型所损失的自由度就越多。据此，综合考虑了 LR 检验、AIC 信息准则和 SC 准则等检验方法，并且以"*"标出，依据相应准则选择出滞后阶数。在这里，（Ⅰ）、（Ⅱ）时段根据 VAR 模型确定的最优滞后阶数均为 3，选择滞后期为 3 建立 VAR 模型。

4. Johansen 协整检验

通过平稳性检验可知，两个时期的期现货价格同为同阶单整序列，因此可以对 LNFP 和 LNSP 序列进行 Johansen 协整检验，来检验两者之间是否存在长期稳定的均衡关系。由表 5 – 40 和表 5 – 41 可知，无论采用迹检验还是最大特征值检验，可得出共同结论：在 5% 的显著性水平下迹检验和最大特征值检验均拒绝协整方程数为 0 的原假设，接受至多存在一个协整关系假设，因此在（Ⅰ）、（Ⅱ）时段中期货价格与现货价格之间存在长期协整关系。其中（Ⅰ）、（Ⅱ）时段的协整方程分别为 $e = \ln SP - 0.000447\ln FP$，$e = \ln SP - 1.362699\ln FP$。

表 5 - 40　　　　（Ⅰ）时段棕榈油期现货各变量 Johansen 协整检验结果

原假设	迹检验		最大特征值检验	
	统计量	5% 临界值	统计量	5% 临界值
协整方程数为 0	26. 91575	15. 49471	25. 20302	14. 26460
协整方程数为 1	1. 587167	3. 841466	1. 587167	3. 841466

表 5 - 41　　　　（Ⅱ）时段棕榈油期现货各变量 Johansen 协整检验结果

原假设	迹检验		最大特征值检验	
	统计量	5% 临界值	统计量	5% 临界值
协整方程数为 0	22. 75377	15. 49471	20. 86591	14. 26460
协整方程数为 1	1. 887859	3. 841466	1. 887859	3. 841466

5. Granger 因果检验

通过上述检验，我们判断出了棕榈油期货与现货价格之间存在稳定的长期均衡关系，但不能具体分析出两者之间的一个因果构造，因此需要 Granger 因果检验来进行分析判断，可以揭示期货价格与现货价格两个变量之间在时间上的先导 - 滞后关系。（Ⅰ）、（Ⅱ）时段的 Granger 因果关系，通过 Eviews 9.0 的检验结果如表 5 - 42、表 5 - 43 所示。

观察表 5 - 42 可得出结论：对于（Ⅰ）时段在 5% 的显著性水平下，滞后 9 阶以内，期货价格与现货价格之间存在双向引导关系，10 阶之后，只存在期货价格对现货价格的单向引导作用。对于时段（Ⅱ），同样是在滞后较多的阶数之后，期货与现货价格之间的双向引导关系才转变为单向引导关系，且期货对现货的引导作用更强。因此，可以发现，棕榈油期货有较强的价格发现功能。

表 5 - 42　　　　（Ⅰ）时段棕榈油期现货各变量 Granger 因果检验结果

滞后期数	零假设	F 统计值	P 值	是否接受零假设
1	FP 不引导 SP	17. 8804	3. E - 05	否
	SP 不引导 FP	8. 37664	0. 0039	否
2	FP 不引导 SP	57. 2655	2. E - 24	否
	SP 不引导 FP	5. 52786	0. 0041	否
8	FP 不引导 SP	16. 9070	6. E - 24	否
	SP 不引导 FP	2. 11677	0. 0316	否

滞后期数	零假设	F 统计值	P 值	是否接受零假设
9	FP 不引导 SP	15.3131	8. E − 24	否
	SP 不引导 FP	1.70256	0.0838	是
10	FP 不引导 SP	13.8485	2. E − 23	否
	SP 不引导 FP	1.65258	0.0870	是

表 5 – 43　　　　（Ⅱ）时段棕榈油期现货各变量 Granger 因果检验结果

滞后期数	零假设	F 统计值	P 值	是否接受零假设
1	FP 不引导 SP	14.4558	0.0002	否
	SP 不引导 FP	8.31343	0.0040	否
2	FP 不引导 SP	71.2287	6. E − 30	否
	SP 不引导 FP	4.35852	0.0130	否
10	FP 不引导 SP	15.8863	5. E − 27	否
	SP 不引导 FP	1.86261	0.0465	否
20	FP 不引导 SP	8.18656	9. E − 23	否
	SP 不引导 FP	1.96516	0.0068	否
50	FP 不引导 SP	3.94576	2. E − 17	否
	SP 不引导 FP	1.50287	0.0146	否

6. 方差分解

方差分解是通过分析每一个结构冲击对内生变量变化的贡献度，进一步评价不同结构冲击的重要性（见表 5 – 44、表 5 – 45）。

表 5 – 44　　　　（Ⅰ）时段棕榈油期现货各变量方差分解结果　　　　单位:%

滞后期数	FP 来自		SP 来自	
	FP	SP	FP	SP
1	100.0000	0.0000	24.9226	75.0774
10	99.0164	0.9836	49.9656	50.0344
50	90.2588	9.7412	56.3642	43.6358
100	82.6623	17.3377	58.3822	41.6178

表 5 – 45 （Ⅱ）时段棕榈油期现货各变量方差分解结果 单位:%

滞后期数	FP 来自		SP 来自	
	FP	SP	FP	SP
1	100. 0000	0. 0000	30. 53041	69. 46959
10	98. 35696	1. 64304	56. 06484	43. 93516
50	90. 48227	9. 51773	56. 33376	43. 66624
100	82. 71021	17. 28979	55. 88853	44. 11147

由表 5 – 44 可知时段（Ⅰ）期货价格方差分解表明，期货价格波动对其方差贡献率为 82.66%，现货价格波动对其方差贡献率为 17.34%；现货价格方差分解表明，期货价格对其方差贡献率为 58.38%，现货价格对其方差贡献率为 41.62%，综合两个市场来自期货市场的方差贡献率为（82.66% + 58.38%）/2 = 70.52%，来自现货市场的方差贡献率为（17.34% + 41.62%）/2 = 29.48%；同理，时段（Ⅱ）综合两个市场来看，棕榈油期货市场的方差贡献率为（82.71% + 55.89%）/2 = 69.30%，现货市场的方差贡献率为（17.29% + 44.11%）/2 = 30.70%，期货市场无论是对期货价格还是对现货价格，其方差贡献率都远远大于现货市场。因此棕榈油期货具有较为明显的价格发现功能。

7. 分析小结

本部分利用描述性统计分析、Johansen 协整检验、Granger 因果检验、方差分解 4 种方法分别对 2014 年 10 月 1 日至 2019 年 9 月 30 日以及 2015 年 10 月 1 日至 2020 年 9 月 30 日两个时段的棕榈油期货市场价格发现功能进行实证研究，得出以下结论：

①通过对两个时段数据的统计性描述可知，棕榈油期货价格与现货价格高度相关，两者间相关系数在两个时段均超过 0.9，同时 2015 年 10 月 1 日至 2020 年 9 月 30 日期现价格相关性略大于 2014 年 10 月 1 日至 2019 年 9 月 30 日的相关性，因此 2019 年相对于 2018 年棕榈油期货市场的价格发现功能稳中有升。

②通过对两个时段的 Johansen 协整检验可知，两个时间段期货价格与现货价格之间均存在显著的长期协整关系，这说明棕榈油期货随时间推移、成交量的增长，价格发现功能在逐渐增强。

③通过继续对两个时间段棕榈油期货价格与现货价格进行 Granger 因果检验和方差分解可知，棕榈油市场价格发现中期货价格起决定性作用。2014 年 10 月 1 日至 2019 年 9 月 30 日，滞后 9 阶以内，期货价格与现货价格之间存在双向引导关系，10 阶之后，期货和现货之间只存在期货对现货价格的单向引导关系。在 2015 年 10 月 1 日至 2020 年 9 月 30 日，同样是在滞后较多的阶数之后，期货与现货价格之间的双向引导关系才转变为单向引导关系，且期货对现货的引导作用更强。

综上所述，通过对两个时段的检验分析，说明棕榈油期货市场具有明显的价格发现功能，且2020年较2019年我国棕榈油期货的价格发现功能进一步提高。

（六）苹果

本研究选取自苹果期货上市以来，即2017年12月30日至2020年10月31日的期货周数据和现货周数据，其中，期货价格为郑州商品交易所苹果期货连续合约的每周收盘价的日均值，现货价格是全国各城市苹果现货平均价，两者均来源于Wind数据库，样本容量为146。利用软件Eviews 10.0，用 SP 代表苹果现货价格，FP 代表苹果期货价格。

1. 描述性统计分析

图5-6为2017年12月30日至2020年10月30日苹果期货与现货价格走势。

直观来看，苹果期货价格波动略大于现货价格，且期现价格间具有一定的价格差。期货与现货之间的相关性直观来看不明显，期货价格也没有先于现货价格变动的迹象。可以看到，2019年年中，苹果的现货价格有较大幅度的上涨，这是由于2018年国内苹果产量大幅下滑后，当年冷库的库存苹果数量急剧下滑，进而影响整个2019年上半年的苹果供应，使国内现货苹果价格从5月起开始不断上扬，直至8月为止。9月起国内苹果新果开始陆续上市，这使现货市场承受了巨大的压力，苹果现货价格呈现出一路下滑的格局，至11月苹果批发价格已经恢复到往年正常的水平。2020年年初春节开始的新冠肺炎疫情对国内市场造成了不小的冲击，在此背景下，期货现货价格数据是否受到影响以及受到了怎样的影响，在此不过多讨论，但可以肯定的是，这会在一定程度上造成价格发现的结果的偏离。

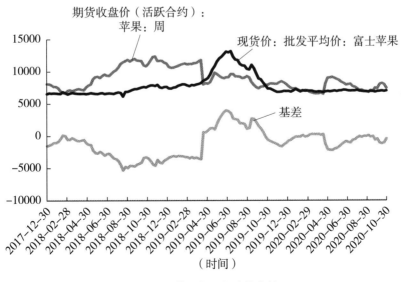

图5-6　苹果期现货价格走势

进一步计算苹果期货、现货价格之间的相关系数（见表 5 – 46），得到期货、现货价格相关系数为 0.1773，由此可知在此阶段中期货价格与现货价格相关性偏低，可能与苹果期货上市时间较短，苹果期货的价格发现功能还没发挥完全有关。是否具有一定程度的价格发现功能，我们将通过下面的检验方法进一步分析。

表 5 – 46　　　　　　　　　　苹果期现货价格相关性分析

	FP	SP
FP	1.000	0.177324
SP	0.177324	1.000

2. 平稳性检验

相关性分析后，要对苹果期货价格与现货价格两组时间序列进行平稳性检验。根据价格走势，这里选用有截距、不含时间趋势的检验模型进行平稳性检验。表 5 – 47 为苹果期货的 ADF 检验结果，其中 DSP 和 DFP 分别表示对现货价格与期货价格的一阶差分序列，由此可见苹果期货价格与现货价格序列的一阶差分是平稳的。

表 5 – 47　　　　　　　　　苹果期现货各变量 ADF 检验结果

变量	ADF 统计量	1% 临界值	5% 临界值
SP	– 2.245556	– 3.476805	– 2.881830
DSP	– 3.739348	– 3.476805	– 2.881830
FP	– 1.537775	– 3.475819	– 2.881400
DFP	– 10.37568	– 3.476143	– 2.881541

3. VAR 模型最优滞后阶数选取

Johansen 协整检验基于 VAR 模型进行，检验结果受滞后阶数影响。VAR 模型中内生变量有 P 阶滞后期，称为 VAR（P）模型，要确定最优滞后阶数 P，一方面，希望滞后期足够大，从而完整反映所构造模型的动态特征；另一方面，滞后期越长，模型所损失的自由度就越大。据此，综合考虑了 LR 检验、AIC 信息准则和 SC 准则等检验方法，并且以 "＊" 标出，依据相应准则选择出滞后阶数。在这里根据 VAR 模型确定的最优滞后阶数为 5，选择滞后期为 5 建立 VAR 模型。

4. Johansen 协整检验

通过平稳性检验可知，二阶差分后的两组时间序列是同阶单整序列，因此可以进行 Johansen 协整检验，来检验两者之间是否存在长期稳定的均衡关系。由表 5 – 48 可知，无论采用迹检验还是最大特征值检验，可得出一个共同的结论：在 5% 的显著水平下期货价格与现货价格不能拒绝不存在协整关系的假设。因此，苹果的期货价格与现货价格5%的显著水平下不存在长期的均衡关系。这可能与苹果期货上市时间较短，苹果期货的价格发现功能还没发挥完全有关，苹果期货的价格发现功能还有待逐步显现。

表 5 - 48　　　　　　　苹果期现货各变量 Johansen 协整检验结果

原假设	迹检验		最大特征值检验	
	统计量	5%临界值	统计量	5%临界值
协整方程数为 0	13.74682	15.49471	11.07691	14.26460
协整方程数为 1	2.669913	3.841466	2.669913	3.841466

5. Granger 因果检验

苹果期货与现货价格之间不存在稳定的长期均衡关系，不能具体分析出两者之间的一个因果构造，因此需要 Granger 因果检验来进行分析判断，可以揭示期货价格与现货价格两个变量之间在时间上的先导 - 滞后关系。检验结果如表 5 - 49 所示。

表 5 - 49　　　　　　　苹果期现货各变量 Granger 因果检验结果

滞后期数	零假设	F 统计值	P 值	是否接受零假设
4	FP 不引导 SP	0.66443	0.6178	是
	SP 不引导 FP	0.23083	0.9207	是
7	FP 不引导 SP	1.59637	0.1425	是
	SP 不引导 FP	0.55982	0.7872	是
15	FP 不引导 SP	1.51314	0.1147	是
	SP 不引导 FP	0.83736	0.6345	是
20	FP 不引导 SP	1.22321	0.2564	是
	SP 不引导 FP	0.75260	0.7603	是
21	FP 不引导 SP	1.38532	0.1504	是
	SP 不引导 FP	0.68780	0.8332	是
22	FP 不引导 SP	2.14028	0.0075	否
	SP 不引导 FP	0.62292	0.8950	是
23	FP 不引导 SP	2.05393	0.0104	否
	SP 不引导 FP	0.60467	0.9127	是
30	FP 不引导 SP	1.91084	0.0186	否
	SP 不引导 FP	0.60306	0.9319	是

由表 5 - 49 可知，滞后期在 21 天以内时，在 5% 的显著性水平下，苹果期货价格与现货价格之间不存在明显的引导关系；滞后期大于 21 天后，期货价格对现货价格存在单向引导关系。由此可知，期货价格对现货价格的引导传递速度快，持续期长；而现货价格对期货价格的引导则不明显，持续期较短。因此苹果期货价格对现货价格的变化有一定的引导作用。

6. 方差分解

方差分解是通过分析每一个结构冲击对内生变量变化的贡献度，进一步评价不同结构冲击的重要性（见表 5 - 50）。

表 5 - 50 苹果期现货各变量方差分解结果 单位:%

滞后期数	FP 来自		SP 来自	
	FP	SP	FP	SP
1	100. 00000	0. 00000	0. 61853	99. 38147
10	99. 94819	0. 05181	0. 54602	99. 45398
50	94. 12448	5. 87552	20. 81868	79. 18132
100	94. 04247	5. 95753	20. 97431	79. 02569

由表 5 - 50 可知，对期货价格方差分解表明，期货价格波动对其方差贡献率为 94.04%，现货价格波动对其方差贡献率为 5.96%；现货价格方差分解表明，期货价格对其方差贡献率为 20.97%，现货价格对其方差贡献率为 79.03%，综合两个市场来自期货市场的方差贡献率为（94.04% + 20.97%）/2 = 57.51%，来自现货市场的方差贡献率为（5.96% + 79.03%）/2 = 42.50%。可以看出，苹果期货市场对于现货市场的方差贡献率明显偏低，综合来看，无论是对期货价格还是现货价格，期货价格和现货价格的方差贡献率没有较大偏差。苹果期货的价格发现功能在我国市场的体现还不明显。

7. 分析小结

本部分利用描述性统计分析、Johansen 协整检验、Granger 因果检验、方差分解 4 种方法对 2017 年 12 月 22 日至 2020 年 10 月 30 日的苹果期货市场价格发现功能进行实证研究，得出以下结论：

①通过统计性描述可知，苹果期货价格与现货价格存在 0.1773 的相关性，由于苹果期货上市时间短等因素，苹果现货价格逐渐收敛于期货价格的趋势不太明显。

②通过协整检验可知，苹果期货价格与现货价格之间均不存在稳定的长期均衡关系。

③通过对苹果期货价格与现货价格进行因果检验和方差分解可知，苹果期货价格

对现货价格的单向引导作用更强，现货价格的引导作用有限。说明苹果期货价格与现货价格在相关性不是很高的情况下，期货价格对现货价格的引导作用已经有了一定的体现。

综上所述，通过对苹果期货上市以来时间序列的检验分析，说明苹果期货市场的价格发现功能已经初步显现，但还有待进一步提高。

三、国内外农产品期货价格发现功能比较——以棉花为例

我国是世界上棉花销量和进口量都居于前列的国家，并且我国棉花产业链长，涉及农业，纺织业、商业等多个领域，关系生产、加工、销售的单位和个人。美国是棉花出口大国，我国是其主要输出国之一，而且美棉进口量在我国持续占据前位。美国棉花的市场体系可以简单地概括为以期货市场的价格形成机制为核心、现货高效物流为基础、通过政府信息发布加大市场透明度和提供质量检验服务为条件的高效、透明、完善的市场体系。美国棉花期货市场对棉花价格决定的贡献程度很高。随着棉花期货市场的不断发展，尤其是 20 世纪 70 年代以后，纽约棉花的期货价格越来越受到重视，其规避风险、发现价格的功能不断被发挥出来。目前，纽约期货交易所棉花期货价格在贸易界和管理界都有很高的权威性，已成为棉花行业和产棉国政府不可缺少的价格参考依据。因此，这里对纽约期货交易所棉花期货的价格发现功能进行实证检验，并对我国棉花期货市场与美国棉花期货市场之间的价格发现功能进行对比分析。从而对我国期货品种价格发现能力进行评估，为提升产业服务能力、提高套期保值者的参与度、推进我国期货品种国际化发展进程、增强其国际定价影响力提供理论依据。

（一）样本选取

选取 2014 年 10 月 1 日至 2019 年 9 月 30 日，以及 2015 年 10 月 1 日至 2020 年 9 月 30 日两个以 5 年为区间长度的期货价格、现货价格数据分别得出结论进行对比。将期现货价格进行匹配，并剔除非交易日的空值，保留期现货价格一致日期的数据。期货数据选取 NYBOT 2 号棉花活跃合约的收盘价，美国棉花现货价格采用 Cotlook A 指数，数据来源均为 Wind 数据库。样本容量为 1470。

利用软件 Eviews 10.0，期货价格的对数序列为 $\ln FP$，现货价格的对数序列为 $\ln SP$，用 SP 代表棉花现货价格，FP 代表棉花期货价格。其中用（Ⅰ）代表 2014 年 10 月 1 日至 2019 年 9 月 30 日时段，用（Ⅱ）代表 2015 年 10 月 1 日至 2020 年 9 月 30 日时段。

（二）实证分析

1. 描述性统计分析

图 5 – 7 为 2014 年 10 月 1 日到 2020 年 9 月 30 日的棉花期货与现货价格走势。

直观来看，棉花期货价格与现货价格走势基本吻合，基差也没有较大幅度的波动，这一定程度上说明棉花期货与现货价格之间存在较强的相关性。期货价格的变动略早于现货价格变动，期货价格发现功能具有一定的研究价值。

图 5 – 7　棉花期现货价格走势

进一步计算期货、现货价格之间的相关系数，得到（Ⅰ）、（Ⅱ）时段的期货、现货价格相关系数分别为 0.972649、0.972658，由此可知在两个时段中期货价格与现货价格相关性很高，且时段（Ⅱ）相比于时段（Ⅰ）相关性略有增强，但是相差不大，说明美国棉花期货与现货之间可能存在较强价格发现功能（见表 5 – 51）。

表 5 – 51　　　　　　　　　　棉花期现货相关性分析

（Ⅰ）	SP	FP
SP	1.000	0.972649
FP	0.972649	1.000
（Ⅱ）	SP	FP
SP	1.000	0.972658
FP	0.972658	1.000

2. 平稳性检验

相关性分析后，要对棉花期货价格与现货价格两组时间序列进行平稳性检验，将两组时间序列取自然对数的形式，这样在不改变数据性质和关系的基础上，可以在一定程度上消除异方差问题。根据价格走势，选用含有截距、不含时间趋势的检验模型进行平稳性检验。表 5-52 和表 5-53 分别为（Ⅰ）、（Ⅱ）时段的 ADF 检验结果。其中，$\mathrm{Dln}SP$ 和 $\mathrm{Dln}FP$ 分别表示对现货价格与期货价格对数的一阶差分序列，由此可见两个时间段的期货价格与现货价格序列均是同阶单整的。

表 5-52　　　　　　　（Ⅰ）时段棉花期现货各变量 ADF 检验结果

变量	ADF 统计量	1% 临界值	5% 临界值
$\ln FP$	-1.947131	-3.435505	-2.863704
$\mathrm{Dln}FP$	-34.20262	-3.435510	-2.863706
$\ln SP$	-1.828342	-3.435505	-2.863704
$\mathrm{Dln}SP$	-34.30242	-3.435510	-2.863706

表 5-53　　　　　　　（Ⅱ）时段棉花期现货各变量 ADF 检验结果

变量	ADF 统计量	1% 临界值	5% 临界值
$\ln FP$	-2.148945	-3.435497	-2.863700
$\mathrm{Dln}FP$	-34.78748	-3.435501	-2.863702
$\ln SP$	-1.978788	-3.435497	-2.863700
$\mathrm{Dln}SP$	-34.75409	-3.435501	-2.863702

3. VAR 模型最优滞后阶数选取

Johansen 协整检验基于 VAR 模型进行，检验结果受滞后阶数影响。VAR 模型中内生变量有 P 阶滞后期，称为 VAR（P）模型，要确定最优滞后阶数 P，一方面，希望滞后期足够大，从而完整反映所构造模型的动态特征；另一方面，滞后期越长，模型所损失的自由度就越大。据此，综合考虑了 LR 检验、AIC 信息准则和 SC 准则等检验方法，并且以"*"标出，依据相应准则选择出滞后阶数。在这里，（Ⅰ）、（Ⅱ）时段根据 VAR 模型确定的最优滞后阶数分别为 3 和 4，分别选择滞后期为 3 和 4 建立 VAR 模型。

4. Johansen 协整检验

通过平稳性检验可知，一阶差分后的两组是同阶单整序列，因此可以进行 Johansen 协整检验来检验两者之间是否存在长期稳定的均衡关系。由表 5-54、表 5-55 可知，无论采用迹检验还是最大特征值检验，可得出一个共同的结论：在 5% 的显著水平下，不拒绝不存在协整关系的假设。因此在 5% 的显著水平下，不能说明棉花的期货价格与现货价格存在长期的均衡关系。

表 5 – 54 **（Ⅰ）时段棉花期现货各变量 Johansen 协整检验结果**

原假设	迹检验		最大特征值检验	
	统计量	5%临界值	统计量	5%临界值
协整方程数为 0	12.49750	15.49471	9.734171	14.26460
协整方程数为 1	2.763330	3.841466	2.763330	3.841466

表 5 – 55 **（Ⅱ）时段棉花期现货各变量 Johansen 协整检验结果**

原假设	迹检验		最大特征值检验	
	统计量	5%临界值	统计量	5%临界值
协整方程数为 0	12.80694	15.49471	9.501055	14.26460
协整方程数为 1	3.305885	3.841466	3.305885	3.841466

5. Granger 因果检验

虽然不存在长期稳定的协整关系，但是不能排除两个时间序列数据之间的因果关系，继续对（Ⅰ）、（Ⅱ）时段分别进行因果检验，揭示期货价格与现货价格两个变量之间在时间上的先导 – 滞后关系。（Ⅰ）、（Ⅱ）时段的 Granger 因果关系，通过 Eviews 的检验结果如表 5 – 56、表 5 – 57 所示。

表 5 – 56 **（Ⅰ）时段棉花期现货各变量 Granger 因果检验结果**

滞后期数	零假设	F 统计值	P 值	是否接受零假设
5	FP 不引导 SP	1005.54	0.0000	否
	SP 不引导 FP	0.88953	0.4873	是
10	FP 不引导 SP	501.485	0.0000	否
	SP 不引导 FP	1.82828	0.0516	是
13	FP 不引导 SP	384.473	0.0000	否
	SP 不引导 FP	1.51525	0.1049	是
15	FP 不引导 SP	332.284	0.0000	否
	SP 不引导 FP	1.89954	0.0197	否
20	FP 不引导 SP	245.373	0.0000	否
	SP 不引导 FP	1.74612	0.0219	否
30	FP 不引导 SP	162.009	0.0000	否
	SP 不引导 FP	2.04919	0.0008	否

表 5 - 57　　　　　（Ⅱ）时段棉花期现货各变量 Granger 因果检验结果

滞后期数	零假设	F 统计值	P 值	是否接受零假设
15	FP 不引导 SP	352.955	0.0000	否
	SP 不引导 FP	1.22499	0.2456	是
20	FP 不引导 SP	261.036	0.0000	否
	SP 不引导 FP	1.30887	0.1630	是
24	FP 不引导 SP	216.258	0.0000	否
	SP 不引导 FP	1.21546	0.2171	是
25	FP 不引导 SP	207.107	0.0000	否
	SP 不引导 FP	1.23095	0.2001	是
35	FP 不引导 SP	145.617	0.0000	否
	SP 不引导 FP	1.31825	0.1033	是
36	FP 不引导 SP	141.426	0.0000	否
	SP 不引导 FP	1.28224	0.1245	是

由表 5 - 56、表 5 - 57 可发现：在 5% 的显著性水平下，棉花期货价格对现货价格有引导关系，期货市场的价格发现功能显著。表 5 - 56 显示的时段（Ⅰ）在 5% 的显著性水平下，期货价格对现货价格有单向引导关系。滞后期在 15 天之后，出现了期现货价格的双向引导关系。表 5 - 57 显示的时段（Ⅱ）存在期货价格对现货价格的单向引导关系，只有棉花期货价格对现货价格有引导关系。

6. 方差分解

方差分解是通过分析每一个结构冲击对内生变量变化的贡献度，进一步评价不同结构冲击的重要性（见表 5 - 58、表 5 - 59）。

表 5 - 58　　　　　（Ⅰ）时段棉花期现货各变量方差分解结果　　　　　单位:%

滞后期数	FP 来自		SP 来自	
	FP	SP	FP	SP
2	98.87058	1.12942	68.00990	31.99010
10	98.25511	1.74489	77.87646	22.12354
50	95.24356	4.75644	76.74069	23.25931
100	91.88225	8.11775	75.12953	24.87047

表 5 - 59　　　　　**（Ⅱ）时段棉花期现货各变量方差分解结果**　　　　单位:%

滞后期数	FP 来自		SP 来自	
	FP	SP	FP	SP
2	98.54661	1.45339	69.66560	30.33440
10	97.61292	2.38708	78.68695	21.31305
50	96.54348	3.45652	80.46534	19.53466
100	95.63920	4.36080	81.23080	18.76920

由表 5 - 58 可知时段（Ⅰ）期货价格方差分解表明，期货价格波动对其方差贡献率为 91.88%，现货价格波动对其方差贡献率为 8.12%；现货价格方差分解表明，期货价格对其方差贡献率为 75.13%，现货价格对其方差贡献率为 24.87%，综合两个市场来自期货市场的方差贡献率为（91.88% + 75.13%）/2 = 83.51%，来自现货市场的方差贡献率为（8.12% + 24.87%）/2 = 16.49%；同理，时段（Ⅱ）综合两个市场来看，棉花期货市场的方差贡献率为（95.64% + 81.23%）/2 = 88.44%，现货市场的方差贡献率为（4.36% + 18.77%）/2 = 11.56%，期货市场无论是对期货价格还是现货价格的方差贡献率都远远大于现货市场的方差贡献率。因此棉花期货具有较为明显的价格发现功能，而且时段（Ⅱ）相比时段（Ⅰ）期货价格发现的功能略有增强。

（三）国内外棉花期货市场价格发现功能比较

本部分利用描述性统计分析、Johansen 协整检验、Granger 因果分析和方差分解 4 种方法对 2014 年 10 月 1 日至 2019 年 9 月 30 日以及 2015 年 10 月 1 日至 2020 年 9 月 30 日两个时段的美国棉花期货市场价格发现功能进行了一系列实证研究，通过对国内外棉花期货市场价格发现功能的对比，得出以下结论：

①通过对两个时段数据的描述性统计分析，从中美棉花期现货的走势可以看出中国棉花期货价格与现货价格的走势几乎重合，而美国棉花的基差一直较为显著，保持平稳，期货价格走势仍然与现货价格走势保持一致。

②在 Granger 因果分析中，国内市场在时段（Ⅰ）只有期货价格对现货价格有单向引导关系，在时段（Ⅱ）存在期货与现货价格的双向引导关系；而美国棉花期货市场在（Ⅰ）段存在期货价格与现货价格之间双向引导关系，期货价格能引导现货价格，现货价格也能引导期货价格。

③在方差分解分析中，国内棉花期货市场对期现货价格的方差贡献率要高于美国

市场，尽管棉花期货市场在价格发现功能中都处于主导地位，但是国内期货市场的贡献程度要更大。

从中美两国的对比可以看出，2014 年我国在新疆启动棉花目标价格补贴试点以来，我国棉花期货市场逐步有了良好的发展，我国棉花产业有了健康的发展，其价格发现功能也有了充分的体现，逐步形成了良好的市场机制。

第六章 能源化工期货价格发现功能分析

一、品种选取

为了分析目前我国期货市场能源化工期货的价格发现功能效率，本章主要甄选了具有代表性的品种作为分析样本——PTA、塑料、天然橡胶、原油。

（一）PTA

PTA 是精对苯二甲酸（Pure Terephthalic Acid）的英文缩写，是重要的大宗有机原料之一，其主要用途是生产聚酯纤维（涤纶）、聚酯瓶片和聚酯薄膜，被广泛应用于轻工、电子、建筑等国民经济的各个方面，与人民生活高度密切相关。PTA 期货以精对苯二甲酸作为标的物进行交易，是在郑州商品期货交易所上市的期货品种。其交易单位是 5 吨/手，报价单位为元（人民币）/吨，最小变动价位为 2 元/吨，每日价格波动限制不超过上一个交易日结算价的 ±6%，合约的交割月份为 1—12 月。

选取 PTA 商品期货作为研究对象，主要有以下几个原因：第一，从期货市场角度来说，自 2006 年 12 月 PTA 期货在郑州商品交易所上市之后，PTA 期货市场不仅解决了许多制造商的迫切需求，也让郑商所迈出了新的一步，实现了从农产品到工业产品的跨越。2019 年 12 月中国郑州商品交易所 PTA 期货成交金额为 17925963 亿元，同比增长 16.02%，2020 年累计成交总量为 312483830 手，同比增长 82.88%。第二，从基本面来说，由于我国聚酯工业的快速发展，PTA 的国内生产远未满足其需求，差距主要由进口解决。2005 年，国内产量为 589 万吨，消费量为 1214 万吨，进口量为 649 万吨，进口依赖度 56%。自国内 PTA 产能大幅扩张后，PTA 进口量快速缩减，2016 年我国由净进口转为净出口，进口量 90% 以上为来料及进料加工贸易。第三，从现货产业来说，在没有 PTA 期货以前，PTA 的结算价都掌握在供货商自己手里，下游聚酯企业根本没有谈判的余地。PTA 期货上市之后，每年年底下游企业开始跟供应商谈判下一年度的合约，谈好数量和折扣，结算价一月一定，随着每月的市场波动而波动。结算价是供应商根据当月的现货平均价格与期货的平均价格的平均价，加上资金成本和运费等费用的适当浮动，这样的价格比没有 PTA 期货前公平许多。中石化经济技术研究院市场营销所研究员赵睿在中国 PTA 行业高质量发展大会上表示，PTA 行业正向一体化纵向整合的方向发展。为了满足国内市场对 PTA 消费的需求，过去两年有许多新的 PTA 产能扩张项目，进一步推动 PTA 期货行情走好。PTA 具有连续生产和连续消费的特点，生产和消费可根据市场情况进行调整，这一特点也对 PTA 期货行情的走高起到一定的作用。

综上所述，为了推动 PTA 行业的发展，对 PTA 期货价格发现功能的研究具有一定的意义。

（二）塑料

聚乙烯是五大合成树脂之一，其产量占世界通用树脂总产量的 40% 以上，是我国合成树脂中产能最大、进口量最多的品种。目前，我国是世界最大的聚乙烯进口国和第二大消费国。聚乙烯主要分为线型低密度聚乙烯、低密度聚乙烯、高密度聚乙烯三大类。塑料期货即线型低密度聚乙烯（简称 LLDPE）期货，于 2007 年在大连商品交易所上市。塑料期货的交易单位是 5 吨/手，报价单位为元（人民币）/吨，涨跌停板幅度为上一交易日结算价的 8%（当前暂为 5%），合约的交割月份为 1—12 月。

选取塑料作为研究的代表性品种，主要原因有三点：第一，从期货市场角度来说，在于我国塑料期货市场发展迅速。2007 年以来，线型低密度聚乙烯（LLDPE）、聚氯乙烯（PVC）和聚丙烯（PP）期货先后在大连商品交易所上市。经过十余年的发展和壮大，我国的塑料期货市场规模已位居世界第一。第二，从基本面上来说，这些年聚乙烯的发展情况一直保持良好，需求量越来越大，煤制烯烃技术的出现让聚乙烯未来发展之路更为广阔。聚丙烯相对聚乙烯来说起步较晚，但是同样也不落后，庞大的需求量以及煤制丙烯的出现，让 2014 年才上市的聚丙烯期货同样表现很好。第三，从现货产业角度来说，2018 中国塑料产业大会上，与会代表认为，期货的价格发现功能和套期保值功能为产业客户避险和定价提供了有效工具，塑料行业以采销为基础的传统贸易模式早已在潜移默化中改变，未来如何优化现有机制，开创新的模式，更好地让期货工具服务实体经济成了最受关注的问题。为了推动塑料期货交易机制的创新和优化，对塑料期货价格发现功能的研究具有一定的意义。

（三）天然橡胶

天然橡胶期货于 1993 年在上海期货交易所上市，交易品种为天然橡胶，交易单位为 10 吨/手，报价单位为元（人民币）/吨，最小变动价位为 5 元/吨，涨跌停板幅度为上一交易日结算价的 ±8%，合约月份为 1 月、3 月、4 月、5 月、6 月、7 月、8 月、

9月、10月、11月。

选取天然橡胶作为研究的代表性品种，主要在于以下三个原因：第一，从期货市场角度来说，我国的天然橡胶期货市场发展不够完善且不稳定。2019年8月上海期货交易所天然橡胶期货成交量为4276198手，占全国份额1.07%，2019年累计成交总金额为34656815亿元，同比下降22.95%，占全国份额1.36%。第二，从基本面来说，仅以2006年为例，我国天然橡胶市场消费量高达213万吨，国内产量仅53.1万吨，这意味着其缺口高达159.9万吨，国内自给率不足1/4，早已跌破1/3的战略安全警戒线，且未见企稳现象。天然橡胶作为热带国家的经济作物，在我国仅有少数产量，远远不能满足于国内的需求量。目前经营天然橡胶期货的有日本、新加坡、中国和泰国天然橡胶期货市场，尤以日本东京工业品交易所的影响最大。下游产业，有热带国家的马来西亚、泰国、印度尼西亚、菲律宾等组成联盟，以产量的多寡来影响天然橡胶市场的价格；上游中，涉足较早的日本、欧美等国家在橡胶期货、现货价格中保持着强大的话语权与定价权。完善天然橡胶期货市场，能进一步确定我国天然橡胶国际话语权地位。随着中国天然橡胶期货市场的影响力不断增强，中国在天然橡胶国际市场上争取更大的国际话语权变为可能。第三，从现货产业来说，天然橡胶产业虽不如芯片、石油等的战略地位重要，但一旦某些环节出现问题，则对我国的战略安全与经济安全造成严重威胁。不仅工业品用的轮胎、汽车零配件与各种机械配件难以保障，而且民用的鞋类制品等也会受到严重影响。而对于天然橡胶期货市场的研究除部分期货公司出于经济利益目的有所涉猎外，国内学者在此方面的成果较少，不足以支撑我国天然橡胶期货市场的合理健康发展。因此，对天然橡胶期货价格发现功能的研究具有重要意义。

（四）原油

原油期货于2018年3月26日在上海国际能源交易中心上市，交易品种为中质含硫原油，交易单位为1000桶/手，最小变动价位为0.1元/桶，交易代码为SC，最低保证金为合约价值的5%。

选取原油作为研究的代表性品种，主要基于以下三个原因：第一，从期货市场的角度来说，INE原油市场规模稳步扩大，已成为亚洲交易量最大、全球第三位的原油期货合约。第二，从现货市场的角度来说，世界能源中石油是主导性能源，在一次性能源消费中占1/3比重，我国又是全球第二大石油消费国。2019年年底，我国原油对外依存度突破70%，原油进口量50572万吨，连续两年成为全球第一大原油进口国。2020年1月至8月中国原油进口量累计达到36752万吨，比上年同期增长了3972万吨，累计增长12.1%。2019年年末以来，一场席卷全球的新冠肺炎疫情对各行各业都造成了打击和损失，原油行业首当其冲，不论是生产和消费都遭到冲击。疫情对石油的需求有了显著抑制作用，同时因为欧佩克（OPEC）减产谈判失败，沙特增产，俄罗斯无法与之达成一致，价格战开启，所以国际原油价格在 3 月 9 日暴跌至34.36 美元/桶，当日跌幅 26.55%，盘中最高跌幅高达 33.6%，创下自 1991 年海湾战争以来最大单日跌幅。但随着疫情得到逐渐控制，从 4 月开始我国原油需求和供给恢复迅速，供需逐渐趋于均衡，原油价格也逐步抬升。第三，从国家战略角度来说，21世纪以来石油价格大幅波动使我国面临越来越大的价格风险，包括我国在内的亚太国家只能被动接受 WTI、BRENT 等作为原油定价的基准，危及我国能源安全。上海原油期货的运行对我国争取国际原油定价体系的话语权及人民币的国际化具有里程碑式的意义。

二、实证分析

（一）PTA

本部分选取 2014 年 10 月 31 日至 2019 年 10 月 31 日，以及 2015 年 10 月 31 日至2020 年 10 月 31 日两个以 5 年为区间长度的期货价格、现货价格数据分别得出结论进行对比，反映价格发现功能在不同时段的有效性变化。其中期货价格为郑州商品交易所 PTA 期货活跃合约的每日收盘价，现货价格是全国各城市 PTA 现货每日平均价，两者均来源于 Wind 数据库，样本容量为 1240。

利用软件 Eviews 10.0，期货价格的对数序列为 $lnFP$，现货价格的对数序列为$lnSP$，其中用 SP 代表 PTA 现货价格，FP 代表 PTA 期货价格。用（Ⅰ）代表 2014 年10 月 31 日至 2019 年 10 月 31 日时段，用（Ⅱ）代表 2015 年 10 月 31 日至 2020 年 10月 31 日时段。

1. 描述性统计分析

2006 年 12 月 18 日，PTA 期货在我国的郑州商品交易所正式上市交易，中国成为全球首个上市 PTA 期货的国家。自上市以来，PTA 交易规模不断扩大，成交量、持仓量稳步增长。2009 年全年共成交 10549 万手，成交金额为 38141.88 亿元，同比增长分别为 200.26% 和 211.94%。

由 PTA 期现货价格走势（见图 6-1）可以看出：2013 年至 2014 年 PTA 期现货价格出现较大波动；2014 年至 2017 年期现货价格一直处于较低水平，2017 年后半年至2018 年 9 月期现货价格上升，并于 2018 年年底再度回落。

期现货价格走势基本一致，且出现了数次交错，虽然大致趋势相同，但可以观察到期货价格变动基本上先于现货价格，这说明期货价格对现货价格具有一定的引导性。

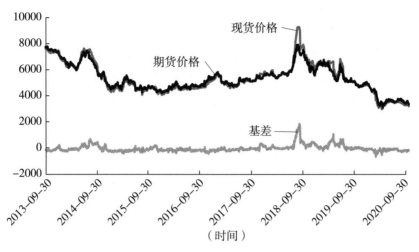

图 6 - 1　PTA 期现货价格走势

进一步计算期货和现货价格之间的相关系数，由表 6 - 1 可知，（Ⅰ）时段期现货相关系数为 0.974357，（Ⅱ）时段期现货相关系数为 0.981158，说明两个时期的期货和现货价格都呈高度相关。

表 6 - 1　　　　　　　　　　PTA 期现货价格相关性分析

（Ⅰ）	*SP*	*FP*
SP	1.000	0.974357
FP	0.974357	1.000
（Ⅱ）	*SP*	*FP*
SP	1.000	0.981158
FP	0.981158	1.000

2. 平稳性检验

相关性分析后，要对 PTA 期货价格与现货价格两组时间序列进行平稳性检验，将两组时间序列取自然对数的形式。因从价格走势可以看出期货与现货的价格呈现先稍有下降后上升的趋势，所以本文选用有截距、不含时间趋势的检验模型进行平稳性检验。表 6 - 2 和表 6 - 3 分别为（Ⅰ）、（Ⅱ）时段的 ADF 检验结果，其中 DlnSP 和 DlnFP 分别表示对现货价格与期货价格对数序列的一阶差分序列，由此可见两个时间段的期货价格与现货价格序列均是同阶单整的。

表6-2　　　　　　　（Ⅰ）时段 PTA 期现货各变量 ADF 检验结果

变量	ADF 统计量	1%临界值	5%临界值	P 值
$\ln FP$	-2.098	-3.435	-2.864	0.2455
$D\ln FP$	-33.693	-3.435	-2.864	0.0000
$\ln SP$	-2.016	-3.435	-2.864	0.2799
$D\ln SP$	-27.567	-3.435	-2.864	0.0000

表6-3　　　　　　　（Ⅱ）时段 PTA 期现货各变量 ADF 检验结果

变量	ADF 统计量	1%临界值	5%临界值	P 值
$\ln FP$	-0455	-3.435	-2.864	0.8970
$D\ln FP$	-34.670	-3.435	-2.864	0.0000
$\ln SP$	-0.518	-3.435	-2.864	0.8852
$D\ln SP$	-27.479	-3.435	-2.864	0.0000

3. VAR 模型最优滞后阶数选取

Johansen 协整检验基于 VAR 模型进行，检验结果受滞后阶数影响。VAR 模型中内生变量有 P 阶滞后期，称为 VAR（P）模型，要确定最优滞后阶数 P，一方面，希望滞后期足够大，从而完整反映所构造模型的动态特征；另一方面，滞后期越长，模型所损失的自由度就越大。据此，综合考虑了 LR 检验、AIC 信息准则和 SC 准则等检验方法，并且以"＊"标出，依据相应准则选择出滞后阶数。在这里，（Ⅰ）、（Ⅱ）时段根据 VAR 模型确定的最优滞后阶数分别为 6 和 5，分别选择滞后期为 6 和 5 建立 VAR 模型。

4. Johansen 协整检验

通过平稳性检验可知，一阶对数差分后的两组是同阶单整序列，因此可以进行 Johansen 协整检验，来检验两者之间是否存在长期稳定的均衡关系。由表6-4、表6-5可知，无论采用迹检验还是最大特征值检验，都可以得出一个共同的结论：在 5% 的显著水平下，期货价格与现货价格拒绝不存在协整关系的假设，接受至多存在一个协整关系的假设。因此，PTA 的期货价格与现货价格在 5% 的显著水平下存在长期的均衡关系。其中（Ⅰ）、（Ⅱ）时段的协整方程分别为 $e = D\ln FP - 0.730711 D\ln SP$，$e = D\ln FP - 0.804737 D\ln SP$。

表 6 - 4　　　　（Ⅰ）时段 PTA 期现货各变量 Johansen 协整检验结果

原假设	迹检验		最大特征值检验	
	统计量	5% 临界值	统计量	5% 临界值
协整方程数为 0	412.579	15.495	273.359	14.265
协整方程数为 1	139.220	3.841	139.220	3.841

表 6 - 5　　　　（Ⅱ）时段 PTA 期现货各变量 Johansen 协整检验结果

原假设	迹检验		最大特征值检验	
	统计量	5% 临界值	统计量	5% 临界值
协整方程数为 0	496655	15.495	34.313	14.265
协整方程数为 1	158.226	3.841	2.128	3.841

5. Granger 因果检验

通过上述检验，我们判断出了 PTA 期货与现货价格之间存在稳定的长期均衡关系，但不能具体分析出两者之间的一个因果构造，因此需要 Granger 因果检验来进行分析判断。分析判断可以揭示期货价格与现货价格两个变量在时间上的先导 – 滞后关系。（Ⅰ）、（Ⅱ）时段的 Granger 因果关系，通过 Eviews 9.0 的检验结果如表 6 – 6、表 6 – 7 所示。

表 6 - 6　　　　（Ⅰ）时段 PTA 期现货各变量 Granger 因果检验结果

滞后期数	零假设	F 统计值	P 值	是否接受零假设
2	DlnSP 不引导 DlnFP	0.7551	0.4702	是
	DlnFP 不引导 DlnSP	210.958	2.00E – 79	否
6	DlnSP 不引导 DlnFP	1.5737	0.1512	是
	DlnFP 不引导 DlnSP	74.9039	1.00E – 07	否
10	DlnSP 不引导 DlnFP	1.2623	0.2469	是
	DlnFP 不引导 DlnSP	45.6012	3.00E – 77	否
16	DlnSP 不引导 DlnFP	1.02465	0.1041	是
	DlnFP 不引导 DlnSP	28.8518	1.00E – 73	否
20	DlnSP 不引导 DlnFP	0.9667	0.5009	是
	DlnFP 不引导 DlnSP	23.4499	6.00E – 72	否
25	DlnSP 不引导 DlnFP	1.2467	0.1871	是
	DlnFP 不引导 DlnSP	18.6394	2.00E – 68	否

滞后期数	零假设	F 统计值	P 值	是否接受零假设
32	DlnSP 不引导 DlnFP	1.25619	0.1559	是
	DlnFP 不引导 DlnSP	14.8484	1.00E－65	否

表6－7　　　　（Ⅱ）时段 PTA 期现货各变量 Granger 因果检验结果

滞后期数	零假设	F 统计值	P 值	是否接受零假设
2	DlnSP 不引导 DlnFP	2.7796	0.0625	是
	DlnFP 不引导 DlnSP	151.993	1.00E－59	否
6	DlnSP 不引导 DlnFP	3.0189	0.0062	否
	DlnFP 不引导 DlnSP	51.7886	6.00E－57	否
10	DlnSP 不引导 DlnFP	1.8006	0.0561	是
	DlnFP 不引导 DlnSP	31.2894	4.00E－54	否
16	DlnSP 不引导 DlnFP	1.4667	0.1041	是
	DlnFP 不引导 DlnSP	19.4821	7.00E－50	否
20	DlnSP 不引导 DlnFP	1.2831	0.1801	是
	DlnFP 不引导 DlnSP	15.9072	2.00E－48	否
25	DlnSP 不引导 DlnFP	1.5444	0.0427	否
	DlnFP 不引导 DlnSP	13.0492	5.00E－47	否
32	DlnSP 不引导 DlnFP	1.6485	0.0134	否
	DlnFP 不引导 DlnSP	10.4069	2.00E－44	否

6. 方差分解

方差分解是分析预测残差的标准差受不同信息冲击影响的比例，即对应内生变量对标准差的贡献比例；其本质是将不同试点变量的预测方差分解为不同冲击解释的部分，即期货与现货在价格发现功能中的贡献程度。

由（Ⅰ）时段各变量方差分解结果（见表6－8）可知，期货价格对现货价格的方差贡献率由第1期的22.237%逐渐增加到第100期的45.363%，而期货价格受到来自现货价格的冲击影响一直处于较低水平，来自期货价格自身的方差贡献率一直处于99%以上；在（Ⅱ）时段各变量方差分解结果中（见表6－9），期货价格对现货价格的方差贡献率由第1期的14.228%增长到第100期的35.751%，而期货价格的方差贡献率98%以上都来自自身。

由此可以看出，我国塑料市场价格受期货市场的影响大于受现货市场的影响，期货市场在价格发现功能中起主导作用。

表6-8 （Ⅰ）时段PTA期现货各变量方差分解结果 单位：%

滞后期数	DlnFP 来自		DlnSP 来自	
	DlnFP	DlnSP	DlnFP	DlnSP
1	100.00000	0.00000	22.23744	77.76256
5	99.62833	0.37167	44.73613	55.26387
10	99.20673	0.79327	45.36098	54.63902
50	99.20477	0.79523	45.36286	54.63714
100	99.20477	0.79523	45.36286	54.63714

表6-9 （Ⅱ）时段PTA期现货各变量方差分解结果 单位：%

滞后期数	DlnFP 来自		DlnSP 来自	
	DlnFP	DlnSP	DlnFP	DlnSP
1	100.00000	0.00000	14.22808	85.77192
5	98.80592	1.19408	35.38383	64.61617
10	98.80099	1.19901	35.74985	64.25015
50	98.80017	1.19983	35.75050	64.24950
100	98.80017	1.19983	35.75050	64.24950

7. 分析小结

通过利用描述性统计分析、Johansen协整检验、Granger因果检验、方差分解分别对2014年10月31日至2019年10月31日以及2015年10月31日至2020年10月31日两个时段的PTA期货市场价格发现功能进行实证研究，得出以下结论：

①期货价格与现货价格高度相关。两个时段中期货价格与现货价格之间均存在长期协整关系，PTA期货价格对现货价格具有很强的引导能力，现货价格也对期货价格有一定的引导作用。

②通过对期货价格与现货价格进行Granger因果检验可知：

a. 对2014年10月31日至2019年10月31日的数据进行不同滞后阶数的Granger因果分析可知，不同阶数的检测都拒绝期货价格不引导现货价格的假设，接受现货价格不引导期货价格的假设；说明PTA期现货市场中的表现基本以期货价格引导现货价格为主，PTA期货价格对现货价格具有显著的单向引导关系，体现了PTA期货较强的价格发现功能。

b. 对2015年10月31日至2020年10月31日的数据进行不同滞后阶数的Granger

因果分析可知，不同阶数的检测都拒绝期货价格不引导现货价格的假设，而在较低阶数（2阶等）接受现货价格不引导期货价格的假设，较高阶数（25阶、32阶）拒绝现货价格不引导期货价格的假设；而且在即便更长维度的阶数检测中也跟随了先接受后拒绝不引导假设的趋势，说明PTA期现货市场，中期货价格引导现货价格为主的同时，现货价格也在引导部分期货价格的变动。PTA由上一个5年对比中期货价格对现货价格具有显著的单向引导关系逐步向期货价格与现货价格双向引导机制转变，体现了PTA期货市场和现货市场共同的价格发现功能，表明我国的PTA市场更加成熟稳定，进一步向标准化交易市场迈进。

③由两个时段方差分解结果可知，期货价格对现货价格均有超过30%甚至接近50%的影响比例，说明在长期信息传递过程中，期货市场处于主导地位，是价格发现的主要驱动力。同时，后一时段现货市场受期货市场影响比例的快速上升也体现出现货市场的信息接收机制和反应机制的明显增强。

（二）塑料

本部分选取2014年10月31日至2019年10月31日，以及2015年10月31日至2020年10月31日两个以5年为区间长度的期货价格、现货价格数据分别得出结论并进行对比，反映价格发现功能在不同时段的有效性变化。其中，期货价格为郑州商品交易所塑料期货活跃合约的每日收盘价，现货价格是全国各城市塑料现货每日平均价，两者均来源于Wind数据库，样本容量为1242。

利用软件Eviews 10.0，期货价格的对数序列为$\ln FP$，现货价格的对数序列为$\ln SP$，其中用SP代表塑料现货价格，FP代表塑料期货价格。用（Ⅰ）代表2014年10月31日至2019年10月31日时段，用（Ⅱ）代表2015年10月31日至2020年10月31日时段。

1. 描述性统计分析

塑料期货是大连商品交易所推出的期货产品。PVC、PE、PP都属于五大通用塑料，原料来源和下游用途都比较广泛。而且三者都是在大连商业交易所上市，都是大宗商品，三者的走势高度相关。

聚乙烯（PE）的发展一直保持良好，需求不断增加。煤制烯烃技术的出现使得聚乙烯的未来发展更加广阔。与聚乙烯相比，聚丙烯（PP）起步较晚，但也不落后。巨大的需求和煤基丙烯的出现使2014年才上市的聚丙烯期货也表现良好。但产能、产量、消费量均排名第一的聚氯乙烯（PVC）则继续背负着高能耗、高污染、产能过剩的负担，多年来，价格一直在低位徘徊，以至于业界只能选择停下来等待。

综合以上考虑，本部分选择国内塑料期货中最具有代表性也是最具争议的塑料品种——线型低密度聚乙烯进行综合分析。

由塑料期现货价格走势（见图 6 - 2）可以看出：2013 年至 2014 年塑料期现货价格出现较大波动；2014 年至 2017 年期现货价格一直处于较低水平，2017 年期现货价格在后期迅速上升，并于 2018 年再度回落。

期现货价格走势基本一致，且出现了数次交错，虽然大致趋势相同，但可以观察到期货价格变动基本上总是先于现货价格，这说明期货价格对现货价格具有一定的引导性。

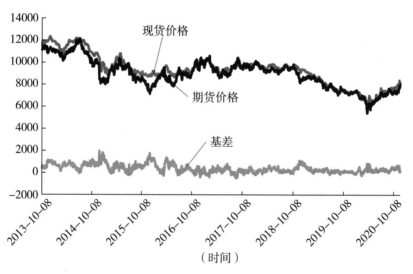

图 6 - 2　塑料期货与现货的价格走势

进一步计算期货和现货价格之间的相关系数，由表 6 - 10 可知，（Ⅰ）时段期现货相关系数为 0.872170，（Ⅱ）时段期现货相关系数为 0.954841，说明两个时段的期货和现货价格都呈高度相关。

表 6 - 10　　　　　　　　　　塑料期现货价格相关性分析

（Ⅰ）	SP	FP
SP	1.000	0.872170
FP	0.872170	1.000
（Ⅱ）	SP	FP
SP	1.000	0.954841
FP	0.954841	1.000

2. 平稳性检验

相关性分析后，要对塑料期货价格与现货价格两组时间序列进行平稳性检验，将两组时间序列取自然对数的形式。因从价格走势可以看出期货与现货的价格呈现先稍有下降后上升的趋势，所以本文选用有截距、不含时间趋势的检验模型进行平稳性检验。表 6 – 11 和表 6 – 12 分别为（Ⅰ）、（Ⅱ）时段的 ADF 检验结果，其中 DlnSP 和 DlnFP 分别表示对现货价格与期货价格的一阶差分序列，由此可见两个时间段的期货价格与现货价格序列均是同阶单整的。

表 6 – 11　　　　　　　（Ⅰ）时段塑料期现货各变量 ADF 检验结果

变量	ADF 统计量	1% 临界值	5% 临界值	P 值
lnFP	– 2.536	– 3.435	– 2.864	0.1072
DlnFP	– 34.346	– 3.435	– 2.864	0.0000
lnSP	– 1.488	– 3.435	– 2.864	0.5398
DlnSP	– 19.771	– 3.435	– 2.864	0.0000

表 6 – 12　　　　　　　（Ⅱ）时段塑料期现货各变量 ADF 检验结果

变量	ADF 统计量	1% 临界值	5% 临界值	P 值
lnFP	– 1.571	– 3.435	– 2.864	0.4970
DlnFP	– 34.017	– 3.435	– 2.864	0.0000
lnSP	– 1.159	– 3.435	– 2.864	0.6940
DlnSP	– 27.048	– 3.435	– 2.864	0.0000

3. VAR 模型最优滞后阶数选取

Johansen 协整检验基于 VAR 模型进行，检验结果受滞后阶数影响。VAR 模型中内生变量有 P 阶滞后期，称为 VAR（P）模型，要确定最优滞后阶数 P，一方面，希望滞后期足够大，从而完整反映所构造模型的动态特征；另一方面，滞后期越长，模型所损失的自由度就越大。据此，综合考虑了 LR 检验、AIC 信息准则和 SC 准则等检验方法，并且以"＊"标出，依据相应准则选择出滞后阶数。在这里，（Ⅰ）、（Ⅱ）时段根据 VAR 模型确定的最优滞后阶数分别为 5 和 6，分别选择滞后期为 5 和 6 建立 VAR 模型。

4. Johansen 协整检验

通过平稳性检验可知，一阶对数差分后的两组是同阶单整序列，因此可以进行 Johansen 协整检验，来检验两者之间是否存在长期稳定的均衡关系。由表 6 – 13、表 6 – 14 可知，无论采用迹检验还是最大特征值检验，都可以得出一个共同的结论：在 5% 的显著水平下，期货价格与现货价格拒绝不存在协整关系的假设，拒绝至多存在一个协整关系的假设。因此，塑料的期货价格与现货价格在 5% 的显著水平下存在长期的均衡关系。其中（Ⅰ）、（Ⅱ）时段的协整方程分别为 $e = FP - 0.919625SP$，$e = FP - 1.430560SP$。

表 6 – 13   （Ⅰ）时段塑料期现货各变量 Johansen 协整检验结果

原假设	迹检验		最大特征值检验	
	统计量	5% 临界值	统计量	5% 临界值
协整方程数为 0	544.622	15.495	352.815	14.265
协整方程数为 1	191.807	3.841	191.807	3.841

表 6 – 14   （Ⅱ）时段塑料期现货各变量 Johansen 协整检验结果

原假设	迹检验		最大特征值检验	
	统计量	5% 临界值	统计量	5% 临界值
协整方程数为 0	448.917	15.495	269.588	14.265
协整方程数为 1	179.329	3.841	179.329	3.841

5. Granger 因果检验

通过上述检验，我们判断出了塑料期货与现货价格之间存在稳定的长期均衡关系，但不能具体分析出两者之间的一个因果构造，因此需要 Granger 因果检验来进行分析判断。分析判断可以揭示期货价格与现货价格两个变量在时间上的先导 – 滞后关系。（Ⅰ）、（Ⅱ）时段的 Granger 因果关系，通过 Eviews 9.0 的检验结果如表 6 – 15、表 6 – 16 所示。

表 6 – 15   （Ⅰ）时段塑料期现货各变量 Granger 因果检验结果

滞后期数	零假设	F 统计值	P 值	是否接受零假设
2	DlnSP 不引导 DlnFP	0.2318	0.7931	是
	DlnFP 不引导 DlnSP	69.4361	3.00E – 29	否
6	DlnSP 不引导 DlnFP	0.9495	0.4584	是
	DlnFP 不引导 DlnSP	29.6797	2.00E – 23	否
10	DlnSP 不引导 DlnFP	0.7488	0.6786	是
	DlnFP 不引导 DlnSP	19.8240	3.00E – 34	否
16	DlnSP 不引导 DlnFP	1.0549	0.3948	是
	DlnFP 不引导 DlnSP	12.7377	1.00E – 31	否

滞后期数	零假设	F 统计值	P 值	是否接受零假设
20	DlnSP 不引导 DlnFP	0.9656	0.5024	是
	DlnFP 不引导 DlnSP	10.0298	5.00E − 29	否
25	DlnSP 不引导 DlnFP	0.8094	0.7330	是
	DlnFP 不引导 DlnSP	8.1655	3.00E − 27	否

表 6 − 16　　　　（Ⅱ）时段塑料期现货各变量 Granger 因果检验结果

滞后期数	零假设	F 统计值	P 值	是否接受零假设
2	DlnSP 不引导 DlnFP	1.8387	0.1595	是
	DlnFP 不引导 DlnSP	68.5003	6.00E − 29	否
6	DlnSP 不引导 DlnFP	1.4825	0.1806	是
	DlnFP 不引导 DlnSP	28.9586	2.00E − 32	否
10	DlnSP 不引导 DlnFP	1.1793	0.3005	是
	DlnFP 不引导 DlnSP	18.5926	6.00E − 32	否
16	DlnSP 不引导 DlnFP	1.5331	0.0807	是
	DlnFP 不引导 DlnSP	12.0435	1.00E − 29	否
20	DlnSP 不引导 DlnFP	1.1769	0.2657	是
	DlnFP 不引导 DlnSP	9.8846	2.00E − 28	否
25	DlnSP 不引导 DlnFP	1.1874	0.2396	是
	DlnFP 不引导 DlnSP	8.1679	3.00E − 27	否

6. 方差分解

方差分解是分析预测残差的标准差受不同信息冲击影响的比例，即对应内生变量对标准差的贡献比例；其本质是将不同试点变量的预测方差分解为不同冲击解释的部分，即期货与现货在价格发现功能中的贡献程度。

由（Ⅰ）时段各变量方差分解结果（见表 6 − 17）可知，期货价格对现货价格的方差贡献率由第 1 期的 2.5304% 逐渐增加到第 100 期的 19.9955%，而期货价格受到来自现货价格的冲击影响一直处于较低水平，来自期货自身的方差贡献率一直处于 99% 以上；在（Ⅱ）时段方差分解结果中（见表 6 − 18），期货价格对现货价格的方差贡献率由第 1 期的 4.9231% 增长到第 100 期的 21.2242%，而期货价格的方差贡献率 99% 以上都来自自身。

由此可以看出，我国塑料市场价格受期货市场的影响大于受现货市场的影响，期货市场在价格发现功能中起主导作用。

表 6 – 17　　　　（Ⅰ）时段塑料期现货各变量方差分解结果　　　　单位:%

滞后期数	DlnFP 来自		DlnSP 来自	
	DlnFP	DlnSP	DlnFP	DlnSP
1	100.00000	0.00000	2.53038	97.46962
5	99.68996	0.31004	19.67441	80.32559
10	99.68397	0.31603	19.98996	80.01004
50	99.68389	0.31611	19.99548	80.00452
100	99.68389	0.31611	19.99548	80.00452

表 6 – 18　　　　（Ⅱ）时段塑料期现货各变量方差分解结果　　　　单位:%

滞后期数	DlnFP 来自		DlnSP 来自	
	DlnFP	DlnSP	DlnFP	DlnSP
1	100.00000	0.00000	4.92312	95.07688
5	99.52737	0.47263	21.08303	78.91697
10	99.40436	0.59564	21.20041	78.79959
50	99.40182	0.59818	21.22424	78.77576
100	99.40182	0.59818	21.22424	78.77576

7. 分析小结

本部分利用描述性统计分析、Johansen 协整检验、Granger 因果检验、方差分解 4 种方法分别对 2014 年 10 月 31 日至 2019 年 10 月 31 日，以及 2015 年 10 月 31 日至 2020 年 10 月 31 日两个时段的塑料期货市场价格发现功能进行实证研究，得出以下结论：

①通过对两个时段数据的统计性描述可知，塑料期货价格与现货价格高度相关，两者间相关系数在两个时段都在 0.9 左右，同时 2015 年 10 月 31 日至 2020 年 10 月 31 日期现价格相关性大于 2014 年 10 月 31 日至 2019 年 10 月 31 日，通过走势可知 2015 年 10 月 31 日至 2020 年 10 月 31 日塑料现货价格逐渐收敛于期货价格的趋势更加明显，因此 2020 年相对于 2019 年塑料期货市场的价格发现功能增强了。

②通过对两个时段的协整检验可知，两个时间段期货价格与现货价格之间均存在显著的长期协整关系，这说明塑料期货随时间推移、成交量的增长，价格发现功能在逐渐增强。

③通过继续对两个时间段塑料期货价格与现货价格进行 Granger 因果检验和方差分解可知，塑料市场价格发现中期货价格起决定性作用。在 2014 年 10 月 1 日至 2019 年 9 月 30 日，塑料期货价格的单向引导作用更强，现货价格的引导作用有限，由此说明 2020 年相对于 2019 年塑料现货市场的价格发现功能增强了。

综上所述，通过对两个时段的检验分析，说明塑料期货市场具有明显的价格发现功能，且 2020 年较 2019 年我国塑料现货市场的价格发现功能进一步提高，有成熟化、标准化市场的趋势。

（三）天然橡胶

本部分选取 2014 年 10 月 31 日至 2019 年 10 月 31 日，以及 2015 年 10 月 31 日至 2020 年 10 月 31 日两个以 5 年为区间长度的期货价格、现货价格数据分别得出结论进行对比，反映价格发现功能在不同时段的有效性变化。其中，期货价格为上海期货交易所天然橡胶期货活跃合约的每日收盘价，现货价格是全国各城市天然橡胶现货每日平均价，两者均来源于 Wind 数据库，样本容量为 1240。

利用软件 Eviews 10.0，期货价格的对数序列为 $LNFP$，现货价格的时间序列为 $LNSP$，其中用 SP 代表天然橡胶现货价格，FP 代表天然橡胶期货价格。用（Ⅰ）代表 2014 年 10 月 31 日至 2019 年 10 月 31 日时段，用（Ⅱ）代表 2015 年 10 月 31 日至 2020 年 10 月 31 日时段。

1. 描述性统计分析

我国的橡胶期货目前有两大品种，分为天然橡胶合约和 20 号胶（即 20#标准胶）合约，交易品种均在上海期货交易所实行交易、交割。其中 20#标准胶虽然在现货市场交易量占据 70% 以上的市场份额，但期货品种 2019 年上市，时间较短，价格发现和引导作用还需要假以时日，经历全球市场的检验。故采用天然橡胶期货合约进行分析比对，研究相关价格在市场中的引导作用机制。天然橡胶的交割等级为国产一级标准胶 SCRWF 和进口烟片胶 RSS3（即 3#烟片胶），其中，国产一级标准胶 SCRWF 通常也被称为全乳胶 SCRWF。虽然在现货市场中进口 3#烟片胶的交易量也较大，但是国内天然橡胶期货合约的主要交割标的物为全乳胶 SCRWF，期货价格较为直观地会受到全乳胶 SCRWF 现货价格的影响，故现货价格研究标的选取全乳胶 SCRWF 现货全国市场交易量加权平均价格作为检验数据。

2020 年从春节前后开始，由于受到新冠肺炎疫情的影响，我国乃至全球的现货贸易都受到较大冲击，尤其是原料端和最终产品端需要进出口贸易维持供应链平衡的产业。橡胶作为化工产业最重要的原材料之一，其行业也受到了波及。另外，极端天气的变化影响（厄尔尼诺现象）、国家为青山绿水美好家园进一步采取的环保措施和限制等，也对橡胶产业造成了不小影响。

事实上，环保限产主要影响了轮胎厂的开工率。截至2020年12月17日，半钢胎开工率60.45%，全钢胎开工率61.79%，处于2020年6月以来的低点，较2019年同期分别下降10%和12%，整体处于5年偏低水平。从这个角度看，环保限产的影响是比较大的。但这个影响更多是短期的、阶段性的甚至是季节性的。

从需求的角度看，冬季本身就是轮胎需求的淡季，开工率会有所下降。另外，出口集装箱紧缺，影响出口订单，也对短期需求产生影响。

供应端方面2020年1月至10月，天然橡胶生产国协会（ANRPC）天然橡胶产出延续下滑趋势。其中，作为国内橡胶主要进口国的泰国，前10个月天然橡胶产量同比锐减27万吨，下滑超7%，而国内前10个月天然橡胶产量同比减少11万吨，下滑近17%，产量萎缩幅度居各主产国之首。

2020年年底，云南产区逐渐步入停割期，海南产区割胶天数也所剩无几，海南胶乳市场参考价仍然大幅高于往年水平，全年减产背景下的原料供应紧张局面未能扭转，新一轮开割季到来前国内天然橡胶价格将得到较强支撑。

综上所述，2020年整体经济形势和国际态势的变化，对天然橡胶的价格也会发生不同程度的影响，研究近期的价格走势和波动范围将更有意义（见图6-3）。

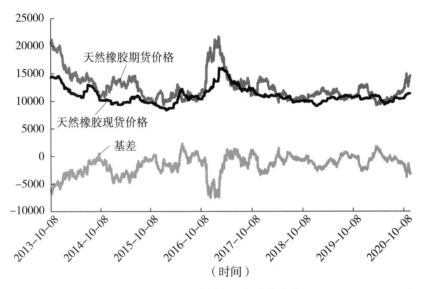

图6-3　天然橡胶期现货价格走势

进一步计算期货和现货价格之间的相关系数，由表6-19可知，（Ⅰ）时段期货、现货相关系数为0.639371，（Ⅱ）时段期货、现货相关系数为0.701365，说明两个时段的期货和现货价格相关程度较高。

表6-19 天然橡胶期现货价格相关性分析

（Ⅰ）	SP	FP
SP	1.000	0.639371
FP	0.639371	1.000
（Ⅱ）	SP	FP
SP	1.000	0.701365
FP	0.701365	1.000

2. 平稳性检验

相关性分析后，要对天然橡胶期货价格与现货价格两组时间序列进行平稳性检验，将两组时间序列取自然对数的形式。因从价格走势可以看出期货与现货的价格先稍有下降后上升的趋势，所以选用有截距、不含时间趋势的检验模型进行平稳性检验。表6-20和表6-21分别为（Ⅰ）、（Ⅱ）时段的ADF检验结果，其中，$\text{Dln}SP$和$\text{Dln}FP$分别表示对现货价格与期货价格的一阶差分序列，由此可见两个时间段的期货价格与现货价格序列均是同阶单整的。

表6-20 （Ⅰ）时段天然橡胶期现货各变量ADF检验结果

变量	ADF统计量	1%临界值	5%临界值	P值
$\ln FP$	-2.4577	-3.435	-2.864	0.1263
$\text{Dln}FP$	-37.499	-3.435	-2.864	0.0000
$\ln SP$	-1.5029	-3.435	-2.864	0.5320
$\text{Dln}SP$	-20.679	-3.435	-2.864	0.0000

表6-21 （Ⅱ）时段天然橡胶期现货各变量ADF检验结果

变量	ADF统计量	1%临界值	5%临界值	P值
$\ln FP$	-2.4446	-3.435	-2.864	0.1297
$\text{Dln}FP$	-37.019	-3.435	-2.864	0.0000
$\ln SP$	-1.6746	-3.435	-2.864	0.4440
$\text{Dln}SP$	-19.834	-3.435	-2.864	0.0000

3. VAR模型最优滞后阶数选取

Johansen协整检验基于VAR模型进行，检验结果受滞后阶数影响。VAR模型中内生变量有P阶滞后期，称为VAR（P）模型，要确定最优滞后阶数P，一方面，希望滞后期足够大，从而完整反映所构造模型的动态特征；另一方面，滞后期越长，模型所损失的自由度就越大。据此，综合考虑了LR检验、AIC信息准则和SC准则等检验方法，并且以"＊"标出，依据相应准则选择出滞后阶数。在这里，（Ⅰ）、（Ⅱ）时段根据 VAR 模型确定的最优滞后阶数分别为 6 和 5，分别选择滞后期为 6 和 5 建立 VAR 模型。

4. Johansen 协整检验

通过平稳性检验可知，一阶对数差分后的两组是同阶单整序列，因此可以进行 Johansen 协整检验，来检验两者之间是否存在长期稳定的均衡关系。由表 6–22、表 6–23 可知，无论采用迹检验还是最大特征值检验，得出一个共同的结论：在 5% 的显著水平下期货价格与现货价格拒绝不存在协整关系的假设，接受至多存在一个协整关系的假设。因此天然橡胶的期货价格与现货价格在 5% 的显著水平下存在长期的均衡关系。其中（Ⅰ）（Ⅱ）时段的协整方程分别为 $e = FP - 0.988625SP$，$e = FP - 1.037000SP$。

表 6–22　　（Ⅰ）时段天然橡胶期现货各变量 Johansen 协整检验结果

原假设	迹检验		最大特征值检验	
	统计量	5%临界值	统计量	5%临界值
协整方程数为 0	262.093	15.495	156.326	14.265
协整方程数为 1	105.768	3.841	105.768	3.841

表 6–23　　（Ⅱ）时段天然橡胶期现货各变量 Johansen 协整检验结果

原假设	迹检验		最大特征值检验	
	统计量	5%临界值	统计量	5%临界值
协整方程数为 0	256.152	15.495	155.803	14.265
协整方程数为 1	100.348	3.841	100.348	3.841

5. Granger 因果检验

通过上述检验，我们判断出了天然橡胶期货与现货价格之间存在稳定的长期均衡关系，但不能具体分析出两者之间的一个因果构造，因此需要 Granger 因果检验来进行分析判断，揭示期货价格与现货价格两个变量在时间上的先导－滞后关系。（Ⅰ）、（Ⅱ）时段的 Granger 因果关系，通过 Eviews 9.0 的检验结果如表 6–24、表 6–25 所示。

表 6–24　　（Ⅰ）时段天然橡胶期现货各变量 Granger 因果检验结果

滞后期数	零假设	F 统计值	P 值	是否接受零假设
2	DlnSP 不引导 DlnFP	2.18038	0.1134	是
	DlnFP 不引导 DlnSP	0.06216	0.9397	是

滞后期数	零假设	F 统计值	P 值	是否接受零假设
7	DlnSP 不引导 DlnFP	3.38985	0.0014	否
	DlnFP 不引导 DlnSP	0.39419	0.9061	是
11	DlnSP 不引导 DlnFP	2.4771	0.0045	否
	DlnFP 不引导 DlnSP	0.70274	0.7369	是
16	DlnSP 不引导 DlnFP	1.96811	0.0125	否
	DlnFP 不引导 DlnSP	1.67200	0.0460	否
20	DlnSP 不引导 DlnFP	2.01026	0.0052	否
	DlnFP 不引导 DlnSP	2.13032	0.0026	否
25	DlnSP 不引导 DlnFP	1.73895	0.0136	否
	DlnFP 不引导 DlnSP	2.26137	0.0004	否
32	DlnSP 不引导 DlnFP	1.59426	0.0197	否
	DlnFP 不引导 DlnSP	2.06457	0.0005	否

表 6 - 25　　　　（Ⅱ）时段天然橡胶期现货各变量 Granger 因果检验结果

滞后期数	零假设	F 统计值	P 值	是否接受零假设
2	DlnSP 不引导 DlnFP	1.27743	0.2791	是
	DlnFP 不引导 DlnSP	0.29809	0.2743	是
7	DlnSP 不引导 DlnFP	2.14044	0.0370	否
	DlnFP 不引导 DlnSP	0.43853	0.8782	是
11	DlnSP 不引导 DlnFP	1.56691	0.1028	是
	DlnFP 不引导 DlnSP	0.65356	0.7831	是
16	DlnSP 不引导 DlnFP	1.23912	0.2304	是
	DlnFP 不引导 DlnSP	1.99187	0.0112	否
20	DlnSP 不引导 DlnFP	1.44012	0.0941	是
	DlnFP 不引导 DlnSP	2.14967	0.0023	否
25	DlnSP 不引导 DlnFP	1.26148	0.1754	是
	DlnFP 不引导 DlnSP	2.66231	2.00E - 05	否
32	DlnSP 不引导 DlnFP	1.19594	0.2105	是
	DlnFP 不引导 DlnSP	10.4069	8.00E - 05	否

6. 方差分解

方差分解是分析预测残差的标准差受不同信息冲击影响的比例，即对应内生变量对标准差的贡献比例；其本质是将不同试点变量的预测方差分解为不同冲击解释的部分，即期货与现货在价格发现功能中的贡献程度。

（1）最大滞后阶数为7时 VAR 模型下的方差分解

由（Ⅰ）时段各变量方差分解结果（见表 6-26）可知，在较短的滞后期内，现货价格对期货价格的方差贡献率由第 1 期的 0% 逐渐增加到第 100 期的 2.0085%，而现货价格受到来自期货价格的冲击影响，价格组成部分的关联程度一直处于较低水平，来自期货价格自身的方差贡献率则一直处于 99% 以上；在（Ⅱ）时段方差分解结果中（见表 6-27），现货价格对期货价格的方差贡献率由第 1 期的 0% 增长到第 100 期的 1.2770%，而现货价格的方差贡献率 99% 以上都来自自身。

由此可以看出，在较短的周期环境中，我国天然橡胶市场价格受现货市场的影响大于受期货市场的影响，现货市场在价格发现功能中起主导作用。这一点也较为贴合实际情况，我国在天然橡胶的原材料领域主要生产和出口全乳胶 SCRWF，产地主要为云南和海南。但无论是国际市场还是在中国市场，天然橡胶类原材料主要需求方为轮胎类工业品制造产业，而轮胎生产的对标标的为 20#标准胶；除此之外，天然橡胶原材料的需求集中在进口 3#烟片胶，最后才是全乳胶 SCRWF。而上海期货交易所橡胶期货的交割标的主要又集中在全乳胶 SCRWF，这就造成现货市场全乳胶 SCRWF 的价格和存量对期货市场的价格造成较大影响，符合检验结论。

表 6-26　　　　　（Ⅰ）时段天然橡胶期现货各变量方差分解结果　　　　单位:%

滞后期数	DlnFP 来自		DlnSP 来自	
	DlnFP	DlnSP	DlnFP	DlnSP
1	100.00000	0.00000	0.00180	99.99820
5	99.32270	0.67730	0.11961	99.88039
10	98.05041	1.94959	0.23473	99.76527
50	97.99150	2.00850	0.24267	99.75733
100	97.99150	2.00850	0.24267	99.75733

表 6-27　　　　　（Ⅱ）时段天然橡胶期现货各变量方差分解结果　　　　单位:%

滞后期数	DlnFP 来自		DlnSP 来自	
	DlnFP	DlnSP	DlnFP	DlnSP
1	100.00000	0.00000	0.00536	99.99464

滞后期数	DlnFP 来自		DlnSP 来自	
	DlnFP	DlnSP	DlnFP	DlnSP
5	99.61334	0.38666	0.21059	99.78941
10	98.76590	1.23410	0.25582	99.74418
50	98.72300	1.27700	0.25897	99.74103
100	98.72300	1.27700	0.25897	99.74103

（2）滞后阶数为 25 时 VAR 模型下的方差分解

由（Ⅰ）时段各变量方差分解结果（见表 6 – 28）可知，在较长的滞后期内，现货价格对期货价格的方差贡献率由第 1 期的 0% 逐渐增加到第 100 期的 3.7175%，而期货价格对现货价格的方差贡献率由期初的 0.0017% 上升至第 100 期的 6.6121%；在（Ⅱ）时段方差分解结果中（见表 6 – 29），现货价格对期货价格的方差贡献率由第 1 期的 0% 增长到第 100 期的 2.6583%，而期货价格对现货价格的方差贡献率由期初的 0.0291% 上升至 7.7900%，呈现双向引导的趋势。

由此可以看出，在较长的周期环境中，我国天然橡胶市场价格受期货市场的影响大于受现货市场的影响，期货市场在价格发现功能中起主导作用。短期的现货价格引导作用逐渐被期货价格引导机制所替代，现货的价格作用开始居于次要地位，期货的价格作用逐步占据主要地位。

表 6 – 28　　　　滞后阶数为 25 时（Ⅰ）时段天然橡胶期现货各变量
方差分解结果　　　　　　　　　　　　　　　单位:%

滞后期数	DlnFP 来自		DlnSP 来自	
	DlnFP	DlnSP	DlnFP	DlnSP
1	100.00000	0.00000	0.00171	99.99829
5	99.38299	0.61701	0.22887	99.77113
10	98.05695	1.94305	0.60795	99.39205
25	96.35978	3.64022	5.23866	94.76134
50	96.28377	3.71623	6.59922	93.40078
100	96.28249	3.71751	6.61213	93.38787

表 6-29　　　　　　滞后阶数为 25 时（Ⅱ）时段天然橡胶期现货各变量

方差分解结果　　　　　　　单位:%

滞后期数	DlnFP 来自		DlnSP 来自	
	DlnFP	DlnSP	DlnFP	DlnSP
1	100	0	0.02911	99.97089
5	99.68198	0.31802	0.33626	99.66374
10	98.77387	1.26613	0.58647	99.41353
25	97.38254	2.61746	5.45838	94.54162
50	97.34327	2.65673	7.76621	92.23379
100	97.34174	2.65826	7.79002	92.20998

7. 分析小结

通过利用描述性统计分析、Johansen 协整检验、Granger 因果检验、方差分解分别对 2014 年 10 月 31 日至 2019 年 10 月 31 日以及 2015 年 10 月 31 日至 2020 年 10 月 31 日两个时段的天然橡胶期货价格发现功能进行实证研究，得出以下结论：

①在 2014 年 10 月 31 日至 2019 年 10 月 31 日期间。

a. 期货价格与现货价格相关程度较高。两个时段中期货价格与现货价格之间均存在长期协整关系，在短时间周期内存在现货价格对期货价格的单向引导关系；在长时间周期中，期货价格与现货价格具有双向引导关系。

b. 通过对期货价格与现货价格进行因果检验可知，在短时间周期内存在现货价格对期货价格的单向引导关系，说明天然橡胶现货具有价格发现功能；在长时间周期中，期货价格与现货价格具有双向引导关系。说明天然橡胶期货与现货均具有价格发现功能。

c. 由两个时段不同滞后阶数的方差分解结果可知，在短期信息传递过程中，现货市场居于价格主导地位，而在长期信息传递过程中，期货市场居于主导地位，是价格发现的主要驱动力。

除了天然橡胶期货合约主要标的物为全乳胶以外。短期内，天然橡胶期货主力可以通过在合约交割期临近时控制全乳胶现货的交易量来控制期货市场交割价格（如期货的多方在交割期附近大量买入全乳胶现货来迫使空方按照多方意愿交割期货合约），而这种行为在价格机制作用下则会显现出现货价格先行变动，期货价格随后变动的趋势，加强现货价格影响期货的作用程度。

②在 2015 年 10 月 31 日至 2020 年 10 月 31 日期间。

a. 期货价格与现货价格相关程度较高。两个时段中期货价格与现货价格之间均存在长期协整关系。

b. 通过对期货价格与现货价格进行因果检验可知，在短时间周期内存在现货价格对期货价格的单向引导关系，说明天然橡胶现货具有价格发现功能；在长时间周期中，期货价格与现货价格具有双向引导关系。说明天然橡胶期货与现货均具有价格发现功能。

c. 由两个时段不同滞后阶数的方差分解结果可知，在短期信息传递过程中，现货市场居于价格主导地位，而在长期信息传递过程中，期货市场居于主导地位，是价格发现的主要驱动力。

而对比（Ⅰ）时段 2014 年 10 月 31 日至 2019 年 10 月 31 日以及（Ⅱ）时段 2015 年 10 月 31 日至 2020 年 10 月 31 日两个 5 年期时段的检验结果可知：

（Ⅰ）时间段的现货价格引导作用要强于（Ⅱ）时间段的现货引导作用，原因分析如下。

①国家近年来大力发展金融市场，在逐步扩大金融市场规模的同时，也稳步有序地出台落地了相关法律法规和相应政策来规范金融市场，整体金融市场尤其是证券期货市场运作更加标准化、信息化，逐步向成熟金融市场转变。

②去年上海期货交易所推出了 20 号胶合约（即 20#标准胶），这标志着国家在橡胶市场方面做出了更大程度的努力和尝试，通过 20 号胶合约和天然橡胶合约进一步增加我国对橡胶的定价权，在增强现货期货市场的价格引导和联动性的同时，继续发展和规范化现货市场。

③由于全球今年疫情的严峻形势，整个进出口贸易均受到较大影响，同时由于国内环保力度升级，管控措施加强，以及极端天气状态（厄尔尼诺现象）导致国内全乳胶的生产也受到了较大波动，影响了现货对于期货价格的引导作用；不过得益于疫情之初我国出色的卫生医疗设施、优异的防控力度，以及得天独厚的社会主义制度优势，天然全乳胶生产受到的影响有限，这在整体的数据分析中也可看出，现货价格引导作用虽然下降，但下降幅度不大。

以上分析说明，与经济形势相似，我国的天然橡胶期货市场发展稳中有进，逐步成熟，未来发展空间较大，前景良好；为了推动橡胶产业的发展，应当进一步完善天然橡胶期货市场。

（四）原油

选取 2018 年 3 月 26 日至 2019 年 9 月 30 日和 2018 年 3 月 26 日至 2020 年 9 月 30 日这两个时间段的原油期货、现货价格数据进行对比分析，分别取得 361、592 组数据。用（Ⅰ）代表 2018 年 3 月 26 日至 2019 年 9 月 30 日时段，用（Ⅱ）代表 2018 年

3月26日至2020年9月30日时段。在数据的时间处理上，对无交易日进行剔除。考虑到数据的连续性和相关性，以及活跃合约更能反映期现货价格间的联动关系，本书期货价格取自于活跃合约的收盘价，单位为元/桶，数据来源于 Wind 数据库；现货价格数据为阿联酋迪拜、中国胜利、美国西得克萨斯、英国布伦特原油现货平均价，单位为美元/桶，数据来源于 Wind 数据库。下述实证分析中，用 *FP* 代表原油期货价格，*SP* 代表原油现货价格。

1. 描述性统计分析

由原油期现货价格走势（见图6-4）可以看出价格主要经历了四个阶段的变化：第一阶段是2018年3月至2018年10月的上涨过程，这主要是因为美国宣布退出伊核协议并对伊朗制裁从而使各国担心原油供应减少。第二阶段是2018年10月至2020年年初价格宽幅震荡阶段，这主要是因为中东局势动荡，中东地区相继发生油轮及管道被袭、伊朗击落美国无人机等一系列"黑天鹅"事件。第三阶段是2020年1月中下旬至2020年3月的下跌过程。这主要是因为2020年年初以来，一场席卷全球的新冠肺炎疫情对各行各业都造成了打击和损失，原油行业首当其冲，不论是生产和消费都遭到冲击。疫情对石油的需求有了显著抑制作用，同时因为欧佩克（OPEC）减产谈判失败，沙特增产，俄罗斯无法与之达成一致等，价格战开启。第四阶段是2020年4月以来的底部盘整阶段。该阶段反映了虽然疫情有所好转，但全球的经济恢复仍需时间。

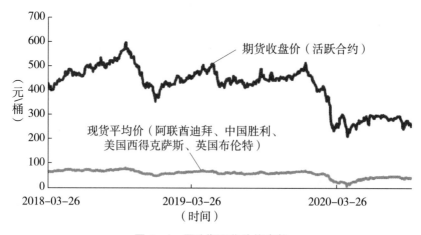

图6-4　原油期现货价格走势

使用 Eviews 10.0 计算原油期货和现货价格之间的相关系数，由表6-30可知现货与期货价格的相关性在两个时段分别达到了 0.851270 和 0.946438，二者的相关性很高。

表 6 - 30	原油期现货相关性分析	
（Ⅰ）	*FP*	*SP*
FP	1.000	0.851270
SP	0.851270	1.000
（Ⅱ）	*FP*	*SP*
FP	1.000	0.946438
SP	0.946438	1.000

2. 平稳性检验

为了检验期货、现货价格之间的协整关系，需要对两种价格数据进行平稳性检验。表 6 - 31、表 6 - 32 分别为（Ⅰ）、（Ⅱ）时段的 ADF 检验结果，其中，D*FP* 和 D*SP* 分别表示对期货价格和现货价格的一阶差分序列。表中的结果显示，序列 *FP* 和 *SP* 的 ADF 统计量明显大于各显著水平下的临界值，所以不拒绝原假设，即 *FP* 和 *SP* 两个序列都是非平稳的。接着对一阶差分后的两个序列进行检验，检验结果表明 D*FP* 和 D*SP* 的 ADF 统计量明显小于各显著水平下的临界值，拒绝原假设，一阶差分序列为平稳序列。因此原油期货价格与现货价格序列为同阶单整序列，可对其进行 Johansen 协整检验。

表 6 - 31	（Ⅰ）时段原油期现货各变量 ADF 检验结果		
变量	ADF 统计量	1% 临界值	5% 临界值
FP	- 1.969978	- 3.448312	- 2.869351
D*FP*	- 18.35226	- 3.448363	- 2.869374
SP	- 1.695129	- 3.448363	- 2.869374
D*SP*	- 15.83211	- 3.448363	- 2.869374

表 6 - 32	（Ⅱ）时段原油期现货各变量 ADF 检验结果		
变量	ADF 统计量	1% 临界值	5% 临界值
FP	- 0.460127	- 3.441185	- 2.866212
D*FP*	- 22.32793	- 3.441204	- 2.866220
SP	- 1.001885	- 3.441185	- 2.866212
D*SP*	- 23.40065	- 3.441204	- 2.866220

3. VAR 模型最佳滞后阶数的选取

Johansen 检验基于 VAR 模型进行，检验结果受滞后阶数影响。VAR 模型中内生变量有 P 阶滞后期，称为 VAR（P）模型，要确定最优滞后阶数 P，一方面，希望滞后期足够大，从而完整反映所构造模型的动态特征；另一方面，滞后期越长，模型所损失的自由度就越大。据此，综合考虑了 LR 检验、AIC 信息准则和 SC 准则等检验方法，并且以"＊"标出，依据相应准则选择出来滞后阶数。在这里，（Ⅰ）、（Ⅱ）时段根据 VAR 模型确定的最优滞后阶数均为 5 和 8，我们选择滞后期为 5 和 8 分别建立 VAR 模型。

（Ⅰ）时段的 VAR 表达式为

$SP_1 = 1.16SP_1(-1) - 0.27SP_1(-2) + 0.13SP_1(-3) + 0.07SP_1(-4) - 0.06SP_1(-5) + 2.81E - 05FP_1(-1) + 0.004FP_1(-2) - 0.014FP_1(-3) + 0.012FP_1(-4) - 0.009FP_1(-5) + 1.87$

$FP_1 = 4.96SP_1(-1) - 0.08SP_1(-2) + 3.09SP_1(-3) - 1.89SP_1(-4) - 0.28SP_1(-5) + 0.52FP_1(-1) + 0.32FP_1(-2) - 0.224FP_1(-3) - 0.14FP_1(-4) - 0.07FP_1(-5) - 5.20$

（Ⅱ）时段的 VAR 表达式为

$SP_2 = 0.99SP_2(-1) - 0.002SP_2(-2) - 0.02SP_2(-3) - 0.01SP_2(-4) + 0.16SP_2(-5) + 0.05SP_2(-6) + 0.08SP_2(-7) - 0.26SP_2(-8) + 0.005FP_2(-1) + 0.002FP_2(-2) + 0.003FP_2(-3) - 0.003FP_2(-4) - 0.03FP_2(-5) + 0.001FP_2(-6) - 0.005FP_2(-7) + 0.02FP_2(-8) + 0.26$

$FP_2 = 2.91SP_2(-1) - 1.36SP_2(-2) - 1.22SP_2(-3) - 0.73SP_2(-4) + 1.15SP_2(-5) + 0.29SP_2(-6) - 0.006SP_2(-7) - 0.29SP_2(-8) + 0.73FP_2(-1) + 0.17FP_2(-2) + 0.11FP_2(-3) - 0.003FP_2(-4) - 0.08FP_2(-5) + 0.03FP_2(-6) - 0.007FP_2(-7) + 0.12FP_2(-8) + 0.28$

4. Johansen 协整检验

通过平稳性检验可知，一阶差分后的两组时间序列是同阶单整序列，因此可以进行 Johansen 协整检验来检验两者之间是否存在长期稳定的均衡关系，且利用 VAR 模型已确定最优滞后阶数为 5 和 8。由表 6-33 可知（Ⅰ）时段迹统计量大于 5% 显著性水平下协整方程数为 0 临界值，拒绝原假设。因此，期货价格与现货价格之间存在长期协整关系，（Ⅰ）时段可以进行 Granger 因果检验。

由表 6-34 可知（Ⅱ）时段迹统计量和最大特征值统计量小于 5% 显著性水平下协整方程数为 0 的临界值，接受原假设，期货价格与现货价格之间不存在协整关系。（Ⅱ）时段不可以进行 Granger 因果检验。

表 6 – 33　　　（Ⅰ）时段原油期现货各变量 Johansen 协整检验结果

原假设	迹检验	
	统计量	5% 临界值
协整方程数为 0	18. 80413	15. 49471
协整方程数为 1	8. 255570	3. 841466

表 6 – 34　　　（Ⅱ）时段原油期现货各变量 Johansen 协整检验结果

原假设	迹检验		最大特征值检验	
	统计量	5% 临界值	统计量	5% 临界值
协整方程数为 0	11. 16432	15. 49471	10. 40550	14. 26460
协整方程数为 1	0. 758821	3. 841466	0. 758821	3. 84146

5. Granger 因果检验

上述检验中，时段（Ⅰ）存在长期均衡关系，时段（Ⅱ）不存在长期均衡关系，因此只对（Ⅰ）时段的期货价格与现货价格进行 Granger 因果检验。（Ⅰ）时段我们判断出了原油期货与现货价格之间存在稳定的长期均衡关系，但不能具体分析出两者之间的一个因果构造，需要 Granger 因果检验来进行分析判断，揭示期货价格与现货价格两个变量之间在时间上的先导 – 滞后关系。（Ⅰ）时段的 Granger 因果关系，通过 Eviews 9.0 的检验结果如表 6 – 35 所示。在 5% 显著性水平，（Ⅰ）时段从滞后 1 期到滞后 12 期均拒绝现货不引导期货的原假设和期货不引导现货的原假设，即原油期货价格和现货价格互为 Granger 原因，所以原油期货价格和现货价格之间存在双向引导关系。但是现货价格对期货价格的引导作用要强于期货价格对现货价格的引导作用，因此原油现货具有较强的价格发现功能。

表 6 – 35　　　（Ⅰ）时段原油期现货各变量 Granger 因果检验结果

滞后期数	零假设	F 统计值	P 值	是否接受零假设
3	SP 不引导 FP	58. 6497	9. E – 31	否
	FP 不引导 SP	7. 94989	4. E – 05	否
6	SP 不引导 FP	29. 0184	5. E – 28	否
	FP 不引导 SP	4. 07261	0. 0006	否
9	SP 不引导 FP	19. 6425	2. E – 26	否
	FP 不引导 SP	3. 06707	0. 0015	否
12	SP 不引导 FP	14. 8241	1. E – 24	否
	FP 不引导 SP	2. 23710	0. 0101	否

6. 方差分解

方差分解是分析预测残差的标准差受不同信息冲击影响的比例，即对应内生变量对标准差的贡献比例。通过方差分解定量地分析原油的期货价格和现货价格变动的方差在原油定价中所占的比重，显示二者的相对定价地位。

通过表6-36给出的方差分解结果，可以知道（Ⅰ）时段期货价格变动的长期方差，滞后期为1时，期货价格的变动全部来自期货市场，随着滞后期的增加，来自期货市场的部分逐渐减少，当滞后期为100时，总方差中期货市场的方差贡献率为47.54907%，来自现货市场的方差贡献率为52.45093%。对现货市场的分析同样如此，当滞后期为1时，原油现货价格波动47.85484%来自现货市场，随着滞后期的增加，原油现货价格的总方差中，来自现货市场的部分逐渐增加，当滞后期为100时，现货市场的方差贡献率为76.06040%，而来自期货市场的方差贡献率为23.93960%。通过计算可知，在原油市场，现货市场的方差贡献率为（52.45093% + 76.06040%）/2 = 64.255665%，而期货市场的方差贡献率为（47.54907% + 23.93960%）/2 = 35.744335%，远远小于现货市场。

由此可以看出，我国原油市场价格受现货市场的影响远远大于受期货市场的影响，现货市场在价格发现功能中起主导作用。

表6-36　　　　　　（Ⅰ）时段原油期现货各变量方差分解结果　　　　　　单位:%

滞后期数	FP 来自		SP 来自	
	FP	SP	FP	SP
1	100.00000	0.00000	52.14516	47.85484
10	74.84792	25.15208	30.84492	69.15508
50	51.75414	48.24586	15.96660	84.03340
100	47.54907	52.45093	23.93960	76.06040

7. 分析小结

本部分利用描述性统计分析、Johansen协整检验、Granger因果检验、方差分解4种方法分别对2018年3月26日至2019年9月30日和2018年3月26日至2020年9月30日两个时段的原油期货市场价格发现功能进行实证研究，得出以下结论：

①通过对两个时段数据的统计性描述可知，原油期货与现货价格呈现较强的相关性。同时（Ⅱ）时段期现价格相关性大于（Ⅰ）时段期现价格相关性。

②通过Johansen协整检验可知，（Ⅰ）时段在5%的显著性水平下存在协整关系，即期货价格与现货价格之间存在长期的协整关系，而（Ⅱ）时段在5%的显著性水平

下不存在协整关系，即期货价格与现货价格之间不存在长期的协整关系，说明随着时间的推移，原油期货价格发现功能在逐渐减弱。

③通过继续对（Ⅰ）时段原油期货价格与现货价格进行 Granger 因果检验和方差分解可知，原油市场价格发现中现货价格起决定性作用。在 2018 年 3 月 26 日至 2019 年 9 月 30 日，原油期现价格之间有较强的双向引导关系，但通过方差分解来看，现货价格对期货价格的单向引导关系更强，是价格发现的主要驱动力，期货价格的引导作用有限。

下面对不同时间段原油期货的价格发现功能进行一个比较。在协整关系上，与（Ⅰ）时段相比，（Ⅱ）时段原油市场的期货和现货价格已经不存在显著的长期均衡关系，这主要是由于新冠肺炎疫情在全球蔓延、OPEC 减产协议谈判失败以及一系列黑天鹅事件的发生，使地缘政治风险加剧，原油期现价格之间的均衡关系被破坏。在 Granger 因果检验和方差分解上，由于（Ⅱ）时段期货和现货价格之间不存在协整关系，因此期现货之间的引导关系也就不显著了。

第七章　金属期货价格发现功能分析

一、品种选取

为了分析目前我国期货市场金属期货的价格发现功能效率，本章主要甄选了具有代表性品种作为分析样本——螺纹钢、铁矿石、铜、铝、镍。

（一）螺纹钢

螺纹钢期货于 2009 年 3 月 27 日在上海期货交易所上市，交易品种为螺纹钢，交易单位为 10 吨/手，最小变动价位为 1 元/吨，交易代码为 RB，最低保证金为合约价值的5%。

选取螺纹钢作为研究的代表性品种，主要基于以下几个原因：第一，从期货市场角度来说，自从螺纹钢期货上市交易以来，吸引了大量的投资者参与其中，2020 年 1 月至 11 月上海期货交易所螺纹钢期货成交量为 307295551 手，居于全球首位。螺纹钢期货已成为我国期货市场不可或缺的组成部分，代表性十足。第二，从基本面来说，我国是全球最大的钢铁生产国，同时快速发展的经济也使我国成为世界上最大的钢铁消费国。大规模生产使我国钢铁在全球市场上价格更便宜，竞争力极强。许多国家试图对从我国进口的钢铁征收进口税，以鼓励本地钢铁的消费。第三，从现货产业来说，螺纹钢期货对于稳定钢铁产业结构、保障钢铁业发展具有重要意义，其既可以为钢铁企业提供一定的价格信息，又可以为钢铁生产企业提供风险控制、保值增值的工具，帮助企业改善策略，合理生产，保障经营活动有序进行，从而减少价格对企业平稳运营的影响。我国螺纹钢期货的价格发现功能，不仅对国内钢铁企业锁定生产成本有着重要意义，还影响着企业利用螺纹钢期货价格安排和调节生产活动的合理性。

（二）铁矿石

铁矿石期货于 2013 年 10 月 18 日在大连商品交易所上市，交易品种为铁矿石，交易单位为 100 吨/手，最小变动价位为 0.5 元/吨，交易代码为 I，最低交易保证金为合约价值的5%。

选取铁矿石作为研究的代表性品种，主要基于以下四个原因：第一，从期货市场角度来说，上市以来铁矿石期货整体运行平稳有序，交易活跃。在成交量方面，2020年1月至11月大连商品交易所铁矿石期货成交量为256235346手，同比下降6.82%；在成交金额方面，2020年1月至11月大连商品交易所铁矿石期货成交金额为187903.36亿元，同比增长1.64%。我国连续多年保持全球最大的铁矿石衍生品市场地位。第二，从现货市场角度来说，我国是全球最大的铁矿石进口国和消费国，近3年年均进口量超过10亿吨，约占全球铁矿石贸易量的七成。第三，从产业链角度来说，铁矿石原材料供应端高度集中、进口依赖度高、产业链短且用途单一，八成以上的进口来自四大矿，这是我国钢厂绕不过去的原材料供应商，因此普氏指数是我国钢厂绕不过的定价工具。铁矿石价格的大幅波动给企业带来了极大的经营风险，而铁矿石期货可以对相关企业提前发现价格走势、规避价格风险起到重要作用。第四，从国际化角度来说，自铁矿石期货于2018年5月4日对外开放后，价格形成机制更为合理，市场对期货价格的认可度也逐年攀升，以铁矿石期货价格为基准的基差贸易也逐步开展，基差贸易量逐年提高。这表明，铁矿石期货为行业定价的条件已经初步具备。

（三）铜

铜期货于1993年3月在上海期货交易所上市，交易品种为阴极铜，交易单位为5吨/手，最小变动价位为10元/吨，交易代码为CU，最低交易保证金为合约价值的5%。目前伦敦金属交易所、纽约商品期货交易所均已上市铜期货。

选取铜作为研究的代表性品种，主要基于以下三个原因：第一，从期货市场角度来看，2020年5月上海期货交易所铜期货成交量为3555804手，同比增长21.02%；成交金额为7720.05亿元，同比增长10.78%。第二，从基本面来说，我国是金属铜的生产和消费大国，2018年全球精炼铜生产量前五名的国家中我国位列第一，截至2019年4月，我国铜储量达到3000万吨，铜矿产量161万吨，世界排名第二。第三，从现货产业来说，截至2018年，我国铜消费位列全球前五名，是全球铜消费增长的主要动力。在进出口贸易方面，我国铜材多年来一直呈现净进口状态，虽净进口量逐年减少，但仍有巨大的进口需求潜力。

再观铜期货，其规格的标准化、品质的稳定性以及大的市场容量等特点，都表明该期货品种优质且理想，2018年在我国商品期货市场累计成交为29.83亿手，累计成交金额达到184.68万亿元，在众多品种的交易额中铜期货排名第三，在有色金属期货中十分具有代表性，更多的企业希望通过期货市场对现货进行套期保值。

（四）铝

铝期货于 1992 年 5 月在上海期货交易所上市，交易品种为铝，交易单位为 5 吨/手，最小变动价位为 5 元/吨，交易代码为 AL，最低交易保证金为合约价值的 5%。

选取铝品种进行研究原因如下：第一，从期货市场角度来看，2020 年上海期货交易所铝期货成交量为 52864722 手，同比增长 61.38%；成交金额为 37207.44 亿元，同比增长 63.58%。第二，从基本面上说，铝为世界上产量和用量仅次于钢铁的有色金属，应用十分广泛，特别是在交通运输业、电子通信业、建筑业、包装业、家用电器业。近年来，我国铝行业规模迅速扩张，产量也在快速增长，这也加大了对铝土矿的需求，从 2014 年起，我国对铝土矿的年度需求量超过了 1 亿吨，该行业的规模化发展也使其集中度不断提升。第三，从现货产业来说，在 2018 年的供给侧结构性改革中，我国电解铝的生产产量有所下降，消费能力有所回落，但中国铝消费的潜力巨大，市场空间大，吸引着铝加工行业规模以上企业数量整体上呈增长趋势，从 2012 年至 2018 年，年复合增长率达到 2.4%。

在期货端，铝期货与铜期货的优点相似，且市场价格的波动较大，不易形成垄断，随着其合约交易规模不断扩大，市场参与面、参与量也在增长，铝企业和其他市场投资者可以以此进行规避风险或者投资活动。

（五）镍

镍期货于 2015 年 3 月在上海期货交易所上市，交易品种为镍，交易单位为 1 吨/手，最小变动价位为 10 元/吨，交易代码为 NI，最低交易保证金为合约价值的 5%。

选取镍品种进行研究原因如下：第一，从期货市场角度来说，2020 年上海期货交易所镍期货成交量为 179764100 手，同比增长 12.04%；成交金额为 199828.43 亿元，同比增长 8.67%。第二，从基本面来说，镍作为一种重要的工业金属，应用于建筑、化学、机械工业等，截至 2018 年，我国是全球最大的原生镍供应国家，产量达到 66.19 万吨，占全球总产量 30.83%，同样作为最大的原生镍消费国，我国的消费潜力巨大，2018 年消费量约占全球总消费量的 50.82%。第三，从产业链来说，镍的主要应用领域为不锈钢。此外，随着新能源汽车的普及，硫酸镍电池需求量的提升使镍需求进一步扩张。从进出口贸易看，我国镍资源仍相对缺乏，镍原料的对外依存度超过 80%。

从镍期货角度看，在上期所的镍期货上市前，定价以 LME 期货价格为主，由于我国不具有定价话语权，镍生产企业面临较大的价格风险。在上期所上市镍期货后，市场参与度高，为镍产业链中的企业提供了拓宽购销渠道以及有效规避风险的工具。

二、实证分析

(一) 螺纹钢

本部分选取 2014 年 10 月 1 日至 2019 年 9 月 30 日与 2015 年 10 月 1 日至 2020 年 9 月 30 日这两个 5 年区段的螺纹钢期货、现货价格数据进行对比分析，两个时段均取得 1219 组数据。在数据的时间处理上，对无交易日进行剔除。考虑到数据的连续性和相关性，以及活跃合约更能反映期现货价格间的联动关系，本书期货价格取自于活跃合约的收盘价，数据来源于 Wind 数据库；现货价格数据为北京、天津、沈阳、杭州、上海、广州六大主要产地的 HRB400 实际成交均价，数据来源于钢铁小闲人。下述实证分析中，用 FP 代表螺纹钢期货价格，SP 代表螺纹钢现货价格，（Ⅰ）代表 2014 年 10 月 1 日至 2019 年 9 月 30 日，（Ⅱ）代表 2015 年 10 月 1 日至 2020 年 9 月 30 日。

1. 描述性统计分析

由螺纹钢期现货价格及基差走势（见图 7 - 1）可以看出：第一，价格趋势大致分为三个阶段，2014 年开始的下跌阶段是由于需求的减少和供给的增加使供需矛盾升级，铁路基建投资不足，或停工或延期，加上房地产的调控都极大地影响了钢材的需求，而同时粗钢产量却屡创新高，从而导致钢价漫长的下跌过程。2015 年至 2017 年的上涨阶段主要由于政策上的去产能、去库存使市场供应量减少，从供应端对价格形成有力支撑。2017 年至今进入震荡区间。第二，期货、现货价格走势基本一致，而且期货价格基本上先于现货价格变动，说明期货价格对现货价格具有一定的预示作用。

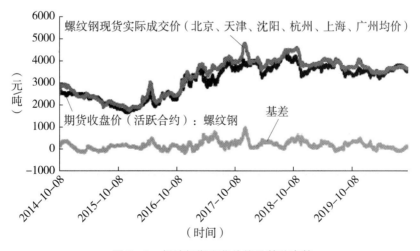

图 7 - 1　螺纹钢期现货价格及基差走势

进一步计算期货、现货价格之间的相关系数（见表 7 - 1），得到（Ⅰ）、（Ⅱ）时段的期货、现货价格相关系数分别为 0.977129 和 0.968701，由此可知在两个时段中期货价格与现货价格相关性很高。

表 7 - 1 螺纹钢期现货相关性分析

（Ⅰ）	FP	SP
FP	1.000	0.977129
SP	0.977129	1.000
（Ⅱ）	FP	SP
FP	1.000	0.968701
SP	0.968701	1.000

2. 平稳性检验

为了检验期货、现货价格之间的协整关系，需要对两种价格数据进行平稳性检验。表 7 - 2、表 7 - 3 分别为（Ⅰ）、（Ⅱ）时段的 ADF 检验结果，其中，DFP 和 DSP 分别表示对期货价格和现货价格的一阶差分序列。表中的结果显示，序列 FP 和 SP 的 ADF 统计量明显大于各显著水平下的临界值，所以我们不拒绝原假设，即 FP 和 SP 两个序列都是非平稳的。接着对一阶差分后的两个序列进行检验，检验结果表明 DFP 和 DSP 的 ADF 统计量明显小于各显著水平下的临界值，我们拒绝原假设，一阶差分序列为平稳序列。因此螺纹钢期货价格与现货价格序列为同阶单整序列，可对其进行 Johansen 协整检验。

表 7 - 2 （Ⅰ）时段螺纹钢期现货各变量 ADF 检验结果

变量	ADF 统计量	1% 临界值	5% 临界值
FP	- 1.326950	- 3.435505	- 2.863704
DFP	- 36.86665	- 3.435510	- 2.863706
SP	- 1.158553	- 3.435550	- 2.863724
DSP	- 14.36573	- 3.435550	- 2.863724

表 7 - 3 （Ⅱ）时段螺纹钢期现货各变量 ADF 检验结果

变量	ADF 统计量	1% 临界值	5% 临界值
FP	- 2.213425	- 3.435505	- 2.863704
DFP	- 36.95882	- 2.566864	- 1.941084
SP	- 2.170222	- 3.435550	- 2.863724
DSP	- 14.45050	- 2.566878	- 1.941086

3. VAR 模型最优滞后阶数的选取

Johansen 检验基于 VAR 模型进行，检验结果受滞后阶数影响。VAR 模型中内生变量有 P 阶滞后期，称为 VAR（P）模型，要确定最优滞后阶数 P，一方面，希望滞后期足够长，从而完整反映所构造模型的动态特征；另一方面，滞后期越长，模型所损失的自由度就越大。据此，综合考虑了 LR 检验、AIC 信息准则和 SC 准则等检验方法，并且以"＊"标出，依据相应准则选择出滞后阶数。在这里，（Ⅰ）、（Ⅱ）时段根据 VAR 模型确定的最优滞后阶数均为 6，我们选择滞后阶数为 6 建立 VAR 模型。

（Ⅰ）时段的 VAR 表达式

$$SP_1 = 1.29SP_1(-1) - 0.35SP_1(-2) + 0.19SP_1(-3) - 0.07SP_1(-4) - 0.03SP_1(-5) - 0.04SP_1(-6) + 0.11FP_1(-1) - 0.10FP_1(-2) - 0.01FP_1(-3) - 0.003FP_1(-4) - 0.004FP_1(-5) + 0.07FP_1(-6) + 1.66$$

$$FP_1 = 0.11SP_1(-1) - 0.14SP_1(-2) + 0.16SP_1(-3) - 0.07SP_1(-4) - 0.19SP_1(-5) + 0.13SP_1(-6) + 0.91FP_1(-1) + 0.08FP_1(-2) - 0.03FP_1(-3) + 0.01FP_1(-4) - 0.02FP_1(-5) + 0.03FP_1(-6) + 9.55$$

（Ⅱ）时段的 VAR 表达式

$$SP_2 = 1.26SP_2(-1) - 0.32SP_2(-2) + 0.18SP_2(-3) - 0.08SP_2(-4) - 0.01SP_2(-5) - 0.04SP_2(-6) + 0.11FP_2(-1) - 0.10FP_2(-2) - 0.01FP_2(-3) - 0.0007FP_2(-4) - 0.01FP_2(-5) + 0.01FP_2(-6) + 7.54$$

$$FP_2 = 0.08SP_2(-1) - 0.08SP_2(-2) + 0.12SP_2(-3) - 0.08SP_2(-4) - 0.16SP_2(-5) + 0.12SP_2(-6) + 0.91FP_2(-1) + 0.08FP_2(-2) - 0.03FP_2(-3) + 0.01FP_2(-4) - 0.03FP_2(-5) + 0.04FP_2(-6) + 19.06$$

4. Johansen 协整检验

通过平稳性检验可知，一阶差分后的两组时间序列是同阶单整序列，因此可以进行 Johansen 协整检验，来检验两者之间是否存在长期稳定的均衡关系，且利用 VAR 模型已确定最优滞后阶数为 6。由表 7-4 和表 7-5 可知，采用迹检验和最大特征值检验，得出结论：（Ⅰ）时段和（Ⅱ）时段迹统计量和最大特征值统计量大于 5% 显著性水平下协整方程数为 0 的临界值，拒绝原假设。因此在 5% 的显著性水平下（Ⅰ）时段和（Ⅱ）时段中期货价格与现货价格具有长期协整关系。其中（Ⅰ）时段的协整方程为 $\varepsilon = FP - 0.903456SP$，（Ⅱ）时段的协整方程为 $\varepsilon = FP - 0.961216SP$。

表 7 - 4　　　　　（Ⅰ）时段螺纹钢期现货各变量 Johansen 协整检验结果

原假设	迹检验		最大特征值检验	
	统计量	5% 临界值	统计量	5% 临界值
协整方程数为 0	19.31337	15.49471	17.78057	14.26460
协整方程数为 1	1.532799	3.841466	1.532799	3.841466

表 7 - 5　　　　　（Ⅱ）时段螺纹钢期现货各变量 Johansen 协整检验结果

原假设	迹检验		最大特征值检验	
	统计量	5% 临界值	统计量	5% 临界值
协整方程数为 0	22.34413	15.49471	17.35961	14.26460
协整方程数为 1	4.984521	3.841466	4.984521	3.841466

5. Granger 因果检验

通过上述检验，我们判断出螺纹钢期货与现货价格之间存在稳定的长期均衡关系，但不能具体分析出两者之间的一个因果构造，因此需要 Granger 因果检验来进行分析判断，揭示期货价格与现货价格两个变量之间在时间上的先导 - 滞后关系。（Ⅰ）、（Ⅱ）时段的 Granger 因果关系，通过 Eviews 9.0 的检验结果如表 7 - 6、表 7 - 7 所示。在 5% 显著性水平下，（Ⅰ）、（Ⅱ）时段从滞后 1 期到滞后 12 期均接受现货不引导期货的原假设，均拒绝期货不引导现货的原假设，即螺纹钢期货价格是现货价格 Granger 原因，对现货价格变化具有显著的单向引导关系。

表 7 - 6　　　　　（Ⅰ）时段螺纹钢期现货各变量 Granger 因果检验结果

滞后阶数	零假设	F 统计值	P 值	是否接受零假设
3	SP 不引导 FP	0.85138	0.4659	是
	FP 不引导 SP	17.2842	5. E - 11	否
6	SP 不引导 FP	1.56886	0.1527	是
	FP 不引导 SP	8.12963	1. E - 08	否
9	SP 不引导 FP	1.65752	0.0946	是
	FP 不引导 SP	5.45671	2. E - 07	否
12	SP 不引导 FP	1.05209	0.3979	是
	FP 不引导 SP	5.18728	2. E - 08	否

表 7 - 7　　　　　　（Ⅱ）时段螺纹钢期现货各变量 Granger 因果检验结果

滞后阶数	零假设	F 统计值	P 值	是否接受零假设
3	SP 不引导 FP	0.32208	0.8094	是
	FP 不引导 SP	17.1773	6.E-11	否
6	SP 不引导 FP	1.06291	0.3829	是
	FP 不引导 SP	8.03322	2.E-08	否
9	SP 不引导 FP	1.26179	0.2534	是
	FP 不引导 SP	5.44171	2.E-07	否
12	SP 不引导 FP	0.83958	0.6094	是
	FP 不引导 SP	4.89968	6.E-08	否

6. 方差分解

方差分解是分析预测残差的标准差受不同信息冲击影响的比例，即对应内生变量对标准差的贡献比例。通过方差分解定量地分析螺纹钢的期货价格和现货价格变动的方差在钢材定价中所占的比重，显示二者的相对的定价地位。

通过表 7 - 8 给出的方差分解结果，可以知道（Ⅰ）时段期货价格变动的长期方差，滞后期为 1 时，期货价格的变动全部来自期货市场，随着滞后期的增加，来自期货市场的部分逐渐减少，但减少的幅度并不是很大，当滞后期为 100 时，总方差中期货市场的方差贡献率为 97.82774%，现货市场的方差贡献率仅为 2.17226%。对现货市场来说，当滞后期为 1 时，螺纹钢现货价格波动 64.78846% 来自现货市场，随着滞后期的增加，螺纹钢现货价格的总方差中，现货市场的方差贡献率逐渐降低，当滞后期为 100 时，现货市场的方差贡献率为 15.07156%，而期货市场的方差贡献率占据了 84.92844%。通过计算可知，在螺纹钢市场，现货市场的方差贡献率为（2.17226% + 15.07156%）/2 = 8.62191%，而期货市场的方差贡献率为（97.82774% + 84.92844%）/2 = 91.37809%，远远大于来自现货市场的方差贡献率。

通过表 7 - 9 给出的方差分解结果，可以知道（Ⅱ）时段期货价格变动的长期方差，滞后期为 1 时，期货价格的变动全部来自期货市场，随着滞后期的增加，来自期货市场的部分逐渐减少，但减少的幅度并不是很大，当滞后期为 100 时，总方差中来自期货市场的方差贡献率为 99.33750%，来自现货市场的方差贡献率仅为 0.66250%。对现货市场来说，当滞后期为 1 时，螺纹钢现货价格波动 61.68914% 来自现货市场，随着滞后期的增加，螺纹钢现货价格的总方差中，来自现货市场的方差贡献率逐渐降低，当滞后期为 100 时，来自现货市场的方差贡献率为 18.65139%，而来自期货市场的方差贡献率占据了 81.34861%。通过计算可知，在螺纹钢市场，来自现货市场的方差贡献率为（0.66250% + 18.65139%）/2 = 9.656945%，而来自期货市场的方差贡献率为（99.33750% + 81.34861%）/2 = 90.343055%，远远大于来自现货市场的方差贡献率。

由此可以看出，我国螺纹钢市场价格受期货市场的影响远远大于受现货市场的影响，期货市场在价格发现功能中起主导作用。

表7－8　　　　　　（Ⅰ）时段螺纹钢期现货各变量方差分解结果　　　　单位:%

滞后阶数	FP 来自		SP 来自	
	FP	SP	FP	SP
1	100.00000	0.00000	35.21154	64.78846
10	99.66699	0.33301	55.76962	44.23038
50	98.70821	1.29179	75.76071	24.23929
100	97.82774	2.17226	84.92844	15.07156

表7－9　　　　　　（Ⅱ）时段螺纹钢期现货各变量方差分解结果　　　　单位:%

滞后阶数	FP 来自		SP 来自	
	FP	SP	FP	SP
1	100.00000	0.00000	38.31086	61.68914
10	99.56962	0.43038	54.90753	45.09247
50	99.42391	0.57609	72.63067	27.36933
100	99.33750	0.66250	81.34861	18.65139

7. 分析小结

本部分利用描述性统计分析、Johansen 协整检验、Granger 因果检验、方差分解 4 种方法分别对 2014 年 10 月 1 日至 2019 年 9 月 30 日以及 2015 年 10 月 1 日至 2020 年 9 月 30 日两个时段的螺纹钢期货市场价格发现功能进行实证研究，得出以下结论：

①通过对两个时段数据的描述性统计分析可知，螺纹钢期货价格与现货价格高度相关，二者间相关系数在两个时段均超过 0.95，同时通过走势可知螺纹钢期货价格基本上先于现货价格变动，这说明螺纹钢期货发挥了价格发现的作用。

②通过 Johansen 协整检验可知，两个时段期货价格与现货价格之间均存在显著的长期协整关系，可以进行 Granger 因果检验和方差分解。

③通过对两个时段的期现货价格进行 Granger 因果检验发现，现货市场对期货价格影响十分有限，以期货单向引导现货为主。

④通过对螺纹钢期货价格与现货价格进行方差分解可知，现阶段螺纹钢期货市场在价格发现中起决定性作用，螺纹钢期货市场价格发现功能较为显著。

下面对螺纹钢期货的价格发现功能进行比较。在协整关系上，与 2013 年 10 月 1 日至 2018 年 9 月 30 日以及 2014 年 10 月 1 日至 2019 年 9 月 30 日两个时段相比，（Ⅰ）、（Ⅱ）两个时段的螺纹钢期货和现货价格仍存在显著的长期均衡关系，但后者的协整关系更加稳定。这主要是由于国家在前些年的供给侧结构性改革使螺纹钢价格有了大幅的波动，这也导致其后一段时间的螺纹钢价格不具备大幅波动的动能，同时螺纹钢市场的自身调节能力也不断增强，期现货价格之间的均衡关系更加稳定。在 Granger 因果检验和方差分解上，与 2013 年 10 月 1 日至 2018 年 9 月 30 日以及 2014 年 10 月 1 日至 2019 年 9 月 30 日两个时段相比，（Ⅰ）、（Ⅱ）两个时段的螺纹钢期货价格仍对现货价格变化具有显著的单向引导关系，螺纹钢期货市场价格发现功能较为显著，总体来说螺纹钢的价格发现功能变化不大。这主要是由于螺纹钢已经上市交易十余年，属于比较成熟的期货品种，因此螺纹钢期货的价格发现功能也比较稳定。

（二）铁矿石

为论证铁矿石期货在对外开放前后的价格发现效果差异，本书选取 2016 年 11 月 29 日至 2018 年 5 月 3 日与 2018 年 5 月 4 日至 2020 年 9 月 30 日这两个时段的铁矿石期货、现货价格数据进行对比分析，分别取得 347 和 582 组数据。在数据的时间处理上，对无交易日进行剔除。考虑到数据的连续性和相关性，以及活跃合约更能反映期、现货价格间的联动关系，本书期货价格取自于活跃合约的收盘价，数据来源 Wind 数据库；现货价格数据采用中国铁矿石价格指数（CIOPI），数据来源于中国钢铁工业协会。其中，中国铁矿石价格指数（CIOPI）由国产铁矿石价格指数和进口铁矿石价格指数两个分项指数组成，均以 1994 年 4 月的价格为基数（100 点）。国产铁矿石价格指数数据为全国主要产区的铁精矿市场成交含税价格，包括 14 个省区市、32 个矿山区域的干基铁精矿价格；进口铁矿石价格指数数据则为中钢协会员单位报送的干基粉矿到岸价格，最后参考国内港口进口铁矿石市场成交价格采取加权计算，故 CIOPI 可作为代理变量。下述实证分析中，用 FP 代表铁矿石期货价格，SP 代表铁矿石现货价格，（Ⅰ）代表 2016 年 11 月 29 日至 2018 年 5 月 3 日，（Ⅱ）代表 2018 年 5 月 4 日至 2020 年 9 月 30 日。

1. 描述性统计分析

由铁矿石期现货价格及基差走势（见图 7 - 2）可以看出价格主要经历了五个阶段的变化：第一阶段是 2013 年至 2015 年的单边下跌，反映了因矿石投产而供应放量的情况。第二阶段是 2016 年至 2018 年的底部盘整，这是受到供给侧结构性改革而下游需求不足的影响。第三阶段是 2019 年上半年的价格宽幅震荡，反映了受溃坝和飓风影响导致的供给收缩的局面。第四阶段是 2019 年 9 月至 2020 年上半年的震荡整理，这是受钢厂补库节奏和环保限产因素驱动以及 2020 年年初新冠肺炎疫情的影响。第五阶段是 2020 年下半年的震荡上涨，这主要受到市场对铁矿石供应收缩的担忧，以及疫情变化、宏观经济金融政策及低库存、高需求平衡状态等多重因素叠加的影响。而且可以明显看出，期货价格与现货价格走势高度一致，且期货价格的变动基本上先于现货价格，证明铁矿石期货有一定的价格发现功能。

图 7 - 2　铁矿石期现货价格及基差走势

进一步计算铁矿石期货和现货价格之间的相关系数，由表 7 - 10 可知（Ⅰ）、（Ⅱ）时段期货、现货价格均高度相关，（Ⅰ）时段相关系数为 0.944655，（Ⅱ）时段相关系数为 0.975501，在铁矿石期货对外开放后期现货价格联系更紧密。

表 7 - 10　　　　　　　　　　　铁矿石期现货相关性分析

（Ⅰ）	FP	SP
FP	1.000	0.944655
SP	0.944655	1.000
（Ⅱ）	FP	SP
FP	1.000	0.975501
SP	0.975501	1.000

2. 平稳性检验

为了检验期货、现货价格之间的协整关系，需要对两种价格数据进行平稳性检验。表 7 - 11、表 7 - 12 分别为（Ⅰ）、（Ⅱ）时段的 ADF 检验结果，其中 DFP 和 DSP 分别表示对期货价格和现货价格的一阶差分序列。由表中的结果显示，序列 FP 和 SP 的

ADF 统计量明显大于各显著水平下的临界值，所以我们不拒绝原假设，即 FP 和 SP 两个序列都是非平稳的。接着对一阶差分后的两个序列进行检验，检验结果表明 DFP 和 DSP 的 ADF 统计量明显小于各显著水平下的临界值，我们拒绝原假设，一阶差分序列为平稳序列。因此铁矿石期货价格与现货价格序列为同阶单整序列，可对其进行 Johansen 协整检验。

表 7 – 11　　　　　　（Ⅰ）时段铁矿石期现货各变量 ADF 检验结果

变量	ADF 统计量	1% 临界值	5% 临界值
FP	− 1.959867	− 3.449053	− 2.869677
DFP	− 18.70828	− 3.449108	− 2.869701
SP	− 1.667907	− 3.449108	− 2.869701
DSP	− 14.12680	− 3.449108	− 2.869701

表 7 – 12　　　　　　（Ⅱ）时段铁矿石期现货各变量 ADF 检验结果

变量	ADF 统计量	1% 临界值	5% 临界值
FP	− 1.357901	− 3.441376	− 2.866296
DFP	− 22.72311	− 3.441395	− 2.866304
SP	1.164205	− 2.568955	− 1.941370
DSP	− 18.68905	− 3.441395	− 2.866304

3. VAR 模型最优滞后阶数的选取

Johansen 协整检验基于 VAR 模型进行，检验结果受滞后阶数影响。VAR 模型中内生变量有 P 阶滞后期，称为 VAR（P）模型，要确定最优滞后阶数 P，一方面，希望滞后期足够长，从而完整反映所构造模型的动态特征；另一方面，滞后期越长，模型所损失的自由度就越大。据此，综合考虑了 LR 检验、AIC 信息准则和 SC 准则等检验方法，并且以"＊"标出，依据相应准则选择出滞后阶数。在这里，（Ⅰ）、（Ⅱ）时段根据 VAR 模型确定的最优滞后阶数分别为 6 和 2，我们分别选择滞后阶数为 6 和 2 建立 VAR 模型。

（Ⅰ）时段的 VAR 表达式

$SP_1 = 1.14SP_1(-1) - 0.37SP_1(-2) + 0.22SP_1(-3) + 0.10SP_1(-4) - 0.16SP_1(-5) - 0.03SP_1(-6) - 0.05FP_1(-1) - 0.004FP_1(-2) - 0.01FP_1(-3) - 0.04FP_1(-4) + 0.02FP_1(-5) + 0.03FP_1(-6) + 5.34$

$$FP_1 = 0.27SP_1(-1) - 0.96SP_1(-2) + 0.78SP_1(-3) + 0.09SP_1(-4) -$$
$$0.22SP_1(-5) - 0.07SP_1(-6) + 0.97FP_1(-1) + 0.12FP_1(-2) - 0.07FP_1(-3) -$$
$$0.03FP_1(-4) - 0.17FP_1(-5) + 0.20FP_1(-6) + 16.47$$

（Ⅱ）时段的 VAR 表达式

$$SP_2 = 0.99SP_2(-1) - 0.04SP_2(-2) + 0.11FP_2(-1) - 0.09FP_2(-2) + 0.91$$

$$FP_2 = 0.09SP_2(-1) - 0.08SP_2(-2) + 1.03FP_2(-1) - 0.04FP_2(-2) + 5.06$$

4. Johansen 协整检验

通过平稳性检验可知，一阶差分后的两组时间序列是同阶单整序列，因此可以进行 Johansen 协整检验，来检验两者之间是否存在长期稳定的均衡关系，且利用 VAR 模型确定最优滞后阶数为 6 和 2。由表 7-13 和表 7-14 可知，采用迹检验和最大特征值检验，得出结论：（Ⅰ）时段和（Ⅱ）时段迹统计量和最大特征值统计量大于 5% 显著性水平下协整方程数为 0 的临界值，拒绝原假设。因此在 5% 的显著性水平下（Ⅰ）时段和（Ⅱ）时段中期货价格与现货价格具有长期协整关系。其中（Ⅰ）时段的协整方程为 $\varepsilon = FP - 2.411026SP$，（Ⅱ）时段的协整方程为 $\varepsilon = FP - 1.923420SP$。

表 7-13　　　　　（Ⅰ）时段铁矿石期现货各变量 Johansen 协整检验结果

原假设	迹检验		最大特征值检验	
	统计量	5% 临界值	统计量	5% 临界值
协整方程数为 0	23.30191	15.49471	18.92506	14.26460
协整方程数为 1	4.376852	3.841466	4.376852	3.841466

表 7-14　　　　　（Ⅱ）时段铁矿石期现货各变量 Johansen 协整检验结果

原假设	迹检验		最大特征值检验	
	统计量	5% 临界值	统计量	5% 临界值
协整方程数为 0	24.91673	15.49471	23.20141	14.26460
协整方程数为 1	1.715319	3.841466	1.715319	3.841466

5. Granger 因果检验

通过上述检验，我们判断出铁矿石期货与现货价格之间存在稳定的长期均衡关系，但不能具体分析出两者之间的一个因果构造，因此需要 Granger 因果检验来进行分析判断，揭示期货价格与现货价格两个变量之间在时间上的先导-滞后关系。（Ⅰ）、（Ⅱ）时段的 Granger 因果关系，通过 Eviews 9.0 的检验，结果如表 7-15、表 7-16 所示。在 5% 显著性水平下，（Ⅰ）时段仅有滞后阶数为 12 时期货价格对现货价格有单向引导关系，其他情况下均接受原假设，即期货价格与现货价格互相不为 Granger 原因，在铁矿石期货正式引入境外交易者业务之前价格发现功能弱；（Ⅱ）时段从滞后 1 期到滞后 16 期均接受现货不引导期货的原假设，均拒绝期货不引导现货的原假设，即铁矿石期货价格是现货价格的 Granger 原因，对现货价格变化具有显著的单向引导关系，证明铁矿石期货对外开放后价格发现功能显著。

表 7 - 15　　　　（Ⅰ）时段铁矿石期现货各变量 Granger 因果检验结果

滞后阶数	零假设	F 统计值	P 值	是否接受零假设
4	SP 不引导 FP	1.53580	0.1914	是
	FP 不引导 SP	2.33062	0.0558	是
8	SP 不引导 FP	0.67816	0.7108	是
	FP 不引导 SP	1.83918	0.0692	是
12	SP 不引导 FP	0.40314	0.9620	是
	FP 不引导 SP	1.82195	0.0440	否
16	SP 不引导 FP	0.64479	0.8461	是
	FP 不引导 SP	1.42079	0.1303	是

表 7 - 16　　　　（Ⅱ）时段铁矿石期现货各变量 Granger 因果检验结果

滞后阶数	零假设	F 统计值	P 值	是否接受零假设
4	SP 不引导 FP	0.41535	0.7976	是
	FP 不引导 SP	11.9265	3.E - 09	否
8	SP 不引导 FP	0.99225	0.4409	是
	FP 不引导 SP	6.47974	4.E - 08	否
12	SP 不引导 FP	1.05342	0.3979	是
	FP 不引导 SP	4.65306	3.E - 07	否
16	SP 不引导 FP	0.82249	0.6603	是
	FP 不引导 SP	3.53398	4.E - 06	否

6. 方差分解

方差分解是分析预测残差的标准差受不同信息冲击影响的比例，即对应内生变量对标准差的贡献比例。通过方差分解定量地分析铁矿石的期货价格和现货价格变动的方差在铁矿石定价中所占的比重，显示二者的相对的定价地位。由于（Ⅰ）时段中期货价格与现货价格互相不为 Granger 原因，因此我们只对（Ⅱ）时段进行方差分解。

通过表 7 - 17 给出的方差分解结果，可以知道（Ⅱ）时段期货价格变动的长期方差，滞后阶数为 1 时，期货价格的变动全部来自期货市场，随着滞后阶数的增加，期货市场的方差贡献率逐渐减少，但减少的幅度并不是很大，当滞后阶数为 100 时，总方差中期货市场的方差贡献率为 99.90938%，来自现货市场的方差贡献率仅为 0.09062%。当滞后阶数为 1 时，铁矿石现货价格波动 50.57031% 来自现货市场，随着滞后阶数的增加，铁矿石现货价格的总方差中，现货市场的方差贡献率逐渐减少，当滞后阶数为 100 时，现货市场的方差贡献率为 4.53541%，而期货市场的方差贡献率占据了 95.46459%。通过计算可知，在铁矿石市场，来自现货市场的方差贡献率为（0.09062% + 4.53541%）/2 = 2.313015%，而来自期货市场的方差贡献率为（99.90938% +95.46459%）/2 =97.686985%，远远大于来自现货市场的方差贡献率。

由此可以看出，我国铁矿石市场价格受期货市场的影响远远大于受现货市场的影响，期货市场在价格发现功能中起主导作用。

表 7 - 17　　　　　　（Ⅱ）时段铁矿石期现货各变量方差分解结果　　　　　　单位:%

滞后阶数	FP 来自		SP 来自	
	FP	SP	FP	SP
1	100.00000	0.00000	49.42969	50.57031
10	99.95463	0.04537	77.38584	22.61416
50	99.92221	0.07779	92.68070	7.31930
100	99.90938	0.09062	95.46459	4.53541

7. 分析小结

本部分利用描述性统计分析、Johansen 协整检验、Granger 因果检验、方差分解 4 种方法分别对 2016 年 11 月 29 日至 2018 年 5 月 3 日与 2018 年 5 月 4 日至 2020 年 9 月 30 日两个时段的铁矿石期货市场价格发现功能进行实证研究，得出以下结论:

①通过对两个时段数据的描述性统计分析可知，期货价格与现货价格高度相关，且基本上先于现货价格变动，证明期货价格有一定的价格发现功能。

②通过 Johansen 协整检验可知，两个时段期货价格与现货价格之间均存在显著的长期协整关系，可以进行 Granger 因果检验和方差分解。

③通过继续对两个时段铁矿石期货价格与现货价格进行 Granger 因果检验和方差分解可知，铁矿石期货对外开放之前期货价格与现货价格不存在 Granger 因果关系，仅在滞后期为 12 时期货价格对现货价格有单向引导关系；而在 2018 年 5 月 4 日正式引入境外交易者业务之后，期货价格对现货价格有显著的单向引导关系，体现了期货对外开放有助于价格发现功能的发挥。在长期信息传递过程中，期货市场处于主导地位，是价格发现的主要驱动力。

下面对不同时段铁矿石期货的价格发现功能进行一个比较。2016 年 11 月 29 日至 2018 年 5 月 3 日与 2018 年 5 月 4 日至 2020 年 9 月 30 日两个时段的铁矿石期货在 Johansen 协整检验、Granger 因果检验和方差分解部分基本没有改变，这主要是由于铁矿石期货已经上市交易较长的时间，发展也比较成熟，外界变化对其产生的影响较小。

（三）铜

本部分采用 2014 年 10 月 1 日至 2019 年 9 月 30 日和 2015 年 10 月 1 日至 2020 年 9 月 30 日两个 5 年时段的铜期现货价格数据进行分析。在数据的时间处理上，对无交易日进行剔除。期货选取活跃合约的收盘价，现货选取长江有色市场 1#铜的平均价，数据来源均为 Wind 数据库。

在这里，以 FP 代表铜期货价格，SP 代表铜现货价格，以（Ⅰ）代表 2014 年 10 月 1 日至 2019 年 9 月 30 日，（Ⅱ）代表 2015 年 10 月 1 日至 2020 年 9 月 30 日。

1. 描述性统计分析

从图 7 - 3 的铜期现货价格及基差走势可以看出，铜期现货价格在 50000 元/吨上下波动。2014 年 10 月至 2015 年 10 月，铜价格呈现震荡下行的趋势，2014 年沪铜市场总体处于看空状态。2014 年受到超日债违约事件影响，大宗商品尤其是铜价暴跌，11 月底在油价暴跌的情况下，铜现货受到影响呈现出大幅下跌。2015 年至 2016 年铜价表现出低迷的状态。2016 年 10 月至 2017 年年底，国内铜市场走势为持续震荡上扬，其中，在 2017 年 7 月我国计划七类废铜禁止进口的政策刺激了市场情绪，使铜价格有较大幅度的上涨。而自 2018 年以来铜价格呈缓慢下跌趋势，并在 2018 年第四季度至 2019 年年中呈现平稳震荡。但是 2019 年 5 月开始，美国政府宣布对从中国进口的商品加征关税。中美贸易的摩擦，对铜价形成了新的压力，使铜价出现下降趋势。2020 年年初新冠肺炎疫情首先冲击中国，第一季度铜价因为疫情的影响跌到了底部区间。3 月初，原油暴跌"黑天鹅"事件来袭，由沙特掀起的原油价格战导致国际油价暴跌两成以上，原本就十分脆弱的资本市场愈发敏感，全球股市一片下跌。由于原油和铜都是工业生产中重要的原燃材料，国际原油的价格和铜价之间呈现正相关性，而经济周期的变化也会影响原油和铜的需求，因此，原油价格的下跌对铜价也造成了比较大的压力。再加上境外疫情进入暴发期，引发市场流动性恐慌，导致铜价大幅下跌，甚至三度跌停。随着国内企业有序复工，上期所铜库存下降，对沪铜支撑明显，铜价格开始有所回升。从 7 月开始，房地产市场逐步回暖，同时在国家调控政策的刺激下，铜终端消费大幅度的提振，终端企业的库存压力也得到缓解，铜价开启反弹趋势。

铜期货市场在我国较为成熟，现货与期货价格的相关性在两个时段分别达到了 0.997 和 0.998，二者的相关性很高，且存在期货价格对现货价格的引导（见表 7 - 18）。

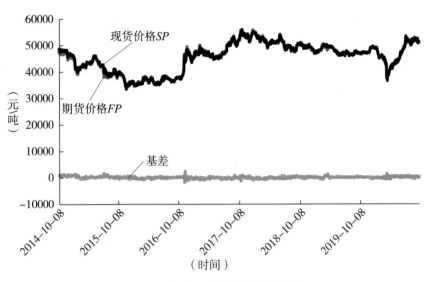

图 7 - 3　铜期现货价格及基差走势

表 7 - 18　　　　　　　　　　铜期现货相关性分析

（Ⅰ）	FP	SP
FP	1.000	0.997
SP	0.997	1.000
（Ⅱ）	FP	SP
FP	1.000	0.998
SP	0.998	1.000

2. 平稳性检验

对期货和现货数据取对数，在不改变数据性质和关系的基础上，一定程度上消除异方差问题。观察 ADF 检验结果，DlnFP 和 DlnSP 分别表示对期货和现货价格对数进行一阶差分，可得出两个时段中取对数的期货价格和现货价格序列均为同阶单整序列，可进行 Johansen 协整检验（见表 7 - 19、表 7 - 20）。

表 7 - 19　　　　　　　　（Ⅰ）时段铜期现货各变量 ADF 检验结果

变量	ADF 统计量	1% 临界值	5% 临界值	P 值
lnFP	- 1.506	- 3.436	- 2.864	0.530
DlnFP	- 35.584	- 3.436	- 2.864	0.000
lnSP	- 1.391	- 3.436	- 2.864	0.588
DlnSP	- 34.681	- 3.436	- 2.864	0.000

表 7 - 20　　　　　　　　（Ⅱ）时段铜期现货各变量 ADF 检验结果

变量	ADF 统计量	1% 临界值	5% 临界值	P 值
$\ln FP$	- 1. 635	- 3. 436	- 2. 864	0. 464
$D\ln FP$	- 36. 564	- 3. 436	- 2. 864	0. 000
$\ln SP$	- 1. 494	- 3. 436	- 2. 864	0. 536
$D\ln SP$	- 36. 143	- 3. 436	- 2. 864	0. 000

3. VAR 模型最优滞后阶数的选取

在进行 Johansen 协整检验之前要建立 VAR 模型，并明确模型中内生变量的 P 阶滞后期，进而反映全部内生变量的动态关系。在最优滞后阶数的确定中，根据 AIC 信息准则和 SC 准则，达到拟合度和自变量个数间的最佳权衡。两个时段最终确定的最优滞后阶数为 8，且建立的 VAR 模型均稳定。

4. Johansen 协整检验

进行两个时段的 Johansen 检验，其结果说明两个时段均在 5% 的显著性水平下拒绝协整方程数为 0 的原假设，且迹检验和最大特征值检验的结果一致，证明期货和现货价格在两个时段中均存在长期协整关系（见表 7 - 21、表 7 - 22）。（Ⅰ）时段的协整方程为 $e = \ln FP - 1.005835\ln SP$，（Ⅱ）时段的协整方程为 $e = \ln FP - 1.000265\ln SP$。

表 7 - 21　　　　　（Ⅰ）时段铜期现货各变量 Johansen 协整检验结果

原假设	迹检验		最大特征值检验	
	统计量	5% 临界值	统计量	5% 临界值
协整方程数为 0	29. 675	15. 495	27. 856	14. 265
协整方程数为 1	1. 819	3. 841	1. 819	3. 841

表 7 - 22　　　　　（Ⅱ）时段铜期现货各变量 Johansen 协整检验结果

原假设	迹检验		最大特征值检验	
	统计量	5% 临界值	统计量	5% 临界值
协整方程数为 0	38. 453	15. 495	35. 899	14. 265
协整方程数为 1	2. 554	3. 841	2. 554	3. 841

5. Granger 因果检验

继续对（Ⅰ）、（Ⅱ）时段分别进行 Granger 因果检验。表 7 - 23、表 7 - 24 两时段的 Granger 因果检验结果显示，在 5% 显著性水平下，铜期货价格对现货价格有引导关系，铜期货市场具有价格发现功能。在（Ⅰ）时段中，铜期货价格对现货价格有单向引导关系。在（Ⅱ）时段中，滞后阶数在 3 及以前时，铜期货价格对现货价格有单向引导关系，滞后阶数在 4 及以后期货价格与现货价格存在双向引导关系，说明现货对期货影响的速度较为缓慢，期货对现货价格的引导速度较快。通过两时段对比，（Ⅰ）时段只有铜期货价格对现货价格有单向引导关系，相比于（Ⅱ）时段，（Ⅰ）时段价格发现功能主要由期货市场完成。

表 7 – 23 　　　　　（Ⅰ）时段铜期现货各变量 Granger 因果检验结果

滞后阶数	零假设	F 值	P 值	是否接受零假设
3	$\ln FP$ 不引导 $\ln SP$	80.120	3. E – 47	否
	$\ln SP$ 不引导 $\ln FP$	0.865	0.459	是
5	$\ln FP$ 不引导 $\ln SP$	50.987	5. E – 48	否
	$\ln SP$ 不引导 $\ln FP$	0.863	0.506	是
7	$\ln FP$ 不引导 $\ln SP$	36.858	7. E – 47	否
	$\ln SP$ 不引导 $\ln FP$	0.579	0.774	是
9	$\ln FP$ 不引导 $\ln SP$	28.681	2. E – 45	否
	$\ln SP$ 不引导 $\ln FP$	0.945	0.485	是

表 7 – 24 　　　　　（Ⅱ）时段铜期现货各变量 Granger 因果检验结果

滞后阶数	零假设	F 值	P 值	是否接受零假设
3	$\ln FP$ 不引导 $\ln SP$	79.540	6. E – 47	否
	$\ln SP$ 不引导 $\ln FP$	1.993	0.113	是
4	$\ln FP$ 不引导 $\ln SP$	70.203	2. E – 53	否
	$\ln SP$ 不引导 $\ln FP$	3.731	0.005	否
7	$\ln FP$ 不引导 $\ln SP$	44.228	8. E – 56	否
	$\ln SP$ 不引导 $\ln FP$	3.209	0.002	否
9	$\ln FP$ 不引导 $\ln SP$	34.323	4. E – 54	否
	$\ln SP$ 不引导 $\ln FP$	3.193	0.0008	否

6. 方差分解

方差分解本质是将不同试点变量的预测方差分解为不同冲击解释的部分，即期货与现货在价格发现功能中的贡献程度。

如表 7 – 25 所示，在（Ⅰ）时段中现货价格在滞后阶数为 1 时，总方差来源于现货市场为 32.863%，来源于期货市场达到 67.137%，随着滞后阶数的增加，总方差中期货市场的方差贡献率逐渐增加,主要冲击来源于期货市场。而期货价格在滞后阶数为1时,总方差全部来源于期货市场,随着滞后阶数增加,来自现货市场的冲击缓慢增加,但总占比少,直到第100期滞后期时,方差贡献率占比仅有0.044%。

如表7-26所示,在(Ⅱ)时段中现货价格在滞后阶数为1时,总方差有68.318%来自期货市场,有31.682%来自现货市场。随着滞后阶数的增加,总方差中来自期货市场的冲击先增加后减少,到第100期滞后时,方差贡献率有79.578%来自期货市场,有20.422%来自现货市场,与第1期滞后相比,来源于期货市场的比例还是有所增大,且来自期货市场占比始终大于现货市场。因此还可以确定主要冲击来源于期货市场,只是后期冲击力有所减弱。在期货价格总方差中,在滞后阶数为1时,总方差全部来源于期货市场,随着滞后阶数增加,来自现货市场的冲击逐渐增加,但占比始终小于期货市场的冲击,直到第100期滞后期时,现货市场的方差贡献率占比达到18.799%,期货市场的方差贡献率达到81.201%。

综上我们发现,现货市场受期货市场的影响在(Ⅰ)时段中更为明显,且随着时间的推移而增强,而期货市场受现货市场的冲击则非常小;在(Ⅱ)时段中期货对现货市场的冲击比例虽然在后期有所下降,但始终处于主导地位。所以在所选的两个时段中,期货市场对现货市场的价格发现功能始终较强。

表7-25 （Ⅰ）时段铜期现货各变量方差分解结果 单位:%

滞后期数	$\ln SP$ 来自		$\ln FP$ 来自	
	$\ln SP$	$\ln FP$	$\ln SP$	$\ln FP$
1	32.863	67.137	0.000	100.000
10	5.140	94.860	0.033	99.967
50	1.681	98.319	0.035	99.965
100	1.005	98.995	0.044	99.956

表7-26 （Ⅱ）时段铜期现货各变量方差分解结果 单位:%

滞后期数	$\ln SP$ 来自		$\ln FP$ 来自	
	$\ln SP$	$\ln FP$	$\ln SP$	$\ln FP$
1	31.682	68.318	0.000	100.000
10	5.216	94.784	0.711	99.289
50	15.225	84.775	12.574	87.426
100	20.422	79.578	18.799	81.201

7. 分析结论

本部分首先介绍选取铜期现货作为研究对象的原因，而后利用描述性统计分析、Johansen 协整检验、Granger 因果检验和方差分解 4 种方法对 2014 年 10 月 1 日至 2019 年 9 月 30 日及 2015 年 10 月 1 日至 2020 年 9 月 30 日两个时段的铜期货市场价格发现功能进行了一系列实证研究，得出以下结论：

①通过对两个时段数据的描述性统计分析，铜期货与现货价格呈现高度相关，且两个时段的相关系数达到 0.99，在期现货价格及基差走势中可以发现，二者波幅一致，且现货价格是收敛于期货价格的，基差波动很小，期货价格对现货价格存在引导关系。

②通过 Johansen 协整检验可知，两个时段均在 5% 的显著性水平下存在协整关系，即期货价格与现货价格之间存在长期的协整关系，可以进行 Granger 因果检验和方差分解分析。

③在 Granger 检验中，两个时段均存在期货价格对现货价格的引导关系，在 2015 年 10 月 1 日至 2020 年 9 月 30 日滞后 4 期后存在双向引导关系。综合分析，在两个时段中期货价格引导一直起主导作用，期货市场价格发现功能显著。

④在方差分解分析中，2014 年 10 月 1 日至 2019 年 9 月 30 日的时段中，以期货市场对现货市场的影响为主，且随着时间的推移而增强，而期货市场受现货市场的冲击则非常小；而 2015 年 10 月 1 日至 2020 年 9 月 30 日的时段中，期货对现货市场的冲击比例虽然在后期有所下降，但一直处于主导地位。期货市场对现货市场的价格发现功能始终较强。

（四）铝

本部分采用 2014 年 10 月 1 日至 2019 年 9 月 30 日和 2015 年 10 月 1 日至 2020 年 9 月 30 日两个时段的铝期现货价格数据进行分析。在数据的时间处理上，对无交易日进行剔除。期货选取活跃合约的收盘价，现货选取长江有色市场铝 A00 的平均价，数据来源均为 Wind 数据库。

在这里，以 FP 代表铝期货价格，SP 代表铝现货价格，以（Ⅰ）代表 2014 年 10 月 1 日至 2019 年 9 月 30 日，（Ⅱ）代表 2015 年 10 月 1 日至 2020 年 9 月 30 日。

1. 描述性统计分析

从图 7-4 可以看出，铝期现货价格在 14000 元/吨上下波动。2014 年 10 月至 2015 年 10 月中旬，铝价格呈震荡下行趋势，但铝价相较于铜价跌幅小。2015 年国内铝价格呈下降趋势，年末稍有增长。2016 年铝价整体呈现出先涨后跌的趋势，于 11 月中旬走出新高。随着铝供给侧改革的推进，铝价格有所回升，各企业复产，利好消息的放出使铝价抬升，年末需求下降，铝价回吐涨幅，呈现下降趋势。2017 年铝价整体偏强，主要从政策层面遏制电解铝行业中新增加产能的过快增长势头。2018 年我国铝行业进行供给侧结构性改革，整体行业运行呈平稳状态。2019 年，我国铝行业持续坚持供给侧结构性改革，严控电解铝新增产能，严格执行产能置换政策，行业生产运行态势良好，冶炼行业效益大幅改善，但是后期受到国际贸易形势压力加大的影响，价格持续震荡回落。2020 年年初受新冠肺炎疫情影响，有色金属价格大幅下跌，后期随着国内新冠肺炎疫情基本得到控制，以及国家"六稳""六保"等积极政策的实施，一大批项目开工建设，市场上订单逐步反弹，经济延续复苏态势，在旺季效应带动下，铝价开启反弹趋势。从整体时间区间看，铝价格存在较大波动，对现货企业的生产不利，及时利用期货市场衍生品进行套期保值非常重要。

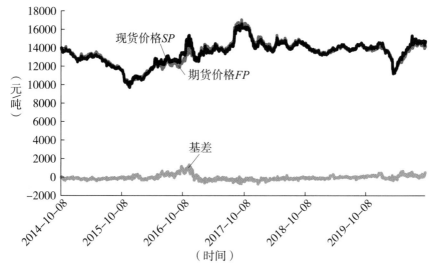

图 7 − 4　铝期现货价格及基差走势

再观察铝期现货市场，现货与期货价格的相关性在两个时段分别达到了 0.981 和 0.978，二者的相关性很高，且存在期货价格对现货价格的引导（见表 7 − 27）。

表 7 − 27　　　　　　　　　铝期现货相关性分析

（Ⅰ）	FP	SP
FP	1.000	0.981
SP	0.981	1.000
（Ⅱ）	FP	SP
FP	1.000	0.978
SP	0.978	1.000

2. 平稳性检验

为不改变数据性质和关系，本部分将期货和现货数据取对数，在一定程度上消除异方差的问题。进行 ADF 检验后，观察两个时段的结果，DlnFP 和 DlnSP 分别表示对期货和现货价格对数进行一阶差分，发现这两个时段中的期现货价格对数的价格序列均为同阶单整序列，可进行 Johansen 协整检验（见表 7 - 28、表 7 - 29）。

表 7 - 28　　　　　　　（Ⅰ）时段铝期现货各变量 ADF 检验结果

变量	ADF 统计量	1%临界值	5%临界值	P 值
lnFP	- 1. 627	- 3. 436	- 2. 864	0. 468
DlnFP	- 34. 968	- 3. 436	- 2. 864	0. 000
lnSP	- 1. 714	- 3. 436	- 2. 864	0. 424
DlnSP	- 30. 934	- 3. 436	- 2. 864	0. 000

表 7 - 29　　　　　　　（Ⅱ）时段铝期现货各变量 ADF 检验结果

变量	ADF 统计量	1%临界值	5%临界值	P 值
lnFP	- 2. 055	- 3. 436	- 2. 864	0. 263
DlnFP	- 34. 869	- 3. 436	- 2. 864	0. 000
lnSP	- 2. 139	- 3. 436	- 2. 864	0. 461
DlnSP	- 31. 509	- 3. 436	- 2. 864	0. 000

3. VAR 模型最优滞后阶数的选取

在进行 Johansen 协整检验之前要建立 VAR 模型，并明确模型中内生变量的 P 阶滞后期，进而反映全部内生变量的动态关系。在最优滞后阶数的确定中，根据 AIC 信息准则和 SC 准则，达到拟合度和自变量个数间的最佳权衡。两个时段最终确定的最优滞后阶数为 4，且建立的 VAR 模型均稳定。

4. Johansen 协整检验

进行两个时段的 Johansen 协整检验，其检验结果说明两个时段均在 5% 的显著性水平下拒绝协整方程数为 0 的原假设，且迹检验和最大特征值检验的结果一致，证明期货和现货价格在两个时段中均存在长期协整关系。（Ⅰ）时段的协整方程为 $e =$ ln$FP - 1.048783$lnSP，（Ⅱ）时段的协整方程为 $e =$ ln$FP - 1.047335$lnSP（见表 7 - 30、表 7 - 31）。

表 7 - 30　　　　　（Ⅰ）时段铝期现货各变量 Johansen 协整检验结果

原假设	迹检验		最大特征值检验	
	统计量	5%临界值	统计量	5%临界值
协整方程数为 0	17.387	15.495	15.101	14.265
协整方程数为 1	2.287	3.841	2.287	3.841

表 7 - 31　　　　　（Ⅱ）时段铝期现货各变量 Johansen 协整检验结果

原假设	迹检验		最大特征值检验	
	统计量	5%临界值	统计量	5%临界值
协整方程数为 0	19.248	15.495	15.085	14.265
协整方程数为 1	4.163	3.841	4.163	3.841

5. Granger 因果检验

继续对（Ⅰ）、（Ⅱ）时段分别进行 Granger 因果检验。表 7 - 32、表 7 - 33 的两时段 Granger 因果检验结果显示，在 5% 显著性水平下，铝期货价格对现货价格有引导关系，铝期货市场具有价格发现功能。在（Ⅰ）时段当滞后阶数小于 6 时，在 5% 的显著性水平下，铝期货价格对现货价格有单向引导关系；滞后阶数为 7~10 时，期货价格与现货价格之间存在双向引导关系；滞后阶数不小于 11 时，期货价格对现货价格有单向引导关系。由此可知，期货价格对现货价格的引导传递速度快，持续期长；而现货价格对期货价格的引导则比较迟缓，持续期较短。在（Ⅱ）时段中，滞后阶数小于 120 时铝期货价格对现货价格仅有单向引导关系，从滞后阶数不小于 120 开始出现期货价格与现货价格之间存在双向引导关系。综合两个时段，期货价格对现货价格引导关系显著，随着滞后阶数的增大，现货对期货的引导关系显现。

表 7 - 32　　　　　（Ⅰ）时段铝期现货各变量 Granger 因果检验结果

滞后阶数	零假设	F 值	P 值	是否接受零假设
4	$\ln FP$ 不引导 $\ln SP$	67.792	9. E - 52	否
	$\ln SP$ 不引导 $\ln FP$	1.287	0.273	是
6	$\ln FP$ 不引导 $\ln SP$	45.305	4. E - 50	否
	$\ln SP$ 不引导 $\ln FP$	2.022	0.060	是
7	$\ln FP$ 不引导 $\ln SP$	39.474	4. E - 50	否
	$\ln SP$ 不引导 $\ln FP$	2.472	0.016	否
8	$\ln FP$ 不引导 $\ln SP$	34.798	1. E - 49	否
	$\ln SP$ 不引导 $\ln FP$	2.028	0.040	否

滞后阶数	零假设	F 值	P 值	是否接受零假设
11	$\ln FP$ 不引导 $\ln SP$	26. 428	1. E - 49	否
	$\ln SP$ 不引导 $\ln FP$	1. 686	0. 071	是

表 7 - 33　　　（Ⅱ）时段铝期现货各变量 Granger 因果检验结果

滞后阶数	零假设	F 值	P 值	是否接受零假设
4	$\ln FP$ 不引导 $\ln SP$	71. 014	5. E - 54	否
	$\ln SP$ 不引导 $\ln FP$	1. 485	0. 205	是
6	$\ln FP$ 不引导 $\ln SP$	46. 847	1. E - 51	否
	$\ln SP$ 不引导 $\ln FP$	1. 470	0. 185	是
7	$\ln FP$ 不引导 $\ln SP$	40. 446	3. E - 51	否
	$\ln SP$ 不引导 $\ln FP$	1. 794	0. 085	是
8	$\ln FP$ 不引导 $\ln SP$	35. 113	4. E - 50	否
	$\ln SP$ 不引导 $\ln FP$	1. 491	0. 156	是
120	$\ln FP$ 不引导 $\ln SP$	3. 346	2. E - 24	否
	$\ln SP$ 不引导 $\ln FP$	1. 242	0. 049	否

6. 方差分解

方差分解本质是将不同试点变量的预测方差分解为不同冲击解释的部分，即期货与现货在价格发现功能中的贡献程度。

在（Ⅰ）时段中现货价格在滞后阶数为 1 时，总方差来源于现货市场为 54. 632%，来源于期货市场达到 45. 368%，随着滞后阶数的增加，总方差中来自期货市场的部分逐渐增加。而期货价格在滞后阶数为 1 时，总方差全部来源于期货市场，随着滞后阶数增加，来自现货市场的冲击缓慢增加，但总占比少，直到第 100 期滞后期时，方差贡献率仅有 2. 730%（见表 7 - 34）。

在（Ⅱ）时段中现货价格在滞后阶数为 1 时，总方差有 54. 463% 来自现货市场，有 45. 537% 来自期货市场，随着滞后阶数的增加，总方差中来自现货市场的冲击减少，来自期货市场冲击增加，到第 100 期滞后期时，现货价格总方差来自期货市场冲击达到 82. 632%。再看期货市场，期货价格总方差在滞后阶数为 1 时，总方差全部来自期货市场，随着滞后阶数增加，来自现货市场的冲击缓慢增加，但总占比少，直到第 100 期滞后期时，方差贡献率只达 4. 540%（见表 7 - 35）。

综上所述，现货市场价格受到期货市场价格影响在（Ⅰ）时段中随滞后阶数增加而增加，而期货市场价格受现货市场价格影响非常小；（Ⅱ）时段与（Ⅰ）时段情况相似，期货对现货市场的冲击仍然占主导地位，而期货的冲击仍主要来自期货价格本身。所以期货市场对现货市场的价格发现功能随着时间的推移（滞后期增大）而增强。

表 7 - 34　　　　　　（Ⅰ）时段铝期现货各变量方差分解结果

滞后阶数	lnSP 来自		lnFP 来自	
	lnSP	lnFP	lnSP	lnFP
1	54.632	45.368	0.000	100.000
10	23.338	76.662	0.683	99.317
50	17.061	82.939	1.825	98.175
100	13.873	86.127	2.730	97.270

表 7 - 35　　　　　　（Ⅱ）时段铝期现货各变量方差分解结果

滞后阶数	lnSP 来自		lnFP 来自	
	lnSP	lnFP	lnSP	lnFP
1	54.463	45.537	0.000	100.000
10	22.117	77.883	0.497	99.503
50	18.763	81.237	2.570	97.430
100	17.368	82.632	4.540	95.460

7. 分析结论

本部分首先介绍选取铝期现货作为研究对象的原因，而后利用描述性统计分析、Johansen 协整检验、Granger 因果检验和方差分解 4 种方法对 2014 年 10 月 1 日至 2019 年 9 月 30 日及 2015 年 10 月 1 日至 2020 年 9 月 30 日两个时段的铝期现货市场价格发现功能进行了一系列实证研究，得出以下结论：

①通过对两个时段数据的描述性统计分析发现，铝期货与现货价格呈现高度相关，且两个时段的相关系数达到 0.98，在期现货价格及基差走势中可以发现，二者波幅一致，且现货价格是收敛于期货价格的，基差波动很小，期货价格对现货价格存在引导关系。

②通过 Johansen 协整检验可知，两个时段均在 5% 的显著性水平下存在协整关系，即期货价格与现货价格之间存在长期协整关系，可以进行 Granger 因果检验和方差分解分析。

③在 Granger 因果检验中，两个时段的铝价格均存在期货价格对现货价格的引导关系，期货市场的价格发现功能显著。

④在方差分解中，2014 年 10 月 1 日至 2019 年 9 月 30 日和 2015 年 10 月 1 日至 2020 年 9 月 30 日的两个时段中，现货市场价格受到期货市场价格影响随滞后阶数增加而增

加，而期货市场价格受现货市场价格影响非常小，即期货对现货市场的冲击占主导地位，而期货的冲击主要来自期货价格本身。这表明期货市场价格发现功能始终较强。

（五）镍

本部分采用 2015 年 10 月 1 日至 2019 年 9 月 30 日和 2016 年 10 月 1 日至 2020 年 9 月 30 日两个时段的期现货价格数据进行分析。在数据的时间处理上，对无交易日进行剔除。期货选取活跃合约的收盘价，现货选取长江有色市场 1#镍板，数据来源均为 Wind 数据库。

在这里，以 FP 代表镍期货价格，SP 代表镍现货价格，以（Ⅰ）代表 2015 年 10 月 1 日至 2019 年 9 月 30 日，（Ⅱ）代表 2016 年 10 月 1 日至 2020 年 9 月 30 日。

1. 描述性统计分析

从图 7 - 5 中可以看出，自 2015 年 10 月至 2018 年 6 月，镍期现货价格呈现缓慢震荡上行趋势，2018 年 6 月至 2019 年 12 月初先有下行态势，而后价格上涨，2019 年 7 月至 9 月价格大幅度上扬，2020 年年初价格大幅下降，后期有所回升。在所研究的时段中，我国原生镍产量相对平稳，稳中有进，消费主力也集中在亚洲地区，尤其是对不锈钢产品、电池产品的消费需求较大。2018 年 6 月以前镍期现货价格总体上呈现上行态势，2018 年 5 月新能源汽车产销量超预期增长，使镍价格有较大一波上涨，而后半年由于实际发展未达预期，国内钢铁去产能继续，使国内镍价逐渐走低。2019 年镍是有色板块波动最大的品种，自 2019 年 6 月起，印度尼西亚重申镍矿禁止出口，引发市场担忧镍矿供应受限，导致镍需求大幅增加，而 1 月至 5 月镍库存较少，推高了镍价格。然而在 2019 年 10 月，禁矿价格增长超过市场预期，市场开始关注不锈钢及镍生铁的利空因素，导致镍价呈现加速下跌的走势；另外，印度尼西亚许多没有出口份额的矿山通过违规操作进行高品位矿出口，导致镍矿价格下跌。虽然在发现违反出口规定后，印度尼西亚政府颁布了一项临时出口禁令，但之前国内镍生铁工厂前期储备了不少镍矿库存，国内镍矿供应较为充足，临时出口禁令对镍价格支撑较小，2019 年后期价格出现大幅下降趋势。到了 2020 年年初，受到新冠肺炎疫情影响，国内物流及复工进度均较往年迟缓，低迷的终端需求，一定程度拖累镍行情走势，镍价格持续下降。2020 年中后期，央行大规模救市举措持续，国内复工复产，巨量流动性大大缓和了市场波动，中国工业活动反弹效果相对明显，市场需求有所好转，镍价格明显回升。从整体看，镍的期现货价格走势一致，存在期货价格对现货价格的引导，后续需要进行检验。

通过表 7 - 36 两个时段期现货价格相关性分析，相关系数分别达到了 0.995 和 0.992，二者的相关性很高。

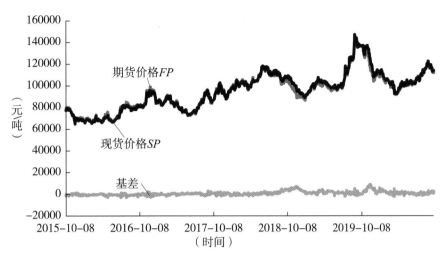

图 7-5 镍期现货价格及基差走势

表 7-36 镍期现货相关性分析

（Ⅰ）	FP	SP
FP	1.000	0.995
SP	0.995	1.000
（Ⅱ）	FP	SP
FP	1.000	0.992
SP	0.992	1.000

2. 平稳性检验

对期货和现货数据取对数，在不改变数据性质和关系的基础上可以在一定程度上消除异方差问题。观察 ADF 检验结果，DlnFP 和 DlnSP 分别表示对期货和现货价格进行一阶差分，并可得出两个时间段中取对数的期货价格和现货价格序列均为同阶单整序列，可进行 Johansen 协整检验（见表 7-37、表 7-38）。

表 7-37 （Ⅰ）时段镍期现货各变量 ADF 检验结果

变量	ADF 统计量	1% 临界值	5% 临界值	P 值
lnFP	-0.497	-3.437	-2.864	0.889
DlnFP	-29.786	-3.437	-2.864	0.000
lnSP	-0.308	-3.437	-2.864	0.921
DlnSP	-30.339	-3.437	-2.864	0.000

表 7-38 （Ⅱ）时段镍期现货各变量 ADF 检验结果

变量	ADF 统计量	1% 临界值	5% 临界值	P 值
$\ln FP$	-2.004	-3.437	-2.864	0.285
$D\ln FP$	-30.687	-3.437	-2.864	0.000
$\ln SP$	-1.876	-3.437	-2.864	0.344
$D\ln SP$	-31.058	-3.437	-2.864	0.000

3. VAR 模型最优滞后阶数的选取

在进行 Johansen 协整检验之前要建立 VAR 模型，并明确模型中内生变量的 P 阶滞后期，进而反映全部内生变量的动态关系。在最优滞后阶数的确定中，根据 AIC 信息准则和 SC 准则，达到拟合度和自变量个数间的最佳权衡。两个时间段最终确定的最优滞后阶数为 4，且建立的 VAR 模型均稳定。

4. Johansen 协整检验

进行两个时段的 Johansen 协整检验，其检验结果说明两个时段均在 5% 的显著性水平下拒绝协整方程数为 0 的原假设，且迹检验和最大特征值检验的结果一致，证明期货和现货价格在两个时段中均存在长期协整关系（见表 7-39、表 7-40）。（Ⅰ）时段的协整方程为 $e = \ln FP - 0.949722\ln SP$，（Ⅱ）时段的协整方程为 $e = \ln FP - 0.958155\ln SP$。

表 7-39 （Ⅰ）时段镍期现货各变量 Johansen 协整检验结果

原假设	迹检验		最大特征值检验	
	统计量	5% 临界值	统计量	5% 临界值
协整方程数为 0	28.064	15.495	27.905	14.265
协整方程数为 1	0.159	3.841	0.159	3.841

表 7-40 （Ⅱ）时段镍期现货各变量 Johansen 协整检验结果

原假设	迹检验		最大特征值检验	
	统计量	5% 临界值	统计量	5% 临界值
协整方程数为 0	35.406	15.495	30.499	14.265
协整方程数为 1	4.907	3.841	4.907	3.841

5. Granger 因果检验

继续对（Ⅰ）、（Ⅱ）时段分别进行因果检验。表 7-41、表 7-42 的两个时段因果检验结果显示，在 5% 显著性水平下，镍期货价格对现货价格有引导关系，镍期货市场具有价格发现功能。在（Ⅰ）时段中当滞后阶数小于 16 时，在 5% 的显著性水平下，铝期货价格与现货价格之间存在双向引导关系；滞后阶数为 16 时，期货价格对现货价格仅存在单向引导关系；滞后阶数为 20 时，镍期货价格与现货价格之间又出现双向引导关系，但是从滞后阶数不小于 21 开始，期货价格对现货价格仅有单向引导关系。在（Ⅱ）时段中，滞后阶数不大于 2 时镍期货价格对现货价格仅有单向引导关系；滞后阶数为 3 时期货价格与现货价格之间存在双向引导关系；但是从滞后阶数不小于 5 开始，镍期货价格对现货价格仅有单向引导关系。综合两个时段，期货价格对现货价格的引导传递速度快，持续期长，引导关系显著；而现货价格对期货价格的引导则比较迟缓，持续期较短。

表 7 - 41　　　　（Ⅰ）时段镍期现货各变量 Granger 因果检验结果

滞后阶数	零假设	F 值	P 值	是否接受零假设
4	$\ln FP$ 不引导 $\ln SP$	53.002	2.E - 40	否
	$\ln SP$ 不引导 $\ln FP$	5.197	0.0004	否
16	$\ln FP$ 不引导 $\ln SP$	13.622	3.E - 33	否
	$\ln SP$ 不引导 $\ln FP$	1.563	0.072	是
20	$\ln FP$ 不引导 $\ln SP$	10.835	6.E - 31	否
	$\ln SP$ 不引导 $\ln FP$	1.590	0.048	否
21	$\ln FP$ 不引导 $\ln SP$	10.335	2.E - 30	否
	$\ln SP$ 不引导 $\ln FP$	1.494	0.071	是

表 7 - 42　　　　（Ⅱ）时段镍期现货各变量 Granger 因果检验结果

滞后阶数	零假设	F 值	P 值	是否接受零假设
2	$\ln FP$ 不引导 $\ln SP$	87.166	2.E - 35	否
	$\ln SP$ 不引导 $\ln FP$	2.973	0.052	是
3	$\ln FP$ 不引导 $\ln SP$	68.704	3.E - 40	否
	$\ln SP$ 不引导 $\ln FP$	3.030	0.029	否
5	$\ln FP$ 不引导 $\ln SP$	44.760	1.E - 41	否
	$\ln SP$ 不引导 $\ln FP$	2.170	0.055	是
10	$\ln FP$ 不引导 $\ln SP$	23.063	5.E - 39	否
	$\ln SP$ 不引导 $\ln FP$	1.751	0.066	是

6. 方差分解

方差分解本质是将不同试点变量的预测方差分解为不同冲击解释的部分，即期货与现货在价格发现功能中的贡献程度。

如表 7 - 43 所示，在（Ⅰ）时段中现货价格在滞后阶数为 1 时，总方差来源于现货市场为 35.287%，来源于期货市场达到 64.713%，随着滞后阶数的增加，总方差中来自期货市场的部分逐渐增加，主要冲击来源于期货市场。而期货市场在滞后阶数为 1 时，总方差全部来源于期货市场，随着滞后阶数增加，来自现货市场的冲击缓慢增加，但总占比少，直到第 100 期滞后期时，方差贡献率仅有 2.080%。

如表 7 - 44 所示，在（Ⅱ）时段中现货价格在滞后阶数为 1 时，总方差来源于现货市场为 35.832%，来源于期货市场达到 64.168%，随着滞后阶数的增加，总方差中来自期货市场的部分逐渐增加，主要冲击来源于期货市场。而期货市场在滞后阶数为 1 时，总方差全部来源于期货市场，随着滞后阶数增加，来自现货市场的冲击缓慢增加，但总占比少，直到第 100 期滞后期时，方差贡献率仅有 0.666%。

综上所述，现货市场价格受到期货市场价格影响在（Ⅰ）时段中随着滞后阶数增加而增加，而期货市场价格受现货市场价格影响非常小；（Ⅱ）时段与（Ⅰ）时段情况相似，期货对现货市场的冲击占主导地位，而期货的冲击仍主要来自期货价格本身。期货市场对现货市场有良好的价格发现功能。

表 7 - 43　　　　　（Ⅰ）时段镍期现货各变量方差分解结果　　　　　单位:%

滞后阶数	$\ln SP$ 来自		$\ln FP$ 来自	
	$\ln SP$	$\ln FP$	$\ln SP$	$\ln FP$
1	35.287	64.713	0.000	100.000
10	8.210	91.790	0.578	99.422
50	4.932	95.068	1.507	98.493
100	4.074	95.926	2.080	97.920

表 7 - 44　　　　　（Ⅱ）时段镍期现货各变量方差分解结果　　　　　单位:%

滞后阶数	$\ln SP$ 来自		$\ln FP$ 来自	
	$\ln SP$	$\ln FP$	$\ln SP$	$\ln FP$
1	35.832	64.168	0.000	100.000
10	7.179	92.821	0.174	99.826
50	1.987	98.013	0.306	99.694
100	1.635	98.365	0.666	99.334

7. 分析小结

本部分首先介绍选取镍期现货作为研究对象的原因，而后利用描述性统计分析、

Johansen 协整检验、Granger 因果检验和方差分解 4 种方法对 2015 年 10 月 1 日至 2019 年 9 月 30 日及 2016 年 10 月 1 日至 2020 年 9 月 30 日两个时段的镍期货市场价格发现功能进行了一系列实证研究，得出以下结论：

①通过对两个时段数据的描述性统计分析，镍期货与现货价格呈现高度相关，且两个时段的相关系数均达到 0.99，在期现货价格和基差走势中可以发现，二者波幅较为一致，且现货价格是收敛于期货价格的，基差波动较小，存在期货价格对现货价格的引导关系。

②通过 Johansen 协整检验可知，两个时段均在 5% 的显著性水平下存在协整关系，即期货价格与现货价格之间存在长期的协整关系，可以进行 Granger 因果检验和方差分解分析。

③在 Granger 因果检验中，两时段均存在期货价格对现货价格的引导关系，并且两个时间段中也都存在短期期现货价格的双向引导关系。综合分析，期货价格对现货价格的引导传递速度快，持续期长；而现货价格对期货价格的引导则比较迟缓，持续期较短。期货价格发现功能显著。

④在方差分解分析中，2015 年 10 月 1 日至 2019 年 9 月 30 日和 2016 年 10 月 1 日至 2020 年 9 月 30 日的两个时段中，现货市场价格受到期货市场价格影响随滞后阶数增加而增加，而期货市场价格受现货市场价格影响非常小，即期货对现货市场的冲击占主导地位，而期货的冲击主要来自期货价格本身。表明期货市场价格发现功能始终较强。

三、国内外金属期货价格发现功能比较——以铜为例

（一）样本选择

目前，世界上比较有影响力的进行铜期货交易的交易所有伦敦金属交易所（LME）、纽约商业交易所（NYMEX）的 COMEX 分支和上海期货交易所，其中 COMEX 分支和上海期货交易所角色相类似，对比不够明显，而且现行的铜交易机制是交易双方所采用的交易价格以 LME 铜期货交易所形成的期货价格为基准的，因此本研究选取了 LME 铜期货市场作为上海期货交易所的铜期货市场价格发现功能的比较对象。

这里采用 2014 年 10 月 1 日至 2019 年 9 月 30 日与 2015 年 10 月 1 日至 2020 年 9 月 30 日两个 5 年时段的铜期现货价格数据进行分析。在数据的时间处理上，对无交易日进行剔除。期货选取 LME 3 个月铜的期货收盘价（场内盘），现货选取 LME 铜的现货

收盘价（场内盘），数据来源均为 Wind 数据库。

研究以 *LFP* 代表 LME 铜期货价格，以 *LSP* 代表 LME 铜现货价格，（Ⅰ）代表区间 2014 年 10 月 1 日至 2019 年 9 月 30 日区间，（Ⅱ）代表区间 2015 年 10 月 1 日至 2020 年 9 月 30 日区间。

（二）实证分析

1. 描述性统计分析

从图 7-6 的 LME 铜期现货价格及基差走势中可以看出铜期现货价格在 6000 美元/吨上下波动。2014 年 11 月末随着当时国际油价暴跌，整个大宗商品市场出现恐慌性抛售，加之美元不断走强，铜价创年内新低，之后维持在年内低位附近弱势震荡。2015 年，铜价表现为冲高回落格局，5 月创下年内高点后，开始持续回落，9 月虽然一度反弹，但是 10 月中旬后再度下挫，在 11 月创出年底新低后以震荡为主，略有反弹。2016 年开始，铜价呈现震荡总体走高的趋势，但随后受制于需求基本面，铜价转而向下，后期有所回升。2018 年第四季度，受到全球贸易摩擦的影响，铜价出现明显下跌，后期持续震荡。2020 年年初受到新冠肺炎疫情影响，铜供应过剩量扩大，价格大幅下跌，随着后期局面稳定下来，铜价有所回升。

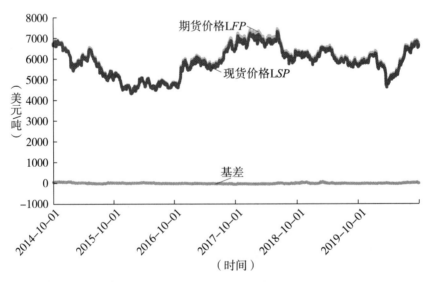

图 7-6　LME 铜期现货价格及基差走势

通过表 7-45 两个时段期现货价格相关性分析，相关系数均达到了 0.999，二者的相关性非常高。

表 7 - 45		LME 铜期现货相关性分析
（Ⅰ）	LFP	LSP
LFP	1.000	0.999
LSP	0.999	1.000
（Ⅱ）	LFP	LSP
LFP	1.000	0.999
LSP	0.999	1.000

2. 平稳性检验

对期货和现货数据取对数，在不改变数据性质和关系的基础上，一定程度上消除异方差问题。观察 ADF 检验结果，DlnFP 和 DlnSP 分别表示对期货和现货价格对数进行一阶差分，并可得出两个时段中取对数的期货价格和现货价格序列均为同阶单整序列，可进行 Johansen 协整检验（见表 7 - 46、表 7 - 47）。

表 7 - 46		（Ⅰ）时段 LME 铜期现货各变量 ADF 检验结果		
变量	ADF 统计量	1% 临界值	5% 临界值	P 值
lnLFP	- 1.820	- 3.435	- 2.864	0.371
DlnLFP	- 38.005	- 3.435	- 2.864	0.000
lnLSP	- 1.878	- 3.435	- 2.864	0.343
DlnLSP	- 38.126	- 3.435	- 2.864	0.000

表 7 - 47		（Ⅱ）时段 LME 铜期现货各变量 ADF 检验结果		
变量	ADF 统计量	1% 临界值	5% 临界值	P 值
lnLFP	- 1.595	- 3.435	- 2.864	0.485
DlnLFP	- 37.256	- 3.435	- 2.864	0.000
lnLSP	- 1.623	- 3.435	- 2.864	0.470
DlnLSP	- 37.341	- 3.435	- 2.864	0.000

3. VAR 模型最优滞后阶数的选取

在进行 Johansen 协整检验之前要建立 VAR 模型，并明确模型中内生变量的 P 阶滞后期，进而反映全部内生变量的动态关系。在最优滞后阶数的确定中，根据 AIC 信息准则和 SC 准则，达到拟合度和自变量个数间的最佳权衡。两个时间段最终确定的最优滞后阶数为 4，且建立的 VAR 模型均稳定。

4. Johansen 协整检验

如表 7 - 48、表 7 - 49 所示，进行两个时段的 Johansen 协整检验，其检验结果说明两个时段均在 5% 的显著性水平下拒绝协整方程数为 0 的原假设，且迹检验和最大特征值检验的结果一致，证明期货和现货价格在两个时段中均存在长期协整关系。（Ⅰ）时段中的协整方程为 $e = \ln LFP - 1.013478 \ln LSP$，（Ⅱ）时段中的协整方程为 $e = \ln LFP - 1.009368 \ln LSP$。

表 7 - 48　　　（Ⅰ）时段 LME 铜期现货各变量 Johansen 协整检验结果

原假设	迹检验		最大特征值检验	
	统计量	5% 临界值	统计量	5% 临界值
协整方程数为 0	17.845	15.495	15.118	14.265
协整方程数为 1	2.727	3.841	2.727	3.841

表 7 - 49　　　（Ⅱ）时段 LME 铜期现货各变量 Johansen 协整检验结果

原假设	迹检验		最大特征值检验	
	统计量	5% 临界值	统计量	5% 临界值
协整方程数为 0	22.640	15.495	19.736	14.265
协整方程数为 1	2.905	3.841	2.905	3.841

5. Granger 因果检验

继续对（Ⅰ）、（Ⅱ）时段分别进行 Granger 因果检验。表 7 - 50、表 7 - 51 的两个时段 Granger 因果检验结果显示，在 5% 显著性水平下，铜期货价格对现货价格有引导关系，铜期货市场具有价格发现功能。在（Ⅰ）时段和（Ⅱ）时段中，由于 P 值均小于 0.05，故全部拒绝原假设，$\ln LFP$ 是 $\ln LSP$ 的 Granger 原因，$\ln LSP$ 也是 $\ln LFP$ 的 Granger 原因，即 LME 铜期货价格与现货价格之间存在双向引导关系，期货价格能引导现货价格，现货价格也能引导期货价格。

表 7 - 50　　　（Ⅰ）时段 LME 铜期现货各变量 Granger 因果检验结果

滞后阶数	零假设	F 值	P 值	是否接受零假设
2	$\ln LFP$ 不引导 $\ln LSP$	5.908	0.003	否
	$\ln LSP$ 不引导 $\ln LFP$	5.818	0.003	否
3	$\ln LFP$ 不引导 $\ln LSP$	4.051	0.007	否
	$\ln LSP$ 不引导 $\ln LFP$	4.124	0.006	否
4	$\ln LFP$ 不引导 $\ln LSP$	3.218	0.012	否
	$\ln LSP$ 不引导 $\ln LFP$	3.327	0.010	否
5	$\ln LFP$ 不引导 $\ln LSP$	2.605	0.024	否
	$\ln LSP$ 不引导 $\ln LFP$	2.684	0.020	否

表7-51　　　　（Ⅱ）时段 LME 铜期现货各变量 Granger 因果检验结果

滞后阶数	零假设	F 值	P 值	是否接受零假设
2	$\ln LFP$ 不引导 $\ln LSP$	7.255	0.001	否
	$\ln LSP$ 不引导 $\ln LFP$	7.158	0.001	否
3	$\ln LFP$ 不引导 $\ln LSP$	5.400	0.001	否
	$\ln LSP$ 不引导 $\ln LFP$	5.267	0.001	否
4	$\ln LFP$ 不引导 $\ln LSP$	4.169	0.002	否
	$\ln LSP$ 不引导 $\ln LFP$	4.047	0.003	否
5	$\ln LFP$ 不引导 $\ln LSP$	3.456	0.004	否
	$\ln LSP$ 不引导 $\ln LFP$	3.341	0.005	否

6. 方差分解

方差分解本质是将不同试点变量的预测方差分解为不同冲击解释的部分，即期货与现货在价格发现功能中的贡献程度。

在（Ⅰ）时段中现货价格在滞后阶数为1时，总方差来源于现货市场为0.634%，来源于期货市场达到99.366%，随着滞后阶数的增加，来自现货市场的冲击缓慢增加，但总占比少，直到第100期滞后期时，方差贡献率仅12.428%，主要冲击来源于期货市场。而期货市场在滞后阶数为1时，总方差全部来源于期货市场，随着滞后阶数增加，来自现货市场的冲击缓慢增加，但总占比少，直到第100期滞后期时，方差贡献率仅有14.060%（见表7-52）。

表7-52　　　　（Ⅰ）时段 LME 铜期现货各变量方差分解结果　　　　单位:%

滞后阶数	$\ln LSP$ 来自		$\ln LFP$ 来自	
	$\ln LSP$	$\ln LFP$	$\ln LSP$	$\ln LFP$
1	0.634	99.366	0.000	100.000
10	0.885	99.115	0.169	99.831
50	3.617	96.383	4.746	95.254
100	12.428	87.572	14.060	85.940

在（Ⅱ）时段中现货价格在滞后阶数为1时，总方差有99.405%来自期货市场，有0.595%来自现货市场。随着滞后阶数的增加，来自现货市场的冲击缓慢增加，但总占比少，直到第100期滞后期时，方差贡献率仅14.986%，主要冲击来源于期货市场。而期货市场在滞后阶数为1时，总方差全部来源于期货市场，随着滞后阶数增加，来自现货市场的冲击缓慢增加，但总占比少，直到第100期滞后期时，方差

贡献率仅有 16.079%（见表 7 – 53）。

表 7 – 53　　　　（Ⅱ）时段 LME 铜期现货各变量方差分解结果　　　单位：%

滞后阶数	lnL*SP* 来自		lnL*FP* 来自	
	lnL*SP*	lnL*FP*	lnL*SP*	lnL*FP*
1	0.595	99.405	0.000	100.000
10	0.472	99.528	0.192	99.808
50	6.314	93.686	7.417	92.583
100	14.986	85.014	16.079	83.921

综上所述，在（Ⅰ）时段与（Ⅱ）时段中，期货对现货市场的冲击占主导地位，而期货的冲击仍主要来自期货价格本身。价格发现功能大比例是由期货市场完成的，LME 铜期货市场在价格发现中处于绝对的主导地位。

7. 国内外铜期货市场价格发现功能比较

本部分利用描述性统计分析、Johansen 协整检验、Granger 因果检验和方差分解 4 种方法对 2014 年 10 月 1 日至 2019 年 9 月 30 日和 2015 年 10 月 1 日至 2020 年 9 月 30 日两个时段的铜期货市场价格发现功能进行了一系列实证研究，通过对国内外铜期货市场价格发现功能的对比，得出以下结论：

①通过对两个时段数据的描述性统计分析，将国内外价格走势及基差的相关性分析进行对比可以看出，LME 铜期货价格和现货价格的走势几乎重合，而沪铜期货价格和现货价格的走势还是有一定差异的；另外，LME 铜期现货价格相关系数也高于沪铜。因此，尽管国内铜期货市场已经发展得比较成熟，期现货价格相关性很高，但是与 LME 铜相比还是差一些。

②在 Granger 因果检验中，国内铜期货市场在（Ⅰ）时段只有期货价格对现货价格有单向引导关系，在（Ⅱ）时段后期才存在期货与现货价格的双向引导关系；而 LME 铜期货市场在两个时段均存在期货价格与现货价格之间双向引导关系，期货价格能引导现货价格，现货价格也能引导期货价格。LME 铜期货市场相较于国内铜期货市场来说更加成熟。

③在方差分解分析中，尽管国内铜期货市场在价格发现中始终处于主导地位，且期货市场贡献程度很大，但是与 LME 铜期货市场相比，尤其是滞后阶数为 1 时，LME 铜期货市场价格发现功能要大于国内铜期货市场。由此可见，与伦敦金属交易所相比，上海期货交易所铜期货的价格发现功能要弱一些。

第八章　金融期货价格发现功能分析

一、品种选取

为了分析目前我国期货市场金融期货的价格发现功能效率，本章主要甄选了 4 个具有代表性品种作为分析样本——沪深 300 股指期货、上证 50 股指期货、5 年期国债期货、10 年期国债期货，并对 10 年期国债期货做了中美对比。

（一）沪深 300 股指期货

沪深 300 股指期货是以沪深 300 指数为标的物的期货品种，于 2010 年 4 月 16 日由中国金融期货交易所推出，交易代码为 IF。沪深 300 股指期货在 2015 年年初，因股市千股跌停的影响，曾经出现了较大的期货和现货走势偏差情况。近五年来，期货价格和现货价格日内保持了非常好的联动效应。沪深 300 股指期货的交易量也逐渐上升，现在的交易规模已经达到了刚上市时的 10 倍。

选择沪深 300 股指期货有以下几点原因：第一，从期货市场角度来说，2020 年沪深 300 股指期货单边成交量（含期转现）2999.87 万手，成交金额为 393924 亿元，同比 2019 年分别增长 26.4% 和 47.5%。期货市场交易日渐活跃，在定价效率、运行效率、风险控制等方面已逐渐完善并成熟稳定。成交金额的增速大于成交量的增速，这说明了市场信心的增强和股市行情的好转。第二，从基本面来说，沪深 300 指数是由上海和深圳证券市场中市值大、流动性好的 300 只 A 股作为样本编制而成的成分股指数，具有良好的市场代表性。沪深 300 指数是沪深证券交易所第一次联合发布的反映 A 股市场整体走势的指数。它的推出丰富了市场现有的指数体系，增加了一项用于观察市场走势的指标，有利于投资者全面把握市场运行状况，也进一步为指数投资产品的创新和发展提供了基础条件。2020 年 1 月至 5 月，我国股票市场的成交量为 65560.33 亿股，成交金额为 744340 亿元。随着新冠肺炎疫情的好转和经济复苏，2020 年全年股市成交量为 167451.86 亿股，成交金额为 2068253 亿元，同比 2019 年分别增长 32.24% 和 62.32%。

（二）上证 50 股指期货

上证 50 股指期货是以上证 50 指数为标的物的期货品种，在 2015 年 4 月 16 日由中国金融期货交易所推出，交易代码为 IH。买卖双方交易的是一定期限后的股市指数价格水平，通过现金结算差价来进行交割。合约的交割月份分别为交易当月、下月及随后两个季月，共 4 期，同时挂牌交易。

选择上证 50 股指期货的原因有两方面：一方面，从期货市场角度来说，2020 年上证 50 股指期货单边成交量（含期转现）为 1174.94 万手，成交金额为 110093 亿元，同比 2019 年分别增长 93.75% 和 94.75%，成交量和成交金额的增长反映了市场对于风险管理需求的提高。另一方面，从基本面来说，上证 50 指数是根据科学客观的方法，挑选上海证券市场规模大、流动性好的最具代表性的 50 只股票组成样本股，以便综合反映上海证券市场最具市场影响力的一批龙头企业的整体状况。上证 50 指数自 2004 年 1 月 2 日起正式发布，其目标是建立一个成交活跃、规模较大、主要作为衍生金融工具基础的投资指数。

（三）5 年期与 10 年期国债期货

国债期货是指通过有组织的交易所预先确定买卖价格并于未来特定时间内进行钱券交割的国债派生品种，属于金融期货的一种。它是在 20 世纪 70 年代美国金融市场极其不稳定的背景下，为满足投资者规避利率风险的需求而产生的。固定利率债券的持有者对风险管理和债券保值的强烈需求，使得具备套期保值功能的国债期货应运而生。我国的 5 年期国债期货合约于 2013 年 9 月 6 日正式在中国金融交易所上市交易，在 2015 年 3 月 20 日、2018 年 8 月 17 日我国陆续上市 10 年期国债期货以及 2 年期国债期货。国债期货的交易品种为国债，交易单位为百元，每份价值 100 万元，最小变动单位 0.005 元，涨跌停限制为上一交易日结算价的 ±1.2%，最低交易保证金为合约价值的 1.2%，交易代码为 TF。

选择 5 年期和 10 年期国债期货的原因：一是国债期货本身是一个利率衍生品，它影响着整个利率市场，是整个利率体系的重要环节。我国目前处于积极迈向成熟市场经济和利率市场化的过程中，国债期货能够引导国债市场交易的活跃性，对市场利率体系中的基准利率定价存在基石性的影响，可以说是市场化经济中最重要的金融衍生品。二是国债期货交易不涉及债券所有权的转移，只是转移与这个所有权相关的价格变化风险，一般较少发生实物交割现象，这在一定程度上突出了市场价格和利率变化的敏感性。三是根据发达国家利率市场经验，国债期货有效性与国债期货市场以及国债现货市场都密切相关。国债期货的价格发现功能对国债市场效率的提升、国债收益率曲线有效性的加强都具有关键的作用。因此实证研究我国国债期货市场和现货市场的联系，对其价格发现的表现进行检验和考察，具有重要的研究价值和意义。

二、实证分析

（一）沪深 300 股指期货

1. 描述性统计分析

沪深 300 指数数据选取 2015 年 10 月 8 日至 2020 年 9 月 30 日的每日收盘价，共 1219 对观测值，采用相同时间段内主力连续的每日收盘价和期货数据，数据来源于东方财富 Choice 客户端。如图 8 - 1 所示，期货价格与现货价格高度相关，相关系数为 0.998669。

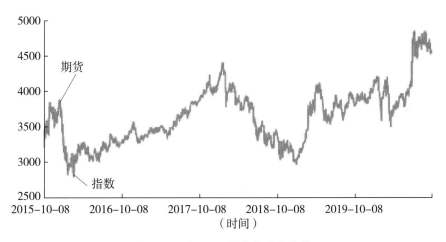

图 8 - 1　沪深 300 股指期现货走势

沪深 300 指数从 2016 年 2 月至 2018 年 2 月为上升期，2018 年 2 月至 2019 年 1 月为下降期，2019 年 1 月至 2020 年 2 月横盘，2020 年 2 月受新冠肺炎疫情影响，指数有明显的下挫并且波动性显著提升，疫情利空服务业、商业零售和交通运输板块，利好医药健康板块和新媒体。由于沪深 300 指数编制规则涵盖了几乎所有行业的股票，因此从整体上看指数并未发生明显的趋势分化。2020 年 6 月至今①，随着国内新冠肺炎疫情的有效控制、经济的恢复和出口贸易的快速增长，沪深 300 指数快速上扬突破 4500 点高位。

---

① 截至完稿日。

2. 平稳性检验

为检验期货、现货价格之间的协整关系，需要对两种价格数据进行平稳性检验。选用有截距、有时间趋势的检验模型进行平稳性检验。其中 $\ln IN$ 和 $\ln FU$ 分别表示对现货价格与期货价格对数的一阶差分序列。表 8 - 1 为各变量 ADF 检验结果，沪深 300 指数和股指期货经一阶差分后序列平稳。

表 8 - 1 沪深 300 股指期现货各变量 ADF 检验结果

变量	ADF 统计量	1% 临界值	5% 临界值
IN	- 1. 502690	- 3. 4355	- 2. 8637
$\ln IN$	- 35. 11999	- 3. 4355	- 2. 8637
FU	- 1. 767093	- 3. 4355	- 2. 8637
$\ln FU$	- 36. 28645	- 3. 4355	- 2. 8637

3. VAR 模型最优滞后阶数的选取

VAR 模型构建，要确定最优滞后阶数，一方面，希望滞后期足够长，从而完整反映所构造模型的动态特征，另一方面，滞后期越长，模型所损失的自由度就越大。表 8 - 2 根据 FPE、SC、HQ 准则及 AIC 信息准则可知最优滞后阶数为 4。

表 8 - 2 沪深 300 股指期现货滞后阶数检验结果

Lag	LogL	LR	FPE	AIC	SC	HQ
0	8510. 124	NA	2. 68e - 09	- 14. 063	- 14. 054	- 14. 054
1	8588. 055	155. 4754	2. 37e - 09	- 14. 185	- 14. 159	- 14. 175
2	8605. 335	34. 416	2. 32e - 09	- 14. 207	- 14. 165	- 14. 191
3	8619. 592	28. 349	2. 28e - 09	- 14. 224	- 14. 165	- 14. 201
4	8635. 225	36. 989	2. 22e - 09	- 14. 248	- 14. 172	- 14. 219
5	8639. 314	2. 158	2. 23e - 09	- 14. 243	- 14. 150	- 14. 208
6	8643. 208	7. 703	2. 23e - 09	- 14. 243	- 14. 133	- 14. 195
7	8647. 176	7. 66	2. 24e - 09	- 14. 246	- 14. 116	- 14. 192

沪深 300 指数和股指期货价格的 VAR 模型表达式如下：

$\ln FU$ = - 0. 1614$\ln FU$(- 1) - 0. 0283$\ln FU$(- 2) + 0. 2580$\ln FU$(- 3) + 0. 0309$\ln FU$(- 4) + 0. 1243$\ln IN$(- 1) + 0. 0317$\ln IN$(- 2) - 0. 2104$\ln IN$(- 3) - 0. 1062$\ln IN$(- 4) + 0. 0003

$\ln IN$ = 0. 2362$\ln FU$(- 1) + 0. 1885$\ln FU$(- 2) + 0. 3778$\ln FU$(- 3) + 0. 1440$\ln FU$(- 4) -

$0.2799\ln IN(-1) - 0.1743\ln IN(-2) - 0.3273\ln IN(-3) - 0.1957\ln IN(-4) + 0.0002$

4. Johansen 协整检验

通过平稳性检验可知,一阶差分后的两组时间序列是同阶单整序列,因此可以进行 Johansen 协整检验,检验两者之间是否存在长期稳定的均衡关系。表 8 - 3 表明股指期货与沪深 300 指数存在长期协整关系。这说明从长期看期货与现货之间的价格不会出现很大的偏离,当沪深 300 指数处于高位时,股指期货也在高位。市场存在套利者使沪深 300 指数和股指期货的价格趋于统一。

表 8 - 3 沪深 300 股指期现货各变量 Johansen 协整检验结果

原假设	迹检验		最大特征值检验	
	统计量	1%临界值	统计量	1%临界值
协整方程数为 0	760.9329	19.93711	480.5888	18.52001
协整方程数为 1	280.3442	6.634897	280.3442	6.634897

5. Granger 因果检验

利用 Granger 因果检验对 VAR 模型估计的系数显著性进行检验,可以揭示期货价格与现货价格两个变量之间在时间上的先导 - 滞后关系。由表 8 - 4 可知股指期货的滞后项对现货有显著影响。这说明期货过去的收盘价可以对现货当期的收盘价产生显著影响,结合 VAR 模型可知,过去 4 天的期货收盘价都对当前时刻的股指收盘价有正向影响。

表 8 - 4 Granger 因果检验结果

Pairwise Granger Causality Tests

Date:10/30/20 Time:22:55

Sample:10/08/2015 09/30/2020

Lags:4

Null Hypothesis:	Obs	F - Statistic	Prob.
$\ln IN$ 不是 $\ln FU$ 的 Granger 原因	1214	1.40671	0.2295
$\ln FU$ 不是 $\ln IN$ 的 Granger 原因		4.35454	0.0017

6. 方差分解

方差分解是通过分析每一个标准差的变动结构冲击对内生变量变化的贡献度,进一步评价不同结构冲击的重要性。图 8 - 2 可知,股指期货价格对自身的方差和对股票指数的方差的贡献都很大。

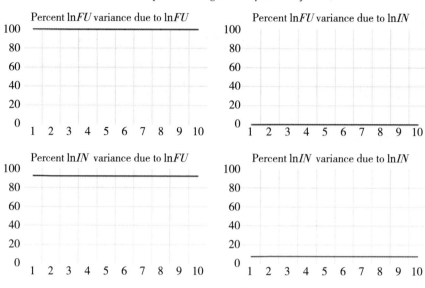

图 8 - 2　方差分解检验结果

7. 分析小结

①通过对时段数据的统计性描述分析可知，沪深 300 股指期货价格与现货价格高度相关。一阶差分后序列平稳，两序列协整检验通过，股指期货与股票指数在长期会回归到同一水平，存在特别好的长期均衡关系。沪深 300 股指期货市场的价格发现功能十分强。

②继续对两个时间段沪深 300 股指期货价格与现货价格进行 Granger 因果检验和方差分解可知，股指期货市场价格的变动要领先于股票市场，并对股票市场产生影响。沪深 300 指数市场价格发现中期货价格起决定性作用。沪深 300 股指期货价格对现货价格有很强影响，现货价格对期货价格影响很弱，通过方差分解来看，期货价格对现货价格的单向引导关系更强，现货价格对期货价格几乎没有影响。

（二）上证 50 股指期货

1. 描述性统计分析

上证 50 指数数据为 2015 年 10 月 8 日至 2020 年 9 月 30 日的每日收盘价，共 1219 对观测值，采用相同时间段内主力连续的每日收盘价，数据来源于东方财富 Choice 客户端。

与沪深 300 指数类似，上证 50 指数从 2016 年 2 月至 2018 年 2 月为上升期，2018 年 2 月至 2019 年 1 月为下降期，2019 年 1 月至 2020 年 2 月横盘，2020 年 2 月受新冠肺炎疫情影响，指数有明显的下挫并且波动性显著提升，2020 年 6 月后快速上升（见图 8 - 3）。

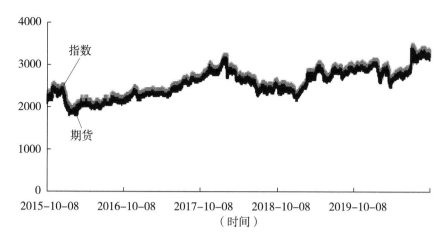

图 8 - 3　上证 50 股指期现货走势

上证 50 股指期货选择的样本数量小于沪深 300 股指期货，但也涵盖了上海证券市场的各行业股票，能够较好地反映上海证券市场最具市场影响力的一批龙头企业的整体状况。上证 50 股指期货成交量是其刚上市时的 6 倍，但交易量和成交量远低于沪深 300 股指期货，因此上证 50 股指期货市场并没有沪深 300 股指期货活跃。

2. **平稳性检验**

此处数据为 2015 年 10 月 8 日至 2020 年 9 月 30 日的每日收盘价，共 1219 个观测值。表 8 - 5 为各变量 ADF 检验结果，上证 50 股指和股指期货经一阶差分后序列平稳。

表 8 - 5　　　　　　　　　　上证 50 股指期现货各变量 ADF 检验结果

变量	ADF 统计量	1% 临界值	5% 临界值
IN	- 1.461841	- 3.4355	- 2.8637
$\ln IN$	- 34.52977	- 3.4355	- 2.8637
FU	- 1.647246	- 3.4355	- 2.8637
$\ln FU$	- 36.02857	- 3.4355	- 2.8637

3. **VAR 模型最优滞后阶数的选取**

滞后阶数的检验受检验方法的选择，首先排除掉阶数过高的 VAR 模型以避免模型过度拟合问题，再通过检验根据 SC 和 HQ 准则确定阶数，由表 8 - 6 可知最优滞后阶数 4。VAR 模型说明期货过去的收盘价可以对现货当期的收盘价产生显著影响，结合 VAR 模型可知，过去 4 天的期货收盘价都对当前时刻的股指收盘价有正向影响。

表 8 - 6 上证 50 股指期现货各变量 ADF 检验结果

Lag	LogL	LR	FPE	AIC	SC	HQ
0	8481.898	NA	1.69e - 09	- 14.520	- 14.511	- 14.517
1	8576.477	188.671	1.45e - 09	- 14.675	- 14.649	- 14.665
2	8613.905	43.286	1.41e - 09	- 14.705	- 14.662	- 14.689
3	8630.054	31.195	1.38e - 09	- 14.725	- 14.665	- 14.702
4	8635.482	32.048	1.35e - 09	- 14.46	- 14.668	- 14.717

上证 50 指数和股指期货价格的 VAR 模型表达式如下：

$\ln FU = - 0.2601 \ln FU(-1) - 0.1395 \ln FU(-2) + 0.1160 \ln FU(-3) - 0.036 \ln FU(-4) + 0.2328 \ln IN(-1) + 0.1720 \ln IN(-2) - 0.0710 \ln IN(-3) - 0.0459 \ln IN(-4) + 0.0003$

$\ln IN = 0.2223 \ln FU(-1) + 0.1182 \ln FU(-2) + 0.2859 \ln FU(-3) + 0.1053 \ln FU(-4) - 0.2460 \ln IN(-1) - 0.0852 \ln IN(-2) - 0.2379 \ln IN(-3) - 0.1812 \ln IN(-4) + 0.0003$

4. Johansen 协整检验

通过平稳性检验可知，一阶差分后的两组时间序列是同阶单整序列，因此可以进行 Johansen 协整检验，检验两者之间是否存在长期稳定的均衡关系。表 8 - 7 股指期货与股票指数存在长期协整关系。这说明从长期看期货与现货之间的价格不会出现很大的偏离，当股票指数处于高位时，股指期货也在高位。市场存在套利者使股指和股指期货的价格趋于统一。

表 8 - 7 上证 50 股指期现货各变量 Johansen 协整检验结果

原假设	迹检验		最大特征值检验	
	统计量	1% 临界值	统计量	1% 临界值
协整方程数为 0	794.7814	19.93711	510.8041	18.52001
协整方程数为 1	283.9773	6.634897	283.9773	6.634897

5. Granger 因果检验

由表 8 - 8 可知股指期货的滞后项对现货有显著影响。

表 8 - 8 Granger 因果检验结果

Pairwise Granger Causality Tests
Date：11/04/20 Time：21：37
Sample：10/08/2015 09/30/2020
Lags：4

Null Hypothesis：	Obs	F - Statistic	Prob.
$\ln IN$ does not Granger Cause $\ln FU$	1214	1.28370	0.2744
$\ln FU$ does not Granger Cause $\ln IN$		2.17439	0.0698

6. 方差分解

方差分解是通过分析每一个标准差的变动结构冲击对内生变量变化的贡献度，进一步评价不同结构冲击的重要性。图 8 - 4 可知，股指期货价格对自身的方差与对股票指数的方差的贡献都很大。

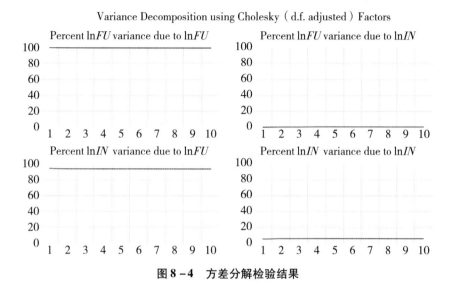

图 8 - 4　方差分解检验结果

7. 分析小结

①通过对时段数据的统计性描述可知，上证 50 股指期货价格与现货价格高度相关，一阶差分后序列平稳，两序列协整检验通过，存在长期均衡关系，上证 50 股指期货市场的价格发现功能十分强。

②继续对两个时段的上证 50 股指期货价格与现货价格进行因果检验和方差分解可知，上证 50 指数市场价格发现中期货价格起决定性作用。上证 50 股指期货价格对现货价格有很强影响，现货价格对期货价格影响很弱，通过方差分解来看，期货价格对现货价格的单向引导关系更强，现货价格对期货价格几乎没有影响。

（三）国内 5 年期国债期货

1. 数据说明

本部分采取 2014 年 11 月 3 日至 2019 年 11 月 1 日与 2015 年 11 月 2 日至 2020 年 10 月 30 日两个 5 年时段的 5 年期国债期现货进行数据分析。其中，国债现货的选择秉承高市场化程度和交易活跃性对数据表达的真实性，选取中证 5 年国债活跃券指数收盘价作为现货代表指数，期货价格则选取期货交易所中的 5 年期国债主连品种。在数据的时间处理上，对无交易日的数据进行剔除。数据来源为 Wind 数据库以及同花顺。

文中 *FP* 代表期货价格，*AP* 代表现货价格。（Ⅰ）代表 2014 年 11 月 3 日至 2019 年 11 月 1 日，（Ⅱ）代表 2015 年 11 月 2 日至 2020 年 10 月 30 日。

2. 描述性统计分析

5 年期国债期现货价格走势如图 8 - 5 所示。

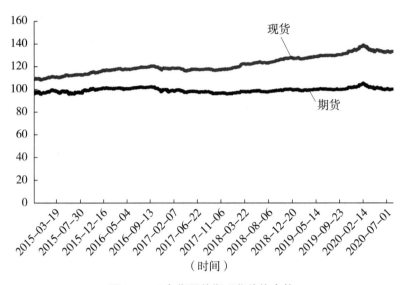

图 8 - 5　5 年期国债期现货价格走势

从图 8 - 5 中可以看出国债期现货价格走势在 2014 年 11 月至 2018 年上半年期间处于近乎一致的运行趋势。2018 年下半年至今 5 年期国债的期货价格和现货价格运行趋势较为类似，但是在波动范围上存在不同，5 年期国债期货价格的波浪图较为平整，而现货价格的波浪图则起伏稍大。

3. 平稳性检验

为不改变数据性质和关系，将期货和现货的数据取对数。进行 ADF 检验后，观察两个时段的结果。根据表 8 - 9、表 8 - 10 所示，*AP* 表示 5 年期国债现货价格，*FP* 表示 5 年期国债期货价格，ln*AP*（-1）表示 5 年期国债现货价格的一阶对数差分，ln*FP*（-1）表示 5 年期国债期货价格的一阶对数差分。（Ⅰ）时段与（Ⅱ）时段的期货价格 *FP* 和现货价格 *AP* 均在5%显著性水平下无法拒绝有单位根的原假设，因此在两个时段内期货与现货价格二者均为非平稳时间序列。而二者的一阶对数差分 ln*AP*（-1）、ln*FP*（-1）均可以在1%的显著性水平下拒绝原假设，表明两者价格的一阶对数差分均为平稳序列，满足进行 Johansen 协整检验的同阶单整前提，因此接下来可以进行 Johansen 协整检验。

表8-9　　　　（Ⅰ）时段5年期国债期现货各变量的ADF检验结果

变量	ADF	1%显著性	5%显著性	P值
FP	-2.59	-3.43	-2.86	0.10
AP	-0.42	-3.43	-2.86	0.90
lnFP（-1）	-37.03	-3.43	-2.86	0.00
lnAP（-1）	-20.67	-3.43	-2.86	0.00

表8-10　　　　（Ⅱ）时段5年期国债期现货各变量的ADF检验结果

变量	ADF	1%显著性	5%显著性	P值
AP	-0.25	-3.43	-2.86	0.93
FP	-1.75	-3.43	-2.86	0.41
lnAP（-1）	-28.03	-3.43	-2.86	0.00
lnFP（-1）	-35.34	-3.43	-2.86	0.00

4. VAR模型最优滞后阶数的选取

在进行Johansen协整检验之前要建立VAR模型，由于Johansen协整检验时基于VEC模型，因此该模型根据变量的一阶差分建模分别为lnAP（-1）、lnFP（-1），并明确模型中内生变量的P阶滞后期，进而反映全部内生变量的动态关系。在最优滞后阶数的确定中，根据AIC信息准则和SC准则，达到拟合度和自变量个数间的最佳权衡。对比图8-6中（Ⅰ）时段滞后阶数检验结果中的AIC和SC数值后，确定最佳滞后阶数为3。且由表8-11、图8-6 AR根检验可知滞后阶数为3的VAR模型均为稳定模型。同理可确定（Ⅱ）时段的最佳滞后阶数为2且VAR模型为稳定模型。

表8-11　　　　（Ⅰ）时段5年期国债期现货滞后阶数检验结果

Lag	LogL	LR	FPE	AIC	SC	HQ
0	12466.99	NA	3.93e-12	-20.58628	-20.57786	-20.58311
1	12588.17	241.7471	3.24e-12	-20.77980	-20.75453	-20.77028
2	12614.72	52.89498	3.12e-12	-20.81705	-20.77494*	-20.80120*
3	12619.67	9.827258	3.12e-12	-20.81861	-20.75966	-20.79641
4	12623.76	8.133282	3.12e-12	-20.81877	-20.74297	-20.79023
5	12627.82	8.032711	3.12e-12*	-20.81886*	-20.72622	-20.78398
6	12629.80	3.919402	3.13e-12	-20.81552	-20.70604	-20.77430
7	12630.71	1.800330	3.14e-12	-20.81042	-20.68410	-20.76286
8	12636.26	10.95076*	3.13e-12	-20.81299	-20.66982	-20.75908

注：＊表示在0.1的水平下显著，余同。

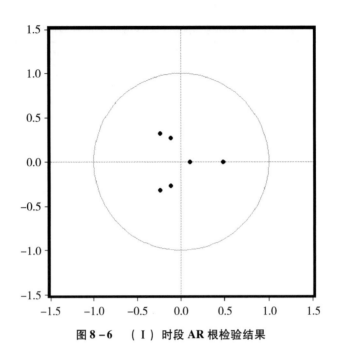

图 8-6　（Ⅰ）时段 AR 根检验结果

5. Johansen 协整检验

进行两个时段的 Johansen 检验，其检验结果如表 8-12、表 8-13 所示，两个时段均在 5% 的显著性水平下拒绝协整向量为 0 的原假设，迹检验和最大特征值检验结果一致。同时两个时间段在 5% 的显著性水平下拒绝协整向量为 1 的原假设，迹检验和最大特征值检验结果一致，这证明 5 年期国债期货价格与现货价格存在长期均衡的协整关系。

表 8-12　　（Ⅰ）时段 5 年期国债期现货各变量 Johansen 协整检验结果

原假设	迹检验		最大特征值检验	
	统计量	5% 临界值	统计量	5% 临界值
协整方程数为 0	568.704	15.495	351.582	14.265
协整方程数为 1	217.122	3.841	217.122	3.841

表 8-13　　（Ⅱ）时段 5 年期国债期现货各变量 Johansen 协整检验结果

原假设	迹检验		最大特征值检验	
	统计量	5% 临界值	统计量	5% 临界值
协整方程数为 0	783.808	15.495	542.746	14.265
协整方程数为 1	241.063	3.841	241.063	3.841

6. Granger 因果检验

按照（Ⅰ）时段的最佳滞后阶数 3 进行 Granger 因果检验，如表 8 – 14 所示得到结论，拒绝"$\ln FP$ 不引导 $\ln AP$"的原假设，不拒绝"$\ln AP$ 不引导 $\ln FP$"的原假设。同时观察滞后期数为 5 天、7 天、15 天、50 天的 Granger 因果检验结果，可以发现（Ⅰ）时段 5 年期国债期货价格长期均衡地引导国债现货价格，因此得到结论，（Ⅰ）时段 5 年期国债期货价格领先于 5 年期国债现货价格。

按照（Ⅱ）时段的最佳滞后阶数 2 进行 Granger 因果检验，如表 8 – 15 所示得到结论，在阶数为 2 天时拒绝"$\ln FP$ 不引导 $\ln AP$"的原假设，不拒绝"$\ln AP$ 不引导 $\ln FP$"的原假设。同时观察滞后期为 4 天、6 天、20 天、90 天的 Granger 因果检验结果可以发现（Ⅱ）时段随着滞后期的增大，现货对期货的引导关系显现。

表 8 – 14　　（Ⅰ）时段 5 年期国债期现货各变量 Granger 因果检验结果

滞后阶数	原假设	F 值	P 值	是否接受原假设
3	$\ln FP$ 不引导 $\ln AP$	62.1255	2.E – 37	否
	$\ln AP$ 不引导 $\ln FP$	1.1926	0.311	是
5	$\ln FP$ 不引导 $\ln AP$	37.7531	5.E – 36	否
	$\ln AP$ 不引导 $\ln FP$	2.0952	0.0636	是
7	$\ln FP$ 不引导 $\ln AP$	26.8141	3.E – 34	否
	$\ln AP$ 不引导 $\ln FP$	2.0032	0.0517	是
15	$\ln FP$ 不引导 $\ln AP$	12.5894	1.E – 29	否
	$\ln AP$ 不引导 $\ln FP$	1.17492	0.2849	是
50	$\ln FP$ 不引导 $\ln AP$	4.2202	3.E – 19	否
	$\ln AP$ 不引导 $\ln FP$	1.2124	0.1517	是

表 8 – 15　　（Ⅱ）时段 5 年期国债期现货各变量 Granger 因果检验结果

滞后阶数	原假设	F 值	P 值	是否接受原假设
2	$\ln FP$ 不引导 $\ln AP$	134.206	2.E – 56	否
	$\ln AP$ 不引导 $\ln FP$	0.7027	0.4958	是
4	$\ln FP$ 不引导 $\ln AP$	71.2307	3.E – 54	否
	$\ln AP$ 不引导 $\ln FP$	1.8462	0.1177	是
6	$\ln FP$ 不引导 $\ln AP$	47.8365	9.E – 53	否
	$\ln AP$ 不引导 $\ln FP$	3.1233	0.0048	否

滞后阶数	原假设	F 值	P 值	是否接受原假设
20	$\ln FP$ 不引导 $\ln AP$	15.0187	2.E-45	否
	$\ln AP$ 不引导 $\ln FP$	2.0626	0.0039	否
90	$\ln FP$ 不引导 $\ln AP$	3.7099	3.E-24	否
	$\ln AP$ 不引导 $\ln FP$	1.3142	0.0314	否

7. 方差分解

方差分解本质是将不同试点变量的预测方差分解为不同冲击解释的部分，即期货与现货在价格发现功能中的贡献程度。

如表 8-16 所示，在（Ⅰ）时段中现货价格在滞后阶数为 1 时，总方差全部来源于现货市场为 79.34879% 的比例，在滞后阶数增大后，总方差来自期货市场的部分有所提升，主要冲击均匀地分布在期货和现货市场。期货市场在滞后阶数为 3 时，总差中现货市场的方差贡献率为 0.06657%，期货市场的方差贡献率为 99.93343%，随着滞后阶数增加，来源于现货市场价格的冲击略微增加，期货价格的方差贡献率占到了超过 99.90% 极高比例。

表 8-16　　　　　　　（Ⅰ）时段 5 年期国债期现货各变量方差分解结果　　　　　　单位：%

滞后阶数	$\ln AP$ 来自		$\ln FP$ 来自	
	$\ln AP$	$\ln FP$	$\ln AP$	$\ln FP$
1	79.34879	20.65121	0.00000	100.0000
3	55.11770	44.88230	0.06657	99.93343
6	49.86056	50.13944	0.07744	99.92256
10	48.76548	51.23452	0.08744	99.91256

如表 8-17 所示，在（Ⅱ）时段中现货价格在滞后阶数为 1 时，总方差全部来源于现货市场为 71.40550% 的比例，在滞后阶数增大后，总方差来自期货市场的部分始终维持在 28% 左右，但主要的冲击来自现货市场。期货市场在滞后阶数为 1 时，总方差中现货市场的方差贡献率为 0.000000%，期货市场的方差贡献率为 100.0000%，随着滞后阶数增加，来源于现货市场价格的冲击略微增加，来源于期货市场价格的冲击略微减少。期货价格对现货价格的引导力在（Ⅱ）时段远不及（Ⅰ）时段来的明显，本文推测这一偏差可能和 2020 年新冠肺炎疫情引发的金融市场动荡相关联。

表 8 - 17 　　　　　（Ⅱ）时段 5 年期国债期现货各变量方差分解结果 　　　　单位:%

滞后阶数	lnAP 来自		lnFP 来自	
	lnAP	lnFP	lnAP	lnFP
1	71. 40550	28. 59450	0. 00000	100. 00000
2	72. 50456	27. 49544	8. 04711	91. 95289
4	72. 06937	27. 93063	12. 23450	87. 76550
10	71. 75171	28. 24829	13. 33565	86. 66435

（四）国内 10 年期国债期货

1. 数据说明

本部分采取 2015 年 10 月 30 日至 2019 年 11 月 1 日与 2016 年 10 月 31 日至 2020 年 10 月 30 日两个 4 年时段的 10 年期国债期货、现货进行数据分析。其中，国债现货的选择秉承高市场化程度和交易活跃性对数据表达的真实性，选取中证 10 年期国债活跃券指数收盘价作为现货代表指数，期货价格则选取期货交易所中的 10 年期国债主连品种。在数据的时间处理上，对无交易日的数据进行剔除。数据来源为 Wind 数据库以及同花顺。

FP 代表期货价格，AP 代表现货价格，（Ⅰ）时段代表 2015 年 10 月 30 日至 2019 年 11 月 1 日，（Ⅱ）时段代表 2016 年 10 月 31 日至 2020 年 10 月 30 日。

2. 描述性统计分析

从图 8 - 7 中可以看出国债期现货价格走势在 2014 年 11 月至 2018 年上半年处于近乎一致的运行趋势。2018 年下半年至今 10 年期国债的期货价格和现货价格运行趋势较为类似，但是在波动范围上存在不同，10 年期国债期货价格的波浪较为平稳，而现货价格的波浪则起伏稍大。

3. 平稳性检验

为不改变数据性质和关系，本部分将期货和现货的数据取对数。进行 ADF 检验后，观察两个时段的结果。根据表 8 - 18、表 8 - 19 所示，AP 表示 10 年期国债现货价格，FP 表示 10 年期国债期货价格，lnAP（-1）表示 10 年期国债现货价格的一阶对数差分，lnFP（-1）表示 10 年期国债期货价格的一阶对数差分。如表 8 - 18、表 8 - 19 所示，（Ⅰ）时段与（Ⅱ）时段的期货价格 FP 和现货价格 AP 均在 5% 显著性水平下无法拒绝有单位根的原假设，因此在两个时段内期货与现货价格二者均为非平稳时间序列。而二者的一阶对数差分 lnAP、lnFP 均可以在 1% 的显著性水平下拒绝原假设，表明两者价格的一阶对数差分均为平稳序列，满足进行 Johansen 协整检验的同阶单整前提，因此接下来可以进行 Johansen 协整检验。

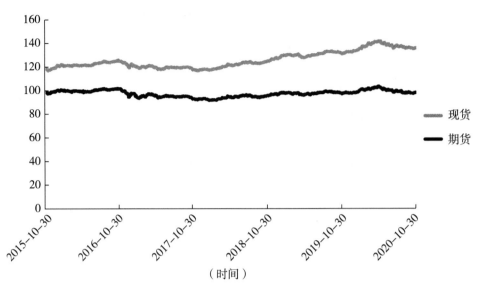

（时间）

图 8 - 7　10 年期国债期现货价格走势

表 8 - 18　　　（Ⅰ）时段 10 年期国债期现货各变量的 ADF 检验结果

变量	ADF	1%显著性	5%显著性	P 值
FP	- 1. 71	- 3. 43	- 2. 86	0. 43
AP	- 0. 34	- 3. 43	- 2. 86	0. 92
lnFP（ - 1）	- 17. 85	- 3. 43	- 2. 86	0. 00
lnAP（ - 1）	- 16. 85	- 3. 43	- 2. 86	0. 00

表 8 - 19　　　（Ⅱ）时段 10 年期国债期现货各变量的 ADF 检验结果

变量	ADF	1%显著性	5%显著性	P 值
FP	- 2. 14	- 3. 43	- 2. 86	0. 23
AP	- 0. 077	- 3. 43	- 2. 86	0. 95
lnFP	- 16. 76	- 3. 43	- 2. 86	0. 00
lnAP	- 17. 09	- 3. 43	- 2. 86	0. 00

4. VAR 模型最优滞后阶数的选取

在进行 Johansen 协整检验之前要建立 VAR 模型，由于 Johansen 协整检验时基于 VEC 模型，因此该模型根据变量的一阶差分建模分别为 lnAP（ - 1）、lnFP（ - 1），并明确模型中内生变量的 P 阶滞后期，进而反映全部内生变量的动态关系。在最优滞后阶数的确定中，根据 AIC 信息准则和 SC 准则，达到拟合度和自变量个数间的最佳权衡。对比表 8 - 20（Ⅰ）时段滞后阶数检验结果中的 AIC 和 SC 数值后，确定最佳滞后阶数为 2。且由图 8 - 8 的 AR 根检验可知滞后阶数为 2 的 VAR 模型均为稳定模型。同理可确定（Ⅱ）时段的最佳滞后阶数为 2 且 VAR 模型为稳定模型。

表 8 - 20　　　　（Ⅰ）时段 10 年期国债期现货滞后阶数检验结果

Lag	LogL	LR	FPE	AIC	SC	HQ
0	9193.180	NA	1.56e - 11	- 19 20832	- 19.19815	- 19.20445
1	9396.428	405.2213	1.03e - 11	- 19.62472	- 19.59422	- 19.61310
2	9417.993	42.90474	9.91e - 12	- 19.66143	- 19.61060 *	- 19.64207 *
3	9423.703	11.33658	9.88e - 12	- 19.66500	- 19.59385	- 19.63790
4	9427.926	8.366651	9.87e - 12	- 19.66547	- 19.57398	- 19.63062
5	9434.539	13.07524	9.82e - 12	- 19.67093	- 19.55912	- 19.62834
6	9438.589	7.988478	9.82e - 12	- 19.67103	- 19.53889	- 19.62070
7	9445.159	12.93461	9.77e - 12 *	- 19.67640 *	- 19.52393	- 19.61833
8	9446.235	2.114039	9.83e - 12	- 19.67029	- 19.49749	- 19.60448
9	9448.954	5.330641	9.85e - 12	- 19.66762	- 19.47449	- 19.59406
10	9450.921	3.846916	9.89e - 12	- 19.66337	- 19.44991	- 19.58206
11	9453.342	4.724749	9.93e - 12	- 19.66007	- 19.42628	- 19.57102
12	9459.852	12.68064	9.87e - 12	- 19.66531	- 19.41120	- 19.56852
13	9461.541	3.282548	9.92e - 12	- 19.66048	- 19.38604	- 19.55595
14	9469.079	14.62012 *	9.85e - 12	- 19.66788	- 19.37310	- 19.55560
15	9470.004	1.788815	9.91e - 12	- 19.66145	- 19.34634	- 19.54143
16	9471.839	3.544568	9.96e - 12	- 19.65693	- 19.32149	- 19.52917
17	9475.602	7.250292	9.96e - 12	- 19.65643	- 19.30067	- 19.52093
18	9477.280	3.226300	1.00e - 11	- 19.65158	- 19.27548	- 19.50833
19	9478.391	2.130829	1.01e - 11	- 19.64554	- 19.24912	- 19.49455
20	9478.653	0.502389	1.02e - 11	- 19.63773	- 19.22098	- 19.47900

5. Johansen 协整检验

进行两个时段的 Johansen 协整检验，其检验结果如表 8 - 21、表 8 - 22 所示，两个时段均在 5% 的显著性水平下拒绝协整方程数为 0 的原假设，迹检验和最大特征值检验结果一致。同时两个时间段在 5% 的显著性水平下拒绝协整方程数为 1 的原假设，迹检验和最大特征值检验结果一致，这证明 10 年期国债期货价格与现货价格两者相互存在长期均衡的协整关系。

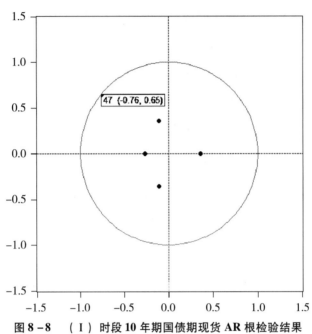

图 8 - 8　　（Ⅰ）时段 10 年期国债期现货 AR 根检验结果

表 8 - 21　　（Ⅰ）时段 10 年期国债期现货各变量 Johansen 协整检验结果

原假设	迹检验		最大特征值检验	
	统计量	5% 临界值	统计量	5% 临界值
协整方程数为 0	665.483	15.495	451.221	14.265
协整方程数为 1	214.262	3.841	214.262	3.841

表 8 - 22　　（Ⅱ）时段 10 年期国债期现货各变量 Johansen 协整检验结果

原假设	迹检验		最大特征值检验	
	统计量	5% 临界值	统计量	5% 临界值
协整方程数为 0	685.34	15.495	480.138	14.265
协整方程数为 1	205.202	3.841	205.202	3.841

6. Granger 因果检验

按照（Ⅰ）时段的最佳滞后阶数 2 进行 Granger 因果检验，如表 8 - 23 所示得到结论，拒绝"$\ln FP$ 不引导 $\ln AP$"的原假设，不拒绝"$\ln AP$ 不引导 $\ln FP$"的原假设。同时观察滞后期数为 2 天、4 天、6 天、15 天、50 天的因果检验结果可以发现，（Ⅰ）时段 10 年期国债期货价格长期均衡地引导 10 年期国债现货价格，因此得到结论，（Ⅰ）时段 10 年期国债期货价格领先于 10 年期国债现货价格。

按照（Ⅱ）时段的最佳滞后阶数 2 进行 Granger 因果检验，如表 8 - 24 所示得到结论,在滞后阶数为 2 时拒绝"lnFP 不引导 lnAP"的原假设,不拒绝"lnAP 不引导 lnFP"的原假设。同时观察滞后阶数为 4、6、20、60 的 Granger 因果检验结果可以发现(Ⅱ)时段随着滞后阶数的增大,现货对期货的引导关系显现。

表 8 – 23 (Ⅰ)时段 10 年期国债期现货各变量 Granger 因果检验结果

滞后阶数	原假设	F 值	P 值	是否接受原假设
2	lnFP 不引导 lnAP	143.562	2. E – 55	否
	lnAP 不引导 lnFP	2.13902	0.1183	是
4	lnFP 不引导 lnAP	74.6572	4. E – 55	否
	lnAP 不引导 lnFP	0.95893	0.4292	是
6	lnFP 不引导 lnAP	51.2769	8. E – 55	否
	lnAP 不引导 lnFP	1.28675	0.2605	是
15	lnFP 不引导 lnAP	21.41130	2. E – 50	否
	lnAP 不引导 lnFP	1.69947	0.0458	否
50	lnFP 不引导 lnAP	7.06902	8. E – 38	否
	lnAP 不引导 lnFP	1.39912	0.0381	否

表 8 – 24 (Ⅱ)时段 10 年期国债期现货各变量 Granger 因果检验结果

滞后阶数	原假设	F 值	P 值	是否接受原假设
2	lnFP 不引导 lnAP	137.133	4. E – 53	否
	lnAP 不引导 lnFP	3.62116	0.0271	否
4	lnFP 不引导 lnAP	73.3210	3. E – 54	否
	lnAP 不引导 lnFP	1.19655	0.3107	是
6	lnFP 不引导 lnAP	49.9377	2. E – 53	否
	lnAP 不引导 lnFP	1.80292	0.0954	是
20	lnFP 不引导 lnAP	15.4432	2. E – 45	否
	lnAP 不引导 lnFP	1.48017	0.0795	是
60	lnFP 不引导 lnAP	6.28146	5. E – 37	否
	lnAP 不引导 lnFP	1.46922	0.0139	否

7. 方差分解

方差分解本质是将不同试点变量的预测方差分解为不同冲击解释的部分,即期货与现货在价格发现功能中的贡献程度。

由前文实证结果可知,国债期货价格是国债现货价格的 Granger 原因,反之则不成立。这表明期货价格对现货价格具有引导效果，但现货价格对期货的引导则不显著，从表 8 – 25 中可以看到，（Ⅰ）时段内，在国债期货的价格形成过程中，自身价格一直保有 99.00% 以上的贡献度，而国债现货价格的贡献度仅有不到 0.10%，说明现货价格对期货价格不产生显著贡献，国债期货价格受自身价格影响较大。在现货价格的方差分解中，现货自身的价格贡献在第 1 期大于期货，但从第 2 期开始，期货价格对现货价格的贡献度超过现货价格自身，并逐渐增大至第 20 期。国债期货的贡献度表现逐期上升，从第 1 期的 31.99% 到第 10 期的 68.89%，并在第 10 至 50 期都保持 65% 以上的贡献度；而现货的贡献度则呈现逐渐递减到平稳的过程，（Ⅰ）时段方差分解的结果表明国债期货价格对自身价格及现货价格的贡献都比较大；国债现货价格对期货价格的贡献则很小，而对现货自身贡献度也呈现下降趋势。形成国债现货价格的过程中，国债期货从第 2 期开始贡献度超过现货自身影响，并在这一过程占据重要地位。（Ⅱ）时段结果也趋同于（Ⅰ）时段，但是在滞后期数高于 20 期后的贡献度稳定性略低于（Ⅰ）时段的稳定性，这一差异可归结于新冠肺炎疫情。在疫情的影响下，今年 10 年期国债期货价格和现货价格因为金融市场和实体经济市场的剧烈波动和系统性风险扰乱而破坏了长期稳定的内在关系。

表 8 – 25　　　　（Ⅰ）时段 10 年期国债期现货各变量方差分解结果

滞后阶数	lnAP 来自		lnFP 来自	
	lnAP	lnFP	lnAP	lnFP
1	68.01	31.99	0.00	100.00
2	42.65	57.35	0.02	99.98
4	36.31	63.69	0.09	99.91
10	31.11	68.89	0.11	99.89
20	30.87	69.13	0.13	99.87
50	32.61	67.39	0.15	99.85

表 8 – 26　　　　（Ⅱ）时段 10 年期国债期现货各变量方差分解结果

滞后阶数	lnAP 来自		lnFP 来自	
	lnAP	lnFP	lnAP	lnFP
1	73.04	26.95	0.00	100.00
2	47.53	52.47	0.02	99.98
4	33.23	66.77	0.08	99.92
10	29.60	70.40	0.20	99.80
20	33.17	66.83	0.61	99.39
50	44.93	55.07	3.13	96.87

三、国内外金融期货价格发现功能对比

（一）国内外股指期货价格发现功能对比

本文选取道琼斯指数期货作为国外股指期货与沪深 300 股指期货及上证 50 股指期货价格发现功能进行对比。选取道琼斯指数期货的原因在于，道琼斯指数是迄今为止历史最悠久、影响范围最广的股票指数，从开始编制至今 100 多年来从无间断。选择沪深 300 股指期货和上证 50 股指期货的原因在于两种期货标的指数编制科学、合约规模大、保证金率高、持仓限制规定严格、最后结算价设定合理，能够有效减少过度投机，最大限度防止操纵，鼓励套期保值，促进股指期货市场与股票现货市场的有序运行与良性互动。通过国内外股指期货价格发现功能对比来了解中美股指期货价格发现功能差异，为投资者提供有效的套期保值和套利投资策略，为监管机构提供建立跨市监管政策和法规理论依据，也有助于明确中国期货市场的发展方向。

1. 平稳性检验

道琼斯指数期货选取了 2015 年 10 月 1 日至 2020 年 10 月 1 日的每日收盘价，剔除了非交易日的数据，共 1260 个观测值。道琼斯指数期货与沪深 300 股指期货和上证 50 股指期货类似，原序列不平稳，经一阶差分后序列平稳。说明股票指数长期来看有上升趋势，股市收益率没有确定的时间趋势。经过 ADF 统计量对比，代表沪深 300 指数与上证 50 指数收益率的 ADF 统计量明显高于代表道琼斯收益率的 ADF 统计量，道琼斯指数的 ADF 为 -10.55399，道琼斯指数期货的 ADF 为 -12.16809，说明沪深 300 和上证 50 的收益率不确定性更高。纳斯达克 100 指数同样经一阶差分后平稳。

2. VAR 模型最优滞后阶数的选取

表 8 - 27 的道琼斯模型受初始滞后阶数影响较大，为避免过度拟合排除掉阶数过高的模型，再根据 SC 准则可知最优滞后阶数为 4。通过选择相同滞后阶数的 VAR 模型，经过比较发现，道琼斯指数的 VAR 模型拟合程度更好，这说明道琼斯指数 VAR 模型更加稳定，股指增长率在长时间段表现出自相关性，增长率较为稳定。

表 8 - 27　　　　　　　　　道琼斯指数滞后阶数检验结果

Lag	LogL	LR	FPE	AIC	SC	HQ
0	9069.760	NA	$1.82e-09$	-14.450	-14.442	-14.447
1	9372.822	604.674	$1.13e-09$	-14.927	-14.902	-14.917

Lag	LogL	LR	FPE	AIC	SC	HQ
2	9414.793	83.607	1.06e – 09	– 14.987	– 14.946	– 14.972
3	9498.243	165.971	9.35e – 10	– 15.114	– 15.057	– 15.092
4	9521.987	47.146	9.06e – 10	– 15.145	– 15.072	– 15.118

上证 50 指数和股指期货价格的 VAR 模型表达式如下：

$\ln FU = - 0.9469 \ln FU(-1) - 0.2358 \ln FU(-2) + 0.1162 \ln FU(-3) + 0.6788 \ln FU(-4) + 0.7726 \ln IN(-1) + 0.3779 \ln IN(-2) - 0.0404 \ln IN(-3) - 0.7513 \ln IN(-4) + 0.0004$

$\ln IN = - 0.2598 \ln FU(-1) + 0.2050 \ln FU(-2) + 0.4388 \ln FU(-3) + 0.7382 \ln FU(-4) + 0.0652 \ln IN(-1) - 0.0370 \ln IN(-2) - 0.3886 \ln IN(-3) - 0.7931 \ln IN(-4) + 0.0004$

3. Johansen 协整检验

通过平稳性检验可知，一阶差分后的两组时间序列是同阶单整序列，因此可以进行 Johansen 协整检验，检验两者之间是否存在长期稳定的均衡关系。股指期货与股票指数存在长期协整关系。道琼斯指数期货与沪深 300 股指期货和上证 50 股指期货类似，在 1% 的显著性水平下长期存在协整关系。

4. Granger 因果检验

道琼斯指数期货滞后项对现货有显著影响，股票指数的滞后项对股指期货也有显著影响，两者存在双向传导效应。Granger 因果检验通过检验 VAR 模型中所有自变量系数的统计学显著性，结果说明了股指期货的过去收盘价至少有一日的收盘价对进入股票指数存在显著性影响，即过去某天的期货收盘价对股票指数有显著影响。同时，股票指数过去某天的收盘价对股指期货今日收盘价也有显著影响。

沪深 300 股指期货和上证 50 股指期货没有通过现货对期货的 Granger 因果检验，即没有足够的证据说明股指现货对股指期货有显著性影响，也表明我国股指期货市场价格双向引导机制还不够完善。

5. 分析小结

通过对时段数据的分析可知，道琼斯指数期货价格与现货价格高度相关。一阶差分后序列平稳，两个序列 Johansen 协整检验通过，股指期货与股票指数在长期会回归到同一水平，存在比较好的长期均衡关系。道琼斯指数期货市场的价格发现功能十分强。

继续对道琼斯指数期货价格与现货价格进行 Granger 因果检验和方差分解可知，股指期货市场和股票市场相互影响，股指期货市场定价既会影响到股票市场，也会受到股票市场的影响。通过方差分解来看，道琼斯指数期货价格的解释作用更强，对于期货和现货的方差贡献能力所占比例很大，现货对期货的解释作用很小。但随着时间延长存在着期货解释能力的微弱下降和现货解释能力的微弱上升。道琼斯指数期货价格的解释作用更强，对于期货和现货的方差贡献能力所占比例很大，现货对期货的解释作用很小。

结合对平稳性和 VAR 模型的分析可以发现，美国股指期货的价格发现能力高于我国。我国股指期货指数经一阶差分后的平稳性强于美国股指期货指数，说明我国股指期货的对数收益率比美国平稳，随时间变化收益率的波动性小。与之类似的是，我国股市近 5 年的对数收益率也比美国平稳，随时间变化收益率的波动性小。在预测股票指数和股指期货时，我国股市存在 4 天明显的滞后期，即最近 4 天的股票指数和股指期货价格对于预测股票价格和股指期货价格是有比较好的参考价值。而美国股市并不存在明显的滞后期，在预测股票指数和股指期货价格时，可供参考的更多是短期外部事件和较长时间段下内部的自身价格。尽管如此，在建立相同滞后期的 VAR 模型时，美国股指期货模型的可决系数远高于我国股指期货，再加上美国股市收益率受时间变化的影响大于我国股市，VAR 模型对美国股市收益率的波动解释效果更好，这说明 VAR 模型更加适用于美国股市，拟合程度更高，也说明美国股指期货的价格发现能力远高于中国。

在 Johansen 协整检验中，中美两国股指期货拥有着同样程度的价格发现能力。在长期来看，股票指数和股指期货的走势相同，并且出现最终会回归统一到相同价格的现象。这说明股指期货的价格对于股票指数有着长时间段的指引效果，二者即使存在短期的价格偏离，最终经过一段时间也会恢复到正常水平。

在 Granger 因果检验中，美国股指期货的价格发现能力远高于我国。中美两国的股指期货都会影响到股票指数，但是只有美国的股票指数会影响股指期货。这说明美国股票市场因素会对股指期货的定价产生影响。股票市场和股指期货市场直接存在信息的联动，股指期货在一定程度上依靠股票市场的信息，市场更为成熟，定价更为精准。

在方差分解中，中国股市和美国股指期货价格发现能力较为接近。从总体上看，中美两国的股指期货都是股票指数的主要参考对象，对股票指数价格有很强的贡献程度。从时间变化看，美国的股票指数短期内会更依赖股指期货的定价，在长期看来，股票指数的变化会更加依赖股票市场自身的信息，体现股票市场的内部长期规律与二级市场反映整个社会经济状况的功能。

6. 启示

通过对国内外股指期货价格发现功能的对比，可以了解中美股指期货价格发现功能差异，为投资者提供有效的套期保值和套利投资策略，为监管机构提供建立跨市监管政策和法规的理论依据，也有助于明确我国期货市场的发展方向。具体启示如下。

应不断创新股指期货市场交易规则和交易品种。扩大对外开放，吸引境外投资者或机构进行国内金融市场投资行为，并进行全面监控，推进资本市场高水平双向开放，提高 QFII 投资限额。提升股指期货市场中金融产品的流通性，从而提高价格发现能力。适度降低资金准入限制和保证金。推出不同面额的股指期货品种，以满足大型机构和小型投资者的不同需要。

应提高投资者的投资水平。对个人投资者进行投资教育，提高机构投资者在市场中的比重。个人投资者应签署《期货交易风险说明书》，在对自身经济状态进行评测、对投资产品进行充分了解后，根据自身风险偏好，谨慎进行期货投资。期货企业针对会员也可以为个人投资者在市场新闻、基本面分析、技术分析等方面提供参考建议。机构相对于个人投资者，在投资理念、手段、投资组合等方面经验更为丰富，是保证股指期货市场长期健康发展的基础力量，应发展有资质的私募、信托、基金、保险等金融机构加入期货市场，提高市场的专业化水平。

应建立健全现货、期货市场联合监督机制。股指期货与现货市场的依存相关使联合监督十分必要。比如，亚洲发生金融危机时，股指期货的价格剧烈波动极大地影响了现货市场，进而增大了金融风险。因此，应建立健全市场监管体制，加强监督，防止投资机构把期货当成操纵现货市场价格的工具，例如，在市场暴跌时引入股市和期市的联合熔断、修改股市和期市的交易时间等。

（二）美国 10 年期国债期货实证与对比

我国已进入新的发展战略背景。其背景可以概括为两大方面。其一，我国确立了新发展格局，这个新发展格局是根据国际的百年未有之大变局，以及国内进入新的发展阶段等大局和大背景，提出的以国内大循环为主体，国内国际双循环相互促进的一个新发展格局。这样的一个新发展格局，不光是对当前，对今后我国的整个经济社会发展也具有非常重要的战略意义，所以把它叫新发展格局。其二，我国的金融改革和开放又开启了新阶段。中央提出的金融供给侧结构性改革对于整个国家金融体系和结构的优化，都做出了很多的安排。这两年我国金融开放的步伐是最大的。很多过去一直希望能够开放的深层次的领域，这两年都实施了开放，不光是金融服务业的开放，也包括了金融市场和制度的开放。结合当下金融深层次开放的背景，本部分将选取美国 10 年期国债与国内两大国债品种进行对比，探索两国国债在国债价格发现引导力方面的不同之处，研究分析我国国债在未深层次开放背景下的价格发现效率，发现我国国债的不足之处，争取做到国债这一重大金融资产的有效性紧跟国际前列，从而更好地提升我国金融软实力以及国际竞争力。

1. 数据说明

本部分采取 2015 年 10 月 30 日至 2020 年 10 月 30 日一个 5 年时段的美国 10 年期国债期货、现货进行数据分析。其中，选取 Investing 中美国 10 年期国债期货指数收盘价作为期货代表指数，现货价格则选取通达信金融中 7 年至 10 年美国国债指数 IEF。在数据的时间处理上，对无交易日的数据进行剔除。文中 *FP* 代表期货价格，*AP* 代表现货价格。

2. 描述性统计分析

从图 8 - 9 中可以看出美国 10 年期国债期现货价格走势在 2015 年 11 月至 2020 年 1 月期间处于近乎一致的运行趋势，趋同性极为强烈。

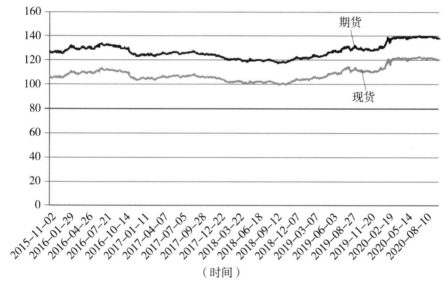

图 8 - 9 美国 10 年期国债期现货价格走势

3. 平稳性检验

为不改变数据性质和关系，本部分将期货和现货的数据取对数。进行 ADF 检验后，观察两个时段的结果。根据表 8 - 28 所示 *AP* 表示 10 年期国债现货价格，*FP* 表示 10 年期国债期货价格，ln*AP*（-1）表示 10 年期国债现货价格的一阶对数差分，ln*FP*（-1）表示 10 年期国债期货价格的一阶对数差分。表 8 - 28、表 8 - 29 中可示，该时段的期货价格 *FP* 和现货价格 *AP* 均在 5% 显著性水平下无法拒绝有单位根的原假设，在该时段内期货与现货价格二者为非平稳时间序列。而二者的一阶对数差 ln*AP*（-1）、ln*FP*（-1）均可以在 1% 的显著性水平下拒绝原假设，表明两者价格的一阶对数差分均为平稳序列，满足进行 Johansen 协整检验的同阶单整前提，因此接下来可以进行 Johansen 协整检验。

表 8 - 28　　（Ⅰ）时段美国 10 年期国债期现货各变量的 ADF 检验结果

变量	ADF	1% 显著性	5% 显著性	P 值
FP	- 0.3114	- 3.43	- 2.86	0.9208
AP	- 0.3145	- 3.43	- 2.86	0.9208
lnFP（-1）	- 36.0785	- 3.43	- 2.86	0.0000
lnAP（-1）	- 37.4678	- 3.43	- 2.86	0.0000

表 8 - 29　　（Ⅱ）时段美国 10 年期国债期现货各变量的 ADF 检验结果

变量	ADF	1% 显著性	5% 显著性	P 值
FP	- 0.2436	- 3.43	- 2.86	0.9434
AP	- 0.3048	- 3.43	- 2.86	0.9298
lnFP（-1）	- 38.3585	- 3.43	- 2.86	0.0000
lnAP（-1）	- 34.8739	- 3.43	- 2.86	0.0000

4. VAR 模型最优滞后阶数的选取

在进行 Johansen 协整检验之前对（Ⅰ）时段要建立 VAR 模型，由于 Johansen 协整检验时基于 VEC 模型，因此该模型根据变量的一阶差分建模分别为 lnAP（-1）、lnFP（-1），并明确模型中内生变量的 P 阶滞后期，进而反映全部内生变量的动态关系。在最优滞后阶数的确定中，本文根据 AIC 信息准则和 SC 准则，达到拟合度和自变量个数间的最佳权衡。对比表 8 - 30 滞后阶数检验结果中的 AIC 和 SC 数值后，确定最佳滞后阶数为 3。且由图 8 - 10 的 AR 根检验结果可知滞后阶数为 3 的 VAR 模型均为稳定模型。同理可确定（Ⅱ）时段的最佳滞后阶数为 2 且 VAR 模型为稳定模型。

表 8 - 30　　美国 10 年期国债期现货滞后阶数检验结果

Lag	LogL	LR	FPE	AIC	SC	HQ
0	10792.26	NA	9.22e - 11	- 17.43176	- 17.42349	- 17.42865
1	11937.13	2284.180	1.46e - 11	- 19.27484	- 19.25002	- 19.26551
2	12012.00	149.1381	1.30e - 11	- 19.38933	- 19.34797	- 19.37378
3	12038.67	53.05265	1.25e - 11	- 19.42597	- 19.36806 *	- 19.40419 *
4	12043.15	8.887568	1.25e - 11	- 19.42674	- 19.35228	- 19.39873
5	12044.39	2.463498	1.26e - 11	- 19.42228	- 19.33128	- 19.38806

Lag	LogL	LR	FPE	AIC	SC	HQ
6	12047. 89	6. 918382	1. 26e － 11	－ 19. 42147	－ 19. 31392	－ 19. 38102
7	12051. 57	7. 277441	1. 26e － 11	－ 19. 42096	－ 19. 29686	－ 19. 37428
8	12059. 54	15. 72213	1. 25e － 11 *	－ 19. 42737 *	－ 19. 28672	－ 19. 37447
9	12060. 55	1. 981893	1. 26e － 11	－ 19. 42254	－ 19. 26534	－ 19. 36341
10	12061. 93	2. 714782	1. 26e － 11	－ 19. 41831	－ 19. 24456	－ 19. 35296
11	12067. 84	11. 60758	1. 26e － 11	－ 19. 42140	－ 19. 23111	－ 19. 34983
12	12069. 20	2. 662986	1. 27e － 11	－ 19. 41713	－ 19. 21029	－ 19. 33934
13	12071. 43	4. 360701	1. 27e － 11	－ 19. 41427	－ 19. 19089	－ 19. 33025
14	12072. 88	2. 820394	1. 27e － 11	－ 19. 41014	－ 19. 17021	－ 19. 31990
15	12073. 62	1. 454409	1. 28e － 11	－ 19. 40488	－ 19. 14841	－ 19. 30842
16	12082. 40	17. 09594	1. 27e － 11	－ 19. 41261	－ 19. 13958	－ 19. 30992
17	12087. 49	9. 886841 *	1. 27e － 11	－ 19. 41436	－ 19. 12479	－ 19. 30545
18	12090. 84	6. 499423	1. 27e － 11	－ 19. 41331	－ 19. 10720	－ 19. 29818
19	12092. 17	2. 571524	1. 28e － 11	－ 19. 40900	－ 19. 08633	－ 19. 28764
20	12093. 67	2. 906002	1. 28e － 11	－ 19. 40496	－ 19. 06575	－ 19. 27738

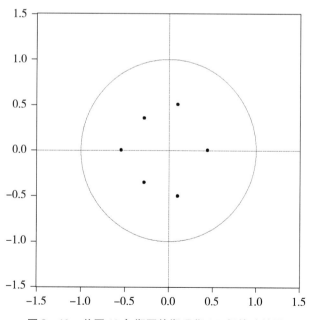

图 8 － 10　美国 10 年期国债期现货 AR 根检验结果

5. Johansen 协整检验

进行两个时段的 Johansen 协整检验，其检验结果如表 8 - 31、表 8 - 32 所示，两个时段均在 5% 的显著性水平下拒绝协整方程数为 0 的原假设，迹检验和最大特征值检验结果一致。同时两个时间段在 5% 的显著性水平下拒绝协整方程数为 1 的原假设，迹检验和最大特征值检验结果一致，这证明 10 年期国债期货价格与现货价格两者相互存在长期均衡的协整关系。

表 8 - 31 （Ⅰ）时段美国 10 年期国债期现货各变量 Johansen 协整检验结果

原假设	迹检验		最大特征值检验	
	统计量	5% 临界值	统计量	5% 临界值
协整方程数为 0	763.3407	15.495	548.7574	14.265
协整方程数为 1	214.5833	3.841	214.5833	3.841

表 8 - 32 （Ⅱ）时段美国 10 年期国债期现货各变量 Johansen 协整检验结果

原假设	迹检验		最大特征值检验	
	统计量	5% 临界值	统计量	5% 临界值
协整方程数为 0	778.2887	15.495	550.4568	14.265
协整方程数为 1	208.7341	3.841	216.8923	3.841

6. Granger 因果检验

按照在（Ⅰ）时段数据对 VAR 建模得出的最佳滞后阶数 3 进行 Granger 因果检验，如表 8 - 33 所示得到结论，拒绝 "$\ln FP$ 不引导 $\ln AP$" 的原假设，不拒绝 "$\ln AP$ 不引导 $\ln FP$" 的原假设。同时观察滞后阶数为 5、7、15、50 的 Granger 因果检验结果可以发现（Ⅰ）时段内美国 10 年期国债期货价格长期均衡地且强烈地引导国债现货价格，因此得到结论，（Ⅰ）时段内美国 10 年期国债期货价格领先于美国 10 年期国债现货价格。同理可通过表 8 - 34 数据得出（Ⅱ）时段内美国 10 年期国债期货价格长期均衡地且强烈地引导国债现货价格，其中（Ⅱ）时段 F 值与（Ⅰ）时段的偏差或受疫情影响较大。

表 8 - 33 （Ⅰ）时段美国 10 年期国债期现货各变量 Granger 因果检验结果

滞后阶数	原假设	F 值	P 值	是否接受原假设
3	$\ln FP$ 不引导 $\ln AP$	2477.63	0.0000	否
	$\ln AP$ 不引导 $\ln FP$	1.20716	0.3058	是

滞后阶数	原假设	F 值	P 值	是否接受原假设
5	lnFP 不引导 lnAP	1545. 56	0. 0000	否
	lnAP 不引导 lnFP	2. 02305	0. 0728	是
7	lnFP 不引导 lnAP	1094. 34	0. 0000	否
	lnAP 不引导 lnFP	2. 41468	0. 0186	否
15	lnFP 不引导 lnAFP	509. 332	0. 0000	否
	lnAP 不引导 lnFP	1. 71503	0. 0425	否
50	lnFP 不引导 lnAP	150. 060	0. 0000	否
	lnAP 不引导 lnFP	1. 31313	0. 0735	是

表 8 - 34　（Ⅱ）时段美国 10 年期国债期现货各变量 Granger 因果检验结果

滞后阶数	原假设	F 值	P 值	是否接受原假设
3	lnFP 不引导 lnAP	1899. 38	0. 0000	否
	lnAP 不引导 lnFP	1. 60369	0. 2786	是
5	lnFP 不引导 lnAP	1477. 32	0. 0000	否
	lnAP 不引导 lnFP	2. 17604	0. 0659	是
7	lnFP 不引导 lnAP	1086. 75	0. 0000	否
	lnAP 不引导 lnFP	2. 41468	0. 0186	否
15	lnFP 不引导 lnAP	509. 332	0. 0000	否
	lnAP 不引导 lnFP	1. 03782	0. 0035	否
50	lnFP 不引导 lnAP	150. 660	0. 0000	否
	lnAP 不引导 lnFP	1. 31313	0. 0045	否

7. 方差分解

由前文实证结果可知，国债期货价格是国债现货价格的 Granger 原因，反之则不成立。这表明在（Ⅰ）时段内期货价格对现货的价格具有引领效果，但现货价格对期货的引导则不显著，所以方差分解将以 LF、LA 顺序进行，分别对 LA、LF 以 LF、LA 的顺序进行方差分解。从表 8 - 35 中可以看到，这一时段内，在国债期货的价格形成过程中，自身价格一直保有 95. 00% 以上的方差贡献率，而国债现货价格的方差贡献率仅有 5. 0% 不到，说明现货价格对期货价格产生较小贡献，国债期货价格受自身价格影响较大。在 LA 的方差分解中，现货价格自身的方差贡献率在第 1 期大于期货，但从第 2 期开始，LF 对 LS 的方差贡献率超过现货价格自身，并在逐渐增大至第 20 期。国债期货价格的方差贡献率表现逐期上升,从第1期的0%到第20期的81.49375%,并在第10期至第50期都保持80%以上的方差贡献率;而现货价格的方差贡献率则呈现逐渐递减到平稳的过程,(Ⅰ)时段方差分解的结果表明美国10年期国债期货价格对自身价格及现货价格的贡献都比较大;国债现货价格对期货价格的贡献则很小,而对现货价格自身的方差贡献率也呈现下降趋势。形成现货价格的过程中,国债期货价格从第2期开始方差贡献率超过现货价格自身影响,并在这一过程占据重要地位。

表 8 – 35　　　　　　　　美国 10 年期国债期现货各变量方差分解结果　　　　　　单位:%

滞后阶数	$\ln AP$ 来自		$\ln FP$ 来自	
	$\ln AP$	$\ln FP$	$\ln AP$	$\ln FP$
1	100. 00000	0. 00000	3. 09934	96. 90066
2	26. 72771	73. 27229	2. 55462	97. 44538
4	20. 69258	79. 30742	2. 43734	97. 56266
10	18. 73530	81. 26470	2. 51303	97. 48697
20	18. 50625	81. 49375	2. 95319	97. 04681
50	19. 28913	80. 71087	4. 53462	95. 46538

8. 对比结论

我国国债现货和国债期货的价格都是非平稳时间序列,但二者的一阶差分均为平稳时间序列,因此国债现货及国债期货均为一阶单整时间序列。国债现货价格和国债期货价格满足协整关系假设,两个变量间具有长期均衡关系。大体上期货价格是现货价格的单向 Granger 原因,而反之则不成立。由此可以证明价格发现功能在我国国债期货市场中的存在。经过方差分解分析,国债期货价格形成过程由自身价格主导,国债现货对其产生的影响很小;国债现货价格形成过程则受国债期货影响逐渐增大,并从第2期开始超过国债现货价格自身影响,起到主导作用。实证检验表明,我国国债期货市场重启至今运行情况良好,国债期货与国债现货价格间存有长期均衡的协整关系,国债期货具备价格发现功能,对国债市场及整体金融市场发展起到积极推动作用。但是,依据方差分解分析,在国债现货的价格构建中,期货价格在第1期的贡献较低,自第2期以后逐渐上升。由此可以看出,当前我国国债期货价格对现货价格的引领存在一定滞后性,在当日内的传导效果较弱,从次日开始价格影响逐渐加强。我国国债和美国国债虽然都存在当日内传导效果偏弱的特点,但是相较于美国10年期国债,我国国债次日的价格影响力度远不及美国国债,我国期货市场的流动性仍需进一步改善。

第九章 价格发现功能研究结论与建议

一、实证分析归类

（一）纵向对比

除苹果 1 个品种因上市时间太短未有足够的数据做两时段对比外，将其他 18 个品种按两个时段是否有明显变化分成以下两类（见表 9 - 1）。

表 9 - 1　　　　　　　　　　发现功能分类

	两时段变化明显	两时段无明显变化
品种	棉花、棕榈油、PTA、天然橡胶、塑料、铜、铝、镍、沪深 300 股指、上证 50 股指、5 年期国债、10 年期国债、豆粕、原油、铁矿石	白糖、玉米、螺纹铜

（二）横向对比

在价格发现功能方面，将 19 个代表性品种按价格发现功能强弱分类得出以下结果（见表 9 - 2）。

表 9 - 2　　　　　　　　　　功能发现结果排序

	价格发现功能强	价格发现功能一般	价格发现功能弱
品种	棉花、棕榈油、PTA、塑料、铜、铝、沪深 300 股指、上证 50 股指、5 年期国债、10 年期国债、白糖、玉米、豆粕、螺纹钢、铁矿石	天然橡胶、镍、原油	苹果

二、分析结论

通过对各品种的实证分析和归类整理，发现了以下几个规律：

①价格发现功能与期货交易品种有一定的关联度。相比于金属产品和能源化工产品，农产品的储存比较困难，具有很大的季节性，因此储存困难的属性使存货因素对期货价格影响较低，所以期货交易者无法根据仓储情况对期货未来价格进行合理有效的预测，导致农产品期货价格波动较大，价格发现功能发挥效率相对低下。

②价格发现功能的强弱与期货的上市时间呈正相关关系，上市时间越早，交易制度越完善，价格发现功能也就越强。例如，玉米期货已上市15年，塑料期货已上市12年，铜期货已上市16年，交易制度及法律制度较为完善，已经形成成熟的定价体系，可以为现货企业提供套期保值的依据。而苹果期货和上海原油期货上市时间不足2年，市场尚处于起步探索期，期货现货的交割制度不够完善，受制于市场分割、信息不对称等因素，期货价格不能灵敏地反映市场供求，很大程度上影响了期货的价格发现功能。[①]

③价格发现功能的强弱与交易者结构存在一定的关联度，与期货交易品种相关的生产商、加工商、贸易商等参与交易的比例越大，价格发现功能就越强。例如，棕榈油期货随着工业的发展，耕种面积和产量大幅增加，市场和应用领域明显扩张，上下游企业数量增加，参与交易的比例增加，价格发现功能越来越强；螺纹钢期货作为基建的原材料，涉及300多亿元金额的巨额现货市场，钢厂进行期货交易套期保值比例大，价格发现功能强。而苹果期货中，参与期货交易商家数量较少，尤其是老果农对苹果期货的了解不足，参与程度不够，造成价格发现功能具有局限性。

④价格发现功能的强弱与交易规模大小呈正相关关系，流动性高的品种一般具有较大的交易规模，而交易规模大又加强了定价体系的权威性，使品种具有较强的价格发现功能。例如，成交量和成交金额都位居世界农产品期货前列的白糖、玉米、豆粕期货以及交易活跃度号称"小股指"的螺纹钢期货的价格发现功能均很强。而苹果期货作为扶贫品种，进行期货交易的数量有限，流动性不足，因此价格发现功能一般；中国石油期货市场远不及现货市场交易规模大，价格发现功能也较弱。

⑤价格发现功能强弱与关联品种是否在期货市场上市交易短期内呈负相关关系，长期呈正相关关系。关联品种在期货市场上市，短期内价格发现功能略有削弱，长期有助于价格发现功能发挥。在不锈钢期货上市前，不锈钢行业主要用镍期货来避险，而伴随不锈钢期货的上市，相关企业退出镍期货市场，短期内可能由于交易规模的下降使价格发现功能稍被削弱，但长期来看有助于镍价的回归，使镍期货定价机制更加合理。

⑥价格发现功能的强弱与现货市场的市场化程度呈正相关关系，现货市场的市场化程度越高，价格发现功能越强。棉花现货市场与国家放开配额相关，国家开放配额

---

① 截至完稿日。

会根据现货市场的供需情况进行调整，整体后期棉花走势或更加市场化，形成的价格也更加权威、合理，因此棉花期货的价格发现功能会越来越强；棕榈油现货市场没有政策管制，市场化程度高、价格波动大，期货价格发现功能强。而苹果现货市场的价格形成虽然由供需确定，但作为天然的扶贫品种会受到政策干扰，因此苹果期货的价格发现功能不能发挥完全。

⑦价格发现功能的强弱与期货对外开放程度呈正相关关系，国际化程度越高，价格发现功能越强。铁矿石期货正式引入境外交易者，为境外矿山等产业企业打通了参与路径，提高了铁矿石期货价格的影响力，不仅增强了价格发现功能，还更大范围地发挥了我国铁矿石期货在国际市场的价格发现功能。

三、政策建议

第一，加强投资者教育，改善投资者结构。与外国相比，我国的机构投资者所占份额较低，政府机构应加大期货的普及力度和普及范围，加强对相关从业者的教育工作。此外，应加大力度号召现货供应者入市，并将小规模投资者进行整合，以此完善投资者结构。在农产品方面，交易所还可以推广"保险＋期货"等项目，保障农民以及供应商的利益，使更多的现货从业者加入期货市场中来，增强期货市场的价格发现功能。

第二，完善交易制度，健全监管体系。四大交易所应切实履行监管职责，继续完善期货合约交易制度，并对交易风险进行有效把控。为了消除期货和现货市场之间的隔阂，解决两个市场之间的分割问题，使期货更好地匹配现货，可以在引导提高现货质量的同时，进一步加强对期货的交割检验。同时，监管机构应该抑制投机性交易的泛滥以防范市场风险。具体可以采取提高保证金标准、提高交易手续费、发布风险提示函等多种措施。

第三，丰富上市品种。与国外成熟的期货市场相比，我国期货市场上可供选择的品种不多，特别是金融期货商品更少。期货品种的增多，会使套期保值需求更细致，可以从本质上提高原作为替代品的品种的价格发现功能，凸显出价格的权威性。

第四，推进价格市场化。政府的着力点应从干预价格转向监督市场，及时披露市场信息，降低市场信息传递的时滞，增强市场透明度，以提高期货和现货市场之间信息传递的速率，进而更好地发挥价格发现功能。

第五，扩大金融领域对外开放，推动期货市场国际化。实施期货市场的国际化，有利于提高我国期货价格的国际影响力和国际代表性，更大范围地发挥我国期货价格在国际市场的价格发现功能，进而推动形成更为公开、公平和公正的价格，争取国际定价体系的话语权。

第三篇　中国期货市场套期保值效率评价

在中国期货市场全部品种的最优套期保值比率的模型选择上，静态套期保值模型和动态套期保值模型各占据半壁江山。具体而言，对于发展较成熟的期货品种，动态套期保值模型由于可以反映市场情况的时变性，一般情况下要优于静态套期保值模型；但是当期现货市场不发达时，期货价格在很大程度上并不能反映这种市场的时变性，导致使用静态套期保值模型的套期保值效率反而更高。

从品种上看，农产品中豆粕、棕榈油，金属产品、原油以及金融产品中股指套期保值效率较高；农产品中白糖、玉米、棉花和苹果以及化工产品和国债的套期保值效率偏低。与2019年相比，2020年市场这一整体套期保值效率格局并未发生实质变化。尽管2020年受新冠肺炎疫情影响，但期货市场的规模和活跃度较2019年有所提高，现货与期货的价格走势高度正相关并且基差的波动率较为稳定；各企业加强库存管理，积极利用套期保值规避价格风险，使期货市场成交量大幅增加，因此2020年期货市场套期保值效率并未出现明显下降。

从数据频率上看，期货市场的周度套期保值绩效显著高于日度套期保值，这表明在较短期限套期保值下，我国仍有很多投机操作及流动性等方面因素影响期现货市场，导致期现货市场受外部信息冲击时出现短期不同步现象。我国期货市场的活跃度与成熟度仍有待进一步提高。

从板块格局上看，在我国4个商品期货板块中，黑色金属、有色金属和原油期货的套期保值效率较高，其次是化工板块，农产品板块平均套期保值功能最差。在金融板块中，股指的套期保值效率较高，说明我国近几年不断对资本市场进行改革，股票市场的风险管理水平已达到一定高度。但国债期货的套期保值效率远低于股指期货套期保值效率。

　　未来应继续强化金属、能源化工板块的套期保值功能，防范有色金属板块套期保值功能下滑；大力推进农产品市场政策体系改革，提高农产品企业套期保值整体参与度；稳妥推进各类机构参与国债期货市场，促进国债期货套期保值功能更好发挥。

　　我国期货和现货市场发展虽日趋成熟，但和发达国家成熟的期货市场相比仍有较大差距，套期保值效率总体较弱。需要在提高国内企业套期保值的参与度、推进基于套期保值效率的保证金差异化管理、完善期货品种、稳进推进期货市场国际化进程等方面，进一步为提升期货市场套期保值功能作出努力。

第十章　套期保值效率研究方法选择

一、研究框架

突如其来的新冠肺炎疫情给我国社会经济发展带来前所未有的冲击。世界经济深度衰退，国际贸易和投资大幅萎缩，国际金融市场动荡。在危机中育新机、于变局中开新局。面对剧烈的市场波动和经济下行压力，期货行业积极发挥风险管理专业优势，利用期货、期权等金融衍生品工具，不断创新服务模式，有效对接实体企业需求，助力企业复工复产，疏通产业链上下游，积极缓解企业"购销难题"及资金压力，有效服务实体经济。广大实体企业也更加重视利用期货市场套期保值、规避风险、趋利避害，这也使得中国期货市场逆势成长。

作为期货市场的基本功能之一，套期保值功能是期货市场产生和发展的基础，也一直是学界和业界研究的焦点问题之一。我国期货市场经过30余年的发展虽然取得了巨大成就，成为投资者实现资产配置的重要工具市场，但长期以来，期货市场的投资者多以"散户"为主，企业参与套期保值意识不强，期货对冲功能较弱。据相关统计，目前，在我国规模以上的50多万家企业中，只有不到5%的企业直接参与期货市场。在我国运用金融工具开展套期保值活动的上市企业中，能达到高度有效套期保值的企业仅占运用衍生金融工具企业的1/10，少部分企业由于缺乏专业知识或操作不当，被迫沦为投机者。为此，深入开展期货市场套期保值效率研究，并用以指导企业和政府管理实践，具有深远的现实意义。

本篇的研究框架如下：

①基于对国内外文献的梳理，采用比较分析法，确定用于期货市场最优套期保值比率估计的常见有效模型。

②基于本年度和上一年度的原始数据，拟合最优套期保值比率计算模型，给出基于本年度样本数据的最优套期保值比率，发布覆盖主要品种的最优套期保值比率参考表。

③基于给出的各期货品种的最优套期保值比率，计算覆盖主要品种的套期保值效率，并进一步针对不同品种，对本年度与上年度的期货市场效率结构开展分析，研究国内不同期货市场的差异化效率特征，进一步提出政策建议。

本篇的研究目的如下。一是基于现货价格和期货价格数据，研究覆盖各品种的最优套期保值比率计算模型，为投资者研究覆盖各类品种的资产配置和交易策略提供支持，也为企业掌握各品种的潜在期货套期保值风险敞口提供参考依据，以期达到有效引导企业参与套期保值、活跃套期保值市场的目的。二是从纵向和横向两个维度，系统评价不同期货品种套期保值效率的结构性差异特征，为监管部门拟定监管规则提供理论与应用支持，特别是为期货交易所根据不同品种的套期保值效率高低设置不同保证金比例并实施动态管理提供可靠依据，以期规范期货市场行为，全面提高国内期货市场运行效率。

二、文献综述

（一）现代静态套期保值

Johnson（1960）、Stein（1961）率先将 Markowitz（1952）的投资组合理论与套期保值问题相结合，提出了现代套期保值理论。该理论的特点是将现货与期货视为一个投资组合，同时基于风险最小化的基本原则，通过期货与现货组合的最小化方差来决定两个市场的交易头寸，即最优套期保值比率，为套期保值的研究指明了方向。同时给出了最优套期保值比率的计算方法，即 $h = Cov（\Delta S\_t, \Delta F\_t）/Var（\Delta F\_t）$，简称 MV 套期保值比率（Minimizing variance hedge ratios）。Ederington（1979）基于 Johnson 的理论，使用普通最小二乘法（OLS）对期货收益率与现货收益率回归估计套期保值比率，并首次将组合资产收益方差的减少程度作为套期保值有效性的量化指标。

随着对套期保值研究的不断深入以及计量经济学的发展，计算套期保值比率的方法不断更新。Bell 和 Krasker（1986）证明了如果期货和现货价格变化依赖于前期信息，传统 OLS 方法将得到最优套期保值比率的错误估计。一方面，OLS 模型的残差存在自相关性，为了修正残差的自相关问题，Herbst 等（1989）采用 ARIMA 模型研究了外汇期货市场上存在自相关的情况下，运用 ARIMA 模型计算出来的最优套期保值比率在大多数情况下比 OLS 方法计算出来的要好。Myers 和 Thompson（1989）发现 OLS 模型残差项中的序列相关和异方差性导致了套期保值比率的偏差，而使用 BVAR 模型可以提高参数估计的有效性，得到更准确的套期保值比率。另一方面，Engle 和 Granger 于 1987 年系统性地提出协整理论，从而将期货价格与现货价格之间的协整关系对最优套期保值比率的影响考虑到估计模型中。Ghosh（1993）根据 Engle - Granger 的协整理论，对多国的现货和期货市场进行研究，发现各国的期货、现货市场之间均存在协整关系，并在传统 OLS 模型中引入误差修正项，提出估计最优套期保值比率的误差修正模型（ECM），该模型解决了变量之间协整关系对参数估计准确性的影响。实证结果表明加入误差修正项的模型能更准确地估计出最优套期保值比率，从而提高套期保值效果（Chou 等，1996）。Lien（1996）进一步证明如果忽略期货价格与现货价格之间的协整关系将会得到一个下偏的最优套期保值比率，影响套期保值功能的发挥。

从最优套期保值比率的形式来看，OLS、B－VAR 和 ECM 三种模型得到的最优套期保值比率是一个定值，不随时间变化。因此，被称为静态套期保值模型。

（二）动态套期保值策略

针对传统线性回归模型使用 OLS 估计最小方差套期保值比率具有残差无效性的缺点。Lien（1993）、Ghosh（1993）、Wahab 和 Lashgari（1993）考虑了期货序列和现货序列之间存在的协整关系，提出了二元向量自回归模型和向量误差修正模型（VECM），却往往无法体现金融资产收益率序列"波动汇聚"之特征。由此，很多学者开始使用 BGARCH 模型（Kroner 和 Sultan，1993；Park 和 Switzer，1995），但这些模型并没有考虑到期现货间的协整关系。在协整理论的基础上，学者们又综合分析了期现货价格之间的短期动态关系并提出了一些用于估计动态套期保值比率的模型：如向量 GARCH 模型（Bollerslev 等，1988）又称 VECM－GARCH 模型，且建立在不变条件系数的基础上。学者们通过大量的研究还发现，在不同时期和不同的市场上，使套期保值最有效的 GARCH 模型不是固定的（Yang 和 Allen，2005；Gregoriou 等，2011；Qu 等，2018）。有关动态套期保值策略动态调整过程中，Andavi 等（2009）认为动态套期保值需要经常调整套期保值头寸而支付相关成本，套期保值的有效性取决于资本市场的成熟度，而非套期保值方式。在不成熟的市场下，动态套期保值的效果更好；同时他还考虑了套期保值者的风险偏好（并不盲目地动态调整套期保值头寸），即当套期保值者的效用大于套期保值成本时，才进行套期保值。只有基于风险偏好的角度才能体现动态套期保值的优越性，但在成熟市场上，这种优势并不明显。

国内也有很多学者对套期保值功能进行了研究，如从神经网络的角度尝试预测期货行情走势，对动态套期保值决策具有一定的指导意义。王骏和张宗成（2005）也证实了动态套期保值更优，他们综合比较多种套期保值模型，包括静态 OLS、ECM 和 BVAR 模型，以及动态 ECM－GARCH 模型，所选取的实证样本数据是中国硬麦和大豆期货套期。高辉和赵进文（2007）基于协整的方法给出沪深 300 股指标的动态组合投资策略，并对比最小二乘法、向量自回归模型、误差修正模型等方法的套期保值的有效性，不论哪种方法都肯定了动态套期保值的有效性。徐荣和李星野（2017）也证实了动态套期保值更优，他们综合比较多种套期保值模型，包括静态 OLS、ECM、VECM 和 B－VAR 模型，以及动态 EWMA 模型，所选取的实证样本数据是中国铜期货和现货结算价。刘晨和安毅（2018）基于套期保值模型发展脉络，结合最小二乘法、向量自回归模型、误差修正模型，尤其是动态 GARCH 模型等方法，对影响套期保值的有效性的原因进行分析，结论肯定了动态套期保值更有效。

（三）金融期货研究

关于金融期货的研究马锋等（2012）利用 OLS、VAR、VECM、VAR‒MGARCH、VECM‒MGARCH 5 种模型对沪深 300 股指期货套期保值有效性进行研究，结果发现无论是样本内还是样本外，动态模型都优于静态模型，其中 VECM‒MGARCH 模型优于其他 4 种模型。张祎等（2017）基于 OLS、ECM、GARCH、ECM‒GARCH、EGARCH 和 BGARCH 6 个模型发现 BGARCH 模型的套期保值效率最高，ECM 的套期保值成本最低，ECM‒GARCH 模型计算效果最好。佟孟华等（2012）、伍友韬（2017）考虑到尾部相关性，运用 Copula‒GARCH 模型得出的沪深 300 股指期货套期保值效果明显优于传统的 OLS 模型和 BEKK 模型。张瑞稳等（2019）在对比传统套期保值模型的基础上，构建 GARCH‒CVaR 优化动态套期保值模型，发现当收益序列服从正态分布时，GARCH‒CVaR 模型具有更好的实用价值，套期保值效率更高。刘毅男（2017）考虑期现货市场存在的非对称性、长记忆性情况，建立多个静态和动态模型估计比率，在风险最小化下得到样本内 OLS 绩效最优，样本外 MS‒VECM 绩效最优。王杰（2019）通过确定混频套期保值比率，并与使用单一频率数据确定的套期保值比率进行绩效评估的比较，发现混合低频数据和高频数据确定的混频套期保值不仅在样本内的表现十分突出，而且在样本外的绩效评估中也显著优于使用单一频率确定的套期保值策略。陈程（2018）将市场因素考虑其中，并基于最小风险和最大效用两个角度对各市场下模型绩效进行分析，最终得到风险最小化下 GARCH 效果较好；效用最大化下，随着厌恶系数不同，模型有效性存在差异性。与股指期货套期保值效率相比，曹洁（2016）等认为国债期货套期保值效率整体偏低，采用时变 t‒Copula 函数和用时变 Kendall 秩相关系数在样本期内和样本期外都能得到最优的套期保值效果。付剑茹等（2019）采用动态 EC‒VAR‒DCC‒GARCH 模型探究国债期货套期保值功能及模型的选择，结果表明静态模型套期保值效率没有显著差异，动态模型的样本内套期保值效率略优于静态模型，但样本外套期保值效率则明显劣于静态模型。王玮（2019）提出将国债期货和沪深 300 股指期货相结合，进行组合套期保值，可以提高套期保值效率。

（四）商品期货研究

关于商品期货的研究凌鹏（2010）运用静态模型对铜的套期保值效率进行研究，发现从风险最小化的角度来衡量，ECM 模型的套期保值绩效最大；从效用最大化的角度来衡量，OLS 模型的套期保值绩效最大。王宝森和王丽君（2011）运用 Copula 函数对 PTA 期货进行套期保值研究，认为时变相关的 Copula 的最小方差套期保值模型可以提高套期保值效率，具有更高的套期保值比率测定精度，其有效性优于传统套期保值模型。张健和方兆本（2012）提出对于大宗商品来说，动态套期保值模型的套期保值效果要好于静态的模型，但动态的套期保值模型需要频繁调整头寸。同时提出，期货合约月份的选择会影响套期保值效率，这和我国期货市场使用随着时间变化的保证金比例有关。淳伟德等（2012）采用 OLS、VAR、VECM 和 VAR – MGARCH 4 种模型对铜、铝、锌 3 种期货品种的套期保值效率进行研究。通过样本外滚动预测发现，总体看金属期货的套期保值效率较高。其中，OLS 模型在铜和锌中表现较好，VAR 模型和 VECM 模型在铝中表现较好，VAR – MGARCH 模型在各种情况下表现均较差。此外，随着期限的增加，套期保值效率呈现出减小的趋势。

关于期货市场套期保值的研究近年来虽是学术热点，但主要集中在对单个品种或板块的最优套期保值比率估计模型的开发上，主要用于指导单个行业企业的套期保值策略选择行为。由于品种、样本期和模型的选择不同，使我们对于期货市场套期保值效率缺乏一个整体的认识与把握。因此，我们采用一套可比的标准，即可比的样本期，可比的模型。可比的测算标准对期货市场主要品种的最优套期保值比率及效率进行系统性测度和评估，从而得到期货市场套期保值效率结构性的系统评估，进而追踪这一结构的时间变化特征。

三、研究方法选择

（一）套期保值效率衡量方法的选择

套期保值策略事实上是一个现货与期货的投资组合，其中组合比率也被称为套期保值比率，是指持有期货合约的头寸大小与风险暴露现货资产头寸大小之间的比值，即对一单位风险暴露资产进行风险管理所需的期货合约的数量。

考虑一个包含 C_S 单位的现货多头头寸和 C_F 单位的期货空头头寸的组合，记 S_t 和 F_t 分别为 t 时刻现货和期货的价格，则该套期保值组合的收益率为

$$R_t^h = \frac{C_S \Delta S_t - C_F \Delta F_t}{C_S S_t} = \frac{\Delta S_t}{S_t} - \frac{C_F \Delta F_t}{C_S S_t} \times \frac{F_t}{F_t} = \frac{\Delta S_t}{S_t} - h \frac{\Delta F_t}{F_t} =$$
$$R_t^s - h R_t^f \approx \Delta \ln S_t - h \Delta \ln F_t \tag{10.1}$$

其中，

$$R_t^s = \frac{\Delta S_t}{S_t} \approx \Delta \ln S_t, R_t^f = \frac{\Delta F_t}{F_t} \approx \Delta \ln F_t \tag{10.2}$$

国内外学者基于 Markowitz（1952）提出的资产组合选择的均值方差理论框架，开

发了一系列套期保值效率衡量标准。典型的衡量方法包括：HE 模型（Lien，2005）、HBS 模型（Howard 和 Dantonio，1987）、Lindal' Mean – S. D 模型（Lindahl，1991）和下偏矩风险测度 $\alpha - t$ 模型（Fishburn，1977）等。其中 HE 模型以组合方差相对现货方差的减少程度作为套期保值效率的评价指标，具有直观、易操作等优点。但有学者指出 HE 方法由于使用方差，同时包含了现货端遭受损失和获得收益的两种情况，因此其他方法与 HE 方法相比更有效。然而其他方法计算误差较大，且在套期保值行为中，套期保值者的初衷就是锁定现货的未来价格，减少现货价格波动带来的不确定性，他更专注于套期保值后总风险的减少，而不在于追求期货端的收益效果，因此 HE 方法仍然是比较合适的。我们梳理的研究文献也表明，这一做法符合学术研究主流。

这里采用 HE 方法，即运用方差度量不确定性风险，以套期保值前后方差的减少量作为套期保值效率的衡量方法。

Lien（2005）提出的最小方差法（HE 模型）使用广泛，这种套期保值风险评估标准实际上已经暗含了使用 OLS 模型的优越性：

$$HE = \frac{\sigma_u^2 - \sigma_h^2}{\sigma_u^2} = 1 - \frac{\sigma_h^2}{\sigma_u^2} \qquad (10.3)$$

其中，$\sigma_u^2 = Var(\sigma_t^s)$ 为未经套期保值的资产组合收益率的方差，$\sigma_h^2 = Var(R_t^h)$ 为实施套期保值的资产组合收益率的方差：

$$\sigma_h^2 = Var(R_t^h) = Var(R_t^s) + h^2 Var(R_t^f) - 2h Cov(R_t^s, R_t^f) \qquad (10.4)$$

最小方差法表明，HE 值越大，期货规避的风险越多，套期保值效果越好。

由式（10.3），HE 值最大等价于 $\sigma_h^2 = Var(R_t^h)$ 最小，故以 HE 方法为效率评价标准的最优套期保值比率，实际上就是 Johnson（1960）、Stein（1961）最早提出的最小方差套期保值比率，即：

$$h = \frac{Cov(R_t^s, R_t^f)}{Var(R_t^f)} \approx \frac{Cov(\Delta \ln S_t, \Delta \ln F_t)}{Var(\Delta \ln F_t)} \qquad (10.5)$$

（二）最优套期保值比率估计模型的选择

由于基差的变化，在现代套期保值效率理论研究中，最优套期保值比率估计是核心问题。一方面，人们基于规避风险的效率评价标准，聚焦于开发各种计算最优套期保值比率的数量模型，直接为企业套期保值提供最优策略；另一方面，人们针对相应的最优套期保值策略进行效率分析，以此作为对市场套期保值效率的评价，已成为套期保值问题的理论研究范式。纵观最优套期保值比率研究，一般分为静态套期保值比率和动态套期保值比率估计模型两种基本类型。动态套期保值模型估计的套期保值比率具有时变性，相比静态模型其优势在于，当市场处于大幅度波动、基差风险较高时，能够有效规避价格风险。

1. 基于最小方差的最优套期保值比率模型的优化脉络

基于最小方差的最优套期保值比率估计包括静态和动态两类估计模型。

①国外静态套期保值比率研究。Johnson（1960）、Stein（1961）率先将 Markowitz（1952）的投资组合理论与套期保值问题相结合，提出了现代套期保值理论。Ederington（1979）基于 Johnson 的理论，使用普通最小二乘法（OLS）对期货收益率与现货收益率回归估计套期保值比率，并首次提出用组合资产收益方差的减少程度作为套期保值效率的测度指标。Bell 和 Krasker（1986）证明了如果期货和现货价格变化依赖于前期信息，传统 OLS 方法将得到最优套期保值比率的错误估计，这源于 OLS 模型的残差存在自相关性。为了修正残差的自相关问题，Herbst 等（1989）采用 ARIMA 模型研究了外汇期货市场上存在自相关情况，指出 ARIMA 模型在大多数情况下比 OLS 方法要好。Myers 和 Thompson（1989）发现 OLS 模型残差项中的序列相关和异方差性导致了套期保值比率的偏差，而使用 BVAR 模型可以提高参数估计的有效性。Ghosh（1993）根据 Engle － Granger 的协整理论，对多国的现货和期货市场进行研究，发现各国的期货、现货市场之间均存在协整关系，并在传统 OLS 模型中引入误差修正项，提出估计最优套期保值比率的误差修正模型（ECM）。实证结果表明，加入误差修正项的模型能更准确地估计出最优套期保值比率，从而提高套期保值效果（Lien 和 Luo，1993；Chou 等，1996）。

从最优套期保值比率的形式来看，OLS、BVAR 和 ECM 三种模型得到的最优套期保值比率是一个定值，不随时间变化，因此被称为静态套期保值模型。由于无法体现金融资产收益率序列"波动汇聚"特征，这些模型不能满足不同市场环境下动态变化的套期保值需求。为此，对套期保值的比率研究逐步向动态模型方向发展。

②国外动态套期保值比率研究。不少学者意识到最优套期保值比率应具有时变性的特点。Baillie 和 Myers（1991）构建了 BGARCH 模型估算最优套期保值比率，结果表明 BGARCH 的套期保值效果优于 OLS 及误差修正模型。Nelson（1991）构建 EGARCH 模型，克服了 GARCH 模型在处理正负收益时对波动率的非对称影响。Kroner 和 Sultan（1993）将 ECM 与 GARCH 模型结合起来，提出了 ECM － GARCH 模型，并用来估计了英镑、日元、加元等世界主要货币期货的最优套期保值比率，取得了较好的套期保值效果。自 Bollerslev 等（1988）提出 GARCH 模型以来，国内外运用 GARCH 模型工具研究套期保值比率估计就没有中断过。总的趋势是，不断创新各种数量方法的交叉混合模型，估计模型趋于复杂化。

2. 国内相关研究

近年来，关于有色金属、化工和金融期货的套期保值比率优化研究，主要侧重于动静不同模型的优化比较，也有 GARCH 族的新模型开发。

在商品期货领域，冯春山等（2004）运用带 GARCH 误差修正项的向量误差修正（VECM）模型估计套期保值比率时发现该方法的套期保值绩效要好于静态套期保值模型。王骏和张宗成（2005）使用 OLS、BVAR、ECM 和 EC–GARCH 4 种模型对铜期货进行研究，发现使用周数据得到的套期保值比率明显比使用日数据的比率要大，而且时间跨度更大的周数据的套期保值效果也更好。彭红枫和叶永刚（2007）提出了修正的 ECM–GARCH 模型，并对比分析了 3 种模型动态模型的套期保值效果。梁斌等（2009）在套期保值比率实证模型的选择上，引入 3 种参数化形式的 BEKK 模型进行参数估计，并比较了 3 种参数化形式对静态和动态套期保值模型的影响。陈蓉等（2009）运用基于混合 Copula 函数的最小下偏矩估计套期保值比率，在样本外获得了较好的预测结果。王玉刚等（2009）将 Copula 引入 GARCH 和 EWMA 模型，并对期铜最小方差套期保值比率进行估计，取得较好效果。付剑茹和张宗成（2014）借助基于卡尔曼滤波法的状态空间（SSPACE）模型对铜期货市场的时变最优套期保值比率进行估计，并与 OLS、VAR、VECM、CCC–GARCH 模型效果进行了比较，结果显示 SSPACE 模型的套期保值绩效全面占优。王辉和谢幽篁（2011）通过引入修正 ADCC–GARCH 和 DADCC–GARCH 模型对大豆、棉花、铜、铝和燃料油 5 种商品期货进行实证研究，结果表明，对于套期保值效率而言，样本外农产品期货的静态模型表现更优，而样本内外估计，金属期货、能源期货结果差距不大。李红霞等（2012）通过构建 AR–DCC–MVGARCH 模型，研究中国黄金期货最小风险套期保值比率及套期保值有效性，套期保值组合能够有效地规避黄金现货投资风险。武东（2019）对螺纹钢期货数据建立 OLS、ECM、DCC–GARCH 模型估计套期保值比率，发现用 DCC–GARCH 效果最好。

在股指期货领域，胡向科（2010）使用我国股指期货市场仿真交易数据，用 OLS、BVAR、ECM 及 ECM–GARCH 4 种模型对股指期货进行最优套期保值比率的估计，实证结果显示 ECM–GARCH 模型效果最差，ECM 模型得到的效果最好。赵婉淞等（2011）引入双变量 BGARCH 模型，用真实市场交易的 IF0912 股指期货合约对股票 ETF 基金进行套期保值，结果显示用 IF0912 合约降低了股票 ETF 基金的 VaR，但无法完全消除风险。佟孟华等（2012）以沪深 300 股指期货为研究对象，建立了 ECM–BGARCH（1，1）动态套期保值模型，发现该模型优于传统的套期保值模型。张健和方兆本（2012）针对沪深 300 股指期货、构建的沪深 300ETF 组合、S&P500 股指期货以及 S&P500 指数 4 种时间序列，运用 OLS、VECM、Copula–VAR、修正 ECM–GARCH 模型进行套期保值比率对比分析，实证结果显示，沪深 300 股指期货的套期保值绩效优于 S&P500 股指期货，而修正 ECM–GARCH 模型的估计结果为最优。马锋等（2012）运用静态（OLS、VAR、VECM 3 种）和动态（VAR–MGARCH、VECM–MGARCH 两种）模型对沪深 300 股指期货的最优套期保值比率及有效性进行研究，实证结果显示：无论是样本内还是样本外，动态模型的套期保值效果优于静态模型，其中 VECM – MGARCH 模型估计效率最高；而静态模型估计中 VECM 优于 OLS、VAR 模型。黄文彬等（2016）以沪深 300 股指期货四种合约的日频率和 15 分钟、10 分钟、5 分钟、1 分钟频率的高频数据为对象，检验静态 OLS、BVAR、ECM 模型和动态 Diagnoal – BEKK 模型、CCC – GARCH 模型、Diagnoal – VECH 模型、DCC – GARCH 模型的套期保值绩效，实证结果表明，套期保值绩效随着数据频率的提高而降低。

3. 最优套期保值比率模型的选择

从发展过程看，20 世纪 80 年代中后期到 90 年代中前期，在套期保值领域，GARCH 模型的改进主要集中在如何更好地拟合金融时间序列的特征，如非对称性和协整关系等问题上；21 世纪 10 年代以来，则主要集中在如何估计更准确的时变、非对称、非线性的协方差等问题上（彭韵，2011）。近年来，尽管以上动态套期保值模型在期货市场得到了广泛应用，但是如何进一步提高模型的有效性仍然是国际学界和业界关注的核心问题。Gregoriou 等（2011）对不同国家的市场和不同时间段的数据进行研究后发现，使用套期保值最为有效的 GARCH 模型也不是固定的。就静态与动态模型比较而言，Lai（2018）认为，动态套期保值模型需要经常调整套期保值头寸并且支付相关成本，套期保值的有效性取决于资本市场的成熟度，而非取决于套期保值方式。因此，在较为成熟的市场中，动态套期保值策略可能不如静态套期保值策略有效。

纵观国内外研究，由于选择的空间区域、时间跨度样本不同，国内外关于针对不同品种的最优套期保值比率模型研究，得出的结论并不一致。但梳理中外研究可以看出，基础 OLS、ECM、BVAR、BGARCH、ECM – GARCH 模型在最优套期保值比率研究出现的频率较高，其套期保值效率也得到一定认可。我们的实证分析表明，这五种模型对市场套期保值效率结构研究具有高度一致性，即无论使用哪一种模型，不同品种的套期保值效率都具有相同方向的差异特征，说明了这些模型的可适用性。

在本篇的最优套期保值效率分析中，采用 OLS、ECM、BVAR、BGARCH、ECM – GARCH 五种通用模型分别加以对比研究。

四、套期保值比率估计模型的构建

（一）传统的静态套期保值比率求解方法

1. OLS 求解方法

Ederington（1979）利用现货收益率对期货收益率回归计算套期保值比率：

$$R_t^s = c + bR_t^f + u_t \qquad u_t \sim i.i.d. N(0, \sigma^2) \tag{10.6}$$

其中回归系数 b 即为最优套期保值比率。这里需要检验现货和期货收益率序列不相关，也没有异方差性。

2. ECM 求解方法

Chou 等（1996）提出的 ECM 方法，是 Engle 和 Granger（1987）的两步法，其基本思想如下。

第一步，先求模型的 OLS 估计，又称协整回归：

$$R_t^s = c + bR_t^f + u_t \tag{10.7}$$

得到 c，b 及残差序列 u_t。

$$\hat{u}_t = R_t^s - \hat{c} - \hat{b}R_t^f \tag{10.8}$$

第二步，再用 OLS 方法估计回归方程：

$$R_t^s = c + au_{t-1} + bR_t^f + \sum_{i=1}^n \theta_i R_{t-i}^f + \sum_{j=1}^k \phi_j R_{t-j}^s + \varepsilon_t \tag{10.9}$$

其中 $R_t^s = \ln P_t^s - \ln P_{t-1}^s$，$R_t^f = \ln P_t^f - \ln P_{t-1}^f$ 且 $\varepsilon_{t-1} = \ln P_{t-1}^s - (a + b\ln P_{t-1}^f)$ 分别是时点 t $\sqrt{b^2 - 4ac}$ 现货和期货的价格。在式（10.9）中，系数 b 就是套期保值比。

3. BVAR 求解方法

Ghosh（1993）和 Lien（1996）使用二元向量误差修正模型（BVAR）计算了套期保值比，具体形式为

$$R_t^s = \sum_{i=1}^n \beta R_{t-i}^s + \sum_{j=1}^k \delta R_{t-j}^f + \varepsilon_t^s \tag{10.10}$$

$$R_t^f = \sum_{i=1}^n \gamma R_{t-i}^s + \sum_{j=1}^k \phi R_{t-j}^f + \varepsilon_t^s \tag{10.11}$$

套期保值比为 $\rho(\sigma_s/\sigma_f)$，其中 ρ 是 ε_t^s 和 ε_t^f 的相关系数，σ_s 和 σ_f 是 ε_t^s 和 ε_t^f 的标准差。

（二）动态套期保值比率的求解方法

1. BGARCH 求解方法

Park 和 Switzer（1995）使用 Bollerslev（1990）的简化 $\boldsymbol{H}_t$ 矩阵方法计算最优套期保值比，构建了在条件均值方程中包含误差修正项的 BGARCH 模型：

$$R_t^s = \alpha_{0s} + \alpha_{1s}(R_{t-1}^s - \gamma R_{t-1}^f) + \varepsilon_{st} \tag{10.12}$$

$$R_t^f = \alpha_{0f} + \alpha_{1f}(R_{t-1}^s - \gamma R_{t-1}^f) + \varepsilon_{ft} \tag{10.13}$$

$$\varepsilon_t = \begin{pmatrix} \varepsilon_t^s \\ \varepsilon_t^f \end{pmatrix} \Big| \psi_{t-1} \sim N(0, H_t) \tag{10.14}$$

$$h_{st}^2 = c_s + a_s \varepsilon_{s,t-1}^2 + b_s h_{s,t-1}^2 \tag{10.15}$$

$$h_{ft}^2 = c_f + a_f \varepsilon_{f,t-1}^2 + b_f h_{f,t-1}^2 \tag{10.16}$$

其中，ψ_{t-1} 是到时点 $t-1$ 的信息，$R_{t-1}^s - \gamma R_{t-1}^f$ 是来自回归方程 $R_t^s = \delta + \gamma R_t^f + e_t$ 的误差项。则 BGARCH 方法的时变的套期保值比率为

$$b_t = \frac{h_{sf,t}}{h_{ff,t}} = \frac{\mathrm{Cov}(\varepsilon_t^s, \varepsilon_t^f)}{Var(\varepsilon_t^f)} \tag{10.17}$$

BGARCH 模型的估计是使用准极大似然估计，条件对数似然函数写为

$$L_t(\boldsymbol{\theta}) = -(n/2)\log(2\pi) - (1/2)\log(\,|\boldsymbol{H}_t(\boldsymbol{\theta})|\,)$$
$$- (1/2)\varepsilon_t(\boldsymbol{\theta})' \boldsymbol{H}_t^{-1}(\boldsymbol{\theta}) \varepsilon_t(\boldsymbol{\theta}) \tag{10.18}$$

其中，$\boldsymbol{\theta}$ 代表参数向量，n 是样本容量。上述模型需要对残差序列的正态分布性进行检验。

2. ECM – GARCH 求解方法

本文在 Bollerslev（1990）和 Lien Kroner Sultan（1993）研究基础上构建 ECM – GARCH 模型比率，利用 ECM – GARCH 动态的套期保值策略得出时变的一组最优套期保值比率：

$$\Delta S_t = a_s + \beta_s \Delta z_{t-1} + \varepsilon_{s,t-1} \tag{10.19}$$

$$\Delta F_t = a_f + \beta_f \Delta z_{t-1} + \varepsilon_{f,t-1} \tag{10.20}$$

$$\Delta z_{t-1} = S_{t-1} - (a + \beta F_{t-1}), \varepsilon \mid \Omega_{t-1} \sim N(0, h_t) \tag{10.21}$$

$$h_t = \alpha_0 + \sum_{i=1}^q a_i \varepsilon_{t-i}^2 + \sum_{j=1}^p \delta_j h_{t-j} \tag{10.22}$$

其中，h_t 为最优套期保值率，ε 为残差项，h_t 为 t 期的条件方差，(p,q) 为自回归（AR）和移动平均项（MA）的阶数，Ω_{t-1} 为 $t-1$ 期的信息集。

上述 BGARCH 和 ECM – GARCH 在求解最优套期保值比率过程中，由于需要不断动态调整套期保值比率，会产生套期保值行为的成本问题。我们在以后的专题中加以讨论。

第十一章　农产品期货套期保值效率
测度分析

一、品种选择

在已经上市的农产品期货品种中，选择白糖、棉花、玉米、豆粕、棕榈油和苹果六大品种进行实证分析。这些农产品是非常重要的品种，在农产品版块期货中具有价格波动高和成交量大的特点。2020年白糖期货的成交量达到了112324803手，同2019年相比增加了110.86%。甘蔗是白糖的主要原材料，甘蔗的生产地多集中于广西地区，而广西又是主要的扶贫地区，因此利用白糖期货市场进行套期保值帮助蔗农规避天气、害虫等导致减产的风险在脱贫攻坚战中起到了较为重要的作用。棉花期货在郑商所上市至今已有十多年的时间，无论规模还是活跃度在农产品板块都居于靠前的位置，其2020年的成交量为98821818手，较2019年同比增长221.21%，我国的棉花产量居于全球第二，在2020年这个特殊的时期，我国大部分企业利用棉花期货市场进行套期保值及时锁定了风险敞口，规避了新冠肺炎疫情带来的市场风险。玉米期货是农产品期货市场重要的组成之一，也是全球交易时间最久的农产品期货品种。同时，玉米作为重要的饲料原料，所占比重高达60%以上。玉米期货2020年成交量为158586889手，同比2019年增加75.64%。豆粕是提取豆油后得到的一种副产品，作为一种高蛋白质，是制作牲畜与家禽饲料的主要原料，在饲料行业占有重要地位。我国的豆粕主要依靠进口，而豆粕价格的上下波动在很大程度上影响我国畜牧业的养殖成本，进而影响居民消费水平，进一步影响我国的消费结构，因此对豆粕的套期保值尤为重要。豆粕期货2020年的成交量为318009267手，同比2019年增加29.56%。棕榈油期货是我国期货市场上市的第一个纯进口品种，棕榈油在世界上被广泛用于烹饪和食品制造业，同时也是国内消费市场上三大主要植物油之一。棕榈油期货于2007年10月在大连商品交易所上市，作为一种国际商品，影响棕榈油价格的因素有很多，这必然导致棕榈油现货和期货价格波动频繁。棕榈油期货2020年的成交量为286729162手，同比2019年增加193.88%。苹果期货于2017年上市，是国内外第一个鲜果类的期货，它具有价格波动大、日内波动频繁、幅度明显的特点。苹果期货 2020 年的成交量为 54414121 手, 同比 2019 年增加 216. 31%。这些都是农产品板块选择以上期货品种进行研究的原因。

本部分数据来源如下: 玉米的相关数据来自大连商品期货交易所, 白糖和苹果的相关数据来自郑州期货交易所, 棕榈油和豆粕的相关数据来自 Wild 数据库。

二、样本数据

这里采用过去五年的现货与期货市场的日收益率 (价格取对数后差分) 数据。除苹果期货使用 2018 年的数据做样本内分析, 2019 年、2020 年的数据做样本外检测外, 其余农产品期货则使用 2014 年 10 月至 2018 年 9 月的数据做样本内分析, 并分别对 2018 年 10 月至 2019 年 9 月、2019 年 10 月至 2020 年 9 月的两个样本区间做样本外回测分析, 用来比较不同品种的套期保值效率年度变化情况。其中, 白糖品种的有效样本量为 1447, 棉花品种的有效样本量为 1464, 玉米品种的有效样本量为 1464, 豆粕品种的有效样本量为 1459, 棕榈油品种的有效样本量为 1474, 苹果品种的有效样本量为 90 个。

期货数据均采用主连合约数据, 数据来源是 Wind 数据库, 农产品现货数据均来源于 Wind 数据库。所有数据均采用收盘价进行分析。

三、农产品期货套期保值比率估计与效率分析

(一) OLS 模型估计结果

以农产品现货收益率 $\ln\Delta S$ 作为被解释变量, 商品期货收益率 $\ln\Delta F$ 作为解释变量, 得到

白糖的回归结果为

$$\ln\Delta S = -0.0001 + 0.6981\ln\Delta F + e_t;$$

棉花的回归结果为

$$\ln\Delta S = 0.0003 + 0.0145\ln\Delta F + e_t;$$

玉米的回归结果为

$$\ln\Delta S = -0.0002 + 0.0526\ln\Delta F + e_t;$$

豆粕的回归结果为

$$\ln\Delta S = 0.0002 + 0.5502\ln\Delta F + e_t;$$

苹果的回归结果为

$$\ln\Delta S = 0.0037 - 0.1397\ln\Delta F + e_t;$$

棕榈油的回归结果为

$\ln \Delta S = -0.0001 + 0.3031 \ln \Delta F + e_t$。

根据简单 OLS 回归结果以及 t 统计量和 P 值表明，解释变量 $\ln \Delta F$ 的系数显著。从回归参数结果可以看出，当建立一单位的白糖现货多头后，需要同时建立 0.6981（β）单位的空头寸的白糖期货用于对冲；当建立一单位的棉花现货多头后，需要同时建立 0.0145（β）单位的空头寸的棉花期货用于对冲；当建立一单位的玉米现货多头后，需要同时建立 0.0526（β）单位的空头寸的玉米期货用于对冲；当建立一单位的豆粕现货多头后，需要同时建立 0.5502（β）单位的空头寸的豆粕期货用于对冲；建立一单位的苹果现货多头后，需要同时建立 −0.1397（β）单位的空头寸的苹果期货用于对冲；建立一单位的棕榈油现货多头后，需要同时建立 0.3031（β）单位的空头寸的棕榈油期货用于对冲。

（二）ECM 模型估计的最优套期保值比率

以农产品现货收益率 $\ln \Delta S$ 作为被解释变量，农产品期货收益率 $\ln \Delta F$ 作为解释变量，得到

白糖的回归结果为

$\ln \Delta S = 0.0006 + 0.6739 \ln \Delta F + 0.0334 \mathrm{ECM} + e_t$；

棉花的回归结果为

$\ln \Delta S = 0.0015 - 0.0132 \ln \Delta F - 0.0215 \mathrm{ECM} + e_t$；

玉米的回归结果为

$\ln \Delta S = 0.0010 + 0.2154 \ln \Delta F + 0.0121 \mathrm{ECM} + e_t$；

豆粕的回归结果为

$\ln \Delta S = 0.0045 + 0.5368 \ln \Delta F + 0.0397 \mathrm{ECM} + e_t$；

苹果的回归结果为

$\ln \Delta S = -0.0015 - 0.1508 \ln \Delta F - 0.0105 \mathrm{ECM} + e_t$；

棕榈油的回归结果为

$\ln \Delta S = -0.0005 + 0.3059 \ln \Delta F + 0.0056 \mathrm{ECM} + e_t$。

根据简单 OLS 回归结果以及 t 统计量和 P 值表明，解释变量 $\ln \Delta F$ 的系数显著。从回归参数结果可以看出，当建立一单位的白糖现货多头后，需要同时建立 0.6739（β）单位的空头寸的白糖期货用于对冲；当建立一单位的棉花现货多头后，需要同时建立 −0.0132（β）单位的空头寸的棉花期货用于对冲；当建立一单位的玉米现货多头后，需要同时建 0.2154（β）单位的空头寸的玉米期货用于对冲；当建立一单位的豆粕现货多头后，需要同时建立 0.5368（β）单位的空头寸的豆粕期货用于对冲；建立一单位的

苹果现货多头后，需要同时建立 −0.1508（β）单位的空头寸的苹果期货用于对冲；建立一单位的棕榈油现货多头后，需要同时建立 0.3059（β）单位的空头寸的棕榈油期货用于对冲。

（三）BVAR 模型估计的最优套期保值比率

对农产品期货和现货的价格序列进行 ADF 单位根检验结果表明，收益率序列是平稳的，因此可以用收益率序列建立双变量向量自回归模型（BVAR），根据 AIC 信息准则和 SC 准则，建立滞后 2 期的 VAR 模型。

表 11 −1、表 11 −2 给出了模型的估计结果，并根据残差的方差与协方差计算出白糖的最优套期保值比率为 0.2889，棉花的最优套期保值比率为 0.0271。BVAR 模型属于静态套期保值模型，得到的最优套期保值比率是静态的。玉米的最优套期保值比率为 0.0587，豆粕的最优套期保值比率为 0.5947，苹果的最优套期保值比率为 −0.1217，棕榈油的最优套期保值比率为 0.3231。

表 11 −1　　　　　　　　BVAR 模型估计结果（白糖、棉花和玉米）

估计结果	白糖现货	白糖期货	棉花现货	棉花期货	玉米现货	玉米期货
$\ln S$（−1）	0.0507 [1.011]	0.1606 [6.202]	0.3136 [23.779]	−0.2252 [−1.566]	−0.0329 [−1.019]	0.0335 [1.829]
$\ln F$（−1）	0.0006 [0.006]	−0.1079 [−3.191]	0.0542 [10.347]	−0.0133 [−0.532]	−0.0205 [−0.277]	0.1769 [6.773]
$\ln S$（−2）	−0.1110 [−1.910]	0.0184 [0.497]	0.1043 [4.228]	0.1944 [1.288]	0.0041 [7.972]	−0.0028 [−0.133]
$\ln F$（−2）	0.1745 [2.107]	−0.0236 [−0.538]	0.0190 [3.836]	−0.0248 [−0.948]	0.1900 [2.113]	0.1346 [3.541]
$\ln S$（−3）	−0.0541 [−1.032]	−0.0245 [−0.721]	0.1697 [9.193]	−0.2503 [−1.748]		
$\ln F$（−3）	−0.0241 [−0.287]	0.0249 [0.573]	0.0277 [3.556]	0.0035 [0.128]		
$\ln F$（−4）	−0.0219 [−0.231]	−0.0837 [−2.069]	0.0091 [1.205]	0.0257 [0.856]		
$\ln S$（−5）	−0.0294 [−0.569]	−0.0037 [−0.102]	−0.0262 [−1.003]	−0.0378 [−0.322]		
$\ln F$（−5）	0.1415 [1.741]	0.2030 [5.538]	0.0324 [4.699]	0.0070 [0.251]		
$\ln S$（−6）	0.0367 [0.800]	0.0751 [2.097]				

续　表

估计结果	白糖现货	白糖期货	棉花现货	棉花期货	玉米现货	玉米期货
$\ln F$（−6）	0.0634 ［0.748］	−0.0997 ［−2.820］				
C	0.0077 ［70.550］	0.0055 ［76.643］	0.0027 ［130.153］	0.0124 ［71.686］	0.000033 ［0.080］	−0.000127 ［−0.656］
$Var(\varepsilon_t^2)$	5.94e−08	2.86e−08	1.57e−09	1.81e−07	1.04e−08	1.02e−06
$Cov(\varepsilon_{st}, \varepsilon_{ft})$	0.3556		0.1079		0.1195	
最优套期 保值比率	0.2889		0.0271		0.0587	

表 11−2　　　　　　　　BVAR 模型估计结果（豆粕、苹果和棕榈油）

估计结果	豆粕现货	豆粕期货	苹果现货	苹果期货	棕榈油现货	棕榈油期货
$\ln S$（−1）	0.0052 ［0.123］	0.2477 ［8.545］	−0.2821 ［−2.612］	0.1673 ［0.652］	−0.1614 ［−4.745］	0.0520 ［1.156］
$\ln F$（−1）	−0.0429 ［−0.749］	−0.1124 ［−2.680］	−0.0287 ［−0.245］	0.4438 ［1.958］	0.2657 ［15.801］	0.0165 ［0.475］
$\ln S$（−2）	−0.0380 ［−0.917］	−0.1217 ［0.1717］			−0.0592 ［−1.734］	−0.0141 ［−0.229］
$\ln F$（−2）	−9.968e−05 ［−0.002］	5.124 ［−2.196］			0.1099 ［5.542］	−0.0345 ［−0.949］
$\ln S$（−3）	0.0059 ［0.130］	0.1250 ［3.005］			0.0200 ［0.651］	0.0012 ［0.024］
$\ln F$（−3）	−0.0637 ［−1.090］	−0.0444 ［−0.966］			0.0489 ［1.946］	−0.0010 ［−0.028］
$\ln S$（−4）	−0.0228 ［−0.504］	0.0858 ［2.591］				
$\ln F$（−4）	0.0925 ［1.712］	0.0816 ［2.000］				
$\ln S$（−5）	−0.0302 ［−0.684］	0.0383 ［1.014］				
$\ln F$（−5）	0.0010 ［0.020］	0.0493 ［1.135］				
$\ln S$（−6）	−0.0111 ［−0.255］	−0.0671 ［−2.970］				

续　表

估计结果	豆粕现货	豆粕期货	苹果现货	苹果期货	棕榈油现货	棕榈油期货
$\ln F\ (-6)$	0.0583 [0.193]	0.1141 [3.196]				
C	0.0113 [54.285]	0.0099 [65.930]	0.0246 [11.498]	0.0298 [1.019]	0.0067 [68.452]	0.0123 [53.640]
$Var(\varepsilon_t^2)$	1.66e−07	8.56e−08	2.33e−06	2.28e−06	3.38e−08	1.17e−07
$Cov(\varepsilon_{st},\varepsilon_{ft})$	0.4859		−0.1541		0.4804	
最优套期保值比率	0.5947		−0.1217		0.3231	

（四）BGARCH 和 ECM - GARCH 模型估计结果

BGARCH 和 ECM - GARCH 模型估计的结果如表 11-3 和表 11-4 所示。

表 11-3　　　　　　　BGARCH 模型估计结果

参数	玉米	豆粕	苹果	棕榈油	棉花	白糖
ω_1	5.8484e−07 [5.495e+04]	1.6805e−05 [3.232e+06]	2.2910e−04 [1.972]	1.3676e−06 [1.607e+06]	2.1155e−07 [6.316e+04]	4.8972e−06 [1.478e+07]
α_1	0.2000 [9.052]	0.1000 [2.838]	1.0000 [0.587]	0.0100 [46.794]	0.1000 [1.681]	0.2000 [776.612]
β_1	0.7800 [47.149]	0.8000 [28.193]	0.0000 [0.000]	0.9700 [328.546]	0.8800 [13.393]	0.7000 [20.594]
$\alpha_1+\beta_1$	0.9800	0.9000	1.0000	0.9800	0.9800	0.9000
ω_2	5.9430e−05 [1.050]	1.1215e−05 [2.063e+05]	1.6980e−03 [1.611]	3.0221e−06 [5.951e+05]	3.0571e−06 [3.034e+07]	6.9299e−07 [6.359e−03]
α_2	0.0500 [2.389]	0.0500 [1.689]	0.9159 [1.491]	0.0500 [8.509]	0.0500 [55.920]	0.0500 [0.837]
β_2	0.9300 [7.096]	0.8500 [26.632]	0.0000 [0.000]	0.9300 [440.219]	0.9300 [116.621]	0.9300 [7.832]
$\alpha_2+\beta_2$	0.9800	0.9000	0.9159	0.9800	0.9800	0.9800

表 11-4　　　　　　　ECM - GARCH 模型估计结果

参数	玉米	豆粕	苹果	棕榈油	棉花	白糖
ω_1	1.9968e−06 [409.768]	1.6265e−05 [3.489e+06]	2.2488e−04 [2.956]	1.3659e−06 [1.843e+04]	1.8690e−07 [1.305e+04]	3.7955e−05 [39.386]

参数	玉米	豆粕	苹果	棕榈油	棉花	白糖
α_1	0.2001 [0.118]	0.1000 [3.071]	1.0000 [1.561]	0.0100 [1.961]	0.2000 [3.011]	0.2000 [2.940]
β_1	0.7799 [0.403]	0.8000 [30.622]	2.4003e−13 [2.919e−12]	0.9700 [169.978]	0.7800 [16.271]	0.7000 [14.956]
$\alpha_1 + \beta_1$	0.9800	0.9000	1.0000	0.9800	0.9800	0.9000
ω_2	5.7464e−07 [5.680e+04]	1.1159e−05 [5.715e+05]	1.0183e−03 [2.063]	2.9590e−06 [2.923e+06]	2.9847e−06 [2.945e+05]	6.7446e−07 [0.104]
α_2	0.0500 [2.453]	0.0500 [1.695]	1.0000 [4.012]	0.0500 [50.131]	0.0500 [2.784]	0.0505 [13.136]
β_2	0.9300 [55.378]	0.8500 [26.980]	4.0746e−08 [4.571e−07]	0.9300 [192.250]	0.9300 [53.687]	0.8496 [53.429]
$\alpha_2 + \beta_2$	0.9800	0.9000	1.0000	0.9800	0.9800	0.9001

从表 11 - 3 中可以看出，对于玉米、豆粕、苹果、棕榈油、棉花和白糖，β 均是显著大于 0 的，并且满足 $\alpha + \beta$ 小于 1 的约束条件，说明在滞后期内动态相关系数受前一期标准化均值残差的影响显著。表中 11 - 4 说明我国期现货市场之间的动态相关系数受条件异方差的影响很大，并且吸收了由前期均值方差所引起的波动。α 值均比较小，说明期现货市场间的相关性不会受到前期的外部干扰。与此同时，β 估计值较大，说明这些商品期货与商品现货价格之间的动态相关系数显著受到前期较大的影响，动态相关系数变动较大，并具有较强的持续性。

根据动态套期保值比率计算公式，可以得到动态套期保值比率如图 11 - 1 至图 11 - 6 所示。

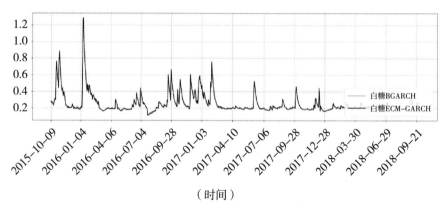

（时间）

图 11 - 1　BGARCH 和 ECM - GARCH 模型下的动态套期保值比率（白糖）

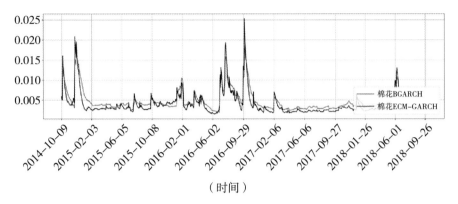

图 11 - 2　BGARCH 和 ECM - GARCH 模型下的动态套期保值比率（棉花）

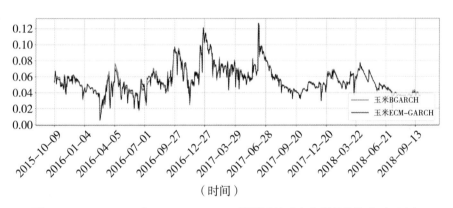

图 11 - 3　BGARCH 和 ECM - GARCH 模型下的动态套期保值比率（玉米）

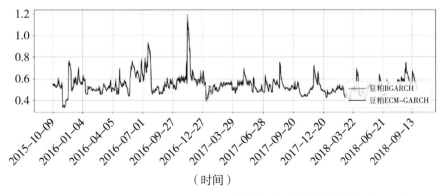

图 11 - 4　BGARCH 和 ECM - GARCH 模型下的动态套期保值比率（豆粕）

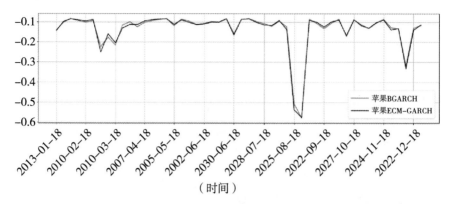

（时间）

图 11-5 BGARCH 和 ECM - GARCH 模型下的动态套期保值比率（苹果）

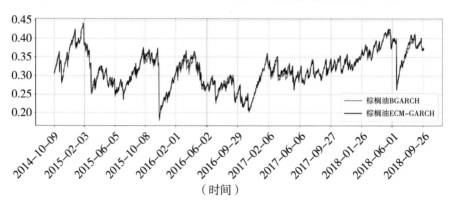

（时间）

图 11-6 BGARCH 和 ECM - GARCH 模型下的动态套期保值比率（棕榈油）

（五）套期保值模型效率评价（见表 11-5）

表 11-5   不同模型策略下套期保值效率

模型	2019 年			2020 年		
	白糖	棉花	玉米	白糖	棉花	玉米
OLS（日度）	11.46% （-3.98%）	0.54% （0.14%）	4.02% （-0.73%）	14.11%	0.63%	0.62%
OLS（周度）	29.85%	15.37%	4.56%	32.75%	19.25%	5.54%
ECM（日度）	0.54% （-4.10%）	-0.46% （-2.64%）	-1.42% （-1.91%）	3.99%	-0.49%	-0.21%
ECM（周度）	29.81%	7.64%	-0.39%	18.35%	8.31%	-0.42%
BVAR（日度）	5.79% （-5.61%）	1.91% （0.16%）	4.25% （-5.73%）	14.17%	-1.51%	2.99%
BVAR（周度）	25.40%	9.66%	10.10%	34.64%	10.78%	16.79%
BGARCH （日度）	5.23% （5.13%）	0.96% （1.77%）	3.24% （3.27%）	6.05%	0.91%	5.53%

模型	2019 年			2020 年		
	白糖	棉花	玉米	白糖	棉花	玉米
BGARCH（周度）	26.26%	1.23%	14.18%	45.06%	1.97%	14.97%
ECM - GARCH（日度）	5.69%（5.26%）	0.82%（1.01%）	4.50%（2.82%）	2.85%	5.06%	2.85%
ECM - GARCH（周度）	14.84%	8.9%	14.44%	12.49%	9.5%	16.17%

模型	2019 年			2020 年		
	豆粕	苹果	棕榈油	豆粕	苹果	棕榈油
OLS（日度）	11.24%（22.31%）	—	30.74%（30.91%）	13.13%	- 0.46%	25.62%
OLS（周度）	33.46%	- 2.79%（0.03%）	48.07%	33.24%	- 0.043%	59.24%
ECM（日度）	20.19%（22.47%）	—	30.86%（31.13%）	22.47%	- 51.38%	25.75%
ECM（周度）	33.44%	- 3.45%（- 0.01%）	48.27%	34.41%	- 60.09%	59.95%
BVAR（日度）	10.85%（21.43%）	—	31.50%（30.91%）	11.71%	- 37.45%	26.47%
BVAR（周度）	31.04%	- 1.85%（- 0.15%）	40.57%	25.60%	- 11.31%	46.04%
BGARCH（日度）	26.44%（23.37%）	—	30.06%（31.88%）	15.80%	1.29%	27.45%
BGARCH（周度）	35.93%	- 3.37%（- 1.57%）	59.69%	49.33%	1.97%	67.40%
ECM - GARCH（日度）	36.88%（32.05%）	—	30.10%（31.76%）	35.93%	- 7.68%	27.60%
ECM - GARCH（周度）	46.90%	- 4.51%（- 2.27%）	32.23%	59.91%	- 1.44%	67.09%

注：2019 年括号中的数据是使用 2013 年至 2017 年作为样本内数据预测 2019 年的结果，括号外是使用 2014 年至 2018 年作为样本内数据预测 2019 年的结果。

从表 11 - 6 农产品板块整体看，近年来豆粕和棕榈油的套期保值效率最高，其中 2020 年与 2019 年相比，从周度数据套期保值效率来看，棕榈油套期保值效率有一定提高，从 59. 69% 提高到 67. 40%；豆粕也从 46. 90% 上升到 59. 91%，两个品种都保持了套期保值高效率。其次是白糖和棉花，2020 年周度套期保值效率分别达到 45. 06% 和 19. 25%，与 2019 年相比，两个品种都有所上升，总体具备一定套期保值效应。玉米和苹果套期保值最低，最优套期保值效率均不足 20%，但值得一提的是，玉米的效率有所提高，达到了 16. 79%，2020 年与 2019 年相比，低效率的特征有所改善。

表 11 - 6 最优套期保值效率比较

农产品 期货品种	2019 年		2020 年	
	最优套期 保值效率	最优套期 保值模型	最优套期 保值效率	最优套期 保值模型
白糖（日度）	11. 46% （5. 26%）	OLS （ECM - GARCH）	14. 17%	BVAR
白糖（周度）	29. 85%	OLS	45. 06%	BGARCH
棉花（日度）	1. 91% （1. 77%）	BVAR （BGARCH）	5. 06%	ECM - GARCH
棉花（周度）	15. 37%	OLS	19. 25%	OLS
玉米（日度）	4. 50% （3. 27%）	ECM - GARCH （BGARCH）	5. 53%	BGARCH
玉米（周度）	14. 44%	ECM - GARCH	16. 79%	BVAR
豆粕（日度）	36. 88% （32. 05%）	ECM - GARCH （ECM - GARCH）	35. 93%	ECM - GARCH
豆粕（周度）	46. 90%	ECM - GARCH	59. 91%	ECM - GARCH
苹果（周度）	- 1. 85% （0. 03%）	BVAR （OLS）	1. 97%	BGARCH
棕榈油（日度）	31. 50% （31. 88%）	BVAR （BGARCH）	27. 60%	ECM - GARCH
棕榈油（周度）	59. 69%	BGARCH	67. 40%	BGARCH

注：2019 年括号中的数据是使用 2013 年至 2017 年作为样本内数据预测 2019 年的结果，括号外是使用 2014 年至 2018 年作为样本内数据预测 2019 年的结果。

对比日度和周度的最优套期保值效率发现，周度数据均明显高于日度数据，当日度数据换用周度数据后，白糖 2019 年的最优套期保值效率由 11. 46% 变为 29. 85%，增长了 18. 39%，2020 年由 14. 17% 变为 45. 06%，增长了 30. 89%；棉花 2019 年的最优套期保值效率由 1.91% 变为 15.37%，增长了 13.46%，2020 年由 5.06% 变为 19.25%，增长了 14.19%；玉米 2019 年的最优套期保值效率由 4.50% 变为 14.44%，增长了 9.94%，2020 年 5.53% 变为 16.79%，增长了 11.26%。豆粕 2019 年的最优套期保值效率由 36.88% 变为 46.90%，增长了 10.02%，2020 年由 35.93% 变为 59.91%，增长了 23.98%；棕榈油 2019 年的最优套期保值效率由 31.50% 变为 59.69%，增长了 28.19%，2020 年 27.60% 变为 67.40%，增长了 39.80%。这主要是因为拉长时间间隔可以在一定程度上平复期货价格的波动，使数据更加平稳，测度出的套期保值比率更加可靠，从而提升了套期保值的效率。

对比更换数据后 2019 年白糖、棉花、玉米、豆粕、棕榈油和苹果的套期保值效率发现，套期保值效率差异并不是很大，只有白糖和豆粕两个品种存在比较明显的差异，但利用 2014 年至 2018 年的样本内数据预测结果要稍好一些，这主要是因为利用样本内数据对样本外数据进行预测时，一般预测第一年的效果比较好，第二年的效果会差一些，其原因是第一年的数据更接近在临近期货合约到期时的状态，此时期货与现货价格将逐渐达到一致，价格风险最小，套期保值绩效更好。

观察表 11 - 6 最优套期保值模型一栏可以看出，ECM - GARCH 模型是出现频次最多的，这主要是因为相比于静态模型，该模型考虑到了现货价格和期货价格的协整关系，从而使得套期保值的效果变好。其中，棕榈油的周度 BGARCH 模型套期保值效率在 2020 年达到 67.40%，豆粕的周度 ECM - GARCH 模型套期保值效率在 2020 年达到 59.91%，这在一定程度上说明这两个品种对市场情况时变性的敏感性，所以使用动态模型时的套期保值效率要优于静态模型。相比之下，白糖、棉花、玉米这三个品种对市场价格敏感度较低，因此静态的 OLS 模型和 BVAR 模型套期保值效率更高。

具体到各品种来看，白糖板块具有相对较好的套期保值效率，一方面，可归因于现货与期货的价格走势高度正相关并且基差的波动率较为稳定。例如，2019 年价格走势处于线性震荡上涨状态、2020 年由于新冠肺炎疫情原因处于急剧下跌行情。另一方面，为了助力甘蔗主产地广西的脱贫，向蔗农普及了"保险＋期货"的模式来规避风险，白糖的期货市场更加活跃，使套期保值的效率也得到了进一步提高。另外，动态 BGARCH 和 ECM - GARCH 模型处理线性具有的优势，可以帮助白糖期货进行风险规避。

棉花板块套期保值效果较往年有所提高但仍偏低。其主要原因在于期货市场波动较大，长期以来投机行为过度，但较 2019 年来说，由于新冠肺炎疫情原因，消费水平下降，各企业都在做库存管理，套期保值市场较为活跃且市场成交量大幅增加，从而 2020 年的最优套期保值效率有所提高。我国作为棉花产量第二、消费第一的国家，国内市场供求水平稳定，产地产量稳定，现货市场价格波动较小，在发挥套期保值功能上，虽然效率有所提高但仍有较大的进步空间。同时，由于周度的期现价格相对于日度来说较为稳定，所以周度的套期保值效率明显要比日度高一些。

玉米期货市场，套期保值功能虽然有一定有效性，但并没有很好地发挥潜能。我国一直以来都是玉米产量大国，虽然对现货市场的波动有合理预期，调控制度较为完善，但期货市场由于有投机者的存在，价格波动较大，相关的不确定性较大。一方面，随着成交量的增加，玉米期货市场的规模和活跃度也不断提高，另一方面，2020 年的基差波动较以往更为稳定，从而使 2020 年的套期保值效率较 2019 年有所提高，同时，由于价格日波动较大，相对于周度更容易偏离现货价格，所以周度的套期保值效率比日度的高。

对于苹果期货市场，2019 年套期保值效率甚至为负，主要原因在于市场推出仅有 3 年时间，市场参与度不高，由此直接造成市场主体的缺失，市场参与者更多是投机套利行为。2020 年成交量大幅度上涨，套期保值效率为正，说明市场在逐步扩大，但苹果期货市场的套期保值功能仍有待时间检验。

长期以来，我国豆粕期现市场价格走势相关度较高，期货市场的价格发现功能较强，同时期现价格波动相对较小。豆粕市场 2020 年的套期保值效率较 2019 年效率有所提升，主要是由于 2020 年中美贸易战第一阶段协议签署，双方加征关税税率下降，贸易摩擦趋于缓和，大豆价格波动趋于平缓，长期来看呈现平稳增长态势；此外，我国为了保证大豆供应充足，加大了从巴西和阿根廷的大豆进口量，进一步减缓了大豆价格的波动，使豆粕的套期保值效率得到了提升。从实证结果来看，无论使用周度数据还是日度数据，使用 ECM – GARCH 模型进行套期保值比率计算其效果均优于其他模型。

棕榈油市场 2020 年的套期保值效率有所上升，这源于棕榈油的供给、消费、国际贸易形式的改变、汇率的变化，还有相关替代品的价格变化——棕榈油作为豆油、菜籽油的替代品，其价格变化是与之相互联系的，而国内大豆食用油价格趋稳也促使棕榈油期现价格波动有收窄倾向。棕榈油期货的周度套期保值效率相对于日度套期保值效率更高，这是由于日度期货价格波动更剧烈，期现货价格偏离程度相较于周度数据也更大，因此使用周度数据的 BGARCH 套期保值效果更好。

第十二章 能源化工期货套期保值效率
测度分析

一、品种选择

在已经上市的能源化工期货品种中，选择 PTA、线型低密度聚乙烯、天然橡胶和原油四大品种进行实证分析。近年来国际原油市场风险居高不下，国内原油与国际市场价格关联性很强。PTA 期货作为全球首个聚酯产业链期货品种，与产业链上下游现货价格相关度非常高，线型低密度聚乙烯和天然橡胶是基于期货品种交易量、活跃度以及在现实中的重要程度做出的选择。

二、样本数据

这里采用过去 5 年的现货与期货市场的日收益率（价格取对数后差分）数据。能源化工产品期货使用 2014 年 10 月至 2018 年 9 月的数据做样本内分析，并分别对 2018 年 10 月至 2019 年 9 月、2019 年 10 月至 2020 年 9 月两个样本区间做样本外回测分析，而原油期货使用 2018 年 10 月至 2019 年 9 月做样本内分析，对 2019 年 10 月至 2020 年 9 月进行样本外回测，以比较不同品种的套期保值效率年度变化情况。

期货数据均采用主连合约数据，数据来源于 Wind 数据库。在现货数据中，能源化工现货数据均来源于 Wind 数据库。所有数据均采用收盘价进行分析。其中，PTA 品种的有效样本量是 976，线型低密度聚乙烯品种的有效样本量为 976，天然橡胶品种的有效样本量为 976，原油品种的有效样本量为 361。

三、能源化工期货套期保值比率估计与效率分析

（一）OLS 模型估计结果

以能源化工产品现货收益率 $\ln\Delta S$ 作为被解释变量，期货收益率 $\ln\Delta F$ 作为解释变

量，得到：

PTA 的回归结果为

$\Delta \ln S = 0.0002 + 0.3425 \Delta \ln F$；

线型低密度聚乙烯的回归结果为

$\Delta \ln S = -4.39009507063e - 05 + 0.0147361934995 \Delta \ln F$；

天然橡胶的回归结果为

$\Delta \ln S = -5.7219e - 06 + 0.0368 \Delta \ln F$；

原油的回归结果为

$\Delta \ln S = -0.000315404621684 + 0.657197176948 \Delta \ln F$。

各回归方程的 t 统计量和 p 值均在 10% 的显著水平下显著。

从 OLS 模型的估计结果可以看出，当建立一单位的 PTA 现货多头，需要同时建立 0.3425（β）单位的空头寸的 PTA 期货用于对冲，当建立一单位的线型低密度聚乙烯现货多头，需要同时建立 0.0147（β）单位的空头寸的线型低密度聚乙烯期货用于对冲，而当建立一单位的天然橡胶现货多头，需要同时建立 0.0368（β）单位的空头寸的天然橡胶期货用于对冲，当建立一单位的原油现货多头，需要同时建立 0.657（β）单位的空头寸的原油期货用于对冲。

（二）ECM 模型估计结果

以能源化工产品现货收益率 $\ln \Delta S$ 作为被解释变量，期货收益率 $\ln \Delta F$ 作为解释变量，得到：

PTA 的回归方程为

$\Delta \ln S = -0.0002 + 0.3495 \Delta \ln F - 0.1368 ECM（-1）$；

线型低密度聚乙烯的回归方程为

$\Delta \ln S = -4.53106478815e - 05 + 0.0156578909476 \Delta \ln F - 0.0240213598022 ECM（-1）$；

天然橡胶的回归方程为

$\Delta \ln S = -6.0253e - 06 + 0.0373 \Delta \ln F - 0.0137 ECM（-1）$；

原油的回归方程为

$\Delta \ln S = -0.000315179344917 + 0.662039523057 \Delta \ln F - 0.00796228556942 ECM（-1）$。

各回归方程 t 统计量和 P 值在 10% 的显著水平下均显著。

从 ECM 模型的估计结果可以看出，当建立一单位的 PTA 现货多头，需要同时建立 0.3495（β）单位的空头寸的 PTA 期货用于对冲，当建立一单位的线型低密度聚乙烯现货多头，需要同时建立 0.0156（β）单位的空头寸的线型低密度聚乙烯期货用于对冲，而当建立一单位的天然橡胶现货多头，需要同时建立 0.0373（β）单位的空头寸的天然橡胶期货用于对冲，当建立一单位的原油现货多头，需要同时建立 0.6620（β）单位的空头寸的原油期货用于对冲。

（三）BVAR 模型估计结果

根据样本内数据，分别对 PTA、线型低密度聚乙烯、天然橡胶的期货和现货价格序列进行 ADF 单位根检验结果表明，收益率序列是平稳的。因此，可以用收益率序列建立双变量向量自回归模型（BVAR）。

再根据 AIC 信息准则和 SC 准则，对 PTA 收益率序列建立滞后 6 期的 BVAR 模型；对线型低密度聚乙烯收益率序列建立滞后 4 期的 BVAR 模型；对天然橡胶收益率序列建立滞后 7 期的 BVAR 模型。对原油收益率序列建立滞后 2 期的 BVAR 模型。

表 12 - 1 给出了模型的估计结果，并根据残差的方差与协方差计算出 PTA 的最优套期保值比率为 0.3428，线型低密度聚乙烯的最优套期保值比率为 0.0171。BVAR 模型属于静态套期保值，得到的最优套期保值比率是静态的。天然橡胶的最优套期保值比率为 0.0388，原油的最优套期保值比率为 0.7692。

（四）BGARCH 和 ECM - GARCH 模型估计结果

从表 12 - 2 中可以看出：对于 PTA、线型低密度聚乙烯、天然橡胶和原油，β 均是显著大于 0 的，并且满足 $\alpha + \beta$ 小于 1 的约束条件，说明在滞后期内动态相关系数受前一期标准化均值残差的影响显著。表 12 - 3 说明我国期现货市场之间的动态相关系数受条件异方差的影响很大，并且吸收了由前期均值方差所引起的波动。α 值均比较小，说明期现货市场间的相关性不会受到前期的外部干扰。与此同时，β 估计值较大，说明这些商品期货与商品现货价格之间的动态相关系数显著受到前期较大的影响，动态相关系数变动较大，并具有较强的持续性。

根据动态套期保值比率计算公式，可以得到套期保值比率动态图如图 12 - 1、图 12 - 2、图 12 - 3、图 12 - 4 所示。

（五）套期保值模型效率评价

从表 12 - 4 中可以看出，原油期货套期保值效率相对较高，在 2020 年达到 35.16%，而化工板块期货品种套期保值效率都相对较低，所有数值都不超过 30%，说明我国化工板块期货品种套期保值的功能相对较弱。从图 12 - 5、图 12 - 6 中可以看出，2018 年至 2020 年，化工板块中 PTA 套期保值效率最高，出现逐年缓慢提高的趋势；天然橡胶套期保值效率最低，在 2019 年出现大幅下降，2020 年小幅上升；线型低密度聚乙烯套期保值效率变化不大。原油套期保值效率较高，但在 2020 年出现下降趋势。一是由于影响化工

表 12-1

BVAR 模型估计结果

估计结果	PTA 现货	PTA 期货	线型低密度聚乙烯现货	线型低密度聚乙烯期货	天然橡胶现货	天然橡胶期货	原油现货	原油期货
$\ln S(-1)$	-0.124470 [-3.48228]	0.007760 [0.17110]	0.103847 [3.19680]	-0.044394 [-0.16094]	0.119256 [3.69206]	-0.013531 [-0.14750]	0.437280 [5.72206]	0.960161 [13.3432]
$\ln F(-1)$	0.493918 [17.4958]	-0.005720 [-0.15970]	0.033227 [8.70834]	0.018105 [0.55881]	0.046748 [4.07511]	-0.063565 [-1.95109]	-0.330392 [-4.20143]	-0.739094 [-9.98136]
$\ln S(-2)$	-0.065770 [-1.83587]	0.067225 [1.47901]	0.231600 [7.23540]	0.418713 [1.54053]	0.007649 [0.23653]	0.069919 [0.76134]	0.084742 [0.92567]	0.330322 [3.83193]
$\ln F(-2)$	0.224613 [6.75008]	-0.034686 [-0.82159]	0.029445 [7.47393]	-0.039824 [-1.19048]	0.059228 [5.10147]	-0.021617 [0.65560]	-0.097331 [-1.29526]	-0.261816 [-3.70018]
$\ln S(-3)$	-0.068090 [-1.90343]	0.161274 [5.16794]	0.161274 [5.16794]	0.475180 [1.79326]	0.062050 [1.92226]	0.073089 [0.79727]		
$\ln F(-3)$	0.088678 [2.60511]	0.014981 [-1.26090]	0.014981 [3.71795]	-0.109295 [-3.19449]	0.031689 [3.07682]	0.021962 [0.65749]		
$\ln S(-4)$	-0.024792 [-0.69291]	-0.066513 [-1.46518]	0.055380 [1.79561]	0.704250 [-2.68917]	-0.047321 [-1.46931]	-0.067680 [-0.73995]		
$\ln F(-4)$	0.066360 [1.94706]	0.013794 [-0.31900]	0.004781 [1.19844]	-0.045804 [-1.35225]	0.037194 [3.14956]	0.039316 [1.17228]		
$\ln S(-5)$	0.067368 [2.27833]	-0.038264 [-0.86515]			0.049951 [1.55796]	-0.040768 [-0.44772]		

续　表

估计结果	PTA现货	PTA期货	线型低密度聚乙烯现货	线型低密度聚乙烯期货	天然橡胶现货	天然橡胶期货	原油现货	原油期货
$\ln F(-5)$	0.118340 [3.50235]	0.071281 [1.66276]			0.002043 [0.17249]	0.018612 [0.55319]		
$\ln S(-6)$	0.067368 [2.27833]	0.003705 [0.09875]			-0.035663 [-1.12369]	0.005399 [0.05990]		
$\ln F(-6)$	0.051883 [1.60918]	0.024128 [0.58984]			0.037821 [3.20294]	-0.015747 [-0.46955]		
$\ln S(-7)$					0.128301 [4.10305]	0.037559 [0.42382]		
$\ln F(-7)$					-0.119256 [3.69206]	0.025816 [0.77148]		
C	0.000205 [0.48169]	0.000205 [0.48169]	-1.45e-05 [-0.26536]	-0.000113 [-0.24236]	-6.51e-06 [-0.02432]	-9.50e-05 [-0.12493]		
$Var(\varepsilon_i^2)$	0.000107	0.000173	3.59e-06	3.59e-06	6.84e-05	0.000551	0.00025	0.000221
Cov $(\varepsilon_{st},\varepsilon_{ft})$	5.93e-05		0.00021		2.14e-05		0.00017	
最优套期保值比率	0.3428		0.0171		0.0388		0.7692	

表 12 - 2　　　　　　　　　　　　　BGARCH 模型估计结果

参数	PTA	线型低密度聚乙烯	天然橡胶	原油
ω_1	2. 15e − 05 ［7. 736225］	2. 77e − 07 ［9. 333427］	9. 17e − 05 ［24. 59066］	3. 88e − 06 ［0. 936098］
α_1	0. 251293 ［8. 168099］	0. 082347 ［10. 23494］	0. 069910 ［5. 499033］	0. 047802 ［1. 357570］
β_1	0. 607823 ［16. 18981］	0. 409170 ［13. 61940］	− 0. 182737 ［− 4. 996941］	0. 924190 ［15. 02118］
$\alpha_1 + \beta_1$	0. 859116	0. 491517	− 0. 112827	0. 971992
ω_2	1. 26e − 05 ［4. 057104］	1. 88e − 06 ［2. 215497］	0. 000318 ［7. 408634］	2. 30e − 05 ［1. 671629］
α_2	0. 126128 ［6. 983078］	0. 083533 ［10. 79267］	0. 180286 ［6. 371350］	0. 100186 ［2. 089467］
β_2	0. 795634 ［23. 69108］	0. 906777 ［107. 2360］	0. 271959 ［3. 132912］	0. 748528 ［6. 285152］
$\alpha_2 + \beta_2$	0. 921762	0. 099031	0. 452245	0. 848714

表 12 - 3　　　　　　　　　　　　ECM - GARCH 模型估计结果

参数	PTA	线型低密度聚乙烯	天然橡胶	原油
ω_1	3. 98e − 06 ［7. 447136］	2. 77e − 07 ［9. 333427］	7. 88e − 05 ［33. 15645］	7. 67e − 06 ［1. 163209］
α_1	0. 071903 ［8. 269553］	0. 082347 ［10. 23494］	0. 114058 ［6. 704063］	0. 035592 ［1. 676408］
β_1	0. 898618 ［90. 55386］	0. 409170 ［13. 61940］	− 0. 111601 ［− 5. 682784］	0. 939790 ［24. 11439］
$\alpha_1 + \beta_1$	0. 970521	0. 491517	0. 002457	0. 975382
ω_2	1. 59e − 05 ［4. 744751］	1. 88e − 06 ［2. 215497］	0. 000304 ［7. 459692］	7. 48e − 05 ［2. 007427］
α_2	0. 113227 ［7. 906865］	0. 083533 ［10. 79267］	0. 179162 ［6. 407360］	0. 114723 ［2. 300760］
β_2	0. 796358 ［27. 17537］	0. 906777 ［107. 2360］	0. 301677 ［3. 645090］	0. 646041 ［4. 718886］
$\alpha_2 + \beta_2$	0. 909585	0. 99031	0. 480839	0. 760764

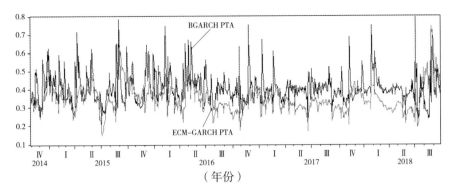

图 12 - 1 BGARCH 和 ECM - GARCH 模型下的动态套期保值比率（PTA）

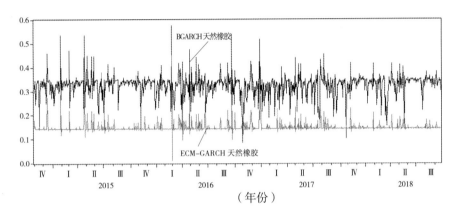

图 12 - 2 BGARCH 和 ECM - GARCH 模型下的动态套期保值比率（天然橡胶）

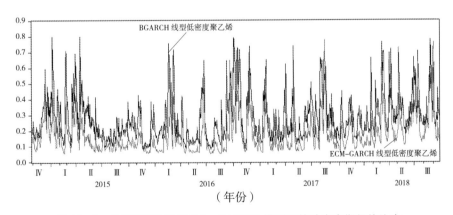

图 12 - 3 BGARCH 和 ECM - GARCH 模型下的动态套期保值比率
（线型低密度聚乙烯）

板块期货价格和现货价格的影响因素各有不同，加上套利成本的高企，现货市场的成熟程度还有待提升，使得套期保值效率较低。二是因为化工类产品价格受原油市场的影响较大，而原油市场供求关系复杂。主要供应地区中东地区局势错综复杂，地区局势缺乏稳定性，市场风险较大，相应的套期保值有较大的不确定性。三是由于我国化

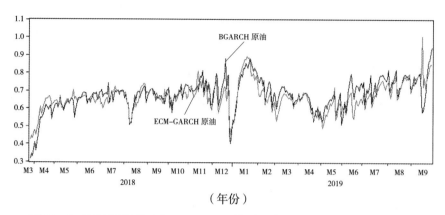

图 12 - 4 BGARCH 和 ECM - GARCH 模型下的动态套期保值比率（原油）

工和原油类企业大多是国企背景，国有企业特殊的激励机制及当前市场存在的各种问题使产业资本套期保值参与度并不高，在客观上不利于原油期货有效发挥规避风险、价格发现和资产配置的基本功能，导致化工板块期货品种套期保值效率低下。

表 12 - 4 不同模型策略下套期保值效率

模型	2019 年				2020 年			
	PTA	线型低密度聚乙烯	天然橡胶	原油	PTA	线型低密度聚乙烯	天然橡胶	原油
OLS（日度）	24.14%	2.68%	−1.33%	—	20.46%	2.19%	1.98%	6.23%
OLS（周度）	45.81%	9.83%	15.59%	—	46.99%	8.74%	−7.28%	21.65%
ECM（日度）	24.31%	2.81%	−1.36%	—	20.54%	2.29%	1.99%	6.24%
ECM（周度）	46.44%	4.82%	0.07%	—	52.07%	9.15%	5.53%	18.77%
BVAR（日度）	24.15%	3.01%	−1.47%	—	20.47%	2.43%	2.06%	6.47%
BVAR（周度）	47.36%	4.97%	7.19%	—	49.38%	16.17%	12.83%	62.50%
BGARCH（日度）	−42.96%	0.55%	−6.73%	—	13.94%	−0.49%	−7.78%	35.16%
BGARCH（周度）	−15.17%	23.98%	0.05%	—	9.81%	37.75%	10.26%	75.47%
ECM - GARCH（日度）	23.44%	4.77%	−7.62%	—	26.55%	−10.87%	−0.63%	23.16%
ECM - GARCH（周度）	39.88%	42.46%	−0.29%	—	59.49%	51.04%	−0.04%	63.09%

表 12-5	最优套期保值效率比较			
能源化工产品期货品种	2019 年		2020 年	
	最优套期保值效率	最优套期保值模型	最优套期保值效率	最优套期保值模型
PTA（日度）	24.31%	ECM	26.55%	ECM-GARCH
PTA（周度）	47.36%	BVAR	59.49%	ECM-GARCH
线型低密度聚乙烯（日度）	4.77%	ECM-GARCH	2.43%	BVAR
线型低密度聚乙烯（周度）	42.46%	ECM-GARCH	51.04%	ECM-GARCH
天然橡胶（日度）	-1.33%	OLS	2.06%	BVAR
天然橡胶（周度）	15.59%	OLS	12.83%	BVAR
原油（日度）	—	—	35.16%	BGARCH
原油（周度）	—	—	75.47%	BGARCH

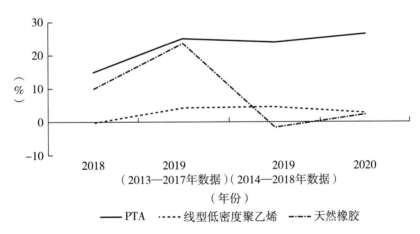

图 12-5 化工板块日度最优套期保值效率比较

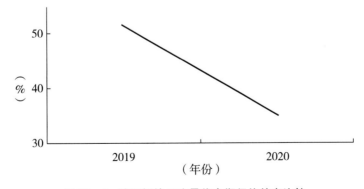

图 12-6 能源板块日度最优套期保值效率比较

就 PTA 而言，在化工板块中 PTA 的套期保值效率最高。首先，我国是世界上最大的 PTA 生产国、消费国和进口国，PTA 的产量和消费量都很高，总体需求逐年稳中有升。2012 年扩产之后，产能增加，进口量减少，因此现货价格比较稳定，套期保值效率较高。其次，从 2015 年起，为推动经济发展并提高本国炼化产品自给率，国家发改委下发《石化产业规划布局方案》。政策利好下诸多大炼化装置开始开工建设，这些项目包括较多的 PX，解决了 PTA 的原料问题。从图 12-5 可以看出，2018 年至 2020 年，PTA 的最优套期保值效率是逐步上升的。2019 年至 2021 年 PX 产能年均增速将高达36%，年均投产量为 1086 万吨，产能增速提升。因此，2019 年、2020 年两年间 PTA 的套期保值效率逐年提高。最后，作为我国独有的期货品种，PTA 期货价格在国际上的影响力日益提升，境外企业参与避险的愿望越来越迫切，期待 PTA 期货国际化。目前，郑商所已经对 PTA 期货国际化方案作了进一步完善，PTA 期货国际化的条件基本成熟。

就线型低密度聚乙烯而言，近几年线型低密度聚乙烯市场价格整体处于宽幅震荡后连续下跌的趋势，2019 年下跌幅度尤为明显。虽然自 2020 年下半年以来价格有所回升，但与前几年相比仍有较大差距。这是由于近几年国内外新增产能进程加快，新一轮扩能高峰期来临，同时进口量进一步增加，市场整体货源供应充沛，但需求端依然是以刚性需求为主。此外，近年来环保整顿加剧，部分地区出现不同程度的停产和限产情况，也使需求增速缓慢。因此，供需矛盾突出是线型低密度聚乙烯日度套期保值效率低下的主要原因。

就天然橡胶而言，在化工板块中，其套期保值效率最低。2020 年天然橡胶日度套期保值比率比 2019 年小幅增加，虽然效率为正，但低效率特征并未改变。国内橡胶行情整体震荡下行，下游用途及承接能力受市场情绪波动，现货市场出货速度愈加缓慢。此外，2019 年东南亚各国均出台相关政策扶持橡胶产业，加上我国橡胶业进口关税大调整以及新能源汽车补贴政策的出台使市场预期不断变化调整，行情趋势愈加模糊，致使大量投机者加入天然橡胶期货市场，从而使期货价格波动较大，进一步加大了期现市场相关性的不确定性。

就原油而言，套期保值效率较高，优于化工类品种。原因在于我国原油期货市场与原油现货市场间存在价格相互引导的作用。同时，原油期货价格与国际关联性强，且供求关系复杂。原油的主要供应地区中东地区局势错综复杂，地区局势缺乏稳定性，加上主要产油国内部矛盾等因素，原油供给波动较大。同时，自 2020 年新冠肺炎疫情以来，由于世界各国均采取了史上最严格的防护措施，对居民出行、交通物流及企业生产等进行了持续限制，对原油消费造成了巨大影响。原油市场供需两端都面临着较大的不确定性，价格波动风险较高，因此，套期保值能够起到较好风险防控效果。另外，由于我国原油期货刚刚上市不足三年，参与原油现货主体相对缺乏，受相关政策和政府管制等因素限制，国内仍存在很大一部分石油石化企业不能参与国际原油期货进行套期保值和避险。这在一定程度上抑制了原油期货市场功能发挥。

在进行能源化工期货套期保值效率测度分析时，引用周度数据进行回归拟合，发现使用以周度数据测算的套期保值比率回测出来的套期保值效率要远远高于以日度数据测算的套期保值比率回测的套期保值效率。这主要是由于使用周度收益率数据可以在很大程度上避免单日价格的大幅波动，使收益率序列更加平稳，即降低了收益率的方差水平。因此，以周度数据测算的套期保值比率会更高。

第十三章 金属期货套期保值效率测度分析

一、品种选择

在已经上市的有色金属期货品种中，选择铜、铝、镍三大代表品种进行实证分析。铜是上海期货交易所上市交易的第一个金属品种，迄今已有二十多年历史，近年来铜期货市场不断发展完善，2020年铜期货成交50069837手，同比增长52.43%，成交金额为120800.28亿元，同比增长54.30%。铜是重要的工业原料，常用于制造电子元件，会影响汽车、建筑、5G电网、消费电子产品等诸多行业的发展。中国是铜需求大国，铜消费占全球近50%，所以其需求量与宏观经济形势密切相关。目前上海期交所作为世界三大铜定价中心之一的地位已得到公认。铝期货是国内上市比较早的期货品种。2020年铝期货成交45046337手，同比增长50.11%，成交金额为30912.64亿元，同比增长48.48%。在众多期货品种中，铝的商品属性较早地被开发出来，同时，金属材料中铝的产量位居世界第二，只比钢铁产量低。中国是铝工业大国，拥有完善的工业体系，是铝的最大进口国和出口国。由于消耗巨大、冶炼不足，很多企业用到的铜精矿、铝合金都是依赖进口，受此次新冠肺炎疫情的影响，2021年铜、铝现货的价格变化较大，给很多铜、铝细分领域企业的稳定经营带来了很大的风险，因此利用铜、铝品种期货市场来进行套期保值以规避价格变动风险就显得十分重要。

此外，镍是重要的工业金属，广泛运用于钢铁工业、机械工业、建筑业和化学工业。作为地核中重要的金属组成元素，镍具有很好的耐腐蚀性、可塑性和磁性等性能，广泛应用于各个领域。就我国来讲，约有82%的镍用于不锈钢的生产，约9%的镍用于镍电池的制造，其他用在电镀、合金和铸造领域的居多。目前，中国是全球最大的镍金属进口国也是镍的主要消费国家。2020年镍期货成交157017401手，同比增长12.58%，成交金额为171206.32亿元，同比增长6.37%。

在黑色板块中，铁矿石期货今年交易量较为平稳，2020年成交量为256235346手，同比上升6.82%，总成交金额为187903.36亿元，日均沉淀资金为34.173亿元。螺纹钢期货交易量则变化较大，同比下降28.38%，2020年总成交量为307295551手，成交金额为108986.92亿元，同比下降了30.64%。铁矿石和螺纹钢均是重要的基础建设资源，在我国提倡"新基建"和"双循环"的大背景下，对其深入研究具有很强的现实意义。同时，铁矿石与螺纹钢市场拥有较强的相关性，我国是螺纹钢生产大国，铁矿石作为生产钢铁的重要原材料，占钢材成本的50%左右，但是2020年两者在期货成交量上却发生了相反的变化。这是我们进行深入探究的出发点。

二、样本数据

本章采用过去5年的现货与期货市场的日收益率（价格取对数后差分）数据。金属期货则使用2014年10月至2018年9月的数据做样本内分析，并分别对2018年10月至2019年9月、2019年10月至2020年9月的两个样本区间做样本外回测分析，以比较不同品种的套期保值效率年度变化情况。其中，铜品种的有效日样本量为975，有效周样本量为971；铝品种的有效日样本量为975，有效周样本量为971；镍品种的有效日样本量为731，有效周样本量为727；铁矿石品种的有效日样本量为975，有效周样本量为971；螺纹钢品种的有效日样本量为972，有效周样本量为968。

期货数据均采用主连合约数据，数据来源是Wind数据库。在现货数据中，金属现货数据来源于Wind数据库和中国大宗商品协会。所有数据均采用收盘价进行分析。

三、有色金属期货套期保值比率估计与效率分析

（一）OLS模型估计结果

根据样本内数据，铜的回归结果为
$$\ln\Delta S = -4.918\,e^{-07} + 0.6451\ln\Delta F;$$
铝的回归结果为
$$\ln\Delta S = 6.542\,e^{-06} + 0.5472\ln\Delta F;$$
镍的回归结果为
$$\ln\Delta S = 0.0002 + 0.6555\ln\Delta F;$$
铁矿石的回归结果为
$$\ln\Delta S = -8.397\,e^{-05} + 0.4607\ln\Delta F + e_t;$$
螺纹钢的回归结果为
$$\ln\Delta S = 0.0004 + 0.2686\ln\Delta F + e_t。$$

上述各回归模型的 t 统计量和 P 值在10%的显著水平下均显著。

从 OLS 模型的估计结果可以看出，当建立一单位的铜现货多头时，需要同时建立 0.6451（β）单位的期货空头进行对冲；当建立一单位的铝现货多头时，需要同时建立 0.5472（β）单位的期货空头进行对冲；而当建立一单位的镍现货多头时，需要同时建立 0.6555（β）单位期货空头进行对冲。当建立一单位的铁矿石现货多头后，需要同时建立 0.4607（β）单位的空头寸的铁矿石期货用于对冲；而建立一单位的螺纹钢现货多头后，需要同时建立 0.2686（β）单位的空头寸的螺纹钢期货用于对冲。

（二）ECM 模型估计的最优套期保值比率

根据样本内数据，铜 ECM 模型的经验回归方程为

$$\ln\Delta S = -0.0007 + 0.7233\ln\Delta F - 0.2429ecm(-1);$$

铝 ECM 模型的经验回归方程为

$$\ln\Delta S = 0.0004 + 0.5650\ln\Delta F - 0.0482ecm(-1);$$

镍 ECM 模型的经验回归方程为

$$\ln\Delta S = 0.0026 + 0.7491\ln\Delta F - 0.3316ecm(-1);$$

铁矿石 ECM 模型的回归方程为

$$\ln\Delta S = -0.0171 + 0.4539\ln\Delta F - 0.0115ecm + e_t;$$

螺纹钢的回归方程为

$$\ln\Delta S = 0.0021 + 0.2598\ln\Delta F - 0.0131ecm + e_t。$$

上述各回归方程 t 统计量和 P 值均在10%的显著水平下显著。

从 ECM 模型的估计结果可以看出，当建立一单位的铜现货多头时，需要同时建立 0.7233（β）单位的期货空头进行对冲；当建立一单位的铝现货多头时，需要同时建立 0.5650（β）单位的期货空头进行对冲；而当建立一单位的镍现货多头时，需要同时建立 0.7491（β）单位期货空头进行对冲。当建立一单位的铁矿石现货多头后，需要同时建立 0.4539（β）单位的空头寸的铁矿石期货用于对冲；而建立一单位的螺纹钢现货多头后，需要同时建立 0.2598（β）单位的空头寸的螺纹钢期货用于对冲。

（三）BVAR 模型估计的最优套期保值比率

根据样本内数据，分别对铜、铝和镍的期货和现货价格序列进行 ADF 单位根检验结果表明，收益率序列是平稳的。因此，可以用收益率序列建立双变量向量自回归模（BVAR）。

再根据 AIC 信息准则和 SC 准则，对铜收益率序列建立滞后9期的 BVAR 模型；对铝序列建立滞后3期的 BVAR 模型；对镍收益率序列建立滞后6期 BVAR 模型（见表

13 - 1、表 13 - 2）。

表 13 - 1　　　　　　　　　BVAR 模型估计结果（铜、铝和镍）

估计结果	铜现货	铜期货	铝现货	铝期货	镍现货	镍期货
$\ln S$（-1）	-0.6436 [-10.938]	0.1083 [1.708]	-0.2720 [-7.729]	0.0348 [0.749]	-0.7345 [-10.708]	0.1288 [1.572]
$\ln F$（-1）	0.6416 [14.764]	-0.0835 [-1.604]	0.5080 [16.840]	-0.0182 [-0.464]	0.7351 [14.287]	-0.0373 [-0.584]
$\ln S$（-2）	-0.4774 [-6.540]	0.0676 [0.825]	-0.0626 [-1.675]	0.1054 [2.422]	-0.6837 [-9.597]	0.0028 [0.031]
$\ln F$（-2）	0.4955 [8.392]	-0.0660 [-1.005]	0.1562 [4.359]	-0.0857 [-2.020]	0.5798 [9.452]	-0.0645 [-0.840]
$\ln S$（-3）	-0.2539 [-3.447]	0.0245 [0.285]	-0.0183 [-0.544]	0.0556 [1.378]	-0.3498 [-3.945]	0.1892 [1.873]
$\ln F$（-3）	0.2929 [4.800]	-0.1092 [-1.456]	-0.0235 [-0.679]	-0.1392 [-3.304]	0.3972 [5.117]	-0.1610 [-1.795]
$\ln S$（-4）	-0.1785 [-2.373]	0.0425 [0.477]			-0.2612 [-2.807]	0.0681 [0.626]
$\ln F$（-4）	0.2144 [3.053]	-0.0017 [-0.020]			0.2305 [2.616]	-0.0660 [-0.670]
$\ln S$（-5）	-0.1300 [-1.757]	0.0528 [0.575]			-0.1298 [-1.571]	-0.0051 [-0.053]
$\ln F$（-5）	0.1182 [1.652]	-0.0876 [-1.018]			0.1272 [1.635]	-0.0987 [-1.086]
$\ln S$（-6）	-0.2138 [-2.946]	-0.0120 [-0.136]			-0.0471 [-0.838]	0.0582 [0.832]
$\ln F$（-6）	0.2109 [3.046]	-0.0035 [-0.041]			0.0808 [1.341]	-0.0577 [-0.812]
$\ln S$（-7）	-0.0988 [-1.338]	0.0694 [0.787]				
$\ln F$（-7）	0.1121 [1.654]	-0.0384 [-0.460]				
$\ln S$（-8）	0.0469 [0.756]	0.1831 [2.692]				
$\ln F$（-8）	0.0146 [0.237]	-0.1070 [-1.500]				

估计结果	铜现货	铜期货	铝现货	铝期货	镍现货	镍期货
$\ln S\ (-9)$	0.0506 [1.220]	0.1428 [2.504]				
$\ln F\ (-9)$	−0.0043 [−0.094]	−0.1101 [−1.838]				
C	0.0003 [0.908]	0.0004 [0.703]	0.00002 [0.091]	0.00004 [0.128]	0.0005 [1.014]	0.0003 [0.641]
$Var(\varepsilon_t^2)$	9.3778e−08	8.8575e−08	7.3479e−08	3.3351e−08	2.1267e−07	1.3824e−07
Cov $(\varepsilon_{st},\varepsilon_{ft})$	0.8237		0.6864		0.8132	
最优套期保值比率	0.7327		0.6946		0.7590	

表 13 -2　　　　　　　　　　BVAR 模型估计结果（铁矿石和螺纹钢）

估计结果	铁矿石现货	铁矿石期货	螺纹钢现货	螺纹钢期货
$\ln S\ (-1)$	0.2444 [5.320]	0.1467 [1.704]	0.3205 [8.517]	0.2183 [3.037]
$\ln F\ (-1)$	0.0844 [2.698]	−0.0228 [−0.404]	0.1306 [7.871]	−0.0749 [−2.174]
$\ln S\ (-2)$	−0.1229 [−3.009]	−0.0895 [−1.089]	−0.1143 [−4.470]	−0.1218 [−1.332]
$\ln F\ (-2)$	0.0368 [1.205]	0.0165 [0.312]	0.0297 [1.621]	−0.0125 [−0.326]
$\ln S\ (-3)$			0.1076 [2.513]	0.1727 [1.573]
$\ln F\ (-3)$			0.0340 [1.789]	−0.0306 [−0.753]
$\ln S\ (-4)$			0.0340 [0.930]	−0.0557 [−0.650]
$\ln F\ (-4)$			0.0074 [0.358]	0.0154 [0.400]
$\ln S\ (-5)$			−0.0084 [−0.288]	−0.2303 [−2.360]

估计结果	铁矿石现货	铁矿石期货	螺纹钢现货	螺纹钢期货
$\ln F$ （ -5 ）			0.0286 [1.365]	0.0220 [0.544]
$\ln S$ （ -6 ）			0.0049 [0.101]	-0.0108 [-0.106]
$\ln F$ （ -6 ）			0.0035 [0.194]	0.0469 [1.253]
$\ln S$ （ -7 ）			-0.0177 [-0.458]	0.0720 [0.728]
$\ln F$ （ -7 ）			0.0435 [2.071]	0.0506 [1.197]
$\ln S$ （ -8 ）			-0.0129 [-0.302]	-0.0910 [-1.323]
$\ln F$ （ -8 ）			0.0268 [1.276]	0.0148 [0.385]
$\ln S$ （ -9 ）			0.1518 [4.787]	0.0664 [0.942]
$\ln F$ （ -9 ）			-0.0629 [-4.271]	-0.0626 [-1.991]
C	-0.0001 [-0.239]	-0.0001 [-0.170]	0.0003 [0.908]	0.0004 [0.703]
$Var(\varepsilon_t^2)$	2.1904e -06	3.7976e -07	5.4574e -07	1.4675e -07
$Cov(\varepsilon_{st},\varepsilon_{ft})$	0.7657		0.5931	
最优套期保值比率	0.4779		0.3141	

根据 BVAR 模型的结果，铜、铝和镍的最优套期保值比率分别为 0.7327、0.6946和 0.7590，铁矿石的最优套期保值比率为 0.4779，螺纹钢的最优套期保值比率为 0.3141。

（四）BGARCH 和 ECM – GARCH 模型估计结果

BGARCH 和 ECM – GARCH 模型估计的结果如表 13 – 3 和表 13 – 4 所示。

表 13 -3 　　　　　　　　　　　　BGARCH 估计结果

参数	铜	铝	镍	铁矿石	螺纹钢
ω_1	1.1194e－05 [4.390e+04]	1.7486e－06 [5.343e+07]	1.9379e－05 [3.319e+06]	4.6649e－06 [4.881e+04]	1.0200e－05 [2.038e+05]
α_1	0.1000 [1.694]	0.1000 [347.700]	0.0374 [2.105]	0.1000 [4.057]	0.2000 [4.954]
β_1	0.8000 [16.964]	0.8800 [110.992]	0.8746 [46.230]	0.8800 [48.009]	0.7000 [15.682]
$\alpha_1+\beta_1$	0.9000	0.9800	0.9120	0.9800	0.9000
ω_2	1.4205e－05 [2.836e+06]	2.1250e－06 [7.470e+04]	4.0043e－05 [25.734]	1.1903e－05 [8.050e+05]	7.2758e－06 [7.472e+04]
α_2	0.0998 [3.383]	0.1000 [4.589]	0.0341 [1.478]	0.0500 [2.372]	0.1000 [4.826]
β_2	0.7985 [32.262]	0.8800 [44.441]	0.8064 [36.757]	0.9300 [44.447]	0.8800 [45.449]
$\alpha_2+\beta_2$	0.8983	0.9800	0.8405	0.9800	0.9800

表 13 -4 　　　　　　　　　　　　ECM - GARCH 估计结果

参数	铜	铝	镍	铁矿石	螺纹钢
ω_1	1.2123e－05 [8.356e+05]	2.0562e－06 [1.953e+05]	2.0011e－05 [3.577e+06]	1.1324e－05 [1.028e+06]	7.0060e－06 [1.410e+05]
α_1	0.1012 [2.417]	0.1000 [4.084]	0.0101 [0.528]	0.0500 [2.403]	0.1000 [4.794]
β_1	0.7989 [25.651]	0.8800 [40.642]	0.8899 [43.917]	0.9300 [48.546]	0.8800 [45.210]
$\alpha_1+\beta_1$	0.9001	0.9800	0.9000	0.9800	0.9800
ω_2	1.1079e－05 [4.230e+04]	1.7487e－06 [7.294e+04]	2.1893e－05 [8.537e+04]	4.4305e－06 [1.935e+05]	9.8730e－06 [1.461e+06]
α_2	0.1000 [1.346]	0.1000 [3.223]	0.0500 [2.260]	0.1000 [4.261]	0.1000 [2.903]
β_2	0.8000 [13.235]	0.8800 [30.348]	0.8501 [37.232]	0.8800 [45.025]	0.8000 [14.251]
$\alpha_2+\beta_2$	0.9000	0.9800	0.9001	0.9800	0.9000

表 13 - 3 和表 13 - 4 给出了 BGARCH 模型和 ECM - GARCH 的估计结果，从表中可以看出，β 是显著大于 0 的，并且满足 $\alpha + \beta$ 小于 1 的约束条件，说明在滞后期内动态相关系数受前一期标准化均值残差的影响显著。表 13 - 4 说明我国期现货市场之间的动态相关系数受条件异方差的影响很大，并且吸收了由前期均值方差所引起的波动。从 α 值均比较小，说明期现货市场间的相关性不会受到前期的外部干扰。与此同时，β 估计值较大，说明这些商品期货与商品现货价格之间的动态相关系数显著受到前期较大的影响，动态相关系数变动较大，并具有较强的持续性。

根据动态套期保值比率计算公式，得到 5 个品种的套期保值比率动态图，如图 13 - 1 至图 13 - 5 所示。

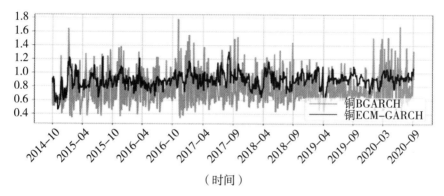

（时间）

图 13 - 1 BGARCH 和 ECM - GARCH 模型下的动态
套期保值比率（铜）

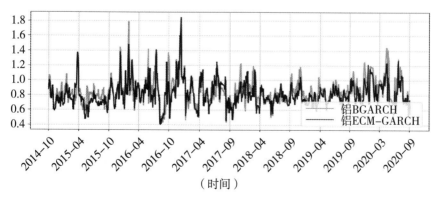

（时间）

图 13 - 2 BGARCH 和 ECM - GARCH 模型下的
动态套期保值比率（铝）

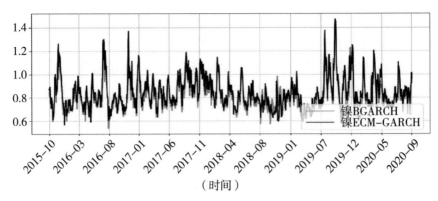

图 13 - 3 BGARCH 和 ECM - GARCH 模型下的
动态套期保值比率（镍）

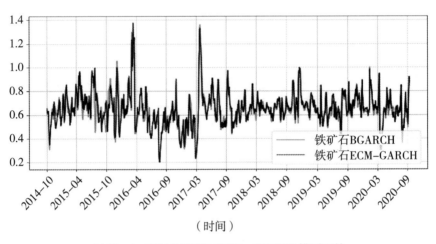

图 13 - 4 BGARCH 和 ECM - GARCH 模型下的
动态套期保值比率（铁矿石）

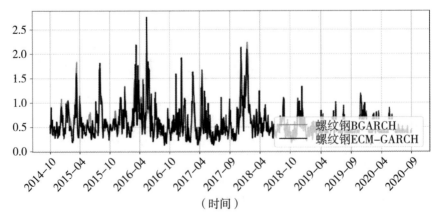

图 13 - 5 BGARCH 和 ECM - GARCH 模型下的
动态套期保值比率（螺纹钢）

（五）套期保值效率评价

从表 13 - 5 和表 13 - 6 可以看出我国有色金属期货品种都具有较强的套期保值功能。随着国民经济快速发展，我国已成为世界最大的有色金属生产国和消费国，产销量约占全球的 50%。相较于其他商品期货，有色金属更容易保存、品质区分更加清晰、更易于标准化。因此，有色金属的套利更有可能实现，这会约束有色金属期现货价格在一定价差范围内波动。因此，增强了有色金属期货市场的价格发现功能。

表 13 - 5　　　　　　　　　　　　不同模型策略下套期保值效率

模型	2019 年			2020 年		
	铜	铝	镍	铜	铝	镍
OLS（日度）	44.60% (44.53%)	27.77% (27.69%)	50.77% (49.14%)	60.24%	40.28%	35.99%
OLS（周度）	73.19%	66.09%	87.75%	91.33%	76.17%	81.01%
ECM （日度）	43.77% (44.46%)	27.43% (27.62%)	48.67% (49.27%)	62.37%	40.72%	33.55%
ECM （周度）	71.85%	65.85%	87.85%	92.06%	76.34%	80.91%
BVAR （日度）	43.58% (44.34%)	26.20% (27.68%)	48.32% (48.85%)	62.55%	41.62%	33.18%
BVAR （周度）	74.24%	66.59%	85.64%	88.50%	70.77%	79.45%
BGARCH （日度）	44.62% (44.58%)	27.58% (27.19%)	50.28% (61.20%)	62.19%	40.45%	36.41%
BGARCH （周度）	76.00%	75.08%	81.93%	89.64%	57.58%	79.51%
ECM - GARCH （日度）	44.34% (44.65%)	28.23% (27.10%)	50.85% (61.48%)	63.46%	41.79%	36.45%
ECM - GARCH （周度）	73.35%	66.44%	87.83%	92.32%	76.64%	80.99%

模型	2019 年		2020 年	
	铁矿石	螺纹钢	铁矿石	螺纹钢
OLS（日度）	43.64% (45.17%)	20.82% (21.55%)	44.13%	36.91%
OLS（周度）	72.45%	39.08%	64.11%	37.62%
ECM（日度）	45.22% (45.21%)	21.29% (21.79%)	46.00%	37.00%
ECM（周度）	72.47%	38.02%	64.12%	36.23%

模型	2019 年		2020 年	
	铁矿石	螺纹钢	铁矿石	螺纹钢
BVAR（日度）	45.10% （45.19%）	17.21% （19.78%）	46.03%	35.10%
BVAR（周度）	71.43%	42.27%	63.76%	42.20%
BGARCH（日度）	42.42% （41.27%）	35.84% （-0.188%）	36.58%	34.49%
BGARCH （周度）	71.02%	45.10%	53.60%	25.93%
ECM - GARCH （日度）	44.78% （41.53%）	21.78% （-0.973%）	45.46%	34.69%
ECM - GARCH （周度）	72.83%	40.18%	63.93%	38.32%

注：2019 年括号中的数据是使用 2013 年至 2017 年作为样本内数据预测 2019 年的结果，括号外是使用 2014 年至 2018 年作为样本内数据预测 2019 年的结果。

表 13 - 6　　　　　　　　　最优套期保值效率比较

金属期货品种	2019 年		2020 年	
	最优套期保值效率	最优套期保值模型	最优套期保值效率	最优套期保值模型
铜 （日度）	44.62% （44.65%）	BGARCH （ECM - GARCH）	63.46%	ECM - GARCH
铜 （周度）	76.00%	BGARCH	92.32%	ECM - GARCH
铝 （日度）	28.23% （27.69%）	ECM - GARCH （OLS）	41.79%	ECM - GARCH
铝 （周度）	75.08%	BGARCH	76.64%	ECM - GARCH
镍 （日度）	50.85% （61.48%）	ECM - GARCH （ECM - GARCH）	36.45%	ECM - GARCH
镍 （周度）	87.85%	ECM	81.01%	OLS
铁矿石 （日度）	45.22% （45.21%）	ECM（ECM）	46.03%	BVAR
铁矿石 （周度）	72.83%	ECM - GARCH	64.12%	ECM
螺纹钢 （日度）	35.84% （21.79%）	BGARCH（ECM）	37.00%	ECM
螺纹钢 （周度）	45.10%	BGARCH	42.20%	BVAR

注：2019 年括号中的数据是使用 2013 年至 2017 年作为样本内数据预测 2019 年的结果，括号外是使用 2014 年至 2018 年作为样本内数据预测 2019 年的结果。

对比日度数据和周度数据的套期保值效率发现，周度数据的套期保值结果均明显高于日度数据的套期保值结果，当日度数据换用周度数据后，铜2019年的最优套期保值效率由44.62%变为76.00%，增长31.38%，2020年由63.46%变为92.32%，增长28.86%；铝2019年的最优套期保值效率由28.23%变为75.08%，增长46.85%，2020年由41.79%变为76.64%，增长34.85%，增幅在40%左右；镍2019年的最优套期保值效率由50.85%变为87.85%，增长37%，2020年36.45%变为81.01%，增长44.56%。这主要是因为拉长时间间隔可以在一定程度上平复期货价格的波动，使数据更加平稳，测度出的套期保值比率更加可靠，从而提升铜、铝套期保值的效率。

对比更换数据后2019年铜、铝、镍的套期保值效率发现，套期保值效率差异较小，但利用2014年至2018年的样本内数据的预测结果要稍好一些，这主要是因为利用样本内数据对样本外数据进行预测时，一般预测第一年的效果比较好，第二年的效果会差一些。第一年的数据更接近在临近期货合约到期时的状态，此时期货与现货价格将逐渐达到一致，价格风险最小，套期保值绩效较佳。

对比2019年和2020年有色金属套期保值效率的结果发现，不管是日度或是周度套期保值效率，铜的套期保值效率均要高于铝和镍的套期保值效率，所以，当面临套期保值品种选择时可以选铜。而且2020年的套期保值效率较2019年整体有所上升，铜的周度套期保值效率由76.00%上升到92.32%，铝的周度套期保值效率由75.08%上升到76.64%，镍的周度套期保值效率比较稳定。原因在于，2019年受全球矿企资本支出减少、中国供给侧结构性改革深入推进、环保限产以及中美贸易摩擦等因素影响，有色金属产品价格整体呈现震荡上涨态势，期货的价格发现功能降低，致使套期保值效率较弱。2020年套期保值效率提高主要有以下几个原因。

①国内老旧小区改造项目推进加紧，对铜、铝金属的需求不断扩大。

②新能源汽车、新基建发展良好，电网投资超预期，拉动电缆、电梯、家电等高耗铜、铝需求的上升，导致的国内需求旺盛。

③疫苗研发成功、疫情压制逐步解除、美国大选落地导致海外消费回升。

④新冠肺炎疫情暴发以来，全球央行货币宽松加码、财政政策积极，美联储加码量化宽松、实施救助计划，英国实施紧急降息、财政刺激，这些史无前例的宽松货币政策使需求强劲复苏。

这些都使有色金属产品的流动性提高，交易规模扩大，提高了投资者、消费者、生产者参与贸易的比例，提高了该类品种的信息透明度，从而使期货的价格发现功能相对提高。2020年镍的周度套期保值效率保持稳定，在镍价格波动较大情况下实属不易。2020年年初自印度尼西亚禁矿以来，国内镍矿供应就处于"剑拔弩张"状态，而3月海外突发新冠肺炎疫情迫使菲律宾镍矿供应出现短期中断，更是加剧了这种紧张的局面。此外，2020 年年底菲律宾船员在我国港口接连确诊，国内各大港口检疫及隔离措施升级，导致镍矿卸船及到厂运输周期拉长。与此同时，国内镍矿港口库存去化较快，2020 年累计降幅逾 50%，港口库存达到历史新低。在此背景下镍的套期保值效率依然保持稳定，主要原因是镍的期货市场比较成熟，在当年有色金属板块整体走强的背景下，镍价涨势并不流畅，基本面矛盾不突出，多空力量均衡缺乏较强的上涨驱动。

有色金属价格是多方面作用的结果，包括金属勘探开采技术水平、宏观经济形势和政策、金属市场本身供求关系、进出口政策、利率、汇率等，除这些外生因素外，模型本身也会对套期保值效率产生影响。观察表 13 - 6 中铜、铝、镍最优套期保值模型一栏可以看出，ECM - GARCH 模型是出现频次最多的，这主要是因为相比于静态模型，该模型考虑到了现货价格和期货价格的协整关系，从而使套期保值的效果变好。其中铜的周度 ECM - GARCH 模型套期保值效率在 2020 年达到 92.32%，比 2019 年最优套期保值效率为 76.00% 的 BGARCH 模型略高，一定程度上说明动态套期保值模型对市场情况时变性的敏感性，一般情况下要优于静态模型。这可能是导致铜 2020 年套期保值效率提高的一个原因。相比之下，铝的套期保值效率对市场价格敏感度较低，也说明铜和镍的期货市场相较于铝来说更为成熟。

黑色板块中，铁矿石品种套期保值效率较高。以下将分别对日度套期保值效率和周度套期保值效率结果进行分析：

铁矿石日度套期保值效率大都保持在 45% 左右。

①在更换了数据基础的情况下，对 2019 年的数据进行了再预测。括号里的最优套期保值效率使用的基础数据为 2013 年至 2017 年，而括号外最优套期保值效率使用的基础数据为 2014 年至 2018 年。这两次预测，最优套期保值效率估计模型均为 ECM。对 2020 年度进行预测，虽然最优套期保值模型为 BVAR，但其与 ECM 模型的预测效率相差不大（仅有 0.03%）。考虑到 2020 年我国的铁矿石市场受到新冠肺炎疫情以及中美贸易战升级的冲击，能在相同模型下产生几乎不变的套期保值效率，故 ECM 模型对铁矿石日度套期保值效率的良好预测性并非偶然，而是具有较强的稳定性。ECM 模型富含在实务中继续运用的巨大潜力。

②BGARCH 模型在测度铁矿石日度套期保值效率时显著低于其他 4 个模型的效率，最明显的是对 2020 年度的预测效率值（36.58%）。这样的低效率是由于 BGARCH 模型在处理基于样本内对样本外数据预测模型构造中的缺陷造成的。正是由于这样的缺陷，我们不建议在铁矿石日度套期保值中使用 BGARCH 模型。

铁矿石周度套期保值效率大都保持在 60% ~ 70%。

①套期保值期限的延长，会使得套期保值的短期行为更加稳定。这样的稳定带来

的短期可预测性使模型能够更有预期的预测下一步的最优套期保值比率，也使周度套期保值效率普遍高于日度套期保值效率。同时，较为长期的套期保值行为也可以很有效地减少价格的短期波动，这也是周度套期保值效率普遍高于日度套期保值效率的原因之一。

②在实务操作之中，套期保值行为更多的是在长周期内进行套期保值效率的评估（周、月），因为日内的套期保值浮亏浮盈往往变化过大，用以评价套期保值行为的效率有些过于敏感。而周度套期保值效率的钝性适当，故比日度套期保值效率的测量更符合实际。

螺纹钢品种是显著的铁矿石下游产品。在此次研究中，其日度套期保值效率和周度套期保值效率显著低于铁矿石，现分析如下。

螺纹钢日度套期保值效率大都保持在 35% 以上。

①螺纹钢作为强周期商品，与我国经济运行高度相关，由于需求主要来自房地产和基建，因此螺纹钢价格和房地产周期较为一致。而我国的房地产政策、基建政策在不同的周期段内发生了强政策波动，故当我们将数据基础进行更换，对 2019 年的数据进行再预测，其套期保值效率发生了较大的变化。这种变化的特性也必然延续到了对 2020 年的效率估计当中。

②从模型角度来说，BGARCH 模型作为最优预测模型，在三次测量中（2019 年第一次、2019 年第二次、2020 年）出现两次。基于螺纹钢和铁矿石之间高度的现货相关性，发现得到的套期保值效率最高的是 BGARCH 模型或 ECM - GARCH 模型。因此往往需要使用动态套期保值模型对黑色板块品种进行套期保值，能够得到更高的效率，这对于未来深度的研究具有很好的启发作用。

螺纹钢周度套期保值效率大都保持在 40%～45%。效率高于日度套期保值的原因同上文铁矿石部分。

2020 年，全国钢铁及其上下游相关品价格出现大幅波动并上涨。这使黑色系的套期保值需求大幅度提升，这样的现象有多种因素，但以下几点较为重要：

①首先，消费者需求较之前更加旺盛。2020 年以来，全国宏观经济平稳回升，经济增长速度呈 V 形反转，稳定的投资已成为反周期调整的重点。大型基建、大型工业的生产急剧提升，这使铁矿石以及螺纹钢的需求出现上涨。所以充分的价格稳定也成了生产型企业的主要需求。

②供应相对宽松。为了抵御流行病的影响并促进经济复苏，国内外决策机构大多实施宽松的货币政策和积极的财政政策。其是像美联储这样的西方国家甚至提供了 0 利率和定量宽松的"国王炸弹"。不仅如此，而且由于各种因素，我国 10 年期国债的名义利率远高于欧美国家，而且我国经济的好转保持不变。这种情况下，全球"热钱"

流入我国的速度加快了。对宽松的资本供应，其中一部分将不可避免地流入黑色系列商品，也将产生巨大的金融购买需求，从而产生商品溢价。

③美元贬值。自2020年年初以来，美国经济疲软，财政赤字扩大，美国债务飙升，美联储极端货币宽松，利率基本为0，这给美元造成了巨大压力。汇率截至2020年10月底，美元贬值了约3%。美元贬值相应增加了进口冶炼原料和钢铁产品的进口成本，并相应提高了国内钢材价格，并反作用于国内的铁矿石期货以及螺纹钢期货。

第十四章　金融期货套期保值效率测度分析

一、品种选择

在已上市的金融期货品种中，由于 2 年期国债期货上市时间（2018 年 8 月 17 日）较短，市场还不够稳定，故选择 5 年期国债期货（TF）、10 年期国债期货（TL）进行分析。在沪深 300 股指期货（IF）、上证 50 股指期货（IH）、中证 500 股指期货（IC）等股指期货中，选取持仓量大、覆盖沪市和深市股票的沪深 300 股指期货进行研究。

二、样本数据

本文采用过去 5 年的现货与期货市场的日收益率（价格取对数后差分）数据。其中，考虑到上市时间因素，金融期货使用 2017 年 10 月至 2018 年 9 月数据做样本内分析，2018 年 10 月至 2019 年 9 月数据做样本外回测。金融品种的有效样本量均为 486。

期货数据均采用主连合约数据，数据来源 Wind 数据库。在现货数据中，国债数据取自 CSMAR 数据库，股票指数数据取自同花顺数据库，交易代码分别为 000140、H11077、000300. SH，所有数据均采用收盘价进行分析。

三、金融期货最优套期保值比率估计与效率分析

（一）OLS 模型估计结果

以金融现货收益率 $\ln\Delta S$ 作为被解释变量，金融期货收益率 $\ln\Delta F$ 作为解释变量，得到

5 年期国债回归结果为

$$\ln\Delta S = 0.0002 + 0.2464\ln\Delta F + e_t;$$

10 年期国债回归结果为

$$\ln\Delta S = 0.0002 + 0.2672\ln\Delta F + e_t;$$

沪深 300 股指回归结果为

$$\ln\Delta S = -1.2547\mathrm{e}^{-05} + 0.8973\ln\Delta F + e_t。$$

根据简单 OLS 回归结果以及 t 统计量和 P 值表明，解释变量 $\ln\Delta F$ 的系数显著。从回归参数结果可以看出，当建立一单位的 5 年期国债现货多头后，需要同时建立 0.2464 （β）单位的空头寸的 5 年期国债期货用于对冲；当建立一单位的 10 年期国债现货多头后，需要同时建立 0.2672 （β）单位的空头寸的 10 年期国债期货用于对冲；当建立一单位的沪深 300 股指现货多头后，需要同时建立 0.8973 （β）单位的空头寸的沪深 300 股指期货用于对冲。

（二）ECM 模型估计结果

以金融现货收益率 $\ln\Delta S$ 作为被解释变量，金融期货收益率 $\ln\Delta F$ 作为解释变量，得到

5 年期国债回归结果为

$$\ln\Delta S = 0.0002 + 0.2658\ln\Delta F - 0.0286\mathrm{ecm} + e_t;$$

10 年期国债回归结果为

$$\ln\Delta S = 0.0002 + 0.2851\ln\Delta F - 0.0545\mathrm{ecm} + e_t;$$

沪深 300 股指回归结果为

$$\ln\Delta S = -1.3419\mathrm{e}^{-05} + 0.9014\ln\Delta F + 0.3052\mathrm{ecm} + e_t。$$

根据简单 ECM 回归结果以及 t 统计量和 P 值表明，解释变量 $\ln\Delta F$ 的系数显著。从回归参数结果可以看出，当建立一单位的 5 年期国债现货多头后，需要同时建立 0.2658 （β）单位的空头寸的 5 年期国债期货用于对冲；当建立一单位的 10 年期国债现货多头后，需要同时建立 0.2851 （β）单位的空头寸的 10 年期国债期货用于对冲；当建立一单位的沪深 300 股指现货多头后，需要同时建立 0.9014 （β）单位的空头寸的沪深 300 股指期货用于对冲。

（三）BVAR 模型估计结果

对金融期货和现货的价格序列进行 ADF 单位根检验结果表明，收益率序列是平稳的，因此可以用收益率序列建立双变量向量自回归模型（BVAR），根据 AIC 信息准则和 SC 准则，对 5 年期国债收益率序列建立滞后 3 期的 BVAR 模型；对 10 年期国债收益率序列建立滞后 3 期的 BVAR 模型；对沪深 300 股指收益率序列建立滞后 3 期的 BVAR 模型。

表 14 -1 给出了模型的估计结果，并根据残差的方差与协方差计算出 5 年期国债的

最优套期保值比率为 0.2482，10 年期国债的最优套期保值比率为 0.2738，沪深 300 股指的最优套期保值比率为 0.9623。BVAR 模型属于静态套期保值，得到的最优套期保值比率是静态的。

表 14 - 1　　　BVAR 模型估计结果（5 年期国债、10 年期国债和沪深 300 股指）

估计结果	5 年期国债现货	5 年期国债期货	10 年期国债现货	10 年期国债期货	沪深 300 股指现货	沪深 300 股指期货
$\ln S$（-1）	- 0.0394 [- 0.7874]	0.1178 [1.3866]	- 0.1570 [- 2.9353]	0.0030 [0.0286]	- 0.2572 [- 1.0450]	0.03302 [1.2343]
$\ln F$（-1）	0.3311 [11.1275]	- 0.0156 [- 0.3089]	0.3670 [13.1724]	- 0.0047 [- 0.0876]	0.2393 [1.0546]	- 0.3362 [- 1.3634]
$\ln S$（-2）	- 0.0008 [- 0.0153]	- 0.0449 [- 0.5389]	- 0.0288 [- 0.5744]	0.0751 [0.7743]	- 0.2192 [- 0.7790]	0.1073 [0.3510]
$\ln F$（-2）	0.1218 [3.6187]	- 0.0442 [- 0.7743]	0.2307 [6.9566]	- 0.0384 [- 0.5977]	0.1984 [0.7548]	- 0.1254 [- 0.4388]
$\ln S$（-3）	0.0796 [1.8789]	0.0621 [0.8638]	0.0413 [1.0024]	- 0.0121 [- 0.1524]	- 0.6114 [- 2.1118]	- 0.4380 [- 1.3921]
$\ln F$（-3）	0.0527 [1.6037]	- 0.0075 [- 0.1341]	0.0675 [2.1193]	0.0038 [0.0619]	0.6975 [2.5714]	0.5320 [1.8045]
C	0.0002 [4.5563]	4.23e - 05 [0.6654]	0.0002 [3.3794]	8.21e - 05 [0.7785]	- 0.0001 [- 0.1779]	- 0.0001 [- 0.1674]
$Var(\varepsilon_t^2)$	5.6904e - 07	1.6394e - 06	1.3165e - 06	4.9337e - 06	0.000163	0.000192
$Cov(\varepsilon_{st}, \varepsilon_{ft})$	4.0699e - 07		1.3540e - 06		0.000174	
最优套期保值比率	0.2482		0.2738		0.9623	

（四）BGARCH 和 ECM - GARCH 模型估计结果

从表 14 - 1 至表 14 - 3 中可以看出：对于 5 年期国债、10 年期国债和沪深 300 股指，β 均是显著大于 0 的，并且满足 $\alpha + \beta$ 小于 1 的约束条件，说明在滞后期内动态相关系数受前一期标准化均值残差的影响显著。表中 14 - 3 说明我国期现货市场之间的动态相关系数受条件异方差的影响很大，并且吸收了由前期均值方差所引起的波动。α 值均比较小，说明期现货市场间的相关性不会受到前期的外部干扰。与此同时，β 估计值较大，说明这些商品期货与商品现货价格之间的动态相关系数显著受到前期较大的影响，动态相关系数变动较大，并具有较强的持续性。

表 14 - 2 　　　　　　　　　　　　　　BGARCH 模型估计结果

参数	5 年期国债	10 年期国债	沪深 300 股指
ω_1	2.66e - 07 [4.0177]	4.03e - 07 [1.3528]	1.79e - 06 [4.2667]
α_1	0.2038 [4.2757]	0.0364 [1.3486]	0.2992 [5.2111]
β_1	0.4129 [3.6546]	0.7197 [3.6249]	0.4946 [7.5284]
$\alpha_1 + \beta_1$	0.6167	0.7561	0.7938
ω_2	1.11e - 06 [1.3593]	3.99e - 06 [1.1598]	1.87e - 06 [4.6583]
α_2	0.0639 [1.8136]	0.0501 [0.9769]	0.2947 [5.1549]
β_2	0.1582 [0.2719]	0.6284 [-0.0336]	0.5204 [9.3367]
$\alpha_2 + \beta_2$	0.2221	0.6785	0.8151

表 14 - 3 　　　　　　　　　　　　　ECM - GARCH 模型估计结果

参数	5 年期国债	10 年期国债	沪深 300 股指
ω_1	4.63e - 07 [3.1350]	4.95e - 07 [1.4389]	5.96e - 06 [2.9571]
α_1	0.1599 [2.7948]	0.0437 [1.4204]	0.0668 [3.7100]
β_1	0.2175 [0.9275]	0.6895 [3.3695]	0.9014 [42.8300]
$\alpha_1 + \beta_1$	0.3774	0.7332	0.9682
ω_2	1.06e - 07 [0.9692]	6.77e - 06 [1.6929]	8.49e - 06 [2.8419]
α_2	0.0244 [1.3155]	- 0.0262 [-0.9709]	0.0701 [4.5621]
β_2	0.9100 [11.7826]	0.6610 [-0.4261]	0.8922 [43.8304]
$\alpha_2 + \beta_2$	0.9344	0.6348	0.9623

根据动态套期保值比率计算公式，可得 3 个品种的样本外套期保值比率动态（见图 14 - 1、图 14 - 2）。

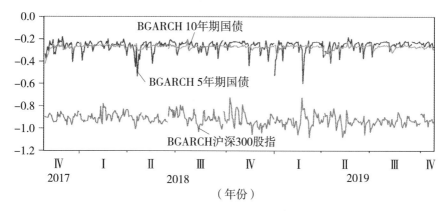

图 14-1 金融期货 BGARCH 模型的动态套期保值比率

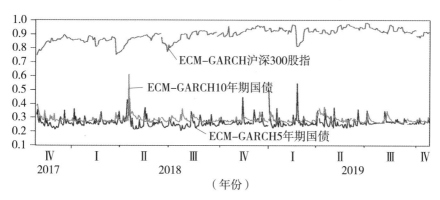

图 14-2 金融期货 ECM-GARCH 模型的动态套期保值比率

（五）套期保值效率评价（见表 14-4、表 14-5、图 14-3）

表 14-4　　　　　　　　　　　　不同模型策略下套期保值效率

模型	2020 年		
	5 年期国债	10 年期国债	沪深 300 股指
OLS（日度）	23.80% （17.52%）	14.68% （21.17%）	94.53% （94.82%）
OLS（周度）	36.91%	38.11%	98.30%
ECM（日度）	24.90% （17.52%）	14.76% （20.80%）	94.49% （94.46%）
ECM（周度）	39.26%	40.03%	98.33%
BVAR（日度）	23.91% （17.37%）	14.72% （20.81%）	93.52% （93.70%）

模型	2020 年		
	5 年期国债	10 年期国债	沪深 300 股指
BVAR（周度）	40. 20%	38. 82%	98. 33%
BGARCH（日度）	25. 48% （15. 10%）	14. 78% （21. 72%）	94. 42% （95. 03%）
BGARCH（周度）	69. 02%	10. 82%	*
ECM – GARCH（日度）	26. 51% （14. 04%）	15. 02% （21. 01%）	94. 58% （94. 55%）
ECM – GARCH（周度）	75. 50%	30. 72%	98. 15%

表 14 – 5　　　　　　　　　　最优套期保值效率比较

金融 期货品种	2020 年	
	最优套期保值效率	最优套期保值模型
5 年期国债（日度）	26. 51%（14. 04%）	ECM – GARCH（OLS、ECM）
5 年期国债（周度）	75. 50%	ECM – GARCH
10 年期国债（日度）	15. 02%（21. 01%）	ECM – GARCH（BGARCH）
10 年期国债（周度）	40. 03%	ECM
沪深 300 股指（日度）	94. 58%（94. 55%）	ECM – GARCH（BGARCH）
沪深 300 股指（周度）	98. 33%	ECM、BVAR

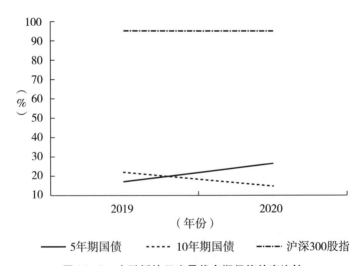

图 14 – 3　金融板块日度最优套期保值效率比较

从表 14-5 中可以看出，在金融板块中，5 年期国债日度最优套期保值模型是 ECM - GARCH 模型，效率达到 26.51%，周度最优套期保值模型是 ECM - GARCH 模型，效率达到 75.50%；10 年期国债日度最优套期保值模型是 ECM - GARCH 模型，效率达到 15.02%，周度最优套期保值模型是 ECM 模型，效率达到 40.03%；沪深 300 股指日度最优套期保值模型为 ECM - GARCH 模型，效率达到 94.58%，周度为 ECM 和 BVAR 模型，效率均达到 98.33%，效率相对其他两个品种达到最高。从图 14-3 中可以看出，与 2019 年结果相比较，沪深 300 股指的套期保值效率一直保持较高水平，套期保值功能很强；5 年期国债套期保值比率虽有一定的提高，但还没有达到 30%，因此套期保值的功能还相对较弱；10 年期国债套期保值比率有所下降，这是因为 10 年期国债是最活跃的国债交易品种，2020 年国债期货市场受新冠肺炎疫情冲击，波动性加大，市场交易活跃，相关性的不确定性增大。同时，由于价格日波动较大，相对于周度更容易偏离现货价格，所以周度数据的套期保值效率有所提高。

上述表明，运用金融期货能够较好地实现套期保值。沪深 300 股指的套期保值效率较高，说明我国近几年不断对资本市场进行改革，股票市场的风险管理水平已达到一定高度。虽然国债期货的套期保值效率远低于股指期货，表明我国国债期货市场仍然面临较大的改革任务，还需要进一步提高市场的流动性。2020 年我国稳妥推进各类机构参与国债期货市场。作为持有国债期货最多的主体，我国开始允许符合条件的银保机构参与国债期货市场，既可满足其自身风险管理需求，丰富投资产品类型，提升债券资产管理水平，也有助于丰富市场投资者结构，促进国债期货市场平稳有序发展，提升国债期货市场风险管理功能。

第十五章　套期保值效率研究结论与建议

一、主要结论

（一）中国期货市场最优套期保值模型与套期保值比率的全景图

本篇基于各类品种的样本内数据，给出了农产品、能源化工、金属、金融 4 个板块 18 个品种的最优套期保值比率与测度方法（见表 15 -1）。这一最优比率参照表可按年度定期发布，为企业参与套期保值，特别是全面参与品种配置、防范现货风险提供了最优套期保值策略参考。

可以看出，在最优套期保值比率的模型选择上，静态套期保值模型和动态套期保值模型各占半壁江山。这说明，动态套期保值模型虽然可以反映市场情况的时变性，一般情况下要优于静态模型，但是当期货市场不发达时，期货价格在很大程度上并不能反映这种市场的时变性，使用静态套期保值模型的套期保值效率反而更高。如果考虑期货交易成本，动态套期保值模型的优势还会减弱（见图 15 -1、图 15 -2）。

表 15 -1　　　　　2020 年各个模型下最优套期保值比率比较（日度）

模型 期货品种	最优套期保值对应的 模型	最优套期 保值比率	套期保值效率 （样本内）
原油	BGARCH	——	35.16%
PTA	ECM - GARCH	——	26.55%
线型低密度聚乙烯	BVAR	0.0171	2.43%
天然橡胶	BVAR	0.0388	2.06%
5 年期国债	ECM - GARCH（OLS、ECM）	0.2464	26.51%（17.52%）
10 年期国债	ECM - GARCH（BGARCH）	0.2738	15.02%（21.72%）
沪深 300 股指	ECM - GARCH	——	94.58%
铜	ECM - GARCH	——	63.46%
铝	ECM - GARCH	——	41.79%

模型 期货品种	最优套期保值对应的 模型	最优套期 保值比率	套期保值效率 （样本内）
镍	ECM - GARCH	—	36.45%
铁矿石	BVAR	0.4779	46.03%
螺纹钢	ECM	—	37.00%
白糖	BVAR	0.2889	14.17%
棉花	ECM - GARCH	—	5.06%
玉米	BGARCH	—	5.53%
豆粕	ECM - GARCH	—	35.93%
苹果	BGARCH	—	1.97%
棕榈油	ECM - GARCH	—	27.60%

注：BGARCH、ECM、ECM - GARCH 为动态套期保值模型，所得到的套期保值比率是一个动态的序列，因此无法显示在表 15 - 1 中，故以"—"显示。

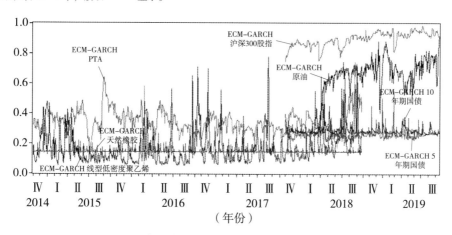

图 15 - 1　各品种 BGARCH 模型的动态套期保值比率

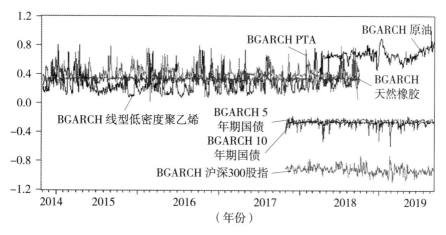

图 15 - 2　各品种 ECM - GARCH 模型的动态套期保值比率

（二）中国期货市场套期保值效率的变化特征

本篇采用一套可比的标准，即可比的样本期、可比的模型、可比的测算标准对期货市场主要品种的套期保值效率进行全部测度，详见表15－2。这一市场套期保值效率结构全景图，可按年度定期发布，为政府动态、全面掌握期货市场保值功能提供了参考，对完善套期保值相关制度、提升套期保值整体效率有重要意义。

表15－2 　　　　　　　　　　各品种最优套期保值效率比较

板块	品种	2019 年		2020 年	
		最优套期保值效率	最优套期保值模型	最优套期保值效率	最优套期保值模型
能源板块	原油	—	—	35.16%	BGARCH
化工板块	PTA	24.31%	ECM	26.55%	ECM－GARCH
	线型低密度聚乙烯	4.77%	ECM－GARCH	2.43%	BVAR
	天然橡胶	－1.33%	OLS	2.06%	BVAR
金融板块	沪深300 股指	—	—	95.03%	BGARCH
	5 年期国债	—	—	17.52%	ECM－GARCH
	10 年期国债	—	—	21.72%	BGARCH
金属板块	铜	44.65%	ECM－GARCH	63.46%	ECM－GARCH
	铝	27.69%	OLS	41.79%	ECM－GARCH
	镍	61.48%	ECM－GARCH	36.45%	ECM－GARCH
	铁矿石	45.21%	ECM	64.12%	ECM
	螺纹钢	21.79%	ECM	37.00%	ECM
农产品板块	白糖	5.26%	ECM－GARCH	14.17%	BVAR
	棉花	1.77%	BGARCH	5.06%	ECM－GARCH
	玉米	3.27%	BGARCH	5.53%	BGARCH
	豆粕	32.05%	ECM－GARCH	35.93%	ECM－GARCH
	苹果	0.03%	OLS	1.97%	BGARCH
	棕榈油	31.88%	BGARCH	27.60%	ECM－GARCH

（三）系统评价中国期货市场套期保值效率的变化特征，指出效率提升路径

从整体上看，化工产品以及国债的套期保值效率偏低。与2019 年相比，2020 年市

场这一整体套期保值效率并没有明显的变化，但是由于国内外政治、经济和新冠肺炎疫情等因素，2020年国内期货套期保值效率也受到影响。

原油以及化工板块的PTA具有一定的避险功能，而化工板块的线型低密度聚乙烯和天然橡胶不具有较明显的套期保值效果。

原油期货的套期保值效率较高，原因在于我国原油期货市场与原油现货市场间存在价格相互引导的作用。同时，原油期货价格与国际关联性强，且供求关系复杂，价格波动风险较高，因此，套期保值能够起到较好的风险防控效果。随着我国原油期货的推出，为石油进口企业提供了良好的套期保值机会，显著降低了价格波动的不确定性。企业结合实际情况采取恰当的对冲策略，可以有效防控风险。

对于化工板块品种，由于影响期货价格和现货价格的因素各有不同，加上套利成本的高企，现货市场的成熟程度还有待提升，使得套期保值效率较低。特别是，天然橡胶和线型低密度聚乙烯的成交量低、流动性差，导致市场不活跃。同时，市场复杂的供求关系与投机因素加大了价格的波动风险，从而抑制了期货市场的功能发挥。

金融板块中，股指的套期保值效率较高，说明我国近几年不断对资本市场进行改革，股票市场的风险管理水平已达到一定高度。但国债期货的套期保值效率远低于股指期货套期保值效率，表明我国国债期货市场仍然面临较大的改革任务，还需要进一步提高市场的流动性。

金融期货的完善对于金融供给侧结构性改革有着重要意义。金融期货可以为商业银行、基金、保险等资本提供多层次的风险对冲工具，促进我国资本市场平稳有序的健康发展。目前，我国的资本市场仍与发达国家有效率的市场存在一定差距，还存在着股指期货常态化未落地、交易成本和门槛较高、风险管理机制不完善、品种不够丰富等问题。因此，为满足更多人不同方案套期保值的需求，需要不断推出新品种，通过不断降低交易成本和交易限制，让更多的人参与到这个市场当中来，使金融期货的价格得到修正，让价格在无套利区间进行波动。进一步使金融体系变得稳定，可以真正为实体经济发展提供更高质量、更有效率的金融服务。

在有色金属板块中，可以看出我国有色金属期货品种都具有较强的套期保值功能。随着国民经济快速发展，我国已成为世界最大的有色金属生产国和消费国，产销量约占全球的50%。相较于其他商品期货，有色金属易于保存、品质区分更加清晰、更易于标准化。因此，有色金属的套利更有可能实现，这会约束有色金属期现货价格在一定价差范围内波动。因此，增强了有色金属期货市场的价格发现功能。

对比日度数据和周度数据的套期保值效率发现，周度数据的套期保值结果均明显高于日度数据的套期保值结果，当日度数据换用周度数据后，铜2019年的最优套期保值效率由44.62%变为76.00%，增长31.38%，2020年由63.46%变为92.32%，增长

28.86%；铝 2019 年的最优套期保值效率由 28.23% 变为 75.08%，增长 46.85%，2020 年由 41.79% 变为 76.64%，增长 34.85%，增幅在 40% 左右；镍 2019 年的最优套期保值效率由 50.85% 变为 87.85%，增长 37%，2020 年 36.45% 变为 81.01%，增长 44.56%。这主要是因为拉长时间间隔可以在一定程度上平复期货价格的波动，使数据更加平稳，测度出的套期保值比率更加可靠，从而提升铜、铝套期保值的效率。

对比更换数据后 2019 年铜、铝、镍的套期保值效率发现，套期保值效率差异较小，但利用 2014—2018 年的样本内数据的预测结果要稍好一些，这主要是因为利用样本内数据对样本外数据进行预测时，一般预测第一年的效果比较好，第二年的效果会差一些，这是因为第一年的数据更接近临近期货合约到期时的状态，此时期货与现货价格将逐渐达到一致，价格风险最小，套期保值绩效较佳。

对比 2019 年和 2020 年有色金属套期保值效率的结果发现，不管是日度或是周度套期保值效率，铜的套期保值效率均要高于铝和镍的套期保值效率，所以，当面临套期保值品种选择时可以选铜。而且 2020 年的套期保值效率较 2019 年整体有所上升，铜的周度套期保值效率由 76% 上升到 92.32%，铝的周度套期保值效率由 75.08% 上升到 76.64%，镍的周度套期保值效率比较稳定。原因在于，2019 年受全球矿企资本支出减少、中国供给侧结构性改革深入推进、环保限产以及中美贸易摩擦等因素影响，有色金属产品价格整体呈现震荡上涨态势，期货的价格发现功能降低，致使套期保值效率较弱。2020 年套期保值效率提高主要有以下几个原因。①国内老旧小区改造项目推荐加紧，对铜、铝金属的需求不断扩大；②新能源汽车、新基建发展良好，电网投资超预期，拉动电缆、电梯、家电等高耗铜、铝需求的上升，导致国内需求旺盛；③疫苗研发成功、疫情压制逐步解除、美国大选落地导致海外消费回升；④新冠肺炎疫情暴发以来，全球央行货币宽松加码、财政政策积极，美联储加码量化宽松、实施救助计划，英国实施紧急降息、财政刺激，这些史无前例的宽松货币政策使得需求强劲复苏。这些都使得有色金属产品的流动性提高，交易规模扩大，提高了投资者、消费者、生产者参与贸易的比例，提高了该类品种的信息透明度，从而使期货的价格发现功能相对提高。2020 年镍的周度套期保值效率保持稳定，在今年镍价格波动较大情况下实属不易，年初自印度尼西亚禁矿以来，国内镍矿供应就处于"剑拔弩张"状态，而 3 月海外突发疫情迫使菲律宾镍矿供应出现短期中断，更是加剧了这种紧张的局面。此外，近期菲律宾船员在我国港口接连确诊，国内各大港口检疫及隔离措施升级，导致镍矿卸船及到厂运输周期拉长。与此同时，国内镍矿港口库存去化较快，年初至今累计降幅逾 50%，目前港口库存已处于历史新低。在此背景下镍的套期保值效率依然保持稳定，主要原因是镍的期货市场比较成熟，在今年有色金属板块整体走强的背景下，镍价涨势并不流畅，基本面矛盾不突出，多空力量均衡缺乏较强的上涨驱动。

有色金属价格是多方面作用的结果。金属勘探开采技术水平、宏观经济形势和政策、金属市场本身供求关系、进出口政策、利率、汇率等，除这些外生因素外，模型本身也会对套期保值效率产生影响。观察表 15 - 2 铜、铝、镍最优套期保值模型一栏可以看出，ECM - GARCH 模型是出现频次最多的，这主要是因为相比于静态模型，该模型考虑到了现货价格和期货价格的协整关系，从而使套期保值的效果变好。其中铜的周度 ECM - GARCH 模型套期保值效率在 2020 年达到 92.32%，比 2019 年最优套期保值效率为 76.00% 的 BGARCH 模型略高，一定程度上说明动态套期保值模型对市场情况时变性的敏感性，一般情况下要优于静态模型。这可能是导致铜 2020 年套期保值效率提高的一个原因。相比之下，铝的套期保值效率对市场价格敏感度较低，也说明铜和镍的期货市场相较于铝来说更为成熟。

由此可见，继续强化能源化工板块的套期保值功能，稳妥推进各类机构参与国债期货市场，促进国债期货套期保值功能得以更好发挥，是今后一段时期提升市场服务实体经济功能的基本路径。

二、政策建议

2020 年是我国建立期货市场 30 周年。30 年来，我国期货市场从无到有、从小到大、从乱到治，走出了一条独具特色的发展之路，面临着广阔的发展前景。在新形势下，期货市场应该在"国强民富"中发挥更积极的作用，助力形成"国内国际双循环相互促进"的良好格局。面对新形势新问题，为进一步发展我国期货市场，使之更好地为企业实体发挥套期保值功能，提出如下建议。

（一）提升我国原油期货市场地位，增强其国际定价影响力

进一步提升我国原油期货市场地位的关键在于提高其价格的信息质量。实现路径如下：第一，监管层与现货行业管理部门应该定期发布高质量宏观经济指标，尤其是原油及其相关产品的行业供求状况等数据，更好地引导中国原油期货市场形成更高信息质量的价格，进一步增加中国原油期货市场在国内日盘交易期间的定价权。第二，进一步加强促进原油和相关产品现货流通运转的制度建设（如建设自由贸易港），同时让原油期货交割更加市场化。第三，推动 INE 原油期货交割更加国际化。建议推动境外交割，包括在更多中质含硫原油的重要生产地点和消费地区设立国际交割库，特别是在亚太地区。这样可以更加有效地吸收更大地理范围内的原油市场信息。第四，进一步完善期货市场交易和监管制度，抑制过度短期投机，完善中国原油期货价格曲线。

（二）优化国债期货、期权产品供给，稳妥推进国债期货市场对外开放

目前市场对2年期、5年期和10年期以外国债期货品种的需求依然没有得到满足。现有国债期货产品成交量和持仓量均平稳增长，投资者使用稳健规范，市场各项功能发挥良好，这些都为新产品的推出奠定了重要基础。因此，建议未来继续推动国债期货产品向短端和长端延伸，同时考虑将期货产品向期权产品延伸，为市场机构在现有管理方向性风险的基础上，进一步丰富其管理波动性风险的工具选择。

同时，作为第二大持有机构，境外机构占银行间市场国债托管总量的比例已经达到9.02%。2020年随着商业银行、保险机构逐步进入国债期货市场，境外机构进入国债期货市场的条件也会日趋成熟。因此，建议做好研究和推动境外机构进入国债期货市场的前期准备。商业银行进入国债期货市场后，市场功能和投资者结构将得到进一步优化，这将为相关工作的开展提供更好的市场环境。

（三）大力发展商品期货市场，提升产业服务能力

我国是全球最大的大宗商品进口国和贸易国，原油、铁矿石等多个品种进口量和消费量高居全球榜首，对外依存度较高。因此，加快发展商品期货市场，掌握商品市场主动权，服务经济社会避险需求，对我国这样一个经济大国来说具有重要意义。"工欲善其事，必先利其器。"丰富多元的商品期货是大宗商品市场发展的基础。下一步，要继续完善期货品种体系建设，注重期货品种的上市效率和质量，从市场需求出发创设品种，依托目前我国的经济结构拓宽期货品种覆盖面，并从产业链上下游出发，推出全产业链期货品种，为产业客户提供丰富的避险工具，推进相关产业的供给侧改革顺利进行，实现"以期货带产业，以产业促期货"的统筹。

同时，逐步将具备条件的商品期货和期权品种国际化，对接国际通行实践，吸引更多境外投资者到国内商品期货市场进行交易、风险管理和资产配置。提高我国商品期货全球定价影响能力，完善全球化布局的人民币大宗商品计价结算体系。

（四）积极推进交易所保证金比率的差异化设置，提高套期保值者的参与度

保证金设计的初衷是充当期货交易方的信用证明，防止期货参与方违约。非套期保值者由于不参与现货的交易，因此需要缴纳更多的保证金防止违约，而套期保值者由于参与现货端的交易，其现货或者订单就可以充当信用的证明。因此，交易所可以通过设定优惠的保证金比率来提高套期保值者的参与度。同时，对于套期保值效率高

的品种，套期保值者通过持有期现组合可以降低更多的风险，理论上违约风险更低。因而，只需要缴纳更少的保证金，该品种的套期保值优惠保证金比率就可以设置得更低一些。这样的设定可以增加套期保值者参与套期保值的热情，同时提高期货市场风险配置的功能。

此外，对于参与套期保值的企业来说，在套期保值效率高的市场，更低的保证金比率减少了套期保值的资金占用，使企业现金流更加充裕；在套期保值效率相对较低的市场，虽然相对高的保证金比率提高了资金占用，但是减少了和资金占用相匹配的价格波动风险，促进了企业的稳健经营。

（五）稳进推进期货市场国际化进程，减少政府过度干预

我国期货市场整体效率偏低，与市场的国际化程度密不可分。2020 年我国已完全取消外资在期货公司的持股比例限制。在金融开放度日益提高的背景下，未来还可能有更多的开放措施，这对我国期货市场来说是挑战也是机遇。为促进我国期货市场尽快在世界范围内取得领先地位，需要有步骤地放开市场，让国际资本也参与进来，在与国际资本的竞争中练好内功，这样才能做到真正的"既大又强"。金融开放的加速给予了我国期货市场发展更大的压力，期货市场不仅需要总资金的"量"、规范有序的"质"，还要在外资进来之前具备足够竞争力的"速"。只有"量""质""速"并进，才可以使我国期货市场把握住机遇，迎接挑战。

对于做"质"，需要在做"量"的过程中边发展边探索，对于做"量"，就是要吸引市场参与者，设计制定政策使各层次市场参与者（投机者、套利者、套期保值者、资产配置需求者等）的诉求可以得到妥善解决，对期货逐步分品种国际化。同时，基于我国的实际国情，很多商品在市场供求上还是极大地受到政府的干预的影响，政策会影响现货市场价格的真实性。因此，政府应适当减少对现货市场的干预，加强期货市场的开放程度。

第四篇　期货市场研究前沿展望

可视化分析表明，对期货市场政策的研究主要集中在期货市场开放、期货扶贫、期货市场监管、金融科技、期货价格预测以及研究方法等主题上。研究方法上，学者以政府政策分析、对比分析、案例分析、实证分析等多种方法研究期货政策领域相关问题。其中，实证分析中对大数据应用算法编程进行分析的方式，使得研究方法得到拓展，为大宗商品期货市场的监测提供了参考。下一步研究重点和趋势从以下几个方面展开。①期货开放方面后续研究重点在"一带一路"期货国际化、期货品种国际化助力人民币国际化以及大宗商品国际定价中心。②"保险＋期货"方面的研究重点应偏向保险费率厘定、补贴水平降低后该模式各部分的盈利模式、期货风险管理公司如何更好地对冲该模式的风险以及影响农户参与"保险＋期货"模式的因素等。③期货监管方面研究重点在于如何进一步完善《期货法》。④期货与金融科技方面，金融与计算机人工智能结合是未来研究的重点与趋势。

对期货市场交易策略研究的热点与前沿主要涉及期货品种日益丰富、套期保值比率、套利方式多样、模型多种多样、交易策略多样、新冠肺炎疫情的影响和研究6个方面。下一步中国期货市场交易策略的研究重点应该围绕期货交易策略设计、套期保值过程和方法、套利具体方案开展。与此同时，由于新冠肺炎疫情的影响，应进一步研究如何利用期货避险，同时也应加强期货市场和其他市场（如农产品市场）的联系以及融合研究。

期货市场价格发现功能的研究主要聚焦于实证分析期货品种是否能够良好地发挥价格发现功能。其中，期货价格一般采用交易所活跃合约的收盘价格，现货价格一般采用各行业现货价格的均值。期货市场的定价效率研究主要聚焦在影响期货价格的因素、定价模型中的风险溢价、价格预测模型等方面。期货市场的套期保值效率研究主要聚焦于运用已有模型对套期保值的有效性进行论证，创新地提出一些关于检验套期保值功能的新视角和模型。农产品"保险＋期货"相关研究主要聚焦于对"保险＋期货"模式的阐述、各方主体的优势分析以及对"保险＋期货"模式下的农产品价格指数保险产品进行定价等。期货市场国际化相关研究集中于我国期货市场对外开放实现路径的探讨、国际化期货品种对人民币国际化的影响，以及国际化进程中的问题和对策，研究方法多为定性分析和比较分析。期货公司服务实体经济相关研究主要集中在对各期货品种服务实体经济的表现情况以及期货公司服务实体经济进程中表现出的不足和建议，研究方法主要是定性分析和案例分析。人民币期货期权发展研究主要聚焦于离岸人民币期货期权市场，集中于对我国离岸人民币期货市场的发展现状以及人民币期货套期保值效率的研究，研究方法多为定性分析和实证分析。

第十六章　期货市场政策前沿动态研究

目前我国期货市场政策逐步放开，商业银行和保险机构获准参与国债期货交易，对外开放的货物期货品种保税交割业务暂免征增值税，证监会取消期货公司外资股比限制、取消境外机构投资者额度限制等政策，使我国期货市场得到了蓬勃的发展，但仍存在一些问题亟待解决："一带一路"建设背景下，期货国际化如何定位？期货如何借势发展，助力我国建成大宗商品定价中心，助力人民币国际化？期货相关立法建设不完善，虚假信息、内幕消息、保证金等方面仍存在问题。在乡村振兴、全面建成小康社会背景下，五部门联合发布《关于金融服务乡村振兴的指导意见》，如何发挥期货价格发现和套期保值功能帮助贫困户脱贫及"保险＋期货"模式如何拓展等问题已成为期货政策领域不可忽略的重要研究议题。因此研究期货市场政策有助于我们了解期货行业目前的发展现状、存在问题，以及未来的发展趋势。

本文利用 CiteSpace 知识图谱可视化软件，对我国期货市场政策研究的相关文献进行计量分析，梳理有关我国期货市场政策的重点与热点研究主题，探寻我国期货市场政策研究的演进路径，分析我国期货市场政策研究的前沿与方向，进而通过重点研读国内外高水平的核心研究文献成果，系统评述研究文献及成果的理论贡献与相关局限，并提出我国期货市场政策研究的下一步趋势与展望，期待能为今后我国期货市场政策的理论研究提供线索与思路，并为优化我国期货市场政策供给、完善我国期货市场基础制度建设、实现我国期货市场的良性健康发展提供理论借鉴。

一、数据来源与研究方法

（一）数据来源

本章从国内、国外两个方面对近年来有关期货市场政策的研究文献进行收集和分析。国内文献方面，笔者以 CNKI 中国期刊全文数据库中的 SCI 来源期刊、EI 来源期刊、CSSCI 来源期刊、CSCD 来源期刊、其他一般期刊，会议、报纸等数据库以及优秀硕士论文数据库、博士论文数据库等为检索范围，以"篇名检索"为策略，以"期货、期权、政策、监管"为关键词进行检索。国外文献方面，以 EBSCO、Elsevier、JSTOR 三大外文数据库为检索范围，以"futures、options、policy、supervision"为关键词进行检索。为确保研究的时效性和前沿性，上述中文文献检索的时间范围限定在 2019 年 10 月至 2020 年 11 月，英文文献检索的时间范围限定在 2019 年 1 月至 2020 年 11 月。通过上述检索过程，共获得中文文献 79 篇、外文文献 44 篇。

通过对初步收集的文献进行篇名、摘要和关键词分析，筛除期刊征文启事、主题介绍以及与研究主题关联性不大的文章后，有效中文文献仍为 79 篇，有效外文文献仍为 44 篇。

（二）研究方法

本研究拟采用文献统计分析法和内容研究法，从定量和定性两个方面探讨期货市场政策的研究现状、热点、前沿与趋势。

对文献的定量统计研究从文献的分布性统计和主题性统计两个层面进行分析，文献分布性统计采用中国知网的计量可视化工具进行分析，主题性统计涉及文献的演进路径、关键词聚类等内在属性特征的分析，分析对象均选定为 79 篇有效中文文献，分析工具采用 CiteSpace 5.7. R1 知识图谱可视化软件。受文献索引导出数据的可获得性的限制以及 CiteSpace 5.7. R1 软件使用的限制，本章的知网计量可视化分析以及 CiteSpace 5.7. R1 可视化分析仅针对中文文献展开。

由于文献的定量统计更多是对文献分布特征与文献主题属性的抽象描述，缺乏对重点文献、重点内容的内在梳理与解读，故本章采用内容研究法，选取高水平文献，进行重点研读、分析与归纳，对中国期货市场政策研究的主要成果进行综述与评价，实现对期货市场政策研究发展脉络的梳理，并对研究领域的趋势与展望进行研判。内容研究的文献包含经筛选后的有效中文文献 79 篇及有效英文文献 44 篇。

二、文献统计分析

（一）文献分布式统计分析

1. 文献时间分布分析

研究领域的论文数量可从侧面体现出此方向的基本情况。如图 16－1 和表 16－1 所示，2019 年 10 月到 12 月发表 28 篇文章，2020 年 1 月到 11 月发表 51 篇文章，引证文献数量从 11 篇增长到 32 篇，可从侧面证明文献质量正在提升，有更多学者开始关注这些观点，并进行融合拓展。

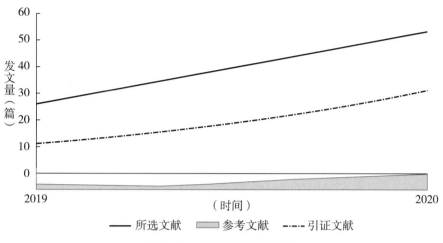

图 16 - 1　相关文献的时间分布

表 16 - 1　　　　　　　　相关文献的时间分布　　　　　　　　单位：篇

年份	2019	2020	合计
所选文献	28	51	79
引证文献	11	32	43

2. 作者分析

作者分布方面，如图 16 - 2 所示，胡俞越发文 3 篇，占所选文献的 3.8%，李铭发文 2 篇，占所选文献的 2.5%，其余文献共 74 篇，占所选文献的 93.7%。发文数量偏少且作者分散，说明期货政策研究领域还需要更多学者关注、探究并合作，促进领域发展。

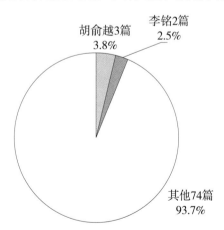

图 16 - 2　相关文献的作者分析

3. 发文机构分布分析

在发文机构分布方面，如图 16 - 3 所示，北京工商大学发文 8 篇，占所选文献 10.1%，北京物资学院发文 5 篇，占所选文献 6.3%，华东政法大学发文 5 篇，占所选文献6.3%，东北财经大学发文4篇，占所选文献的5.1%，中国社会科学院发文3篇，占所选文献的3.8%，中国农业大学、华南理工大学、华信期货、中国人民银行、北京金阳矿业、北方民族大学各发文2篇，各占所选文献2.5%，其余42篇占所选文献的53.2%。数据表明，北京工商大学和北京物资学院基于期货优势，大力发展期货领域研究。中国社会科学院科研实力依然强劲，中国农业大学基于农业优势，对期货政策领域进行深入研究。发文机构中也不乏政府机关与金融机构，如中国人民银行、华信期货等，体现出研究主体多样化的特征，有利于期货行业政策领域研究。

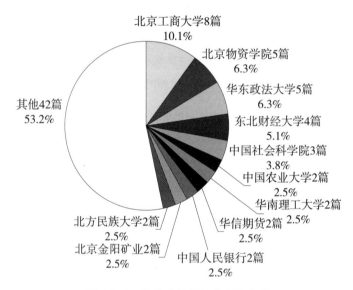

图16-3 相关文献的发文机构分析

4. 发文期刊分布分析

如图16-4所示，8篇文献来自《期货日报》，占比10.13%；7篇文献来自《中国证券期货》，占比8.86%；5篇文献来自《价格理论与实践》，占比6.33%；2篇文献来自《价格月刊》，占比2.53%；2篇文献来自《中国保险》，占比2.53%。其他刊物均发文1篇，共55篇，占比69.62%。期货政策领域总体文献数量偏少，学术领域应鼓励和引领期货政策领域的研究，促进我国期货国际化，提高我国期货价格的国际影响力。

5. 学科领域分布分析

如图16-5所示，经济与管理科学类文献有76篇，占比96.20%；社会科学Ⅰ辑文献9篇，占比11.39%；社会科学Ⅱ辑文献4篇，占比5.06%；工程科学Ⅰ辑文献4篇，占比5.06%。从数据中看出，论文数量超过79篇，说明存在文献中学科交叉的情况，但期货政策相关文献的学科交叉结合并不广泛，还有待于其他领域如计算机科学、信息科技、农业科技等领域融合。

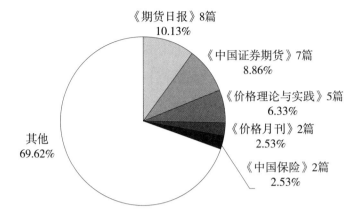

图 16 − 4　相关文献的发文期刊来源分布

□ 经济与管理科学　□ 其他　■ 社会科学Ⅰ辑　■ 社会科学Ⅱ辑　■ 工程科学Ⅰ辑

图 16 − 5　相关文献的学科领域分布

6. 影响力分析

影响力分析即分析文献被引次数，表 16 − 2 列出了 2019 年至 2020 年被引次数最多的 9 篇文章，其中《"保险 + 期货"：农业风险管理的策略与战略——基于试点案例分析的对策建议》被引次数最多，并且"保险 + 期货"主题论文数量也较多。可见"保险 + 期货"是 2019 年至 2020 年期货政策领域的研究热点。

表 16 − 2　　　　　期货市场政策前沿动态研究（2019—2020 年）①

序号	题目	作者	期刊	发表年份	被引频次（次）
1	《"保险 + 期货"：农业风险管理的策略与战略——基于试点案例分析的对策建议》	鞠荣华，常清，陈晨，杨智玲	《中国证券期货》	2019	5
2	《中美贸易战引致全球经贸不确定性预期下的人民币国际化——基于大宗商品推动路径的分析》	巴曙松，王珂	《武汉大学学报（哲学社会科学版）》	2019	5

---

① 注：被引频次数据截至完稿日。余同。

序号	题目	作者	期刊	发表年份	被引频次（次）
3	《农村金融支持体系的构建及其潜在风险研究——基于对"保险＋期货"模式的扩展》	张田，齐佩金	《金融与经济》	2019	5
4	《棉花"价格保险＋期货"试点改革的思考——基于新疆棉花主产区数据的分析》	王力，刘小凤，程文明，陈兵	《价格理论与实践》	2019	3
5	《创优农产品"保险＋期货"的实现路径》	龙文军	《农村·农业·农民（B版）》	2019	3
6	《国内外原油期货价格联动关系比较分析》	任建斌	《中国经贸导刊（中）》	2020	3
7	《中国期货业发展的阶段性特征及未来展望》	张国胜，王文举	《经济与管理研究》	2019	2
8	《"保险＋期货"模式价格保险定价研究——以玉米为例》	余方平，刘宇，王玉刚，尹航	《管理评论》	2020	2
9	《金融衍生品市场操纵行为的识别与规制——以国内证券市场首个ETF操纵交易案为例》	栾春旭	《福建金融》	2019	2

（二）演进路径分析

通过 CiteSpace 5.7.R1 知识图谱可视化软件分析得到聚类结果，分别是期货和定价效率（见图 16-6）。

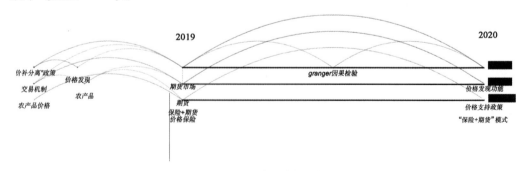

图 16-6　演进路径分析

各关键词演进路径：

①价补分离政策到价格发现，再到 Granger 因果检验，最后到期货和价格发现功能。

②交易机制到期货市场，再到价格支持政策和 VAR – BEKK – MVGARCH。

③农产品价格到农产品，再到"保险＋期货"和价格保险，最后到"保险＋期货"模式。

（三）关键词聚类分析

通过关键词聚类分析，筛选出重点关键词可得期货市场、"保险＋期货"、人民币国际化、价格发现、市场操纵等，其中，"保险＋期货"出现 9 次、期货市场出现 8 次、人民币国际化出现 5 次、价格发现出现 5 次、市场操纵出现 2 次、"一带一路"出现 2 次（见图 16 – 7）。足以发现"保险＋期货"政策在目前扶贫大背景下对期货行业的影响。在关键词聚类的基础上，从期货开放政策、期货监管政策、期货扶贫政策、金融科技领域等角度详细阐述我国期货市场政策前沿动态。

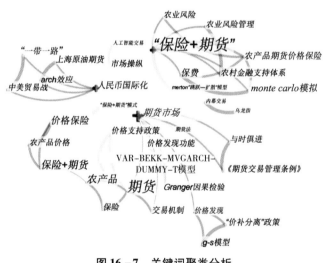

图 16 – 7　关键词聚类分析

三、期货市场政策前沿动态研究综述

（一）研究对象主题研究成果

1. 期货市场开放

（1）对内开放

吴杰（2020）在《监管放开保险资金参与国债期货交易》一文中提到，证监会、财政部、央行和银保监会四部门联合发布《关于商业银行、保险机构参与中国金融期货交易所国债期货交易的公告》，允许具备投资管理能力的保险机构可以风险管理为目的，参与中国金融期货交易所国债期货交易。李扬（2020）在《商业银行和保险机构参与国债期货交易有助于完善金融市场体系》一文中认为，增加一种金融工具可以使商业银行更好地管理风险，同时可以在期现货市场进行套利，消除衍生品定价不合理；增加银行间债券市场和交易所债券市场间债券的流通性。

（2）"一带一路"建设

胡俞越（2020）在《中国期货市场的发展回顾与展望》一文中提出，"一带一路"倡议拓宽了大宗商品的运输路径，加强了沿线国家资源禀赋的联系，为我国工业化转型提供了重要支持，也为我国打造亚太地区的全球定价中心创造了有利条件。通过期货市场国际化建设，加强我国与"一带一路"沿线国家商品市场的建设与对接，建设区域性全球定价中心，能够在"一带一路"沿线国家形成具有国际影响力的、能够充分反映区域内供求关系的基准价格，使"一带一路"沿线国家企业在管理价格风险时真正受益。胡争光和王新天（2019）在《浅析上海原油期货的定位与影响》一文中认为，上海原油期货受国际原油期货影响大，受益于"一带一路"建设和原油贸易量巨大的优势，可将上海原油期货定位为亚太地区基准油价中心。潘倩（2020）在《"一带一路"背景下人民币国际化的原油计价研究》一文中提出，基于原油计价的人民币国际化，应完善原油期货市场建设，一个亚太地区可信度高、影响力大的期货市场，是原油期货交易乃至依托原油交易促进人民币国际化的基础。

（3）期货国际化

①国际化成效。Liya Hau 等（2020）在"Heterogeneous dependence between crude oil price volatility and China's agriculture commodity futures：Evidence from quantile – on – quantile regression"一文中，采用分位数法研究了全球原油和中国农业期货之间的波动率依赖性。实证结果表明，原油波动率和中国农业期货波动率之间存在异质性依赖关系。

②国际化影响。Yves Jégourel（2020）在"The global iron ore market：From cyclical developments to potential structural changes"一文中探讨了全球采矿业的未来。作者提出，在钢铁制造商的采购政策中可能包括环境标准，将导致在相同条件下对高品位的需求增加，并确认将65%的铁（Fe）作为新品国际价格参考；中国衍生品市场的增长以及矿产市场的持续金融化，使越来越多的机构主张在中国市场上进行交易，以便提供多种价格参考。

③国际化不足和建议。张国胜和王文举（2019）在《中国期货业发展的阶段性特征及未来展望》一文中提出，期货监管部门应在跨境法律对接、跨境监管、跨境交割

等多领域，细致完善期货市场法律法规体系建设。同时，应进一步推进期货市场"引进来""走出去"战略，应以原油、铁矿石、PTA 期货国际化为契机，推动所有条件成熟的期货品种国际化，使更多的境外投资者参与国内期货市场。期货公司应在现有政策下，以参股、控股、收购或新设境外子公司为契机，拓展海外市场业务网点，特别是加强针对"一带一路"沿线国家的业务布局，提升期货企业的国际竞争力。米晓文（2020）在《我国证券期货业对外开放问题研究》一文中对比国外证券期货行业外资进入、外资股比状况，发现欧美国家并未对外资机构持股比例和外资业务牌照申请进行特殊限制，并提出我国应坚持宽进严管，优化市场竞争结构。王健（2019）在《"放管服"改革背景下统筹推进原油期现货市场法制建设》一文中提到，《期货法》在立法过程中要与国际接轨，为衍生品（如远期、互换、掉期等）开发预留空间，为引进境外投资者创造条件。同时《国家石油储备条例》应尽快完善出台。胡俞越等（2019）在《对外开放中的期货市场》一文中提出，品种审批权由国务院下放，逐步向证监会核准备案过渡，期货交易所应适时谋变改制。成熟的中国特色品种率先"走出去"。应以铁矿石期货引入境外交易者为契机，进一步加快中国特色品种的国际化步伐。同时加快外汇期货等国际战略品种落地为原油期货保驾护航。期货公司通过收购、新设等多种方式参与国际期货市场。重点引进国际机构投资者参与国内期货交易，丰富国内投资者结构。打造"既懂现货又懂期货""既懂场内又懂场外""既懂商品又懂金融""既懂境内又懂境外""既懂风险管理又懂财富管理"的复合型人才队伍。卫永刚等（2019）在《对上海原油期货市场提升功能、完善运行的分析和思考》一文通过上海原油期货上市一周年的数据对比提出建议：进一步开放石油进口权，让更多的企业拥有石油进口权和自由交易，由此才能具备现货市场的基础；目前的国内成品油定价机制与国外原油价格相关性过高，不利于分散价格风险，建议随着上海原油期货合约运行日益成熟，适时推出以上海原油期货替换目前的以布伦特、迪拜和米纳斯三地原油价格的加权平均值为基础的成品油定价机制。任建斌（2020）在《国内外原油期货价格联动关系比较分析》一文中提出，未来我国需继续加强全球原油战略框架调整，提高我国能源安全。国信期货（2020）在《基差贸易试点加快推进铁矿石国际化进程》一文中提出境外矿山参与基差贸易的首单，助力铁矿石国际化，有利于基差贸易在产业内的推广，促进基差沿产业链由上至下传导。同时也存在基差波动较大，急需新型对冲工具；卖方叫价非常态的问题。王珂（2020）在《基于大宗商品视角的人民币国际化研究》一文中提出，大宗商品可在三条路径上为人民币国际化打开突破口：在人民币国际货币职能拓展路径上，可绑定大宗商品定价权提振计价货币职能进而带动国际化；在人民币流通范围的空间拓宽路径上，可把握"一带一路"的平台优势通过大宗商品贸易加速区域化；从汇率稳定和波动传导上看，以大宗商品为锚加强市场的调节作用可维持汇率的合理波动。

④新品种国际化。《上海期货交易所将研究纸浆期货国际化路径》（2019）一文中提到，2018 年 11 月上期所上市纸浆期货，纸浆期货已成为国际纸浆贸易的重要参考，为我国纸浆期货国际化提供了一定的条件。《国务院关于〈深化北京市新一轮服务业扩大开放综合试点建设国家服务业扩大开放综合示范区工作方案〉的批复》中提到，允许符合条件的外资银行参与境内黄金和白银期货交易，这可以进一步缩小国内外金银价差。

2. 期货扶贫（"保险＋期货"）

（1）运营模式

刘志洋和马亚娜（2020）在《保险公司"保险＋期货"模式的盈利模拟分析》一文中利用公开可得信息，使用 Merton "跳跃－扩散"模型，通过进行场外看跌期权的模拟分析，计算出保险公司的盈利性状况。最终由完整测算出的六个"保险＋期货"中保险公司的盈利情况分析得出结论：此模式下保险公司具有正的盈利水平。因此可认为"保险＋期货"模式具有可持续运行的基础。

（2）影响因素

陈新华（2019）在《"保险＋期货"的基差风险及其影响因素研究——基于大豆基差数据的分析》一文中，基于 2017 年 6 月至 2019 年 6 月大连商品交易所及 Wind 数据库等的日度数据，构建三阶段门限自回归模型。他认为，我国大豆期货市场的无套利区间相对较宽，库存量所引起便利收益变化会对基差产生显著反向影响。因此，保险公司和期货公司在设计和推出"保险＋期货"产品时应当充分考虑基差风险。吴烨（2019）在《农产品"价格保险＋期货"模式选择机制研究——基于复杂适应性理论（CAS）的分析》一文中，应用 Logistic 回归分析、刺激－反应模型，研究结论表明，家庭农场经营者性别和固定资产价值对农户的"保险＋期货"模式选择产生显著的正向影响，学历和租金则产生显著的负向影响。

（3）定价研究

叶洁琼（2019）在《基于"保险＋期货"模式的农产品期货价格保险及其定价研究》一文中，运用期权定价的思想对价格指数保险和场外看跌期权进行定价。采用 Monte Carlo 模拟进行期权定价，得到以下结论。一方面，基于期货市场的价格指数保险纯费率小于基于现货市场的价格指数保险纯费率。现行模式中以农产品期货价格的平均值作为理赔价格存在基差风险，且期货市场不能完全有效对冲农产品价格风险，因此以现货价格平均值作为理赔价格更为合理；另一方面，文中设置了六档不同的保障水平，得出的保险费率存在明显差异，保险公司应设定差异化费率，农户可根据自身实际情况进行选择。余方平等（2020）在《"保险＋期货"模式价格保险定价研究——以玉米为例》一文借助含季节性和均值回归特征的随机方程（SMRS）拟合农产品期货价格，构建了基于延期式场外复制期货期权的"保险＋期货"模式6种价格保险定价模型，计算得出"保险＋期货"模式6种价格保险单位保费，并对比不同的目标价格和波动率情形下的单位保费差异。结果表明，目标价格接近保险合同签订时点期货价格、定价波动率偏保守的欧亚期权保险和美亚期权保险的性价比高、更适合农户。

（4）成效及问题

龙文军（2019）在《创优农产品"保险＋期货"的实现路径》一文中提出，"保险＋期货"作用有四点：一是保障农民的相关投保主体收益，二是减轻各级财政补贴的负担，三是巩固贫困地区脱贫攻坚成效，四是提高保险公司的赔偿能力。然而也存在许多问题：一是可能发生期现背离较极端的情况。在期货市场上，可能出现期货价格不逐渐回归现货价格的现象。二是保险公司和期货公司责任划分不对等。三是国家虽然在政策上给予大力支持，但还未纳入中央财政补贴范围。该模式一旦推广开来，补贴资金需求量非常大，迫切需要通过创新来解决保费来源问题。四是保险公司和期货公司的合作面临跨业监管的难题。五是"保险＋期货"的知识宣传不够。

我国不少县市地区开展"保险＋期货"项目，助力农村经济发展，打赢脱贫攻坚战。杨锦等（2019）在《精准扶贫视域下的农产品"保险－期货"模式研究——以陕西省苹果项目为例》中讲到陕西省"苹果＋期货"项目。王力等（2019）在《棉花"价格保险＋期货"试点改革的思考——基于新疆棉花主产区数据的分析》中提到棉花"价格保险＋期货"试点工作。史金艳等（2020）在《基于"保险＋期货"的大豆价格风险管理模式研究——以吉林云天化试点项目为例》以案例分析的方法深入探讨吉林云天化"保险＋期货"这种新模式在大豆价格风险管理中的重要作用。

（5）模式扩展

张田和齐佩金（2019）在《农村金融支持体系的构建及其潜在风险研究——基于对"保险＋期货"模式的扩展》一文中提到模式扩展。"保险＋期货＋银行"模式：银行直接利用收入保险单、标准仓单和农用机械等作为抵押品进行授信、放贷。"保险＋期货＋订单农业"模式：农业加工企业可以利用期货市场信息决定下一期生产规模，依据期货的交割标准制定农产品订单收购标准。农户通过与农产品购买者之间签订收购订单，并按照订单组织安排农产品生产。"保险＋期货＋互联网"模式：随着大数据技术和人工智能技术的快速发展，通过互联网平台刻画用户肖像技术将更加成熟，可以较为精确地进行低成本的信用评估并据此向农户发放小额贷款，降低农业贷款管理成本。

3. 期货市场监管

（1）市场操纵

刘健和张晗（2020）在《中国期货市场政策研究：现状、热点与前瞻——基于最新文献的计量分析》一文中提到，在期货立法上，我国期货市场政策虽然逐渐完善起来，但依旧缺乏高阶位法律，监管体系有待完善，期货立法的紧迫性日益突出。改善期货业法律环境成为重中之重，出台《期货交易法》《期货业监督管理法》显得刻不容缓。与此同时，完善监管体制与政策体系，才能使期货市场在法律框架下稳健运行、健康发展。蔡玉梅（2019）在《期货交易监管加码》一文中提到，根据《期货交易管理条例》的授权，证监会制定并发布了《关于〈期货交易管理条例〉第七十条第五项"其他操纵期货交易价格行为"的规定》。这一新规将成为针对国内期货价格操纵行为的监管新遵循、新依据。本次发布的新规明确禁止四类期货市场操纵行为：虚假申报、蛊惑、抢帽子、挤仓。杨娟娟（2020）在《关于我国期货市场幌骗交易行为的监管研究》一文中提出，应明确幌骗交易行为的认定标准，加强对频繁报撤与大额报撤的监管，加强对实际控制关系账户的监管，加快幌骗监管的立法工作，加大处罚力度，可以借鉴美国关于幌骗行为规制的方式，将幌骗交易行为直接入刑。栾春旭（2019）在《金融衍生品市场操纵行为的识别与规制——以国内证券市场首个 ETF 操纵交易案为例》中提到，应健全大额交易者管理制度。国际上金融业发达的国家大多已建立完善的大额交易者管理制度，包括限仓、大户报告等。姜德华（2020）在《期货市场反操纵监管问题研究》一文中提出，应加速期货立法，强化期货监管机构执法权限。对操纵市场的行为处罚附带民事责任。建立系统化监控网络，提高对新型操纵技术的识别与防范水平。刘宪权（2020）在《操纵证券、期货市场罪司法解释的法理解读》一文中认为，2019 年 6 月 28 日，最高人民法院、最高人民检察院发布的《关于办理操纵证券、期货市场刑事案件适用法律若干问题的解释》填补了操纵证券、期货市场罪司法解释的空白，对于严厉打击证券、期货犯罪，保障金融市场的稳定和安全有着重要的意义。何志刚等（2020）在《基于最便宜可交割债券的 5 年期国债期货跨市场操纵识别研究》一文中以 5 年期国债期货合约可交割债券为样本，分析了最便宜可交割债券的特征，构建了识别国债期货跨市场操纵的实证模型。实证结果表明，5 年期国债期货合约整体上未发生跨市场操纵行为。监管层在市场操纵风险可控的前提下可逐步放松管制，以改善国债期货市场活跃度，有效发挥国债期货市场的应有功能。林雨佳（2020）在《证券期货市场人工智能交易的刑法规制》一文中提出应明确区分人工智能交易的正当使用与滥用。不合法使用人工智能交易系统可以分为两种情况：故意违法使用人工智能交易系统和对人工智能交易系统操作不当。可以考虑通过测试和控制技术参数范围来设置人工智能交易准入机制，从而区分正当使用与滥用人工智能交易。一旦有了人工智能交易准入机制，使用不被准入的人工智能交易即可直接理解为滥用人工智能交易的行为。完善操纵证券、期货市场罪应当明确将滥用技术优势型市场操纵行为纳入刑法规制的范围。

（2）期货法律

①外汇期货。崔地红（2020）的《人民币期货对冲汇率风险的策略研究》基于我国与越来越多的国家开展贸易合作，在人民币汇率频繁波动、极易受到影响的背景下，结合香港交易所美元兑人民币期货收盘价和美元兑人民币即期汇率定盘价，选取共计1760 个观测值来研究人民币期货对冲汇率风险的最优策略。通过构建 OLS 模型、BVAR 模型、VECM 模型、GARCH 模型，估算美元兑人民币期货的最优套期保值比率。实证结果表明，与其余的模型进行相比，GARCH 模型的效果最好，套期保值效果显著高于其他投资组合，更能够降低投资组合的风险。

②虚假信息。汤欣（2019）在《编造传播期货虚假信息行为认定与规则完善》一文中提出，现行监管规则未对传播期货虚假信息行为进行规制，形成了监管漏洞。据此提出，应在《期货交易管理条例》后续修订或期货法制定时，将传播虚假信息的行为纳入规制范围，规定行政处罚；在《中华人民共和国刑法》《关于公安机关管辖的刑事案件立案追诉标准的规定（二）》后续修订时，将纳入情节严重的传播行为，规定刑事处罚及相应的追溯标准，使编造、传播虚假信息行为的法律监管形成完整的闭环。建议在法律制度供给暂时不足的情况下，期货交易所通过自律监管手段完善相应的监管规则。

③保证金与担保品。赵炳晴（2020）在《论期货交易保证金法律制度的完善》中，首先，对质押关系中的担保物"特定"进行扩大理解，承认保证金浮动但"保证金账户特定化"符合质押担保要求，认定期货交易保证金规则的基础法律关系为质押担保，明确保证金具有担保物权效力。其次，做好担保法理论与破产法理论的衔接，通过质权方对保证金行使破产别除权保障期货结算优先性。因此，质押担保权人在破产时可就担保品优先受偿，不受破产后"个别清偿无效"规则的约束。最后，应在理论上明确维护金融市场稳定优先于保护破产财产的原则，在法律层面上落实结算最终性原则。于萍（2020）在《以债券作为期货交易担保品的相关法律问题》一文中认为，债券的基本特性决定了其天然地具备成为担保品的资质，但信用债与利率债之间的差异决定了二者的担保资质不同，应当针对信用债的风险特性对其适用设置更为严格的准入筛选、风险管理与担保品处置机制。

4. 金融科技

李翊君（2020）以螺纹钢期货作为研究对象，根据 BP 神经网络模型，应用数据挖掘，对螺纹钢期货市场可能存在的操纵市场行为建立三大分类指标，使用人工神经网络模型构建分类模型，有效识别监测螺纹钢期货市场操纵行为，对大宗商品期货市场的监测提供了参考。袁先智（2020）采用（在马尔可夫链蒙特卡洛（MCMC）框架下）人工智能中的吉布斯随机抽样算法，结合 OR 值（Odds Ratio）作为关联分类和验证标准，实现从大量风险因子的数据中提取与大宗商品期货（铜）价格趋势变化相关的特征因子并进行分类，从而可用于构建支持期货价格趋势变化分析的特征指标。实证分析结果表明，该特征提取方法能够比较有效地刻画大宗商品期货（铜）价格的趋势变化，为业界进行大宗期货交易和风险对冲的管理提供了一种新的分析维度。另外，从影响价格趋势变化的特征因子中筛选出高度关联的特征指标的大数据分析方法，是与过去文献中对价格趋势分析的不同之处和创新点。

5. 期货价格预测

Bin Gao（2019）在"A futures pricing model with long – term and short – term traders"一文中，提出了一种动态的期货定价模型，分析了不同投资者的情绪效应，研究结果表明，在平和的情况下，短期情绪对定价的影响大于长期情绪。在崩溃的情况下，监管机构出台减少短期投资者数量的政策，从而提高了市场效率。Sebastián Cifuentes（2020）在"Expected prices, futures prices and time – varying risk premiums：The case of copper"一文中，利用彭博社商品价格以及 COMEX 和 LME 金属交易所的期货价格，发现铜风险溢价变化的主要决定因素是 COMEX 库存的变化、套期保值压力、违约溢价、芝加哥期权交易所波动率指数和纳斯达克新兴市场指数的回报率。Xiaohong Huang（2020）在"Identifying the comovement of price between China's and international crude oil futures：A time – frequency perspective"一文中，利用小波（小波相干和相位）方法，从价格波动的相干强度、相干方向和价格波动的先导滞后关系角度出发，分析美国西得克萨斯轻质（WTI）原油期货、布伦特原油期货和中国原油期货（INE）的日收盘价样本数据。结果表明，INE 与国际原油期货之间的联动与其他国际原油期货之间的联动有很大的不同。中国原油期货价格的波动也往往滞后于国际原油期货的波动。Dan WU（2020）在"Prediction of metal futures price volatility and empirical analysis based on symbolic time series of high – frequency"一文中，依据 2014 年 7 月至 2018 年 9 月上海铜期货交易所的高频数据，使用 K – NN 算法和指数平滑，建立了基于符号高频时间序列的金属期货价格波动预测模型。研究结果表明，铜期货收益预测的直方图趋势比实际直方图的趋势平缓，预测的铜期货一周收益的总体波动与实际波动基本相同。这表明，用 K – NN 算法预测的结果比用指数平滑法预测的结果更准确。Bin Wang（2020）在"Energy futures and spots prices forecasting by hybrid SW – GRU with EMD and error evaluation"一文中，基于对历史价格信息的歧视态度，提出了一种具有随机时间有效权重的门控循环单元混合预测模型（SW – GRU），并将其应用于经验模态分解（EMD）的全球能源价格预测。该研究采用能源市场期货和现货价格信息，扣除实际能源价格该序列分解为固有模态函数（IMF）和残差，预测 IMF 和残差测试集可以由 SW – GRU 执行，并用于计算预测价格。Wenlan Li（2020）在"Forecast on silver futures linked with structural breaks and day – of – the – week effect"一文中，基于异质自回归（HAR）理论，通过结合结构破坏和周内效应来预测波动率，从而建立了6个新型异质自回归模型。实证结果表明，新模型的准确性优于原始 HAR 模型。结构性突破和周内效应包含了大量关于白银预测的预测信息。此外，结构性突破对白银期货的波动具有积极影响。周内效应对白银期货价格波动具有明显的负面影响，尤其在中期和长期预测中。Sufang An（2020）在"Dynamic volatility spillovers among bulk mineral commodities：A network method"一文中，应用网络理论方法，结合双变量溢出模型，建立了大宗矿产品溢出网络。研究结果表明，网络的结构会随着时间的变化而变化。一般来说，天然气等能源大宗矿产商品作为净溢出量最高的传递者，而美国钢铁等行业金属商品作为净溢出量最高的接受者。网络的整体结构表明，大宗矿产品市场之间存在一些溢出流，其中任何一个市场往往在相互联系的邻居群体之间有更多的溢出。Duminda Kuruppuarachchi（2019）在"Testing commodity futures market efficiency under time – varying risk premiums and heteroscedastic prices"一文中，对16个交易所的79种商品期货，使用了一个状态空间模型来估计风险溢价。Sang Hoon Kang（2019）在"The network connectedness of volatility spillovers across global futures markets"一文中，利用多变量 DECO – FIGARCH 模型和溢出指数方法，分析了股指和商品期货市场之间的动态波动溢出。研究发现，股指与商品期货之间存在正相关关系，发现2008年至2009年全球金融危机期间溢出指数水平最高。Yuying Yang（2020）在"Extreme risk spillover between chinese and global crude oil futures"一文中，构建上下行 VaR 连接网络，研究中国原油期货与国际原油期货之间的风险溢出。研究结果表明，中国原油期货在全球原油体系中表现为净风险接受者，其中布伦特和 WTI 在体系中扮演着风险传递的主角。在 COVID – 19 大流行的诱导下，中国原油期货与国际原油期货之间的风险外溢呈现出明显的时变特征，且自2020年年初开始急剧上升。

6. 政策影响

L. A. Smales（2019）在"Slopes，spreads，and depth：Monetary policy announcements and liquidity provision in the energy futures market"一文中，探讨货币政策公布前后这段时期的期货流动性情况。研究结果表明，在原油期货提供流动性方面存在重要的 FOMC 公告效应，在政策发布前大约2分钟流动性从市场中消除，在发布时非常低，然后在公告后的9分钟内恢复正常。因此套期保值者需要大量的流动性应避免在 FOMC 公告前后的时期内交易。Yang Wang（2019）在"How do black swan events go global？– Evidence from US reserves effects on TOCOM gold futures prices"一文中，探讨美联储六轮加息变化对日本黄金期货价格的影响。研究结果表明美联储加息将在短期内降低黄金期货价格，给市场带来负面影响。各国政府应考虑增加黄金储备在外汇储备中的比例。

对于金融机构，他们可以与基金公司联合发行黄金期货财富管理产品，从而对冲其头寸并避免价格波动的风险。Hanjie Wang（2020）在"Disagreement on sunspots and soybeans futures price"一文中，以分歧理论为框架，分析了太阳黑子对大豆期货价格波动的影响。利用大豆期货价格和太阳黑子在 1988 年至 2018 年活动的月度时间序列数据集，构建 GARCH 模型、GJR – GARCH 模型和 Markov – switching GARCH 模型，研究发现极低太阳黑子活动可能导致大豆期货价格的高位和高波动；当考虑制度变化时，在高波动制度中，价格的高波动性同时存在于极低和极高的太阳黑子活动上，分歧水平是非线性的。Sang Hoon Kang（2019）在"Time – frequency co – movements between the largest nonferrous metal futures markets"一文，对上海和伦敦的有色金属期货市场进行小波相干分析，研究金属商品市场共同运行的动态。结果表明，伦敦金属交易所在中期内影响上海期货交易所，从而确认伦敦金属交易市场在有色金属市场中的领导地位。此外，在铝和锌方面，上海市场领先于伦敦市场。Min Hu（2020）在"Macro factors and the realized volatility of commodities：A dynamic network analysis"一文中，利用大豆、黄金和原油高频数据。选取了经济政策不确定性（EPU）、经济意外指数（ESI）、违约利差（DEF）、投资者情绪指数（SI）、波动率指数（VIX）和地缘政治风险指数（GPR）六个指标，建立动态联系网络，结果表明，不同商品对宏观冲击的反应有明显的不同。例如，原油和黄金对市场情绪的反应更为强烈，而违约利差对大豆的波动影响最大。与其他两个因素相比，宏观经济因素和地缘政治风险对原油波动率的影响更大。Sang Hoon Kang（2019）在"Financial crises and dynamic spillovers among Chinese stock and commodity futures markets"一文中，使用多元 DECO – GARCH 模型和溢出指数模型，研究结果表明，动荡时期削弱了国际投资组合多元化对投资者的好处。Robert J. Bianchi（2020）在"Financialization and de – financialization of commodity futures：A quantile regression approach"一文中，采用量化回归的方法来研究商品期货的金融化问题。研究结果表明，在 2008 年至 2009 年全球金融危机期间，能源商品的金融化程度有所加强，而农业的影响较弱，金属市场出现了脱钩或去金融化的现象。在 2013 年华尔街大宗商品交易部门关闭后，2014 年至 2017 年，金属和农产品市场出现了去金融化现象。谌琴（2019）在《玉米期货定价效率动态变化的实证研究——基于"价补分离"政策实施前后的比较分析》一文中，通过相关性检验、Johansen 协整检验、Granger 因果检验、G – S 模型和小波相干分析，对 2014 年 1 月至 2019 年 8 月"价补分离"政策前后玉米期货与现货价格的定价效率进行研究。研究结表明："价补分离"政策后玉米期货定价效率显著提升，应加大玉米产业链机构投资者参与度，央企民企外企多元化收购主体入市。张龙（2020）在《引入境外交易者参与 PTA 期货的政策环境与对策建议》一文中，提出郑商所应积极与其他期货交易所合作，互认境外期货参与者资格，如果境外交易者已经获得原油和铁矿石的参与资格，同样可以开通 PTA 期货交易资格；改进保税仓单制度设计：可按照 80% 市值的最高标准充抵保证金，以提高参与主体注册保税仓单的积极性。宋博和尚晨曦（2020）在《最低收购价政策改革背景下小麦期货市场价格发现功能再检验》一文，在最低收购价政策改革背景下，使用 ADF 单位根检验、Johansen 协整检验、Granger 因果检验和方差分解方法，发现无论是强麦还是普麦，最低收购价政策改革对于小麦期货价格与现货价格均衡关系的形成均具有促进作用；在最低收购价政策改革之前，强麦期货市场不具有价格发现功能，之后这种功能才得以形成，同时普麦期货市场的价格发现功能变得更为显著。巴曙松和王珂（2019）在《中美贸易战引致全球经贸不确定性预期下的人民币国际化——基于大宗商品推动路径的分析》一文中提出，在人民币的国际货币功能拓展（结算货币—计价货币—储备货币）路径上应借鉴美元模式，掌握大宗商品定价权，从以人民币计价打开突破口；在人民币的空间范围拓展（周边化—区域化—国际化）路径上，可参考欧元模式，把握"一带一路"建设的机遇，通过大宗商品贸易实现区域化；同时，从汇率稳定上看，要避免贸易战压力下币值波动引致的人民币过度投机，可吸取日元教训，将大宗商品挂钩为人民币汇率的锚。李铭和陈丽莉（2020）在《保险资金参与衍生品市场的境外经验及启示》一文中建议适度拓展保险资金的投资目的至替代交易与收益增强交易，以促进我国保险资金的流动性风险管理水平，提高保险资金使用效率，增强资金运用收益率。相关监管机构在规定衍生品投资限额时，可就不同类型衍生品的风险价值衡量方式做出针对性安排。丁存振和郑燕（2020）在《价格支持政策对农产品期现货市场关联的影响研究》一文中通过构建 VAR – BEKK – MVGARCH – DUMMY – T 模型，以棉花期现货市场为例，从市场间溢出效应和动态关联两个方面研究了价格支持政策对农产品期现货市场关联的影响。结果表明：不同价格支持政策对棉花期现货市场关联存在明显的差异化影响，具体来看，临时收储政策的实施显著降低了棉花期现货市场间相关程度，而目标价格政策实施后两市场间相关程度又逐渐回升；临时收储政策和目标价格政策均降低了棉花期货市场价格对棉花现货市场价格引导作用，同样降低了两市场间价格波动传递效应；目标价格政策对棉花期现货市场间价格引导及波动传递的影响均小于临时收储政策。因此，农产品价格支持政策的改革和完善应坚持市场化方向，并充分发挥农产品期货市场功能。顾琳琳和李琦（2020）在《中国自贸区对期货交易市场影响效应的研究——来自于郑州期货交易所发展的证据》一文中基于河南自贸区挂牌成立政策背景，以事件分析法与时间序列分析相结合评估了河南自贸区成立对郑商所发展带来的影响作用。研究结果表明：设立自贸区促进了郑商所成交金额占全国比重月平均上升 2.04%，自贸区对郑商所商品交易发展起到一定的积极拉动作用。张革（2020）在《商业银行及保险机构参与国债期货市场的意义及增量预测》一文中提出商业银行和保险机构入市后的现券风险敞口对冲比例约为1%。如果上述机构仅使用10年期国债期货进行对冲，并且期货持仓只集中在一个季月合约上，那么按照现券组合久期为3年左右计算，预计商业银行、保险机构入市后的对冲需求为8.26万手左右。如果现券的组合久期为5年左右，则上述对冲数量将更多，未来可能达到13.76万手。可以预见的是，随着商业银行、保险机构稳健入市参与国债期货市场，未来国债期货市场的规模将显著增长。当然这一增长过程会相对漫长，但可喜的是第一步已经启动。田清淞等（2019）在《货币政策对中国农产品期货价格的影响——基于泡沫期和非泡沫期的比较》一文中基于资产价格均衡模型，分析利率对农产品期货价格的基础部分和泡沫部分的不同影响，找出货币政策在泡沫期和非泡沫期影响差异的理论基础。并利用2005年至2017年相关数据通过时变参数模型（TVP‑VAR）实证检验货币政策的冲击效果。研究结果表明：①无论在泡沫期还是非泡沫期，货币供应量的增加都助推农产品期货价格的上涨，这可能是通胀预期和投资组合效果的作用；②由于利率对农产品期货价格的基础部分和泡沫部分的不同影响，使其在非泡沫期主要呈负向冲击，在泡沫期，特别是在2008年和2011年等时间呈明显的正向冲击。因此，采取紧缩性的货币政策来抑制期货价格泡沫往往不能实现预期效果。

7. 其他

Ritu Yadav 等（2019）在"News‑based supervised sentiment analysis for prediction of futures buying behaviour"一文中，探讨了实时新闻数据对投资者交易的影响。研究结果表明，在新闻报道的到来与市场产生情绪反馈之间有一个滞后期，且印度期货市场的套利机会之窗在短短5分钟内。Duc Khuong Nguyen 等（2020）在"U. S. equity and commodity futures markets：Hedging or financialization?"一文中，使用基于ARMA筛选器的方法，研究商品期货相对于股票市场的对冲与金融化性质。结果表明，黄金期货通常被视为对冲股市不利波动的对冲工具，大多数商品期货随着其金融化程度的提高而被视为单独的资产类别。黄金期货在一定程度上是股票的避风港短期投资，而不是中期投资。Söhnke M. Bartram 等（2019）在"Corporate hedging and speculation with derivatives"一文中，分析了在公司层面使用金融衍生工具与各种公司风险度量之间的关系，以评估非金融公司对衍生工具的使用是否确实与对冲一致，或者公司是否出于投机动机而使用这些工具。研究结果表明，相对于减少公司承受财务风险的主要影响，衍生工具在投机性方面应用总体而言较少。Duc Hong Vo 等（2019）在"Derivatives market and economic growth nexus：Policy implications for emerging markets"一文中，利用17个国家的最新面板数据研究动态关系，研究结果表明，发现贸易开放度和政府支出比经济增长和通货膨胀对衍生品市场的影响更大。

（二）研究方法主题研究成果

1. 政策分析

吴杰（2020）在《监管放开保险资金参与国债期货交易》一文中，以《关于商业银行、保险机构参与中国金融期货交易所国债期货交易的公告》为政策指引，指出保险资金可以对冲或规避风险为目的，参与国债期货交易。蔡玉梅（2019）在《期货交易监管加码》一文中以《关于〈期货交易管理条例〉第七十条第五项"其他操纵期货交易价格行为"的规定》为政策指引，指出这一新规将填补监管政策一大空白，成为针对国内期货价格操纵行为的监管新遵循、新依据。

2. 对比分析

米晓文（2020）在《我国证券期货业对外开放问题研究》一文中对比国外证券期货行业外资进入、外资股比状况，发现欧美国家并未对外资机构持股比例和牌照申请进行特殊限制。据此提出应坚持宽进严管，优化市场竞争结构。栾春旭（2019）在《金融衍生品市场操纵行为的识别与规制——以国内证券市场首个 ETF 操纵交易案为例》中认为，对比海外国际上金融业发达的国家，大多已建立完善的大额交易者管理制度，包括限仓、大户报告等，因此首先应健全大额交易者管理制度。

3. 案例分析

史金艳等（2020）在《基于"保险＋期货"的大豆价格风险管理模式研究——以吉林云天化试点项目为例》一文采用案例分析的方法深入探讨吉林云天化"保险＋期货"这种新模式在大豆价格风险管理中的重要作用。从参与主体、运行模式、保险产品设计、场外期权产品设计和对冲策略等方面系统分析吉林云天化"保险＋期货"试点项目的具体设计与实施。运用 GARCH 模型测度大豆期货价格波动规律，证实试点项目产品选择的合理性。

4. 实证分析

（1）方差分析法

宋博和尚晨曦（2020）在《最低收购价政策改革背景下小麦期货市场价格发现功能再检验》一文中，使用 ADF 单位根检验、Johansen 协整检验、Granger 因果检验和方差分解方法，发现无论是强麦还是普麦，最低收购价政策改革对于小麦期货价格与现货价格均衡关系的形成均具有促进作用；在最低收购价政策改革之前，强麦期货市场不具有价格发现功能，之后这种功能才得以形成，同时普麦期货市场的价格发现功能变得更为显著；小麦期货市场的影响力强于现货市场，在价格发现功能中占据主导作用。

（2）小波相干分析

Xiaohong Huang 等（2020）在 "Identifying the comovement of price between China's and international crude oil futures：A time – frequency perspective" 一文中，利用小波（小波相干和相位）方法，从价格波动的相干强度、相干方向和价格波动的先导滞后关系角度，分析 WTI、布伦特和 INE 原油期货的日收盘价样本数据。Sang Hoon Kang 等（2019）在 "Time – frequency co – movements between the largest nonferrous metal futures markets" 一文，对上海和伦敦的有色金属期货市场，进行小波相干分析，研究金属商品市场共同运动的动态。谌琴等（2019）在《玉米期货定价效率动态变化的实证研究——基于"价补分离"政策实施前后的比较分析》一文中，通过相关性检验、Johansen 协整检验、Granger 因果检验、G – S 模型和小波相干分析进行研究，研究结果表明，"价补分离"政策后玉米期货定价效率显著提升；尽管玉米期货定价效率有了明显提升，但稳健程度和定价有效性有待优化。

（3）回归分析

Hanjie Wang 等（2020）在 "Disagreement on sunspots and soybeans futures price" 一文中，构建 GARCH、GJR – GARCH 和 Markov – switching GARCH 模型，估计太阳黑子对大豆期货价格波动率的影响。Sang Hoon Kang 等（2019）在 "Financial crises and dynamic spillovers among Chinese stock and commodity futures markets" 一文中，使用多元 DECO – GARCH 模型和溢出指数模型，研究了金融危机背景下中国股票和四种商品期货（即 CSI 300 指数、铝、铜、燃料油和天然橡胶）的收益率和波动率溢出动态。Sang Hoon Kang 等（2019）在 "The network connectedness of volatility spillovers across global futures markets" 一文中，利用多变量 DECOFIGARCH 模型和溢出指数方法，分析了股指和商品期货市场之间的动态波动溢出。Abdullahi D. Ahmed 等（2020）在 "Volatility transmissions across international oil market，commodity futures and stock markets：Empirical evidence from China" 一文中，使用三变量 VAR – BEKK – GARCH 模型，研究中国股票市场，商品市场和全球石油价格之间的动态关系。Wenlan Li 等（2020）在 "Forecast on silver futures linked with structural breaks and day – of – the – week effect" 一文中，基于异质自回归（HAR）理论，通过结合结构破坏和周内效应来预测波动率，从而建立了六个新型异质自回归模型。陈新华（2019）在《"保险 + 期货"的基差风险及其影响因素研究——基于大豆基差数据的分析》一文中，对 2017 年 6 月至 2019 年 6 月大连商品交易所及 Wind 数据库等的日度数据，构建三阶段门限自回归模型，研究结果表明，我国大豆期货市场的无套利区间相对较宽，库存量所引起便利收益变化会对基差产生显著反向影响。Duc Khuong Nguyen 等（2020）在 "U. S. equity and commodity futures markets：Hedging or financialization？" 一文中，使用基于 ARMA 筛选器的方法，研究商品期货相对于股票市场的对冲与金融化性质。Liya Hau 等（2020）在 "Heterogeneous dependence between crude oil price volatility and China's agriculture commodity futures：

Evidence from quantile – on – quantile regression"一文中，采用分位数法研究了全球原油和中国农业期货之间的波动率依赖性。Robert J. Bianchi 等（2020）在"Financialization and de – financialization of commodity futures：A quantile regression approach"一文中，采用量化回归的方法来研究商品期货的金融化问题。

（4）编程算法

Dan WU 等（2020）在"Prediction of metal futures price volatility and empirical analysis based on symbolic time series of high – frequency"一文中，依据 2014 年 7 月至 2018 年 9 月上海铜期货交易所的高频数据，使用 K – NN 算法和指数平滑，建立了基于符号高频时间序列的金属期货价格波动预测模型。李翊君等（2020）在《期货市场大宗商品操纵行为预警与监控分析》一文中，根据 BP 神经网络模型，应用数据挖掘、分析技术建立分类模型，对螺纹钢期货市场可能存在的操纵市场行为建立三大分类指标，使用人工神经网络模型构建分类模型，有效识别监测螺纹钢期货市场操纵行为，对大宗商品期货市场的监测提供了参考。叶洁琼（2019）在《基于"保险+期货"模式的农产品期货价格保险及其定价研究》一文中，采用 Monte Carlo 模拟进行期权定价，得到以下结论：现行模式中以农产品期货价格的平均值作为理赔价格存在基差风险，且期货市场不能完全有效对冲农产品价格风险，因此以现货价格平均值作为理赔价格更为合理。文中设置了六档不同的保障水平，得出的保险费率存在明显差异，保险公司应设定差异化费率，农户可根据自身实际情况进行选择。

（5）其他

Bin Wang 和 Jun Wang（2020）在"Energy futures and spots prices forecasting by hybrid SW – GRU with EMD and error evaluation"一文中，基于对历史价格信息的歧视态度，提出了一种具有随机时间有效权重的门控循环单元混合预测模型（SW – GRU），并将其应用于经验模态分解（EMD）的全球能源价格预测。

（三）2020 年期货政策研究与 2019 年的对比

1. 期货市场开放

刘健和张晗（2020）在《中国期货市场政策研究：现状、热点与前瞻——基于最新文献的计量分析》一文中提到，我国资本市场改革与开放的步伐将逐步加快，我国证监会将持续扩大期货特定品种范围，以更大力度引入境外交易者，并于 2020 年全年取消期货公司外资股比限制，因此期货市场的进一步开放以及期货市场国际化也将成为未来中国期货市场政策研究的重点和趋势。"一带一路"方面，由于 2018 年我国首个国际化期货品种原油期货正式在上海国际能源交易中心挂牌交易，因此 2019 年关于原油期货国际化助力"一带一路"建设的相关论文较多，2020 年偏少。期货国际化方面，除了原油期货，2018 年大商所铁矿石期货国际化，因此 2019 年研究铁矿石期货的论文较多，2019 年上期所提出纸浆期货国际化和 20 号胶期货国际化，2020 年港交所推出 MSCl 中国 A 股指数期货，《国务院关于深化北京市新一轮服务业扩大开放综合试点建设国家服务业扩大开放综合示范区工作方案的批复》中提到允许符合条件的外资银行参与境内黄金和白银期货交易。对内开放方面，2020 年《关于商业银行、保险机构参与中国金融期货交易所国债期货交易的公告》发布，因此 2020 年非期货金融机构参与期货市场的研究开始增多。

2. "保险 + 期货"

由于目前保费和期权权利金补贴负担较重、保险实际赔付率低等问题，因此农产品价格保险定价研究是该领域热点。从图 16 - 8 可验证，"保险 + 期货" 领域的研究路径，向乡村振兴和保险费率厘定方向转移。

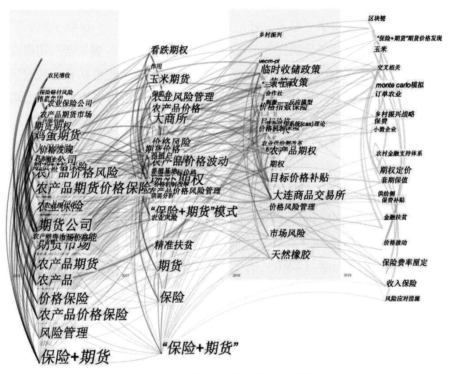

图 16 - 8　"保险 + 期货" 研究路径

3. 金融科技

相对于 2019 年度而言，2020 年金融科技在期货领域的研究增多，主要体现在期货监管方向，如李翊君等（2020）在《期货市场大宗商品操纵行为预警与监控分析》一文中，以螺纹钢期货作为研究对象，根据 BP 神经网络模型，应用数据挖掘、分析技术建立分类模型，使用人工神经网络模型构建分类模型，有效识别监测螺纹钢期货市场存在操纵行为，对大宗商品期货市场的监测提供了参考。

四、结论与研究展望

（一）研究热点、前沿与趋势

1. 期货开放

在我国自由贸易试验区、综合保税区、粤港澳大湾区建设，金融限制逐步放开的背景下，期货开放是期货政策领域的热点。首先，对内开放方面，国债期货对保险机构和银行开放，有利于保险公司和银行对冲风险，增加期货市场流通性。其次，期货与"一带一路"建设相关文献可提炼出关键词，如原油期货、大宗商品国际定价中心、人民币国际化、基础设施建设、离岸人民币环流建设，即目前期货与"一带一路"研究的落脚点、热点和前沿。对于我国期货国际化的研究，国内学界研究角度多样，如期货国际化成效，国际化对我国期货现货价格的影响，我国铁矿石期货国际化的不足，期货国际化的新品种等方面是该领域前沿与趋势。

2. 期货监管

目前期货领域立法还不完善，若想发展期货行业发挥其价格发现、风险管理等方面的职能，完善期货立法就显得尤为重要。期货监管领域文献所述内容，概括来说，即期货法各个细分领域需逐步完善及如何完善。如完善幌骗监管的立法工作要从本质上把握幌骗交易的行为特征；检举人激励和保护的法律法规比较零散，应通过立法明确检举操作流程；内幕交易方面，应当通过《期货法》明确设定期货市场内幕信息知情人员的主体范围；外汇期货方面，在人民币国际化背景下，应进行《中华人民共和国外汇期货法》的建设；期货保证金方面，应明确期货保证金法律性质，明确保证金监管职能的权限分工。因此该领域的研究趋势，可从期货立法的细节完善角度进行把握。

3. "保险＋期货"

在农产品价格波动大，乡村振兴金融扶贫的政策背景下，"保险＋期货"扶贫模式应运而生。该领域文献分为以下几类，首先以某一地区为例分析"保险＋期货"模式产生的作用及存在的问题，其次分析影响农户选择"保险＋期货"模式的因素，再者保险定价决定着农户是否接受该模式，以及保险公司的收益，因此定价研究也是目前该领域的热点。最后该模式有无拓展和创新点，如"保险＋期货＋互联网"。

4. 金融科技

在央行发布金融科技发展规划的背景下，金融各领域与科技的结合一直是近年来研究的热点。该领域的研究目前聚焦于科技与期货监管的结合，如利用神经网络模型构建分类模型，有效识别监测期货市场中的操纵行为，对证券期货行业监管水平和效率提高有很大借鉴意义。

（二）研究结论

综上所述，本章通过可视化分析发现，对中国期货市场政策的研究主要集中在期货市场开放、期货扶贫、期货市场监管、金融科技、期货价格预测以及研究方法等主题上。开放方面，国债期货对保险机构和银行开放，在"一带一路"建设背景下，上海原油期货可定位为亚太地区基准油价中心，逐步增加国际化期货品种，进而形成大宗商品国际定价中心，助力人民币国际化。期货监管方面，相关立法建设不完善，应在虚假信息、内幕消息、保证金、市场操纵、检举人激励制度进一步完善期货立法。在乡村振兴、全面建成小康社会背景下，我国"保险＋期货"模式存在保险公司保费和期权权利金补贴负担较重、保险实际赔付率低，期货风险管理公司没有合适的场内期权工具，因此应适当降低期货公司补贴水平，迭代保险费率厘定方案，加快场内期权品种上新，模式拓展方面可结合互联网，更好的打赢脱贫攻坚战。研究方法上，学者以政府政策分析、对比分析、案例分析、实证分析等多种方法研究期货政策领域相关问题，其中，实证分析中对大数据应用算法编程进行分析的方式，使研究方法得到拓展，为大宗商品期货市场的监测提供了参考。

（三）研究展望

基于上述研究过程与研究结论，结合期货市场政策的理论脉络与现实情境，笔者认为，有关中国期货市场政策的研究应着重从以下几个方面展开：期货开放方面，下一步研究重点在"一带一路"期货国际化、人民币国际化、如何进行离岸人民币环流建设、还有哪些期货品种国际化助力人民币国际化、大宗商品国际定价中心之路该如何走、期货国际化中存在的问题以及解决方案。"保险＋期货"方面，研究方向可偏向保险费率厘定，补贴水平降低后该模式的各部分盈利模式，各部分获益情况，加快场内期权品种上新，期货风险管理公司如何更好地对冲该模式的风险，影响农户参与"保险＋期货"模式的因素，该模式如何拓展等。期货监管方面，下一步研究重点是如何进一步完善《期货法》，除虚假信息、内幕消息、保证金、检举人激励制度之外期货相关领域立法还有哪些方面需要完善，该如何完善；非证券期货金融机构参与期货市场对自身行业的影响与银行期货证券跨市监管问题研究等。期货与金融科技方面，金融与计算机人工智能结合的金融科技是当前的热点，从 2020 年的研究成果来看，目前期货与金融科技结合依然较少，在期货市场逐步对内外开放的背景下，期货金融科技形势研究必然是未来的蓝海与热门领域，依然有待进一步深化细化研究。

第十七章　期货市场交易策略前沿动态研究

我国期货市场源远流长，其发展可以追溯到晚清时期，始于上海租界洋人开办的交易所内，但受当时的国情所限，期货业的持续发展受到严重阻碍。直到十一届三中全会召开，给我国的期货发展带来了转机，期货业的发展历经坎坷后终于步入正轨。现如今，期货市场蓬勃发展，交易品种众多，有90余种；交易总量巨大，仅2020年7月，全国期货市场成交量为567.65百万手，同比增长36.77%，成交金额为45.42万亿元，同比增长55.70%[①]。广阔的期货市场吸引了众多的参与者，产生了多种多样的交易策略，随着期货市场规模的不断扩大，越来越多的研究者聚焦于期货的交易策略，如何降低风险、提高收益，怎样提高套期保值效率等成为重中之重。

本章利用CiteSpace 5.6.R4知识图谱可视化软件和知网计量可视化分析，对有关期货市场交易策略方面的研究文献进行计量分析，梳理有关期货交易策略的重点与热点研究主题，探寻期货交易策略研究的演进路径，分析期货交易策略研究的前沿与方向，进而通过重点研读国内外高水平的研究文献成果，系统评述研究文献及成果的理论贡献与相关局限，并提出我国期货市场交易策略研究的下一步趋势与展望，期待能为今后有关期货市场交易策略的理论研究提供线索与思路，并为中国期货市场交易效率与套期保值效率的提升提供借鉴与参考。

一、数据来源与研究方法

（一）数据来源

本章从国内、国外两个方面对近年来有关期货市场交易策略的研究文献进行收集和分析。国内文献方面，笔者以中国知网中国学术期刊全文数据库中的SCI来源期刊、EI来源期刊、CSSCI来源期刊、CSCD来源期刊、其他一般期刊、会议、报纸等数据库以及优秀硕士论文数据库、博士论文数据库等为检索范围，以"篇名检索"为策略，以"期货、期权、套利、投机、套期保值"为关键词进行检索。国外文献方面，以

---

① 数据来源于中国期货业协会官网月度交易数据——2020年7月全国期货市场交易情况。

EBSCO、Elsevier、JSTOR 三大外文数据库为检索范围，以"futures、options、arbitrage、speculate、hedging"为关键词进行检索。为确保研究的时效性和前沿性，上述中文文献检索的时间范围限定在 2019 年 9 月至 2020 年 10 月，外文文献检索的时间范围限定在 2019 年 1 月至 2020 年 10 月。通过上述检索过程，共获得中文文献 90 篇、外文文献 70 篇。

通过对初步收集的文献进行文章题目、摘要和关键词分析，筛除期刊征文启事、主题介绍以及与研究主题关联性不大的文章后，最终得到有效中文文献 90 篇，有效外文文献 63 篇。

（二）研究方法

研究拟采用文献统计分析法和内容研究法，从定量和定性两个方面探讨期货市场交易策略的研究现状、热点、前沿与趋势。

对文献的定量统计研究从文献的分布性统计和主题性统计两个层面进行分析，文献分布性统计采用中国知网的计量可视化工具进行分析，主题性统计涉及文献的演进路径、关键词共现等内在属性特征的分析，分析对象均选定为 90 篇有效中文文献，分析工具采用 CiteSpace 5.6.R4 知识图谱可视化软件。受文献索引导出数据的可获得性限制以及 CiteSpace 5.6.R4 软件使用的限制，本章的知网计量可视化分析以及 CiteSpace 5.6.R4 可视化分析仅针对中文文献展开。

由于文献的定量统计更多的是对文献分布特征与文献主题属性的抽象描述，缺乏对重点文献、重点内容的内在梳理与解读，故采用内容研究法，选取高水平文献进行重点研读、分析与归纳，对我国期货市场交易策略研究的主要成果进行综述与评价，实现对期货市场交易策略研究发展脉络的梳理，并对研究领域的趋势与展望进行研判。内容研究的文献包含经筛选后的有效中文文献 90 篇及有效英文文献 63 篇。

二、文献统计分析

（一）研究文献分布性统计分析

1. 文献时间分布分析

统计分析某领域的文献时间分布，可以大致了解研究者对该领域的关注程度以及该领域的发展状况。图 17-1 是所要分析的文献的时间分布及总体趋势，在 90 篇文献中，2019 年 22 篇，2020 年 68 篇，从文献发表数量可以看出，近两年来期货交易成为研究者的关注重点之一，也从侧面反映出期货市场交易比较活跃。

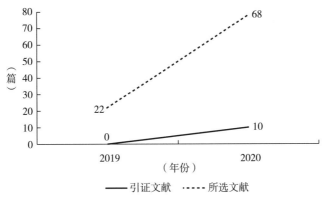

图 17 - 1　文献的时间分布

2. 作者分析

作者文献数量方面，在有效的 90 篇文献中每位作者仅有一篇代表作品，从这个数据来看，关于期货交易的分析研究参与者众多，但同时具有代表性的作者相对较少，有待提高。

通过知网可视化分析，对 90 篇文献的作者进行统计，得出作者合作网络图谱，如图 17 - 2 所示，张卫国、刘勇军、徐维军、付志能及罗艺旸 5 人构成了一个小的科研合作网络，还有其他的一些合作网络，这说明研究期货交易策略的作者之间科研合作还比较密切。

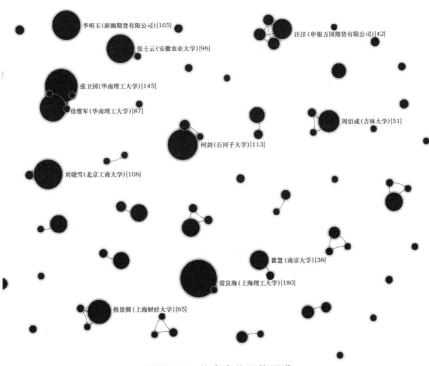

图 17 - 2　作者合作网络图谱

3. 文献类型分析

在文献类型方面,如图 17 - 3 所示,文献出自期刊的有 51 篇,占比最高,为 56.67%,出自报纸的有 23 篇,占比 25.56%,相关硕士论文 16 篇,占比 17.78%,博士论文 1 篇,占比 1.11%。上述对期货交易策略的研究绝大多数来自期刊、报纸、硕士论文,而博士论文仅有 1 篇,说明对相关领域的研究不够深入,没有引起理论界的高度重视。

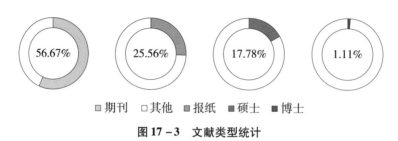

图 17 - 3 文献类型统计

4. 发文机构分析

在机构方面,如图 17 - 4 所示,发表文献数最多的机构是上海师范大学,发表期货交易策略相关文献 5 篇,占比 5.56%,其余文献均由不同机构发表。从数据来看,发文机构以高校为主,机构方面对期货交易策略研究的重视度还不够。

图 17 - 4 机构分布统计

5. 发文期刊分析

图 17 - 5 是发文期刊的主要机构统计,从数量上看,《期货日报》发表文献最多,为 23 篇,占比 25.56%,《上海师范大学学报》次之,有 5 篇,占比 5.56%,《统计与决策》和《现代商业》位列第三,均为 4 篇,分别占比 4.44%,《中国证券期货》发表 3 篇,占比 3.33%,其余刊物均发表 1 篇,共占比 56.67%。发文期刊以一般期刊为主,核心期刊以上的发表较少,这表明我国大部分科研机构对期货市场交易策略的研究还不够重视和深入,需要进一步加大科研投入,推动该领域的发展。

□《期货日报》　□其他　■《上海师范大学学报》　■《统计与决策》
■《现代商业》　■《中国证券期货》

图 17 - 5　文献期刊来源分布

6. 学科领域分析

在学科领域方面，如图 17 - 6 所示，90 篇文献均归属于经济与管理科学类；基础科学类次之，有 22 篇，占比 24.44%；信息科技类 7 篇，占比 7.78%。从数据中看出，期货交易策略研究呈现出跨学科研究的趋势，说明由于信息技术的快速发展，学者们对于期货交易和信息技术的结合越来越关注。由于存在文献中多学科交叉的情况，因而学科领域分析统计出的文献数要多于 90 篇。

□经济与管理科学　■基础科学　□其他　■信息科技

图 17 - 6　文献学科领域分布

7. 高影响力分析

文献被引率是评价文献水平的重要指标之一，反映了该文献在学术影响力上的高低。表 17 - 1 摘录了 2019 年 9 月至 2020 年 10 月我国期货市场交易策略研究领域的高影响力文献，90 篇文献只有 6 篇被引用，被引频次最高的文章为《期货跨品种套利策略》，被引频次为 4 次。研究主题主要为套利策略分析、套期保值分析以及整体期货交易策略分析等。从被引频次来看，除了《期货跨品种套利策略》被引 4 次、《上证 50ETF 期权在机构套期保值中的实证应用与分析》被引 2 次外，其余 4 篇被引频次仅为 1；从被引文献发表时间上来看，除了 1 篇文献为 2020 年发表，其余均为 2019 年发表，虽然很大一部分原因在于 2020 年的文献发表时间较短，但仍然说明 2020 年有关期货交易策略的研究有待进一步深化，水平有待进一步提升。

表 17 – 1   中国期货市场交易策略研究高影响力文献①

中国期货市场交易策略研究高影响力文献（2019 年 9 月—2020 年 10 月）				
序号	题目	作者	期刊	发表年份	被引频次（次）
1	《期货跨品种套利策略》	黄腾	《现代经济信息》	2019	4
2	《上证 50ETF 期权在机构套期保值中的实证应用与分析》	王帅，李治章，赵国存	《时代经贸》	2019	2
3	《基于 Copula – GARCH 方法的交叉汇率期权套期保值模型》	余星，张卫国，刘勇军	《系统工程学报》	2019	1
4	《运用沪铜期货有效化解市场价格风险的研究——基于套期保值模型的比较选择分析》	沈翠芝，施伟超	《海峡科学》	2019	1
5	《全球商品期货量化交易策略应用现状分析》	龙程楠	《现代营销（经营版）》	2020	1
6	《基于协整的商品期货配对交易策略研究》	孙阳，雷良海	《中国物价》	2019	1

（二）演进路径分析

图 17 – 7 是利用 CiteSpace 5.6. R4 软件对所选的文献进行的时间线分析，以此来分析中国期货市场交易策略研究的演进路径。在 2019 年至 2020 年，时间线分为以下几个部分。

第一条时间线是投资组合，发展过程：GAN 网络→深度学习→量化交易，可以看出越来越多的方法应用于投资组合研究。

第二条时间线是 GARCH 模型，经历了从价格发现到 Granger 因果检验再到铜期货的变化，从这样的发展来看，GARCH 模型应用比较广泛，是一个非常重要的模型。

第三条时间线是股指期货，它的发展历程为交易策略→跨品种套利→股指期货，说明股指期货的交易在近两年里得到了比较多的关注。

第四条时间线是套期保值，经历了从套期保值到 Copula 模型的变化，反映了套期保值更侧重于模型分析，研究更加深入。

第五条时间线是关于拔河模型，从期货市场到 GARCH 模型，说明了期货交易策略分析时会使用到拔河模型。

---

① 截至完稿日。

第六条时间线是平稳过程，发展为期货→平稳过程期权策略→统计套利，说明了平稳过程在整个期货、期权交易策略研究领域的重要性。

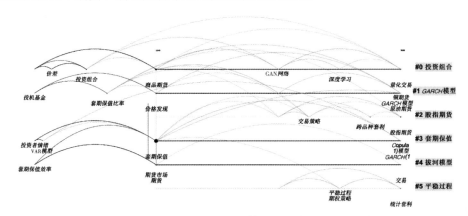

图 17 - 7　中国期货市场交易策略研究的演进路径分析

（三）关键词共现分析

利用 CiteSpace 5.6. R4 软件进行关键词共现分析，将出现频次设置为（即文献中出现频次）大于等于 4 次的关键词，如图 17 - 8 所示，高频关键词共 9 个，其中出现频次最高的为"套期保值"，共 15 次，其次是"商品期货"，共 8 次，接下来依次是"价格发现"（6 次）、"期货市场"（5 次）、"股指期货"（5 次）、"期货"（5 次）、"投资组合"（4 次）、"套期保值比率"（4 次）、"跨品种套利"（4 次）。

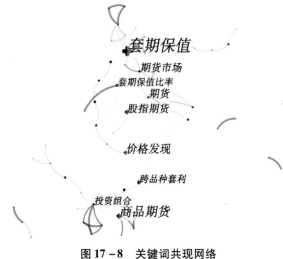

图 17 - 8　关键词共现网络

通过梳理高频关键词对应的相关文献，笔者将研究归纳为以下 4 个方面，分别为期货、套期保值比率、套利和交易策略，将在下一节对上述几个方面的重点文献进行研读并分析归纳相关的重要研究成果。

三、中国期货市场交易策略研究综述

为了更好地对中国期货市场交易策略研究前沿重点进行分析，在上文进行可视化分析的基础上，笔者采用内容研究法，对近年来高影响力、高水平的部分文献进一步分析，并将研究结果分研究对象和研究方法两个方面进行归纳总结。

（一）研究对象主题研究成果

1. 期货主题研究成果

在期货主题方面，Helder Sebastião 和 Pedro Godinho（2020）利用比特币期货的交易数据，测度其对冲比特币及其他加密货币的有效性，结果证明，比特币期货是对冲其他加密货币风险的有效工具。Zhang（2019）以所有的商品期货交易的高频数据构建开放式利率加权指数，利用样本数据进一步检测，证明中国商品期货市场存在日内动量，在不同的指标权重和预测计算方法下依旧稳健。Jianping Li（2020）根据大量网络新闻标题建立农产品期货价格预测模型，利用中国大豆期货的数据进行检验，证明模型有效。Qiangbiao Gi（2019）利用 DMCA 模型和 MFDMA 模型，研究了中美贸易战下的中美大豆期货，证据表明：随着大豆关税的实施，各国可能采取不同的行动，有不同的风险厌恶程度。Bangcan Wang（2019）用 MF－DCCA 模型检测煤、石油、天然气和电力四大能源期货市场的关联性，其中，电力市场传递了最大的正关联度。Dan Wu（2020）利用沪铜期货交易的高频数据，建立高频尺度下基于符号时间序列的金属期货价格波动预测模型，投资者可以据此调整投资交易策略。蔡玮玮（2020）通过分析纽约、上海、伦敦世界三大衍生品交易所白银期货交易中时间和频率的变化，选用小波分析方法来检验上海和纽约白银期货市场以及伦敦现货市场中时间和频率变化的特征。结果表明，白银期货与现货市场在不同尺度上的相互作用更强，相关性在较低频率下非常高。陈琴（2020）基于我国沪深 300、上证 50 以及中证 500 股指期货并利用 OLS 和 GARCH 模型分别对沪深 300、上证 50 以及中证 500 股指现货进行套期保值效率的比较研究，认为股指期货具有很好的套期保值效果。沈恩贤和谭静（2020）提出新冠肺炎疫情提升了对纸浆的需求，推动纸浆期货发展，但在后疫情时代，纸浆期货盘面承压下跌，纸浆期货市场悲观情绪加重，面临较大压力。王一凡（2020）以马科维茨均值－方差理论为依据，以能源期货为标的资产，构建最佳投资比率，通过 MATLAB 软件计算，验证了马科维茨均值－方差理论可运用于数量较少的能源期货投资组合中。冯挺（2020）以沪深 300 股指期货市场的发展现状为基础，基于其上市以来所有合约的日交易数据，评估了沪深 300 股指期货的理论价值。何剑等（2020）构建 OLS、ECM 和 ECM－BGARCH 三种模型，测度了港交所人民币期货最优套期保值比率，并对套期保值效果展开评价。研究发现：人民币在岸汇率和期货汇率呈现大致相同的增长和变化趋势，即存在长期协整关系，并且现货价格和期货价格之间的价差口径具有渐进收敛性特征，结论为中国实体企业使用人民币期货进行套期保值，以规避外汇风险、减少汇兑损失提供方法支持。杨凯童（2020）利用 DCC－GARCH 模型，将投资者情绪量化，分析了中美贸易战背景下投资者情绪与大豆期货之间收益之间的关系，中美贸易战下投资者情绪与大豆期货收益的动态相关关系由平稳波动至负相关，再回升至正相关并逐渐平稳。于晓蓓（2020）对朗源股份公司的苹果期货套期保值业务进行了研究，从地理位置、产品特性、行业特性、宏观层面等分析套期保值原因，认为进行套期保值的最好是公司的主营业务，这样才能稳定利润、减少风险。

从期货主题整体来看，中外学者们研究的期货品种多样，主要有金融期货和商品期货两大类。在金融期货中，以对股指期货（沪深 300、上证 50、中证 500 等）的研究为主，还加入了比特币期货、人民币期货的研究。在商品期货方面，有对整个商品期货市场的研究，也有对细分市场——农产品品期货（大豆期货、玉米期货、苹果期货）、能源期货（石油期货、电力期货等）和金属期货（沪铜期货、白银期货）的探讨，此外增加了创新型期货——天气期货的分析，同时由于新冠肺炎疫情的存在，学者沈恩贤和谭静分析了受新冠肺炎疫情影响较大的纸浆期货的前景走向。综上所述，研究的期货品种不断增加是未来的趋势。

2. 套期保值比率主题研究成果

在套期保值比率方面，Yan Cui（2020）比较了 OLS、DCC、Copula－DCC、Copula－ADCC、GO－GARCH、GO－GSR 等多种模型下不同的套期保值比率，结果表明，Copula－ADCC、GO－GARCH、GO－GSR 模型的套期保值效果更好，复合套期保值模型的效果优于单一套期保值模型。Qianjie Geng（2019）利用十种常用的经济计量模型，包括 3 个常数模型和 7 个动态模型，研究不同模型下原油期货的套期保值效率，结果表明：并没有哪一个模型能完全超出其他所有模型。Ren－Raw Chen（2019）以标普 500 指数、黄金和欧元/美元汇率数据为基础，利用持有成本和 Vasicek 模型，对事前事后期货的套期保值比率进行分析，结果显示通过事前 MVHR 确定的套期保值效果更好。王梦雅（2020）利用 OSL 法对铜期货的套期保值比率进行了测度，计算出铜期货套期保值的有效性约为 85.56%。这说明我国铜加工企业可以在期货市场上用 0.787993 单位的铜期货反向对冲 1 单位的铜现货的价格波动风险。刘爽和游碧蓉（2019）以 5 年期国债期货为例，选取了相应的数据，运用静态的 OLS 模型和动态的 Copula－GARCH 模型，估算 5 年期国债期货指数与其时间跨度的国债期货指数的套期保值比率，结果表明：随着国债期货现货期限的延长需提高套期保值比率，从套期保值效果来看，5年期国债期货最适合于7年至10年和5年至7年国债现货套期保值。沈翠芝（2019）基于沪铜期货套期保值功能，分别采用静态模型 OLS、BVAR、VECM 和动态模型 ECM-GARCH 进行套期保值比率的估计及比较。实证结果表明，4种模型均能有效降低套期保值组合风险，其中动态 ECM-GARCH 模型的套期保值效果最优，能使企业有效规避56.32%的价格风险，从而增强我国企业套期保值的风险管理应用效果，提升金融服务实体经济能力。周佰成（2020）选择华泰柏瑞沪深300ETF、华夏沪深300ETF、嘉实沪深300ETF 三只指数基金，研究通过沪深300股指期货对三只基金进行套期保值时的最优套期保值比率估计问题，结合极值理论构建5种不同 Copula 函数的 Copula-GJR 模型，并将上述模型与当前流行的模型进行比较，研究表明，在"风险最小化原则"下，DCC-GARCH 模型、极值 Frank-Copula-GJR 模型所估计的最优套期保值比率效果较好，且后者的套期保值成本更低。

整体来看，套期保值比率的研究主要围绕测度套期保值比率、确定最优套期保值比率模型来进行，研究者们大多以股指期货的交易数据为基础，通过设计构建模型来判断套期保值比率，将结果加以判断比较。其中应用的模型分为静态模型（OLS、VAR、ECM）和动态模型（GARCH、Copula），上述模型均为单一模型，研究者们以此为基点，进一步构建混合模型，如 DCC-GARCH、CCC-GARCH、ECM-GARCH、GO-GARCH 等 GARCH 族模型、Copula-DCC、Copula-ADCC 等 Copula 族模型。在上述研究中，GARCH 模型的应用最广泛。经过学者们大量的分析论证可知，在确定最优套期保值比率方面，动态模型要优于静态模型，混合模型要优于单一模型，GARCH 族模型的应用效果更佳。

3. 套利主题研究成果

在套利方面，Bouchra Benzennou（2019）认为不同欧式期权和股票市场的流动性存在共同波动，这意味着通过期货期权市场进行流动性风险管理是可行的，这为投机套利策略提供了时机选择。Seungho Lee（2020）认为比特币的期货和现货价格存在偏差，因而存在套利机会，并且随着比特币盗窃和另类加密货币发行，这种套利机会持续增加。Zhang（2020）通过研究中国商品期货市场的套利策略，并将之与美国进行比较，研究表明，中国大宗商品期货套利交易回报率低于美国。黄腾（2019）基于对棕榈油、豆油以及菜籽油期货主力合约的相关性分析，认为上述三者之间期货价格是协整的，因此价差较为稳定，从而制定了跨品种套利策略。邬煜之（2020）基于 GMDH 网络的结构原理以及粒子群优化算法，进一步对 GMDH 神经网络的结构以及参数进行优化，针对棕榈油、菜籽油以及豆油3种油脂类期货，涉及相应的套利策略。冯琪玫（2020）选择上证50、中证500和沪深300股指期货，构建基于 Copula 模型的统计套利策略，经过实证发现，Copula 模型设计的交易信号能更好地捕捉到交易的条件。庄玉石（2020）以 237 个交易日的期货实盘交易数据为基础，研究不同种类的跨品种套利的波动周期，并以此周期为基础对 2019 年数据进行回测，估算以该周期为持有期间交易策略的实际收益。姜荣杰（2020）通过 SPVECMX 模型和 BEKK - GARCH 模型对我国四个期货市场进行分析，结果表明：套利模型在不同期货市场都是可行的，对于同一期货市场而言，如果不同期货的交易手续费相差不大，则收益率与期货日振幅、投资者面临的风险成正比。

上述文献中，研究者对期货套利的研究的对象主要有四个：跨期套利、跨品种套利、跨市套利和期现套利，而研究的方面主要有以下三个：第一，研究者对整体期货市场或是某个期货品种是否存在套利机会进行判断；第二，研究神经网络模型、GARCH 模型、Copula 模型等构建套利策略，为投资者提供套利建议；第三，分析已有的套利策略及其影响因素，优化交易策略。

4. 交易策略主题研究成果

在交易策略方面，Fujiang Liu（2019）利用均值和协方差优化投资策略，利用我国大宗商品期货交易数据进行研究，发现优化后的交易策略在高频数据中效果更好。Xing Yu（2019）评估了货币期权、期货套期保值的最优配置，建议风险规避系数小的公司选择期权套期保值，系数大的选择期货套期保值。Hyuna Ham（2019）认为在我国商品期货市场中，时间序列动量策略要优于经典的被动增长动量策略和截面动量策略。Theo Berger 等（2020）对商品期货的风险进行了实证研究，研究了商品期货之间的依赖关系，并新提出了利用小波方法的投资组合交易策略。龙程楠（2020）分析了国内外商品期货市场交易策略应用及现状，提出通过综合期货交易策略可以有效降低风险。韩占军（2019）对 PTA 期权的交易策略进行了分析。宋嘉绮（2020）采用机器学习中的 Catboost 模型来选择投资标的并结合最小方差法、风险评价法和等权重法来构造期货价格指数资产投资组合，并且通过设置不同的止损点控制风险波动，为投资者提供交易策略方案。陶文竹（2020）基于小波变换、LSTM 和 Light GBM 的预测方法来预测期权标的资产价格。以上证 50ETF 期权交易为例，实证结果表明模型可行。

在上述关于"交易策略"主题的研究中，研究者们分为两类：一类是以大宗商品期货的高频数据为对象，利用计量模型（如隐马尔可夫模型、C - SVM 模型）或其他方法（如 Johansen 协整检验、函数分析）来设计期货交易策略；另一类是分析现有的期货交易策略的应用及现状，利用经济模型（如阿尔法模型）或其他方法（如均值、协方差）对现有的交易策略进行优化。

（二）研究方法主题研究成果

在研究方法方面，Yang Qu（2019）从信息效率和函数效率的角度研究沪深 300 股指期货市场的有效性，用非参数方法考察效率的非线性动态特征，研究发现沪深 300 股指市场有效。Bin Wang（2020）采用原油和汽油的期货和现货价格，构建 SW - GRU 构建模型，将其与 EMD 方法优化后的 SW - GRU 模型进行比较，通过上述期货数据测试，发现 EMD 优化后的 SW - GRU 模型更优。Luca Vincenzo Ballestra（2019）使用神经网络模型预测 VIX 期货收益，该模型误差较低，盈利较高，经验证得到结论：神经网络被证明比异质自回归模型更有利可图。Tony Klein（2019）构造具有三种无限隐马尔可夫结构的 HAR 模型，杠杆和投机效应均被考虑在内，对中国期货市场的大豆、玉米、棉花、棕榈油和籼稻五种期货数据进行分析，结果表明，优化后的 HAR 模型具有更好的精度，以其为基础的投资组合收益更高。Z. Ahmadi（2020）通过 LSM 方法，资产价格根据均值回归制度 - 转换跳跃 - 扩散过程建模，对 swing 期权进行分析，找到摇摆期权的最优定价法。Xiao - Li Gong（2019）构建 GJR - GARCH - Skew、T - GAS Copula 模型对原油期货市场进行分析，同时计算原油期货动态套期保值比率和风险，以启发投资者。余星等（2019）利用 Copula - GARCH 模型，基于改进的 LPM 提出了交叉汇率期权套期保值模型，管理汇率风险。孙阳和雷良海（2019）利用协整理论上海期货交易所的热轧卷板和螺纹钢期货分析，证明了商品期货配对交易的可行性。任仙玲和邓磊（2020）构建原油市场基于 Copula 的分位数回归模型，得出结论：T - Copula 模型的套期保值效率更稳定。王良（2020）构建了基于 Netlogo 的金融资产交易仿真系统，通过 ETF 基金数据检验，该模拟系统较为理想。唐磊（2020）依据沪深 300 股指期货与现货的每分钟日内数据，使用门限向量误差修正（TVECM）模型，检验在不同体制下我国股票指数期货与现货市场价格间的非线性关系。研究发现，非线性的 TVECM 模型能较好地刻画股指期货与现货在套利区间与无套利区间的长期均衡及短期动态关系。赵远鹏（2020）利用拔河模型对甲醇期货进行了分析，认为拔河模型可以指导期货交易。中信期货（2020）设计成集基本面分析和交易于一体的量化交易模型，测度橡胶、螺纹钢等，证明量化交易有效是因为长期坚持和重复试错。曲传菊（2020）利用小波去噪和协整理论对股指期货的高频数据进行处理，结果表明采用小波去噪后的协整理论进行股指期货跨期套利，比采用传统的协整理论套利机会多，套利效果好。杜建慧（2020）提出基于 CVaR 的组合套期保值优化模型，对我国商品期货市场进行分析，最优套期保值比率模型，运用相应的粒子群优化算法进行求解，证明模型是有效合理。王错（2020）用主成分分析、Logistic 回归模型和最大化方差法旋转因子对 Nelson - Siegel 模型进行优化，利用国债期货数据进行回测，显示优化模型取得较好收益。张栖荧（2020）使用灰色预测模型和长短期记忆神经网络模型对中证 500 股指期货主力合约收盘价进行预测，利用马尔可夫模型对所得结果进行修正，结果显示，马尔可夫修正模型效果最好。刘红梅（2020）基于 LSTM - SVR 混合模型的股指期货价格预测方案，实证结果显示，混合模型比单独的 LSTM、SVR 模型在对股指期货收盘价的预测上误差更小。

从上述研究方法里来看，研究者主要通过构建经济计量模型、利用信息技术以及量化交易对各种期货进行交易策略设计和优化、对套期保值比率进行测度、比较和验证。研究者在方法上的针对性较强，研究者面对不同的市场不同的期货品种使用不同的方法，比如神经网络模型用来预测期货价格和收益、拔河模型应对甲醇交易、SETAR 模型对比金属期货交易收益，研究者们交易策略的选择更加精准、明确。此外，随着信息技术的发展，其在期货交易策略领域的应用也越来越广泛，如王良建立的金融交易模拟仿真系统。计算机使得研究更加便利、迅速和准确，结合计算机技术进行期货交易策略设计是大势所趋。

（三）2020 年与 2019 年交易策略主题研究的对比分析

从 2020 年与 2019 年交易策略研究主题的比较分析来看，2020 年期货市场交易策略主题研究表现出以下几个方面的不同：

第一，期货的品种更加丰富，范围涉及更加广泛，推陈出新。股指期货、能源期货、农业期货等研究力度依旧很大，还增加了有关比特币期货、人民币期货等的研究内容。Helder Sebasti（2020）分析了比特币期货对冲其他加密货币的有效性。何剑等（2020）分析了港交所人民币期货的最优套期保值比率和绩效。还有关于创新型期货——天气期货的创新。从总体趋势来看，期货品种类型不断增加。

第二，套期保值一直是期货交易策略研究的重点，而套期保值比率是套期保值的核心，与 2019 年的分析类似，依旧是多种方法结合提升套期保值效率和套期保值比率，但套期保值比率测度方法更多、更准确。研究者们在套期保值计量模型上不断进步，从最初的单一、静态计量模型发展成混合、动态计量模型，将不同的模型杂糅，产生了更好、更准确的效果。相比于 2019 年，模型的混合更加彻底，原有的 Copula 族模型、GDRCH 族模型分别与其他模型混合逐渐发展成了两大族模型及其他模型的相互混合、交织，为套期保值比率测度和优化提供了更有效的模型方法，为后人的研究提供了更广阔的方向。此外，此次研究虽然有部分文献涉及协整，但并未将其作为重点研究对象。

第三，加大了对套利的研究。套利是重要的交易策略之一，存在多种套利方式，包括跨期套利、跨品种套利、跨市套利和期现套利等，是研究者的关注重点之一。研究者对套利机会进行判断，设计优化套利策略。李艾（2019）以沪深 300 股指期货期现套利为例，分析了期现套利交易成本，还有影响期现套利的其他因素，进而提出优化策略。开雄（2020）对帆式交叉套利策略在期权期货市场的适用方法进行了详细分析。张雪慧（2020）分析了合成期货的套利策略，提出构建合成期货要考虑多种因素。总体来看，期货套利是研究者们关注的热点。

第四，不再单独研究量化交易，而是以"交易策略"关键词为研究重点，分析了多种期货期权的量化交易以及交易策略设计等。从研究方法主题对比，期货交易策略利用多种模型、函数进行构建，其中以 GARCH 族模型、VAR 模型、Copula 类模型、OLS 模型、神经网络模型为主，同时许多研究都将多种模型结合或优化，以更好地计算套期保值比率，构建更加高效的期货交易策略。

第五，与 2019 年研究相似，投资者的研究方法同样十分丰富，主要以经济计量模型为主，对各种交易策略进行研究，针对性、稳健性较强，同时结合了不断发展的信息技术，研究方法得以创新发展，研究结果更加快速准确。

第六，结合新冠肺炎疫情对期货交易策略展开研究。由于 2020 年新冠肺炎疫情的暴发，原油期货和纸浆期货更是成为研究的重点主题。范志远（2020）从三个方面分析新冠肺炎疫情给石油期货带来的影响：①新冠肺炎疫情暴发，全球范围内企业停工停产，原油供应链彻底中断，各国需求迅速下降；②由于新冠肺炎疫情影响，沙特、俄罗斯为争夺更多市场份额，纷纷增产，原油供需进一步失衡；③影响石油价格的金融因素很多，新冠肺炎疫情导致国际金融市场剧烈动荡，原油期货价格剧烈波动。杨安（2020）分析了新冠肺炎疫情发生以来，原油期货面临的冲击和各国的应对策略，认为危机和机遇并存，提出在后疫情时代，企业仍需要原油期货来对冲风险。Jian Wang 等（2020）分析了新冠肺炎疫情对原油期货和农产品期货的市场相互关系，运用 MF – DCCA 方法进行研究，结果表明，疫情影响下，原油期货和白糖期货的市场相关性最强。建信期货（2020）研究了疫情影响下纸浆期货的具体走势：疫情影响下，生活用纸短期增加，但因导致企业供应链受阻，短期来看纸浆期货走势不确定，但宏观面潜在利好不容忽视，因此，预计纸浆将继续在宏观强预期、基本面弱驱动以及疫情控制情况之间偏弱振荡。姚沁源（2020）认为短期内木浆偏强运行，随着疫情影响减小，废纸供应回归，届时浆价或趋于平稳。沈恩贤和谭静（2020）认为因新冠肺炎疫情生活用纸需求大幅增加，且生活用纸厂的原料和成品库存均偏低。阔叶木浆对针叶木浆价差处于历史偏低位置，因此阔叶木浆价格上行空间更大。可择机将阔叶木浆作为期现正套品种或单边持有。吕悦（2020）认为纸浆期货在疫情影响下，纸浆价格易受大宗商品走势影响震荡反复，建议保持合理持仓。此外，新冠肺炎疫情对整体的期货市场均有较大影响，比如酒精需求增加，原料玉米却供不应求，玉米期货价格波动，还有诸如大豆、豆粕等期货也受到明显影响。

四、结论与研究展望

（一）研究热点、前沿、趋势

近两年来，研究者们有关期货交易策略的研究成果越来越多，通过上述文献的梳理研究，将研究热点、前沿与趋势归纳为以下几个方面：

1. 涉及期货品种日益丰富

研究者在研究期货时，分析了多种多样的期货品种，从金融期货到商品期货，从能源期货到农业期货、金属期货，涉及期货领域广泛，涉及品种丰富，且期货品种在未来有持续增加的趋势。

2. 套期保值比率是长期热点

套期保值是期货的重要功能，而套期保值比率是套期保值的核心，它衡量了套期保值的效果，对期货交易策略的研究具有重要意义。如何提升套期保值比率、提高套期保值效率是研究者们最关注的问题之一。在这两年的研究中，利用经济模型和信息技术分析、提高套期保值比率是整个研究的主流，研究模型包括但不限于 Copula 模型、GARCH 模型、时间序列、VAR 模型等。信息技术的发展为衡量套期保值比率提供了更精准的方法。

3. 套利方式多样

套利包括跨期套利、跨品种套利、期现套利、跨市套利，研究者通过各种期货高频数据对上述套利进行了详细研究，提出多种套利策略方案设计，如帆式交叉套利、基于布林带的量化交易套利等，为投资者提供了套利的思路和方案。

4. 模型多种多样

研究者们以 GARCH 模型、VAR 模型、Copula 类模型、OLS 模型等单一模型为基点，多种模型综合运用，并辅以神经网络模型、标签传播序列模型等多种模型，进行套期保值效率和期货交易策略的研究。结果表明，动态模型优于静态模型，混合模型的效果好于单一模型，GARCH 族模型应用最广泛，混合型 GARCH 族模型的效果相对更好。

5. 交易策略多样

交易策略包括套期保值、套利、量化交易等多种策略，研究者们采用机器学习中的 Catboost 模型，构造期货价格指数资产投资组合；通过小波变换、LSTM 和 Light GBM 的预测方法来预测期权标的资产价格；利用 LSM 方法，找到摇摆期权的最优定价法；构建基于 Netlogo 的金融资产交易仿真系统，进行金融交易；利用拔河模型指导期货交易；设计成集基本面分析和交易于一体的量化交易模型，证明量化交易有效是因为长期坚持和重复试错。研究者们在不断创建构造新的、更有效的投资组合和交易策略，期货交易策略前景可期。

6. 新冠肺炎疫情的影响和研究

2020 年新冠肺炎疫情暴发冲击了整个期货市场，给各种期货尤其是原油、纸浆、农产品等期货带来了严重影响。但新冠肺炎疫情也带来了一些转机，疫情加速了期货行业的转型变革，2020 年春节后开市以来，期货市场成交持续活跃，投资者利用期货来规避疫情风险，比如，可以利用美债期货对冲利率风险、提升潜在收益、调整投资组合久期、对利率进行投机以及进行价差交易等。在疫情防控期间，期货起到了较大作用，比如创新型期货为玉米产业助力，化解油脂产业疫情危机等。研究者们对疫情间的期货发展及策略赋予了极大的关注度。

（二）研究结论

综上所述，本文利用可视化分析研究有关期货交易策略的文献，并进行了期货交易对象和方法主题以及期货交易策略研究前沿趋势的探讨，我们发现：期货交易的研究对象种类丰富，包括商品期货、股指期货等多个领域；套期保值和套利是研究者最关心的交易策略，提升套期保值比率，增加套利机会是研究者们长期的研究重点；应用的模型不断升级优化，GARCH 族模型应用广泛，组合模型的效果更佳；交易策略不断升级，推陈出新。

（三）下一步研究展望

基于上述研究过程和研究结论，结合期货交易策略的现实情况，笔者认为下一步我国期货市场的研究重点应该围绕期货交易策略设计、套期保值过程和方法、套利具体方案开展。与此同时，由于国外新冠肺炎疫情不断蔓延，国内疫情存在反复情况，应进一步研究如何利用期货避险，同时也应加强期货市场和现货市场（如农产品市场）的联系和融合。

第十八章　期货市场效率前沿动态研究

期货市场效率是期货市场发展质量的重要表现，研究期货市场效率问题不仅具有基础性的理论意义，也具有重要的现实意义。广义的期货市场效率是指期货市场实现其相应功能的效率，包括价格发现、定价效率和套期保值三大功能。本章对国内外有关期货市场效率的文献进行了相关性筛选，从文献来源、发文机构、依托基金和高影响力方面进行了分析和归纳，以价格发现、定价效率和套期保值功能为重点，对上述文献进行了研究现状和方法论的分析，总结并指出了当前期货市场效率的研究现状和趋势。

一、中国期货及衍生品市场效率相关文献统计分析

本章对国内外近两年来期货及衍生品市场效率相关文献进行了收集和分析。国内方面，以"期货价格发现""期货定价效率""期货套期保值"为关键词，在中国知网中国学术期刊全文数据库中的 SCI 来源期刊、EI 来源期刊、CSSCI 来源期刊、CSCD 来源期刊中进行检索。国外方面，以"futures price discovery""futures pricing efficiency""hedging"等为关键词，在 EBSCO、Elsevier 等外文数据库中进行检索。为确保研究的时效性和前沿性，中文和英文文献检索的时间范围分别限定为 2019 年 9 月至 2020 年 10 月和 2019 年 1 月至 2020 年 10 月。通过上述检索过程对初步收集的文献进行文章题目、摘要和关键词分析，筛除与研究主题关联性不大的文章后，共获取有效中文文献 6 篇，有效外文文献 32 篇。

（一）文献来源分布

从文献来源来看（见图 18 - 1），期货市场效率主题文献的期刊分布很广，相关文献发表数量较多的主要为"Energy Economics""Economic Modelling""Finance Research Letters""Resources Policy""Physica A：Statistical Mechanics and its Applications"等外文期刊。

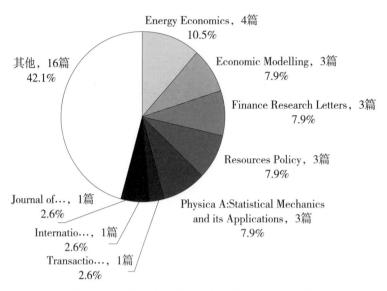

图 18-1 期货市场效率主题相关文献来源分布

（二）发文机构分布

从发文机构来看（见图 18-2），中文期刊发表来自贵州财经大学（1 篇）、天津财经大学（1 篇）、北方民族大学（1 篇）、北京物资学院（1 篇）、华中农业大学（1 篇）等高校。囿于分析工具的局限性，外文文献发文机构并未进行溯源，均归为"其他"类别。

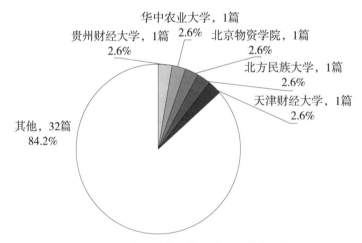

图 18-2 期货市场效率主题相关文献发文机构分布

（三）文献依托基金分布

从 6 篇核心中文文献发表的基金依托情况来看，有科研基金支持的文献有 4 篇，占比为67%。其中，国家自然科学基金文献2篇、国家社会科学基金文献1篇、教育部新世纪优秀人才计划1篇，可以看出期货市场效率研究正在被学术界关注，且相关成果学术价值较高。

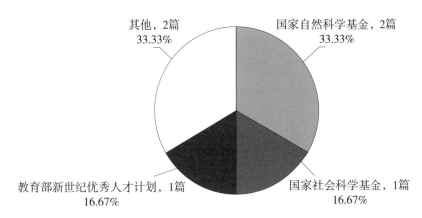

图18-3　期货市场效率主题相关文献依托基金分布

（四）高影响力文献统计

为了解学术界在期货市场效率方面关注的焦点，本文对6篇中文文献按引用和下载量进行了排序（见表18-1）。

表18-1　　　　　　　　期货市场效率主题相关高影响力文献[①]

序号	题目	作者	期刊	发表年份	被引频次（次）	下载次数（次）
1	《标签传播时间序列聚类的股指期货套期保值策略研究》	李海林，梁叶	《智能系统学报》	2019	2	190
2	《中国股指期货市场定价效率研究——基于自激励门限自回归模型》	单亮，杨苗燕	《南方金融》	2019	1	567
3	《中美玉米期货市场功能效率比较》	刘晨，张锐，王宝森	《中国流通经济》	2020	0	575

① 截至完稿日。

序号	题目	作者	期刊	发表年份	被引频次（次）	下载次数（次）
4	《上海原油期货的价格发现功能及其国际比较研究》	卜林，李晓艳，朱明皓	《国际贸易问题》	2020	0	454
5	《我国股指期现货套期保值效率研究》	陈琴	《产业与科技论坛》	2020	0	397
6	《WASDE 报告对中国农产品期货市场的影响——以玉米和大豆市场为例》	张云毓，熊涛	《湖南农业大学学报（社会科学版)》	2020	0	263

二、研究现状

（一）期货及衍生品价格发现功能相关研究

1. 农产品期货期权方面

2018 年 6 月 15 日，美国政府依据 301 调查单方认定结果，宣布对原产于我国的 500 亿美元商品加征 25% 的进口关税，持续不断的中美贸易摩擦将对全球农产品贸易格局和农产品相关产业链带来影响。

我国对美国进口大豆有着较高依赖度，美国农业部每月发布的全球农产品供需预测（WASDE）是反映全球农产品未来供需情况的官方报告，是全球农产品供求信息的重要来源。考虑到 WASDE 的权威性，张云毓和熊涛（2020）引入报告中我国玉米和大豆期初库存、产量等预测数据，发现报告对两个品种的收益波动率具有重要影响，且双方期货价格都对对方的基本面预测信息存在极高的敏感度，因此，WASDE 报告可作为农产品种植户远期价格信息的参考依据，对于科学制定农产品种植决策、优化农产品生产结构和质量、保障我国粮食安全等具有重要意义。与此同时，泡沫已经显著影响了我国大豆期货市场价格发现功能的表现。Li 和 Xiong（2019）采用了基于结构向量自回归与预测误差方差分解的方法表明我国大豆期货市场的价格发现功能在泡沫时期表现较好。

2017 年 3 月 31 日，我国首个大宗商品期权——豆粕期权在大连商品交易所挂牌上市，标志着我国大宗商品金融衍生品市场进入新阶段。当前，我国与国际金融市场依然存在较大差距，引进期权有助于对冲风险，研究表明大豆期权的价格发现能力强于大豆期货，看涨期权交易量对大豆期权价格发现能力的影响强于看跌期权交易量（Jing Hao 等，2020）。Vinay Patel 等（2020）利用新的信息领导力实证方法，也发现期权在价格发现中的作用比之前认为的要强，大约有 1/4 的新信息在传递到股票价格之前就已经反映在期权价格上。

2. 金属期货方面

从数据来看，中美互加关税对有色金属供应端的影响总体有限。Yaoqi Guo 等（2020）运用 Granger 因果关系和多重分形分析方法，研究了我国铜现货价格与期货价格的非线性关系，并进一步分析了我国铜期货市场的动态效应。结果表明，我国期货市场的现货价格和期货价格之间不存在线性因果关系，排除一级和二级订单的影响，铜的现货和期货价格之间仍然存在高阶相关性。此外，采用多重分形〔MF－DCCA〕方法得到现货市场和期货市场的价格走势密切相关，时变滚动赫斯特指数表明，随着时间的推移，我国铜期货市场的效率已逐渐提升。

除了中美贸易摩擦持续，2020 年，海外疫情蔓延，全球出现大范围的钢厂停产，从长期来看，我国钢材需求也面临向下回归风险。Kim 等（2019）利用广义自回归条件异方差和向量误差修正模型检验了我国现货和期货市场中七种钢材的价格发现功能和溢出效应。结果表明，价格发现功能在钢铁期货市场的所有企业中都存在，并且所有项目的期货价格均以现货为主。在钢筋市场中，同样存在着现货到期货的溢出效应。这一关于期货价格的信息可以为钢铁需求端和供给端预测现货价格提供帮助。

疫情的变化情况也持续对铁矿石的供需造成影响。作为全球最大的铁矿石进口国，铁矿石贸易在我国经济中占据着举足轻重的地位。为了寻求铁矿石价格的决策权，大连商品交易所于 2013 年 10 月上市了铁矿石期货，大连商品交易所也成了全球最大的铁矿石金融衍生品交易市场。Ge Y 等（2019）探讨了铁矿石期货对 DCE 的价格发现功能，并基于 VECM 和状态空间从长期均衡关系、短期均衡关系的角度进行综合分析，给出了信息冲击和动态贡献份额。结果表明，从 Johansen 协整检验的角度来看，DCE 的期货价格与现货价格之间存在长期均衡关系，在面对短期内信息冲击下，DCE 铁矿石期货具有明显的价格发现功能。

3. 能源期货方面

上海原油期货于 2018 年 3 月 26 日正式在上海国际能源交易中心挂牌上市，上市后仅仅 3 个月原油期货的日成交量就达到了世界第三。国内外学者对上海原油期货进行了一系列的研究，结果表明，上海原油期货价格与现货价格间存在比较稳定的协整关系，但是原油现货价格仍然是长期弱外生变量，现货的价格发现贡献度高于期货（卜林等，2020），布伦特原油期货市场是油价发现过程中最具影响力的市场，而 WTI 原油期货市场似乎是最敏感的市场。尽管 WTI 原油是交易量最大的期货合约，但上海原油并不影响任何市场，它只对布伦特原油的消息敏感（Fernando Palao 等，2020），中国原油期货在全球原油体系中表现为净风险接收者，其中布伦特原油和 WTI 原油期货在全球原油体系中风险传递起主导作用（Yuying Yang 等，2020）。因此上海原油期货合约的推出并没有改变布伦特原油相对于 WTI 原油的主导地位，价格发现功能尚未充分显现。我国原油期货价格波动也有滞后于国际原油期货的趋势。与长期相比，短期竞争强度较弱，竞争状态更加多样化，竞争状态之间的过渡也更加复杂（Xiaohong Huang 和 Shupei Huang，2020）。

原油作为全球最重要的大宗商品，经过多年的发展已经形成比较权威的价格体系，纵观全球原油定价体系，美国纽约的 WTI 原油、英国伦敦的布伦特原油以及迪拜/阿曼原油分别代表北美、欧洲以及中东地区的基准油，我国想在未来打造一个亚太地区的原油定价基准仍然有很长的路要走。

（二）期货及衍生品定价效率相关研究

1. 影响期货及衍生品价格的因素

信息不一致通过信息渐进式流动、注意力有限、先验异质性等途径导致市场价格波动。Hanjie Wang 等（2020）以分歧理论为框架，分析了太阳黑子对大豆期货价格波动的影响。实证上，利用 1988 年至 2018 年大豆期货价格和太阳黑子活动的月度时间序列数据，通过 GARCH、GJR – GARCH 和 Markov – switching GARCH 模型来研究太阳黑子对大豆期货价格波动的影响。结果显示，极低的太阳黑子活动会导致大豆期货价格处于高位且波动较大；在考虑日冕变化时，当太阳黑子极低活动和极高活动时大豆期货价格均存在高价格波动性，不一致水平是非线性的。

白银期货对全球金融市场至关重要，然而现有文献很少同时考虑结构断裂和周效应对白银期货价格波动的影响。Wenlan Li 等（2020）提出了一种较好的预测白银期货波动率的方法，基于异质自回归（HAR）理论，结合结构突变和周效应建立了 6 种新型异质自回归（HAR）模型，对波动率进行预测。研究发现，结构突变和周效应包含了白银预测的大量预测信息，结构性断裂对白银期货波动有正向影响，周效应对白银期货价格波动有显著的负向影响，尤其是在中期和长期。

以 2008 年至 2009 年全球金融危机和 2010 年至 2012 年欧洲债务危机为背景，Sang Hoon Kang 和 Seong – Min Yoon（2019）采用多元 DECO – GARCH 模型和溢出指数模型，研究了我国股票和沪深 300 指数及铝、铜、燃料油、天然橡胶四种大宗商品期货的收益和波动溢出的动态变化。结果发现，双向收益和波动溢出指标在我国股票和商品期货市场上都存在，这些趋势在最近几次金融危机之后更为明显，此结果为理解信息传递的渠道提供了新的思路。同样以全球金融危机和欧洲主权债务危机为背景，通过对网络连通性的研究，发现网络连接的成对方向和强度对金融和经济事件是敏感的，这一结果提供了跨市场的信息网络连接，帮助防范传染风险和促进市场稳定（Sang Hoon Kang 和 Seong-Min Yoon，2019）。

2. 定价模型中的风险溢价

发达国家的现货价格是由期货价格加上升贴水形成的，例如，在大豆的国际贸易中，通常以芝加哥期货交易所（CBOT）的大豆期货价格作为点价的基础。在完善的资本市场中，资产的期货价格应该是对其已实现现货价格的无偏预测。但是现实中，一些资产的期货价格较高，而另一些资产的期货价格则较低。

Rhys ap Gwilym 等（2020）指出期货价格与已实现现货价格之间存在不稳定关系的关键原因在于定价模式和市场缺陷。研究中，他采用了一个动态多元的理论方法，将不同经济主体之间的竞争合并在一起，并以对冲和借贷限制的形式施加金融摩擦。其模型提出了多个均衡，每个均衡都有唯一的市场出清价格，市场在这些均衡之间进行切换。最后全面分析考虑了期货市场参与者即投机者和套期保值者所面临的风险，从而更好地理解这一问题。

Sebastián Cifuentes 等（2020）采用三因素无套利随机商品模型，对不同期限铜期货价格、预期现货价格和随时间变化的风险溢价进行了研究。该模型基于无套利随机模型，使用石油期货来估计铜期货价格，并引入了铜期货的随机波动率，在商品定价模型中加入了对铜风险溢价的 CAPM 估计，指数分别使用纽约商品交易所（COMEX）和伦敦金属交易所（LME）的期货价格。结果发现，COMEX 库存变化、对冲压力、违约溢价、VIX 和 NASDAQ 新兴市场指数回报，这 5 个市场变量综合起来，可以解释至少 1/3 的铜风险溢价变化，因此可以构成一种简单技术的基础，来预估铜现货的价格。在无法进行铜价预测或验证时，采用这种方法将特别奏效。

Duminda Kuruppuarachchi 等（2019）在价格存在异方差的情况下，提出了一种新的检验方法来衡量市场效率并估计商品期货随时间变化的风险溢价。他提出利用状态空间模型，并在模型引入了修正异方差的卡尔曼滤波对风险溢价进行估计，并选用 2000 年至 2014 年 16 个交易所的 79 种商品期货，使用蒙特卡洛模拟方法证明了结果的稳健性。其研究发现，全球金融危机提高了大宗商品期货交易效率，影响了大宗商品期货交易量，但对风险溢价的平均水平和波动性没有影响。

3. 期货及衍生品价格预测模型

Jiawen Luo 等（2020）通过无限隐马尔可夫（IHM）模型预测了具有外生因素的原油期货市场的实际波动率。在模型中，他允许未知数量的不同参数机制和断点，并采用两种类型的无限隐马尔可夫模型来适应由政策变化、外生冲击和其他因素引起的结构突变。结果发现，IHM-HAR 模型优于所有其他非切换变量。就预测效果而言，

IHM – HAR 模型考虑了竞争期货市场的实际波动率和标普 500 指数等外生因素，是较好的短期预测模型。

Dan WU 等（2020）利用上海铜期货交易 2014 年 7 月至 2018 年 9 月的高频数据，构建了基于符号高频时间序列的金属期货价格波动预测模型，样本采用符号时间序列并将数据分为 194 个直方图时间序列，分别用 K – NN 算法和指数平滑法预测下一个周期。结果表明，铜期货收益直方图的趋势预测结果总体更好，且铜期货一周价格预测的整体波动和实际收益波动在很大程度上是一致的，这说明 K – NN 算法预测的结果比指数平滑法更准确。根据对铜期货一周价格波动的预测，中国铜期货市场的监管机构和投资者可以及时调整监管政策和投资策略，从而控制风险。

能源期货市场的价格动态是影响全球经济的重要因素。Guochao Wang 等（2020）介绍了一种新的随机交互能源期货价格模型来模拟能源期货市场价格动态机制，二维随机交互流行系统和随机跳跃过程可以用来描述最常见和最微小的价格变化和外部环境中的极端和巨大变化，利用日对数收益率和波动持续时间平均强度（VDAI）两个统计量研究了该模型中的价格波动和波动动态。为了验证能源期货价格模型的合理性，采用统计分析方法对模拟数据的收益率序列和 VDAI 序列进行分析，并与三种重要原油期货的收益率序列进行了比较。实证结果表明，该模型在一定程度上能够再现真实原油期货市场的价格波动和波动动态。

Bin Gao 等（2019）提出了一个动态期货定价模型，分析了不同投资者情绪效应，试图找到市场无效率金融异常的解释。该模型关注期货市场中不同类型投资者的相互作用，其中绝大多数是短期投资者，并展示了这种相互作用如何维持有偏差的价格。实证结果表明，新提出的定价模型优于其他模型，可以更好地预测期货价格。

Wenlan Li 等（2020）基于异质自回归（HAR）理论，结合结构突变和周效应建立了 6 种新型异质自回归（HAR）模型，对白银期货波动率进行预测。实证结果表明，新模型的精度优于原有的 HAR 模型。

4. 套利和投机对定价效率的影响

要形成独立有效的定价基准，不可能一蹴而就，单亮等（2019）基于无套利均衡理论，并根据 Vasicek 过程，采用 SETAR 模型，对以期货期权平价理论为基础的无套利均衡进行检验，得出了我国股指期货衍生品市场只存在无套利均衡的个别证据，总体上并不具备明显的无套利均衡特征。想要提高金融市场的定价效率，应降低交易成本，让更多无风险套利者参与到市场定价当中来，这样才能以较低成本快速实现无套利均衡，从而推动金融市场规模扩大和高质量发展。

Martin T. Bohl 等（2020）提出，以往关于商品期货价格发现的文献主要关注究竟是现货市场还是期货市场主导价格发现过程，很少注意投机者的重要性。事实上，商品期货市场的价格发现过程会受到噪声交易者的影响。利用不同手段对投机、套期保值和价格发现进行度量，发现投机活动可显著降低期货市场的定价偏差，其影响程度取决于期货市场噪声交易者的相对市场权重和套利的弹性。现货市场和期货市场之间的套利弹性越高，噪声交易者的价格冲动越可能蔓延到现货市场（Sophie van Huellen，2019）。

（三）套期保值相关研究

1. 农产品期货方面

面对当前复杂的国际经济形势，对比中美贸易摩擦前后期货市场的价格发现和套期保值功能，分析中美期货市场效率间的差距是十分必要的。刘晨等（2020）利用Granger 因果分析、Johansen 协整检验、信息份额模型、套期保值比率及绩效等分析方法，发现我国玉米期货市场价格发现功能较强，但套期保值绩效不佳，并进一步得出我国玉米期货市场运行效率低的原因是现货市场的信息不完全、发展不完善、缺少长期稳定的双向引导关系。

2. 能源期货方面

Jie LI 等（2020）通过研究中国原油期货与 OPEC 和阿曼现货价格之间的动态相关性以及套期保值效果，并与 WTI 和布伦特原油期货进行比较发现，中国原油期货套期保值效果较好，中国原油期货市场实现了其主要功能和目标。Dolores Furió 和 Hipòlit Torró（2020）认为对于中等风险来说，最有效的套期保值策略是在冬季（夏季）进行空头（多头）套期保值，最优套期保值比率高于最小方差套期保值比率。此外，有研究表明，在原油收益率高于 0.05 分位数时，对冲策略在中长期和长期都是可行的（Peterson Owusu Junior 等，2020）。

3. 金融期货方面

新冠肺炎疫情在全球扩散蔓延，世界经济出现严重衰退，不确定性因素显著增多，多数跨国竞争性企业面临的汇率风险加剧，跨货币套期保值可以有效减少风险暴露。Xing Yu 等（2020）研究了最优交叉对冲和风险控制问题，将最优仓位的外汇期货和期权的指数效用最大化，利用动态规划的方法，对财富水平进行分析，结果表明，风险厌恶系数较小的企业可以选择期权套期保值，规避风险系数较高的公司可以选择期货套期保值，使用外汇进行对冲能够使财富的波动性显著降低。

Söhnke M. Bartram（2019）则发现企业使用衍生品能够降低风险，在控制总体风险水平和国家风险的差异（如汇率或利率波动、政治风险和贸易依赖性）后，结果仍然稳健。衍生品市场越发达的国家，使用衍生品降低风险的效果越好。

4. 金属期货方面

Ahmed Abdullahi D 和 Huo Rui（2020）采用三元 VAR – BEKK – GARCH 模型考察了中国股市、大宗商品市场与全球油价之间的动态关系。研究发现，黄金和股票（石油）之间不存在回报溢出，表明黄金具有避险作用。Sang Hoon Kang 和 Seong – Min Yoon 等（2019）将小波相干分析应用于上海和伦敦有色金属期货市场，探讨了宏观经济基本面在解释有色金属期货市场联动中的作用。鉴于大宗商品期货短期、中期和长期价格联动的差异，在短期内，LME 和 SFE 期货产品的投资组合多元化策略是可取的，当资产价格之间的联动为负时，就会发生对冲。因此，SFE 和 LME 有色金属期货在短期内都可以作为对冲风险的工具。然而，从中期和长期来看价格联动明显，多样化投资组合策略只适用于铝。在 SFE 市场采取中期投资策略的国际投资者在制定投资策略时，应考虑 LME 期货价格。

三、研究方法论

（一）价格发现功能相关研究

对期现货市场价格联动性的研究主要采用 ECM 模型、Granger 因果检验、脉冲响应函数以及 Copula 函数模型等。Granger 因果检验是最常用的检验方法，但该方法所得到的是两变量之间的单向线性因果关系，忽略了两市场价格之间的非线性关系，这会使模型具有较大的偏差。因此，目前在考察期现货市场价格因果关系时，许多相关文献也对期现货价格之间的非线性因果关系进行了研究。

近年来，小波分析方法被应用在对许多经济问题的分析研究中，该方法使对已知样本信息的分析不再停留在时域空间，而是进一步拓展到频域空间。从分析的深度和分析结论的丰富性、可靠性上，都在一定程度上优于普通的时序分析。事实上，在期货价格与现货价格的时序特征分析中采用小波分析方法的相关研究正不断增加。

（二）套期保值相关研究

我国期货市场上许多品种的交易时间都不长，没有足够多的样本数据，得出的结论缺乏说服力，但国内对套期保值比率的研究也取得了一定成果。

已有文献主要关注套期保值的最优套期保值比率确定问题。大量文献证明，采用误差修正套期保值模型（ECHM）、广义自回归条件异方差模型（EC – GARCH）进行套期保值相对来说是最佳的策略。除此之外，传统回归模型（OLS）、双变量向量自回归模型（B – VAR）、VaR 最小方差套期保值模型（VaR）、基于几何谱风险测度的期货套期保值模型（GM），也可以求解出最优套期保值比率。

从研究方法创新来看，李海林和梁叶（2019）提出一种基于标签传播时间序列聚类的股指期货套期保值模型，并分别比较了新方法和传统聚类方法确定现货组合的追踪误差，结果表明新方法能够有效提高现货组合的追踪精度。相较于多元广义 Autore 模型，Yu – Sheng Lai（2019）更倾向于用 GO 模型估算套期保值比率。陈琴（2020）将我国沪深 300、上证 50 以及中证 500 股指期货作为研究对象，应用 OLS 方法和 GARCH 模型来估计套期保值效果。研究表明，OLS 估计的套期保值效果优于 GARCH 模型。Lu – Tao Zhao 等（2019）开发了一个 FIGARCH – EVT – Copula – VaR 模型，建立原油市场套期保值比率模型，突破现有文献静态模型和简单动态模型的局限性，结果表明，FIGARCH – EVT – Copula – VaR 模型优于其他三种常用的基于 VaR 的模型。

四、研究趋势与研究展望

（一）价格发现方面

中国期货市场发展几十年以来，经过一系列探索和实践之后，铜、大豆等大宗期货商品运作比较成熟，较好地发挥了价格发现功能。同时，新上市的原油期货的价格发现功能也较为突出。

大量文献聚焦于实证分析期货品种是否能够良好地发挥价格发现功能。其中，期货价格一般采用交易所活跃合约的收盘价格，现货价格一般采用各行业现货价格的均值。在数据创新方面，有学者引入了 WASDE 报告中的预测数据来衡量对收益波动率的影响。鉴于目前国际贸易环境日趋复杂，国内学界在进行相关研究时，数据来源可以更加国际化、多样化和有针对性。

（二）定价效率方面

近一年发表的关于期货定价效率的国内文献较少，而国外学者在影响期货价格的因素、定价模型中的风险溢价、价格预测模型等方面实现了研究突破。

我国期货市场在国际贸易活动中的价格影响能力依然比较低，国际定价中心地位尚未确立，对我国期货市场定价效率和定价机制的研究，是解决所有实际问题的基础，是解决我国期货市场发展所有重大问题的突破口和关键。研究者可以结合当前期货市场形势，对价格确定机制、稳定机制，对市场价格的形成影响做实证分析，将主要机制对波动、流动性的影响差异进行对比。

（三）套期保值方面

与上年相比，相关研究依旧大多集中在运用已有模型对套期保值有效性进行论证。除此之外，国内外学者创新地提出了一些关于检验套期保值功能的新视角和模型。在日趋复杂的国际贸易形势和新冠肺炎疫情全球化的影响下，越来越多的企业将提高风险对冲的意识，衍生品市场也会迎来新的发展。因此，对不同期货品种套期保值有效性进行研究有着深远的理论和实际意义，套期保值依然是未来期货领域重点的研究方向。

第十九章　期货市场创新实践前沿动态研究

期货市场步入创新发展阶段，中国期货市场新上市期货期权种类和品种数量都显著增加，期货市场加速对外开放，期货公司服务实体经济水平显著提升。2015 年来，"保险＋期货"的创新支农方式在国家政策指引下如火如荼地遍地开花，2018 年"中国版"原油期货挂牌上市，并首次引入境外交易者。期货市场创新实践是一个逐步走向成熟的过程。在此过程中，国内外学者围绕相关主题采用不同研究方法，从多角度、多层次完成了一系列研究成果。本章对 2019 年以来我国与期货市场创新实践相关的前沿性研究进行统计分析，从"保险＋期货"、期货市场国际化、期货公司服务实体经济、人民币期货期权四个方面对重要文献的研究现状进行系统的梳理，并进行总结和发展展望，以期为未来学术探讨和行业实践提供参考依据。

一、期货市场创新实践前沿相关文献统计分析

本文以"保险＋期货""期货国际化""实体经济""人民币期货期权"等为关键词，分别将中文和外文文献检索时间范围限定为 2019 年 9 月至 2020 年 10 月以及 2019 年 1 月至 2020 年 10 月，在中国知网中国学术期刊全文数据库中的 SCI 来源期刊、EI 来源期刊、CSSCI 来源期刊、CSCD 来源期刊、核心期刊数据库、优秀硕博士论文数据库进行大范围检索，并在此基础上进一步通过人工筛选的方式剔除与期货市场创新实践关联度低或无关联的文献，最终获得有效文献 60 篇，其中中文文献 57 篇，英文文献 3 篇。

（一）文献时间分布

期货市场创新实践相关文献的时间分布情况如图 19 – 1 所示。2019 年主题相关文献 44 篇，2020 年主题相关文献 16 篇。2020 年主题相关文献的发表数量较上一年度有所下滑，可见 2020 年学界对期货市场创新实践方面的关注度有所下降或重要研究成果较少。

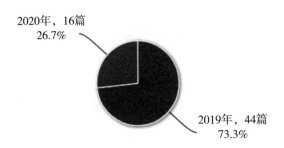

2020年，16篇
26.7%

2019年，44篇
73.3%

图19-1 期货市场创新实践主题相关文献发表时间分布

（二）文献来源分布

从文献来源来看（见图19-2），期货市场创新实践主题文献的期刊分布很广，发表渠道多为证券期货、保险和管理类期刊，占比较大的期刊有《价格理论与实践》《中国证券期货》。

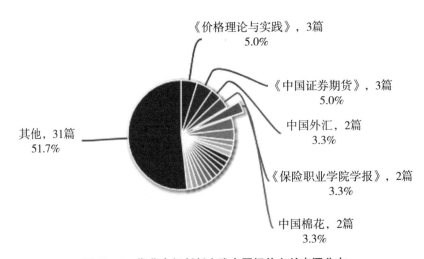

《价格理论与实践》，3篇
5.0%

《中国证券期货》，3篇
5.0%

中国外汇，2篇
3.3%

《保险职业学院学报》，2篇
3.3%

其他，31篇
51.7%

中国棉花，2篇
3.3%

图19-2 期货市场创新实践主题相关文献来源分布

（三）发文机构分布

从发文机构来看（见图19-3），相关文章发表较为集中的机构分别为中国农业大学（4篇）、安徽财经大学（3篇）、石河子大学（3篇）等，此外还有37篇（占比61.7%）出自其他机构。数据表明，期货专业传统优势院校如中国农业大学在期货创新实践方面的科研产出较多，由于"保险+期货"融合了保险元素，一些保险专业发展领先院校的成果也很值得关注。发文机构中也不乏期货交易所等机构，研究主体呈多元化，期货市场创新实践是行业关注的领域。

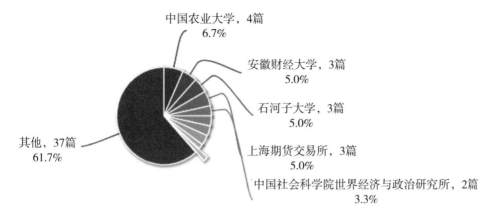

图 19 - 3　期货市场创新实践主题相关文献发文机构分布

（四）文献依托基金分布

从文献发表的基金依托情况来看，有科研基金支持的成果占比仅为40%，其中依托国家自然科学基金和国家社会科学基金的文献占比均为10.0%。

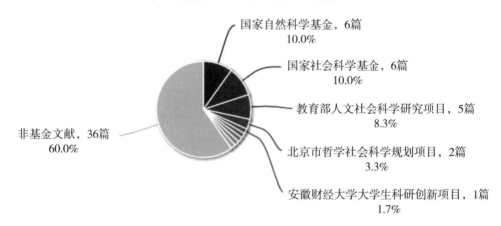

图 19 - 4　期货市场创新实践主题相关文献依托基金分布

（五）高影响力文献统计

为了解学术界在期货市场创新实践方面关注的焦点，本章统计出了近一年来相关研究中引用率排在前8名的文献（见表19 - 1）。引用度较高的文献无一例外聚焦"保险＋期货"问题，其中鞠荣华等2019年发表于《中国证券期货》的《"保险＋期货"：农业风险管理的策略与战略——基于试点案例分析的对策建议》，截至目前共被引用7次。自2015年，首个"保险＋期货"试点以来，与该模式各个环节相关的问题都在吸引学界的目光，国家政策的支持和推动，也赋予了"保险＋期货"更高的站位。

表 19 – 1   期货市场创新实践主题相关高影响力文献

序号	题目	作者	期刊	发表年份	被引频次（次）
1	《"保险＋期货"：农业风险管理的策略与战略——基于试点案例分析的对策建议》	鞠荣华等	《中国证券期货》	2019	7
2	《农村金融支持体系的构建及其潜在风险研究——基于对"保险＋期货"模式的扩展》	张田，齐佩金	《金融与经济》	2019	5
3	《农业保险服务乡村振兴战略的制度创新：美国经验与启示》	郑军，支金鑫	《贵州大学学报（社会科学版）》	2020	4
4	《创优农产品"保险＋期货"的实现路径》	龙文军	《农村·农业·农民（B版）》	2019	3
5	《南北融合助力"保险＋期货"模式发展——以吉林省洮南玉米创新模式为例》	李雨佳	《现代营销（下旬刊）》	2019	3
6	《棉花"价格保险＋期货"试点改革的思考——基于新疆棉花主产区数据的分析》	王力等	《价格理论与实践》	2019	3
7	《创新农业保险助力精准扶贫的实践探索——以黑龙江省为例》	刘永刚，高殿伟	《中国金融家》	2019	3
8	《"保险＋期货"模式价格保险定价研究——以玉米为例》	余方平等	《管理评论》	2020	3

（六）关键词聚类分析

通过关键词聚类分析，筛选出重点关键词，如图 19 – 5 所示，其中"保险＋期货"出现 13 次，期货市场出现 6 次，精准扶贫出现 5 次，人民币国际化出现 5 次，场外期权出现 4 次。这足以说明，在目前精准扶贫及乡村振兴的大背景下，对"保险＋期货"模式的探索是学者们研究的重点。此外，随着期货市场开放化程度逐渐加深，越来越多的学者聚焦于期货品种国际化，通过提高相应商品国际定价权，进而推动人民币国际化的相关研究。

图 19 - 5　关键词聚类分析

二、研究现状

(一) 农产品"保险 + 期货"可持续性研究

2015 年以来，国内期货公司与保险公司合作，借鉴美国的经验做法，成功探索出"保险 + 期货"服务农产品价格波动风险管理、保障农民收入稳定的新模式。"保险 + 期货"模式自推出以来就受到了各界的广泛关注，学者们对该机制的设计和典型试点的运行情况进行了探究分析。在此，我们对最新研究成果进行简单梳理。

1. "保险 + 期货"模式的理论研究

尚燕等 (2020) 基于内蒙古自治区、黑龙江省和辽宁省 417 户玉米种植农户的调查数据，运用风险矩阵测度农户的风险感知，利用多元价格序列设计测度农户的风险态度，在此基础上运用 Logit 模型和层次回归验证风险感知、风险态度对农户风险管理工具采纳意愿影响的作用机制。实证结果表明农户的风险规避态度对其参与"保险 + 期货"的意愿并无显著影响。方蕊和安毅 (2020) 基于风险感知视角，以黑龙江省粮食种植大户为研究对象，利用因子分析法和多元有序 Logit 回归模型，发现"保险 + 期货"是农户需求较高的风险管理策略。农户对自然灾害类风险感知越强，则越倾向于选择借贷和"保险 + 期货"等事后风险管理策略。"新型风险管理策略的参与经验"公因子并未对农户参与"保险 + 期货"的需求产生促进作用，据此建议应对农民进行必要的风险管理知识培训，帮助农民正确感知风险；积极探索完善以"保险 + 期货"为代表的新型农业保险产品，满足农民日益多元化的风险管理需求。

2. "保险+期货"的运行机制研究

（1）产品设计方面

"保险+期货"模式风险分散功能的实现和可持续推广以参保率提升为重要前提，因此期货保险产品设计是机制运行的首要环节。梁艺（2019）将共同因子模型法引入"保险+期货"，以期货、现货市场对价格发现的贡献度为权重，对期货市场、现货市场价格数据进行整合，将整合后的价格作为农产品价格指数保险的"价格指数"。通过对农产品价格保险进行设计，解决原模式下农户面临过高基差风险、保险公司仅充当中介角色、各方主体参与积极性较低等问题。吴烨（2019）通过 Logistic 回归分析的方法以及"刺激－反应"模型明确农产品"价格保险+期货"模式的运作机制和影响因素。研究结果表明，家庭农场经营者拥有固定资产价值对农户的模式选择产生显著的正向影响，学历以及租金则产生显著的负向影响，男性农场主更愿意选择农产品"价格保险+期货"模式进行价格风险管理；利用固定资产价值作为刺激要素进行分析后，发现农产品"价格保险+期货"模式通过探测器、行为系统以及效应器进行运作，并使系统功能得到了增强。陈新华（2019）基于 2017 年 6 月至 2019 年 6 月大连商品交易所及 Wind 数据库等的日度数据，利用三阶段门限自回归模型对我国大豆期货市场基差的均值回复机制及影响因素进行了实证研究，指出保险公司和期货公司在设计和推出"保险+期货"产品时应当充分考虑基差风险，同时应当对于参保农户给予适当的最优套期保值比例的参考建议。

（2）价格保险定价方面

"保险+期货"模式下的新型农产品价格保险，改变了传统农产品价格保险定价方式和风险转移的方式。价格保险定价是"保险+期货"模式的核心内容，关系到该模式的成败。郑彦（2019）对"农业+保险+期货"的定价进行研究，指出期货价格保险产品责任本质上是看跌期权，其价格保险的费率测算一般采用风险保费法。对于保险期货而言，采用亚式期权来定义农产品保险期货的价值是最合适的。叶洁琼（2019）改进设计了农产品期货价格保险，在理赔价格的选择上与现行模式不同，选取保险合同期内农产品现货价格的平均值为理赔依据。认为农产品价格指数保险与场外看跌期权均是算术平均欧亚期权，计算保费就是计算期权费，利用 Monte Carlo 模拟方法，设置了六档不同的保障水平，对农产品期货价格保险的保费和再保费进行计算。余方平等（2020）借助含季节性和均值回归特征的随机方程（SMRS）拟合农产品期货价格，构建了基于延期式场外复制期货期权的"保险+期货"模式的 6 种价格保险定价模型，并给出了最大似然求求解拟合参数、对偶变量蒙特卡洛法模拟厘定单位保费的步骤，解决了期货价格拟合和保险定价方法契合不够的问题。

（3）参与主体盈利分析

在以往的"保险+期货"的研究中，学者们关注的重点是农户受到保护的情况，而忽略了保险公司的盈利状况。"保险+期货"模式能否持续有效地运行，保险公司扮演了关键角色。刘志洋和马亚娜（2020）使用Merton"跳跃-扩散"模型，通过进行场外看跌期权的模拟分析，计算出了保险公司的营利性状况，最终由完整测算出的6个"保险+期货"中保险公司的盈利情况分析得出此模式下保险公司具有正盈利的结论。

3. "保险+期货"试点的实践效果和发展战略

（1）"保险+期货"试点的实践效果

2020年"保险+期货"模式在证监会的指导下、在各期货交易所的大力支持下，试点规模和覆盖范围稳步扩大，利用专业优势开展精准扶贫取得较好效果。经过5年的探索与完善，"保险+期货"试点项目以其可复制、可推广的优势迅速拓展，当初播下的"保险+期货"的种子已然遍地开花。

"保险+期货"模式经过几年探索发展，取得了良好效果。2020年，参与"保险+期货"的保险公司12家，期货公司61家，共计开展397个项目，在全国范围内形成了良好的典型示范效应，并呈现出良好的发展势头（李正强，2020）。

很多学者通过案例分析探究"保险+期货"模式的实践效果。史金艳等（2020）深入探讨吉林云天化"保险+期货"这种新模式在大豆价格风险管理中的重要作用。从参与主体、运行模式、保险产品设计、场外期权产品设计和对冲策略等方面系统分析吉林云天化"保险+期货"试点项目的具体设计与实施。运用GARCH模型测度大豆期货价格波动规律，证实试点项目产品选择的合理性。刘晓梅（2020）对"保险+期货"方式对养殖业的成本所造成的影响进行分析，发现"保险+期货"项目在降低养殖企业风险方面发挥着重要的作用。鞠荣华等（2019）对中国"保险+期货"试点的义县玉米期货价格保险案例、勐腊县天然橡胶期货价格保险案例、内蒙古甘河农场大豆收入保险案例进行归纳总结，发现收入保险显然比价格保险更受欢迎，但相应的保险费率也更高。杨靖靖（2019）以黑龙江省绥滨县大豆价格"保险+期货"试点发展为例，对试点发展中存在的模式不成熟等问题进行分析，提出增加期货产品种类、确立合理的价格目标同时增加收入保险等建议，还提议放宽政策限制、引入相关市场主体等。王力等（2019）梳理了新疆棉花"价格保险+期货"试点背景及试点目标，指出试点推动了棉花产业融合，有效规避了WTO"黄箱"政策的约束，保障了棉农的基本收益。但是试点中还存在棉花价格保险的目标价格过高、赔付机制不完善、风险对冲工具不足等问题并提出相应的对策建议。郑军和杨玉洁（2019）基于乡村振兴战略中提出的"保险+期货"模式，运用EGARCH模型对我国主要粮食作物的现货价格进行拟合，并对期现货价格的相互引导关系进行Granger因果检验。实证结果表明：现阶段我国的期现货市场的互动关系较弱，仅在玉米的期货价格与现货价格间发现单向的引导关系，认为应大力发展农作物收入保险，加强农作物期现货市场的建设，充分发挥农产品期货价格对于收入保险目标价格拟定的指导作用。龙文军（2019）发现在试点项目中出现期现背离较极端的情况、保险公司和期货公司责任划分不对等、保险和期货分业监管的难度大、"保险＋期货"的知识宣传不够。建议加大财政支持力度、加强模式经验总结、加强保险期货分业监管、加强保险期货知识宣传普及。

（2）"保险＋期货"模式发展的战略方向

随着对"保险＋期货"模式实践和认识的不断加深，更多学者意识到了该模式的发展潜力。为更好实现金融服务"三农"，应在综合利用多种手段振兴乡村经济、坚持市场化运作的前提下，探索将银行信贷、粮食银行、订单农业、互联网、天气衍生品和巨灾债券等六种工具与"保险＋期货"模式相结合，构建一个综合性的农村金融支持体系（张田和齐佩金，2019）。董琳等（2019）通过系统分析近年来"保险＋期货"模式的试点情况，指出目前仍存在惠及群体狭窄、市场化运作不足、长效机制缺失等问题，提出应由商业银行协调各方，架设"银行＋保险＋期货"的一体化平台，实现面向小微企业的新型商用农业保险的在线化实时申请、审批。引进区块链技术，结合区块链的全透明属性及商业银行系统，提出中央财政的直接支持路径，打造切实可推广应用的面向小微企业的新型商用农业保险。

经过 5 年的发展实践，"保险＋期货"服务"三农"模式已发展成为一条适合我国实际、保障农民收入稳定、提升农业补贴资金使用效率的有效途径，对于降低市场价格波动风险，促进农民稳收、增收，提升农民群众获得感、幸福感，具有现实意义。未来要实现"保险＋期货"模式的可持续发展与大范围推广，应深入探索"以政府为主导、以保障农民基本收入为目标、以期货市场为基础支撑、多方协作市场化运行"的发展格局（李正强，2020）。

（二）期货及衍生品市场国际化相关研究

2020 年，我国期货市场对外开放成绩显著，开放范围稳步扩大，特定品种对外开放的路径基本成形。2020 年 6 月 22 日上海国际能源中心低硫燃料油期货正式向境外交易者开放。大连商品交易所棕榈油期货也于 2020 年 12 月 22 日引入境外交易者参与境内交易。至此[①]，我国已有 6 个直接向国际投资者开放交易的期货品种，国际化品种期货价格的国际影响力正在提升。大宗商品市场本来就是一个全球性的市场，期货市场的对外开放，既符合我国国际贸易大国发展需要，也是我国期货市场提升国际定价能

---

① 截至完稿日。

力的必然途径。

1. 关于我国期货市场对外开放的探讨

学者们根据实践中发现的问题以及对国际期货市场发展规律的研究，从不同的角度就中国期货市场国际化这一课题进行了多方面的探讨，为期货市场的国际化做好了理论上的准备。

期货市场的国际化是我国社会主义市场经济对外开放的客观要求。随着产业发展的国际化程度不断提高，实体产业在不同的国家和地区形成紧密的分工与协作，商品的流通范围越来越广，几乎所有商品都已形成全球化的贸易网络。在这种情况下，我国期货市场的发展也必将与中国经济发展一道日益由国内扩大到国际。顺应我国经济发展国际化的客观要求，期货市场必须与之配套，迈开国际化的步伐（常清，2019）。国际化是中国期货市场向纵深发展的必然选择。国际化的期货市场，将有助于中国影响大宗商品和生产要素的定价规则，以及对中国资源优化配置具有重要作用。期货市场对外开放在提高资源配置效率的同时，也有助于推进人民币国际化进程。应以原油、铁矿石、PTA 期货国际化为契机，推动所有条件成熟的期货品种国际化，使更多的境外投资者参与国内期货市场，进一步推进国际化广度和深度。期货公司应在现有政策下，以参股、控股、收购或新设境外子公司为契机，拓展海外市场业务网点，特别是加强针对"一带一路"沿线国家的业务布局，提升期货企业的国际竞争力（张国胜和王文举，2019）。朱才斌和段蕴珂（2020）通过 Gonzalo - Granger 共因子模型、Hasbrouck 信息份额模型定量分析了沪铜的国际定价能力，并建议提高我国铜期货市场对境外合格投资者的开放程度。政府可出台相关优惠政策，吸引大量合格的境外投资机构在我国期货市场投放资金，这将有力推进我国期货市场的国际化进程。

2. 国际化期货品种相关研究

（1）铁矿石期货方面

徐凡杰（2019）以大连商品交易所铁矿石 2014 年到 2018 年活跃期货结算价和普氏价格指数、CSI 指数为研究对象，构建 VECM 模型，发现国际化使铁矿石期货价格对现货价格影响程度增大，有利于价格发现功能的实现，也有助于提高我国在铁矿石定价方面话语权。杨霄（2019）通过研究大连商品交易所铁矿石期货国际化案例，发现由于目标定位和模式选择针对性不强、交易制度不完全、期货市场的境内参与者结构不完善等原因，导致参与铁矿石期货交易的境外客户数量不足。建议大商所完善相应交易细则，先引进具有套期保值需求的产业投资者，再逐步引进其他类型的境外客户。夜盘交易是试图提高中国铁矿石期货国际定价能力的重要举措。基于溢出指数模型，杨智玲等（2020）计算了中国铁矿石期货的国际定价能力，并采用回归模型实证研究了夜盘交易的实施和交易时间调整对中国铁矿石期货国际定价能力的影响。研究发现：

夜盘交易显著降低了我国铁矿石期货的国际定价能力；缩短夜盘交易时间进一步恶化了我国铁矿石期货的国际定价能力；引入境外投资者、控制期货市场的投机程度和波动率及促进期货市场成交量增加均有利于提高我国铁矿石期货的国际定价能力。

（2）PTA期货方面

John Hua Fan等（2020）通过比较国际化前后的交易活动、成本和波动性，考察了国际化对中国铁矿石和PTA期货市场质量的影响。采用差异中的差异框架，发现国际化提高了PTA的市场质量，而铁矿石期货则相反。这种差异是由套期保值者和投机者的活动造成的，而铁矿石市场质量的下降在很大程度上是由本地套利机会的流失造成的。由于国际化对不同商品的影响不同，必须对其进行个案评估。张龙（2020）提出郑商所应积极与其他期货交易所合作，互认境外期货参与者资格，如果境外交易者已经获得原油和铁矿石的参与资格，同样可以开通PTA期货交易资格；改进保税仓单制度设计：可按照80%市值的最高标准充抵保证金，以提高参与主体注册保税仓单的积极性。

（3）原油期货方面

2018年3月26日，中国原油期货市场正式启动，成为国际第三大原油期货市场。为了检验这个新市场的表现，Jie LI等（2020）研究了中国原油期货和OPEC及阿曼原油的现货价格之间的动态相关性，以及套期保值的有效性，并与WTI和布伦特原油期货进行对比。实证结果表明，中国原油期货和现货市场具有很强的相关性和套期保值有效性，表明中国原油期货市场实现了其主要功能和目标。Yang Yuying等（2020）通过构建VaR在险价值模型研究了中国原油期货与国际原油期货的风险溢出问题。研究结果表明中国原油期货在全球原油体系中扮演着净风险接受者的角色，受新冠肺炎疫情的影响，中国与国际原油期货的风险溢出具有明显的时变特征，并在2020年年初以来急剧上升。熊佛帅（2019）指出随着中国在能源市场的买方议价能力进一步提高，主动推动使用人民币结算石油贸易产生的巨额跨境贸易量有助于人民币国际化。同样地，当人民币国际化程度不断提高后，原油出口国对人民币结算原油贸易的接受度将会不断提高，助推石油人民币的形成与回流。因而人民币的国际化与石油人民币的形成与发展是相辅相成的。邹方霞（2019）使用灰色关联分析模型，分别研究了2018年4月至2018年11月香港离岸人民币存款、跨境贸易人民币结算、外商直接投资、对外直接投资和中国进出口贸易总额与中国原油期货持仓量之间的关联度。实证发现中国原油期货持仓量在推动人民币国际化进程中有较大影响。卜林等（2020）采用长期弱外生检验和P-T、I-S等价格发现模型对上海原油期货的价格引领关系以及价格发现贡献度进行测度。研究结果表明，上海原油期货价格与现货价格间存在比较稳定的协整关系，但原油现货价格是长期弱外生变量且现货的价格发现贡献度高于期货。总体而言，上海原油期货的价格发现功能尚未充分显现，成为亚太地区独立有效的定价基准是一个漫长的过程，未来仍需循序渐进。

3. 国际化进程中的问题及对策

我国的资本管制制度与原油期货流动性之间存在一定冲突，跨境资本无法自由流动，境外资本进入我国市场的成本较高。对于国际投资者而言，在我国资本管制的环境中，期货市场的投资功能会受到限制。从这个角度看，大宗商品期货市场的国际吸引力还不足（邵勇，2020）。我国《期货法》的缺位显然不利于与国际期货市场的法律对接；我国交易所规则内容相对简单、原则性强；期货市场的跨境监管问题复杂（张国胜和王文举，2019）。米晓文（2020）以证券期货业为例，分析了外资进入我国证券期货业的发展现状和不足，如合资证券公司数量较少，经营范围单一，合资期货公司数量极少，境外投资者直接投资受限。此外，他还分析了主要发达市场证券期货业外资股比和业务牌照的相关经验和做法，并对完善我国证券期货业对外开放提出了相关的政策建议。

面对期货市场的国际化趋势，为应对上述问题，学者们提出应完善人民币原油期货市场建设；不断加大人民币金融产品创新，扩大与"一带一路"沿线国家的贸易往来可以拓宽人民币回流渠道（邵勇，2020）。期货监管部门应在跨境法律对接、跨境监管、跨境交割等多领域，细致完善期货市场法律法规体系建设（张国胜和王文举，2019）。尽快实现境内证券期货买卖交易的完全开放。一是尽管 QFII/RQFII 额度限制已取消，汇兑也基本实现自由，但准入环节管理及限制仍然存在。二是建立交易所和银行间债券市场一致性的开放政策，以实现境外投资者投资境内债券市场完全开放。三是整合市场开放各渠道，尽快实现境外投资者一个渠道进出资金，形成多渠道开展投资的便利化操作方案或模式（叶海生，2020）。

（三）期货公司服务实体经济

期货市场的发展将服从国家发展战略大局，重点服务实体经济。在服务实体化趋势下，不断创新业务模式，提高机构投资者市场占比，是新时期的基本行业特征。在服务农业方面，根据中央一号文件精神，将保险公司引入，把场外期权和期货结合起来，为更多的中小微企业和"三农"服务的"保险＋期货"模式已在实践中展开并向纵深发展。

近年来，越来越多的期货公司意识到期货服务实体经济的必要性，加之国家政策支持，期货公司通过成立风险管理子公司，最大限度发挥期货公司的优势，切实为实体经济设计可行的业务，提供专业的服务。

1. 期货公司服务实体经济的表现

期货公司服务农产品产业客户是国民经济发展的需要，是促进期货市场发展、争夺商品国际定价权的需要，也是期货公司"从量变到质变的提升"的需要。

纸浆期货挂牌上市对于促进我国纸浆产业可持续发展和提升期货市场服务实体经济发展功能具有重要意义。纸浆期货客观反映我国及全球纸浆市场供求变化，充分发挥期货的价格发现功能，促进纸浆行业市场化定价机制的形成。纸浆期货将充分发挥套期保值功能，为产业链上下游企业提供风险管理工具（胡战国，2019）。2019 年 8 月9 日，尿素期货在郑州商品交易所上线交易。上市尿素期货是资本市场服务实体经济和乡村振兴战略的一项具体举措。尿素期货上市后，一方面，可以为上下游企业及承储企业等相关经营主体提供发现价格和规避风险的手段和工具，稳定企业盈利水平。另一方面，高效规范的期货交割制度有助于引导行业优化定价模式、提升产品质量及仓储物流水平，促进产业结构调整和转型升级（晓祥和王磊彬，2019）。辛慕轩等（2019）通过对中国期货市场发展的现状进行分析，以东北地区为例，研究期货在实际农业生产中的应用，概括了现有的应用模式，指出了目前期货辅助农业生产上的不足，并为期货在维持生产稳定、实现农民增收等方面提出具有切实可行性的建议。魏倩雨（2019）提出"农业保险＋期货＋信贷＋农业补贴"模式并进行了实证，以期指导期货公司开展期现结合业务创新。期货公司要针对不同品种不同产业链主体的农产品产业客户采取个性化的服务，促进衍生品工具创新，服务实体经济。曹慧（2020）在总结延安市开展"保险＋期货＋银行"金融联合支持苹果产业试点工作的基础上，从优化流程、银行有效参与的角度提出"银行＋保险＋期货"支持农业发展模式，对含义、参与主体、合作流程等进行了明确，对进一步推广该模式给出"4321"风险共担等建议，以期为支持农业发展、发挥金融合力提供参考。

国际原油价格剧烈波动，会给石油产业链相关企业带来较大的风险。我国原油期货上市为企业提供了套期保值与风险对冲的工具，对于增强金融服务实体经济能力有着重要意义。王世文和侯依青（2020）从石油产业链角度，运用时变相关 Copula 函数来拟合我国原油期货、沥青期货以及聚丙烯期货收益率之间的动态相关性。实证结果表明：我国原油期货与国内化工类期货价格联动加强，与沥青期货相关性表现最显著；相较国际原油期货，我国原油期货对于化工类企业来说，进行套期保值更具有优势，但其在石油产业链相关期货价格传导系统中的核心地位尚未确定，影响力还需进一步提升。

2. 场外期权助力期货公司转型升级服务实体经济

相比于场内期货、期权，场外期权的合约内容可以根据企业的需求灵活制定，为企业进行个性化的套期保值，同时还能进一步推进"保险＋期货"试点工作，提供新的对冲方案。供给侧结构性改革和多次写入中央一号文件的"保险＋期货"模式激活了产业客户及个性化风险管理的需求。

2018 年，中央一号文件提出探索"订单农业＋保险＋期货（权）"试点，推动了场外商品期权市场的发展。据中期协统计，期货风险管理公司 2016 年场外商品期权业务新增名义本金 139.22 亿元。而由于 2017 年大连商品交易所启动场外商品期权试点项目，投入大量资金，导致 2017 年全年累计新增名义本金 2778.63 亿元，同比增长将近 20 倍，直接推动了场外期权市场服务实体经济发展，取得了良好的社会效益和经济效益（薛智胜，2019）。

近年来，期货风险子公司风险管理的业务模式日趋成熟，使得场外产品如场外期权、现货价格指数掉期、商品指数互换的市场接受度也在不断提高。期货风险管理子公司也在逐渐成为产业中不可忽视的一股力量，为产业注入源源不断的新动力。在这样的背景之下，许彬彬（2019）基于近年来企业运用期权等衍生品的一些案例和经验，阐述衍生品工具如何与企业实体经营结合，真正做到金融为企业生产经营保驾护航。

期货市场为抗击疫情、推动复工复产、稳定生产经营提供多样化服务，"口罩期权""手套期权""消毒液期权"等场外工具为防疫生产企业提供了金融工具支持（姜岩，2020）。

3. 期货公司服务实体经济的不足及建议

当前，我国期货市场服务实体经济的能力仍显不足，与中国宏观经济发展水平并不相称。具体说来，期货品种覆盖国民经济重要领域的大宗商品有限，实体经济中通过期货市场进行风险管理的企业占比不高，期货市场的主体发育还不完善。面对业务模式创新的服务实体化趋势，期货公司应跳出传统的经纪服务模式，加强人才队伍建设，打造产品研发、风险管理、服务实体企业的核心团队，提高创新能力。而监管层应扩大监管视野，加强与其他行业部门的协调，树立"小行业、大市场"的监管理念（张国胜和王文举，2019）。

姚新战和魏登岳（2019）对河北省商品期货业服务实体经济的现状进行剖析，发现目前面临的问题主要是经济现货企业对期货市场的认识不够、现货企业缺乏专业的期货操作人才、期货市场缺乏现货企业进行风险管理的普遍性便捷化工具、期货公司盈利差、培育市场动力不足以及期货公司在衍生品和服务模式上创新开发能力有限。建议期货业协会和商品交易所加大期货市场基础培育工作；定期为现货企业开展系统化期货专业操作培训；积极争取期权等衍生品工具上市，加大对期货公司扶持；增强期货公司服务现货企业的动力。

我国场外期权市场具有起步晚、发展快的特点，但存在市场分割、相关法律制度滞后、监管标准不明确和市场风险突出等问题，因此，需要创新监管理念，理顺监管体制，完善风险防控的法律机制，提升场外期权市场的透明度，才能促进我国场外期权市场健康稳定发展（薛智胜，2019）。

（四）人民币期货期权发展研究

境内外汇期货的缺位，直接导致了境外人民币市场的蓬勃发展。目前，离岸人民币市场已发展为包括即期、远期、掉期、期货、期权等在内的多品种体系市场。其中境外共 11 家交易所正在交易人民币期货，新加坡交易所（SGX）、中国香港联合交易所（HKEX）和中国台湾期货交易所（TAIFEX）三家的总成交量超过全市场的99%。

1. 离岸人民币期货期权市场的发展现状

从发展状况上看，当前离岸人民币期货市场从合约种类上看，美元兑人民币交易占主体；从市场参与者来看，中资机构的参与度一直很高；交易量迅猛增长，但各交易所人民币期货的成交量差距悬殊；交易报价总体持续改善，但结构性差异明显（李公辅和梁玥，2019）。姜哲（2019）分析了当前境外人民币期货市场发展的现状，提出实现浮动汇率制度不是一国外汇期货成功的必要条件，流动性和实需满足才是外汇期货成功的关键。认为存在资本管制国家发展外汇期货需协调与货币政策的一致性，防范交易的顺周期风险。制度安排上，本币兑美元期货是最符合实需的交易品种。

离岸人民币期权市场是离岸人民币衍生品市场的重要组成部分，对企业汇率避险具有重要作用。自 2010 年年底出现以来，离岸人民币期权市场经历了由快速发展到回归理性的过程。货币期权基于其特有的风险收益本性，面对不同市场情况的客户需求，能够提出更为灵活的策略，进行更加灵活的管理。基于这些优势，离岸人民币期权市场在未来有望得到进一步发展（李侃，2019）。

2. 人民币期货期权市场效率研究

何剑等（2020）构建 OLS、ECM 和 ECM – BGARCH 三种模型，测度了港交所人民币期货最优套期保值比率，并对套期保值效果展开评价。研究发现经过套期保值后的期货收益标准差全部小于未进行套期保值的标准差，说明套期保值能够起到降低汇率风险的作用。崔地红（2020）结合香港交易所美元兑人民币期货收盘价和美元兑人民币即期汇率定盘价，选取了 2013 年至 2020 年的数据，来研究人民币期货对冲汇率风险的最优策略。实证结果表明，通过 GARCH 模型估算美元兑人民币期货的最优套期保值比率比 OLS、B – VAR、VECM、GARCH 模型效果好，套期保值效果显著高于其他投资组合，更能够降低投资组合的风险。郑振龙（2019）从人民币期权组合的 Black – Scholes 隐含波动率历史报价数据中提取出在岸、离岸市场人民币期权的无模型隐含波动率和风险中性偏度，检验了期权隐含指标对未来汇率分布的预测能力。实证结果表明，人民币中间价形成机制的市场化能显著提升我国金融市场效率。

3. 人民币期货期权发展策略

外汇期货交易是外汇市场的重要组成部分。离岸人民币期货市场要进一步发展，需要良好的制度设计和得当的策略布局。而运行高效的人民币期货市场则有助于降低企业套期保值成本、丰富人民币市场生态。需要进一步优化市场机制；结合大宗商品期货的发展，形成人民币计价合力；推动离岸人民币期货交易向新兴市场，特别是"一带一路"沿线国家和地区普及（李公辅和梁玥，2019）。

三、结论与研究展望

（一）农产品"保险＋期货"可持续性研究

相比于上一年度，2020 年开始有学者基于风险感知视角研究农户的风险管理策略选择。

目前，国内的相关研究仍主要集中在对"保险＋期货"模式的阐述、各方主体的优势分析等理论层面；一些学者从定量的角度出发，对"保险＋期货"模式下的农产品价格指数保险产品进行定价；也有部分学者通过案例分析的方法，对具体的试点发展情况进行了介绍与研究，发现仍存在推广力度不够、期货品种单一、保费价格较高等问题，并提出了相应的改进建议。

"保险＋期货"模式试点项目数量不断增加，对试点项目的案例分析以及模式拓展会成为学者研究的主要方向。价格保险定价是"保险＋期货"模式核心内容，因此仍会是今后学者们研究的重点领域。

（二）期货市场国际化相关研究

2020 年，国际化期货品种的定价能力依然是学者们研究的重点。从目前的情况看，我国期货市场国际化步伐稳健，国际化程度不断加深。2020 年推出的期货国际化品种的国际定价能力可能成为今后一段时间学者们研究的重要领域。

现有文献集中于对我国期货市场对外开放实现路径的探讨、国际化期货品种对人民币国际化的影响以及国际化进程中的问题及对策，研究方法多为定性分析和比较分析，案例及实证分析较少。学者们认为，受新冠肺炎疫情的影响，我国金融市场表现比较稳定，对于国际投资者具有吸引力，是期货市场国际化继续推进的极佳契机。同时，我国期货市场国际化是一个漫长的发展历程，有许多问题都需要在发展中研究解决。如何更好地将国际惯例与中国特色结合起来从而成为吸引国际投资者的最优体制值得不断探索。

（三）期货公司服务实体经济

近期国内现有研究主要集中在对各期货品种服务实体经济的表现情况以及期货公

司服务实体经济的进程中表现出的不足和建议。研究方法主要是定性分析和案例分析。学者们认为越来越多的期货公司意识到期货服务实体经济的必要性，将保险公司引入，并把场外期权和期货结合起来，为更多的中小微企业和"三农"服务的"保险＋期货"模式已在实践中展开并向纵深发展。研究也发现了实体经济中通过期货市场进行风险管理的企业占比不高等问题，并提出了相应的建议。

（四）人民币期货期权发展研究

总体来看，由于我国在岸人民币期货期权市场缺失，近期国内的研究主要聚焦于离岸人民币期货期权市场。现有文献集中于对我国离岸人民币期货市场发展现状以及人民币期货套期保值效率的研究，研究方法多为定性分析和实证分析。

第五篇　中国期货市场专题研究

近年来，期货行业认真贯彻落实党的十九届五中全会精神，以创新发展为动力，以服务实体经济为目标，在政策、制度改进和优化，推动市场国际化进程，积极布局场外衍生品市场和平台建设等多方面齐头并进，持续开展期货市场创新探索。本篇结合中国期货行业的创新实践就中国原油期货制度创新与发展、国内外商品价格指数比较、中国股指期货收益率波动性、场外期权业务模式创新、"保险＋期货"可持续性、中国期货市场国际化发展几个专题进行了研究。

中国原油期货在一系列创新制度设计和创新政策助力下顺利上市交易，近两年通过引入做市商、实施结算价交易指令、发布原油期货日中交易参考价以及原油期货价格指数、完善交易规则及细则等制度创新，提升了对外开放水平。在2020年新冠肺炎疫情和国际原油需求疲软、国际原油期现货价格大幅波动、美国WTI原油期货出现"负油价"的情况下，原油期货各项制度和风险控制能力经受住了市场考验。在金融业开放、混业经营的大背景下，中国原油期货要以法治建设和制度创新为引领，加强期货交易法律法规建设，持续优化相关政策、规则体系，完善交易机制，加强交易监管和国际合作，加快金融产品创新，努力使中国原油期货早日成为亚洲乃至世界原油定价基准。

商品价格指数自20世纪出现以来，已经经历了被动复制型、展期损失规避型和主动管理型三代指数的发展。我国商品价格指数从推出到现在已经历了十多年的发展历程，商品价格指数的编制方法在逐步改进。编制原则从原来大多侧重于标尺性，较少考虑投资性，现在已逐渐重视投资性的应用。商品价格指数涵盖的商品种类逐步增多，对期货市场交易活动和国内宏观经济的标尺性作用也在逐渐增强。在计价合约选取方面，现在更加重视合约代表的交易活跃性和流动性。关于权重的设计，由原来只单方面地注重期货市场或现货市场，现在倾向于兼顾两个市场，同时也增加了权重的调整，使权重的配比更加合理。指数的计算方法，近来多采用加权综合指数法，并增加了权重变化、入选商品变化和展期时指数计算公式的调整。我国目前只有少数商品价格指数在编制时引入了减低展期指数跟踪误差的设计，而且这种设计相对也较简单。因此我国的商品价格指数大多仍处于指数发展的第一代被动复制型。未来随着我国期货市场基础不断夯实，国内更多的商品价格指数及其产品研发上市，我国商品价格指数的编制设计也会逐步改进提高。

本篇基于隐马尔可夫模型（HMM 模型）对中国股指期货收益率波动性的研究表明：一方面，传统 GARCH 族模型理论上存在一定的局限性，隐马尔可夫模型有一定内在优势；运用 HMM 模型研究股指期货不可直接观测波段，实证表明，能更好地刻画股指期货不同状态之间的波段转换特征，增强了股指期货波段的分辨识别能力。另一方面，股指期货收益波动率识别与系统风险识别相融合，构建的"股指期货波动的双支柱模型"（简称 HMM + 模型）较好地实现了波动分析的短中期优势互补；HMM + 模型双支柱框架的隐藏状态链，不仅提高了原模型对股指期货收益率波动的捕捉效果，而且提高了对系统风险周期变化的适应能力，进而进一步提高了系统风险"纵身防御"能力。

当前实体企业越来越重视对价格的风险管理，场外期权业务的发展越来越倾向于定制化，场外期权产品在设计上追求精细化、精准化。单一模式或单一结构的场外产品对客户的吸引力越来越小。如何以较少的现金流获取符合风险管理需求的产品，是未来国内场外期权发展的主要方向。期货期权和"基差 + 期权"两种场外期权创新模式具有服务实体经济的合理性、可行性和普适性。目前，我国场外期权市场的深度和活跃度与中国经济和金融体量还不相称；场外期权业务模式在企业风险管理中的运用和推广还存在一些障碍。需要企业层面、风险管理公司层面、交易所层面努力引导场外期权业务的健康发展，助力多层次资本市场建设，增强金融服务实体经济能力。

"保险 + 期货"业务模式自 2015 年试点至今已有 6 年[①]，实践中试点范围和效果日益凸显，同时也存在诸多制约可持续发展的因素，可持续性问题从理论和实践角度都有必要深入探讨。从现实看：①农村经济可持续发展需要切实有效的风险保障措施，以保障农业发展，提高农民收入水平；②"保险 + 期货"能够有效提高农村金融配置效率；③"保险 + 期货"可以有效保障农民收入稳定。"保险 + 期货"的可持续需要以农民组织化理论、交易费用理论和利益集团理论、信息不对称理论为基础。目前制约"保险 + 期货"发展的因素有：①政府补贴不足，限制试点规模进一步扩大；②项

---

① 截至完稿日。

目运行成本高，推高保费支出与经营成本；③"保险＋期货"项目接受度偏低制约发展速度；④农户参加"保险＋期货"中存在逆向选择和道德风险；⑤农产品期货、期权市场发展滞后。借鉴美国保险、期货可持续发展经验，"保险＋期货"可持续发展需要采取如下对策：①政府要发挥主导作用，加大保费补贴力度；②设立针对性的管理机构，完善相关法律法规；③丰富期货、期权品种，进一步完善国内期货市场；④采取多方面措施进一步降低运营成本；⑤保障参与各方利益，实现互利多赢。

在全球新冠肺炎疫情蔓延、世界经济下行压力加大的背景下，我国为了畅通国民经济循环，提出了以内循环为主体、国内国际双循环相互促进的新发展格局。金融开放是连接"双循环"的重要渠道，推进期货市场开放，助力"双循环"畅通。2020年，我国政府推进期货市场开放的政策逐步落实：《合格境外机构投资者和人民币合格境外机构投资者境内证券期货投资管理办法》正式施行；期货公司外商持股比例限制取消；期货公司国际化有新突破；期货品种国际化稳步推进；期货交易所国际化进程继续推进。未来我国期货市场国际化表现在以下几个方面："双循环"背景下稳步推进期货市场国际化；期货国际化品种在运行实践中不断创新；外资控股期货公司数量增加；期货市场跨境监管能力提升。

第二十章　中国原油期货制度创新与发展研究

2018 年 3 月 26 日，在一系列创新制度设计和创新政策助力下，我国第一个国际化期货品种——上海原油期货顺利上市交易，经过两年不断制度创新和探索实践，上海原油期货取得了良好的发展态势，已经位居世界原油期货交易第三名。特别是 2020 年新冠肺炎疫情和国际原油需求疲软、国际原油期现货价格大幅波动、美国 WTI 原油期货出现"负油价"的情况下，上海原油期货各项制度和风险控制能力经受住了市场考验。在金融业开放、混业经营的大背景下，要以法治建设和制度创新为引领，加强上海原油期货交易法律法规建设，持续优化相关政策、规则体系，完善交易机制，加强交易监管和国际合作，加快金融产品创新，努力使上海原油期货早日成为亚洲乃至世界原油定价基准。

一、原油期货制度创新提升对外开放水平

（一）上海期货交易所及上海国际能源交易中心首推做市商制度

2018 年 10 月，上海期货交易所及上海国际能源交易中心（上期能源）在全市场率先发布《上海期货交易所做市商管理办法》，2018 年 10 月 11 日，上海国际能源交易中心（上期能源）公布并实施了《上海国际能源交易中心做市商管理细则》（以下简称《细则》，2020 年 11 月 9 日修订）。《细则》规定：做市商是指经上期能源认可，为指定品种的期货、期权合约提供双边报价等服务的法人或者非法人组织；上期能源可以在指定品种上引入做市商，并向市场公布；上期能源可以对做市商实施分级管理，并可以根据市场发展情况对做市商数量和结构进行调整；上期能源按品种实行做市商资格管理。做市商双边报价分为持续报价和回应报价。

（二）上期能源获批"合格中央对手方"

2019 年 1 月，中国证监会正式批复上期能源为"合格中央对手方"（Qualifying

Central Counterparty，QCCP）。合格中央对手方是指已按照《金融市场基础设施原则》（PFMI）要求建立起规范、完整的中央对手方清算机制并已得到监管当局认定的中央对手方。

（三）上海期货交易所发布原油期货价格指数

2019 年 3 月 26 日，上海期货交易所正式对外发布原油期货价格指数，该指数包括价格指数和超额收益指数。价格指数是基于原油期货主力合约的价格来计算，超额收益指数是基于主力合约的收益率来计算。

（四）数据统计口径双边计算调整为单边计算

自 2020 年 1 月 1 日起，上海期货交易所和上期能源的数据统计口径由双边计算调整为单边计算。

（五）实施结算价交易指令

为进一步丰富风险管理工具，提高上海原油期货服务实体经济能力，2020 年 10 月 12 日 9：00 起，上期能源在国内期货交易中首次启用结算价交易（Trade at Settlement，TAS）指令。

①TAS 指令是以某一期货合约（以下简称适用合约）的当日结算价为买卖申报价格的交易指令。

②TAS 指令目前只适用于原油期货最近月份合约和最近月份后第一月合约，其申报价格为适用合约的当日结算价。自适用合约最后交易日前第 8 个交易日收市后，TAS 指令将无法在该合约使用。

③TAS 指令只能与同一合约的 TAS 指令撮合成交，在集合竞价阶段采用最大成交量原则进行撮合，在连续竞价交易阶段采用时间优先原则进行撮合。

④TAS 指令成交后，成交价按照撮合原则产生，并在适用合约当日结算价生成后确定。

⑤TAS 指令暂不支持立即全部成交否则自动撤销（FOK）属性和立即成交剩余指令自动撤销（FAK）属性。

（六）上期能源发布原油期货日中交易参考价

上期能源于 2020 年 10 月 12 日起发布原油期货日中交易参考价。日中交易参考价是境外主要期货交易所成熟的信息发布制度，一般针对现货交易活跃时点发布相应时段的期货成交量加权平均价，为交易者提供现货贸易定价参考。

1. 实施合约

原油期货日中交易参考价的实施合约为最近月份合约和最近月份后第一月合约。合约的最后交易日前第 8 个交易日收市后，不再发布该合约的日中交易参考价。

2. 计价期

原油期货日中交易参考价的计价期为每个交易日的 00：27—00：30，11：27—11：30 和 14：57—15：00。

3. 计价方式

原油期货日中交易参考价为实施合约计价期 3 分钟内成交价格按照成交量的加权平均价。计价期内无成交的，则无日中交易参考价。

（七）交易规则及细则等规范性文件的修订完善

上海原油期货上市以来，上期能源对交易规则及细则等规范性文件不断进行优化改进，保证交易的顺利进行和有效的监管（见表 20 - 1）。

表 20 - 1 　　　　　　　　　交易相关规范性文件的修订情况①

序号	规范性文件名称	新版实施日期	旧版修订（实施）日期	修订简介
1	《上海国际能源交易中心风险控制管理细则》	2020. 12. 07	2020. 11. 11 第三次修订	增加第七章"异常情况处理"
2	《上海国际能源交易中心交割细则》	2020. 11. 11	2020. 06. 10 第二次修订	主要增加第十三章"阴极铜期货合约的交割"
3	《上海国际能源交易中心交易细则》	2020. 11. 11	2020. 06. 10 第二次修订	增加第十章"阴极铜期货合约的套期保值交易和套利交易"
4	《上海国际能源交易中心做市商管理细则》	2020. 11. 09	2018. 10. 11 实施	增加上期能源可对做市商分级管理及可对做市商数量、结构进行调整
5	《上海国际能源交易中心股份有限公司章程》	2020. 05. 15	2017. 05. 11 实施	上期能源修订了章程中关于经营范围和住所的相关条款
6	《上海国际能源交易中心违规处理实施细则》	2019. 08. 02	2017. 05. 11 实施	增加上期能源对于操纵市场、内幕交易等涉嫌违法犯罪行为可采取的措施

---

① 截至完稿日。

序号	规范性文件名称	新版实施日期	旧版修订（实施）日期	修订简介
7	《上海国际能源交易中心会员管理细则》	2019.08.02	2017.05.11实施	主要修改关于境外中介机构相关规定；增加会员书面报告事项
8	《上海国际能源交易中心结算细则》	2019.08.02	2017.05.11实施	主要修改结算准备金最低余额
9	《上海国际能源交易中心期货交易者适当性管理细则》	2019.05.30	2017.05.11实施	根据新法律法规《境外交易者和境外经纪机构从事境内特定品种期货交易管理暂行办法》《证券期货投资者适当性管理办法》修订
10	《上海国际能源交易中心期货交易者适当性制度操作指引》①	2019.05.30	2017.06.09实施	为了落实特定品种期货和期权交易者适当性制度，规范开户机构业务操作

数据来源：根据上期能源官方网站公告信息整理

二、上海原油期货运行良好

作为我国第一个对外开放的商品期货，上市两年多以来②，特别是 2020 年新冠肺炎疫情造成国际原油期货市场价格大幅波动甚至出现"负油价"情况下，上海原油期货总体运行平稳，经受住了各种极端市场和政治事件的考验，全业务流程经受了市场的全面检验，其市场规模成为仅次于 Brent（布伦特）、WTI 原油期货的世界第三大原油期货。上海原油期货成功上市、平稳运行的第一阶段任务已经完成，为商品期货市场国际化探索出了一条可复制可推广的道路。在总结"国际平台、净价交易、保税交割、人民币计价结算"成功经验的基础上，上海国际能源交易中心成功推出 20 号胶、低硫燃料油、国际铜期货交易。

2018 年上市当年上海原油期货成交量为 26509423 手，成交金额为 127383.47 亿元，年末持仓 29887 手。其中，月度成交量最高为 12 月的 5055687 手，最低为 3 月的 139117 手，月末最大持仓为 11 月的 32615 手，最小为 3 月的 4099 手。

---

①　2017 年 6 月 9 日发布版本为《上海国际能源交易中心期货交易者适当性制度操作指南（暂行）》。

②　截至完稿日。

2019 年全年上海原油期货成交量为 34644385 手，成交金额为 154760.15 亿元，年末持仓 29410 手。其中月度成交量最高为 1 月的 5558601 手，最低为 10 月的 1749928 手，月末最大持仓为 1 月的 32626 手，最小为 9 月的 21164 手。2019 年，上海原油期货交割总量 1761.8 万桶，交割金额合计 78.56 亿元，实际交割油种涉及阿曼、巴士拉、上扎库姆和卡塔尔海洋原油 4 种。在美国期货业协会（FIA）公布的全球能源类商品期货期权交易量排名中居 14 位，在原油期货品种中的市场规模仅次于 WTI 和布伦特原油期货。

2020 年春节后，受到新冠肺炎疫情的影响，上海原油期货持仓规模快速放大、屡创新高。2020 年 1 月至 11 月，上海原油期货累计成交总量 37010633 手，成交金额 105801.35 亿元；其中月度成交量最高为 5 月的 5677100 手，最低为 2 月的 859818 手，月末最大持仓为 4 月的 177989 手，最小为 1 月的 26952 手；日均成交 16.82 万手（合 1.6 亿桶），日均成交金额 480.9 亿元，平均月末持仓量 12.36 万手（合 1.2 亿桶），在境内交易时段交易规模与 WTI 和布伦特原油期货相当（见表 20 − 2、图 20 − 1、图 20 − 2）。

表 20 − 2 上海原油期货年度交易情况

年度	成交量（手）	同期同比变化（%）	成交金额（亿元）	同期同比变化（%）	年末持仓量（手）	同期同比变化（%）
2018	26509423	—	127383.47	—	29887	—
2019	34644385	30.69	154760.15	21.49	29410	− 1.59
2020[①]	37010633	6.83	105801.35	− 31.64	130469	343.62

数据来源：根据中国期货业协会官网公告数据整理

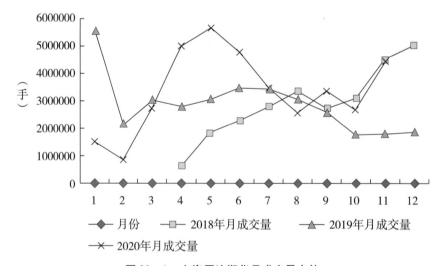

图 20 − 1 上海原油期货月成交量走势

数据来源：根据中国期货业协会官网公告数据整理

---

① 2020 年数据根据上海原油期货 1—11 月情况统计。

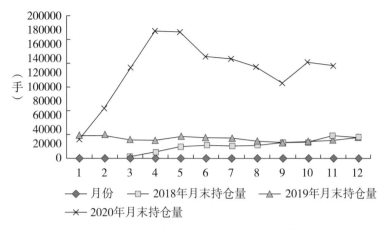

图 20 - 2　上海原油期货月末持仓量走势

数据来源：根据中国期货业协会官网公告数据整理

在境外市场，上海国际能源交易中心已完成了中国香港地区和新加坡注册，分别取得了 ATS 和 RMO 资质，还被纳入了欧洲证券及市场监管局的第三国交易场所交易后透明度评估正面清单；上海国际能源交易中心已经完成了中国香港、新加坡、英国、韩国、日本、荷兰共 56 家境外市场中介机构的备案。

上海原油期货与境外市场价格之间的关系并不是相互割裂的，而是相互关联的。美国科罗拉多大学（丹佛校区）摩根大通商品研究中心主任杨坚表示，研究表明，中国原油期货市场与两大主要国际原油期货市场都存在一定的长期均衡价格关系。中国原油期货市场已能够有效汇聚国内甚至亚太地区有关信息，并对国际原油市场有所影响（见表20 - 3）。

表 20 - 3　　上海原油期货、布伦特原油期货、WTI 原油期货日线相关性

（2018/03/26—2020/11/30）

周期：日线　2018/03/26—2020/11/30	相关系数
上海原油期货与布伦特原油期货	0.947
上海原油期货与 WTI 原油期货	0.918

数据来源：Wind 资讯数据库

三、法治建设促进中国原油期货创新发展

上市两年多来，上海原油期货取得了良好的发展，然而要成为亚洲原油价格定价基准以及世界原油价格定价基准还有很长的路要走。与英国布伦特原油期货和美国WTI 原油期货相比，上海原油期货在成交量、持仓规模上仍存在较大差距；上海原油

期货持仓量波动比较大，且在产业客户参与度、机构投资者数量，特别是境外合格机构投资者数量、合约流动性、相关配套产品、跨境合作和监管等方面还有很大的提升空间。我们要以法治建设和制度创新为引领，加快上海原油期货发展。

（一）《期货法》尽快颁布实施

为了进一步落实全面依法监管，《期货法》的出台至关重要。《期货法》的颁布实施将有利于期货行业合法合规发展，也有利于期货市场的对外开放和吸引境外投资者，为创造一个公平、透明、高效的期货市场奠定重要基础。

（二）在金融业开放和金融业混业经营背景下，加强原油期货交易监管制度建设

1. 金融业对外开放明显提速

2019 年 1 月，中国证监会就《合格境外机构投资者和人民币合格境外机构投资者境内证券期货投资管理办法（征求意见稿）》及其配套规则公开征求意见，进一步优化 QFII 及 RQFII 制度：一方面放宽准入条件；另一方面扩大可投资范围，合格投资者可以投资私募基金、金融和商品期货、期权等。

2019 年 3 月 15 日，第十三届全国人大二次会议表决通过了《中华人民共和国外商投资法》，该法案通过多角度强化对外商投资权益的保护，为外商在我国投资提供更安全的投资环境，法案规定，国家对外商投资实行准入前国民待遇加负面清单管理制度。

2020 年 1 月 1 日起，中国证监会决定取消期货公司外资股比限制，经申请后符合条件的境外投资者持有期货公司股权比例可至 100%。2020 年 4 月 1 日起，在全国范围内取消基金管理公司外资股比限制；自 2020 年 12 月 1 日起，在全国范围内取消证券公司外资股比限制。

在金融业开放的大背景下，更多的境外投资者和金融专业机构会进入中国期货市场。国外大型金融公司很多是混业经营，具有银行、证券、期货经纪等业务全牌照。国内金融机构也进行了混业经营的探索。金融业对外开放及金融业混业经营对金融监管提出了更高的要求。

2. 金融业混业经营相关监管法规出台

《国务院关于实施金融控股公司准入管理的决定》（国发〔2020〕12 号）由国务院公布并自 2020 年 11 月 1 日起施行。《金融控股公司监督管理试行办法》（中国人民银行令〔2020〕第 4 号）由中国人民银行公布并于 2020 年 11 月 1 日起施行。

3. 加强交易监管制度建设

上海原油期货是我国第一个对外开放的期货交易品种，交易所处于期货交易自律

监管的第一线，上期能源应按照相关法律法规加强交易监管制度建设，要完善监管依据，丰富监管手段，为充分保护投资者合法权益，打造一个规范、透明、开放、有活力、有韧性的市场提供更为坚实的制度基础，确保将相关制度规则各项要求落实到交易所一线监管的各个环节。一方面，配合《中华人民共和国刑法》相关规定修改《期货交易所管理办法》，修订细化交易监管制度，建立有效的风险监测、预警和应急机制，加强穿透式监管和违法行为信息收集工作，明确异常情况处理的程序、方法，细化违法行为处罚程序，加强市场监督，加大违法违规行为处罚力度。另一方面，借鉴和吸收国外监管方法和程序，提升监管能力，加强执法信息公开，持续加强跨境监管合作和风险防控。上期能源在境外期货监管机构注册，要与境外监管机构和交易平台进行良好沟通与合作。

（三）持续优化原油期货交易相关政策、规则体系，完善交易机制

1. 稳定推行优惠政策

上海原油期货交易上市前推出的优惠政策，在有效期满后，对于执行效果好、成熟的政策可以上升为相关法律法规，稳定投资者预期，促进交易健康发展。

2. 不断优化做市业务机制

上期能源应不断优化方案，为做市商提供更多的支持，包括技术措施上的扶持，以激励做市商。持续做好做市商的培育、监督管理工作，助力形成一批高水平的国内专业做市商队伍，能够与国际做市商同台竞技。加强做市商保护，同时要加强市场行为监管，让做市商可以更好地完成义务。

3. 优化境外投资账户开户及流程管理，提升境外交易者参与度

目前境外主体在参与上海原油期货交易时，容易遇到 NRA 账户（境内银行为境外机构开立的境内外汇账户）开户时长、流程烦琐问题，可考虑进行适当缩减优化，促进市场参与结构丰富，加速国际化发展进程；研究推出吸引国际大型石油生产商和国际贸易商深度参与交易的政策，为其开展交易提供便利化条件。

4. 完善交割制度

上海原油期货交易可以探索实物交割、现金交割、期货合约顺转、期货转现货等多种交割方式，提升合约流动性，使交易者可根据自身需求选择合理的交割方式。此外，实物交割探索建立大型集中实物交割枢纽，也可采用定点的浮舱交割等方式为收货方提供交割便利。

5. 研究推出持仓报告制度，提高市场透明度

美国商品期货交易委员会（U. S. Commodity Futures Trading Commission，CFTC）在

美国东部时间每周五下午 3：30 公布贸易商持仓报告，该报告反映的是投机交易者和商业交易者截至当周周二时的持仓头寸情况。报告内容包括三个部分。第一部分为总持仓（又称未平持仓量，简称 OI），指所有类别的多头或空头的合计值。第二部分是非商业净持仓（又称基金净持仓，Non - Commercial），非商业净持仓分为管理基金和其他报告头寸。第三部分是商业净持仓，主要指生产商及贸易商的净头寸①。

可以借鉴美国商品期货交易委员会的做法，上海国际能源交易中心会同中国证监会定期发布持仓报告，提高市场透明度，防止某个交易商的头寸过大而操纵市场。

6. 成品油定价时参考上海原油期货价格

国家发改委在对成品油定价时，应引入并逐步扩大上海原油期货价格所占份额，使成品油价格更能反映国内供需情况，方便国内企业开展套期保值。

（四）基于原油期货的 ETF 基金尽快推出

交易型开放式指数基金（Exchange Traded Fund，ETF）是一种在交易所上市交易的、基金份额可变动的开放式基金，主要跟踪市场指数，以缩小跟踪误差以及降低交易成本为目的。

基于上海原油期货 ETF 基金等创新产品上市，可以打通证券与期货两个市场，形成两个市场的优势互补，也可改善上海原油期货市场的投资者结构，丰富投资者的投资标的。

1. 中国证监会正式发布并实施《公开募集证券投资基金运作指引第 1 号——商品期货交易型开放式基金指引》

2014 年 12 月 16 日，证监会正式发布并实施了《公开募集证券投资基金运作指引第 1 号——商品期货交易型开放式基金指引》（以下简称《指引》）。《指引》明确，商品期货 ETF 是指以持有经中国证监会依法批准设立的商品期货交易所挂牌交易的商品期货合约为主要策略，以跟踪商品期货价格或价格指数为目标，使用商品期货合约组合或基金合同约定的方式进行申购赎回，并在证券交易所上市交易的开放式基金。

商品期货 ETF，除中国证监会另有规定或准予注册的特殊基金品种外，应当符合下列规定：持有所有商品期货合约的价值合计（买入、卖出轧差计算）不低于基金资产净值的90%、不高于基金资产净值的110%；持有卖出商品期货合约应当用于风险管理或提高资产配置效率；除支付商品期货合约保证金以外的基金财产，应当投资于货币市场工具以及中国证监会允许基金投资的其他金融工具，其中投资于货币市场工具应当不少于80%；不得办理实物商品的出入库业务。

---

① 资料来源：Wind 数据库。

2. 目前国内上市的商品 ETF 基金及公募原油主题基金

中国证监会官方网站公开的信息显示，截至 2020 年 11 月 20 日，还没有以上海原油期货合约为主要策略的原油期货 ETF 基金及相关产品上市。目前交易所上市的投资国内期货市场的 ETF 基金主要有以下 7 种。

交易所上市的公募原油主题基金共有 7 只，全部是 QDII 基金，可以分为两类：一类是主要投资于海外市场原油产业链上游企业股票的 QDII 产品，包括华宝油气（162411）、广发道琼斯石油指数（162719）、华安标普全球石油指数（160416）、诺安油气能源（163208）；另一类是以 FOF 形式跟踪境外原油期货 ETF 的 QDII 产品，有南方原油（501018）、易方达原油（161129）、嘉实原油（160723）。

3. 加快基于上海原油期货 ETF 基金上市

成立于 2006 年的 USO 基金是第一只跟踪原油的商品 ETF，也是美国规模最大的原油商品 ETF 基金，其标的为 WTI，目的为尽可能复制原油现货价格走势，净资产总额 37.23 亿美元（截至 2020 年 12 月 1 日），USO 基金也吸引了国内三只原油主题 QDII 基金大量投资。

上期能源已经推出了原油期货价格指数，加快基于上海原油期货 ETF 基金上市，可以壮大机构投资者规模，也可吸引国外基金投资上海原油期货 ETF 基金，对于提升上海原油期货国际影响力大有裨益。

（五）加快推出投资于原油期货的公募 CTA 资管产品

国际上 CTA 基金（Commodity Trading Advisors Fund）也被称为管理期货基金（Managed Futures），它是指由专业的商品交易顾问运用客户委托的资金自主决定投资于全球期货期权市场以获取收益并收取相应的管理费和分红的一种基金组织形式。

从目前国内法制环境及运作实践来看，我国期货 CTA 业务一般指期货公司资产管理业务。从中国证券投资基金业协会公示信息来看，期货公司集合资产管理计划中含有"原油"字样的有 5 只[①]（见表 20 - 4）。

表 20 - 4　　　　　　　期货公司资产管理计划——带"原油"字样

编号	基金名称	管理人名称	托管人名称	成立时间	备案时间
SLF024	申万期货博研原油 1 号集合资产管理计划	申银万国期货有限公司	国信证券股份有限公司	2020 - 09 - 22	2020 - 10 - 21

---

① 截至完稿日。

编号	基金名称	管理人名称	托管人名称	成立时间	备案时间
SJW978	瑞达期货－瑞智原油增强1号集合资产管理计划	瑞达期货股份有限公司	国泰君安证券股份有限公司	2020－05－08	2020－05－08
SJA245	中财原油产业集合资产管理计划	中财期货有限公司	中信建投证券股份有限公司	2019－10－30	2019－10－30
SCW018	金瑞原油反向1号资产管理计划（提前清算）	金瑞期货股份有限公司	中信证券股份有限公司	2018－05－09	2018－05－17
SCW021	金瑞原油正向1号资产管理计划（提前清算）	金瑞期货股份有限公司	中信证券股份有限公司	2018－05－09	2018－05－17

数据来源：中国证券投资基金业协会官网公告信息整理

一方面，应加快上海原油期货制度建设以吸引证券期货经营机构私募资产管理资金投资，也可吸引其他私募基金投资，为高净值客户提供良好投资渠道；另一方面，明确并强化我国商品投资顾问注册流程并规范监督管理，非证券期货金融机构可以聘请其加快推出公募资管产品，并投资于上海原油期货，这样可以满足国内广大投资者的投资需求，同时有助于提高上海原油期货市场的流动性，使国内原油期货市场更加健康地发展。

（六）加快推出原油期权及成品油、天然气期货

从国际上看，天然气市场尚未形成全球统一的定价体系，亚太天然气与原油挂钩的"长协价"仍占据主导地位，市场尚缺乏一个期货或现货定价中心。我国进口天然气价格被动挂钩原油等基准，未能有效反映我国实际供需情况。根据国家统计局2015年至2019年LNG（液化天然气）价格，近五年年均波动率达32%。随着新能源的快速发展和市场准入的逐步放开，我国成品油的消费可能会提前达峰，成品油过剩将是中国市场的长期趋势。这些行业内企业和贸易商都因价格波动面临巨大的经营风险，企业的避险需求日益强烈，行业亟须有效的定价及价格风险管理工具。

加快研究推出原油期权及成品油、天然气等能源品种期货交易，不仅能促进上海原油期货交易，还能完善能源产品序列，构建中国能源价格体系，为市场提供更完善、更丰富的定价和避险工具，为保障国家能源安全、提升价格影响力作出贡献。

第二十一章　国内外商品价格指数比较研究

商品价格指数编制是期货市场体系建设的重要组成部分，商品价格指数走势与宏观经济密切相关，且商品价格指数大多领先于经济运行指标。因此商品价格指数对于发挥我国期货市场的价格发现功能起到积极的作用，更好地为政府宏观经济管理部门提供价值参考。商品价格指数还可以作为投资标的。商品价格指数与股票指数、债券指数之间的相关性较低，如果将其纳入投资组合，可以为投资者提供分散风险、抵御通货膨胀的工具，提供更高层次的商品、资产定价和风险管理服务。

本章首先分析了我国商品价格指数编制方法的现状，然后在分析国外著名商品价格指数编制方法的基础上，比较国内外商品价格指数编制方法的区别，并借鉴国外商品价格指数的编制经验，提出相关结论及改进我国商品价格指数编制的政策建议。

一、国内商品价格指数编制方法分析

本章选取了国内主要的 11 种商品价格指数：南华商品价格指数、北大光华 - 富邦中国商品指数、北大汇丰商品期货指数、中证商品期货指数、Wind 商品指数、文华商品指数、上期商品指数、易盛商品指数、大商所农期指数、证券时报商品指数和中科 - 格林商品期货指数。该部分主要以商品综合价格指数为例，分别从品种选择、合约选取、权重设计和调整、计算方法等方面，通过列表的形式对其编制方法进行比较研究。该部分着重分析了国内第一代商品价格指数编制方法的现状，对于第二代指数，由于目前国内数量较少，将在后面国内外比较研究部分阐述。

（一）指数的品种选择比较

通过表 21 - 1 可以看出，除了三大交易所指数选用在自己所上市交易的品种外，其余指数都是选取国内三个期货交易所上市的期货品种中流动性和代表性比较强的品种。流动性和代表性主要用持仓金额、成交金额和上市时间等因素考量。商品价格指数选用期货合约价格，是因为期货合约价格对市场供求更敏感，且期货合约每天的价格及成交量都公开透明，能避免指数掺杂过多的人为判断，减少价格操纵的可能性。

表 21 - 1 国内著名商品价格指数的品种选择比较

指数名称	品种选择
南华商品价格指数	选取国内三大商品期货交易所上市品种中比较有代表性且具有较好流动性的商品
北大光华 – 富邦中国商品期货指数	选取国内三大商品期货交易所的上市商品期货品种，包含4个大类品种
北大汇丰商品期货指数	选取商品必须满足两个条件：商品的平均未平仓权益占整个市场的比例超过 1.5%；任意两种构成商品的收益的相关系数小于 0.7
中证商品期货指数	选取上市时间不少于一年的商品期货品种
Wind 商品指数	选取 43 个所有上市商品期货品种
文华商品指数	选取 47 种国内上市期货品种，包含 14 个大类品种
上期商品指数	选取上海期货交易所的流动性较好的期货品种作为成分商品。其中，指数成分品种的流动性主要根据过去 1 年的月均成交金额或月均持仓金额来考量
易盛商品指数	选取商品期货品种依据上市时间长度、成交金额和成交持仓比来考量
证券时报商品指数	选取国内交易所上市交易且流动性良好的品种
中科 – 格林商品期货指数	选取国内交易所上市交易的绝大部分品种

资料来源：各机构公开资料，经作者整理后获得

（二）指数的合约选取比较（见表 21 – 2）

表 21 - 2 国内著名商品价格指数的合约选取比较

指数名称	合约选取
南华商品价格指数	各个商品的主力合约，主力合约为单个商品持仓量最大的合约
北大光华 – 富邦中国商品指数	各商品合约选取成交量最大月份的合约
北大汇丰商品期货指数	各个品种的活跃合约，活跃合约以日成交量和未平仓权益的加权平均值判断
中证商品期货指数	各品种的全部上市合约
Wind 商品指数	各个品种的活跃合约，活跃合约以日均持仓量判断
文华商品指数	未找到相关说明
上期商品指数	主要依据过去 3 年历史上主力合约代表月份出现次数最多的合约作为下 1 年的制定标准，主力合约为各品种每月第 1 至第 15 个自然日期间，总持仓量最大的合约

续　表

指数名称	合约选取
易盛商品指数	各个商品的主力合约，通常依据成交量和持仓量作为主力合约的筛选条件
证券时报商品指数	各个品种的次近月合约和次次近月合约
中科－格林商品期货指数	各品种的所有合约

资料来源：各机构公开资料，经作者整理后获得

通过表 21 - 2 可以看出，国内的商品价格指数除了中证和中科－格林采用选取品种的所有合约外，大多指数选取活跃合约，因为合约活跃性越强、其持仓量和成交量往往也越大，合约的流动性也越强，合约能更好地反映其品种的价格及变化。持仓量和成交量常作为选择活跃合约的标准，以持仓量作为主要标准的指数略多于以成交量作为主要标准的指数，有的指数将持仓量和成交量共同作为选择活跃合约的主要条件。

（三）指数的权重设计及调整的比较（见表 21 - 3）

表 21 - 3　　　　　　　国内著名商品价格指数的权重设计及调整比较

指数名称	权重设计及调整
南华商品价格指数	权重根据各个品种过去 5 年的年消费金额均值和最近 5 年的年交易金额均值计算，且两者在权重中的占比为 2：1。 权重调整规则：包括固定时间权重调整和临时权重调整两种情况
北大光华－富邦中国商品指数	权重根据各个品种的总现值计算，总现值为数量乘以价格，其中数量为年均产量＋年均进口量－年均出口量。 权重调整规则：未找到相关说明
北大汇丰商品期货指数	权重根据过去两年的平均未平仓量权益计算。 权重调整规则：未找到相关说明
中证商品期货指数	以名义持仓量作为权重，名义持仓量为定期调整时各品种过去 1 年的日均持仓金额/定期调整时计算价格。 权重调整规则：以权重因子来进行权重调整，权重因子介于 0 与 1 之间，且随样本定期调整而调整
Wind 商品指数	权重依据每个品种 3 个月内的日均持仓总额计算。 权重调整规则：每个季度即新品种上市时调整
文华商品指数	以各月份的持仓量为依据设计权重。 权重调整规则：未找到相关说明
上期商品指数	权重依据各品种过去 3 年平均月度持仓金额与所有品种的过去 3 年平均月度持仓金额总和的占比来确定。 权重调整规则：通过权重限制防止个别品种权重过大或过小，其中权重限制主要通过板块权重限制和单品种权重限制实现

指数名称	权重设计及调整
易盛商品指数	权重初始值设定和调整包括四种情况：①根据期货成交量和现货消费量。②根据期货成交量和现货产量。③根据期货持仓量。④根据期货持仓量、成交量及现货消费量
证券时报商品指数	权重以各商品 2003 年在中国内地的市场规模为基础，根据各种类商品在国民经济中的地位及重要性确定。 权重调整规则：①当国内商品期货市场出现新的上市交易品种，且该品种的价格对国内其他商品价格运行确有重大影响。②当指数样本商品品种的市场规模出现显著的变化
中科－格林商品期货指数	权重依据各商品在期货市场上交易的活跃性、流动性及该商品在实体经济中的供求状况来考量。 权重调整规则：①为了防止一个因素的重复影响，指数设计了上下游商品权重的调节规则。②为了加强指数的多样性，防止某类商品及单个品种价格变动对指数影响过大或不能体现其影响力，指数设置了权重的上下限

资料来源：各机构公开资料，经作者整理后获得

通过表 21 - 3 可以看出，国内商品价格指数权重设计主要考虑对期货市场上交易活跃性和实体经济重要性的反应，有的指数权重设计综合考虑期货市场和现货市场，有的指数权重设计仅考虑单个的期货市场或现货市场。对期货市场上交易活跃性的考量主要以持仓量与成交量或持仓金额与成交金额为依据，对实体经济的重要性主要用消费量与产量或消费金额与产值来衡量。大多数指数都有权重调整，其中固定期限调整多以年为单位，Wind 以季度为单位。部分指数对板块权重、单商品权重设定了上下限，且设计了防止同一个因素重复影响上下游商品权重的机制。

（四）指数的计算方法的比较

表 21 - 4　　　　　　　　国内著名商品价格指数的计算方法比较

指数名称	基期	基点	计算方法
南华商品价格指数	2004. 06. 01	1000 点	加权平均法
北大光华－富邦中国商品指数	2005. 01. 01	1000 点	加权平均法
北大汇丰商品期货指数	2005. 01. 04	1000 点	未找到
中证商品期货指数	2004. 12. 31	100 点	加权综合法
Wind 商品指数	行业内第一个上市品种的上市首日	1000 点	加权综合法

指数名称	基期	基点	计算方法
文华商品指数	1994.09.12	100 点	加权平均法
上期商品指数	2002.01.07	1000 点	加权平均法
易盛商品指数	2009.06.01	1000 点	加权综合法
证券时报商品指数	2004.10.18	100 点	加权平均法
中科－格林商品期货指数	2004.12.31	100 点	加权综合法

资料来源：各机构公开资料，经作者整理后获得。其中易盛商品指数的基期和基点指的是易盛农期指数的基期和基点

通过表 21 - 4 可以看出，国内的商品价格指数的计算方法主要采用加权综合法和加权平均法两种方法，采用加权平均法的商品价格指数数量略多于采用加权综合法的指数数量。实际编制时对于这两种方法的选择，还要依据对收益率及波动性等其他因素的分析。对于基期的选择，大多数指数都是集中在 2002 年至 2005 年，最早的是1994 年，最晚的是 2013 年，Wind 商品指数是选取行业内第一个上市品种的上市首日。多数指数的基点选取 1000 点。

二、国内外商品价格指数编制方法比较

观察表 21 - 5 可以看到，国外著名商品价格指数的成分选择和权重存在着较大差异。产生这些差异的本质原因，即一个商品价格指数的编制方法。比较国外与国内著名商品价格指数的编制方法，对我国商品价格指数编制具有重要的启示意义。下面将从指数的编制目标和原则、成分商品的选择、权重设计比较、合约选择比较和计算五个方面比较各著名指数的编制方法。

（一）商品价格指数的编制目标和原则

1. 国外商品价格指数编制目标和原则

商品价格指数的编制目标通常有两种：一是标尺性，即指数编制要反映市场的宏观走向、通货膨胀水平；二是可投资性。商品价格指数的主要编制原则有三个：多元化原则、连续性原则以及流动性原则。

PFICC CRB 指数和 S&P GSCI 指数在编制目标上兼顾两个方面，既能反映全球宏观经济走向、通货膨胀水平，同时也兼顾可投资性。PFICC CRB 指数编制侧重于标尺性，S&P GSCI 作为国际市场资金跟踪量第一的商品价格指数，则更重视指数的可投资性。两者都有三个编制原则：多元化、连续性和流动性。BCOM 商品指数作为国际市场资金跟踪

表 21-5　国外著名商品价格指数成分商品的权重（2020 年最新）

组别	商品	RF/CC CRB	S&P GSCI	BCOM	RICI	DBLCI	交易所
能源	WTI 原油	23.00%	25.31%	7.99%	21.00%	35.00%	NYMEX
	Brent 原油	—	18.41%	7.01%	14.00%	—	ICE – UK
	无铅（RBOB）汽油	5.00%	4.53%	2.26%	3.00%	—	NYMEX
	取暖油	5.00%	4.27%	—	1.80%	20.00%	NYMEX
	柴油（两种）	—	5.95%	2.11%（超低硫柴油，NYMEX）；2.60%（低硫柴油，ICE Futures Europe）	1.20%	—	ICE – UK
	天然气	6.00%	3.24%	7.96%	3.00%	—	NYMEX
	小计	39.00%	61.71%	29.93%	44.00%	55.00%	
工业金属	铝	6.00%	3.69%	4.33%	4.00%	12.50%	LME
	铜	6.00%	4.36%	6.96%	4.00%	12.50%	COMEX
	铅	—	0.68%	—	2.00%	—	LME
	镍	1.00%	0.80%	2.75%	1.00%	—	LME
	锡	—	—	—	1.00%	—	LME
	锌	—	1.12%	3.43%	2.00%	—	LME
	小计	13.00%	10.65%	17.47%	14.00%	12.50%	
贵金属	黄金	6.00%	4.08%	13.62%	3.00%	10.00%	COMEX
	白银	1.00%	0.42%	3.78%	2.00%	10.00%	COMEX
	钯	—	—	—	0.30%	—	NYMEX
	铂	—	—	—	1.80%	—	NYMEX
	小计	7.00%	4.50%	17.40%	7.10%	10.00%	

续　表

组别	商品	RF/CC CRB	S&P GSCI	BCOM	RICI	DBLCI	交易所
农产品	Azuki 小豆	—	—	—	0.15%	—	TGE
	碾磨小麦	—	—	—	1.00%	—	NYSE Liffe
	油菜籽（两种）	—	—	—	0.75%（Canola）；0.25%（Rapeseed）	—	ICE – CA；NYSE Liffe
	玉米	6.00%	4.90%	5.83%	4.75%	11.25%	CBOT
	燕麦	—	—	—	0.50%	—	CBOT
	大米	—	—	—	0.75%	—	CBOT
	豆粕	—	—	3.30%	0.75%	—	CBOT
	豆油	—	—	2.90%	2.00%	—	CBOT
	大豆	6.00%	3.11%	5.64%	3.35%	—	CBOT
	小麦（芝加哥）	1.00%	2.85%	3.04%	4.75%	11.25%	CBOT
	小麦（堪萨斯）	—	1.25%	1.49%	1.00%	—	KBT
	小计	13.00%	12.11%	22.20%	20.00%	22.50%	
畜产品	生猪	1.00%	2.05%	1.78%	1.00%	—	CME
	活牛	6.00%	3.90%	4.02%	2.00%	—	CME
	肥牛	—	1.30%	—	—	—	CME
	小计	7.00%	7.25%	5.80%	3.00%	—	
软饮化工	橙汁	1.00%	—	—	0.60%	—	NYBOT
	可可	5.00%	0.34%	—	1.00%	—	NYBOT

续 表

组别	商品	RF/CC CRB	S&P GSCI	BCOM	RICI	DBLCI	交易所
软饮化工	咖啡	5.00%	0.65%	2.71%	2.00%	—	NYBOT
	棉花	5.00%	1.26%	1.49%	4.20%	—	NYBOT
	白糖	5.00%	1.52%	3.01%	2.00%	—	NYBOT
	原木	—	—	—	1.00%	—	CME
	天然橡胶	—	—	—	1.00%	—	TOCOM
	三级牛奶	—	—	—	0.10%	—	CME
	小计	21.00%	3.77%	7.21%	11.90%	—	
	合计	100.00%	100.00%	100.00%	100.00%	100.00%	

量第二的商品价格指数，在编制目标上强调可投资性，也重视指数对宏观经济的指导意义。RICI 商品指数作为商品成分覆盖最广的商品指数，目标是成为世界范围内衡量原材料价格走势的有效指标，兼顾对宏观经济的反映与可投资性。DBLCI 商品指数旨在成为全球最具流动性的商品价格指数，该指数是包含商品成分最少的商品价格指数，编制目标是可投资性，编制原则有两个：连续性和流动性。

2. 国内外商品价格指数编制目标和原则的比较

和国外相比，国内商品价格指数编制原则上目前也注重多元化、连续性和流动性。但在编制目标上，国内指数大多注重标尺性，对可投资性重视不够。一方面因为国内指数的编制处于起步阶段，另一方面与国内商品指数产品发展迟缓，跟踪商品价格指数的产品和资金量少有关。

（二）商品价格指数的成分商品的选择

1. 国外商品价格指数成分商品的选择

商品价格指数成分商品种类和数量的选择，是由商品价格指数的编制目标和原则决定的。目前包含成分商品数量最多的是 RICI 指数，有 38 种商品；包含成分商品数量最少的是 DBLCI，只有 6 种商品。从表 21 - 6 观察各成分商品的类别比例，可以看到这5 种商品价格指数都是综合商品价格指数。在这 5 个商品价格指数中，能源都是占比最高的成分商品类别，其中能源占比最高的是 S&P GSCI 指数（61.71%），占比最低的是BCOM 商品指数（29.93%），这是因为 BCOM 商品指数的多元化原则限制成分商品的比例上限。

表 21 - 6   国外著名商品价格指数的成分商品数目及类别比较

指数名称	商品数目	成分商品类别比例					
		能源	工业金属	贵金属	农产品	畜产品	软饮化工
RF/CC CRB	19	39.00%	13.00%	7.00%	13.00%	7.00%	21.00%
S&P GSCI	24	61.71%	10.65%	4.50%	12.11%	7.25%	3.77%
BCOM	23	29.93%	17.47%	17.40%	22.20%	5.80%	7.21%
RICI	38	44.00%	14.00%	7.10%	20.00%	3.00%	11.90%
DBLCI	6	55.00%	12.50%	10.00%	22.50%	0.00%	0.00%

2. 国内外商品价格指数成分商品选择的比较

国内文华商品指数与南华商品价格指数目前包含原油（能源类）作为成分商品，但国内其他商品价格指数的能源类成分商品依然种类较少，权重较低，许多商品价格指数只包含燃料油一种能源类成分商品（如中科－格林商品期货指数与北大光华－富邦中国商品指数），天然气作为能源类代表商品，目前仍未包括在内。能源类成分商品对于一个商品价格指数来说是必不可少的，观察国外的 5 个著名商品价格指数，可以看到能源类成分商品都占有最大的权重。能源对宏观经济的影响巨大，能源商品的缺失会对商品指数的标尺性和可投资性产生不良影响。

近年来，我国综合商品价格指数包含的成分商品种类显著增多，远远多于国外综合商品价格指数所包含的平均数量，如文华商品指数（34 种成分商品）和 Wind 商品指数（43 种成分商品）。总体上看，对比国外的综合商品价格指数，我国综合商品价格指数在成分商品的选择上，仍然处于初期探索阶段，普遍存在着选择数量多却缺少选择章法、各个不同种类商品数量分配不合理的问题，目前不能良好地发挥综合商品指数的作用，品种数量初具规模，品种结构有待优化。

（三）商品价格指数的权重设计比较

商品价格指数的权重设计是由商品价格指数的编制目标和原则决定的。我们可以从权重确定依据、权重限制、避免重复计算和权重调整这四个方面来进行研究。

1. 权重确定依据

CRB 指数是等权重的。历史悠久的 CRB 指数自建立以来经过了 9 次权重调整，以确保能够代表市场的宏观经济走向，当前的模型是 2005 年修订的延续。

S&P GSCI 是一种生产加权指数，按照商品在 5 年期间全球范围内的产量设计指数权重，旨在反映每种成分商品对世界经济的相对重要性。权重（CPW）计算包括四个步骤：①确定每个 S&P GSCI 商品在 5 年期间的世界产量（WPQ）；②确定每个 S&P GSCI 商品在 5 年期间的世界平均产值（WPA）；③根据商品合约的交易总量百分比计算商品合约产值权重（CPW）；④对权重进行某些调整。

BCOM 商品指数权重的确定兼顾了指数编制的两个目标：一方面，类似 S&P GSCI，除了产量还加入了流动性作为确定权重的依据，将商品流动性权重和商品生产权重相结合（使用 2 : 1 的比率），为每种商品建立商品指数权重；另一方面，为了指数的经济意义和多元化原则，对权重进行了限制（下文详述）。

RICI 商品指数权重的确定依据是消费量。RICI 商品指数中包含的所有商品必须在公认的交易所公开交易，以确保易于追踪和验证。RICI 不包括其他流行商品指数中包含的未交易商品，如生皮或牛脂。

DBLCI 商品指数对这 6 种商品中的每一种都有固定的权重，并且该指数每年在 11 月的第一周进行重新平衡。因此，权重根据商品期货的价格变动在一年中波动。

2. 权重限制

在这 5 种商品指数中，BCOM 商品指数对权重进行了限制，并每年执行一次：单一商品（如天然气、白银）不得构成指数的 15% 以上；单一商品及其衍生产品（如 WTI 原油、Brent 原油以及 ULS 柴油）构成该指数的比例不得超过 25%；任何商品类别（如能源、贵金属、畜产品或农产品）构成指数的比例不得超过 33%；在流动性允许的情况下，任何单一商品（如天然气、白银）均不得构成该指数的 2% 以下。最后一条规则通过给一篮子中最小的商品赋予相当大的权重来帮助增加指数的多样性。权重较小的商品最初可能会通过先前的步骤将其重量增加到高于 2%。

3. 避免重复计算

BCOM 商品指数在计算商品产值权重（即 CPW）时，需要使用所有符合标准的商品的生产数据，但是不包含衍生商品的数据，以避免重复计算。并且在特定商品有多个指定合同的情况下，在此阶段将生产数据仅分配给一个指定合同，以避免重复计算。所有商品的数据均来自同一个 5 年期间。

4. 权重调整

除了 CRB 指数权重不定期调整之外，其他 4 种商品价格指数每年都对权重进行调整，旨在反映最新的商品市场状况。S&P GSCI 商品指数权重在每年 1 月的第五个交易日进行调整；BCOM 商品指数会在新的商品价格指数年的前一年的第三季度或第四季度计算新的商品价格指数权重，新的商品价格指数权重将在这一年的 1 月实施；RICI 商品指数的权重每年由 RICI 委员会进行审核，并于每年的 12 月分配来年的权重；DBLCI 每年 11 月第一周对指数权重进行调整。

5. 国内外商品价格指数权重设计的比较

比较国外著名综合商品指数，我国综合商品指数的权重设计总体上仍然权重确定依据较少、权重设计考量比较简单。但也可以看到，近年来，国内商品指数在权重设计的规则上已初具雏形，存在交易量、持仓量和宏观经济指标作为权重确定依据，有权重限制规则（如中证商品期货指数）、避免重复计算规则（如中科－格林商品期货指数）和较为合理的权重调整规则。有的商品指数同时兼顾了标尺性和可投资性，良好地平衡了经济意义和流动性，权重的分配调整也充分参考了国外著名商品价格指数的编制经验，具有良好参考价值。

（四）商品价格指数的合约选择比较

一般来说，商品价格指数的合约选择可划分为交易所选择与月份选择两部分，综合考虑合约的代表性、可交易性等诸多因素。

1. 交易所选择

各大期货交易所在历史的长期发展过程中都已经发展出了自己独特的优势种类，商品价格指数可以根据成分商品的种类直接选择最有优势的交易所：如能源类一般选择 NYMEX、贵金属类一般选择 COMEX、工业金属类一般选择 LME、农产品类一般选择 CBOT、畜产品类一般选择 CME、软饮化工类一般选择 NYBOT。

2. 月份选择

大宗商品的供求有着较强的季节性，各类商品上市合约的月份不同，不同到期月份合约的活跃程度差异较大。通常来说，近月到期合约最为活跃，也成为各大商品指数的主流选择。

大宗商品期货合约通常会指定标的实物商品的交割日期，随着这一日期的临近，投资者可以将到期日较近的合约替换为较远的合约以避免实物交割的风险。为了保证指数的连续性，大部分指数都进行了滚动设计。以 BCOM 为例，其彭博 WTI 原油子指数每隔 1 个月滚动一次，为避免指数突然的大幅度变化，逐日按 20% 比例过渡，将新合同的权重从 0% 增加到 20%、40%、60%、80%，最后是 100%，这个过程在 5 天的时间内实施完毕（见表 21 - 7）。

表 21 - 7　　　　　　　　国外著名商品价格指数的合约选择比较

指数名称	合约选择	滚动窗口	滚动比例
RF/CC CRB	近月合约	每月第 1 至 4 交易日（共 4 日）	每日 25%
S&P GSCI	近月合约	每月第 5 至 9 交易日（共 5 日）	每日 20%
BCOM	近月合约	每月第 6 至 10 交易日（共 5 日）	每日 20%
RICI	次近月合约	每月倒数第 2 个交易日至次月第 1 个交易日（共 3 天）	每日 1/3
DBLCI	流动性最好的合约	每月第 2 至 6 交易日（共 5 日）	每日 20%

3. 国内外商品价格指数合约选择的比较

如上文所述，国外通常近月到期合约最为活跃，我国商品价格指数在合约选取上同样看重合约的活跃性。但由于我国的能化与农产品主力合约大多为 1 月、5 月、9 月三个月份的合约，导致选取的近月到期合约通常不是最活跃合约，限制了商品指数的可投资性。所以我国大多数指数合约不选取近月合约，而是综合考虑合约的活跃性。除此之外，由于国内市场环境仍不成熟，造成跨市场、跨类别、跨交易所的数据难以整合，一些商品指数（如中科 - 格林商品期货指数和中证商品期货指数）选择了不确定主力合约的方式，整个市场有待整合。

（五）商品价格指数的计算

1. RF/CC CRB 指数的计算

在每个商品分类主指数和远期指数中为每种商品计算一个单独的商品"百分比回

报"（PR）。参照前一个工作日 $t-1$ 计算工作日 t 的每个百分比回报 PR_t：

$$PR_t = PR_{t-1} * \frac{CPS_t}{CPS_{t-1}}$$

CPS 是相关期货合约的最晚到期月的价格。或者，如果第 t 天在 4 天的滚动期内，则 CPS 应为前后到期月的加权平均价格。如果第 t 天不在滚动时段内，则在第 t 天计算 CPS 为

$$CPS_t = FP_t$$

FP_t 是第 t 天相关期货合约的期货价格。

滚动期在上文中已做解释。如果第 t 天在滚动期内，则 CPS 在第 t 天计算为

$$CPS_t = \sum_{i=1}^{2} DW_t^i * FP_t^i$$

总和超过相关期货合约的最晚到期月份（$i=1$）和最晚的最晚月份（$i=2$）。DW_t^i 是第 t 天的到期月 i 的每日交易量，FP_t^i 是第 t 天的到期月 i 的期货价格。

一旦为期 4 天的滚动期结束，选择滚动期之前最近一个月的期货合约，然后使用上述方法直到下一个滚动期开始。本方法中的所有值均四舍五入到小数点后六位。

上面计算的是每一种单独商品的百分比回报。通过百分比回报，我们可以得到 RF/CC CRB 商品指数：

$$ER_t = \sum_{i=1}^{n} PR_t^i$$

$n=19$ 时，得到 RF/CC CRB 商品指数；$n=15$ 时，得到非能源子指数；$n=9$ 时，得到能源金属子指数。其他附属指数的计算方法详见 RF/CC CRB 商品指数的编制方法手册，本文不做详述。

2. S&P GSCI 指数的计算

SP& GSCI 指数的每日计算：在每个 S&P GSCI 工作日，S&P GSCI 指数的值等于 S&P GSCI 的美元总权重（Total Dollar Weight）除以归一化常数。在 1970 年 1 月 2 日，S&P GSCI 的指数值为 100。

用公式表示，标普 GSCI 的计算如下，其计算结果四舍五入为 7 位精度：

$$S\&P\ GSCI_d = \frac{TDW_d}{NC}$$

上面的 S&P GSCI 是 S&P GSCI 当日指数。S&P GSCI 的价值基于 CPW 计算的每份指定合约的价格、每份指定合约的首份临近合约到期日和滚动合约到期的每日合约参考价。这些组成部分构成 S&P GSCI 的总美元权重（TDW）。然后，将 S&P GSCI 除以归一化常数以确保指数连续性。总美元权重和归一化常数的计算详见 S&P GSCI 的指数编制方法手册。

BCOM 指数、RICI 指数和 DBLCI 指数的计算均采用加权综合法，在此不再详述。

3. 国内外商品价格指数计算的比较

统计指数的计算方法大致可分为两类，一是简单指数法，二是加权指数法，加权指数法又包括加权综合指数法和加权平均指数法。国外商品指数中采用加权综合法的较多，S&P GSCI、BCOM、RICI 和 DBLCI 商品指数都属于加权综合指数法，CRB 商品指数属于加权平均指数法。国内的商品价格指数采用加权综合法和加权平均法的数目基本相当。在我国商品价格指数发展的当前阶段，指数计算方法上能够较好地完成商品价格指数的要求。但对比国外商品价格指数，我国商品价格指数的计算方法在具体细节（如滚动期和相关附属指数设计）上还有待完善，需要和商品价格指数的整体设计、我国期货市场的稳步成熟共同协调发展。

三、国内外商品价格指数的发展

（一）国外商品价格指数编制的发展

商品价格指数自 20 世纪出现以来，已经经历了三代的发展，分别是被动复制型、展期损失规避型和主动管理型。

被动复制型包括 S&P GSCI、DJ – UBSCI（已被 BCOM 接替）、DBLCI、RICI 等商品价格指数，其中 S&P GSCI 与 DJ – UBSCI 商品指数在很长的时间里都是资金跟踪量最大的两个商品价格指数。被动复制型商品价格指数的特点在本文已做了详细描述，包括权重的确定方式、权重每年改变一次、期货合约的选择等等特征。由于展期的原因，这种第一代的商品价格指数会有一定的跟踪误差和展期带来的成本。详细来看，如果期货合约的市场处于衰退状态，就意味着远期交付月份的价格低于最近的交付月份的价格，那么商品价格指数在展期过程中就获得了收益；相反，如果期货合约的市场处于期货溢价状态，这意味着远期交付月份中的价格要比较近的交付月份中的价格高，那么商品价格指数在展期过程中就受到了损失。大宗商品市场中存在的期货溢价可能导致负展期收益，这就可能会对指数的价值产生不利影响。

第二代商品价格指数，即展期损失规避型商品价格指数，就旨在减少这种负展期收益。如 JP Morgan 曲线指数和 UBS Bloomberg 固定期限商品指数通过做历史平滑处理的方式减少展期损失（同时也减少了展期收益）；S&P GSCI 增强指数通过减少展期数量来规避展期损失；DBLCI – OY 通过选择最优的、有展期收益的合约来规避展期损失；等等。

第三代商品价格指数在第二代的基础上更进一步，不再用放弃展期收益的方式规避展期损失，设计成可以主动选取商品、动态调整权重，在下跌和上涨的市场中都能获得溢价收益的商品价格指数。

（二）国内商品价格指数的发展

1. 编制方法的发展

我国商品价格指数从推出到现在已经历了 10 多年的发展历程，通过前面的研究分析，可以看出商品价格指数的编制方法也在逐步改进。编制原则原来大多侧重于标尺性，较少考虑可投资性，现在已逐渐重视可投资性。国内已有交易所推出了服务国内投资者和商品价格指数产品的商品价格指数。在商品的选择方面，随着我国期货新品种上市的数目逐步增加，对商品重要性的认识逐渐加强，商品价格指数涵盖的商品种类也逐步增多，其对期货市场交易活动和国内宏观经济的标尺性作用也在逐渐增强。在计价合约选取方面，品种合约先前采用当天上市的全部合约或某一个合约等，现在更加重视合约代表的交易活跃性和流动性。关于权重的设计，由原来只单方面地注重期货市场或现货市场，现在倾向于兼顾两个市场，使商品价格指数能同时兼顾标尺性和投资性，同时设计权重也增加了权重的调整，使权重的配比更加合理。指数的计算方法，近来多采用加权综合指数法，并增加了权重变化、入选商品变化和展期时指数计算公式的调整，这些调整增强了指数的连续性和可比性，使指数的计算公式更加科学合理。

虽然我国商品价格指数的编制方法逐步改进，但是这种设计在移仓换月时会带来一定的跟踪误差和成本，目前我国只有少数商品价格指数在编制时引入了减低展期指数跟踪误差的设计，而且这种设计相对也较简单。因此，我国的商品价格指数大多仍处于指数发展的第一代被动复制型，第二代指数数量较少。中证商品期货动量策略指数的样本是所有商品期货过去 3 个月累计收益率排名前 7 的商品期货，该指数通过设置权重因子以提高指数中表现好的商品的权重，并降低表现差的商品的权重。易盛商品指数是通过设置成分商品的成交量占比不高于 5% 来忽略展期时产生的冲击成本。由于我国期货市场上商品合约大多非连续活跃，若我国指数通过调整展期策略规避损失，可能会影响规避效果，限制了我国期货指数的改进空间，因此我国期货指数编制需要探索适合我国市场现状的编制方法。未来随着我国期货市场基础的不断夯实，国内更多的商品价格指数及其产品的研发上市，我国商品价格指数的编制设计也会逐步改进提高。

2. 应用的发展

对比国外商品价格指数的标尺性应用，我国商品价格指数由于期货品种不全等原因，尚无很好的标尺性应用。近年来，随着期货市场品种上市步伐显著加快、市场规模稳步扩大，我国商品价格指数正逐渐与市场的各方面协调发展与调整，发挥对宏观经济的标尺作用。

在投资性应用方面，我国的商品价格指数期货与期权、商品价格指数基金和商品指数交易所交易产品 ETP，都与国外存在巨大差距，充满想象空间。欧美商品 ETP 的数量远远高于国内，但近年来国内商品价格指数和产品陆续推出，证券公司设计的与商品价格指数相关的投资标的正不断丰富着市场，推动金融市场趋于成熟。在商品价格指数互换方面，近年来随着国内产业链聚集度的提升，企业跨品种综合管理风险的需求不断增强，国内首个商品指数互换项目在这样的市场环境下应运而生，大商所正式上线商品指数互换平台。除此之外，我国的商品指数型期货资产管理计划也在稳步发展，如由平安期货管理、平安基金担任投资顾问的"平安期货稳丰大农指数一号集合资产管理计划"在 2019 年正式成立并通过备案，产品跟踪大商所农产品期货价格指数，是国内第二个基于大商所农产品指数开发的资管产品。综合而言，随着近年来我国期货公司资本实力的提升与国际布局的加快，国内相关支持政策相继出台，我国商品价格指数未来在投资领域的应用将进入较快速发展阶段。

四、我国商品价格指数发展的政策建议

虽然受限于期货市场品种不足等因素，我国商品价格指数编制发展较缓慢，但未来市场整体的发展，商品价格指数编制的外部环境改善，会促进更多价格指数编制方法的使用。因此随着我国期货市场体系的发展完善，我国商品价格指数编制方法的各个环节都存在着优化改进的空间。为此特提出以下两点建议：

第一，加快推进期货市场品种建设。

目前我国期货市场上市品种数量较少，要加快推进新品种上市，丰富期货市场上市品种，促进期货市场成熟完善。对于品种合约非连续活跃问题，要提高品种的活跃度。通过这些相关举措优化商品价格指数编制的市场基础，提高商品价格指数的标尺性和可投资性。

第二，加快推进商品价格指数产品上市。

我国现已推出的商品价格指数产品较少，要支持相关机构开发更多的商品价格指数基金、商品价格指数 ETF 等投资产品，加快商品价格指数产品上市。要制定实施加快商品价格指数投资的相关政策，引入更多的市场投资机构，以提高商品价格指数的市场需求，增进商品价格指数编制方法的深入研究与指数的有效应用。

第二十二章　中国股指期货收益率波动性研究

一、研究框架

本章研究股指期货收益率波动性主要通过波动率这一指标。波动率是衡量风险的重要指标。股指期货收益率波动性的分析可以很好地警示风险，有利于交易员制定合适的交易策略。股指期货收益率波动性风险不仅关乎一家金融机构的生存，而且还关乎整个金融市场的稳定。

本章基于 HMM 模型视角，对中国股指期货收益率波动性进行了研究。研究成果包括两个方面：一方面，股指期货收益波动率识别与波段识别相融合，构建了"股指期货收益率波动的 HMM 分析模型"，并对三个品种股指期货不可直接观测的波动率，进行了 HMM 模型视角的长期与短期两个实证研究。本章理论与实证研究成果摘自文献：开启财富密码研究系列之一，基于 HMM 模型的中国股指期货收益率波动性课题研究报告 2020。开启财富密码研究系列之二，区域金融风险 FEPI 指数方法与应用，首都经贸大学出版社 2020。研究表明：①传统 GARCH 族模型理论上存在一定的局限性，HMM 模型有一定内在优势。②运用 HMM 模型研究股指期货不可直接观测波段，能更好地刻画股指期货不同状态之间的波段转换特征，增强股指期货波段的分辨识别能力。另一方面，股指期货收益波动率识别与系统风险识别相融合，构建了"股指期货波动的双支柱模型"（简称 HMM + FEPI 模型）。研究表明，该双支柱分析模型较好地实现了优势互补：①波动分析的短中期优势互补；②HMM + FEPI 模型双支柱框架的隐藏状态链，不仅提高了原模型对股指期货收益率波动的捕捉效果，而且提高了对系统风险周期变化的适应能力，进而提高了系统风险"纵身防御"能力。

二、HMM 模型的原理与优势——理论视角的两类模型比较

本部分重点是从理论视角进行两个模型比较。具体来说主要内容是，首先阐述股

指期货收益率波动性内涵、阐述常见的收益率波动模型（简单的历史收益率波动模型）；然后针对 HMM 模型与 ARCH 及 GARCH 族模型的原理进行了阐述与比较；最后解释 HMM 模型的比较优势的理论原因，为后文股指期货收益率波动性的实证研究提供理论支撑。

波动率研究方面，传统的收益率波动模型为 GARCH 族模型。在波动率的研究中，尽管 GARCH 族模型被普遍使用，但是近来许多实证研究证明了 GARCH 族模型存在一定的局限性，如 GARCH 族模型波动率的高持续性影响了对于资产价格序列描述的准确性。

HMM 模型是根据序列的观测值来得出其隐藏状态，然后根据 T 时刻的隐藏状态来预测序列在 $T+1$ 时刻的隐藏状态，是两层马尔可夫模型，这种模型的隐藏状态链序列可以很好地提高波动率预测的精确度，能够很好地识别较长序列的观测值的波动性。HMM 模型视角，运用于收益率波动性的研究，为强化股指期货波动性风险识别能力，提供了理论可能性。

HMM 模型这种概率统计模型作为序列数据处理的一种方法，其物理意义明确、精确度较高。在信息抽取中的应用价值较高。随着市场的发展，学者及投资者越来越要求更高的精确度和准确性，HMM 模型作为与时变进步相匹配的工具，预计在未来将得到更广泛的应用。

由于资产价格往往是很容易受到新信息的影响而短期或长期地不连续变动。因此，传统的线性模型对于这样的非线性变化资产价格序列无法准确地拟合，这时，结构性变动的引入对于提高模型拟合的精确度显然是有帮助的，运用马尔可夫模型构造非线性模型来对资产价格序列进行拟合，对于提高波动率估算的准确性是有重要意义的。

HMM 模型这种概率统计模型作为序列数据处理的一种方法，其物理意义明确、精确度较高。在信息抽取中的应用价值较高。随着市场的发展，学者及投资者越来越要求更高的精确度和准确性，HMM 模型作为与时变进步相匹配的工具，预计在未来将得到更广泛的应用。

回顾过去，人们开展了一些 HMM 模型应用研究，被一些学者、专家应用于经济与疾病等问题的时间序列分析，取得了一定的研究成果。前人研究表明，HMM 模型可以用来研究各种噪声自相关数据的时间序列，具有理论可行性。

EGARCH 模型用来描述金融市场的非对称性，可以反映随机干扰项取正、负值时的不同变化，能够更好地反映金融资产价格波动的情况。EGARCH 模型能解释正负干扰反应的不对称性，涉及联合估计的条件均值与方差方程实际上都是非线性模型。因 GARCH 族模型不能建立非线性模型，所以它通常不能用于复杂时间序列数据和线性逼近方法，此模型不能提供任何相关不确定性信息。

HMM 模型通常是以一个二重的马尔可夫模型出现,即由两个随机过程组合而成:其一为状态转移序列,即我们平时所研究的马尔可夫过程,称为隐藏层;其二为与状态转移序列对应的观测序列,称为观察层。HMM 模型是一个比较强大的工具,它能将时间分类进入同一类离散状态,集群观测条件平均值以最大的限度增加这些平均值之间的距离,并考虑其在数据中的时间依赖结构。因此分类过程倾向于减少每个状态的可变性,使每个隐藏状态的波动得到微小的控制。基于 HMM 模型的股指期货收益率波动预测使得金融部门与投资机构有了投资理论依据,一个非线性模型可用于观测序列,不同的市场体制可以通过不同的方法和标准偏差值或通过不同风险收益使用 HMM 模型框架进行论证。HMM 模型通过非对称性和较大偏度去刻画股指期货收益率波动特征。HMM 模型应用于波动性大且波动状态有转移的股指期货研究可以更为有效地刻画市场的趋势特征,更好地捕捉市场的波动情况。

下面在理论研究的基础上,进一步进行实证比较研究。

三、HMM 模型的实证研究

(一) 样本选择

本部分是运用 HMM 模型实证研究股指期货波动性。目前我国股指期货市场还处在发展初期阶段。我国股指期货的诞生较晚,市场还有待完善,风险较高,关于波动性研究必不可少。近年来,随着计算机技术与人工智能的兴起,开始逐步重视在金融领域的应用。我国在 2010 年推出沪深 300 股指期货,2015 年推出上证 50 股指期货和中证 500 股指期货,股指期货市场还在发展过程中,无论交易者还是监管机构都还在摸索阶段。虽然一部分学者开始转向马尔可夫模型视角研究 A 股市场,但 HMM 模型及其对 A 股 3 种股指期货的研究较少。HMM 模型在金融期货领域的应用还是比较少的,应用研究还有待于进一步探讨。因此本文运用 HMM 模型针对 2020 年上证 50 期货、中证 500 期货和沪深 300 期货收益率波动性进行实证研究、比较分析 3 种股指期货的波动风险特征。

(二) 沪深 300 期货 2020 年收益率波动特征实证分析

HMM 模型以二重马尔可夫模型的形式出现,其一为状态转移序列,其二为与状态转移序列相对应的观测序列。

第一,观测层的沪深 300 期货收益波动率时序初步分析。沪深 300 期货收益波动率的观测时间序列。补充说明的是,由于篇幅限制,本部分实证分析相关图表结论及数据结论，不能展开阐述。通过实证分析，可以发现沪深 300 股指期货收益率有 3 次波动聚集，沪深 300 期货是存在状态转移的。我们还可通过 HMM 模型对其隐藏层状态转移序列进行详细的分析。

第二，利用 Python 对沪深 300 期货进行 HMM 模型实证得出隐藏层的初始状态、转移矩阵和最终的稳态。

第三，沪深 300 期货 HMM 状态分析。利用 Python 对沪深 300 股指期货进行 HMM 模型实证得出隐藏状态层包括 3 个状态，即隐藏层状态 0、隐藏层状态 1、隐藏层状态 2。

第四，各种状态进行分析。实证分析可以看出不同的状态对沪深 300 期货的影响趋势是不同的。状态 0 捕捉长期趋势，反映"常态"波动，状态 0 对整个趋势的描绘更为详细。状态 2 捕捉短期疯狂上升趋势，反映"疯态"波动。

第五，利用 HMM 模型对 2020 年 9 月 16 日起的后续 20 天趋势进行预测（以下简称"第 2 期后续 20 天"）。利用 HMM 模型对 3 种不同隐藏状态下后 20 天趋势进行预测。通过对比分析发现，状态 0 预测的趋势与实际数值的走势最为接近，对趋势预测的作用明显。而状态 1 无，状态 2 为一条直线，对趋势预测没有起到作用。可以得出状态 0 捕捉的是长期趋势，说明沪深 300 期货第二期未来 20 天的趋势是由长期趋势决定的，而在长期趋势中状态 0 描述的趋势更为精准。由 HMM 模型得出预测值的对数似然值符合 AIC 信息准则，其拟合性较好。

同理，可进行 2020 年上证 50 期货、中证 500 期货收益率波动性实证研究。

（三）2020 年中证 500 期货、上证 50 期货和沪深 300 期货收益率波动特征比较分析

1. 2020 年内 3 种股指期货的状态链及状态值分析比较

一是 3 种股指期货的状态链比较：状态链同步性。通过 HMM 模型预测出第 2 期后续 20 天的沪深 300 期货的状态链与上证 50 期货、中证 500 期货与沪深 300 期货的状态链是相同的，3 种指数期货呈现明显的同步波动状态。投资者可根据状态链同步性，进行指数联动投资。

二是 3 种股指期货的状态值比较：状态值相似性。此期间上证 50 期货、中证 500 期货和沪深 300 期货的状态链值是相同的。由上证 50 期货的状态链值可以看出，其第 2 期后续 20 天的趋势大多数情况是由状态 0 控制的。总体看来，上证 50 期货、中证 500 期货和沪深 300 期货的第二期未来 20 天状态非常稳定的，不存在"疯态"，而属于"常态"波动。投资者可以根据"常态"波动趋势进行判断并投资，来获得收益。

2. 2020 年内的 3 种股指期货波动特征

2020 年的上证 50 期货、中证 500 期货和沪深 300 期货波动特征如下：

一是 2020 年 7 月的疯狂上涨状态，由 HMM 模型的状态 2 捕捉和反映。2020 年 7 月 3 日至 2020 年 7 月 31 日属于状态 2 主导的"急涨期"，即"疯态"。

二是 2020 年 1 月至 6 月的"常态"波动，由 HMM 模型的状态 0 捕捉和反映。

三是虽然其观测层的波动率变化无常，但其隐藏层表明，波动是有"波段"规律的。2020 年波动实际是 2 种状态：状态 2 对应的"疯态"、状态 0 对应的"常态"。2020 年我国股指期货市场阶段性波动大体上分为"疯态""常态"。波动较大。2020 年 7 月为"疯态"，股价快速上升，其余时间为"常态"，波动较小，或缓慢上涨或盘整切换。2020 年"疯态"仅持续一个月。

四是股指期货的收益波动率趋势分析看，第 2 期后续 20 天的跟踪预测表明，这 20 天收益率波动正负互现，股指期货价格涨落起伏；这一期间，其状态值没有变化，状态 0 仍占主导地位。第 2 期这 20 天股指期货价格涨落起伏，仍属于"常态"波动。

五是自 8 月起，红 7 月的状态 2 主导的急涨暂告一段落，市场已经转入状态 0 主导的"常态波动段"。

六是 2020 年下半年股价以"常态"占主导体制，状态 0 主导的"常态波动段"。状态 0 最能刻画 2020 年我国股指期货市场周期波动的常态特征。

3. 2020 年与往年波动性比较

综合以上的各项分析可以看出：

一是 2020 年其状态链同步性增强，2019 年其状态链同步性不如 2020 年。

二是 2020 年与往年比较，3 种股指期货品种波动风险排名没有变化，其结论相同。

三是 2020 年与往年比较，股指期货波动的波段有变化：2020 年我国股指期货市场存在二种主要波动状态："飙态""常态"。呈现为 7 月快速上升市、8—11 月横盘慢跌市。往年隐藏层状态为隐藏层 0、隐藏层 2，呈现三个波段。而 2020 年上证 50 期货、中证 500 期货和沪深 300 期货的隐藏层状态为隐藏层 0、隐藏层 2，暂未出现隐藏层 1，呈现二个波段。

四是股指期货市场的上涨和下跌是周期性的，反复交替出现，但并不是定期的。HMM 模型较好地能够识别波动周期性。HMM 模型能够通过"观测层"挖掘其"隐藏状态"及"隐藏状态链"，进而将股指期货价格的变动自动识别并划分为若干个不同的状态。

四、升级版"HMM + FEPI 模型"：HMM 模型优化升级与特色

本章笔者在原模型的基础上，还针对 HMM 模型进一步优化，构建了"股指期货收

益率波动的 HMM + FEPI 模型"（简称 HMM + 视角）。升级版 HMM + FEPI 模型的优化内容主要是通过引入系统风险因子，构建双支柱框架的隐藏状态链，进一步优化 HMM 模型股指期货波动性风险识别能力。HMM + FEPI 视角的实证研究结论如下：①2020 年的 HMM + FEPI 视角进一步研究表明，2020 年 7 月我国股指期货红火行情是由于股指期货隐状态链、FEPI 指数隐状态链两者共振向上，"双框架" 共振的结果。②中长期 2016—2019 年实证表明，HMM + 模型，能够更好地反映期货价格风险波动、系统风险波动。只关注期货价格自身风险波动，容易急躁而迷失中线波动。

五、结论与启示

（一）结论

一是传统 GARCH 族模型波动性的研究方法有明显的局限之处，需要与时俱进。本文的 HMM 模型视角研究表明，运用 HMM 模型对波动率进行研究不仅仅有利于提升收益率波动性的拟合精度，而且有利于提升其波段分辨能力。

二是升级版 "HMM + FEPI 视角" 进一步优化了原 HMM 视角。升级版 HMM + 模型不仅提高了原模型对股指期货收益率波动的捕捉效果，而且提高了系统风险 "纵身防御" 能力。为股指期货波动风险的度量、风险防范及策略制定，发挥倍增作用，为更好地认识中国股指期货收益率波动性提供了有益参考。

三是升级版 "HMM + FEPI 模型" 的 2021 股市行情预测，结果是我国股指期货 2021 年下半年整体上还是呈现震荡、全年前高后低走势的概率更大。

（二）启示

启示 1：HMM 模型性能比传统 GARCH 族模型更好。HMM 模型化繁为简。波动观测层似乎是繁杂琐碎的，但背后隐藏着有序的 "演化之道"：波段。波段在哪？更多人 "肉眼" 看不清，尤其是资本市场。但借助 HMM 模型视角，揭示 "隐藏层状态链"，无序中隐藏着的有序波段 "现原形"。GARCH 族模型往往只关注风险的统计特征，而忽略状态转移风险。HMM 模型不仅可简单明了表示收益率波动的风险统计特征，而且可简单明了捕捉状态转移风险、并提高了捕捉的准确性。

启示 2："欲善其事，必先利其器。" 股指期货收益率波动性是风险管理的重点领域。其风控的关键是波段状态识别。风险管理及金融交易的核心是多空方向，多空方向的核心是波段，波段判断的质量源自识别。研究表明，HMM 模型及其优化视角，较好地解决了期货投资者关心的风控关键环节，较好地识别 "状态惯性" 与 "状态转移"，更好地认识我国股指期货市场波动性。

第二十三章　场外期权业务模式创新研究

当前，中国经济处于转型升级的关键阶段，这个时期各个行业都面临很大的不确定性，企业对于风险管理的需求大幅攀升。为此，发展场外衍生品市场是金融供给侧改革的一个很好的发力点，它能为企业提供个性化的风险管理工具，帮助企业化解经营过程中面临的价格不确定性等问题。

2020 年在全球新冠肺炎疫情、世界经济不确定性增强等因素的强力驱动下，市场的避险需求呈现明显的阶段性上升趋势。2020 年 9 月，我国场外衍生品交易新增初始名义本金（下称交易规模）6156.01 亿元，较上期增长 1621.50 亿元，环比增长 35.76%，场外衍生品交易规模呈现快速增长态势。与此同时，实体企业对场外衍生品市场的功能也有了更加理性的认识。

一、我国场外期权的发展

2013 年我国首只场外期权诞生，2015 年黄金实物期权和上证 50ETF 期权相继推出，标志着我国期权市场的逐步成形。特别是上证 50ETF 期权，是国内首只场内期权品种，这不仅宣告中国期权时代的到来，也意味着我国已拥有全套主流金融衍生品。2017 年 3 月、4 月，豆粕期权、白糖期权分别在大商所、郑商所上市，填补了国内商品期货期权市场的空白，给期货市场服务实体经济奠定了基础，提供了新的衍生工具。

（一）场外期权规模

从变化趋势上看，2019 年以来，继续延续前一年的发展趋势，交易规模持续增加，业务创新层出不穷，吸引更多客户加入场外期权市场。此外，国家政策给予支持，推动其更好更快发展。

2020 年 9 月场外期权交易规模达到 3882.97 亿元（见图 23 - 1），较上期增长 1379.39 亿元，环比增长 55.10%。

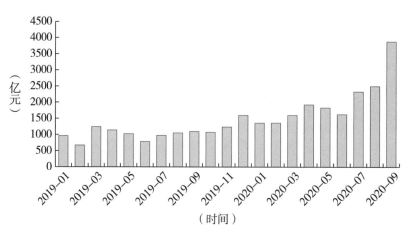

图 23 - 1　场外期权新增初始名义本金

数据来源：中国证券业协会，余同。

（二）场外期权的市场集中度

我国 2018 年场外期权新规落地，对交易商进行分层管理，不符合规定的券商不得新增场外期权业务，带来市场集中度的进一步提升。2019 年以来，市场集中度基本维持在 70% 以上。其中，2020 年 9 月场外期权业务新增规模排名前五的证券公司新增初始名义本金 2736.13 亿元，占场外期权业务新增总量的 70.46%。9 月场外期权市场新增初始名义本金最多的 5 家公司（见表 23 - 1）。

表 23 - 1　　　　　　　2020 年 9 月场外期权市场集中度情况　　　　　　单位：亿元

排名	公司	本月新增初始名义本金
第一名	中信建投	669.43
第二名	申万宏源	625.13
第三名	华泰证券	527.40
第四名	国泰君安	462.78
第五名	中信证券	451.38

数据来源：中国证券业协会，余同。

（三）场外期权业务开展场所

从业务开展场所来看，场外业务在报价系统开展的占比较小，仍以柜台为主。在柜台和报价系统交易的初始名义本金占比分别为 99% 和 1%。

（四）新增场外期权合约交易对手

从场外衍生品合约的交易对手情况分析，交易对手显现出多元化。商业银行，私募基金，证券公司、期货公司及其子公司是场外衍生品市场的主要参与机构。其中，商业银行、证券公司及其子公司始终保持着较大的份额，以名义金额计，在 2020 年 9 月新增期权交易中，商业银行、证券公司及其子公司占比较高，分别为 67.85%、22.59%（见图 23 – 2）。

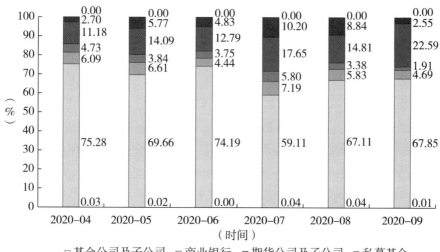

图 23 – 2　新增场外期权合约交易对手情况（名义金额）

（五）场外期权合约标的

从场外期权合约的标的构成看，分为以沪深 300、中证 500、上证 50 为主的股指和 A 股个股、黄金期现货以及部分境外标的。从组成结构来看，A 股股指期权以名义本金为维度进行统计，占比为 33.28%；A 股个股期权以名义本金为维度进行统计，占比为 3.72%；黄金相关期权以名义本金为维度进行统计，占比为 57.17%。

（六）场外期权相关制度

1. 监管体系

监管体系主要由四部分内容组成：政府监管、自律监管、中介监管和国际监管。不同的国家，场外期权发展的动力不同，针对其监管的重点也有所不同。欧美场外衍生品市场的发展主要受市场所推动，所以监管以自律为主；韩国、新加坡等一些新兴经济体的场外衍生品市场的发展主要由政府所引导，所以监管以政府监管为主。目前我国场外市场的监管体系仍然是"一行两会"的体系，会存在监管权限冲突和协调困难等问题。我国的自律监管发展起步较晚，不够成熟，2007 年银行间市场交易商协会成立，2012 年中国证券业协会才开始对场外衍生品进行自律监管。

2. 集中清算制度

目前场外衍生品中进行集中清算的产品多集中在利率类，为了降低场外市场的系统性风险，需要加大集中清算的比例，建立中央交易对手方，充当交易中的买方和卖方，保证交易的顺利执行。美国、英国、欧盟拥有多个中央交易对手方，而我国目前只有上海清算所，可以清算的场外衍生品类别也较少。

3. 电子化交易平台

电子化交易平台在推动集中清算、扩大市场参与范围与交易规模、降低参与者成本以及促进场内外均衡发展等方面具有优势。CME 于 2002 年推出的 ClearPort 场外衍生品清算平台通过中央清算所与欧洲清算所对各个类别的场外衍生品进行清算，并通过场内交易的优势，将场内外产品结合构造组合，降低组合保证金的占用。目前我国大部分券商的场外交易都是通过柜台来完成，今后还需要继续完善报价系统，充分发挥券商的优势，进而使其发展成为中央交易对手方。

4. 做市商机制

场外期权交易集中于欧美地区，欧美市场拥有以做市商为主导的投资者结构，做市商为整个市场提供了流动性。做市商往往具有较强的资金实力，具备较高的信用水平、风险控制能力以及专业知识水平，能够根据投资者的需求设计出多样化的产品，降低市场的波动风险，减少市场的投机情绪，使市场运行更加理性化。考虑到场外期权本身是一项复杂的产品，相比于场内期权风险更高，因此更加需要理性的机构投资者来维护市场的稳定。我国券商应不断提升自己的专业水平、资金实力以及风险管理水平，创新场外期权的业务模式，丰富场外期权的产品类型，发展场外期权的做市商机制，促进场外期权市场的发展。

二、场外期权业务模式创新

当前实体企业越来越重视对价格的风险管理，场外期权业务的发展越来越倾向于定制化，场外期权产品在设计上追求精细化、精准化。单一模式或单一结构的场外产品对客户的吸引力越来越低。如何以较少的现金流获取符合风险管理需求的产品，是未来国内场外期权发展的主要方向。本部分从期货期权和基差＋期权两种场外期权创新模式出发，利用具体案例来分析场外期权服务实体经济的合理性、可行性和普适性。

（一）期货期权

1. 项目参与主体

本项目服务的企业为上海某有色贸易商，主要从事金属及技术的进口，业务范围包括金属材料、机械设备、电子产品、机电设备、针纺织品、橡胶制品、电线电缆、铁矿产品等。

浙江南华资本管理有限公司（以下简称南华资本）是由南华期货股份有限公司全资下设的经中国期货业协会批准成立的风险管理子公司，以服务实体经济为宗旨，立足风险管理，深度服务产业客户。主要涵盖基差贸易、仓单服务、合作套保、场外衍生品业务、做市业务。在新冠肺炎疫情防控期间积极响应中国期货业协会"发动期货行业力量，众志成城抗击疫情"号召，根据客户实际复工情况为客户提供铜期权服务。

2. 企业风险管理需求及方案设计

（1）企业风险管理需求分析

2020 年春节后新冠肺炎疫情在海外进一步扩散导致铜需求预期悲观，伦敦铜期货连续多日收跌，触及 3 周低位。客户担心疫情防控期间铜价剧烈波动，可能导致现有库存出现较大跌价风险。就国内而言，虽然疫情短时间内导致下游需求减少，库存持续累积，铜价短期下跌压力加大，但是也存在疫情拐点出现后市场情绪修复和消费回暖的可能性。除此之外，当时部分电解铜冶炼厂因为硫酸胀库压力增加已经开始减产，铜的产出端干扰率上升，未来供给存在较大不确定性。

（2）场外期权产品设计思路

结合客户现有铜库存保值需求和未来一个月因疫情不确定性引起的供需矛盾，南华资本对于客户提供买入看跌期权保值策略服务。

客户买入看跌期货期权既可以实现库存保值，相比期货又不会锁定潜在利润。这样在"保险"到期时，如果疫情蔓延超预期，铜价继续下跌，客户将从南华资本获得赔付实现库存保值；如果疫情得到有效控制，需求回暖，铜价反弹，那么库存也会得到增值，客户可在现货市场以市价销售。

3. 风险管理效果及分析

期货价格的波动远大于现货，因此，期权的收益不但足以弥补现货的跌价损失，还可以让利给其下游，加速客户的销货速度，使客户在现货滞销的情况下，通过风险管理获得有别于其他贸易商的销售利润（见表 23 - 2），提升客户运营能力。

表 23 - 2　　　　　　　　　　　有色贸易商期权损益表

开始日期	买入看跌	权利金（元/吨）	数量（吨）	到期日	提解日期	提解价格（元/吨）	到期损益（元）
2. 27	45550	550	200	3. 25	3. 16	2196. 54	329308
2. 27	45570	550	200	3. 25	3. 17	3264. 4	542880
2. 27	45460	550	200	3. 25	3. 17	3014. 84	492960
合计损益（元）				1365148			

当前内外需求低迷令商品价格承压，而在新冠肺炎疫情笼罩全球经济的背景下，通过"场外期权—购买跌价保险"模式，能够帮助实体企业在众多不确定因素的环境中，寻找到更多的确定性和安全性，帮助企业渡过"新冠疫情"的阴霾，拨云见日。

4. 项目经验总结

在疫情防控期间铜市场需求乏力、现货销售艰难的情况下，客户选择买入跌价"保险"控制库存风险，再通过让利销售，最终使自身及其下游企业实现双赢。从业务模式来看，本案例中场外期权结构简单，赔付条款清晰，操作流程简便，风险可控，具有可复制性。对行业而言，在疫情防控期间"购买跌价保险"的模式可以让企业面对疫情不确定性引起的供需矛盾时心里更有底，有利于整个行业企业套保模式的转型升级。总而言之，该模式致力于将企业的价格风险通过市场化手段分散到期货市场中，运用市场经济规律来保障企业的稳定经营，形成良性循环。

此外，本次场外期权的标的是期货合约，而客户持有的是现货，期货与现货之间存在基差，基差风险是无法回避的因素，如何通过期权策略来优化基差风险，将是需要持续研究的课题。

（二）基差＋期权

1. 项目参与主体

本项目服务的企业为临沂尚佳进出口有限公司（以下简称临沂尚佳），该客户是一家专业经营塑料原料及塑料制品进出口的贸易公司，在该项目中作为连接上下游的纽带。

方正中期期货有限公司（以下简称方正中期期货）是由方正证券股份有限公司控股的大型综合类期货公司，下设子公司——上海际丰投资管理有限责任公司（以下简称上海际丰）从事风险管理等相关业务。作为中国期货行业最早成立的公司之一，方正中期期货以传统经纪业务为根基，在巩固市场优势地位的同时，持续推动业务转型升级，打造行业领先的综合金融服务平台。

2. 企业风险管理需求及方案设计

（1）企业风险管理需求分析

在经济新常态下，现货贸易产业链的转型升级有逐年扩张的趋势。2019 年上半年，国际经济形势不容乐观，中美贸易摩擦愈演愈烈，下游需求逐渐减弱，产业链上供应压力不断释放，新增产能陆续投放，进口货源源源不断，塑料价格连连下跌。下半年原油在 OPEC 减产的支撑下将有所反弹，贸易摩擦也有趋向缓和的迹象，这些因素给塑料价格反弹带来了一定预期，但是供给产能过剩、需求不足也增加塑料价格走势的不确定性。

一方面，临沂尚佳在与上下游企业进行基差点价贸易的过程中提供保价服务，承担了上下游企业现货贸易的价格风险。另一方面，在传统的"基差贸易"模式中，上下游企业通常在点价前通过期货交易来进行套期保值。当期货价格与上下游企业套保头寸发生反向变动时，企业会面临在期货端追加保证金、产生额外资金投入的风险。在保证金不足的情况下，被迫过早止损斩仓的情况时有发生。

（2）场外期权产品设计思路

将期权嵌入已有的现货合同中开展含权贸易，可以帮助上下游企业规避价格风险。当商品价格上涨时，下游企业要承担原材料价格上涨的风险，而通过购买看涨期权可以锁定采购成本，应对价格上涨给企业带来采购成本增加的不利影响；当商品价格下跌时，上游企业需要承担销售价格下跌带来的企业利润下降的风险，购买看跌期权来管理价格风险，使企业在锁定最小利润的同时，也保留了现货潜在收益的可能。期权在帮助企业规避市场价格大幅波动风险的同时，也规避了套保期间资金的流动性压力以及持仓风险。企业在买入期权套保之时，就已将可能发生的最大亏损锁定在期权费的范围之内。期权通过其不对称的行权优势，逐渐成为企业套保的新工具。

为增加临沂尚佳上下游企业进行风险管理的灵活性，上海际丰将场外期权设计为每笔一个月，并提供提前平仓的权利。考虑到目前正处于含权贸易对上下游中小企业的推广初期，客户对期权尤其是复杂期权的接受程度不高，上海际丰计划为客户设计欧式平值期权，并希望在日后采购过程中逐渐把不同形式的期权结构带给上下游企业，实现管控风险的初衷。具体操作如下：

一是下游企业与临沂尚佳签采购合同时，采用买入平值看涨期权对冲风险。在塑料期货价格为 7650 元/吨、7700 元/吨、7665 元/吨时，分别约定一个月内以点价时的期货价格 50 元/吨基差作为采购价格，期权费分别为 150 元/吨、170 元/吨、170 元/吨，对点价时高于期货约定价的部分进行全部保价。通过将现货损益转变成期货损益，为企业规避价格波动风险。

二是上游企业中基集团与临沂尚佳签订采购合同时，采用买入平值看跌期权对冲风险。塑料 2001 合约期货价格为 7230 元/吨，约定一个月内以点价时的期货价格 + 50 元/吨作为销售价，对点价时低于期货约定价格的部分进行全部保价。当塑料价格下跌时，看跌期权的盈利部分可以弥补下游企业在现货端低价卖出带来的损失；当塑料价格上涨时，下游企业虽然在期权端损失期权费，但是在现货端可以用相对高价进行销售，保留了现货价格上涨带来的收益。临沂尚佳通过向上海际丰买入相同结构的看跌期权产品来实现自身的风险转移。

3. 项目经验总结

（1）择机选择保价主体与灵活的期权方案

由于塑料价格波动幅度较大，产业客户对塑料的保价需求随时发生变化，上海际丰分别为上下游企业设计了点价前保价与点价后保价四套方案，最终上下游产业客户选择在点价前进行套保。通过含权贸易，企业的点价时间更加灵活，不用担心期货价格变化而延期点价。通过灵活运用看涨与看跌期权，企业可以对自身生产销售流程进行优化。

（2）提高上下游黏性，整合产业链

配合交易所探索商品期权及场外市场建设服务实体经济的金融创新工具，通过提供期权保价服务来帮助企业提升服务上下游客户的能力，帮助客户管理价格风险，从而大大提高了客户对其的黏性，有利于企业整合产业链形成规模优势。

（3）贸易合同中嵌入期权，形成常规可推广的含权贸易模式

对于期权这一创新衍生工具，产业企业学习和了解需要一个过程，所以在该模式中将场外期权与现货贸易中保价服务相结合，通过在现货贸易合同中嵌入期权条款，有针对性地设计出从成本端到销售端的产业链风险管理模式，使企业更容易接受和理解期权套保的实际作用。期权结构复杂度循序渐进，具有示范性和可推广性。因此，该模式也更加快速有效地推广场外期权这一较为复杂的金融衍生工具。

（4）降低企业资金压力，提高企业资金使用效率

场外期权能够帮助企业有效降低企业资金压力。企业在采购销售中通过购买场外期权，可以使用较低的期权费支出锁住未来采购原材料的成本，或锁住未来产品的销售利润，企业不需要使用大量资金囤积原材料，大幅度降低企业的运营资金，有效降低企业的融资成本，将资金更大限度地用于自身生产经营中。此外通过购买场外期权还可以有效避免期货价格大幅波动带来的追加保证金的不利影响，从而提升企业的资金使用效率。

三、政策建议

我国场外期权起步较晚，与发达国家相比还存在着较大差距，场外期权市场的深度和活跃度与中国经济和金融体量还不相称。同时，场外期权业务模式在企业风险管理中运用和推广存在一些障碍。

针对场外期权业务在推广过程中存在的主要问题及障碍，如何引导场外期权业务健康发展，助力多层次资本市场建设，增强金融服务实体经济能力，需要从以下几方面努力：

企业层面：不仅需要补充基础知识，更需要学习业内业外公司的成功经验。建议政府或行业领头企业将更多场外衍生品服务实体经济的典型案例分享给企业，协助风险管理公司一起开展投资者教育，让更多企业有机会了解到金融衍生工具在实体企业

生产管理中的优势。

目前，多数企业参与期货、期权仍处在培育阶段，未来需要加大对企业的培训及服务力度，帮助企业经营全面引入衍生品。从产业客户角度来讲，专业客户可以直接利用场内期权组合进行风险管理，而刚入门的客户则倾向于利用场外期权管理风险。

风险管理公司层面：风险管理公司为实体企业提供的服务也应由浅入深，从提供工具、方案转向融入现货、深入服务。熟悉行业、了解产业基本面，弄清楚企业需求，优化企业衍生品运用方案，不断拓展服务产业客户的新工具与新模式，在为客户提供更具针对性的服务的同时，进一步融入产业链，激发企业活力和竞争力。

国内的场外衍生品市场应用空间巨大，如何使产业客户真正认识到场外期权的避险功能，并帮助他们熟练使用场外期权这个避险工具，以期最终促进整个产业快速、健康和平稳发展，进而促进我国整体经济的发展，是风险管理公司未来一段时间需要践行的内容。

交易所层面：应加快推出更多品种的场内期权。尝试推进连续合约，增加不活跃合约流动性。场内期权的推出，有助于在对应品种上为客户设计更多更符合企业需求的场外产品。同时，场外业务的风险可以通过场内期权进行对冲，大幅度降低场外期权的对冲成本。不仅有利于实现风险的完全管理，也有利于活跃场内期权，形成场内、场外良性循环和互补。

从国际经验来看，在经济转型升级的过程中，产业企业的风险管理需求将迅速增长，而这也对国内场外衍生品市场提出了更高要求。不仅要在产品设计上做精做细，而且要在市场机制上促进协同征信、优选增信，降低参与者的资金占用成本。交易时要做到风控先行、重在执行，建立符合场外衍生品自身特性的风控模式，着重强化风控预警机制和快速反应机制。此外，建议监管要适度，给市场一定的空间。

由于场外期权是非标准化的，设计场外期权条款非常灵活，可以根据实际需求量身定做期权策略和产品，多元化企业风险对冲选择。随着国内企业和机构投资者对场外期权风险管理功能的认识逐步深入，未来场外期权在风险管理上的应用模式将会越来越多，呈现"百花齐放"的期权繁荣盛世。

第二十四章 "保险+期货"可持续性研究

"保险+期货"业务模式首创于2015年，是在我国农产品目标价格改革、期货市场功能有效发挥、传统农产品价格保险推广受阻、期货和保险优势互补大背景下，期货、保险服务"三农"的重大创新，2016—2020年的中央一号文件"保险+期货"试点的政策力度逐年升级，实践中试点范围和效果日益凸显，同时也存在诸多制约可持续发展的因素，有必要对试点运行过程中的可持续性问题从理论和实践角度进行系统研究，以便于"保险+期货"业务可持续发展。

本章以可持续发展理论为研究基础，探讨了"保险+期货"可持续发展的内涵，深入分析了"保险+期货"发展现状、可推广的业务模式及发展困境，借鉴美国农业保险、期货可持续发展的成功经验，提出了"期货+保险"可持续性发展的政策建议。

一、"保险+期货"可持续发展理论基础

"保险+期货"的可持续性是指在试点的基础上，探索能够被参与各方所接受、可复制、可推广、成熟的业务模式。可持续发展理论是"保险+期货"可持续发展的理论基础，"保险+期货"可持续发展需要以可持续发展理论为指导。

（一）可持续发展理论

1. 可持续发展的定义

可持续发展一词最早出现于卡森1962年发表的《寂静的春天》，卡森分析了DDT农药在农业上的使用，DDT可以消除众多害虫，有利于农作物的增产，但是DDT本身的残留物会产生损害人体免疫T细胞、导致动物性别紊乱等危害。这在社会上引起强烈反响，一些研究机构开始研究发展对环境造成的损害，从此推动了社会各界对于可持续发展的思考。1972年的"联合国人类环境会议"提出人类必须改变原有的生产、消费及生活习惯，减少对资源和环境的消耗。这是在全世界范围第一次正式提出可持续发展的理念。

"可持续发展"作为一个概念被明确提出是在 1980 年由国际自然和自然资源保护联合会、联合国环境规划署（UNEP）等联合出版的《世界自然保护战略：为了可持续发展的生存资源保护》中。1987 年世界环境与发展委员会发表了著名的报告《我们共同的未来》，正式提出了可持续发展的定义："既能满足当代人的需要，又不对后代人满足其需要的能力造成危害的发展。"1992 年世界银行描述的可持续发展非常简单，即"可持续发展就是能继续"。联合国开发计划署（UNDP）在《2011 年人类发展报告》中将"人类可持续发展"阐述为"在采取合理措施尽量避免严重影响后代自由的前提下，努力扩大当代人们的实质性自由"。可持续利用自然资源结合环保可以改善经济（Schmalensee，2012），促进节约资源，更环保，使经济更具有竞争力（Janicke，2012）。

2. 可持续发展理论的内涵

可持续发展理论的内涵是指在经济发展、人类生活、环境资源中找到一个平衡点，在既满足各自的一定的独立性，又不损害另一方的情况下得到自身的发展。从不同角度分为以下三点：

①从经济角度看，强调在经济可持续发展中，在满足不对环境造成损害的前提下，金融资源的有效配置，经济的稳定的可持续性增长。

②从生态环境角度看，倡导增强环境保护意识。

③从社会公平角度看，强调当代人的人际公平和后代人的人际公平。

（二）"保险＋期货"可持续发展与农业经济的关系

1. "保险＋期货"可持续发展内涵

"保险＋期货"的可持续发展需要在遵循可持续发展理念和自身的发展规律的前提下，不断地适应社会发展变革的需要，解决发展中遇到的问题，从可持续发展理论中汲取精华，通过建立完善管理机制，优化自身的运行机制，合理有效地利用银行、保险、期货等金融资源和开发农村经济、完善农村经济体系，保障农民收入体系。从而提高农村经济的抗风险能力、创新能力，提高资源的利用效率，提供优质的农民收入保障产品和服务。在保障自身发展的同时，不以牺牲其他经济体的利益为代价，积极协调规模与效率、自身效益与社会效益、农村发展和社会发展之间的关系，做到互利多赢的均衡可持续发展。

2. "保险＋期货"推动农村经济可持续发展

（1）农村经济可持续发展需要切实有效的风险保障措施

目前我国经济发展迅速，但是与此同时由于发展不平衡，不充分，导致农村经济发展缓慢，与城镇地区的差距越来越大。农民收入和城镇居民的收入差距更加突出，其中农村贫困地区的收入更为突出（见图 24 – 1）。2018 年农村中依然有 20％的人口年人均收入只有 3666.2 元，20% 的人口年人均收入 8508.5 元，可见与城镇人口的人均收入差距之大。农民人均收入一半左右来自务工收入，农业收入仅占较少的一部分，而且收入不稳定，三年致富，一年致贫。在寻求我国经济可持续发展的同时，必须提高农民收入，如期完成脱贫攻坚战，让全体人民共享经济发展成果。

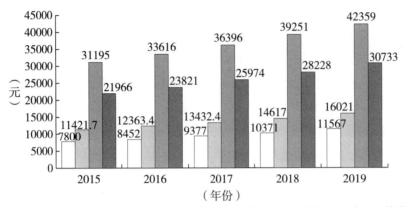

图 24 - 1　2015 年至 2019 年人均收入对比

随着城镇化的发展，我国的农业人口总数在逐渐减少，外出务工人数在逐渐增加。外出务工人员多为青年劳动力，以至于我国大多数村庄成了老年村。村民多为老年人和小孩，他们的劳动能力较差，农村农业主要由老人进行经营（见图 24 - 2）。如果这种情况得不到改善，可能会出现耕地闲置、生产效率低下、农民农业知识储备不足、新兴农业接受程度较低等一系列问题。所以必须促进农村经济的发展，否则可能会产生经济发展受限、贫富差距继续扩大、粮食安全等重大问题。

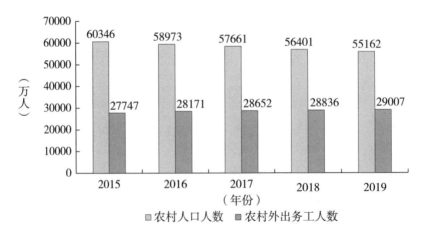

图 24 - 2　2015 年至 2019 年农村人口变化

（2）"保险＋期货"有效提高农村金融配置效率

"保险＋期货"为经济发展较低的农业注入新的经济活力，加强了农村经济与金融市场、实体经济之间的联系。在"保险＋期货"管理农产品风险过程中，引入了银行、保险公司、期货公司、龙头企业等机构，通过"保险＋期货＋银行""保险＋期货＋龙头企业""保险＋期货＋场外期权"等业务服务模式，将更多的金融服务引入农村经济中，不但增加了农民对金融知识的了解和运用，而且还提高了金融资源的有效配置。

"保险＋期货"还有助于降低农村商业银行贷款风险。数据显示，2019年我国农村商业银行占银行全部资金量的12.83%，2020年前三季度占比13.4%，超过城市商业银行的13.2%，但是农村商业银行的不良贷款率却远超其他类型银行，2019年平均不良贷款率为3.975%，2020年为4.16%。在"保险＋期货＋银行"项目中，银行对于农户的收入、成本、土地经营情况有更多的了解，银行和农户以及银行在与参与"保险＋期货"的龙头企业的合作中就可以更加全面地了解信息，降低风险。另外，参保农户收入水平得到保障，融资风险降低。

（3）"保险＋期货"有效保障农民收入稳定

"保险＋期货"是在保护自然的情况下尽可能地提高农民收入。目前我国农村居民和城镇居民收入差距较大，贫困地区主要集中于农村等问题还未得到解决。"保险＋期货"价格险有效降低了农产品价格波动风险，"收入险"作为近年来创新农业保险的模式，在不同区域、不同品种的试水中取得了良好的效果，有效保障了参保农户的效益。相较于传统的政策性种植保险，"收入险"因其保障程度高，受到农户的充分肯定。

"保险＋期货"精准扶贫大幅改善了贫困农户收入。政府、期货交易所、银行、期货公司、保险公司利用"保险＋期货"试点项目，进行金融扶贫、精准扶贫、有效脱贫，提高农民的生产积极性。据统计，2016年以来上期所天然橡胶"保险＋期货"试点累积为云南、海南超30万农户的42万吨天然橡胶提供价格保障，其中，建档立卡贫困户近10万农户；郑商所把"保险＋期货"作为服务"三农"和助力脱贫攻坚的重要抓手，已经开展了75个试点，覆盖了32个国家级贫困县，惠及建档立卡贫困户近10万户，吸收了7700余万元进入试点；大商所4年内在52个国家级贫困县中的44个县开展建档立卡贫困户的"保险＋期货"项目，共投入资金4.01亿元，撬动地方政府及其他社会资本2.8亿元，为农民实现赔付5.58亿元。①

---

① 截至完稿日。

（三）与"保险＋期货"相关的保险理论

1. 农民组织化理论

我国农村农业具有家庭式生产、人均耕地面积较少、地理位置较为偏僻等特点，所以形成了生产规模小、经营分散、交易成本较高等特点。相比于西方发达国家，我国农民组织化还远远不足，农民生产依然处于低效率、分散化的状态；农业生产的区域较小，专业性不足，社会化水平低下，这些因素严重危害了农民收入增长的可持续性。

农民组织是指一定数量的农民作为行为主体，为了更好地实现、保护和促进自身利益目标的实现，根据一定的规则和方式形成的一个整体。在这种情况下由于农户组织化，组织会更加积极地与市场进行联系，进行集体类型的生产资料的购买，产品的销售，获取最新的产品价格，维护农户的自身利益。

2. 交易费用理论

"交易费用"是指运用企业机制的费用，其中包括人们在市场上搜寻有关交易产品价格、监督管理签约所花费的费用，为了交易进行谈判的费用，这是最早由科斯所提出来的。在农业保险中，需要保险人搜寻有关投保人的保险标的的相关信息，与投保人进行谈判确定承保数量和范围等各种信息，这就必然会产生一定的交易费用，如果在此期间所产生的交易费用过高就会降低投保意愿甚至导致保险公司无法开展保险项目。

在"保险＋期货"项目中，参加项目的农户数量和范围若是较小，就会大大增加保险人在交易过程中的交易费用。所以在分散试点的基础上扩大试点范围的县域覆盖项目就使得农户在一定程度上成为一个集体产权，可以有效解决我国农村主要位于交通不发达的地区、家庭式的小量农村土地经营，以及农户收入较低、无法承担过高的保费等问题。扩大承保范围，可以有效减少交易费用。

3. 组织理论和利益集团理论

组织就是指社会上所存在的各类组织机构，如公司、学校、工会等，具体是指拥有共同的利益，相同的目的，按照一定程序规则组成的能够随着环境进行变化的组织机构。从而促进组织有效运行，明确权利分配，有效分担责任，使整个组织能够高效率运行。亚里士多德说："人们为了获得某种利益而聚集到一起。"政治学家哈罗德·拉斯基认为："社团的存在是为了达到社团成员共有的目的。"

利益集团是指可以影响政府决策建议的利益团体或组织。利益集团可以利用自身优势在与政府的交涉之中尽可能地实现自身利益，向政府机构表达自己的利益诉求，同时有利于政府制定政策时的有效性、公平性。

目前我国还没有形成较为成熟的农民组织、农民利益集团，以至于我国农民不能更好地表达自身的利益诉求，寻求更好的发展环境。但是类似组织、利益集团的团体，也可以提高团体内的运行效率，降低成本，并增强整个团体的活性。所以在"保险＋期货"项目中，提高承保的范围和数量，尽可能地在一定区域内、风险因素不改变的情况下，扩大保障的数量，这有利于风险大量原则的实施，降低成本。在扩大承保数量的同时可以将农户聚集起来，形成一个具有共同利益目标的群体。组织化的农户可以有效了解更多的信息，加强对"保险＋期货"知识的学习，向保险公司表达自己的利益诉求、项目运行中遇到的困难等，更好地参加"保险＋期货"项目，促进项目的可持续发展。此外，基于农业风险的系统性、区域性、相关性的特点，形成一个组织化的农民团体，可以减少不同地区计算风险、计算成本，广大农户群众的知识教育宣传费用和农户的逆向选择、道德风险等问题。

4. 信息不对称理论

信息不对称理论是指双方在交易中所掌握的信息是不对等的，一方所掌握的信息较多或者对自身需要进行交易的标的物更加熟知，而另一方所掌握的信息较少，由此可能导致双方交易的不平等。这种情况将会影响市场运行的效率，导致市场失灵的发生。最早是由阿克洛夫在书中提到的"柠檬市场"理论，指出逆向选择问题。信息不对称从时间上可以分为事前的逆向选择和事后的道德风险。

产生信息不对称的原因主要有两点：第一，事前的信息难以收集。由于事前在交易时，所拥有交易对象的一方对标的物更加熟知，而另一方由于信息壁垒或者收集起来成本过高而无法收集。在农户参加保险或者"保险＋期货"项目时，农户对自身土地质量、产量等信息掌握更加完全，而保险公司却限于收集成本过高而处于信息劣势的一方。第二，事后的双方的行为得不到保证。比如，农户参加保险后已经可以保障其价格或者未来收入，无法确定农户是否会减少成本、劳动力、管理时间的投入，从而造成农产品质量的下降。也可能出现发生灾害时，农户并不及时排除危险，造成损失程度的增加。

二、我国"保险＋期货"可持续性发展问题分析

（一）我国"保险＋期货"发展现状分析

全面建成小康社会的关键在于解决好"三农"问题，而"三农"问题的关键是解决农民收入保障问题。自2016年中央一号文件首次提出"保险＋期货"试点以来，各大商品期货交易所联合期货公司以及保险公司积极响应政策，在全国多个地区开展试点尝试。随着"保险＋期货"试点快速推广，试点范围以及品种持续增加，五年发展

过程中，试点项目共覆盖 10 余个品种，截至 2020 年年底，郑商所、大商所、上期所旗下会员部的 30 多家期货公司与保险公司开展"保险＋期货"试点项目近 600 个，发展速度十分迅猛（见表 24 - 1、表 24 - 2）。

表 24 - 1 　　　　　　　　三大交易所"保险＋期货"试点汇总

交易所	交易时间	项目数量（个）	品种
大连商品交易所	2016 年	12	玉米、大豆、鸡蛋
	2017 年	32	玉米、大豆、鸡蛋、豆粕
	2018 年	107	玉米、大豆、鸡蛋、豆粕
	2019 年	77	玉米、大豆、鸡蛋、豆粕、猪饲料成本指数
	2020 年	64	玉米、大豆、鸡蛋、豆粕、猪饲料成本指数
郑州商品交易所	2016 年	10	棉花、白糖
	2017 年	24	棉花、白糖
	2018 年	40	白糖、苹果、红枣
	2019 年	9	白糖、苹果、红枣
	2020 年	31	白糖、苹果、红枣
上海期货交易所	2017 年	23	天然橡胶
	2018 年	32	天然橡胶
	2019 年	50	天然橡胶
	2020 年	67	天然橡胶

数据来源：各大商品交易所官网整理

随着"保险＋期货"试点的不断深入发展，试点呈现出很多新特点、新趋势。在保险规模方面，从分散试点向县域全覆盖试点发展；在保费支持方面，从期货公司、交易所、地方财政的支持模式向中央财政参与支持、合作社自缴的商业化模式等多元化保费形式发展；在助力脱贫攻坚方面，试点项目也发挥了越来越大的作用。

1. 规模化发展——县域覆盖项目扩大

2018 年以来，三大期货交易所立项开展的县域覆盖试点项目呈逐年增加趋势，县域全覆盖有利于降低各参与方的运营、沟通成本，是试点项目未来发展的趋势（见图 24 - 3）。

2019 年，大商所在东北和山东开展了 12 个全县域覆盖项目。2020 年"大商所农保计划"的县域覆盖项目聚焦粮食主产区，河南、河北和山东地区的玉米以及安徽地区的大豆首次被纳入县域项目覆盖范围，共立项开展了 14 个县域覆盖项目（见表 24 - 3）。

表 24 - 2　　　　　　　　2016—2020 年我国 "保险＋期货" 承保品种及数量情况

年份	玉米（吨）	天然橡胶（吨）	大豆（吨）	棉花（吨）	鸡蛋（吨）	白糖（吨）	豆粕（吨）	苹果（吨）	猪饲料（吨）	红枣（吨）	蛋鸡饲料（吨）	承保保货值（万元）
2016	15000											2250
2017	672815	36676	61717	15455	1480	42000	200					241941.43
2018	2510844	131308	225875	23234	12697	91200	450	21189	1000			874572.11
2019	3531979	246614	350574	45832	49409	368311	10960	124188	140583	1928	2100	1589281.52
2020	3550799	256889	511053	49832	56803	527639	11020	258652	153906	5128	2100	1857992.99

数据来源：中国期货业协会行业信息管理平台

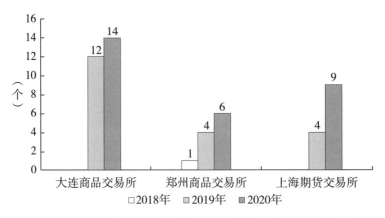

图 24-3 2018 年至 2020 年三大交易所立项的县域覆盖项目数

表 24-3   2020 年大商所县域覆盖项目立项名单

序号	期货公司	保险公司	项目地点	品种	类型	模式
1	鲁证期货（牵头）、中信期货、南华期货、申银万国期货、华安期货	中华联合财产保险股份有限公司	山东济阳区	玉米	种植	收入险
2	浙商期货（牵头）、永安期货、新湖期货、鲁证期货、徽商期货	中国太平洋财产保险股份有限公司	山东武城县	玉米	种植	收入险
3	银河期货（牵头）、永安期货、新湖期货、广州金控期货、华融融达期货	中华联合财产保险股份有限公司	河南沈丘县	玉米	种植	收入险
4	新湖期货（牵头）、渤海期货、南华期货、浙商期货、银河期货	中华联合财产保险股份有限公司	河南太康县	玉米	种植	收入险
5	浙商期货（牵头）、永安期货、银河期货、大有期货、鲁证期货	中国太平洋财产保险股份有限公司	山东嘉祥县	大豆	种植	收入险
6	光大期货（牵头）、新湖期货、永安期货、华安期货	中华联合财产保险股份有限公司	山东临淄区	玉米	种植	收入险
7	华融融达期货（牵头）、中信期货、广州金控期货、国元期货、海航期货	中华联合财产保险股份有限公司	黑龙江木兰县	玉米	种植	收入险
8	南华期货（牵头）、新湖期货、永安期货、鲁证期货、银河期货	阳光农业相互保险公司	黑龙江海伦市	大豆	种植	收入险

序号	期货公司	保险公司	项目地点	品种	类型	模式
9	鲁证期货（牵头）、永安期货、建信期货、浙商期货、海通期货	中国人民财产保险股份有限公司	黑龙江桦川县	玉米	种植	收入险
10	华西期货（牵头）、新湖期货	中国太平洋财产保险股份有限公司	安徽利辛县	大豆	种植	收入险
11	银河期货（牵头）、南华期货、永安期货、建信期货	中国人民财产保险股份有限公司	内蒙古呼伦贝尔农垦	大豆	种植	收入险
12	国投安信期货（牵头）、浙商期货、中粮期货	中国太平洋财产保险股份有限公司	辽宁新民市	玉米	种植	收入险
13	新湖期货（牵头）、中信期货、光大期货	中国人民财产保险股份有限公司	河北巨鹿县	玉米	种植	收入险
14	永安期货（牵头）、银河期货、安粮期货、华融融达期货	中华联合财产保险股份有限公司	辽宁普兰店区	大豆	种植	收入险

郑商所 2018 年仅在广西罗城县开展一个县域覆盖试点项目。2019 年开展 4 个县域覆盖项目，其中广西、云南白糖县域全覆盖试点各一个，陕西富县、甘肃静宁县苹果全覆盖试点项目各 1 个。2020 年 31 个立项项目中包括 6 个县域全覆盖项目。

上期所 2019 年实现两省 4 个县（海南白沙县和保亭县、云南省西盟县与永德县）的民营橡胶全覆盖。2020 年，上期所总计投入 1.5 亿元为全国 25 个产胶县的 18.95 万吨天然橡胶提供价格保险，并实现了海南白沙、保亭等 9 个县市民营橡胶产量全覆盖。

2. 保费资金来源有所扩宽，但仍需中央财政有效介入

"保险 + 期货"保费资金来源一直是业内关注的焦点。在 2019 年"大商所农保计划"中，不仅大商所的补贴规模和效率有了显著提高，保费来源也变得更加多元，政府参与度有所提高。据统计，2019 年"大商所农保计划"所有项目的保费总额约 4.1 亿元，其中农民自缴保费总额约 7878 万元，占总保费的 19%；政府补贴总额约 1.6 亿元，占总保费的 39%。除大商所支持资金外，农民自筹、政府及其他补贴等总体自筹比例达 58%，较 2018 年总体自筹比例的 31% 有较大幅度增长。农民自筹、政府补贴、交易所支持的多元化保费来源结构初步形成。

"争取更多外部资金、提高保障程度、降低成本、增强规范性"是郑商所 2019 年试点工作重点，郑商所立项支持的 9 个试点项目总保费约 6718 万元，郑商所支持 4334.61 万元，争取外部配套资金近 2384 万元，约占总保费的 35%，较 2018 年提高了 15 个百分点。其中，7 个项目获得地方政府补贴 1580 万元，约占总保费的 23.51%，4 个项目参保主体自缴保费 397 万元，约占总保费的 5.91%，部分项目还获得了当地龙头企业、承办项目的保险公司和期货公司等相关主体一定比例的资金支持。为推动"保险＋期货"的可持续及可复制性，郑商所在 2020 年继续拓宽保费来源，对试点工作的考核范围也包括争取到的包括政府资金在内的外部配套资金占总保费的比例。

上期所也成功带动了期货行业资金、地方政府财政资金和社会扶贫资金的加入。2019 年，两家期货公司自筹资金共 180 万元在海南省开展"保险＋期货"项目；地方政府财政资金支持方面，白沙县政府、保亭县政府与西盟县政府出资共计近 560 万元支持项目，全力配合县域产量全覆盖项目的顺利实施；社会扶贫资金方面，华安证券公益基金会、上海证券交易所公益基金会、上海松江区政府扶贫资金共计 430 万元，参与到"保险＋期货"项目中。

3. 确保农民稳定增收的利器——"收入保险"

传统的农业保险可以针对农业生产中的成本进行保障，发生自然灾害或风险损失后，可以得到及时的资金补偿，及时恢复生产。但是在实际情况中，农民收入受农产品的市场价格影响非常大，承担着巨大的"丰产但不丰收"风险。收入保险应运而生，为农产品的价格和产量提供双重保障，确保农民和贫困户能够稳定增收、稳定脱贫。收入保险扶贫创新模式，为农民提供了亟须的自然风险和市场价格风险保障，解决了产业扶贫中最根本的问题，实现了扶贫成效的精准落地，是保险在脱贫攻坚和乡村振兴工作中的重要举措。

以黑龙江省桦川县为例，保险标的为玉米收入。保险到期时，若因价格下跌或产量损失造成到期玉米收入低于保障收入时，触发保险责任，保险公司按照条款约定予以农户赔偿。参考桦川当地近 3 年至 5 年自然灾害情况和玉米亩产情况，考虑农户种植成本，确定承保方案：目标产量 0.56 吨/亩，目标价格 2000 元/吨。中国人保向期货公司购买约 18 万吨玉米期货亚式看跌期权，将价格部分风险通过场外期权进行风险对冲，产量部分风险由保险公司自行承担。项目惠及桦川县下辖的 8 个乡镇中 2555 户玉米种植农户，覆盖玉米面积近 33 万亩，保险期间自 2019 年 8 月至 2019 年 12 月，单位保险金额 952 元/亩，总保险金额 3.11 亿元。其中，桦川县人民政府补贴约 257 万元，普通农户自缴约 413 万元。到期价格根据大连商品交易所玉米期货 C2001 合约在 2019 年 11 月 14 日至 2019 年 12 月 13 日内各交易日收盘价格的算术平均值确定；到期产量由当地县级农业主管部门、保险人或其委托的专家或专业机构进行测定并出具相关证明。受 2019 年重大洪涝灾害影响，桦川县玉米出现既减产、又跌价的情况，中国人保按收入保险条款进行核算，向农户共支付赔款 8787 万元，简单赔付率 376%，户均获得赔款 3.44 万元，有效化解了农户因自然灾害或市场波动导致的返贫和致贫风险。

收入保险创新模式的实践意义有以下三方面：一是收入保险有效保障农民收入。农民最为关心的不仅仅是传统意义上的补贴或政策等问题，而是种地能否提高收入、赚到钱的问题。收入保险锁定农产品收入的波动风险，有效保障了农民的收入。二是收入保险推动农业生产和经营现代化。收入保险锁定了农业生产的产量和价格，也就是说农户在农产品种植周期开始的时候就已经能够确定预期的收入情况，种植积极性得到了有效的保护，坚定了农户加大投入和扩大生产的信心，从而激发农户自身的积极性，推动农业现代化发展。三是收入保险放大财政资金使用效能。在传统的农产品补贴及收储政策下，1 元钱只能发挥 1 元钱的作用，但是通过收入保险可以有效提高政府补贴的使用效率。例如，在上述的案例中，桦川县政府财政出资约 257 万元，占总保费的 11%，撬动资金量近 9 倍；按户均赔款 3.44 万元计算，农户可能获得的补偿放大了 34 倍。

4. 主险收入险+附加价格险模式探索

为充分保障农户的收益，促进农民增收，内蒙古自治区还探索了主险收入险+附加险模式，其中主险破除了传统成本保险保障程度低、保险责任有限的弊端，进一步将农户人工成本、费用等纳入保障范围，同时拓宽了保险责任，实现了对农户收入的兜底，有力促进当地农户增收（见表 24−4）。附加险是价格保险，期货区间价格补充保险进一步拓展了价格责任，弥补了主险中对玉米价格的限制。

表 24−4　　　　　　　　内蒙古扎鲁特旗玉米收入险、价格险介绍

产品名称	内蒙古自治区扎鲁特旗玉米收入险
受益人	内蒙古自治区扎鲁特旗农户
保险责任期	2019 年 6 月 10 日—2019 年 11 月 30 日
保费费率	水地玉米保费费率 8%，旱地玉米保费费率 10%
目标价格	1700 元/吨
理赔金额	主险赔款金额＝（每亩保险金额－实际每亩收入）×保险面积。其中，实际每亩收入＝实际平均亩产×玉米实际价格，实际平均亩产为按照种植业抽样测产的方式确定实际平均每亩产量，主险玉米实际价格为 10 月 1 日—11 月 30 日 C2001 每日收盘价的算术平均值
每亩保险金额	南部、中部、北部水地分别为 870 元/亩、800 元/亩、730 元/亩，南部、中部、北部旱地分别为 510 元/亩、440 元/亩、370 元/亩
目标单产	南部、中部、北部水地分别为 0.6 吨/亩、0.55 吨/亩、0.5 吨/亩，南部、中部、北部旱地分别为 0.35 吨/亩、0.3 吨/亩、0.25 吨/亩

产品名称	内蒙古自治区扎鲁特旗玉米价格险
受益人	内蒙古自治区扎鲁特旗农户
保险责任期	2019 年 10 月 1 日—2019 年 10 月 31 日
保险责任水平	梯度赔付
保费费率	0.9%
结算价格	10 月 1 日—10 月 31 日 C2001 合约每日收盘价与 1932 元/吨孰低的算术平均价
理赔金额	价格附加险每吨理赔计算公式： 结算价格≥1932，赔付金额 = 0； 1730≤结算价格＜1932，赔付金额 =（1932 - 结算价格）×15%； 1700≤结算价格＜1730，赔付金额 =（1932 - 1730）×15% +（1730 - 结算价格）×85%； 结算价格＜1700，赔付金额 =（1932 - 1730）×15% +（1730 - 1700）×85% = 55.8 元/吨

收入保险与价格保险优势互补，更好保障农户利益。价格保险相对收入保险保费更低，在我国运用更加成熟，但是价格保险存在两个问题：一是赔付效果完全依赖期货行情，二是无法保障产量风险。然而，收入保险能对农户收入进行综合性保护，使得无论价格和产量怎样变化，都能保障农户最终利益不受损失。但是收入保险也存在一定局限性：其一，由于缺少气象指数期货这类衍生品工具，对于产量险无法引入衍生品市场进行风险分散；其二，在目前的试点项目中，如投保品种具有对应的期货、期权，则由保险公司和期货公司分别针对产量险和价格险独立定价，这种做法效率低且成本高；其三，保险公司在对农户的产量进行测定时存在一定的道德风险，农户投保收入保险后存在放松管理等道德风险。因此，可以将价格保险与收入保险相结合，以主险、附加险等形式将二者优势相互融合。

5. 服务国家战略，助力扶贫攻坚

2020 年，大商所除了鼓励在 2018 年、2019 年曾是国家级贫困县的县级区域开展项目、继续扩大县域项目覆盖范围外，还特设了"专项扶贫项目"，精准针对 52 个国贫县进行定点帮扶。同时，面对新冠肺炎疫情特殊情况，"大商所农保计划"专设了"湖北疫区项目"，支持疫区复工复产。大商所运行的 44 个专项扶贫项目中，共服务农户197407 户，其中建档立卡贫困户 172020 户，占比约 87%。有 27 个项目投保农户全部为建档立卡贫困户，为贫困户提供了有效保障。

2020 年郑商所有 11 个项目试点区域位于挂牌督战贫困县，其他多数项目也以建档立卡贫困户为优先服务对象。资金来源方面，争取到的外部支持资金约为总资金的25%。各项目方案保障程度整体较高，单位保费均维持在较低水平。2018 年以来，郑

商所共开展试点项目 12 个，累计承保苹果现货 12.7 万吨，覆盖 8.5 万亩苹果地，总保障金额近 10 亿元，惠及农户超过 2 万户，其中 1.4 万户（占比 70%）为贫困户，除 2020 年尚未结束的 6 个项目，已完成项目产生赔付 2579.52 万元，户均赔付 2150 元，平均赔付率达 82%，参与项目的静宁县、秦安县、麦积区等均为国家级贫困县区，自项目实施以来为当地苹果种植户提供了坚实的价格风险保障，助力脱贫攻坚效果显著。

2017 年至 2020 年，上期所天然橡胶"保险＋期货"项目累计为云南、海南 42 万吨天然橡胶提供价格保障，超过 30 万户次胶农从中受益，其中建档立卡户近 10 万户次。实践证明，"保险＋期货"模式在帮助贫困地区发展产业、带动就业、实现脱贫等方面起到了积极作用。

（二）制约"保险＋期货"可持续性发展的问题分析

1. 政府补贴不足，制约"保险＋期货"的进一步扩大

目前，在"保险＋期货"试点模式中，农民承担的保费相对其微薄收入而言仍然偏高，期货交易所的补贴压力过大，导致这一险种的市场接受程度仍普遍较低。对于农户来讲，如果有低成本的替代风险管理方式存在，农业保险就是一个次优选择，从农业保险的历史经验来看，如果没有大量的保费补贴，农业保险的需求是很小的。另外，由于逆向选择的作用，那些认为保费超过他们预期损失的农户，倾向于不参与投保，部分农户还可以采用一系列其他的农业风险管理方式，这些方式的存在对农业保险的参保率有负面作用。对于期货交易所和期货公司来讲，项目初期持续大量的补贴不可能永远维持下去，如果没有了期货交易所和期货公司的大量补贴，又没有其他保费来源的话，试点项目将难以可持续发展下去。

尽管目前保费来源渠道不断拓宽且多元化，但保费主要来源于商品期货交易所，"保险＋期货"项目并未纳入中央财政补贴，如果没有政府的强力支持，不把"保险＋期货"纳入政策性农业保险范围并从国家层面进行财政补贴，承保规模很难扩大。尤其对于偏远地区，农产品的种植量大的同时地方政府财力很弱，如果没有中央财政的直接补贴，和发达地区相比当地"保险＋期货"模式的推广更为困难。

2020 年两会全国政协委员马珺曾建议在制定乡村振兴促进法中纳入"保险＋期货（期权）"，具体表述可以为"国家加大中央财政补贴，支持农民和农业生产经营组织通过'保险＋期货（期权）'等模式规避风险，支持重点领域特色农产品期货（期权）品种上市，鼓励商品期货交易所及保险、风险管理机构等其他金融机构参与开展'保险＋期货（期权）'项目，县级以上人民政府可以采取增加财政投入等措施支持'保险＋期货（期权）'项目。"

2. 项目运行成本高，推高保费支出与经营成本

（1）场内期权品种少、期货合约流动性不足、现有场外业务税收制度规定推高运行成本

首先，现有"保险+期货"试点主要是通过复制场外期权对冲风险，手续费、保证金的资金成本等推高期权价格，对冲成本高且仍有部分风险暴露。由于期权品种较少，导致期货公司为了对冲场外期权的市场风险，只能选择在期货市场进行频繁交易，这一后果使经营成本大大提高，同时可复制性和推广性受到负面影响。其次，"保险+期货"模式要实现大量套期保值交易，客观需要与之相匹配的投机交易等大量对手盘。随着此模式的大规模推广，目前来说，不仅无法保证充足的对手盘，而且部分期货合约的流动性不足。另外，场外业务交易按照现货交易纳税，进一步提高了"保险+期货"模式的交易成本，进而抬高农户缴纳费用的支出。

（2）"保险+期货"试点项目规模较小，间接提高经营成本

现在实行的"保险+期货"项目虽然县域覆盖项目在逐步增多，但分散试点项目仍占较大比重，很多的少数农户参加的小型试点会增加相关参与人员的沟通成本、厘定相关费用的成本，产生小而不经济的问题。

（3）"保险+期货"试点项目多处偏远地区，交通成本高

"保险+期货"的项目实施地处于农村地区，主要包括西藏、云南、山东、山西、黑龙江等地，位于山地、高原等交通不发达地区，交通成本较高。

3. "保险+期货"项目接受度偏低，宣传力度有待提高

我国农民具有知识水平较低，掌握技能较低，人均耕地较少等特点，对于"保险+期货"的理解不到位，接受程度低，所以必须对相关农户、当地领导进行知识教育，提高该项目的接受程度，同时在首次开展项目时，应当尽量降低甚至免除农户自行缴纳的费用，这样当农户真正理解"保险+期货"的本质是一个对农业生产、农民收入增长、农村经济发展有利的好项目时，农户才会有积极性继续参加"保险+期货"，提升"保险+期货"的可持续性。

4. 农户参加"保险+期货"中的逆向选择和道德风险

农户在参加"保险+期货"时，由于农户自身对于土地的优劣情况，农产品产量、质量等信息掌握得更加全面，所以对于那些土地质量较低、产品质量较低的农户，他们可能更愿意参加该项目。而对于种植管理能力强、土地质量好、农产品产量高的农户，他们参加项目的意愿就比较弱，就会增加赔付风险，造成劣币驱逐良币的现象。

在农户参加"保险+期货"后，由于已经保障了农户的利益，可能会发生农户消极治理，减少农药、化肥等成本投入，从而减低成本，提高自身收益；或者在发生风

险时，不及时实行补救措施等，增加损害程度，以此获得赔偿。另外，还可能出现有关负责人员在收到保障赔款后，私自挪用、扣押赔偿金等贪污腐败现象。所以需要加强对农户和有关负责人员的宣传教育，提高知识储备，培养责任意识。同时需要明确惩罚措施，在发生事故后及时有效处理，对有关人员进行处罚。

5. 农产品期货、期权市场尚需进一步完善

"保险＋期货"项目的实施依托于期货市场农产品期货的发展情况。目前我国的农产品期货相比美国的期货市场还不完善，期货品种少，合约不连续，缺少气象指数期货类衍生品工具；期权类产品更为有限，且品种上市时间较短。工具不足及相应价格数据缺乏导致保险公司设计开发农产品价格保险的进程受限，对于产量险无法引入衍生品市场进行风险分散，制约了"保险＋期货"项目的开展。目前只能以现拥有的期货市场为依托开展"保险＋期货"项目，因此如果农产品期货、期权品种得不到扩展，那么"保险＋期货"项目也无法开展新品种的实施。

另外，由于我国农产品期货工具不完善，且没有引入境外投资者参与国内市场投资，期货市场参与者不足，导致农产品期货不能有效发挥价格发现的功能，使得参加"保险＋期货"的农户、保险公司、期货公司可能遭受较大损失。

三、美国保险、期货可持续发展经验借鉴

美国拥有全球最成熟的农业保险市场，分析美国的农业保险运作模式及其保险政策、研究美国农业保险和农产品期货的对接渠道，对于我国农产品"保险＋期货"制度的建设具有重大的借鉴意义。

1. 政府主导

政府主导是美国农业收入保险项目的典型特点。一是组织保障。1938 年，为解决长期困扰农业生产的巨灾损失问题，美国政府设立专门的机构——美国农业风险管理局（RMA）和联邦作物保险集团（FCIC）统筹协调农业保险项目，负责确定保险条款和保险费率、为农场主提供保费补贴、为具体承担保险的保险公司提供再保险支持等。二是立法保障。美国国会大约每隔 5 年就会以法案的形式，对农业保险项目运行涉及的资金补贴额度、新保险计划、运行机制等进行优化调整。

2. 政府提供大量保费补贴

美国政府不断提升保费补贴水平，吸引农场主参加农业保险项目，目前政府保费补贴稳定在 62％左右。美国农业保险覆盖了近 120 种粮食作物和经济作物，2019 年保费收入达到 101.23 亿美元，其中基于期货价格的收入保险保费收入占农业保险总保费收入的 80％以上，联邦政府补贴 63.67 亿美元，实际发生赔付 101.31 亿美元，较好地

发挥了农业保险服务农场主收入保障的作用。[①] 提高政府补贴费用的同时带来了农业保险的快速发展，在初始阶段最高增长比例达到 60% 以上，总体呈快速上涨趋势。从我国目前试点情况来看，要实现更大覆盖面、更广数量级的推广，需要中央和各级地方政府提供支持，进一步拓宽财政对"保险＋期货"项目的补贴路径。

3. 期货市场发挥基础支撑作用

美国农业保险，特别是收入保险的发展，得益于功能完备的农产品期货市场。美国农产品期货市场始于 1848 年，经过百余年的发展，至 20 世纪 60 年代，主要的农产品期货合约均已上市交易，价格发现和风险管理的功能得到较好发挥，在美国农产品国际贸易、农场主收入风险管理方面发挥了重要作用，也为农业保险市场发展提供了有力支撑。

4. 高效且完善的信息采集系统

美国农业具有一个信息完备，自上而下的信息采集系统。自 1863 年美国开展第一次农作物调查至今已经形成海外农业服务局（FAS）和农业信息统计局（NASS）为核心的农业信息统计系统。NASS 负责农业基本数据的信息统计，包括品种、产量、库存、价格等一系列数据。FAS 将美国本土的农产品与世界相联系，收集并提供国外农产品市场的行情和报告，调节和适应世界上的农作物发展和供需。它形成了一个自上而下的信息采集体系，雇用了 2000 名左右的雇员，包括农场主、信息统计人员、国外当地雇员等，使农业信息可以及时有效地获取农产品的各类信息，同时美国政府还要求农业经营者建立农业生产系统，统计土地编号、使用情况，生产监测等，这使得农业保险可以极大地降低信息不对称所造成的危害。

四、我国"保险＋期货"可持续发展政策建议

基于前述分析，提出"保险＋期货"模式如下政策建议。

（一）政府要发挥主导作用，加大保费补贴力度

近几年的实践表明，"保险＋期货"是符合中国实际、市场化运行的农民收入保障模式，但仅靠几家商品交易所推动显然是不够的，政府要在该模式进一步推广中发挥主导作用，从政策制定、财政补贴、运营管理等各方面统筹协调"保险＋期货"收入保障模式的复制推广工作，特别是要借鉴美国收入保险运行机制中保费以"联邦政府补贴为主、农场主自缴为辅"的经验，形成中国特色农业收入保险的保费补贴

---

① 李正强，《"保险＋期货"服务农民收入保障——美国的经验与中国的探索》。

机制。

（二）设立针对性的管理机构，完善相关法律法规

"保险＋期货"模式是一种期货创新业务，在许多环节的具体操作上并没有明确的监管意见，也没有统一的操作规则及标准，保险部分归银保监会管，期货部分归证监会管，各司其职，在一定程度上影响了该模式的推进。既然保险和期货分属于不同的机构，企业各自具有不同的运行特点，那么两种不同类型工具间的有效协调就变得非常重要，否则效果容易打折扣。较好的办法是单独成立综合性的"保险＋期货"对应的保险机构，这一机构的职能就是充分发挥好"保险将小规模风险集中化"的特点，在自身消化掉一定的风险后，剩余的系统性风险再在期货市场进行对冲，从而达到整体效用最大化的效果。另外，"保险＋期货"在运行过程中的相应法律法规缺少针对性，需要规范"保险＋期货"模式运行过程中相关法律法规，针对信息不对称问题衍生的逆向选择和道德风险问题，在加强对农户和有关负责人员的宣传教育，提高知识储备，培养责任意识的同时，需要完善相关法律，明确惩罚措施，在发生事故后及时有效处理，对有关人员进行处罚。

（三）丰富期货、期权品种，进一步完善国内期货市场

期货市场为农业保险提供了公开透明的价格标准和风险管理平台，规模大、效率高、功能强的商品期货市场是"保险＋期货"发展的基础支撑。政府应为期货市场发展提供更加宽松的政策环境，加快上市更多农产品期货和期权品种，进一步扩大期货市场规模、提升市场流动性与运行效率，为农产品贸易活动和"保险＋期货"服务农民收入保障提供更加具有代表性和公信力的期货价格，并以此为现货贸易定价、保险产品设计和理赔依据提供基准与依据，为各类市场主体提供高效的风险管理服务。

（四）采取多方面措施进一步降低运营成本

①扩大"保险＋期货"参与地区范围，持续增加县域覆盖，或者在县域覆盖的基础之上吸引周边县区积极参与"保险＋期货"项目，形成规模经济。以相同的成本投入，尽可能获取最大量的参与人数和承保数量，降低单位承保的成本投入，降低成本，增加收益。

②在一些比较集中且开展项目对象数量较大的项目地区周边建立交易仓库。这将有利于商品的保存，方便交易，减少储存成本和物流成本；在"保险＋期货＋订单农业"项目中，还有利于企业进行商品交易、分割。不同等级的产品进行分级交割，会吸引更多的龙头企业参与，既可以减少商品流通环节，降低企业的成本，又可以增加

农户的收入，降低保险、期货公司的风险，有利于形成一个多赢互利的可持续性项目。

③深化"保险＋期货＋粮食商行"服务模式。农民在收农作物之后，可以把粮食运送到粮食商行的仓库储存，由粮食商行根据期货市场和现货市场的粮食价格以合理的价格将粮食销售，销售后商行将售粮款打到给农户开立的存折上。这种情况下，粮食商行可以把粮食进行集中销售，并因为商行相比于农户自身来讲更加了解市场，销售价格可能更高；还可以以农户的粮食为抵押，商行或者金融机构为农户提供金融服务，如提供农具、小额贷款等；另外，粮食商行可以利用尿素期货或者与化肥、农药等的龙头企业签订合同，事先锁定价格。通过上述服务降低农户生产投入，增加农户收入。

（五）保障参与各方利益，实现互利多赢

目前"保险＋期货"主要是与扶贫相结合，在实施过程中，期货交易所主要提供保费资金支持，保险公司、期货公司无法实现合理收益，甚至亏损，部分项目自缴保费农户保费水平偏高。因此，要调节"保险＋期货"运行机制，确定各方的利益分配，做到互利多赢。只有这样才能不偏离可持续发展的发展理念，实现"保险＋期货"的长足发展。

第二十五章 中国期货市场国际化发展研究

当前我国金融市场开放的程度与中国实体经济在全球经济中的地位不相符合。2019年，中国货物贸易世界第一，总贸易额世界第二。这与中国在国际金融市场的地位、中国金融市场的国际化程度都有差距。根据相关统计，截至2020年9月，境外投资者通过沪深港通持有中国股市的股票市值占A股流通市值的3.28%，加上QFII和RQFII的持股，所有外资持有中国流通股市值的比重是4.69%，这个比例远低于美国金融市场外资持有股票约16%的规模。中国金融市场中境外融资者参与度更低，目前中国股票市场尚无海外企业直接上市；债券市场2019年境外投资者持有比例仅为2.4%，远低于发达国家债券市场的境外机构持仓比例。中国金融市场的开放既是金融市场自身发展的需要，也是促进中国经济进一步发展的必要举措。

2020年，新冠肺炎疫情对于国际经济产生了巨大影响，美国的贸易保护主义抬头，逆全球化趋势更加明显，全球产业链、供应链面临重大冲击。在此背景下，中国政府推进中国金融市场开放的步伐没有放缓。2020年，中国政府逐步推进、落实金融市场开放的措施。这一系列金融市场开放政策给金融业高水平发展创造了新的机遇，也为期货市场的国际化进程加速推进创造了条件。

一、"双循环"背景下的期货市场国际化

在全球新冠肺炎疫情蔓延、世界经济下行压力加大的背景下，世界经济模式重构，中国经济关系中的生产、分配、交换和消费受阻。中国为了畅通国民经济循环，提出了以内循环为主体、国内国际双循环相互促进的新发展格局，这种国内国际"双循环"的重点在于畅通国内的经济循环，而国际市场是国内市场的延伸。

2020年10月14日，习近平同志在"深圳经济特区建立四十周年"的庆祝大会上再次诠释了"双循环"的新发展格局，他指出，新发展格局不是封闭的国内循环，而是开放的国内国际双循环。要优化升级生产、分配、交换、消费体系，深化对内经济联系、增加经济纵深，增强畅通国内大循环和联通国内国际双循环的功能，加快推进规则标准等制度型开放，率先建设更高水平开放型经济新体制。

（一）金融开放是连接"双循环"的重要渠道

中国是世界第二大经济体，我国通过"双循环"扩大了国内需求，同时也向世界提供了更加广阔的市场。要推动"双循环"的运行，必须要落实好金融市场对外开放政策措施，推动形成以国内资金循环为主体，国内国际资金循环双促进的新格局。

期货市场作为金融市场的重要组成部分，也积极呼应"双循环"，尤其是大宗商品期货投资在助力"国强民富"中发挥更积极的作用，形成"国内大循环为主体，国内国际双循环相互促进"的新发展格局。期货市场逐步将具备条件的商品期货和期权品种国际化，对接国际通行规则，吸引更多境外投资者参与国内商品期货市场进行交易、风险管理和资产配置。从而提高我国期货市场商品期货全球定价影响力，完善人民币大宗商品计价结算体系。

（二）推进期货市场开放，助力"双循环"[①]

在加快构建"双循环"新发展格局下，期货市场通过与大宗商品现货市场间的有效互动，在服务"双循环"新发展格局方面独具优势。在"双循环"的大背景下，各大期货交易所不仅要提升现有期货品种功能，提高高质量产品供给，服务国内大循环，还要推进对外开放的步伐。

大商所在提升现有品种功能、新品种上市与场外市场建设、引入境外投资者上发力。一是结合近两年品种功能评估结果，对现有品种特别是玉米、豆粕、鸡蛋和铁矿石等重点品种进行分析，"一品一策"实施系列改进措施。二是加快推进新品种上市，同时重点推进场外市场建设。在服务国内国际双循环方面，大商所坚持扩大对外开放。2020年12月，棕榈油期货引入境外交易者的工作落地，棕榈油主要产销国客户逐渐参与我国期货市场后，将进一步提升我国棕榈油期货市场价格权威性，为全球棕榈油产业链企业提供高质量的风险管理工具，服务"一带一路"倡议稳步推进。

郑商所继续深化市场功能，提升市场运行质量，切实做好服务"双循环"新发展格局工作。一是持续加大产品供给，加快鸡肉、大蒜、葵花籽、马铃薯、烧碱、钢坯、水泥、丙烯等品种研发上市进度；注重产业链品种体系构建，助力稳定国内国际双循环。推动PX上市进程，围绕PTA打造聚酯产品全产业链避险工具体系。推进电力研发，实现煤电品种避险联动。二是加强市场服务。持续打造"稳企安农、护航实体"服务品牌，针对性举办更多"产业云调研""线上圆桌论坛"等市场活动，引导更多

---

① 《多举措推动期市服务"双循环"》。

实体企业有效参与期货市场规避市场风险，助力保市场主体这一国民经济循环的基本单元。三是不断深化对外开放。持续推动相关政策措施优化完善，为境外交易者参与PTA 期货提供更加便利的条件，不断提升 PTA 期货价格的国际影响力。以全球重要大宗商品定价中心建设为使命目标，探索多种开放路径，积极支持跨境商品期货 ETF 上市，加强与境外交易所的合作，在国际市场彰显更大的影响力。

中金所立足"以国内大循环为主体、国内国际双循环相互促进"的新发展格局，更好地满足市场风险管理需求。一是积极稳妥推进股指类、利率类、汇率类期货以及期权新产品供给，特别是着力弥补人民币外汇期货产品的空白，努力建立健全与我国经济地位相适应、与金融市场发展进程相匹配、与资本市场改革需要相配套的国内风险管理市场。二是全面加强市场基础制度建设，进一步优化规则制度体系，完善交易机制，提升制度的包容性、前瞻性、开放性。三是让各类长期资金更便利参与金融期货市场，促进市场功能发挥。推动商业银行、保险资金等更加充分参与国债期货交易，进一步优化证券公司、公募基金、私募基金、信托公司、期货资管计划、企业年金、职业年金、QFII 和 RQFII 等参与金融期货政策，鼓励基本养老保险基金积极参与。四是坚持与股票、债券等现货市场对外开放相协调的原则，逐步拓宽国际投资者运用金融期货的渠道。

上期所围绕以国内大循环为主体、国内国际双循环相互促进的新发展格局对期货市场提出的新要求：一方面，加快商品期货期权新品种新业务研究，包括开发油气期货、指数期货期权品种，开启境外设立商品交割仓库探索，研究跨境交收模式，丰富标准仓单交易平台业务，逐步将业务范围拓展至非标仓单、保税仓单以及商品互换、场外期权等衍生品业务；另一方面，深化市场服务，着力推动期货和衍生品市场服务朝着专业化方向纵深发展，把服务实体经济、优化资源配置、防控价格风险作为一切工作的出发点和落脚点，充分借鉴全球最佳实践，继续推进创新，加强市场推介和投资者教育，进一步提升境外交易者的交易便利性，深化境内外交易所业务交流与跨境合作，开展结算价授权、探索商品期货转委托等合作，从而不断推进期货市场的国际化。2020 年，上期所以"双合约"服务"双循环"。国际铜这是国内首个以"双合约"模式运行的国际化期货合约，采用"国际平台、净价交易、保税交割、人民币计价"的模式，全面引入境外交易者参与。这也是上期能源推出的第 4 个国际化商品期货。国际铜期货与上海期货交易所铜期货一起，以"双合约"服务"双循环"，践行期货市场对外开放战略，不断增强期货市场服务实体经济能力。

二、推进期货市场开放的政策逐步落实

（一）《合格境外机构投资者和人民币合格境外机构投资者境内证券期货投资管理办法》正式施行

2020 年 9 月 25 日中国证券监督管理委员会、中国人民银行、国家外汇管理局行共同宣布，国务院批准《合格境外机构投资者和人民币合格境外机构投资者境内证券期货投资管理办法》，自 2020 年 11 月 1 日起施行。

《合格境外机构投资者和人民币合格境外机构投资者境内证券期货投资管理办法》的出台就是各个金融管理部门在交易环节、汇兑环节、跨境环节，共同推进金融市场开放的一个典型范例。

此次 QFII 新规的出台，加上对 QFII 投资额度的完全放开，新制度从根本上解决了境外机构投资者投资中国市场的主要瓶颈，将极大激发境外投资者投资中国市场的兴趣。境外资金可以更便利地参与中国资本市场，提高了人民币计价资产的吸引力，使得人民币和人民币计价资产真正成为全球资产配置中重要的一环。

（二）期货公司外商持股比例限制取消

2019 年 10 月 11 日，证监会发布将在 2020 年逐步取消证券公司、基金管理公司、期货公司外商持股比例限制，期货公司外资股比限制将在 2020 年 1 月 1 日取消。

政策的出台为外资控股期货公司去除了障碍。2020 年 6 月 18 日，证监会核准了摩根大通期货的股权变更申请。摩根大通期货成为国内首家外资全资控股期货公司。

无论是《合格境外机构投资者和人民币合格境外机构投资者境内证券期货投资管理办法》的实施，还是取消期货公司外资股比限制的规定都对中国期货市场的国际化具有重要意义。中国期货市场会有更多的境外资金参与投资，外资控股期货公司的数量也会增加。从而便利境外的投资者在中国期货市场的投资，极大推进中国期货市场国际化的步伐。

三、期货公司国际化有新突破

与银行、证券、保险等其他金融行业相比，期货业的规模要小很多。行业虽小，期货业却面临一个"大市场"。从当前全球化退潮的趋势看，我国期货市场的对外开放与快速发展，为建立区域性的定价中心打开了窗口，也为人民币参与大宗商品定价提

供了良机。

目前，在"走出去"方面，南华期货、广发期货等已经有了很好的实践。如广发期货下属的广发金融交易（英国）有限公司已经连续 3 年盈利，其 70％客户为"走出去"的中资企业，30％是当地企业。其不仅服务中国企业走出去，而且在当地也具有了相当的竞争力。

2020 年 6 月 18 日，证监会核准了摩根大通期货的股权变更申请。6 月 23 日，摩根大通期货有限公司办妥外商直接投资股权转让外汇登记手续，其境外股东持股比例由 49％变更为 100％。摩根大通期货成为国内首家外资全资控股期货公司，这是期货市场对外开放的重要里程碑。

外资的进入会给期货行业带来一定的竞争，境内期货公司可以凭借对本土客户的了解，挖掘符合本土实体企业需求的各种创新业务。外资期货公司进入境内市场后必将带来一定程度上的知识和技术外溢，有利于境内大型期货公司加强产品创新、改善公司管理。外资期货公司还将为境外客户进入中国境内期货市场提供更好的渠道，有利于提升市场流动性。

四、期货品种国际化稳步推进

2020 年，我国期货市场期货品种的国际化稳步推进。2020 年有 3 个国际化期货品种上市，到 2020 年年末，我国期货市场将有 7 个国际化品种。

（一）期货国际化品种增加

2020 年 6 月 22 日，低硫燃料油期货在上海期货交易所子公司上海国际能源交易中心正式挂牌交易。低硫燃料油期货是继原油、铁矿石、PTA、20 号胶期货之后国内第 5 个对外开放的境内特定品种。低硫燃料油期货全面引入境外交易者参与后市场发展态势良好，至 10 月末，累计成交逾 490 万手，累计成交金额逾 1100 亿元，最高日成交量超过 16 万手，最高日持仓量超过 21 万手，法人成交占比超过 50％、持仓占比接近 80％；境外客户成交、持仓占比分别在 15％、12％左右。

2020 年 11 月 19 日上午 9 时，国际铜期货在上海期货交易所子公司上海国际能源交易中心正式挂牌交易。截至当日收盘，国际铜期货总成交量为 0.83 万手（单边，下同），成交金额为 19.68 亿元，总持仓量为 0.21 万手。

10 月 22 日，大商所发布《关于就棕榈油期货引入境外交易者相关规则修正案公开征求意见的公告》，正式启动棕榈油期货引入境外交易者的相关工作安排。11 月 20 日，中国证监会确定大连商品交易所的棕榈油期货为境内特定品种。由此，棕榈油期货成为国内期货市场第 7 个，也是已上市农产品期货中的首个境内特定品种。

（二）期货国际化品种在运行实践中不断创新

在 2020 年，期货国际化品种运行中的创新主要有：

一是国际铜期货采用"双合约"模式。上海国际能源交易中心上市了国际铜期货，其总体设计思路是在保留上期所铜期货不变的基础上，以特定品种模式在上海国际能源交易中心上市国际铜期货，即"双合约"模式。上海国际能源交易中心国际铜期货"双合约"模式是在不改变国内现有市场格局的前提下，基于保税市场和国际市场推出的新业务，有助于在保证上期所铜期货合约平稳运行的前提下有序开展新业务。

二是上期所低硫燃料油期货推出期货仓单直供以及"境内交割＋境外提货"的全新业务模式。2020 年 11 月 23 日，加油驳船"浙海油 5"顺利将首批低硫燃料油期货交割油品加注至利比里亚籍外轮"洲际巴西"（SEACON BRAZIL），完成首单低硫燃料油期货仓单直供业务，这也标志着国产出口退税燃料油从入库生成期货仓单至保税加注的全流程管理经受住了考验，实现交割监管模式创新。

此外，纸浆期货也迈出了国际化的步伐。2020 年 9 月 18 日，上期所与挪威浆纸交易所正式签署了纸浆期货交割结算价授权协议，将纸浆期货交割结算价授权挪威浆纸交易所，允许其上市以上期所纸浆期货交割结算价为基准进行现金结算的期货合约。这是第一次授权境外交易所直接使用境内期货品种交割结算价，第一次向境外交易所输出中国期货合约标准。

（三）期货国际化品种对于区域定价的影响力增强

2020 年 12 月 19 日，时任中国证监会副主席的方星海在"2020 年第 16 届中国（深圳）国际期货大会"上表示，我国期货市场境外投资者参与度稳步提升，重要大宗商品定价影响力得到提高。铁矿石期货已有 21 个国家和地区的约 270 家境外客户，包括英美资源集团、嘉能可、拓克等大型国际公司参与，已发展成为全球交易量最大、唯一采用单一实物交割的铁矿石衍生品。PTA 作为我国期货市场首个引入境外交易者的化工品种，已经成为全球聚酯产业的价格风向标。天然橡胶和 20 号胶期货互为补充，已成为全球最主要的天然橡胶期货市场。上海原油期货 2020 年前 10 个月境外客户日均成交占比近 18%，日均持仓占比近 25%。上海原油期货复出口业务落地后，使用上海原油期货价格定价的原油转运出口至韩国、新加坡等地区，进一步彰显了上海原油期货价格在东北亚区域的价格影响力。

（四）期货国际化品种助推人民币国际化

对人民币国际化具有重要意义的是在当前国际贸易中，以人民币计价的 20 号胶期货价格为贸易定价基准，这是一个重大突破，也是我国期货市场第一次以人民币计价的期货价格作为国际贸易定价基准。

2020 年 11 月，国际铜期货在上海国际能源交易中心挂牌上市。在计价结算方面，与此前 5 个期货国际化品种类似，国际铜期货交易以人民币计价结算，境外交易者、境外经纪机构可以使用人民币或美元作为保证金，这是中国首个直接面向海外投资者的与铜挂钩的产品。

交易所数据显示，以人民币计价结算的国际化期货品种正吸引越来越多境外交易者参与。国际铜期货上市首日，多家境外铜产业链企业达成交易，参与集合竞价的境内外会员和客户分别为 47 家、80 个，首批成交 267 手（单边）；铁矿石作为特定品种期货引入境外交易者 2 年多以来，境外开户主体覆盖范围持续增加，目前已覆盖英国、法国、瑞士等约 20 个国家和地区[①]；2020 年，原油期货境外投资者日均交易量占比 15%～20%，日均持仓量占比 25%～30%，均较 2019 年有所上升；具体交易中，境外交易者汇入、汇出的保证金中，人民币占比分别超过 70%、80%。

五、期货交易所国际化进程继续推进

2020 年 12 月 1 日，郑商所获得新加坡金融管理局批准，成为新加坡认可市场运营商。这是自 2019 年 10 月郑商所获得香港证监会自动化交易服务提供商批准后，获得的又一境外金融牌照。

2020 年 6 月，欧洲证券及市场管理局（ESMA）基于《欧盟金融工具市场条例》（MiFIR）更新发布有关第三国交易场所交易后透明度评估的意见。根据其评估意见，中金所、上期所和上期能源满足全部相关标准，随后郑商所和大商所也成功入选 ESMA 第三国交易场所交易后透明度评估正面清单，境内四家交易所已全部在列。

近年来，境内期货交易所不断探索国际化发展路径，积极对标国际行业标准，优化交易、结算、交割等各项规则制度，便利境外投资者参与市场。四家[②]交易所未来将继续深化其国际业务发展，不断完善基础设施建设，加大境外市场推广力度，以国际标准建立规则，持续打造双向开放新局面，持续提升对境内外投资者的服务能力及国际市场影响力，提升交易所的市场影响力。

---

① 截至完稿日。
② 截至完稿日。

六、中国期货市场国际化的展望

（一）"双循环"背景下稳步推进期货市场国际化

在"双循环"的大背景下，各大期货交易所要在提升现有期货品种功能、服务国内大循环的同时，进一步推进期货市场对外开放的步伐。

中国证监会副主席方星海表示，只要是有条件的期货品种，都要推进国际化，都要发挥与中国国际地位相称的国际影响力。期货品种开放模式要多元，不同期货品种有自己的特性，开放的方式方法要灵活多元、因势而变，切实提升我国期货市场的全球定价能力。

因此，在 2020 年 7 个国际化期货品种的基础上，未来会总结原油、铁矿石、PTA、20 号胶、铜期货的等品种开放经验，根据各个期货品种的特性，探索灵活、多元化的开放模式。稳步扩大特定品种范围，研究推动将更多的商品期货和商品期权列为特定品种，提升我国商品价格的国际影响力，为我国企业跨境经营提供价格参考和风险管理工具。除了特定品种模式开放，包括结算价授权、合约外挂等方式在内的多种开放模式都会稳步推进。

（二）期货国际化品种在运行实践中不断创新

2020 年，上期所推出低硫燃料油期货"境内交割 + 境外提货"的全新业务模式。上期所开启境外设立商品交割仓库探索，研究跨境交收模式，丰富标准仓单交易平台业务，逐步将业务范围拓展至非标仓单、保税仓单以及商品互换、场外期权等衍生品业务。

未来，各交易所会充分借鉴全球最佳实践，继续推进创新，进一步提升境外交易者的交易便利性，延伸境外交割服务，深化境内外交易所业务交流与跨境合作，开展结算价授权、探索商品期货转委托等合作，从而不断推进期货市场的国际化。

（三）外资控股期货公司数量增加

根据中国证监会的规定，2020 年 1 月 1 日取消期货公司外资股比限制。2020 年 6 月 18 日，证监会核准了摩根大通期货的股权变更申请，摩根大通期货成为第一家外资控股的期货公司，这是中国期货公司国际化具有里程碑意义的事件。

摩根大通期货的主要优势就是可以共享摩根大通的资源和服务。通过摩根大通的全球交易平台，境外客户可在不增开交易系统的情况下，直接进入中国境内市场交易，这样可以有效提高投资效率。这类方式能够在一定程度上确保其体系的完整性，并降低磨合成本。随着期货市场对外开放程度的加深，未来会吸引更多的境外机构独资或控股境内期货公司，未来期货行业的竞争可能更加激烈。

（四）期货市场跨境监管能力提升

中国期货市场国际化进程的健康发展，必须要不断规范市场交易行为。加强期货跨境监管制度的建设，提高跨境监管能力，加强与境外监管机构的沟通协调，提升开放环境下的监管能力，维护好开放条件下的市场秩序，为市场开放保驾护航。跨境监管的相关法律授权、制度安排以及监管规则会逐渐完善；国际监管合作会得到加强，在信息交换、协助调查等方面取得进步。

参考文献

［1］中国证券监督管理委员会 中国期货业协会. 中国期货市场年鉴（2019 年）［M］. 北京：中国财政经济出版社，2020.

［2］中国证券业协会. 场外证券业务开展情况报告［EB/OL］. https：//www. sac. net. cn/ljxh/xhgzdt/202012/t20201214_144984. html.

［3］中国期货业协会. 风险管理公司试点业务情况报告［EB/OL］. http：// www. cfachina. org/businessprocess/riskmanagementbusiness/statisticaldata/202012/t20201222_ 14163. html.

［4］周晓雅. 超重磅！我国期市资金量突破 8500 亿元，新设期货交易所工作进入尾声，未来将推出这些新品种……［N］. 期货日报，2020 – 12 – 20.

［5］刘日. 上半年全球场内衍生品成交量爆发式增长［J］. 中国期货，2020 （10）.

［6］窦登奎，卢永真. 我国企业运用衍生金融工具套期保值的调查研究［J］. 国有资产管理，2010（12）：30 – 33.

［7］马锋，张凌云，黄显涛，等. 沪深 300 股指期货套期保值比率及有效性研究［J］. 西南交通大学学报（社会科学版），2012，13（2）：22 – 26，123.

［8］佟孟华，祁学兵. 基于 Copula 函数的我国股指期货风险及套期保值实证研究［J］. 数学的实践与认识，2012，42（20）：47 – 59.

［9］伍友韬. 中国股票市场套期保值研究——基于 Copula – GARCH 模型的实证分析［J］. 现代商业，2017（5）：89 – 91.

［10］曹洁. 中国国债期货能有效规避利率风险吗？——基于动态套期保值比率的实证研究［J］. 南方金融，2016（12）：64 – 71.

［11］付剑茹，王娟，叶猛华. 随机过程、信息传导及套期保值功能——基于中国国债期货与现货的实证检验［J］. 金融教育研究，2019，32（1）：49 – 61.

［12］王玮. 国债期货和股指期货组合套期保值信用债研究［J］. 上海金融，2019 （2）：50 – 54.

［13］凌鹏. 我国铜期货市场套期保值绩效实证研究［D］. 广州：暨南大

学，2007.

［14］王宝森，王丽君．基于 Copula 函数的 PTA 期货套期保值研究［J］．科技信息，2011（1）：9 – 10.

［15］张健，方兆本．股指期货套期保值模型选择［J］．中国科学技术大学学报，2012，42（3）：191 – 196.

［16］淳伟德，李晓燕，陈王，等．上海金属期货市场避险效率研究［J］．预测，2012，31（4）：39 – 45.

［17］MARKOWITZ H M. Portfolio selection［J］. Journal of Finance，1952，7（1）：77 – 91.

［18］EDERINGTON L H. The hedging performance of the new futuresmarkets［J］. Journal of Finance，1979，34（1）：157 – 170.

［19］HOWARD C T，D'ANTONIO L J. A risk – return measure of hedging effectiveness：A reply［J］. Journal of Financial and Quantitative Analysis，1987，22（3）：377 – 381.

［20］LINDAL E，STEFANSSON J G. The frequency of depressive symptoms in a general population with reference to DSM – Ⅲ［J］. International Journal of Social Psychiatry，1991，37（4）：233 – 241.

［21］FISHBURN P C. M ean – risk analysis with risk associated with below – target returns［J］. American Economic Review，1977（67）：116 – 126.

［22］JOHNSON L L. The theory of hedging and speculation in commodity futures［J］. Review of Economic Studies，1960，27（3）：139 – 151.

［23］STEIN J L. The simultaneous determination of spot and futures prices［J］. The American Economic Review，1961，51（5）：1012 – 1025.

［24］HERBST A F，KARE D D，CAPLES S C. Hedging effectiveness and minimum risk hedge ratios in the presence of autocorrelation：Foreign currency futures［J］. Journal of Futures Markets，1989，9（3）：185 – 197.

［25］MYERS R J，THOMPSON S R. Generalized optimal hedge ratio estimation［J］. American Journal ofAgricultural Economics，1989，71（4）：858 – 868.

［26］GHOSH A. Hedging with stock Index futures – estimation and forecasting with error – correction model［J］. The Journal of Futures Markets，1993，13（7）：743 – 752.

［27］BAILLIE R T，MYERS R J. Bivariate GARCH estimation of the optimal commodity futures hedge［J］. Journal of Applied Econometrics，1991，6（2）：109 – 124.

［28］NELSON D B. Conditional heteroskedasticity in asset returns：A new approach

[J]. Econometrica, 1991, 59 (2): 347 –370.

[29] KRONER K F, SULTAN J. Time – varying distributions and dynamic hedging with foreign currency futures [J]. Journal of Financial and Quantitative Analysis, 1993, 28 (4): 535 –551.

[30] BOLLERSLEV T. Modelling the coherence in short – run nominal exchange rate: A multivariate generalized ARCH model [J]. Review of Economics and Statistic, 1990, 72 (3): 498 –505.

[31] PARK T H, SWITZER L N. Bivariate GARCH estimation of the optimal hedge ratios for stock index futures: A note [J]. Journal of Futures Markets, 1995, 15 (1): 61 –67.

[32] LIEN D, TSE T K, Fractional cointegration and futures hedging [J]. The Journal of Futures Heaging, 1999, 19 (4): 457 –474.

[33] TSE Y K, TSUI A K C. A multivariate generalized autoregressive conditional heteroscedasticity model with time – varying correlations [J]. Journal of Business & Economic Statistics, 2002 (3): 351 –362.

[34] LIEN D, SHRESTHA K. An empirical analysis of the relationship between hedge ratio and hedging horizon using wavelet analysis [J]. Journal of Futures Market, 2007, 27 (2): 127 –150.

[35] LAI Y H, CHEN C W S, GERLACH R. Optimal dynamic hedging via copula – threshold – GARCH models [J]. Elsevier, 2009 (79): 2609 –2624.

[36] 冯春山, 吴家春, 蒋馥. 石油期货套期保值时变套期比研究 [J]. 上海理工大学学报, 2004 (4): 328 –332.

[37] 王骏, 张宗成. SHFE 金属铜期货的套期保值比率与绩效 [J]. 统计与决策, 2005 (10): 41 –43.

[38] 彭红枫, 叶永刚. 基于修正 ECM – GARCH 模型的动态最优套期保值比率估计及比较研究 [J]. 中国管理科学, 2007, 15 (5): 29 –35.

[39] 梁斌, 陈敏, 缪柏其, 等. 我国股指期货的套期保值比率研究 [J]. 数理统计与管理, 2009, 28 (1): 143 –151.

[40] 陈蓉, 蔡宗武, 陈妙琼. 最小下偏矩套期保值比率估计研究——基于混合 copula 方法 [J]. 厦门大学学报 (哲学社会科学版), 2009 (3): 34 –40, 53.

[41] 王玉刚, 迟国泰, 杨万武. 基于 Copula 的最小方差套期保值比率 [J]. 系统工程理论与实践, 2009, 29 (8): 1 –10.

[42] 付剑茹, 张宗成. 模型的复杂性与期货套期保值效率: 基于环境突变样本区间的检验 [J]. 管理工程学报, 2014, 28 (4): 146 –151, 179.

［43］王辉，谢幽篁．中国商品期货动态套期保值研究：基于修正 ADCC 和 DADCC – GARCH 模型的分析［J］．世界经济，2011（12）：120 – 139.

［44］胡向科．不同估计模型最优套期保值比率绩效研究［J］．经济视角（下），2010（1）：73 – 75.

［45］赵婉淞，孙万贵，赵广信．股指期货套期保值策略在股票型开放式基金风险管理中的应用［J］．西安财经学院学报，2011，24（1）：28 – 33.

［46］张健，方兆本．基于 Copula 函数的中国大宗商品期货的最优套期保值比率［J］．中国科学技术大学学报，2012，42（12）：947 – 953.

［47］黄文彬，郑丽娟，林银瑞．套期保值比率模型的比较选择研究——基于沪深300 指数的分析［J］．福州大学学报（哲学社会科学版），2016，30（3）：38 – 47.

［48］彭韵．国内外最优套期保值比率模型主要成果综述［J］．中国证券期货，2011（4）：32 – 33.

［49］LAI Y S. Dynamic hedging with futures：A copula – based GARCH model with high – frequency data［J］. Review of Derivatives Research，2018，21（3）：307 – 329.

［50］BUTTERWORKH D，HOLMES P. Mispricing in Stock Index Futures Contracts：Evidence for the FTSE 100 and FTSE Mid 250 Contracts［J］. Applied Economics Letters，2000，7（12）：795 – 801.

［51］CHOU W L，K. K. Fan Denis，Hedging with the Nikkei index futures：T）r} conventional versus the error correction model［J］. Quarterly Review of Economics and Finance，1996（36）：495 – 505.

［52］ENGLE R F，GRANGER C W. Cointegration and errorcorrection：Representation，estimation，and testing［J］. Econometrica，1987，55（2）：251 – 276.

［53］GHOSH A. Conintegration and error correction models：Intertemporal causality between index and futures prices［J］. The Journal of Futures Markets，1993，13（2）：193 – 198.

［54］LIEN D. The effect of the cointegration relationship on futures hedging：A note［J］. Journal of Futures Markets，1996，16（7）：773 – 780.

［55］PARK H Y，BERA A K. Interest rate volatility，basis，and heteroscedasticity in hedging mortgages［J］. Real Estate Economics，1987，15（2）：79 – 97.

［56］BOLLERSLEV T，ENGLE R F，WOOLDRIDGE J M. A capital – asset pricing model with time – varing covariances［J］. Journal of Political Economy，1988，96（1）：116 – 131.

［57］LIEN D. LUO X. Estimating Extended Mean – Gini Coefficient for Futures Hedging［J］. Journal of Futures Markets，1993，13（6）：665 – 676.

［58］WU D, HUANG J, ZHONG M. Prediction of metal futures price volatility and empirical analysis based on symbolic time series of high – frequency ［J］. Transactions of Nonferrous Metals Society of China, 2020, 30（6）: 1707 – 1716.

［59］YVES JÉGOUREL. The global iron ore market: From cyclical developments to potential structural changes ［J］. The Extractive Industries and Society, 2020, 7（3）: 1128 – 1134.

［60］WANG H J, FEIL J – H, YU X H. Disagreement on sunspots and soybeans futures price ［J］. Economic Modelling, 2020（95）: 385 – 393.

［61］HANG S H, TIWARI A R, ALBULESC U C T, et al. Time – frequency co – movements between the largest nonferrous metal futures markets ［J］. Resources Policy, 2019, 61（c）: 393 – 398.

［62］吴杰. 监管放开保险资金参与国债期货交易 ［J］. 中国保险, 2020（4）: 3.

［63］胡俞越. 中国期货市场的发展回顾与展望 ［J］. 北京工商大学学报（社会科学版）, 2020, 35（4）: 11 – 20.

［64］胡争光, 王新天. 浅析上海原油期货的定位与影响 ［J］. 区域金融研究, 2019（12）: 60 – 66.

［65］张国胜, 王文举. 中国期货业发展的阶段性特征及未来展望 ［J］. 经济与管理研究, 2019, 40（11）: 41 – 55.

［66］刘志洋, 马亚娜. 保险公司"保险 + 期货"模式的盈利模拟分析 ［J］. 金融理论与实践, 2020（6）: 94 – 101.

［67］陈新华. "保险 + 期货"的基差风险及其影响因素研究——基于大豆基差数据的分析 ［J］. 价格理论与实践, 2019（10）: 99 – 102.

［68］叶洁琼. 基于"保险 + 期货"模式的农产品期货价格保险及其定价研究 ［D］. 杭州: 浙江财经大学, 2019.

［69］余方平, 刘宇, 王玉刚, 等. "保险 + 期货"模式价格保险定价研究——以玉米为例 ［J］. 管理评论, 2020, 32（4）: 35 – 47.

［70］龙文军. 创优农产品"保险 + 期货"的实现路径 ［J］. 农村. 农业. 农民（B 版）, 2019（12）: 27 – 28.

［71］张田, 齐佩金. 农村金融支持体系的构建及其潜在风险研究——基于对"保险 + 期货"模式的扩展 ［J］. 金融与经济, 2019（11）: 92 – 96.

［72］赵炳晴. 论期货交易保证金法律制度的完善 ［D］. 北京: 中国政法大学, 2020.

［73］刘健, 张晗. 中国期货市场政策研究: 现状、热点与前瞻——基于最新文献

的计量分析 [J]. 中国证券期货, 2020 (2): 9 - 17.

[74] 蔡玉梅. 期货交易监管加码 [J]. 时代金融, 2019 (34): 11.

[75] 何志刚, 杨彩云, 李二勇. 基于最便宜可交割债券的 5 年期国债期货跨市场操纵识别研究 [J]. 天津商业大学学报, 2020, 40 (5): 35 - 44.

[76] 林雨佳. 证券期货市场人工智能交易的刑法规制 [J]. 证券市场导报, 2020 (5): 72 - 78.

[77] 汤欣, 杨青虹. 传播期货虚假信息行为认定与规则在完善 [N]. 期货日报, 2019 - 11 - 06 (004).

[78] 巴曙松, 王珂. 中美贸易战引致全球经贸不确定性预期下的人民币国际化——基于大宗商品推动路径的分析 [J]. 武汉大学学报 (哲学社会科学版), 2019, 72 (6): 89 - 98.

[79] 李铭, 陈丽莉. 保险资金参与衍生品市场的境外经验及启示 [J]. 金融理论与实践, 2020 (3): 97 - 105.

[80] 顾琳琳, 李琦. 中国自贸区对期货交易市场影响效应的研究——来自于郑州期货交易所发展的证据 [J]. 大连理工大学学报 (社会科学版), 2020, 41 (1): 63 - 67.

[81] 刘慧. 证监会取消期货公司外资股比限制 [EB /OL]. http: //www. gov. cn/xinwen/2019 - 10/11/content_5438605. htm.

[82] 吴雨, 刘开雄. 我国取消境外机构投资者额度限制 推动金融市场进一步开放 [EB /OL]. http: //www. gov. cn/xinwen/2020 - 05/07/content_5509602. htm.

[83] 中国人民银行, 银保监会, 证监会, 财政部, 农业农村部. 五部门联合发布《关于金融服务乡村振兴的指导意见》 [EB /OL]. http: //www. gov. cn/xinwen/2019 - 02/11/content_5364842. htm.

[84] 刘慧. 符合条件的商业银行和保险机构获准参与国债期货交易 [EB /OL]. http: //www. gov. cn/xinwen/2020 - 02/21/content_5481866. htm.

[85] BERGER T, CZUDAJ R. Commodity futures and a wavelet - based risk assessment [J]. Physica A: Statistical Mechanics and its Applications, 2020, 554 (c)124339.

[86] WANG J, SHAO W, KIM J. Analysis of the impact of COVID - 19 on the correlations between crude oil and agricultural futures [J]. Chaos, Solitons and Fractals: the interdisciplinary journal of Nonlinear Science, and Nonequilibrium and Complex Phenomena, 2020 (136): 109896.

[87] WANG J, SHAO W, KIM J. Multifractal detrended cross - correlation analysis between respiratory diseases and haze in South Korea [J]. Chaos, Solitons and Fractals: the interdisciplinary journal of Nonlinear Science, and Nonequilibrium and Complex Phenomena,

2020（135）：109781.

［88］LIU Q F, JIANG P, AN Y B, et al. The effectiveness of incorporating higher moments in portfolio strategies: evidence from the Chinese commodity futures markets ［J］. Quantitative Finance, 2019, 20（4）：1 - 16.

［89］SEBASTIÃO H, GODINHO P. Bitcoin futures: An effective tool for hedging cryptocurrencies ［J］. Finance Research Letters, 2020, 33（c）.

［90］ZHANG W, WANG P, LI Y. Intraday momentum in Chinese commodity futures markets ［J］. Research in International Business and Finance, 2020, 54.

［91］ZHANG X, XIAO J, ZHANG Z K. An anatomy of commodity futures returns in China ［J］. Pacific - Basin Finance Journal, 2020（62）：101366.

［92］HAM H, CHO H, KIM H, et al. Time - series momentum in China's commodity futures market ［J］. Journal of Futures Markets, 2019, 39（12）：1515 - 1528.

［93］WANG Y D, GENG Q J, MENG F Y. Futures hedging in crude oil markets: A comparison between minimum - variance and minimum - risk frameworks ［J］. Energy, 2019, 181（15）：815 - 826.

［94］CHEN R R, LEISTIKOW D, WANG A. Futures minimum variance hedge ratio determination: An ex - ante analysis ［J］. The North American Journal of Economics and Finance, 2019（54）：100924.

［95］段福林. 股指期货跨品种套利正当时 ［N］. 期货日报, 2020 - 08 - 27（005）.

［96］张雪慧. 合成期货的套利策略及应用 ［N］. 期货日报, 2020 - 07 - 27（003）.

［97］周奇, 韩景偶. 基于 Copula 边际转换方法的组合套期保值模型 ［J］. 统计与决策, 2020, 36（13）：138 - 142.

［98］王一凡. 马科维茨均值 - 方差理论在能源期货投资组合优化中的运用 ［J］. 计算机与现代化, 2020（7）：11 - 15.

［99］李金祥. 疫情下期货行业服务实体经济的思考 ［N］. 期货日报, 2020 - 05 - 25（003）.

［100］沈恩贤, 谭静. 后疫情时期纸浆期货的走向 ［J］. 造纸信息, 2020（6）：42 - 46.

［101］任仙玲, 邓磊. 基于 Copula 分位数回归原油期货市场套期保值模型及效率研究 ［J］. 数理统计与管理, 2020, 39（4）：746 - 760.

［102］范志远. 2019 - nCoV 疫情背景下国际原油期货价格的波动分析 ［J］. 现代

经济信息，2020（8）：127，129.

[103] 开雄．帆式交叉套利策略应用分析［N］．期货日报，2020-05-07（003）.

[104] 杨安．后疫情时代的 SC 原油期货应用建议［N］．期货日报，2020-03-23（003）.

[105] 庄玉石．基于 2019 年实盘交易数据的期货跨品种套利的周期研究［J］．中国证券期货，2020（1）：87-93.

[106] 何剑，魏涛，甘如宁．人民币期货套期保值的比率测度与效果分析［J］．新疆农垦经济，2020（2）：79-85.

[107] 张明燕，张士云．农产品期货价格发现与套期保值有效性研究——以玉米为例［J］．内蒙古农业大学学报（社会科学版），2020，22（1）：78-85.

[108] 张昊楠．期货市场的套期保值效率影响因子分析——以国际原油期货为例［J］．商业观察，2020（Z1）：123-124.

[109] 赵远鹏．基于拔河模型的期货交易策略分析［J］．商讯，2020（3）：78-79.

[110] 黄腾．期货跨品种套利策略［J］．现代经济信息，2019（21）：271-272.

[111] 李艾．股指期货期现套利成本分析［J］．中国管理信息化，2019，22（18）：134-135.

[112] 孙阳，雷良海．基于协整的商品期货配对交易策略研究［J］．中国物价，2019（9）：75-78.

[113] 刘爽，游碧蓉．五年期国债期货最优套期保值比率的实证研究［J］．福建农林大学学报（哲学社会科学版），2019，22（5）：59-68.

[114] 侯为波，邓芹．中国铜和铝期货最优套期保值比率与持有期效应的对比分析［J］．吉林师范大学学报（自然科学版），2019，40（3）：41-46.

[115] 白若冰．基于市场资金流向分析的商品期货量化交易思考［J］．现代商业，2019（14）：68-69.

[116] 余星，张卫国，刘勇军．汇率期权套期保值模型及其应用［J］．系统管理学报，2019，28（3）：528-535，544.

[117] 陈有为，冯楠．基于高频数据阈值协整模型的上证 50 股指期货期现套利研究［J］．经济研究导刊，2019（14）：118-119，128.

[118] 王纪强．套期保值不同模型下最小风险比率分析与选择［J］．山西农经，2019（9）：163.

[119] 刘锦涛．基于周内效应的硅锰商品期货套利分析［J］．北方金融，2019（5）：25-32.

[120] 张云毓，熊涛．WASDE 报告对中国农产品期货市场的影响——以玉米和大

豆市场为例 [J]. 湖南农业大学学报（社会科学版），2020，21（2）：73 – 79.

[121] LI M, XIONG T. Do Bubbles Alter Contributions to Price Discovery? Evidence from the Chinese Soybean Futures and Spot Markets [J]. Emerging Markets Finance and Trade, 2019, 55 (15): 3417 – 3432.

[122] HAO J, HE F, LIU – CHEN B, et al. Price discovery and its determinants for the Chinese soybean options and futures markets [J]. Finance Research Letters, 2021 (40): 101689.

[123] PATEL V, PUTNIŠŠ T J, MICHAYLUK D. Price discovery in stock and options markets [EB/OL]. https: //www. doc88. com/p_2922073945213. html.

[124] GUO Y Q, YAO S S, CHENG H, et al. China's copper futures market efficiency analysis: Based on nonlinear Granger causality and multifractal methods [J]. Resources Policy, 2020 (68): 101716.

[125] KIM, LIM. Price discovery and volatility spillover in spot and futures markets: evidences from steel – related commodities in China [J]. Applied Economics Letters, 2019, 26 (4/6): 351 – 357.

[126] GE Y, CAO T, JIANG R, et al. Does China's iron ore futures market have price discovery function? Analysis based on VECM and State – space perspective [J]. Journal of Business Economics and Management, 2019, 20 (6): 1083 – 1101.

[127] 卜林，李晓艳，朱明皓. 上海原油期货的价格发现功能及其国际比较研究 [J]. 国际贸易问题，2020（9）：160 – 174.

[128] PALAO F, PARDO Á, ROIG M. Is the leadership of the Brent – WTI threatened by China's new crude oil futures market? [J]. Journal of Asian Economics, 2020 (70): 101237.

[129] YANG Y Y, MA Y R, HU M, et al. Extreme risk spillover between chinese and global crude oil futures [J]. Finance Research Letters, 2021 (40): 101743.

[130] HUANG X H, HUANG S P. Identifying the comovement of price between China's and international crude oil futures: A time – frequency perspective [J]. International Review of Financial Analysis, 2020 (72): 101562.

[131] LI W L, CHENG Y X, FANG Q. Forecast on silver futures linked with structural breaks and day – of – the – week effect [J]. The North American Journal of Economics and Finance, 2020 (53): 101192.

[132] KANG S H, YOON S – M. Financial crises and dynamic spillovers among Chinese stock and commodity futures markets [J]. Physica A: Statistical Mechanics and its Applications, 2019 (531): 121776.

［133］RHYS AP GWILYM, M SHAHID EBRAHIM, ABDELKADER EL ALAOUI, et al. Financial frictions and the futures pricing puzzle ［J］. Economic Modelling, 2020（87）: 358 – 371.

［134］CIFUENTES S, CORTAZAR G, ORTEGA H, et al. Expected prices, futures prices and time – varying risk premiums: The case of copper ［J］. Resources Policy, 2020（69）: 101825.

［135］KURUPPUARACHCHI D, LIN H, PREMACHANDRA I M. Testing commodity futures market efficiency under time – varying risk premiums and heteroscedastic prices ［J］. Economic Modelling, 2018: S026499931731252X.

［136］LUO J W, JI Q, KLEIN T, et al. On realized volatility of crude oil futures markets: Forecasting with exogenous predictors under structural breaks ［J］. Energy Economics, 2020（89）: 104781.

［137］WU D, HUANG J – B, ZHONG M – R. Prediction of metal futures price volatility and empirical analysis based on symbolic time series of high – frequency ［J］. Transactions of Nonferrous Metals Society of China, 2020, 30（6）: 1707 – 1716.

［138］WANG G C, ZHENG S Z, WANG J. Fluctuation and volatility dynamics of stochastic interacting energy futures price model ［J］. Physica A: Statistical Mechanics and its Applications, 2020（537）: 122693.

［139］GAO B, XIE J, JIA Y. A futures pricing model with long – term and short – term traders ［J］. International Review of Economics and Finance, 2019（64）: 9 – 28.

［140］单亮, 杨苗燕. 中国股指期货市场定价效率研究——基于自激励门限自回归模型 ［J］. 南方金融, 2019（9）: 71 – 79.

［141］BOHL M T, SIKLOS P L, STEFAN M, et al. Price discovery in agricultural commodity markets: Do speculators contribute? ［J］. Journal of Commodity Markets, 2020（18）: 100092.

［142］SOPHIE VAN HUELLEN. Price discovery in commodity futures and cash markets with heterogeneous agents ［J］. Journal of International Money and Finance, 2019（95）: 1 – 13.

［143］刘晨, 张锐, 王宝森. 中美玉米期货市场功能效率比较 ［J］. 中国流通经济, 2020, 34（4）: 56 – 66.

［144］LI J, HUANG L X, LI P. Are Chinese crude oil futures good hedging tools? ［J］. Finance Research Letters, 2020, 38（c）: 101514.

［145］FURIÓ D, TORRÓ H. Optimal hedging under biased energy futures markets ［J］. Energy Economics, 2020（88）: 104752.

［146］PETERSON OWUSU JUNIOR, AVIRAL KUMAR TIWARI, HEMACHANDRA PADHAN, et al. Analysis of EEMD – based quantile – in – quantile approach on spot – futures prices of energy and precious metals in India［J］. Resources Policy, 2020（68）: 101731.

［147］YU X, WAN Z K, TU X W, et al. The optimal multi – period hedging model of currency futures and options with exponential utility［J］. Journal of Computational and Applied Mathematics, 2020（366）: 112412.

［148］BARTRAM S M. Corporate hedging and speculation with derivatives［J］. Journal of Corporate Finance, 2019（57）: 9 – 34.

［149］AHMED A D, HUO R. Volatility transmissions across international oil market, commodity futures and stock markets: Empirical evidence from China［J］. Energy Economics, 2021（93）: 104741.

［150］李海林, 梁叶. 标签传播时间序列聚类的股指期货套期保值策略研究［J］. 智能系统学报, 2019, 14（2）: 288 – 295.

［151］LAI Y – S. Evaluating the hedging performance of multivariate GARCH models［J］. Asia Pacific Management Review, 2019, 24（1）: 86 – 95.

［152］陈琴. 我国股指期现货套期保值效率研究［J］. 产业与科技论坛, 2020, 19（1）: 90 – 91.

［153］ZHAO L T, MENG Y, ZHANG Y J, et al. The optimal hedge strategy of crude oil spot and futures markets: Evidence from a novel method［J］. International Journal of Finance & Economics, 2019, 24（1）: 186 – 203.

［154］尚燕, 熊涛, 李崇光. 风险感知、风险态度与农户风险管理工具采纳意愿——以农业保险和"保险 + 期货"为例［J］. 中国农村观察, 2020（5）: 52 – 72.

［155］方蕊, 安毅. 粮食种植大户的农业风险管理策略选择——基于风险感知视角［J］. 农业现代化研究, 2020, 41（2）: 219 – 228.

［156］梁艺. 基于共同因子模型的农产品期货价格保险设计——以玉米期货为例［D］. 大连: 大连理工大学, 2019.

［157］吴烨. 农产品"价格保险 + 期货"模式选择机制研究——基于复杂适应性理论（CAS）的分析［J］. 价格理论与实践, 2019（8）: 112 – 115.

［158］郑彦. "农业 + 保险 + 期货"定价研究［J］. 现代商贸工业, 2019, 40（15）: 127 – 129.

［159］李正强. "保险 + 期货"服务农民收入保障——美国的经验与中国的探索［J］. 清华金融评论, 2020（7）: 37 – 40.

［160］史金艳, 余聪慧, 黄静怡. 基于"保险 + 期货"的大豆价格风险管理模

式研究——以吉林云天化试点项目为例［J］. 管理案例研究与评论，2020，13（3）：331－344.

［161］刘小梅. "保险＋期货"在化解饲料养殖成本中的作用及影响［J］. 中国饲料，2020（19）：143－145.

［162］鞠荣华，常清，陈晨，等. "保险＋期货"：农业风险管理的策略与战略——基于试点案例分析的对策建议［J］. 中国证券期货，2019（5）：4－12.

［163］杨靖靖. 大豆价格"保险＋期货"试点的成功与创新——黑龙江省绥滨县的实证调查［J］. 保险职业学院学报，2019，33（6）：47－50.

［164］王力，刘小凤，程文明，等. 棉花"价格保险＋期货"试点改革的思考——基于新疆棉花主产区数据的分析［J］. 价格理论与实践，2019（9）：100－103.

［165］郑军，杨玉洁. 农业保险市场创新与农户收入保障［J］. 华南农业大学学报（社会科学版），2019，18（6）：45－54.

［166］董琳，何扬，孙佳佳. 面向小微企业的新型商用农业保险研究——以农业银行基于区块链的"银行＋保险＋期货"风险分散模式为例［J］. 农村金融研究，2019（11）：55－60.

［167］常清. 中国期货史上的关键抉择［J］. 中国金融，2019（19）：82－84.

［168］朱才斌，段蕴珂. 我国铜期货市场国际定价能力研究［J］. 商业经济研究，2020（4）：166－169.

［169］徐凡杰. 铁矿石期货国际化对中国铁矿石期货价格与现货价格关系的影响研究［D］. 太原：山西财经大学，2019.

［170］杨霄. 大商所铁矿石期货国际化案例分析［D］. 大连：大连理工大学，2019.

［171］杨智玲，鞠荣华，常清. 夜盘交易与中国铁矿石期货国际定价能力探讨［J］. 证券市场导报，2020（2）：52－59，77.

［172］FAN J H，FERNANDEZ－PEREZ A，INDRIAWAN I，et al. Intern-ationalization of futures markets：Lessons from China［J］. Pacific－Basin Finance Journal，2020，63（c）：101429.

［173］张龙. 引入境外交易者参与 PTA 期货的政策环境与对策建议［J］. 市场研究，2020（6）：68－69.

［174］熊佛帅. 人民币国际化研究——基于"一带一路"背景下中国原油贸易人民币结算的案例分析［D］. 成都：西南财经大学，2019.

［175］邹方霞. 原油期货国际化对人民币国际化影响的实证研究［D］. 曲阜：曲阜师范大学，2019.

［176］邵勇．"一带一路"背景下原油人民币计价的机遇、挑战与对策［J］．对外经贸实务，2020（9）：63－66．

［177］米晓文．我国证券期货业对外开放问题研究［J］．中国证券期货，2020（1）：59－65．

［178］叶海生．用高质量对外开放来推动我国资本市场健康发展［J］．中国外汇，2020（11）：34－37．

［179］胡战国．纸浆期货服务实体经济［J］．造纸信息，2019（5）：22－25．

［180］晓祥，王磊彬．资本服务实体经济尿素期货上线交易［J］．中国石油和化工，2019（9）：28－29．

［181］辛慕轩，蔡逸群，陈一彤，等．期货在农业生产中的应用研究——以东北地区为例［J］．金融经济，2019（2）：80－82．

［182］魏倩雨．期货公司服务农产品产业客户模式研究［J］．中国集体经济，2019（3）：68－69．

［183］曹慧．"银行＋保险＋期货"支持农业发展的应用研究［J］．西部金融，2020（10）：94－97．

［184］王世文，侯依青．基于石油产业链的我国原油期货市场动态相关性研究［J］．金融与经济，2020（3）：28－34．

［185］薛智胜．我国场外期权市场发展及其监管制度的完善［J］．金融发展研究，2019（5）：58－62．

［186］许彬彬．场外期权在化工行业的运用［J］．中国石油和化工经济分析，2019（12）：30－32．

［187］姜岩．原油期货服务实体功能明显发挥［J］．中国金融，2020（8）：17－19．

［188］姚新战，魏登岳．河北省商品期货业服务实体经济问题浅析［J］．河北金融，2019（5）：25－28．

［189］李公辅，梁玥．当下与未来：对离岸人民币期货市场发展的思考［J］．中国外汇，2019（23）：82－83．

［190］姜哲．外汇期货市场发展的国际经验与启示［J］．金融与经济，2019（6）：65－70．

［191］李侃．离岸人民币期权市场：由快速发展向理性回归［J］．中国外汇，2019（19）：78－79．

［192］崔地红．人民币期货对冲汇率风险的策略研究［D］．厦门：华侨大学，2020．

［193］郑振龙，黄珊珊，郭博洋．外汇期权信息含量与在岸离岸市场效率［J］．

金融研究，2019（10）：21－39.

　　［194］上海期货交易所 上海国际能源交易中心．原油期货合约交易操作手册（2020 年 3 月版）［EB/OL］．http：//www. ine. cn/upload/20200415/1586917715064. pdf.

　　［195］刘先云．中国原油期货的进展、意义与发展建议［R］．世界能源蓝皮书：世界能源发展报告（2019），2019：254－269.

　　［196］上海国际能源交易中心．关于优化调整原油期货可交割油种品质和升贴水的公告［EB/OL］．http：//www. ine. cn/news/notice/3033. html.

　　［197］上海国际能源交易中心．关于原油期货调整可交割油种的公告［EB/OL］．http：//www. ine. cn/news/notice/3568. html.

　　［198］王健．"放管服"改革背景下统筹推进原油期现货市场法制建设［J］．中国证券期货，2019（6）：49－54.

　　［199］张田苗．上期所及上期能源做市业务推出两周年系列报道之二：两年精耕细作 做市业务见成效［EB/OL］．http：//www. ine. cn/news/area/3426. html.

　　［200］上海国际能源交易中心．中国证监会正式批复上海国际能源交易中心为"合格中央对手方"［EB/OL］．http：//www. ine. cn/news/notice/1387. html.

　　［201］孙铭蔚．上期所将发布原油期货价格指数，下一步推进原油 ETF 上市［EB/OL］．http：//www. ine. cn/news/area/1495. html.

　　［202］上海国际能源交易中心．关于实施结算价交易指令的通知［EB/OL］．http：//www. ine. com. cn/news/notice/3330. html.

　　［203］祝惠春．启用原油期货 TAS 指令、发布原油期货日中交易参考价，原油期货服务实体经济向纵深发展［EB/OL］．http：//www. ine. cn/news/area/3358. html.

　　［204］姜岩．原油期货服务实体经济功能逐步发挥［J］．中国金融，2020（8）：17－19.

　　［205］中国证券监督管理委员会，中国期货业协会．中国期货市场年鉴（2018年）［M］．北京：中国财政经济出版社，2019.

　　［206］张璐璇．上期所：向世界一流交易所迈进［EB/OL］．http：//www. ine. cn/news/area/2111. html.

　　［207］祝惠春．上市两周年，助力企业风险管理——原油期货为实体经济"加油"［EB/OL］．http：//www. ine. cn/news/area/2776. html.

　　［208］部慧，陆凤彬，魏云捷．"原油宝"穿仓谁之过？我国商业银行产品创新的教训与反思［J］．管理评论，2020，32（9），308－322.

　　［209］中国银行保险监督管理委员会．中国银保监会依法查处中国银行"原油宝"产品风险事件［EB/OL］．http：//www. cbirc. gov. cn/cn/view/pages/ItemDetail. html？

docId＝947272&itemId＝915&generaltype＝0.

［210］胡滨．金融监管蓝皮书 中国金融监管报告（2020）［M］．北京：社会科学文献出版社，2020.

［211］孙翔峰．落实一线监管职能 上期所完善风险管理［EB/OL］．http：//www. ine. cn/news/area/2292. html.

［212］张奇，刘雪飞，李彦．中国原油期货国际化发展的挑战与对策［J］．中国石油和化工经济分析，2018（12）：43－45.

［213］冯保国．中国原油期货价格基准建设研究［J］．国际石油经济，2019，27（4）：35－46.

［214］范媛．上海原油期货市场建设是长期工程［EB/OL］．https：//baijiahao. baidu. com/s？id＝1634158258953560109&wfr＝spider&for＝pc.

［215］USCF. United States Oil Fund［EB/OL］．https：//www. uscfinvestments. com/uso.

［216］中国证券监督管理委员会．美国商品交易法［M］．北京：法律出版社，2013.

［217］刘健，曲峰．期货法律基础［M］．北京：高等教育出版社，2016.

［218］林倩．上期所贺军：以期货力量助推天然气市场化改革［EB/OL］．http：//www. ine. cn/news/area/3447. html.

［219］陈云富．成品油消费或提前达峰 市场期待推出成品油期货［EB/OL］．https：//www. sohu. com/a/430663320_267106.

［220］管理、决策与信息系统重点实验室．"中科－格林期货指数产品发布"会暨"格林奖学金颁奖仪式"成功举行［EB/OL］．http：//www. amss. cas. cn/xwdt/zhxw/2006/200908/t20090804_2315026. html.

［221］崔家悦．中科－格林指数概况及相关思考［EB/OL］．http：//www. 360doc. com/content/12/0416/08/7929434_204019408. shtml.

［222］姬雷雷．商品型 ETF 产品设计——基于监控中心的中国商品期货指数［D］．厦门：华侨大学，2020.

［223］永安期货．商品指数互换为企业打造个性化风控方案［EB/OL］．https：//finance. sina. com. cn/money/future/roll/2019－07－28/doc－ihytcitm5274218. shtml.

［224］金融界．大商所召开商品指数业务座谈会－促进大宗商品指数应用［EB/OL］．https：//www. sohu. com/a/299784629_114984.

［225］CTA 基金网．首只商品指数期货资管产品落地［EB/OL］．http：//finance. sina. com. cn/money/future/fmnews/2018－12－21/doc－ihmutuee1230720. shtml.

［226］第一财经．平安期货农产品指数资管计划正式成立［EB/OL］．https：//

www. sohu. com/a/307467253_114986？_f = index_businessnews_2_10.

［227］南华期货研究所产品创新部．南华商品指数编制细则（2019）［EB/OL］.
http：//www. nanhua. net/cmsbigfile/2019/05/b9e7e53b－424a－4b55－9338－975992301
376/南华商品指数——编制细则（2019）. pdf？t = aged.

［228］北大光华－富邦两岸金融研究中心．北大光华－富邦中国商品指数（PGF－
CCI）编制手册［EB/OL］. https：//www. renkendoc. com/paper/183111880. html.

［229］上海万得信息技术股份有限公司. Wind 商品系列指数编制方案［EB/OL］.
http：//www. docin. com/p_2210970384. html.

［230］上海期货交易所．上海期货交易所商品指数系列编制方案［EB/OL］.
http：//www. shfe. com. cn/upload/20180731/1533001255736. pdf.

［231］《易盛商品指数编制说明书》．

［232］证券时报．证券时报商品指数（SCI）编制规则［EB/OL］. http：//
finance. sina. com. cn/roll/20040923/123027056t. shtml.

［233］大连商品交易所．大连商品交易所农产品期货价格综合指数编制方案
［EB/OL］. https：//max. book118. com/html/2018/1228/8066010007001142. shtm.

［234］霍再强，王少波．区域金融风险 FEPI 指数方法与应用［M］. 北京：首都经
济贸易大学出版社，2020.

［235］饶爱民．新华网，王岐山在第二届外滩金融峰会开幕式上发表致辞［EB/
OL］. www. xinhuanet. com/politics/2020－10/24/c_1126651818. htm.

［236］高淼．场外期权服务实体经济的案例研究［D］. 天津：天津工业大
学，2019.

［237］方正中期期货．"基差点价＋含权贸易"助塑料产业链管控风险［EB/OL］.
www. qhrb. com. cn/articles/280298.

［238］胡俞越，杨画画，季麟. 2019 年国内期市盘点［N］. 期货日报，2019－
12－31.

［239］胡亮亮．场外期权业务模式创新与风险管理［D］. 苏州：苏州大学，2017.

［240］贾振方．场外期权合约设计及其风险对冲案例研究［D］. 天津：天津工业
大学，2019.

［241］罗旭峰．场外衍生品服务企业新探索［J］. 清华金融评论，2017（5）：
49－51.

［242］楼嘉飞．明日股份含权贸易业务支持浙沪塑化产业发展案例分析［D］. 保
定：河北金融学院，2020.

［243］李正强．期货市场服务实体经济的创新与探索［M］. 北京：中国金融出版

社，2019.

［244］鲁证期货．"权现"套保助力化工企业提质增效［N］．期货日报，2020 - 10 - 26.

［245］刘维泉．期权交易指南：一线交易员的视角［M］．上海：上海交通大学出版社，2018.

［246］石光．建设适应现代化经济体系要求的金融和商品衍生品市场［J］．重庆理工大学学报（社会科学），2020，34（3）：1 - 8.

［247］孙璐璐，马卫锋．中国场外衍生品市场发展状况分析［J］．中国证券期货，2019（3）：49 - 59.

［248］王景河，胡剑．A 期货公司"人保养殖"试点项目效果评价［J］．华侨大学学报（哲学社会科学版），2020（5）：79 - 89.

［249］王宇．"保险 + 期货"模式下亚式双向价差场外期权的动态对冲策略分析——以民生期货棉花试点项目为例［D］．保定：河北金融学院，2020.

［250］徐彬彬．场外期权在化工行业的运用［J］．中国石油和化工经济分析，2019（12）：30 - 32.

［251］张小艺．期货与期权组合在套期保值中的实践研究［J］．统计与管理，2017（5）：43 - 44.

［252］池丹丹．浅析美国巨灾保险的期权期货对我国的借鉴意义［J］．财经界（学术版），2016（30）：368.

［253］高兴，陈秉娴，吴盈滢，等．"保险 + 期货"模式的发展现状及推广策略研究［J］．中国商论，2020（15）：67 - 68.

［254］张翀．乡村振兴背景下的"利润保险 + 期货"精准扶贫模式研究［J］．河北金融，2020（1）：13 - 18.

［255］邱平，彭钰雄．浅谈"期货 + 保险"模式在我国农业保险中的应用——基于美国实践经验的借鉴［J］．现代商业，2018（22）：175 - 176.

［256］刘汉成，陶建平．中国政策性农业保险：发展趋势、国际比较与路径优化［J］．华中农业大学学报（社会科学版），2020（6）：67 - 75，163 - 164.

［257］张海军，施培，谭博，等．农业收入保险创新精准扶贫的思路与实践［J］．中国保险，2020（7）：19 - 23.

［258］李铭，张艳．"保险 + 期货"服务农业风险管理的若干问题［J］．农业经济问题，2019（2）：92 - 100.

［259］缪灵．财政支持下农产品"保险 + 期货"模式可持续化推广及创新［J］．现代农业研究，2020，26（5）：123 - 124.

［260］方蕊，安毅，刘文超．"保险＋期货"试点可以提高农户种粮积极性吗？——基于农户参与意愿中介效应与政府补贴满意度调节效应的分析［J］．中国农村经济，2019（6）：113－126．

［261］尚燕，熊涛，李崇光．风险感知、风险态度与农户风险管理工具采纳意愿——以农业保险和"保险＋期货"为例［J］．中国农村观察，2020（5）：52－72．

［262］李东．中国商业银行可持续发展研究［D］．大连：辽宁大学，2013．

［263］王云魁，杨红丽．农业收入保险：美国的经验与启示［J］．经济论坛，2020（7）：141－146．

［264］田菁，魏柏林，张琅，等．美国农业保险发展及收入保险研究［J］．保险理论与实践，2018（2）：75－105．

［265］北京大学中国可持续发展研究中心，东京大学生产技术研究所．可持续发展：理论与实践［M］．北京：中央编译出版社，1997．

［266］李龙熙．对可持续发展理论的诠释与解析［J］．行政与法（吉林省行政学院学报），2005（1）：3－7．

［267］柴智慧．农业保险的农户收入效应、信息不对称风险——基于内蒙古的实证研究［D］．呼和浩特：内蒙古农业大学，2014．

［268］宋金龙．我国可持续发展理论的认知缺陷［J］．理论界，2013（10）：28－30．

［269］王芳．农业组织化视角下农业保险发展研究［M］．北京：经济科学出版社，2015．

［270］冯海发．循环经济与中国可持续发展研究：农业可持续发展的理论与实践［M］．北京：新华出版社，2006．

［271］龙文君．农业风险管理与农业保险［M］．北京：中国农业出版社，2009．

［272］郭强．可持续发展思想与可持续发展政策［J］．社会治理，2019（1）：26－34．

［273］殷绪螺．外部环境视角下的普惠金融可持续发展研究［D］．长沙：湖南大学，2019．